DIALOGUE SOCIAL AU MALI :
Réalités et enjeux

Fassoun COULIBALY

DIALOGUE SOCIAL AU MALI :
Réalités et enjeux

L'Harmattan

5-7, rue de l'École-Polytechnique ; 75005 Paris

http://www.librairieharmattan.com

ISBN: 978-2-343-18764-8
EAN: 9782343187648

A ma Femme
qui, par sa sollicitude et son soutien constant,
a toujours su dissiper mes craintes et mes doutes,
facilitant ainsi la réalisation du projet qui m'est le plus cher.
Je ne pourrai jamais assez l'en remercier.

PRÉFACE

Qui n'appelle pas aujourd'hui de par le monde au dialogue social ? Ce concept XXL a l'avantage, mais aussi l'inconvénient, de faire l'objet d'une définition à géométrie fort variable. L'appel au dialogue social se fonde en principe sur la reconnaissance d'intérêts différents voire divergents, et sur la recherche sincère d'une compréhension de l'autre, si ce n'est d'un compromis entre parties prenantes. Il peut cependant arriver qu'un pseudo dialogue social soit proposé tout en constituant une simple manœuvre, un cheval de Troie d'un acteur en réalité peu enclin à voir discuter ses projets. Il est permis également de penser que certaines modalités de dialogue social peuvent simplement accompagner la perte d'un rapport de forces et viser essentiellement, pour un acteur, à ne pas perdre totalement la face.

En toute hypothèse, il s'agit *a minima* d'un échange entre parties prenantes d'une même collectivité ou communauté à propos du travail, de l'emploi et de la protection sociale ; ceci peut se traduire par la mise à disposition d'information, l'engagement d'une concertation voire de négociations entre acteurs d'une entreprise ou d'un secteur professionnel, ou bien encore, au plan interprofessionnel, entre acteurs sociaux et étatiques. A ce dernier stade, le « dialogue social », tout en se distinguant clairement du « dialogue politique », entretient d'évidence quelques relations avec le niveau politique, et interroge directement les responsabilités et orientations gouvernementales. Au niveau national, les grands acteurs économiques et politiques se doivent en effet de se préoccuper du dialogue social dès lors que les fruits normatifs de ce dernier participent directement à la régulation sociale et économique, et directement ou indirectement à la paix sociale.

Dans le cas du Mali, il convient certainement aujourd'hui de ne pas sous-estimer la contribution du dialogue social entre acteurs classiques des relations professionnelles à un moindre délitement de la cohésion sociale et politique du pays. En même temps, il faut distinguer ce dialogue « socio-professionnel » de l'activité, par ailleurs entreprise, de retissage social qu'incarne, par exemple, la commission Vérité, Justice et Réconciliation créée en 2014 avec pour mission de « contribuer à l'instauration d'une paix durable à travers la recherche de la vérité, la réconciliation et la consolidation de l'unité nationale et des valeurs démocratiques ».

L'ouvrage de Monsieur Fassoun COULIBALY ne se complet pas dans la confusion des natures de dialogue. Certes, l'auteur n'oublie pas de rappeler combien la société malienne, à l'image de biens des sociétés africaines, a toujours accordé une place prépondérante au dialogue en tant que moyen de résolution des conflits sociaux ou sociétaux. Mais, si l'arbre à palabres est invoqué ici, c'est pour s'intéresser à sa seule éventuelle implantation dans le champ des relations de travail. C'est à propos précisément de cet espace que Monsieur Fassoun COULIBALY propose une réflexion, théoriquement et pratiquement très documentée, sur les réalités et enjeux d'un système de dialogue social, essentiellement tripartite, propre aux pays subsahariens francophones qui prend en compte le fait que le principal employeur formel est l'Etat et que près de 90% des conflits sociaux se passent précisément dans le secteur public.

Dans la première partie de l'ouvrage, une photographie est faite des lieux et modalités possibles du dialogue social au Mali. Monsieur Fassoun COULIBALY analyse fort opportunément les dispositions relatives à l'information, la consultation et la négociation. Il note l'absence de convention collective interprofessionnelle, figure connue d'autres droits du travail d'Afrique francophone subsaharienne. Il fait surtout état des difficultés rencontrées dans l'application des dispositions relatives à la représentativité des organisations syndicales ; il souligne en particulier combien le refus de la centrale syndicale historique, à savoir l'Union nationale des travailleurs du Mali (UNTM), de collaborer à la mise en œuvre desdits « critères de représentativité », constitue l'un des principaux obstacles au développement du dialogue social, paradoxalement dans un pays bénéficiant d'un fond culturel largement favorable. Il note à cet égard la prééminence des formes informelles de dialogue social dans la résolution des conflits, malgré leurs limites, dans un contexte caractérisé, de plus en plus, par une crise de confiance entre acteurs sociaux et vis-à-vis de l'Etat.

Si l'auteur rappelle une originalité malienne, à savoir la conclusion le 14 août 2001 d'un Pacte de solidarité pour la croissance et le développement entre le gouvernement et l'UNTM, c'est pour s'étonner des difficultés de sa mise en œuvre. Ces dernières sont liées à une question de financement qui apparaît, tout au long de l'ouvrage, commune à toutes les instances de dialogue social au Mali. Par-delà les beaux discours, existerait-il une absence de véritable volonté politique en la matière ? En tous cas, Monsieur Fassoun COULIBALY observe que comme dans d'autres pays de la région, une source importante de distance envers le dialogue social réside dans le non-respect des accords, notamment de ceux de conciliation intervenant à l'issue des conflits collectifs. Il voit là un véritable moteur d'alimentation de la méfiance des organisations syndicales envers les employeurs et les autorités étatiques.

Une fois saisi le dialogue social en son état, l'auteur propose, en seconde partie de l'ouvrage, des pistes pour une amélioration de ce dernier, en commençant par une série de modifications normatives qui concernent, notamment, les élections professionnelles et la redéfinition de critères de représentativité, ou bien encore l'instauration d'une obligation de négociations annuelles aux niveaux national, de branche et de l'entreprise. Ne surévaluant toutefois pas la part du droit, Monsieur Fassoun COULIBALY s'attache enfin à discuter les conditions de dynamisation du dialogue social, notamment *via* la création d'une commission de suivi du dialogue social, la mise en place de conditions permettant à l'Etat de jouer son rôle d'animateur du dialogue social et l'implication de tous les acteurs pertinents. Rappelant les arrêts de la Cour suprême de la République du Mali du 28 septembre 2000 et du 15 août 2002, reconnaissant la nécessité d'ouvrir le dialogue social à toutes les centrales syndicales. L'auteur fait de la fin de « la prise d'otage du dialogue social » par l'UNTM, la condition si ce n'est suffisante tout au moins nécessaire, d'une revitalisation du dialogue social au Mali.

L'enjeu est de taille. Il faut en effet dire qu'au Mali comme ailleurs, si le dialogue social ne débouche pas, n'est pas fructueux, s'il n'apporte pas la preuve de son intérêt pour toutes les parties prenantes, et singulièrement pour les travailleurs, il ne peut apparaître que comme un leurre, un piège. Les acteurs et les institutions qui le promeuvent doivent en avoir pleinement conscience. Loin d'apaiser, les appels au dialogue social non suivis d'effets, d'avancées, peuvent alimenter une forme de radicalisation et une gestion impossible du social. C'est bien à l'opposé qu'œuvre Monsieur Fassoun COULIBALY, aussi bien au sein de l'administration du travail malienne que dans ses écrits. On se doit de l'en féliciter et de le remercier, tout particulièrement, de la liberté de pensée et d'expression qui le conduit à inciter l'Etat et les gouvernants à se montrer à la hauteur des enjeux.

Philippe AUVERGNON
Directeur de recherche au CNRS
Centre de droit comparé du travail
et de la sécurité sociale de l'Université de Bordeaux

LISTE DES ABRÉVIATIONS

Al	Alinéa
ANPE	Agence Nationale pour l'Emploi
Arr.	Arrêté
Art.	Article
Ass. Nat	Assemblée Nationale
Ass. Plén.	Assemblée Plénière
BIT	Bureau International du Travail
BO	Bulletin Officiel
Bull. civ.	Bulletin des arrêts des chambres civiles de la Cour de cassation
Bull. crim.	Bulletin des arrêts de la chambre criminelle de la Cour de cassation
Bull.soc. F. Lefèbvre	Bulletin social Francis Lefèbvre
CANAM :	Caisse Nationale d'Assurance Maladie
CDTM :	Centrale Démocratique des Travailleurs du Mali
CEDEAO :	Communauté Economique des États de l'Afrique de l'Ouest
CEACR :	Commission d'Experts pour l'Application des Conventions et Recommandations
CESC :	Conseil Economique, Social et Culturel
Ch. Mixte	Chambre Mixte
CJCE	Cour de Justice des Communautés Européennes
C.	Code
C. civ.	Code Civil
C. trav.	Code du travail
CA	Cour d'appel
Cass. Soc.	Chambre sociale de la Cour de cassation
CE	Conseil d'État
Ch.	Chambre
Chron.	Chronique
Circ.	Circulaire
CMSS:	Caisse Malienne de Sécurité Sociale
CMT :	Confédération Malienne du Travail
coll.	Collection
comm.	Commentaire
concl.	Conclusions
conv.	Conventions
Cons. Constit.	Conseil Constitutionnel
CS	Cour Suprême du Mali
CSTM :	Confédération Syndicale des Travailleurs du Mali
D.	Dalloz
déc.	Décision
dir.	Sous la direction
Dir.	Directive
Doc.	Document
Dr. trav.	Droit du travail

Dr. ouvr.	Droit ouvrier
Dr. soc.	Droit social
Ed. ou éd.	Edition
éd. E	Edition entreprise
éd. G	Edition Générale
FAFPA :	Fonds d'Appui à la Formation Professionnelle et à l'Apprentissage
fasc.	Fascicule
Gaz. Pal.	Gazette du Palais
J-cl.	Juris-classeur
JCP	Juris-classeur Périodique (semaine juridique)
JO	Journal Officiel
Jurisp.	Jurisprudence
INPS	Institut National de Prévoyance Sociale
IR	Informations Rapides
législ.	Législation
LGDJ	Librairie Générale de Droit et de Jurisprudence
Liais. Sociales	Liaisons sociales
obs.	Observations
OCDE :	Organisation de Coopération et de Développement Economique
OHADA :	Organisation pour l'Harmonisation en Afrique du Droit des Affaires
OIT :	Organisation Internationale du Travail
Ord.	Ordonnance
p.	page
paragr.	paragraphe
Rec.	Recueil Lebon
Rép.	Réponse
Rev. Fr. trav.	Revue française du travail
RIDC	Revue internationale de droit comparé
RIT	Revue internationale du travail
RTD civ.	Revue trimestrielle de droit civil
RDT com.	Revue trimestrielle de droit commercial
S.	Sirey
Sem. Sociale Lamy	Séminaire sociale Lamy
somm. Comm.	Sommaires commentés
spéc.	spécialement
suppl.	supplément
t.	tome
TGI	Tribunal de Grande Instance
TI	Tribunal d'Instance
TPE	Tribunal pour Enfants
Trib. Adm.	Tribunal Administratif
UEMOA:	Union Économique Monétaire Ouest Africaine
UNTM :	Union Nationale des Travailleurs du Mali
vol.	Volume

SOMMAIRE

INTRODUCTION GENERALE

I. LE CONCEPT DE DIALOGUE SOCIAL

1. L'expression dialogue social comprend étymologiquement deux termes qu'il faut définir. Le mot dialogue, « *dialog* » en anglais et allemand, « *diálogo* » en espagnol, italien et portugais, nous vient du grec « *dialogos* », formé à partir de « *dia* » signifiant à travers, entre, et de « *logos* », la parole, le discours. Il est utilisé dans le langage courant dans le sens de communication verbale entre deux ou plusieurs personnes. L'expression « dialogue social » quant à elle ne fait pas l'objet d'une définition univoque. Elle se rapporte « à ce qui favorise la discussion entre différentes composantes d'une société, d'une collectivité humaine considérée comme une entité propre ; il peut s'agir de relations entre acteurs d'une entreprise ou d'un secteur professionnel donné, mais aussi, plus largement, d'échanges dans le champ social entendu du travail, de l'emploi et de la protection sociale »[1].

2. Le « dialogue social » se distingue en particulier du « dialogue politique », tout en pouvant entretenir avec lui de fortes relations. Il est à ce propos intéressant d'observer le parallélisme établi par l'Organisation internationale du Travail (OIT) : « *Lorsque les intérêts des différents secteurs de la société divergent, il est généralement admis que les personnes concernées doivent pouvoir exprimer leurs besoins, participer au processus décisionnel et influer sur son résultat final afin que les gouvernements et les autres décideurs trouvent un moyen terme entre les intérêts de toutes les parties concernées. Ce principe social fondamental s'applique aussi bien à l'ensemble des institutions politiques démocratiques qu'au monde du travail* »[2]. Ceci conduit l'OIT à affirmer que « *le dialogue social désigne la participation des travailleurs, des employeurs et des gouvernements aux décisions relatives à l'emploi et à toute question afférente au lieu de travail. Il englobe toutes les formes de négociation, de consultation et d'échange d'informations entre les représentants des trois groupes susmentionnés qui portent sur les politiques économiques et sociales et les politiques du travail. Le dialogue social est à la*

---

[1] Auvergnon Ph. et Kénoukon Ch., Présentation, in Auvergnon Ph. et Kénoukon Ch. (dir.), *Dialogue social dans les pays de l'espace OHADA et ailleurs dans le monde : la part du droit*, Éd. L'Harmattan, Paris, 2018, p. 9.

[2] BIT, Dialogue social, Discussion récurrente en vertu de la Déclaration de l'OIT sur la justice sociale pour une mondialisation équitable, Rapport VI, CIT 102ème session, 2013, p. 5.

fois un moyen de réaliser des progrès sociaux et économiques et un objectif en soi puisqu'il donne à la population l'occasion de se faire entendre et d'exercer une influence sur la société et le lieu de travail »[3].

3. On a pu relever que « *si l'on suit l'OIT, le dialogue social est pour le moins un concept « XXL ». Indiscutablement, il inclut, sans y être réductible, la négociation collective, elle-même très polymorphe, entre employeur ou représentant d'employeurs et représentants de travailleurs, mais aussi diverses formes de « concertation sociale ». Plus qu'un ensemble de mécanismes de régulation sociale, il s'agit en réalité d'une méthode appelant un type de comportement des acteurs sociaux et, parfois, de ceux gouvernementaux. En toute hypothèse, l'expression « dialogue social » vise des processus intervenant dans le champ social éloignés de toute décision ou de tout acte de gestion d'ordre unilatéral. En même temps, un dialogue social peut précéder un acte formellement unilatéral ou s'inscrire à sa suite, accompagner sa mise en œuvre ou contribuer à son évaluation. Il peut aussi carrément constituer une alternative en conduisant à l'adoption d'un compromis, d'une position commune, voire d'une norme négociée s'imposant dans un champ donné à quelques-uns ou à tous* »[4].

4. Le dialogue social, ne serait-ce qu'à travers parfois son absence, est une préoccupation majeure dans nombre de pays du monde. En tous cas, il fait aujourd'hui l'objet d'une véritable promotion de la part de différentes organisations internationales. A l'occasion de la parution d'une publication commune avec l'Organisation de coopération et de développement économique (OCDE)[5], le Directeur général de l'OIT n'a ainsi pas hésité à vanter le fait qu' *« un vrai dialogue social peut être mutuellement avantageux pour les gouvernements, les entreprises, les travailleurs et la société tout entière* », qu'il peut « *favoriser la productivité et la croissance durables des entreprises et aboutir à de meilleurs niveaux de formation et de qualification des travailleurs », voire « en période de baisse d'activité, conduire à des négociations sur la protection de l'emploi en échange de réductions temporaires de la durée du travail et des salaires* »[6]. Ceci a conduit certains à s'interroger : « Le dialogue social serait-il en train de devenir l'alpha et l'oméga de toute régulation économique et sociale, le mode privilégié de

---

[3] *Idem.*

[4] Auvergnon Ph. et Kénoukon Ch., Présentation, *op. cit.*, p. 10.

[5] OIT et OCDE, publication, Concrétiser le travail décent et la croissance inclusive : les avantages du dialogue social (www.theglobaldeal.com/app/uploads/2017/09/Thematic-Brief-Achieving-Decent-Work-and-Inclusive-Growth_The-Business-Case-for-Social-Dialogue-2.pdf).

[6] Ryder G., Directeur général de l'OIT. Communiqué de presse de l'OIT, 18 septembre 2017 (http://www.ilo.org/global/about-the-ilo/newsroom/news/WCMS_575468/lang--fr/index.htm).

gouvernance du social par temps de crise et/ou le meilleur moyen de faire passer les pilules les plus amères ? »[7].

5. Le concept de dialogue social est relativement nouveau et diffère d'un pays à un autre ou d'une région à une autre ; il en est de même pour sa définition. Il n'existe donc pas de définition du dialogue social qui soit acceptée unanimement. Il s'entend comme étant l'ensemble des procédures visant à mettre en place des mécanismes de consultations, de médiation et de gestion des conflits dans lesquels les intérêts de chaque partie sont préservés. Il englobe toutes les formes de négociations, de consultations et d'échanges d'informations entre les représentants des gouvernements, des employeurs, des travailleurs sur des questions d'intérêts communs liés à la politique économique et social du pays. Selon le Professeur Alain Supiot, « *le dialogue social peut être défini comme une confortation des intérêts des employeurs et de travailleurs ; il renvoie pour l'essentiel, à la régulation collective interne, au rapport salarial, soit le rapport social organisant la mise en rapport des employeurs et des salariés. Il le présente comme une machinerie qui canalise les forces collectives pour les mettre au service du droit* »[8].

6. Il ressort de cette définition l'idée selon laquelle le dialogue social joue un rôle majeur dans la régulation sociale des activités économiques, ceci à travers deux fonctions. Celles-ci correspondent respectivement à la définition des normes encadrant les relations professionnelles, y compris la définition des dispositifs (fonction de négociations), et leur impact sur le reste de la société (fonction de cohésion sociale).

7. Par ailleurs, « Le dialogue social est devenu un véritable slogan. Il est évoqué à tous propos par les autorités publiques comme par les acteurs sociaux, dans le cadre ou en direction du monde du travail. Mais l'on ne songe généralement pas à le définir. Il n'y a ni définition, ni conception uniforme du dialogue social »[9]. Ce dernier peut ainsi « consister dans un simple échange d'informations. Ceux qui détiennent des informations, évidemment surtout les dirigeants de l'entreprise, doivent informer de manière sincère les

---

[7] Auvergnon Ph. et Kénoukon Ch., Présentation, *op. cit.*, p. 11.

[8] A Supiot, Préface, in *Critique du droit du travail*, PUF 2002, p. X.

[9] Cissé-Niang, A., Dialogue social : quelques pistes d'échanges sur un concept à géométrie variable et des pratiques polymorphes, in Auvergnon Ph., Kénoukon Ch., (dir.) *Dialogue social dans les pays de l'espace OHADA et ailleurs dans le monde : la part du droit*, *op. cit.*, p. 23 ; voir notamment sur le concept de dialogue social : Maggi-Germain N., « Sur le dialogue social », *Dr. soc.* 2007 p 798 ; Martin Ph., « Dialogue social et régulation juridique, une problématique européenne » *in Le dialogue social, modèles et modalités de la régulation juridique en Europe*, Presses Universitaires de Bordeaux 2007, p 54 et s ; Escudero Rodriguez R., « Quelques réflexions sur le dialogue social : signification, portée, faiblesses et risques » in *Le dialogue social, modèles et modalités de la régulation juridique en Europe*, *op. cit.*, p. 63.

représentants des salariés ainsi que l'État si ce dernier est partie prenante au dialogue. Cette information est souvent d'ailleurs une obligation légale qui doit être respectée périodiquement, par exemple dans le cadre de l'élaboration d'un « bilan social ». En tous cas, il faut insister davantage sur la qualité de l'information que ses modalités de transmission. Une fois l'information donnée, deux hypothèses sont envisageables : soit on en reste là, sans ouvrir une discussion ce que l'on imagine difficilement notamment dans un contexte d'entreprise en difficultés, soit à l'inverse, une concertation s'en suit, permettant ainsi de dépasser l'étape de la simple information pour envisager des échanges. Le dialogue prend alors une signification lorsque des points de vue sont exprimés de part et d'autre »[10].

8. Le dialogue social a pour but de promouvoir la paix sociale indispensable à tout développement économique ; en tant qu'élément ou moyen incontournable de résolution des conflits, il apparaît également comme un moyen d'équilibre social. Les conditions de base d'un possible dialogue social reposent indiscutablement sur l'existence d'organisations d'employeurs et de travailleurs fortes et indépendantes disposant d'un accès aux informations et de capacités techniques leur permettant de participer pleinement, mais aussi sur la volonté politique de toutes les parties de discuter véritablement, de prendre des engagements et de les respecter, plus généralement sur le respect des droits fondamentaux que sont la liberté syndicale et la négociation collective, et l'existence d'un soutien institutionnel approprié.

9. La paix et la cohésion sociale ainsi que tout changement socio-économique positif et durable figurent en tête des attentes des partenaires du dialogue social. Revêtant la forme de rencontres tripartites et/ou bipartites, de concertations informelles ou institutionnalisées, de négociations au niveau national, régional, sectoriel ou de l'entreprise, « le dialogue social demeure un état d'esprit et traduit l'expression de la volonté des partenaires sociaux »[11].

10. Les institutions du dialogue social sont souvent définies par leur composition, elles peuvent être bipartites ou tripartites (représentants du Gouvernements, des travailleurs et des employeurs). Parfois, les acteurs du dialogue tripartite peuvent décider d'ouvrir le dialogue à d'autres acteurs de la société, cela dans le but d'obtenir des perspectives plus vastes, d'inclure des vues diverses ou encore de forger un consensus plus large. En tous cas, le partage de l'information est l'un des éléments fondamentaux et indispensables pour un dialogue social effectif. En soi, il n'implique pas de débattre

---

[10] Cissé-Niang A., Dialogue social : quelques pistes d'échanges sur un concept à géométrie variable et des pratiques polymorphes, *op. cit.*, p. 25.

[11] Benbouzid B., Le dialogue social et la négociation collective, *Revue Algérienne du travail*, pp. 17-18.

véritablement des questions ou d'engager une, mais il constitue une phase incontournable processus, de sa mise en œuvre. Au-delà du partage de l'information, la consultation exige un engagement des parties au moyen d'un échange de points de vue qui, à son tour, peut déboucher sur une forme de dialogue approfondi pouvant aller jusqu'à la conclusion d'un accord. Au regard de l'ensemble des concepts développés au tour d'une définition d'évidence polysémique du dialogue social, il nous faut rappeler les étapes et évolutions de ce dernier au Mali.

II. EVOLUTIONS DU DIALOGUE SOCIAL AU MALI

11. Il faut souligner que la société malienne, « à l'instar de toutes les sociétés africaines, a toujours accordé et continue toujours d'accorder une place prépondérante au dialogue comme mode privilégié de résolution des conflits sociaux ou sociétaux. Ainsi, les conflits se réglaient et continuent de se régler dans le « ventre » de la famille, du lignage, des mosquées, des églises, de l'arbre à palabre »[12]. C'est dans cette perspective qu'un auteur a pu affirmer : « *La plupart des conflits se réglaient sous l'arbre à palabre avec une forte implication des sages du village qui étaient les acteurs inclusifs d'un dialogue sincère et constructif. L'arbre à palabre était le lieu où se tenaient des débats contradictoires, s'exprimaient des avis motivés sur des problèmes de société de même que des conseils sur les mécanismes divers de dissuasion et d'arbitrage des conflits. Cette culture a impacté sur la vie et le comportement des peuples pendant des siècles et même jusqu'à nos jours, surtout dans les villages* »[13].

12. L'Empire du Mali est connu pour sa riche tradition de dialogue social. Cette dernière trouvait son enracinement dans les méthodes de dialogue pratiquées au niveau de la famille où l'on assistait fréquemment à une consultation de tous les « hommes »[14]. Cette réunion autour du chef de famille se passait généralement avant ou à l'heure du dîner. Toutes les questions concernant la vie de la famille voire du village étaient discutées sous « l'arbre à palabre » [15]. Cette forme de concertation autour du chef de famille ou du chef de village, voyait généralement soumettre tous les problèmes à l'avis des

---

[12] Tounkara D., Etat et perspectives du dialogue social au Mali, in Auvergnon Ph., Kénoukon Ch. (dir.), *Dialogue social dans les pays de l'espace OHADA et ailleurs dans le monde : la part du droit*, *op. cit.*, p. 257.

[13] Koto-Yerima N.-Z., *La pratique du dialogue social au Bénin : Bilan et perspectives, Friedrich Ebert Stiftung*, 2014, p. 4 et s.

[14] Dans ces réunions, les femmes n'étaient pas conviées et n'avaient pas le droit de parler des problèmes de la famille ; chacune pouvait être informée par son mari la nuit ; cette forme de dialogue social participatif excluait donc de fait les femmes des prises de décision.

[15] Nous faisons ici allusion, à tous les échanges qui se faisaient dans le vestibule sur les questions du village ou sous le hangar du chef de village.

« hommes », la parole étant donnée à tour de rôle par classe d'âge. Les moins anciens ne parlaient qu'après l'avis des plus anciens et ainsi de suite. Ainsi, les décisions prises étaient le résultat d'un consensus familial, tout au moins en partie dès lors que les femmes demeuraient « sous leurs mortiers »[16] ou près de leurs cuisines.

13. Cette forme de dialogue social a survécu au temps et aux événements qui ont affectés le Mali voire l'Afrique. Cette forme de participation à la vie de la cité a été perpétuée par « les maitres de la parole » [17]. Elle constitue une forme de dialogue social encore très pratiquée pour résoudre les conflits entre familles, clans ou même partis politiques. Ce type de dialogue ne concerne néanmoins pas centralement notre recherche.

14. En effet, après l'accession du Mali à la souveraineté nationale, le 22 septembre 1960, une autre forme de dialogue social a vu le jour ; celle-ci ne fut que la résultante de la tentative de mise en œuvre effective des prévisions en matière de négociation collective de la loi française du 15 décembre 1952 portant « Code du travail dans les territoires et territoires associés relevant des ministères de la France d'Outre-mer » (CTOM)[18]. D'après ce Code, « *les personnes exerçant la même profession, des métiers similaires ou des professions connexes, ou la même profession libérale, peuvent constituer librement un syndicat* », *étant précisé que* « *Les syndicats professionnels ont exclusivement pour objet l'étude et la défense des intérêts économiques, industriels, commerciaux et agricoles. Ils jouissent de la personnalité civile et ont notamment le droit d'ester en justice et d'acquérir sans autorisation les biens meubles ou immeubles* »[19].

15. Il convient de noter que le CTOM a par ailleurs institué le droit syndical, le droit de négociation collective, la conciliation et l'arbitrage, en distinguant

---

[16] Le mortier est un instrument traditionnel dans les pays Bamanan au Mali et d'ailleurs on le retrouve un peu partout en Afrique de l'Ouest. Il est taillé en bois de tronc d'arbres par les forgerons et sert à piler le mil ou le
maïs, en tout cas tous les céréales secs que le paysan est sensé utilisé pour nourrir sa famille. Ainsi, il existe au sein de la Cour familial un espace destiné à plier du Mali et c'est dans cet espace que les femmes discutent de l'ensemble de leurs préoccupations.

[17] Il s'agit des griots ou hommes de caste qui ont pour mission de transmettre la parole de leur maitre, les nobles. Ils sont au service d'une famille à laquelle ils sont rattachés par l'histoire et sont fiers de les servir. Il convient de souligner qu'il ne s'agit pas d'esclavage. Le griot a le droit de dire la vérité à son maitre si cela apparaît nécessaire.

[18] *Cf.* not. Laborde J.-P., Retour sur la loi n° 52-1322 du 15 décembre 1952 instituant un Code du travail dans les territoires et territoires associés relevant des ministères de la France d'Outre-mer, in *De l'esprit du droit africain, Mélanges en l'honneur de Paul-Gérard Pougoué*, Wolters Kluwer 2014, p. 437.

[19] BIT, *Les problèmes du travail en Afrique*, Genève 1958, pp. 245-265.

différends individuels et collectifs[20]. La reconnaissance des principes de la liberté syndicale, du droit de grève et de la négociation collective a été reconduite dans le premier Code du travail de 1962 du Mali indépendant[21]. La recherche de consensus s'est imposée de fait par nécessité, imposant la possibilité de recourir à des mécanismes permanents de consultation permettant communication et écoute entre les diverses composantes de la société.

16. L'avènement de la démocratie à la faveur des évènements du 26 mars 1991 et la rédaction d'un nouveau Code du travail en 1992[22] ont favorisé le pluralisme syndical au Mali, tout comme l'adoption de la Constitution du 25 février 1992 qui pose les éléments essentiels d'un dialogue social moderne. A ce jour, ce dernier repose fondamentalement sur le principe de participation et la consécration, à l'article 5 du Code du travail, d'un véritable « *droit à l'expression des travailleurs sur le contenu, les conditions d'exercice et l'organisation du travail à travers les institutions représentatives des travailleurs* »[23]. Outre le principe constitutionnel de participation, plusieurs instruments juridiques internationaux et internes consacrent, garantissent et promeuvent le dialogue social au Mali. Il en résulte donc que le dialogue social a une « signification normative »[24] dans l'ordonnancement juridique du Mali.

17. Il convient de souligner qu'avant les évènements de mars 1991[25], il n'existait au Mali qu'une centrale syndicale, l'UNTM, à laquelle étaient

---

[20] *Cf.* articles 179 à 280 du CTTOM ; BIT, *Les problèmes du travail en Afrique*, *op cit*, p. 279-287.

[21] Loi n° 62-67 ANRM du 12 août 1962 portant Code du travail en République du Mali.

[22] Loi n° 92-020 du 23 septembre 1992 portant Code du travail, modifiée depuis notamment par la loi n°03-037 du 30 décembre 2003 et la loi n° 2011-079 du 29 décembre 2011.

[23] L'article 8 du préambule de la Constitution française dispose que « *tout travailleur participe par l'intermédiaire de ses délégués à la détermination collective de ses conditions ainsi qu'à la gestion des entreprises* ».

[24] *Cf.* Jeammaud A. et Lyon-Caen A., « Suprématie de la Constitution et droit social », *in* M. Troper et D. Chagnollaud (dir.), *Traité international de droit constitutionnel Théorie de la Constitution, Dalloz, 2012, p. 665* (Ces auteurs soulignent qu'il« *est remarquable que le juge constitutionnel ait reconnu signification normative (expression préférable à l'inconsistant « valeur juridique ») à la plupart des alinéas du préambule de la Constitution de 1946 formulant ces « principes politiques, économiques et sociaux* »).

[25] Mars 1991 est considéré comme le point de départ de l'État de droit au Mali. Á cette date, les forces vives du pays composées de l'UNTM, d'associations et mouvements démocratiques clandestins, de l'association des élèves et étudiants du Mali, ont mis la pression sur le régime du Général Moussa Traoré. Il s'est agi d'abord de la grève des élèves pour le paiement de leurs bourses, de celle des travailleurs pour le paiement régulier de leurs salaires et l'augmentation de 100% de ces derniers, puis de l'action des associations démocratiques demandant le multipartisme intégral et la démocratie. La convergence de ces mouvements a eu raison du régime dictatorial de Moussa Traoré ; elle s'est achevée dans un bain de sang et par un coup de force de l'armée qui porta au pouvoir le Colonel Amadou Toumani Touré dit

affiliés tous les syndicats des différentes branches professionnelles. Par la suite, nous avons assisté à une floraison de création de syndicats autonomes. La création de la Confédération Syndicale des Travailleurs du Mali (CSTM) en 1998 a fait que le pluralisme syndical est devenu une réalité au Mali. Ceci a changé la donne quant à la représentation dans les diverses commissions où les syndicats sont représentés au titre, notamment, du tripartisme prôné par le BIT. Les interlocuteurs de l'État étant devenus nombreux, le problème de la représentativité syndicale s'est donc posé au niveau national. Il est d'autant plus réel que le fonctionnement de certains organes consultatifs s'en trouve souvent paralysé ; il en va ainsi, notamment, du Conseil économique, social et culturel.

18. En vue de favoriser le dialogue social au Mali, l'État et l'ex-syndicat unique l'UNTM ont signé en 2001 un accord dénommé « Pacte de Solidarité pour la Croissance et le Développement » auquel la CSTM ne fût pas partie. Ceci a contribué à l'instauration d'un dialogue fécond à l'époque. Mais, avec le pluralisme syndical lié à l'arrivée de la CSTM sur la scène syndicale en 1997, cet espace de dialogue connaît aujourd'hui une panne dès lors que la participation de la CSTM, de la Confédération Malienne du Travail (CMT) et de la Centrale Démocratique des Travailleurs du Mali (CDTM) au fonctionnement des différentes institutions dans lesquelles les syndicats sont représentés, n'est pas effective. Cette situation met sérieusement en cause le fonctionnement régulier de certaines commissions consultatives ; l'État a souvent des problèmes pour réunir l'ensemble des acteurs autour d'une seule table de négociation. Les enjeux de représentativité apparaissent donc avec force dans le domaine de la négociation collective.

19. Au-delà des questions de représentation collective, le dialogue social est aujourd'hui largement accepté, dans son principe, par les organisations de travailleurs dès lors que le nouveau contexte politique leur permet de développer avec les autres partenaires (État et employeurs privés) un véritable dialogue social. Cette volonté a été réaffirmée lors de l'atelier national organisé par le BIT/PRODIAF sur le dialogue social[26]. Les organisations syndicales de travailleurs ont reconnu que rechercher le consensus fait partie de leur but au travers du dialogue social et qu'il fallait privilégier la négociation à la confrontation. Le Secrétaire général de l'UNTM a ainsi

---

ATT. La conférence nationale organisée en 1992 s'est prononcée pour une nouvelle Constitution, celle du 25 février 1992, et a recommandé l'adoption d'un nouveau Code du travail, celui du 23 septembre 1992.

[26] Le BIT a mis en place un programme de promotion du dialogue social en Afrique (PRODIAF) 1997. Ce programme avait pour objectif de promouvoir le dialogue social et de faciliter la consultation des acteurs sociaux. A cet effet, le BIT a mené plusieurs formations dans divers pays.

estimé que « *la négociation est la force des arguments tandis que la confrontation est l'argument de la force* »[27].

20. Désormais, il ne s'agit plus de revendiquer de meilleures conditions de travail sans se préoccuper de la situation économique des entreprises et du pays. Les organisations de travailleurs entendent placer leurs revendications dans un cadre concerté à condition d'avoir, avec les autres partenaires, des discutions sincères sur la base d'informations objectives.

21. Au-delà même des négociations sur les conditions de travail, les organisations de travailleurs veulent être associées à la formulation des politiques économiques et sociales ayant des incidences directes sur les conditions de vie de leurs adhérents ; le dialogue social est ainsi conçu comme un processus dynamique de transformation et de renouveau des relations professionnelles, basé sur une plus grande responsabilisation des acteurs ainsi que sur partage des informations.

22. Notre constat est que, malgré tous les engagements et mécanismes développés, les conflits du travail n'ont cessé de s'amplifier ; ceci dénote assurément un manque de dialogue ou une panne du dialogue social au Mali. À titre indicatif, un total de trente-cinq préavis de grève a été enregistré en 2009, uniquement dans le secteur public[28]. Ceci témoigne du fait que les acteurs sociaux continuent d'opter en pratique plus pour la confrontation que pour le dialogue, que la question de l'effectivité et de l'efficacité de l'organisation du dialogue social au Mali est posée. La situation n'a pas changé de 2009 à nos jours, avec sensiblement le même nombre de préavis de grève par an. Le secteur privé connait des données chiffrées équivalentes à celles du secteur public en termes de préavis de grève.

23. Pour salvatrice que soit l'œuvre du législateur de consécration et de promotion du droit en matière de dialogue social, « *il n'en demeure pas moins que cet exercice ne sera viable qu'à la condition expresse que la règle revête un caractère effectif et efficace. En effet, l'important, pour emprunter une formule fort heureuse de la Cour européenne des droits de l'homme, n'est pas de consacrer « des droits non pas théoriques ou illusoires mais des droits concrets et effectifs* »[29]. Or, à l'examen de l'état actuel du dialogue social, un certain nombre d'insuffisances, de limites, de carences, de manquements et d'aspects lacunaires se font jour. Ceux-ci appellent *de lege ferenda* certainement des correctifs mais aussi sans doute une refondation du dialogue

---

[27] *Cf.* Saka Diakité, Secrétaire général de l'UNTM de 1997 à 2014.

[28] *Cf.* Rapport du Comité national du dialogue social, Direction nationale du Travail du Mali, 2009.

[29] CEDH, Airey c/Irlande du 29 octobre 1979, requête n° 6289/73.

social. Cette question relève, en partie, du champ juridique, « à tout le moins de la mobilisation du droit, de son application, de son effectivité »[30]. Au-delà de ces constats préliminaires concernant le seul Mali, il n'apparaît pas inutile de faire quelques comparaisons avec la situation en la matière des pays de l'Afrique de l'Ouest. Échappent-ils aux questions soulevées au Mali ?

III. EVOLUTION DU DIALOGUE SOCIAL EN AFRIQUE DE L'OUEST

24. La sous-région ouest africaine a connu des péripéties voisines, si ce n'est identiques, à celles vécues au Mali, qu'il s'agisse du Sénégal, de la Cote d'Ivoire ou du Burkina Faso, pour ne citer que ceux-ci. Le dialogue typiquement africain a, pendant longtemps, privilégié l'écoute et le compromis jusqu'à l'adoption des différents textes législatifs évoqués ci-dessus, notamment le Code des Territoires d'Outre-mer et les différents codes du travail adoptés après les indépendances. Chaque pays a développé au fil du temps un dialogue social propre aux réalités de son territoire. Ces textes ont tous réglementé les procédures de règlement des différends et reconnu la liberté syndicale, le droit de grève et le droit de négociation collective qui sont d'ailleurs aujourd'hui des principes consacrés par les Constitutions de tous les pays de l'Afrique de l'Ouest francophone[31].

25. Il convient de souligner que les pays africains en question, en particulier ceux de la zone UEMOA, doivent faire face à d'importants défis : lutte contre la pauvreté, développement du chômage et sous-emploi, accroissement démographique, dynamique de l'intégration sous régionale, bouleversements liés à la globalisation. Dans ce contexte, les relations entre les différents acteurs, en particulier ceux du monde du travail, connaissent des tensions et des incompréhensions fréquentes ; les conséquences sur la paix sociale, sur la compétitivité des entreprises et le développement de l'économie nationale sont souvent énormes.

26. Ces pays ont en commun d'avoir décidé de promouvoir le dialogue social comme mode de gestion des relations professionnelles aussi bien dans le secteur privé que dans la Fonction publique. Ceci s'est traduit au plan juridique par la création de cadres institutionnels destinés à favoriser la pratique du dialogue social et la concertation entre les parties autour des

---

[30] Tounkara D., Etat et perspectives du dialogue social au Mali, in Auvergnon Ph., Kénoukon Ch. (dir.), *Dialogue social dans les pays de l'espace OHADA et ailleurs dans le monde : la part du droit*, *op. cit.*, p. 258.

[31] Articles 19, 20 et 21 de la Constitution du 25 février 1992 du Mali ; voir aussi l'article 20 de la Constitution du Sénégal du 22 janvier 2001.

questions économiques et sociales d'intérêt commun. Ces pays ont, en outre, procédé à la ratification des principales conventions de l'OIT relatives au dialogue social. Par exemple, au Sénégal, le DSCRP (2006-2010)[32] s'est fixé entre autres comme objectif de promouvoir le dialogue social par le renforcement de son cadre institutionnel et de ses mécanismes tant au plan bipartite que tripartite.

27. Ils convient ici de souligner que tous ces pays, membres de l'OIT, prônent le tripartisme développé par cette organisation, et le dialogue bipartite au niveau des entreprises. Ceci a notamment conduit à ce que le BIT au travers, notamment, de son programme PRODIAF, ait mis en œuvre depuis 1997, d'importantes actions visant à promouvoir une approche de partenariat au niveau des pays de l'Afrique francophone, des bailleurs de fonds et des organisations d'intégration sous régionale, à travers la réalisation d'études nationales sur la situation du dialogue social et la coopération tripartite[33].

28. À l'échelle communautaire, le dialogue social a commencé à être organisé dans le cadre de l'UEMOA avec l'adoption de l'acte additionnel du 17 mars 2009[34]. Ainsi, « *Réagissant à la demande insistante des partenaires sociaux à l'occasion de rencontres sous régionales, la Conférence des Chefs d'État et de Gouvernement a, par l'acte susvisé donné naissance au Conseil du travail et du dialogue social (CTDS). Il s'agissait ainsi de se doter d'un organe permettant l'implication effective des partenaires sociaux et de la société civile dans le processus d'intégration régionale. Par cette voie, on tente aujourd'hui d'encourager le dialogue social dans un contexte particulièrement difficile marqué par des crises sociales profondes. Précisément, il est assigné au CTDS la mission d'examiner et d'apprécier des questions ayant un impact social dans l'espace UEMOA. A l'actif de ce Conseil, il est notamment à signaler l'adoption d'une Déclaration sur les crises sociales dans l'espace communautaire en 2013* »[35].

29. Cet élan communautaire a « boosté » la création dans les pays de l'UEMOA, des Conseils nationaux de dialogue social (CTDS)[36]. Outre ces derniers et le CTDS propre à l'UEMOA[37], le dialogue social est aussi envisagé

---

[32] DSCRP : Document de stratégie pour la croissance et la réduction de la pauvreté au Sénégal (2006-2010).
[33] *Cf.* not. Samaila I., *Diagnostic des organes du dialogue social dans cinq pays de l'UEMOA* », PRODIAF, 2009, p. 5.
[34] Acte additionnel n° 02//CCEG/UEMOA du 17 mars 2009.
[35] *Cf.* Conseil des ministres de l'UEMOA, Déclaration dite de Ouagadougou du 7 décembre 2013.
[36] Depuis 2009, presque tous les Etats membres de l'UEMOA ont mis en place une instance nationale de dialogue social dont le nom diffère toutefois selon le pays.
[37] Thiam B., Le Conseil du travail et du dialogue social de l'UEMOA : missions, contraintes, défis et perspectives, in Auvergnon Ph. et Kénoukon Ch. (dir.), *op. cit.*, p. 119 et s.

dans un autre cadre régional, celui de la Communauté Économique des États d'Afrique de l'Ouest (CEDEAO). Celle-ci s'est dotée, en 2013, d'un Forum tripartite du dialogue social[38]. *Via* ces conseils, les États africains attendent des acteurs sociaux recommandations et avis sur les mesures urgentes à adopter tant sur le plan économique que social. En ces temps de crises, aucune organisation régionale ou sous régionale ne peut ignorer ce type d'outil qui permet de donner la parole à ceux qui jusqu'alors n'avaient bien souvent pas le pouvoir d'influencer des décisions les intéressant au premier chef. Il est permis de penser que l'Organisation pour l'harmonisation du droit des affaires en Afrique (OHADA) a elle-même certainement un rôle à jouer en la matière, y compris en prenant en compte le fait que le dialogue social engendre une revivification des sources du droit[39]. L'OHADA peut « rendre plus visibles les questions agitées au sein des structures communautaires existantes, en traduisant dans des dispositions uniformes contraignantes les solutions dégagées de manière consensuelle »[40]. Ceci apparaît d'autant plus important que « *les pouvoirs publics ainsi que les organisations d'employeurs et de travailleurs ne semblent pas toujours avoir la volonté de dialoguer, de négocier, de trouver des compromis constructifs. Sans parler de situations délétères résultant de conflits armés, d'instabilités politiques ou d'une corruption érigée en système, au sein d'un certain nombre d'États de la région prévaut parfois encore une conception du pouvoir peu favorable à l'écoute des revendications sociales des travailleurs et des besoins des acteurs économiques* »[41].

30. En toute hypothèse, il faut privilégier le dialogue social comme moyen de prévention et de gestion des conflits plutôt que le recours systématique à la confrontation comme méthode de leur résolution. Il n'en reste pas moins que son état actuel témoigne assurément pour le moins d'une crise de confiance entre les principaux acteurs, crise à laquelle il convient de répondre, sauf à penser qu'il s'agit plus généralement et partout « d'une crise de la représentation collective »[42]. A ce propos qu'en est-il de l'évolution en Europe et, notamment en France, du dialogue social et de son influence en Afrique, voire au Mali ?

---

[38] *Cf.* Règlement c/reg13/06/13 portant création du forum régional du dialogue social tripartite de la CEDEAO (http://www.ecowas.int/wp-content/uploads/2015/02/13Social _Tripartite.pdf).

[39] Sossa D. C., Dialogue social : analyse et point de vue de l'OHADA, in Auvergnon Ph. et Kénoukon Ch. (dir.), *op. cit.*, p. 109 et s.

[40] Cissé-Niang A., Dialogue social : quelques pistes d'échanges sur un concept à géométrie variable et des pratiques polymorphes, *op. cit.*, p. 23

[41] Auvergnon Ph., Kénoukon Ch., Présentation, *op. cit.*, p. 12.

[42] Auvergnon Ph. « La représentation collective en droit social : une perspective comparative », *in La représentation collective en droit social,* Actes du séminaire international de droit comparé du travail et de la sécurité sociale, Bordeaux, 2004, p. 7.

IV. DU DIALOGUE SOCIAL EN FRANCE ET EN EUROPE

31. Nous devons nous intéresser au dialogue social au niveau européen à titre illustratif mais plus spécifiquement au dialogue social en France du fait de l'influence historique, politique et normative de ce pays sur le droit du travail malien. Toutefois on n'oubliera pas de rappeler que la notion de dialogue social apparaît d'abord en droit international. Il est en effet apparu particulièrement indispensable, notamment aux rédacteurs du traité de Versailles, de dégager des modalités d'action en ce sens pour les acteurs sociaux entendus des organisations d'employeurs et de travailleurs[43].

32. En France, la notion a été utilisée pour la première fois dans un décret de 1925 portant constitution du Conseil d'État et dans une loi du 21 juin 1936 prévoyant la faculté pour le ministre de Travail d'étendre les effets d'une convention collective de branche conclue entre des organisations dites « plus représentatives »[44]. Par la suite, le dialogue social, comme ailleurs, s'est déployé hors du champ de la seule négociation collective sur des espaces de participation et de gestion touchant aux questions économiques et sociales au niveau national, régional ou local.

33. Selon Madame Valérie Lacoste-Mary, « une première précision s'impose. Le dialogue social français repose sur un droit constitutionnel. L'article 8 du préambule de la Constitution de 1958 proclame : « *Tout travailleur participe, par l'intermédiaire de ses délégués, à la détermination collective des conditions de travail ainsi qu'à la gestion des entreprises* ». La loi du 13 juillet 1971 a reconnu explicitement un droit des travailleurs à la négociation collective. Les délégués auxquels la Constitution fait référence, ont été « hiérarchisés ». En effet, si le droit français a mis en place une représentation des salariés diversifiée, il donne néanmoins la primeur aux syndicats les plus représentatifs en tant qu'acteurs principaux du dialogue social. Le système de représentativité syndicale est donc un pilier du dialogue social en France[45]. On

---

[43] Le Traité de Versailles est un traité de paix signé le 28 juin 1919 entre l'Allemagne et les Alliés à l'issue de la première guerre mondiale et promulgué le 10 janvier 1920. Il annonce la création de la Société des Nations (SDN) et détermine les sanctions prises à l'encontre de l'Allemagne. Celle-ci, qui n'est pas représentée au cours de la conférence, est amputée de certains territoires et privée de ses colonies, et astreinte à de lourdes réparations économiques et à d'importantes restrictions de sa capacité militaire ; voir notamment l'article 389 du Traité de Versailles, disposition reprise par l'OIT à l'article 3 § 5 de sa Constitution.

[44] *Cf.* Article 389 du Traité de Versailles du 28 juin 1919.

[45] Le système français est passé d'un système de représentativité présumée de manière irréfragable à un système de représentativité bâtie sur des critères mouvants et toujours susceptibles d'être remis en question de façon périodique. Contrairement à une idée reçue, la notion de syndicats « les plus représentatifs » est apparue dans le Traité de Versailles dans son article 389 en 1919, disposition reprise par l'OIT à l'article 3 § 5 de sa Constitution. En

touche ici à un paradoxe. En effet, le dialogue social en France est centré sur les syndicats dont le nombre d'adhérents reste l'un des plus bas des pays de l'OCDE[46], mais dans le même temps, le mécanisme d'extension des conventions et accords collectifs de travail en France fait bénéficier 98% des salariés d'une couverture conventionnelle[47]. La représentativité syndicale/patronale octroie le droit d'être présent dans des instances hors de l'entreprise où se manifeste également le dialogue social »[48].

34. Au sein de l'Europe, le système français de relations sociales, tient une place singulière. Alors que le mode dominant de régulation est fondé sur la concertation sociale par l'équilibre entre la partie patronale, les organisations syndicales et l'État, la France est le pays dans lequel « *les relations de travail sont les plus déséquilibrées. Les organisations représentatives des salariés comme d'employeurs sont parmi les plus faibles d'Europe, et la place des règles construites par les partenaires sociaux est réduite à la portion congrue par rapport à la réglementation émanant de l'État* »[49].

35. Cette originalité est historique. C'est l'État qui assure encore l'essentiel de la régulation. Il existe, *de facto*, un dialogue social éclaté. Cet éclatement est le résultat d'une méfiance réciproque des acteurs, source de difficultés récurrentes de la négociation collective ; le Commissariat général au Plan français rendait bien compte de cette difficulté, dans un rapport de 1998, en indiquant que « *les débats actuels sur le contenu de la négociation collective, le rôle respectif de la loi et de l'accord et la fonction des différents niveaux de la négociation sont loin de constituer de simples prolongements de débats anciens : ils ont en réalité pour enjeu une mutation de notre système de relations professionnelles, dont le caractère radical se mesure au fait qu'elle pourrait aboutir à la reconnaissance de l'entreprise comme lieu privilégié de la négociation collective* » [50].

36. Il convient ensuite de préciser que le système français de la représentation collective s'est longtemps caractérisé par « un dualisme » : « *une représentation syndicale hors de l'entreprise et une représentation élective*

France, la notion est introduite en 1925 pour la constitution du Conseil national économique et reprise au travers de divers textes sur les conventions collectives, sur la liste des candidats aux conseils de prud'hommes, et en 1968 sur l'exercice du droit syndical.

[46] La faible adhésion syndicale est le fruit de multiples facteurs dont le désintéressement des salariés n'est que l'une des causes.

[47] Le bilan chiffré apparaît satisfaisant ; à titre indicatif, 36 500 accords d'entreprise et 951 accords de branche ont été signés en 2014 (*Cf.* not. Lacoste-Mary V., L'espace du dialogue social en France, in Auvergnon Ph. et Kénoukon Ch. (dir.), *op. cit.*, p. 391).

[48] Lacoste-Mary V., L'espace du dialogue social en France, *op. cit.*, p. 389.

[49] Jacot H. et Bailbé B. (dir.), *Démystifier le dialogue social*, Éd. d'Organisation, Paris 1998, pp. 23-46.

[50] *Idem.*

dans l'entreprise d'une part et d'autre part, une double représentation dans l'entreprise, élective depuis 1936 et 1945 »[51] et une négociation collective éloignée de l'entreprise jusqu'à la loi du 13 novembre 1982 ayant instauré une obligation de négocier dans l'entreprise. Cette loi a eu pour effet de déplacer le centre du système de négociation vers l'entreprise et de susciter une demande de négociation du fait des directions d'entreprises et d'établissements.

37. Le dialogue social en France est également marqué « par un faible taux de syndicalisation avec 10% en 1990 »[52]. Ce taux qui est aujourd'hui descendu autour de 7 ou 8%, dont seulement 5% dans les entreprises privées, fait « figure de « nain syndical » en Europe. Il est vrai que les données relatives aux adhésions ne mesurent pas l'audience et l'influence réelles des organisations auprès des salariés. Il est vrai également qu'en France l'adhésion est entièrement volontaire »[53].

38. Selon Monsieur François Petit, « *L'univers français du dialogue social serait-il en révolution ? La force de gravité qu'exerce la loi se serait réduite, la négociation collective tendrait à se décentraliser et le bruit de fond de l'espace ferait du Code du travail le serviteur des politiques économiques*[54]. *La mécanique du système reste pourtant gouvernée par les forces fondamentales de l'autonomie collective et de l'ordre public, et les trajectoires des grands corps*[55] *patronaux et syndicaux ne semblent pas avoir été tellement affectées par leur relégitimation démocratique* »[56].

39. Les premières innovations en la matière ont consisté à obliger les partenaires sociaux à négocier sur des points particuliers. Ainsi, « *la loi du 13 novembre 1982 a créé l'obligation de négocier sur certains thèmes, innovation qui explique en grande partie le développement de la négociation*

---

[51] Auvergnon Ph., La représentation collective en droit social : une perspective comparative, *op. cit.*, pp. 7-23.
[52] Jacot H. et Bailbé B. (dir.), *op. cit.*, p. 31.
[53] *Idem.*
[54] Ainsi il s'agirait principalement : « *de développer la négociation et les accords entre les employeurs et les syndicats afin qu'ils puissent jouer un rôle plus important dans la définition de la loi* » (*Cf.* M. de Virville, « *Pour un Code du travail plus efficace* », rapport au ministre des affaires sociales, du travail et de la solidarité, *LdF* Paris 2004, 117 p.) ; dans une telle perspective, préalablement à la loi n° 2016-1088 du 8 août 2016 relative au travail, à la modernisation du dialogue social et à la sécurisation des parcours professionnels, dite « loi travail », une commission d'experts avait été chargée de présenter des propositions au gouvernement ayant « *pour objectif de donner une place centrale à la négociation collective et d'élargir ses domaines de compétence et son champ d'action* ».
[55] *Cf.* P. Rosanvallon, *Histoire moderne et contemporaine du politique*, cours au Collège de France, « Les corps intermédiaires dans la démocratie », 2002.
[56] Petit F., Les transformations du dialogue social en France, *in* Auvergnon Ph. et Kénoukon Ch. (dir.), *op. cit.*, p. 403. ; loi n° 2008-789 du 20 août 2008 portant rénovation de la démocratie sociale et réforme du temps de travail, *JORF* n° 0194 du 21 août 2008, p. 13064.

collective de ces trente dernières années en France. Même si la multiplication des obligations de négocier contredit la notion d'autonomie collective, il est certain que ces obligations jouent un rôle moteur du dialogue social. Elles sont bien connues et acceptées des entreprises et la question est moins de savoir s'il faut les intensifier ou les renforcer par de nouveaux objets de négociation que de déterminer les objets ouverts à la négociation d'accords dérogatoires, c'est-à-dire destinés à assouplir la règle fixée par la loi »[57]. Ainsi, au-delà des techniques, on peut constater que le dialogue social en France se transforme surtout par le renouvellement de ses objets comme des formes de la négociation[58].

40. On peut enfin observer que l'ouverture du champ du dialogue social se manifeste également en France par « *l'apparition de la négociation collective dans la fonction publique. Certes, les agents qui sont au service des collectivités publiques ne sont pas assujettis au droit du travail. Ils sont soumis à un statut réglementé par la loi, non négocié, où les syndicats jouent un rôle limité. Un certain paritarisme s'exprimait toutefois de plus en plus, depuis l'établissement de comités techniques paritaires, que l'autorité administrative devait consulter dans certains domaines et qui rendait des avis, des propositions et des recommandations, mais sans que l'administration ait l'obligation de les suivre. Le modèle s'est fissuré ensuite quelque peu, car des réformes ont nécessité des négociations préalables avec les syndicats, même si les accords conclus sur cette base n'avaient encore jamais été reconnus comme ayant une force juridique quelconque* »[59].

41. La loi du 20 août 2008 portant rénovation de la démocratie sociale constitue un point de départ assez important dans l'appréciation de la représentativité des organisations et un tournant majeur du dialogue social en France. On reviendra nécessairement sur ce débat dans les développements ultérieurs au cours de notre recherche. Cette loi rénove en profondeur les règles de présentabilité des organisations syndicales, les modalités des élections professionnelles et de représentation de la section syndicale ainsi que les règles en matière de financement, de négociation collective et de validité des accords[60].

42. Enfin, on doit rappeler que les partenaires sociaux jouent un rôle essentiel au côté de l'État dans la gestion des organismes sociaux comme *Pôle emploi*

---

[57] Petit F., Les transformations du dialogue social en France, *op. cit.*, p. 403.
[58] Aucune obligation de négocier n'existe à notre connaissance dans les législations des pays d'Afrique de l'Ouest, à ce jour.
[59] CE, 27 octobre 1989, Syndicat national des ingénieurs des études et de l'exploitation de l'aviation, *Recueil Lebon*, 1989, p. 766.
[60] *Cf.* not. Négociation collective en 2011, Bilans et rapports du ministère du Travail, de l'emploi et de la santé, p. 199.

ou la gestion de l'assurance chômage au sein de l'*Unedic*[61]. Il faudrait également ajouter que les syndicats les plus représentatifs siègent dans les conseils d'administration de la caisse d'assurance maladie et des institutions de protection sociale complémentaire. Plus largement, les partenaires sociaux sont acteurs dans des instances de l'Union européenne ou internationales comme de l'OIT, par exemple. De façon générale, on doit souligner qu'aujourd'hui le Code du travail français consacre son chapitre préliminaire au dialogue social[62]. Qu'en est-il dans d'autres pays européens ?

43. Il peut sembler curieux pour des juristes spécialisés en droit du travail, de s'interroger sur les références à des pays européens à propos du dialogue social au Mali. Outre la question d'une permanence de l'influence de pays anciennement colonisateurs, ceci s'explique par le fait que la plupart des pays industrialisés ont une antériorité en la matière et dispose de systèmes aussi divers que sophistiqués de représentation collective.

44. Pour qui « *observe les mécanismes institutionnels, politiques et juridiques de la construction européenne, le dialogue social s'offre comme un concept protéiforme. On peut en effet distinguer différentes figures qui correspondent en vérité à des fonctions différentes du dialogue social dans le processus de la construction européenne. On peut noter quatre « figures » : le dialogue social constitue depuis plusieurs années un élément du processus d'élaboration de la législation communautaire ; il est aussi - ou tend à être - un outil de gouvernance politique au niveau européen ; par ailleurs, le dialogue social se présente ou peut se présenter comme un instrument de mise en œuvre de l'action communautaire ; il constitue enfin un objet de réglementation européenne des relations de travail dans les entreprises* »[63]. Pour compléter notre analyse, nous allons faire une description sommaire des systèmes nationaux de dialogue social qui se limitera au cas de l'Espagne, de l'Allemagne et du Royaume-Uni pour conforter le lien entre les systèmes juridiques au sein de l'UE.

45. En Espagne, depuis la transition démocratique débutée en 1975 avec la mort du général Franco, « *une politique de dialogue et de « concertation*

---

[61] Depuis 1958, la loi confie aux partenaires sociaux la responsabilité de gérer l'Assurance chômage en France. Les partenaires sociaux (Medef, CGPME et UPA côté patronal, CFDT, CFE-CGC, CFTC, CGT et CGT-FO côté salariés) ont la responsabilité de déterminer par la négociation le montant des cotisations, les règles d'indemnisation (conditions d'ouverture de droits, montant et durée du versement de l'allocation) ainsi que la nature des différentes aides aux allocataires.

[62] Dans le chapitre préliminaire du Code du travail français, les articles L1, L2 et L3 sont consacrés au dialogue social et font de la consultation des partenaires sociaux un préalable.

[63] Martin Ph, « Dialogue social et régulation juridique. Une problématique européenne » in Martin Ph (dir.). *Le dialogue social, modèles et modalités de la régulation juridique en Europe, droit européen*, Presses universitaires de Bordeaux 2007, *op. cit.*, p. 32.

sociale » et de recherche d'accord avec les syndicats les plus représentatifs a été développée. Elle a été accompagnée et facilitée par le passage d'un syndicalisme de type révolutionnaire à un syndicalisme de négociation. Il n'y a pas qu'en Espagne que le dialogue et la concertation sociale sont aujourd'hui envisagés essentiellement comme des techniques permettant l'acceptation préalable des dispositions de la loi par ses destinataires ; toutes sortes de procédés de type plus ou moins conventionnel préparant la procédure parlementaire d'approbation de la loi sociale, ont ainsi aujourd'hui le vent en poupe. La négociation de toute ou partie d'une loi sociale est un signe distinctif des pratiques néo-corporatistes actuelles. Malgré les critiques développées, notamment au titre de la séparation des pouvoirs, de telles tendances se sont imposées ; on ne rappellera pas ici l'importance qui leur est accordées, y compris en droit social de l'Union européenne »[64].

46. L'une des caractéristiques des relations sociales de travail dans l'Espagne de l'après franquisme, a été d'être traversée par la recherche d'un pacte social. On y trouve une négociation centralisée qui est en fait une concertation tripartite. Cette situation a continué jusqu'en 1994. A partir de là, les organisations syndicales ont pris acte de leur incapacité à s'opposer aux réformes du marché du travail. Elles ont de ce fait abandonné « un syndicalisme de confrontation ou de concertation centralisée et globale, elles font le pari d'un modèle de syndicalisme basé sur le dialogue » [65]. Une innovation majeure a en effet eu lieu en 2004 avec la signature d'un accord-cadre, passé en début de législature par le Gouvernement et les partenaires sociaux. Cet accord a été rédigé à « *l'initiative du Gouvernement mais à l'issue de discussions tripartites approfondies, il intégrait d'une part un diagnostic sur les défis à relever dans le champ économique et social, d'autre part un agenda de réformes présenté par thèmes, et, pour ces thèmes, la répartition entre les champs réservés au bipartisme ou au tripartisme dès lors que le sujet implique l'État, singulièrement du fait des conséquences sur les finances publiques* »[66]. Il s'agit bien d'une évolution majeure dans le dialogue social dans ce pays.

47. En Espagne, il existe aujourd'hui une longue tradition de concertation et de dialogue social, selon des procédures plus ou moins formalisées. A partir du *Pacte de la Moncloa* d'octobre 1977, le dialogue et la concertation sociale ont contribué à légitimer le changement de régime. Ils ont joué un rôle important dans la consolidation d'une démocratie balbutiante et précaire. En

---

64 Gil y Gil J-L., Le dialogue social en Espagne *in* Auvergnon Ph. et Kénoukon Ch. (dir.), *op. cit.*, p. 415.
65 Vincent C., Les enjeux du dialogue social en Espagne, *Revue de l'IRES*, 2003, pp. 178-203.
66 *Idem*, p.427.

Espagne, « *le système repose sur un grand pragmatisme et sur une absence de formalisme : en témoigne notamment la succession de différentes périodes de pratiques très différentes des partenaires sociaux. Parfois, le dialogue social a triomphé ; parfois, la confrontation a dominé la scène. Mais, en regardant ce qui s'est passé en Espagne depuis la mort du général Franco, on peut conclure que le dialogue social a contribué à consolider la démocratie, à préserver la paix sociale et à légitimer les réformes du Droit du travail et de la Sécurité sociale pour faire face à la mondialisation et à la crise économique* »[67].

48. A la différence du droit européen, le droit allemand du travail pour sa part n'utilise pas le terme de « dialogue social » pour caractériser un certain type de procédures de négociation sur les intérêts divergents des employeurs et des salariés, au sein des relations de travail. Les relations industrielles, en Allemagne « *sont basées sur un système dual de « négociation sociale » : une partie constituée de la négociation collective entre les syndicats de salariés et les employeurs pris individuellement ou les associations d'employeurs, tandis que l'autre partie est constituée par la représentation élue des salariés au sein des conseils d'entreprise, au niveau de l'établissement. Le terme dialogue social n'apparait ni dans le droit de la négociation collective, la législation relative aux accords collectifs de travail ni dans le droit de la représentation des salariés, la loi sur la constitution du conseil d'entreprise. Ainsi, le dialogue social, ne renvoie pas à un type particulier de relations entre les représentants des salariés et les employeurs ou leurs propres représentants* »[68]. Il s'agit bien d'une particularité et dénote de la diversité des systèmes au sein de l'UE. Ainsi, la loi sur la constitution du conseil d'entreprise est largement orientée vers la résolution du conflit par la voie du dialogue entre les deux parties (employeurs et salariés) conçu comme des « partenaires sociaux ». La situation est-elle différente au Royaume Uni ?

49. Dans le système des relations industrielles britanniques, « *les formes de démocratie industrielle typique que l'on peut considérer comme traditionnelles sont : les négociations collectives et les conventions collectives ; et les informations devant être communiquées par l'employeur dans les négociations collectives, et les Works councils* »[69]. Les *Works councils* sont des organismes de représentation des travailleurs existant dans certaines entreprises britanniques ; ils ont leur mot à dire sur la gestion de l'entreprise même si cette voix s'avère plus ou moins influente dès lors que

---

[67] Gil y Gil J-L., Le dialogue social en Espagne, *op. cit.*, pp. 432- 433.

[68] Mühhlbach T., Le dialogue social en Allemagne : l'équilibrage du système dual de relations industrielles, in Martin Ph (dir.), *Le dialogue social, modèles et modalités de la régulation juridique en Europe, droit européen*, *op. cit.*, p. 249.

[69] Carby-Hall J., Démocratie industrielle et concept de partenariat en Grande Bretagne, in Martin Ph (dir.), *op. cit.*, p. 322.

l'employeur n'est pas obligé de tenir compte de l'opinion des salariés ou des syndicats. Il faut observer par ailleurs que le domaine des négociations et des conventions collectives n'est presque pas réglementé par la loi. En dehors de « *quelques dispositions législatives de moindre importance et de quelques règles jurisprudentielles, les partenaires sociaux ont une liberté totale de négocier n'importe quel sujet qui tombe dans le domaine des relations industrielles* »[70]. Les tendances actuelles du dialogue social en Grande Bretagne confirment que la législation britannique sur l'information et la consultation des travailleurs ne concerne que certains domaines limités tels que la sécurité et la santé au travail. C'est en fait sous l'influence de la législation européenne que le Royaume-Uni a commencé à voir se développer « une forme de dialogue social élargi »[71].

50. Il convient de noter que ces différentes expériences de dialogue social ont fortement inspiré les pratiques de dialogue social en Afrique, voire au Mali. Après avoir rappelé ces pratiques du dialogue social en Europe, il nous revient de déterminer le champ d'application et l'objet de notre recherche, les enjeux socio-économiques et culturels qui entourent le dialogue social au Mali, l'état des lieux, les difficultés et les points de blocage, les causes de ces derniers, avant enfin d'envisager les voies et passage obligés vers un meilleur fonctionnement du dialogue social au Mali.

V. CHAMP ET OBJECTIF DE LA RECHERCHE

51. La présente étude sur le dialogue social au Mali portera essentiellement sur son encadrement normatif et sur sa pratique quotidienne. Elle passera par l'identification des enjeux réels qui fondent les acteurs à croire qu'il peut y avoir un vrai dialogue entre eux au-delà des contingences et des turpitudes que le monde du travail a traversé depuis l'indépendance et vit de nos jours. Nous interrogerons les différentes formes de ce dialogue qui peine à décoller au niveau national comme de l'entreprise. Nous examinerons les modes actuelles de gestion des conflits collectifs ainsi que de la négociation collective, le vécu mais aussi les changements à opérer au plan normatif aussi bien dans le secteur privé que dans la Fonction publique. Notre recherche inclura forcément les questions de liberté syndicale, de négociation collective, de droite de l'action collective, droit de grève et de lock-out, ainsi que la représentativité des organisations syndicales en fonction des niveaux de négociation, question aujourd'hui centrale.

---

70 *Idem.*

71 *Ibidem*, p. 338.

52. L'exercice du droit de grève se trouve lui-même souvent menacé. Les enjeux de la représentativité apparaissent avec force dans le domaine de la négociation collective. Désormais, il ne s'agit plus de revendiquer de meilleures conditions de travail sans se préoccuper de la situation économique des entreprises et du pays. Les organisations de travailleurs veulent bien placer leurs revendications dans un cadre de concertation à condition d'avoir avec leurs partenaires des discutions sincères sur la base d'informations objectives. Mieux, au-delà des négociations sur les conditions de travail, les organisations de travailleurs veulent être associées à la formulation des politiques économiques et sociales qui ont des incidences directes sur les conditions de vie des travailleurs dans les différents secteurs d'activités économiques. Notre constat sur la question récurrente de gestion des conflits du travail qui ne cessent de s'amplifier témoigne de l'intérêt que l'étude de ce thème présente pour une vision concertée du développement économique et de la cohésion sociale.

53. Après avoir interrogé la législation et les pratiques, nous nous intéresserons aux modifications normatives qui sont nécessaires pour faire avancer le dialogue social au plan national mais aussi au niveau de l'entreprise ainsi les points de dynamisation possible du dialogue social, ceci à un moment où les acteurs sociaux estiment unanimement que notre dialogue social est « quasi-ornemental »[72]. Cet état de fait nous incite dans le cadre de cette étude à interroger les mécanismes existants afin d'apporter notre contribution à l'amélioration du système dans la Fonction publique comme dans le secteur privé.

54. Notre étude ne s'intéressera aux relations individuelles de travail que lorsqu'elles interfèrent avec la régulation collective, ainsi notamment des licenciements collectifs de travailleurs. Les références au dialogue social dans la région ouest africaine interviendront à titre de simple éclairage comparatif, au travers notamment des débats et choix qui ont entourés l'avant-projet d'acte uniforme OHADA relatif au droit du travail[73] ou bien de ceux liés au projet de

---

[72] Tounkara D, « Etat et perspectives du dialogue social au Mali » in Auvergnon Ph., Kénoukon Ch. (dir.), *Dialogue social dans les pays de l'espace OHADA et ailleurs dans le monde : la part du droit*, *op., cit*, p.266.

[73] L'Organisation pour l'Harmonisation en Afrique du Droit des Affaires réunit aujourd'hui dix-sept États d'Afrique centrale et de l'ouest (Bénin, Burkina Faso, Cameroun, Comores, Congo, Côte d'Ivoire, Gabon, Guinée Bissau, Guinée, Guinée Equatoriale, Mali, Niger, République Centrafricaine, République démocratique du Congo, Sénégal, Tchad, Togo). L'objectif de l'OHADA est la « facilitation des échanges et des investissements, la garantie de la sécurité juridique et judiciaire des activités des entreprises ». Les actes uniformes de l'OHADA visent à « propulser le développement économique et créer un vaste marché intégré afin de faire de l'Afrique un pôle de développement ». Un projet d'acte uniforme portant doit du travail a été discuté et approuvé sous quelques réserves lors de la Conférence

directive d'harmonisation du droit du travail de la CEDEAO[74], ou encore à l'activité du Conseil du travail et du dialogue social de l'UEMOA[75] ; on sait que ce dernier recommande la création dans tous les Etats membres de l'Union, de cadres nationaux de dialogue social afin de vulgariser les pratiques et permettre les échanges d'expériences entre les pays de la sous-région ; on sait également que le Forum du dialogue social de la CEDEAO joue en la matière un rôle significatif comme, plus généralement s'avère tout particulièrement influent, dans nos pays, le modèle du tripartisme de l'OIT.

55. Notre recherche ne concernera pas les questions de dialogue politique ou des territoires. Nous ne ferons pas non plus une analyse du dialogue social en Europe sauf pour faire ressortir l'influence de ce dialogue sur celui pratiqué au Mali au regard du lien historique et colonial qui a fortement influencé notre dialogue social au fil du temps. Enfin, les systèmes nationaux africains ne seront examinés qu'à titre de référence pour apporter l'éclairage de réponses normatives et de pratiques différentes.

56. Il faut noter que les enjeux socio-économiques au niveau de l'Etat, même de l'entreprise sont tels qu'il faut trancher en recherchant les voies et moyens d'y parvenir. L'économie malienne « *reste largement extravertie dans la mesure où sa croissance est très largement liée à l'extérieur (exportations, transferts des fonds de la diaspora ou de l'aide publique au développement) et beaucoup moins basée sur la production et la consommation de la richesse interne. Le coton et l'or qui représentent ses principaux produits d'exportation sont constamment soumis aux aléas et fluctuation des prix sur le marché mondial* »[76]. Le taux de croissance reste faible depuis la crise multidimensionnelle de 2012, même s'il augmente d'année en année témoignant des faiblesses actuelles de l'économie malienne. Cette situation est en toute hypothèse aggravée par des revendications catégorielles de toutes sortes aussi bien dans la Fonction

---

des commissions nationales OHADA des États membres à Lomé en 2010. Depuis lors ce projet n'a pas été adopté.

[74] Le projet de directive de la CEDEAO relatif à l'harmonisation du droit du travail au sein de la CEDEAO a été finalisé à l'issue des deux réunions de travail tenues à Lomé les 8 et 9 septembre 2016 et à Cotonou les 24, 25 et 26 novembre 2016, auxquelles ont notamment participé : Jorge Alves d'Almada (CEDEAO), Philippe Auvergnon (Expert consultant BIT), Aly Cissé (BIT Abuja), Adrien Dioh (Consultant CEDEAO), Daniel Eklu (CEDEAO), Benedict Kanyip (Magistrat Abuja), Mamadou Konate (Président Forum social CEDEAO), Jules Oni (BIT Dakar), Youza Ouro-Sama (Juriste CEDEAO), Abimbola Oyelohunnu (CEDEAO), Bertin Quenum (Consultant BIT), Birane Thiam (CTDS UEMOA) ; http://www.ecowas.int/wp-content/uploads/2015/02/Traite-Revise.pdf.

[75] Le CTDS a été créé par l'acte additionnel au Traité fondateur de l'Union n° 002/2009/CCEG/UEMOA du 17 mars 2009.

[76] Tall P., Sidibé O. O., *Le dialogue social au Mali*, Etude nationale, BIT PRODIAF, 2002, p. 1.

publique que dans le secteur privé. *De facto*, le dialogue social est en panne. Ainsi, tant sur le plan économique que social, nombreux sont les défis aujourd'hui à relever au Mali. Les acteurs sociaux, y compris syndicaux, ont un rôle important à jouer face à des enjeux devenus vitaux pour le pays. En tout état de cause, « *le Mali s'est doté d'organes de dialogue social. Mais face à l'ampleur des défis il s'agit de savoir si lesdits organes tels qu'ils existent et fonctionnent, sont suffisants et efficaces et dans quelle mesure des reformes pourraient être engagées* »[77].

57. Il s'agit donc de faire un état des lieux du droit soutenant l'existence du dialogue social. Les difficultés comme la question de la représentativité syndicale, l'existence d'un cadre national de dialogue social inclusif, les revendications catégorielles excessives, l'absence de mécanismes efficaces de prévention des conflits, sont des points qui seront abordés dans notre recherche dans une perspective d'exercice libre et démocratique du dialogue social, mais aussi de redémarrage du tissu économique de notre pays. Une des causes de blocage tient certainement à l'impossibilité actuelle de l'Etat à faire asseoir tous les acteurs sociaux à la même table de négociation. La question du dialogue social est donc aussi une question politique dont tous les acteurs étatiques comme sociaux ont apparemment pris la pleine mesure. Reste à savoir comment faire pour améliorer le fonctionnement du dialogue social au Mali et voire s'épanouir la démocratie sociale. Au regard d'un tel questionnement, nous traiterons tout d'abord de l'état de l'encadrement du dialogue social **(Première partie)** puis des conditions d'amélioration dudit « dialogue social » au Mali **(Deuxième partie).**

[77] *Ibidem*, p. 2.

PARTIE I

L'ENCADREMENT DU DIALOGUE SOCIAL

58. L'analyse de l'encadrement du dialogue social au Mali vise à en cerner les formes, les règles et les pratiques. Celles-ci ont en principe en commun d'organiser la rencontre entre les acteurs des relations professionnelles (État, employeurs et représentants des travailleurs) à différents niveaux et dans des schémas variables, qu'il s'agisse de dialogue bipartite ou tripartite, que ce dialogue se développe au plan national, au niveau sectoriel ou de l'entreprise.
Outre l'examen des dispositions du Code du travail[78] concernant l'information, la consultation et la négociation **(Titre 1),** il conviendra de traiter des mécanismes prévus en matière de prévention, de gestion et de résolution des conflits sociaux **(Titre 2).**

[78] Loi n° 92-020 du 23 septembre 1922 portant Code du travail en République du Mali modifié en 2003 et 2011.

TITRE I - LES DISPOSITIONS RELATIVES A L'INFORMATION, LA CONSULTATION ET LA NEGOCIATION

59. Si dans les pays anglo-saxons le droit du travail est avant tout négocié, en revanche dans les systèmes nationaux inspirés du droit français, les pouvoirs publics jouent un rôle très important dans l'élaboration du droit du travail. Il en va ainsi notamment au Mali où la place des textes d'origine étatique, qu'il s'agisse de lois ou de règlements, reste essentiel. Lors de leur élaboration les partenaires sociaux sont, aux mieux appelés à donner un avis dans le cadre du Conseil supérieur du travail. Ils ont pourtant la possibilité de jouer un rôle déterminant en droit du travail via la négociation collective que promeut en particulier l'Organisation Internationale du Travail (OIT). La Déclaration de Philadelphie a en effet affirmé « *l'obligation solennelle pour l'Organisation Internationale du Travail de seconder la mise en œuvre, parmi les différentes nations du monde, des programmes propres à réaliser la reconnaissance effective du droit de négociation collective* »[79]. Ce dernier est consacré par la convention de l'OIT n° 98[80]. L'importance du nombre des ratifications de cet instrument atteste, au moins formellement, de l'adhésion au principe de liberté d'association et de négociation collective d'une grande majorité de pays. C'est indéniablement le cas au Mali[81].

60. Plus récemment, l'OIT a fait un pas de plus en adoptant en 1998 la Déclaration relative aux principes et droits fondamentaux au travail et son suivi[82] ; il y est indiqué que « *l'ensemble des Membres, même lorsqu'ils n'ont pas ratifié les conventions (fondamentales), ont l'obligation, du seul fait de leur appartenance à l'Organisation, de respecter, promouvoir et réaliser, de bonne foi et conformément à la constitution, les principes concernant les droits fondamentaux* ». Parmi ces principes figurent la reconnaissance effective du droit de négociation collective.

---

[79] Déclaration concernant les buts et objectifs de l'Organisation Internationale du Travail (Déclaration de Philadelphie) adoptée en 1944 (www.ilo.org/public/french/bureau/leg/declarations.htm).

[80] *Cf.* Convention n° 98 de l'OIT sur le droit d'organisation et de négociation collective, adoptée lors de la 32ème session de la CIT le 1er juillet 1949, et entrée en vigueur le 18 juillet 1951, ratifiée par le Mali en 1964.

[81] La ratification de la convention n°98 de l'OIT en 1964 se justifie par le fait que le Mali nouvellement indépendance a voulu s'inscrire dans la logique de la protection du droit syndical en tant que principe constitutionnel et transposé dans le Code du travail de 1962. En plus, la promotion de la négociation collective a toujours été une préoccupation des autorités pour preuve le Mali a adopté dès son accession à l'indépendance les conventions collectives de la période coloniale.

[82] Déclaration de l'OIT relative aux principes et droits fondamentaux au travail adoptée en 1998 ((www.ilo.org/public/french/bureau/leg/declarations.htm).

61. Le terme « négociation collective » s'applique à toutes les négociations qui ont lieu entre un employeur, un groupe d'employeurs ou une ou plusieurs organisations d'employeurs, d'une part et une ou plusieurs organisations de travailleurs, d'autre part, en vue de fixer les conditions de travail et d'emploi, de régler les relations entre les employeurs et les travailleurs et celles entre les employeurs ou leurs organisations et une ou plusieurs organisations de travailleurs[83]. Ces dispositions, au plan international, sont complétées par les textes nationaux sur la négociation collective notamment le Code du travail[84]. L'analyse de ce texte fait ressortir les différents acteurs à la négociation collective et le rôle qu'ils sont censés jouer dans ce cadre. Cependant, pour jouer un rôle important dans la négociation collective, ces acteurs doivent disposer des informations nécessaires à la négociation. L'analyse des dispositions relatives à l'information, la consultation et la négociation, nous permettrons d'examiner l'encadrement du dialogue social au niveau national **(Chapitre 1)** et l'encadrement au niveau de l'entreprise **(Chapitre 2)**.

---

[83] *Cf.* Convention n° 154 de l'OIT sur la négociation collective, adoptée le 3 juin 1981 et entrée en vigueur le 11 août 1983.

[84] Le Mali n'a pas encore ratifié la convention n° 154 de l'OIT sur la négociation collective (www.oit.org/dyn/normlex/fr).

CHAPITRE I - LE NIVEAU NATIONAL

62. Dans l'examen des dispositions relatives à l'information, la consultation et la négociation, l'une des particularités du Mali, est l'absence de convention collective interprofessionnelle qui sert de cordon et de référence pour les conventions collectives de branche dont la pratique est rependue au Mali et inspirée des conventions collectives sous la période coloniale. Cet encadrement au niveau national est généralement défini dans le Code du travail. Mais la concertation est devenue une pratique au Mali même si les textes législatif ou réglementaire restent laconiques sur la question.

63. Le Gouvernement, dans le cadre de la résolution de la crise sécuritaire et institutionnelle actuelle, a créé la Commission « Dialogue et Réconciliation » (CDR). Il convient de souligner que cette structure ne rentre pas dans le cadre classique du dialogue social sur les relations de travail qui intéresse notre sujet. La diversité des acteurs du dialogue social entraine forcement des pratiques de concertation à géométrie variable (**Section 1**) et la négociation sectorielle bi ou tripartite **(Section2)**.

SECTION I - La concertation sociale à géométrie variable

64. Dans le cadre des organisations communautaires dont le Mali est membre, la concertation a été mise en avant comme base du dialogue social (UEMOA[85], CEDEAO)[86]. La concertation sociale renvoie à quatre « dimensions » ou « éléments » : subjectif, objectif, procédural et de résultats[87]. La dimension subjective (acteurs qui interviennent) est beaucoup plus importante, et c'est elle qui détermine ce que sera les autres. Ainsi, l'examen de cette partie, nous permettra de traiter les principaux acteurs de la concertation **(§ 1),** le champ institutionnel de cette dernière **(§ 2)** et les jeux de la concertation sociale **(§ 3).**

---

[85] Au sein de l'Union Économique et Monétaire Ouest Africaine (UEMOA) a été mis en place en 2009 un Conseil du Travail et du Dialogue Social (CTDS). Ce conseil a pour objectif de soutenir et de promouvoir le dialogue social dans les États-membres. Il s'agit d'un comité tripartite composé des employeurs, des travailleurs et de représentants gouvernementaux.

[86] La Communauté Économiques des États de l'Afrique de l'Ouest (CEDEAO) a adopté une Charte du dialogue social à l'occasion de la conférence des Ministres du travail et des affaires sociales de l'organisation, tenue à Dakar en décembre 2012.

[87] *Cf.* not. Villalon J. C., Une caractérisation de la concertation sociale en Espagne, *in* Martin Ph. (dir.), *Le dialogue social, modèles et modalités de la régulation juridique en Europe*, Presses Universitaires de Bordeaux, 2007, p. 133.

§ 1 - Les principaux acteurs de la concertation

65. La négociation, la concertation, la consultation et l'information comme mode opératoire du dialogue social, ne peut aboutir sans l'implication des acteurs clés. Au Mali, le pacte de solidarité pour la croissance et le développement y a mis un accent particulier, dans son préambule, en invitant les acteurs principaux à faire du dialogue social le moteur de la cohésion sociale.[88] Ces acteurs clés sont : les services publics de l'administration, notamment les services centraux chargés de par leur mission de promouvoir le dialogue social (**A**), les organisations d'employeurs (**B**) et de travailleurs (**C**).

A- Les services centraux de l'État

66. Dans le cadre de la concertation ou de la consultation préalable à une négociation, les services centraux de l'administration jouent un rôle extrême stratégique. Au Mali, les attributions relatives à celui qui conduit le dialogue social au nom du Gouvernement ne sont pas légalement confiées à un ministre déterminé. Dans les faits, « c'est le ministre du Travail qui conduit le dialogue social au nom du Gouvernement comme employeur aussi bien qu'en tant que facilitateur dans les relations entre employeurs privés et les travailleurs »[89]. De ce fait, le ministre tient ce pouvoir du décret de répartition des attributions entre le Premier ministre et les ministres lors de la constitution de chaque nouveau Gouvernement[90]. Le décret fixant la répartition des services publics entre la Primature et les ministères, place la Direction Nationale du Travail **(2)** et la Direction Nationale de la Fonction publique et du Personnel **(3)** sous l'autorité du ministre du Travail et de la Fonction publique **(1).** Il fait d'eux les services chargés de la concertation en matière de dialogue social.

1. Le ministère du Travail et de la Fonction publique

67. Ce ministère tient ses missions du décret[91] fixant les attributions spécifiques des membres du Gouvernent. Le décret lui confie généralement la mission de promotion du dialogue social et les relations avec les partenaires sociaux. C'est auprès de lui « que sont institués les plus importants organes

---

[88] Le « pacte de solidarité pour la croissance et le développement » a été signé en août 2001 entre le gouvernement de l'époque, le Conseil National du Patronat du Mali (CNPM) et l'Union Nationale des Travailleurs du Mali (UNTM).

[89] Oumarou, O., Tall, P., Étude nationale sur le dialogue social au Mali, 2002, BIT Dakar, p. 16.

[90] Décret n° 2013-766/PR-M du 24 septembre 2013 fixant les attributions spécifiques des membres du gouvernement et le décret n° 2013-775 /PR-M du 26 septembre 2013 portantes répartitions des services publics entre la primature et les départements ministériels.

[91] Décret n° 2015-0115/P-RM du 25 février 2015 fixant les attributions spécifiques des membres du Gouvernement.

tripartites (Conseil supérieur du travail, Conseil supérieur de la Fonction publique) qu'il préside d'ailleurs »[92]. C'est lui convoque ou fait convoquer les commissions de négociation, d'interprétation des conventions collectives susceptibles d'extension. Plus généralement, quand un ministre du Travail prend ses fonctions, il organise une tournée (visite de courtoisie ou de prise de contact) avec les organisations syndicales d'employeurs et de travailleurs, pour faire passer sa vision du dialogue social[93].

68. Pour les négociations importantes, le ministre du Travail est toujours assisté des ministres en charge des finances et de l'économie qui ont une bonne connaissance de l'état de l'économie nationale et des finances publiques du pays. Ces négociations sont préparées par les services techniques du ministère du Travail ou de la Fonction publique, en plus d'autres ministères impliqués dans les revendications posées par les syndicalistes, par exemple : baisse du prix de carburant, de l'électricité, des denrées de premières consommations, le coût du téléphone, etc. Les membres du Cabinet du ministère du Travail ou de la Fonction publique (Secrétariat général et Conseiller technique chargé du dialogue social) ainsi que les services techniques du ministère du Travail sont très impliqués dans le processus du tripartisme.

69. En vue d'améliorer cette participation, le ministère avait créé en 2009, un comité de dialogue social[94] qui était chargé entre autres, d'appuyer les départements ministériels dans la gestion des confits sectoriels relevant de leur ministère. Mais aujourd'hui, faute de moyens mis à sa disposition, le comité a disparu. La Direction nationale du Travail est un acteur incontournable du processus de dialogue social au Mali.

2. La Direction nationale du Travail

70. La Direction nationale du Travail (DNT) est particulièrement impliquée dans le dialogue social et le tripartisme au Mali[95]. Elle est l'un des acteurs essentiels de la concertation et de l'information en matière de négociation des conflits de travail ou de négociation des conventions collectives de travail. Elle

---

[92] Sidibé, O. O., Tall P., *op. cit.*, p.16.
[93] Le ministre du Travail et de la Fonction publique, chargé des relations avec les institutions nommé par décret du 8 janvier 2015, n'a pas failli à la tradition. Il a rencontré les organisations syndicales dans la semaine du 12 janvier 2015, il a rappelé que sous son mandat il propose de relancer, si les partenaires en étaient d'accord, la question des élections professionnelles et de régler celle de la représentativité syndicale au Mali.
[94] Le comité de dialogue social avait été institué en 2009 auprès de la Direction nationale du travail (DTN) pour appuyer le ministère dans la gestion des conflits collectifs, il comprenait cinq agents, quatre de la DNT et un de la Direction nationale de la Fonction publique.
[95] Décret n° 10-103/PR-M du 19 février 2010 fixant l'organisation, et les modalités de fonctionnement de la Direction nationale du travail.

comprend quatre divisions : la division « conditions de travail et relations professionnelles », la division des « risques professionnels », la division des « normes juridiques et relations internationales » et la division « dialogue social ». La DNT comprend aussi un service rattaché qui est la cellule nationale de lutte contre le travail des enfants[96].

71. La DNT est chargée de ses missions de promotion des relations professionnelles dans les divers secteurs d'activité économique, dans le respect du droit d'organisation et de négociation collective en vue d'une amélioration constante du milieu du travail, des conditions de travail et de vie des travailleurs et de donner des avis techniques à l'administration, aux employeurs, aux travailleurs ainsi qu'à leurs organisations respectives[97].

72. Le DNT représente le ministère au Conseil d'administration des Caisses de Sécurité sociale et de l'ANPE qui sont également des lieux de concertation sur les questions de travail, d'emploi et de sécurité sociale avec des travailleurs et les employeurs. Il assure le secrétariat du Conseil supérieur du travail[98], convoque les réunions de négociations et d'interprétations des conventions collectives de travail.

73. De plus, il faut souligner que les Directions régionales du Travail [99] sont au centre de la concertation ou de la négociation, au niveau régional parce qu'elles assurent le contrôle de l'application de la législation du travail et de la sécurité sociale en leur qualité d'inspecteur du Travail et de la sécurité sociale. Un inspecteur du Travail préside les commissions paritaires de classement prévues par les conventions collectives de branche. Pour mettre un accent particulier sur l'aspect « dialogue social », il a été créé en 2010 à la DNT une division dialogue social[100]. Il convient de préciser que la Direction nationale de la Fonction publique et du personnel joue aussi un rôle important dans la concertation et l'information des partenaires sociaux.

---

[96] Loi n° 10-050 du 23 décembre 2010 portant ratification de l'ordonnance n° 10-036/P-RM du 5 août 2010 portant création de la cellule nationale de lutte contre le travail des enfants.

[97] Loi n° 02-072/ P-RM du 19 décembre 2002 portant création de la Direction nationale du Travail.

[98] Article 283 du Code du travail. Le Code indique que le secrétariat est assuré par un fonctionnaire nommé par le Ministre, mais en pratique c'est le Directeur national du travail qui assure le secrétariat.

[99] Décret n° 10-117 /P-RM du 19 février 2010 portant création des Directions régionales et des services subrégionaux du travail.

[100] Le décret n° 10-122 PR-M du 1er mars 2013 déterminant le cadre organique de la DNT prévoit une division « Dialogue social ». La restructuration de la DNT est intervenue en 2010, après une étude commanditée par le commissariat au développement institutionnel.

3. La Direction nationale de la Fonction publique

74. La Direction nationale de la Fonction publique (DNFPP)[101] est un service central du ministère de la Fonction publique ; à ce titre, elle joue un rôle assez important dans la recherche et l'animation du dialogue social dans la Fonction publique. Elle est chargée de la gestion du personnel, fonctionnaire et contractuel, de l'Administration. Le Directeur national de la Fonction publique, assure le secrétariat du Conseil supérieur de la Fonction publique[102]. Au regard de l'article 25 du Statut général des fonctionnaires, le Conseil supérieur de la Fonction publique, est un organe au sein duquel s'exerce la participation des fonctionnaires. Le terme « participation » renvoie à la notion de concertation et d'information. Cet organe de consultation statue sur toutes les questions touchant les fonctionnaires. Il convient de souligner que l'un des aspects de la consultation dans la Fonction publique revoie au contenu de la convention n° 151 de l'OIT sur les relations de travail dans la Fonction publique[103] et complète à certains égards la convention n° 98 de l'OIT sur la négociation collective. Après avoir analysé les structures centrales de la concertation sociale, nous examinerons le rôle joué par le Conseil National du Patronat du Mali (CNPM).

B - Le Conseil national du Patronat du Mali

75. Le Conseil national du Patronat du Mali (CNPM), a été créé le 25 janvier 1980 sous le nom de Fédération Nationale des Employeurs du Mali (FNEM)[104], au cours d'une assemblée générale de l'Association des employeurs du Mali et placée sous la Présidence du ministre du Travail et de la Fonction publique de l'époque, en présence du ministre des Finances et du Commerce. Nous analyserons sa composition et ses missions **(1),** puis son fonctionnement et son impact sur le dialogue social au Mali **(2).**

1. La composition et les missions du CNPM

76. Le CNPM réunit aujourd'hui 39 groupements professionnels, c'est-à-dire tous les groupements professionnels d'employeurs existants au Mali. Le bureau est composé de 19 membres. Il comporte un bureau statuaire de sept

---

[101] Loi n° 02- 053 du 16 décembre 2002 portant Statut général de la Fonction publique.

[102] Article 25 du Statut général des fonctionnaires du Mali : « *les organes consultatifs au sein desquels s'exerce la participation des fonctionnaires conformément à l'article 19 ci-dessus, sont notamment le conseil supérieur de la fonction publique et les commissions administratives paritaires* ».

[103] *Cf.* not. BIT, *La négociation collective dans la Fonction publique, un chemin à suivre,* CIT, Etude d'ensemble relative aux relations de travail et à la négociation collective dans la Fonction publique, Genève 2013, p. 41.

[104] FNEM : Fédération Nationale des Employeurs du Mali.

membres. Il est aujourd'hui représenté dans sept des dix régions du Mali sous le nom de bureaux régionaux du Patronat[105]. Le CNPM est essentiellement chargé de l'organisation et de la préservation des intérêts du secteur privé et a pour mission : de définir les politiques de développement des entreprises et de représenter les intérêts de l'ensemble des adhérents auprès des pouvoirs publics et des organismes internationaux ; favoriser la liberté d'entreprendre ; œuvrer à l'adaptation du système de protection sociale, promouvoir et développer une politique de formation au niveau des entreprises. Le Conseil œuvre de façon générale à apporter des solutions aux problèmes techniques généraux des entreprises maliennes.

2. Le fonctionnement et l'impact du CNPM sur le dialogue social

77. Aujourd'hui, le CNPM est le seul organe de représentation des employeurs du Mali. Il a mis en échec la création d'une nouvelle organisation patronale en 2006[106]. De ce fait, la représentativité du CNPM ne fait aucun doute dans la mesure où il est la seule organisation fédérale des employeurs du Mali. A ce titre, il est le seul interlocuteur crédible de l'État et des organisations syndicales de travailleurs.

78. Au plan national, le CNPM est membre de tous les organes consultatifs ou sont représentés les employeurs aussi bien que les organisations socioéconomiques au sein desquels siègent les partenaires sociaux. Il s'agit notamment du Conseil Supérieur du Travail, du Conseil Economique, Social et Culturel, des Conseils d'administration de l'Agence National Pour l'Emploi (ANPE), de l'Institut National de Prévoyance Sociale (INPS), de la Caisse Nationale d'Assurance Maladie (CANAM)[107], du Fonds d'Appui à la Formation Professionnelle et à l'Apprentissage (FAFPA), du comité d'orientation et de suivi du développement humain durable et de la lutte contre la pauvreté. Il participe activement à la gestion des préavis de grève déposés par les syndicats de travailleurs dans le secteur privé et public. Il est membre des commissions de conciliation des préavis de grève déposés par l'une des centrales syndicales sur la table du ministre du Travail et de la Fonction publique. Il est fréquent de constater qu'une partie des doléances des centrales

---

[105] Le CNPM est présente dans toutes les régions (Kayes, Koulikoro, Sikasso, Ségou, Mopti, Tombouctou, Gao) à l'exception de Kidal.

[106] MODEM : mouvement des employeurs du Mali, qui ne regroupait pratiquement qu'un seul groupement professionnel notamment une partie des transports, et des femmes exportatrices de fruits et légumes. Ce mouvement n'a duré qu'une année, il n'a pas eu de reconnaissance au-delà de sa création.

[107] La Caisse Nationale d'Assurance Maladie (CANAM) a été créée en 2010 pour gérer le régime d'assurance maladie obligatoire enfin de parachever au Mali le processus d'élargissement de la protection sociale à l'ensemble de la population et aux couches vulnérables par la création aussi de l'Agence Nationale d'Assurance Maladie pour les indigents (ANAM).

syndicales déposées sur la table du Gouvernement s'adresse au CNPM pour le secteur privé. A ce titre, le CNPM négocie et signe des accords avec les pouvoirs publics et les syndicats de travailleurs.

79. Au plan international, le CNPM est membre de la délégation malienne à la Conférence internationale du Travail de l'OIT, du Comité technique spécialisé pour le développement social, l'Emploi et le travail de l'Union Africaine, ancienne CTAS, du Conseil du Travail et du Dialogue Social de l'UEMOA (CTDS), et du Forum de Dialogue social de la CEDEAO. A ce titre, le CNPM participe à toutes les réunions statutaires de ces commissions au côté du Gouvernement et des syndicats de travailleurs. Il représente ses adhérents auprès des pouvoirs publics, des organisations étrangères, des organisations syndicales de travailleurs et des organisations économiques et sociales.

80. Il faut observer que la question de la représentativité des organisations patronales ne se pose pas dans les mêmes termes que celle des organisations syndicales. Dans la mesure où un employeur, pris isolément, peut conclure une convention collective applicable dans son entreprise, il est patent qu'un groupement d'employeurs peut faire de même, dès lors que le résultat de la négociation n'engage que les entreprises membres du groupement[108]. L'exigence de représentativité paraît donc surtout devoir être posée comme condition d'exercice par les groupements patronaux de certains mandats dans des organismes consultatifs tripartites[109]. Il convient de souligner que les organisations syndicales ont joué un rôle dans la vitalité du dialogue et l'impact de leur participation au dialogue est plus que prépondérant.

C – L'Impact des organisations syndicales

81. La question syndicale a toujours revêtu une importance particulière au Mali dès lors qu'elle est intimement liée à son histoire **(1).** C'est aujourd'hui tout particulièrement la question de la détermination des organisations syndicales « représentatives » qui préoccupe le Gouvernement, singulièrement dans la perspective de l'organisation du dialogue social. Certes, le Code du travail malien mentionne des critères pour la détermination de la représentativité syndicale **(2).** Toutefois, outre le fait que les indications légales sont quelque peu floues, les organisations syndicales n'apportent pas en l'état des informations précises sur leur situation. Ceci ne permet pas de faire vivre réellement le dialogue social.

---

[108] Borenfreund G., « La reconnaissance de la représentativité syndicale, quelques interrogations autour de trois décisions », *Dr. soc.* 2006, p. 869.

[109] Petit F., *La notion de représentation dans les relations collectives de travail*, LGDJ, coll. Bibliothèque de droit privé, Paris, 2000. p. 145.

1. La question syndicale et l'histoire du Mali.

82. Le syndicalisme malien a une histoire plus « mouvementée et plus longue que celle du patronat »[110]. Dès la fin de la conquête coloniale de l'ex-Soudan (actuelle République du Mali) la France a implanté des compagnies commerciales et les premières unités industrielles pour soutenir l'économie en expansion de la métropole avec ce que cela implique pour les populations en termes d'exploitation. Les premières luttes de protestation ont consisté à l'abandon des chantiers et des villages, à des révoltes contre les conditions de travail et de vie inhumaines et dégradantes. Les « premières révoltes des ouvriers et mécaniciens du dépôt central de Kayes-Niger ont eu lieu à Toukoto en 1919 »[111]. Malgré la répression qui a alors sévi, une autre révolte éclata chez les cheminots de Kayes la même année. La lutte fut longue et difficile sur le chemin de la conquête des droits syndicaux : empoisonnements[112], licenciements, expatriations suite à des grèves et autres révoltes ont émaillé le chemin du syndicalisme soudanais. En 1957 se tenait le premier congrès de l'Union régionale des syndicats du Soudan. Après plusieurs changements de nom et de sigle entre 1957 et 1963. Le premier congrès constitutif de l'actuelle Union Nationale des Travailleurs du Mali (UNTM) s'est tenu en juillet 1963. Elle a participé activement au mouvement de lutte qui a abouti à la chute du régime de Moussa Traoré en mars 1991[113]. Jusqu'à l'avènement du pluralisme syndical en 1991, l'UNTM dans les faits était l'unique centrale syndicale. A ce titre, elle était seule interlocutrice de l'État et du Conseil National du Patronat du Mali.

83. Au plan international, elle a toujours fait partie de la délégation malienne à la Conférence internationale du Travail et à la Commission du Travail et des Affaires sociales de l'Organisation de l'Union Africaine (OUA). Au plan national, l'UNTM est membre du Conseil supérieur du travail, du Conseil supérieur de la Fonction publique et des collectivités territoriales, du Conseil économique, social et culturel du Mali, du Conseil d'Administration de l'ANPE, de l'INPS, de la CANAM. Cette situation a évolué avec la création de la Confédération syndicale des travailleurs du Mali (CSTM) née d'une scission de l'UNTM, à la suite d'une très longue crise en 1997, et après un

---

[110] Sidibé, O. O., Tall. P., *op. cit.* p. 16.

[111] Sidibé, O. O., Réalités africaines et enjeux pour le droit au travail, *Bulletin de droit comparé du travail et de la sécurité sociale*, 1999, p. 130.

[112] Certains dirigeants syndicaux d'alors ont été victimes d'empoissonnement, pour biser le mouvement syndical soudanais.

[113] Un mécontentement général s'est emparé du pays suite aux retards dans le paiement des salaires, à la dégradation du pouvoir d'achat des travailleurs, aux licenciements imposés par les programmes d'ajustement structurel. L'UNTM a été à la pointe de la lutte et du soulèvement populaire en décrétant la première grève illimitée.

procès qui a opposé deux tendances de l'ancienne centrale qui revendiquait chacune la légalité pour utiliser le sigle « UNTM ».

84. Avec cette nouvelle donne, le problème de la représentativité syndicale au Mali s'est posé, dans la mesure où le Code du travail de 1992 ne retient pas la notion de représentativité exclusive[114]. En effet, le Code parle de « *syndicats représentatifs* ». Depuis 1998, la CSTM revendique des adhérents dans tous les secteurs de l'administration et des entreprises à travers douze syndicats nationaux. Les actions qu'elle mène ont montré sa présence effective dans le secteur des banques et de l'assurance, des transports et certain pan de l'enseignement. Elle est, de nos jours, présente dans les Mines. L'UNTM exerce depuis 1998 une sorte de pression sur le Gouvernement pour que la CSTM ne siège pas dans les organes de dialogue social tels que les conseils consultatifs, le CSEC, les conseils d'administration des caisses de sécurité sociale.

85. A compter de novembre 2006, une troisième centrale a vu le jour : la Confédération malienne du Travail (CMT)[115]. La reconnaissance mutuelle des différents syndicats apparaît aujourd'hui comme une condition nécessaire de l'approfondissement du dialogue social mais également la question de représentativité apparaît comme une épine dans le pied du Gouvernement dans la mesure où seule l'UNTM siège dans tous les organes de dialogue social. Le Gouvernement du Mali, depuis 2005[116], tente de résoudre la question en proposant aux partenaires sociaux l'organisation d'élections professionnelles de représentativité syndicale, suite à la demande incessante de la CSTM de siéger dans les organes de dialogue social au même titre que l'UNTM qui se prévaut d'une représentativité de fait ou supposée.

86. En septembre 2013, après l'élection du Président de la République, le Gouvernement a de nouveau saisi les syndicats d'employeurs et de travailleurs, pour relancer le processus d'organisation des élections professionnelles. Depuis lors, le paysage syndical s'est agrandi, avec la création de nouvelles centrales qui réclament comme la CSTM leur représentation dans les organes de consultations tripartites comme le Conseil

---

[114] Article L78 du Code du travail : « *le caractère représentatif d'un syndicat est déterminé par le ministre chargé du travail* (…) ».

[115] La CMT est la troisième centrale syndicale, elle opère beaucoup plus dans le secteur informel. Lorsqu'elle a été consultée en septembre 2013, au moment où le gouvernement a voulu lancer le processus d'organisation des élections professionnelles, elle a semblé peu intéressée.

[116] En 2005, le Gouvernement a pris l'arrêté n° 05 du 15 mai 2005 portant création d'une commission nationale électorale pour l'organisation des élections professionnelles de représentativité syndicale.

Economique, Social et Culturel (CESC)[117] qui d'ailleurs a été renouvelé en janvier 2015 sans attribution de sièges à la CSTM. Depuis mars 2014, l'UNTM a tenu son 12ème congrès ordinaire. Il en a résulté une division telle que le départ souhaité de certains membres de l'ancien bureau comme le Secrétaire général sortant, a créé une scission au niveau de cette centrale dans la mesure où les membres du bureau sortant souhaitaient leur reconduction. Les dissidents ont créé, depuis avril 2014, une nouvelle centrale dénommée la Centrale Démocratique des Travailleurs du Mali (CDTM)[118]. La représentativité obéit dans tous les cas à des critères légaux découlant du Code du travail qui reste laconique dans ses dispositions.

2. Les critères légaux de la représentativité syndicale

87. Les dispositions du Code du travail malien sont relativement laconiques quant aux critères de la représentativité syndicale. Il est simplement prévu que : « Le caractère représentatif d'un syndicat est déterminé par le ministre en charge du Travail. Les éléments d'appréciation comprendront notamment : le nombre de voix et de sièges remportées par ses adhérents aux élections des délégués du personnel, l'expérience du syndicat, l'étendue et la nature de ses activités »[119].

88. La représentativité dépend désormais très largement du résultat des élections professionnelles. Le système social malien reposait jusqu'en 1998 sur le mono-syndicalisme[120] et une UNTM omnipuissante. Ces élections seront organisées sur la base des dispositions révisées du Code du travail singulièrement du nouvel article L.78[121] disposant sur la représentativité au

---

[117] La loi n° 92-031 du 19 octobre 1992 fixe l'organisation, le fonctionnement et les modalités de désignation des membres du conseil économique social et culturel (CESC).

[118] La CDTM a été créée suite à une dissidence de l'UNTM lors du congrès de cette dernière en mars 2014. Elle réclame aujourd'hui d'avoir avec elle six organisations syndicales nationales affiliées. Le Gouvernement commence à l'associer à l'ensemble des consultations qu'il mène avec les partenaires sociaux dans le cadre du dialogue social. Elle a été reçue au Palais présidentiel de Koulouba en août 2014 par le Président de la République.

[119] Article L. 78 nouveau de la loi n° 92-020 du 23 septembre 1992, modifiée portant Code du travail de la République du Mali.

[120] L'UNTM reste toujours le syndicat représentatif de fait dans la mesure où elle occupe les 12 postes de conseillers au niveau du CESC réservés aux organisations syndicales les plus représentatives aux termes du décret fixant la composition des organes du CESC de 2004.

[121] Article L78 nouveau du Code du travail précise que « *(...) La représentativité est la compétence reconnue à un ou des syndicats de travailleurs, ou d'employeurs, d'être le porte-parole des salariés ou des entreprises, y compris de ceux qui ne sont pas leurs adhérents. Pour être représentative, une organisation syndicale doit avoir une audience suffisante dans la branche ou le secteur d'activités concerné. Le caractère représentatif d'un syndicat de travailleurs est déterminé par le Ministre en charge du Travail sur la base du nombre de voix et de sièges remportés par ses adhérents aux élections de délégué du personnel, lorsque la mesure de la représentativité est appréciée au niveau de l'entreprise, et sur la base des*

niveau de l'entreprise comme au plan national. Nous avons souligné le caractère laconique et l'impossibilité d'appliquer les critères retenus par le Code du travail. Qu'en-est-il au tour de nous, même si nous avons tenté de régler la question *via* la loi n° 2017-021 du 12 juin 2017 portant modification de certaines dispositions de la loi n° 92-020 du 23 septembre 1992 portant Code du travail en République du Mali. La question de la représentativité au niveau national, elle, n'a pas été réglée.

89. Dans de nombreux pays, le pluralisme syndical est tel qu'il conduit inévitablement à opérer une distinction entre les syndicats qui sont représentatifs de l'ensemble des salariés visés par leurs statuts et ceux qui ne le sont pas. Si tous doivent disposer de droits minimaux et identiques, seuls les syndicats représentatifs peuvent accéder à certaines fonctions, notamment celle de mener des négociations et de conclure des conventions collectives applicables à l'ensemble des salariés d'un secteur donné, c'est-à-dire bénéficiant d'un effet *erga omnes.*

90. Il faut noter que les États membres de l'OHADA sont traditionnellement attachés aux conventions collectives, dès lors la question de la représentativité, devient centrale, sans compter la nécessité d'une limitation du nombre des interlocuteurs si l'on veut assurer les conditions d'un dialogue réel et efficace. À l'exception de la Guinée équatoriale, où l'existence même d'un syndicalisme quelque peu développé ne paraît pas établie, et de la Guinée-Bissau, tous les États membres de l'OHADA distinguent effectivement les deux types de syndicats. Toutefois, les règles par lesquelles s'opère la distinction, divergent sensiblement[122].

91. La représentativité des syndicats de travailleurs au regard du projet d'acte OHADA portant droit du travail[123] parait diversement apprécier selon les pays. Ainsi, au Benin, des élections sont organisées spécialement tous les quatre ans dans les entreprises au même moment et au plan national. Sont représentatifs, les syndicats obtenant 25 % des voix[124] et les résultats sont proclamés par le ministre du Travail. Les mêmes critères apparaissent au Burkina Faso[125], au

---

élections professionnelles, lorsque la représentativité est appréciée au niveau national, de la branche ou du secteur d'activité. Les élections professionnelles sont organisées au niveau national pour déterminer la représentativité des centrales ou des confédérations syndicales de travailleurs ».

[122] Béraud, J.-M., *Etude préalable à l'adoption d'un Acte uniforme en Droit du Travail dans le cadre de l'Organisation pour l'Harmonisation en Afrique du Droit des Affaires (OHADA)*, Document BIT 2003.

[123] Béraud, J.-M., *op.cit.* p. 14.

[124] Article 83 du Code du travail du Bénin.

[125] Article 118 et 119 du Code du travail du Burkina Faso.

Niger[126], au Sénégal[127], en Centrafrique[128], et au Togo où on met en avant des éléments tels que les effectifs, les résultats des élections des délègues du personnel (DP), l'indépendance, l'expérience, les cotisations sociales l'étendue et la nature de l'activité du syndicat.

92. La Côte d'Ivoire et la Guinée se rejoignent quant aux critères de représentativité au niveau de l'entreprise même si les taux ou pourcentages diffèrent. Ainsi, dans le cadre des élections au niveau de l'entreprise, la Côte d'Ivoire a opté pour un taux de 30 % des suffrages exprimés lors de l'élection de DP. En cas de contestation, la compétence du contentieux relève des tribunaux judiciaires[129]. Au Mali, la récente modification du Code du travail en 2017 a permis de revoir le critère essentiel qui est le nombre de voix et de sièges remportés aux élections des DP[130].

93. La majorité des systèmes actuels établit une reconnaissance administrative de la représentativité fondée sur des critères flous. La qualité de syndicat représentatif fait généralement l'objet d'une reconnaissance officielle par l'autorité administrative et politique au plus haut niveau : le ministre chargé du Travail. C'est à la base, c'est-à-dire au niveau de l'entreprise, que la représentativité devrait d'abord être établie, et, ensuite seulement, à partir des situations existant à la base, qu'elle pourrait être globalisée et établie à un niveau supérieur.

94. Il semble que le choix fait par l'OHADA soit celui d'un système fondé sur des critères objectifs, non seulement quantifiables, mais aussi quantifiés. Deux critères peuvent alors être envisagés : soit le nombre des adhérents ou plus exactement le taux d'adhésion, soit l'audience. On admettra sans doute que la détermination du nombre maximum de syndicats susceptibles d'être reconnus représentatifs dépend de la souveraineté de chaque État membre. L'OHADA pourrait dès lors ne prescrire que le critère d'audience en laissant aux États membres l'opportunité d'une quantification et de sa détermination. Il pourrait aussi fixer un pourcentage minimum susceptible d'être augmenté par les États[131]. Après avoir examiné les acteurs de la concertation, nous analyserons le champ institutionnel de la concertation **(§ 2).**

---

[126] Article L.85 du Code du travail du Sénégal, les élections professionnelles ont été organisées en 2011.

[127] Articles 185 et 186 du Code du travail du Niger. Ce pays a procédé le 11 février 2016 à l'organisation d'élections professionnelles de représentativité des organisations syndicales de travailleurs.

[128] Articles 53, 54 et 55 du Code du travail de la RCA.

[129] Article 62.1 du Code du travail de la Côte d'ivoire.

[130] Article L.78 nouveau du Code du travail du Mali, les élections au Mali « traînent en longueur » depuis 2005.

[131] Béraud, J.-M., *op. cit.* p.14.

§ 2 - Le champ institutionnel de la concertation

95. L'amélioration de la législation sociale se traduit véritablement par un dialogue social diligenté et entrepris par les acteurs du monde du travail. Cela ne peut devenir une réalité qu'avec l'appui conséquent d'organes consultatifs institués en la matière. C'est dans cet ordre d'idée qu'a vu le jour : le Conseil supérieur du Travail **(A),** le Conseil supérieur de la Fonction publique **(B)** et le Conseil économique, social et culturel **(C).**

A- Le Conseil supérieur du Travail

96. Le Conseil supérieur du Travail (CST) est un organe consultatif qui a été institué au Mali en 1962[132] par le Code du travail élaboré après l'indépendance du Mali ; il n'est devenu tripartite[133] qu'avec la création de la Fédération Nationale des Employeurs du Mali (FNEM)[134]. Cet organe a été intégré dans le Code du travail du 23 septembre 1992 qui détermine sa composition et ses missions **(1)** ainsi que ses modalités de fonctionnement **(2).** On tentera d'indiquer la portée et l'impact des décisions du CST sur le dialogue social au Mali **(3).**

1. La composition et les missions du CST

97. Aux termes des articles L 283 et suivants du Code du travail[135], il a été institué auprès du ministre chargé du Travail, un Conseil supérieur du travail dont il assure la présidence ou à défaut son représentant. Ce Conseil comprend six représentants des travailleurs et six représentants des employeurs, deux membres de l'Assemblée nationale, les directeurs nationaux du travail, de l'emploi, de la protection sociale, les directeurs de l'Agence nationale pour l'emploi et de l'INPS ainsi que des représentants des ministères intéressés avec voix consultative. Des experts et des techniciens peuvent participer aux délibérations.

98. Les représentants des travailleurs et des employeurs sont désignés par les organisations syndicales les plus représentatives de la profession. A défaut d'organisations représentatives[136], la désignation des membres du Conseil

---

[132] Loi n° 62-67 ANRM du 9 août 1962 portant Code du travail en République du Mali ; articles L 298 et s.
[133] Sidibé O. O., et Sidibé P., Étude nationale sur le Dialogue social au Mali, 2002, BIT Dakar, p. 7.
[134] La FNEM a été créée le 25 janvier 1980 au cours de l'assemblée générale des associations d'employeurs du Mali placée sous la présidence du ministre du Travail et de la Fonction publique en présence du ministre des Finances.
[135] Article L.283 nouveau du Code du travail.
[136] Article L.283 nouveau du Code du travail, alinéa 3.

supérieur est faite directement par le ministre en charge du Travail. Cette désignation a été faite par décret en 1987 en ce qui concerne l'UNTM et le CNPM, ces organisations de salariés et d'employeurs étant les seules à l'époque au Mali. Depuis cette date, elles continuent à siéger au Conseil supérieur du Travail.
Le Conseil supérieur a pour mission d'étudier les problèmes relatifs au travail, à la main d'œuvre, à la sécurité sociale, à hygiène et à la sécurité, dans la législation à intervenir en ces manières. Il peut également examiner toutes difficultés consécutives à la négociation des conventions collectives et leur application, leurs incidences économiques. Il peut demander aux administrations compétentes tous documents utiles à l'accomplissement de sa mission[137].

2. Les modalités de fonctionnement du CST

99. L'avis du Conseil est obligatoirement requis pour tous les cas où des règlements doivent être pris en application des dispositions du Code travail. Le Conseil comprend une assemblée plénière, une Commission permanente[138] et un secrétariat technique. Cette dernière est présidée par le ministre du Travail ou son représentant et comprend deux membres employeurs et deux membres travailleurs élus par leurs pairs (employeurs et travailleurs). Les compétences de la Commission permanente lui sont dévolues par l'assemblée plénière et les questions lui sont soumises par le Ministre.

100. Le Conseil supérieur et sa commission ne peuvent valablement émettre d'avis que lorsque la moitié plus un au moins de leurs membres sont présents et les représentant des travailleurs en nombre égal aux représentants des employeurs. Il est tenu un registre des avis émis par le Conseil déposé à la Direction nationale du Travail. Dans la réalité des faits la Direction nationale du Travail n'a jamais tenu un registre des avis, en tout cas pas pour le moment. Lorsque, j'ai interrogé le passé lointain les anciens Directeurs nationaux du Travail, tous affirment que dans de cette direction aucun registre de cette nature n'a été tenu dans le temps. En pratique, le Conseil supérieur fonctionne

---

[137] Article L.286 nouveau du Code du travail : « *Le Conseil supérieur du travail comprend : - une assemblée plénière ; - une commission permanente. La commission permanente est présidée par le Ministre chargé du travail ou son représentant. Elle comprend deux membres employeurs et deux membres travailleurs, élus respectivement par le groupe des employeurs et le groupe de travailleurs du conseil. Relèvent de la commission permanente : - les compétences qui lui ont été dévolues par l'assemblée plénière ; - les questions qui lui sont soumises par décision du Ministre du travail. Le conseil supérieur du travail et sa commission permanente ne peuvent valablement émettre d'avis que lorsque la moitié plus un au moins de leurs membres sont présents, et que les représentants des employeurs sont en nombre égal avec les représentants des travailleurs* ».

[138] La commission permanente en réalité n'a jusqu'à ce jour jamais fonctionné.

rarement. Les commissions annoncées n'ont jamais été mises en place et n'ont jamais fonctionné.

101. Bien que cela soit prévu dans le Code du travail à l'article L.286, le ministre du Travail ne préside *de facto* jamais le Conseil supérieur ; il a toujours délégué cette présidence soit au Directeur national du Travail, soit à un conseiller de son ministère. Au-delà de ces analyses, le Conseil n'est pas saisi pour donner des avis conformément à sa mission, en dehors des projets de lois ou décrets relatifs au Code du travail ou du Code de prévoyance sociale. Aucun fonds n'est mis à sa disposition pour assurer cette mission essentielle. De 1992 à 2016, par exemple, aucune étude n'a été menée pour la détermination du salaire minimum garanti[139]. Il a toujours été fixé par négociation avec les centrales syndicales et les employeurs. De 1980 à 1990, le Conseil a été saisi des projets de loi sur la réorganisation de la main d'œuvre, de la création de la direction nationale du travail, des projets de textes modifiant le Code du travail[140] de 1998 en vue de la suppression de l'autorisation administrative de licenciement, l'institution des bureaux de placement payant et de placement temporaire.

102. En 2002, le Conseil a été saisi pour la restructuration de la Direction Nationale de l'Emploi, du Travail et de la Sécurité Sociale (DNTESS) qui a donné naissance à trois Directions nationales[141]: la Direction du Travail, la Direction de l'Emploi et la Direction de la Formation Professionnelle. En 2003, l'avis favorable du Conseil supérieur du Travail sur la modification de l'article L.60 du Code du travail[142] a permis d'obtenir une égalité et une justice sociale entre les travailleurs relevant du Code du travail et les fonctionnaires. L'âge de départ de la retraite était de 55 ans dans le secteur privé toute catégorie confondue et dans la Fonction publique de 55, 58, 59 et 62 ans pour les catégories C, B1, B2 et A. En 2003, l'âge de départ à la retraite a été porté de 55 à 58 ans pour tous les travailleurs du secteur privé. Cette modification a été faite dans le cadre de la mise en œuvre des accords conclus dans le cadre du Pacte de solidarité pour la croissance et le développement du 14 août 2001.

---

[139] Le montant du SMIG est de 40.000 F FCA, depuis janvier 2016, soit environ 60,97 euros par mois.

[140] Loi n° 92-020 du 23 septembre 1992, modifiée, portant Code du travail en République du Mali.

[141] Loi n° 02-72/P-RM du 19 décembre 2002 portant création de la Direction nationale du travail, loi n° 02-71/P-RM du 19 décembre 2002 portant création de la Direction nationale de l'Emploi, loi n°02-073/P-RM du 19 décembre 2002 portant création de la Direction nationale de la formation professionnelle.

[142] En 2003 la révision de l'article L60 du Code du travail de 1992 a permis de porter l'âge de départ à la retraite de 55 ans à 58 ans.

103. Le Conseil supérieur du Travail s'est vu soumettre en 2011, le projet de loi de modification de l'âge de départ à la retraite qui est passé de 58 ans à 62 pour les catégories « A» des travailleurs du secteur privé[143]. Il a de même été consulté sur le projet de modification du Code du travail adopté en Conseil des ministres le 8 mai 2013 qui a été retiré de l'Assemblée nationale et réintroduit. Le Conseil supérieur a été également consulté le 2 mars 2016 sur le nouveau projet de loi modificatif du Code du travail.

104. Aujourd'hui, la composition du Conseil supérieur du Travail (CST) est critiquée par la CSTM qui, depuis sa création en 1997, n'a pas siégé dans cet organe consultatif, d'où aujourd'hui l'intérêt d'organiser des élections de représentativité au Mali. Les deux nouvelles centrales[144] sont venues s'ajouter à la CSTM et réclament à juste titre une égalité de traitement avec l'UNTM. L'UNTM, syndicat unique d'alors, continue à siéger seule dans tous les organes de dialogue social au Mali et n'attend point céder un pouce à la CSTM et aux autres centrales sur la base d'un vieux décret de 1987[145] qui octroie à l'UNTM les six places des travailleurs au niveau du CST. Face à cette situation, le Gouvernement est obligé de faire en amont du Conseil du supérieur des consultations informelles sur tous les projets de textes dont l'avis du CST est requis. Quelle sera la portée des décisions ou avis donnés par le CST ?

3. La portée et l'impact des décisions du CST sur le dialogue social

105. L'avis donné par le Conseil supérieur du travail ne lie pas le Gouvernement, il s'agit d'un avis facultatif dans certaines matières notamment l'adoption des projets de textes législatifs et réglementaires. Les vrais avis devraient être obtenus à la suite d'études que la commission permanente devrait faire. De sa création à nos jours, « *certaines missions n'ont pas été accomplies comme la possibilité de se prononcer sur les questions relatives à la conclusion des conventions collectives et sur leurs incidences économiques, sur les difficultés nées à l'occasion de négociation des conventions collectives conformément à son mandat* »[146].

---

[143] En 2011, l'article L60 issu de la modification de 2003 a été modifié pour la deuxième fois pour stipuler que « *L'âge de la retraite est fixé ainsi qu'il suit : Pour les travailleurs contractuels des Etablissements Publics à caractère Administratif (EPA) et les Etablissements Publics à caractère Industriel et Commercial (EPIC): - catégorie A : 62 ans ; - catégorie B : 59 ans ;- catégorie C, D, E : 58 ans. Pour les travailleurs du secteur privé - catégorie A et équivalent : 60 ans. - catégorie B, C, D, E ou équivalent : 58 ans* ».

[144] La Centrale démocratique des travailleurs du Mali (CDTM) et la Confédération malienne du Travail (CMT) ont été créées respectivement en 2010 et 2014.

[145] Décret n°87-022 P/PM du 12 septembre 1987 portant nomination des membres du Conseil supérieur du Travail.

[146] Sidibé, O. O., Tall, P., Étude nationale sur le dialogue social au Mali, *op. cit.*, p. 7.

106. La non-participation des autres centrales donne un gout de dialogue social inachevé. Malgré les consultations informelles faites auprès des autres syndicats, « le dialogue social est en panne »[147]. Il faut réparer cette situation et très vite. Le sentiment d'iniquité qui gagne les autres centrales est en train, petit à petit, de pourrir le climat social. L'impression qui se dégage au cours de quelques entretiens que j'ai eus avec certains syndicalistes, est que le Conseil supérieur n'a plus de sens, qu'il le faut le reformer, et beaucoup ne regrettent pas trop de n'avoir pas siégé au sein de cet organe depuis de longue date. Les consultations des autres organes du dialogue social avant la prise de décisions par le Gouvernement ne se limitent pas seulement au Conseil supérieur du travail, d'autres organes sont aussi consultés comme le Conseil supérieur de la Fonction publique.

B. Le Conseil supérieur de la Fonction publique

107. Il a été institué auprès du ministre chargé de la Fonction publique, un Conseil supérieur de la Fonction publique (CSFP). Ce dernier est « investi des mêmes missions et compétences que le Conseil supérieur du travail[148] » mais concerne seulement les fonctionnaires de l'État[149]. Nous examinerons successivement la composition et les missions (**1**) puis les compétences du CSFP (**2**), avant de dire quelques mots sur la Commission administrative paritaire (**3**).

1. La composition et les missions du CSFP

108. Le CSFP comprend en nombre égal des représentants de l'administration et des représentants des organisations syndicales les plus représentatives de fonctionnaires[150]. Le Conseil supérieur de la Fonction publique est composé de dix-huit membres titulaires nommés par décret du Premier ministre, dont neuf sur proposition des organisations syndicales les plus représentatives de

---

[147] Kester G., Sidibé O. O., *Syndicats africains à vous maintenant ! Pour une démocratie durable*, Ed. L'Harmattan, Paris 1997, p. 17.

[148] Sidibé O. O., Tall, P., *op. cit.*, p. 16.

[149] *Cf.* Loi n° 02-053 du 16 décembre 2002, modifié portant Statut général des Fonctionnaires du Mali. C'est la loi n° 61-57 du 15 mai 1961 portant Statut général des Fonctionnaires qui a créé le Conseil supérieur de la Fonction publique. Cette loi a été modifiée par l'ordonnance n° 77-71/CMLN du 26 décembre 1977, puis par l'ordonnance 78-18/CMLN du 10 juin 1978, et enfin par la loi n° 93-059 /P-RM du 1993. Le CSFP est régie par le décret n° 86-093/PG-RM du 29 mars 1996.

[150] L'article 25 de la loi n° 02-053 du 16 décembre 2002 précitée, précise que « *dans chaque corps de fonctionnaires existent une ou plusieurs commissions administratives paritaires comprenant, en nombre égal, des représentants de l'administration et des représentants du personnel* ».

fonctionnaires et neuf choisis en qualité de représentants de l'administration. Le ministre en charge de la Fonction publique, préside le CSFP[151].

109. Les mêmes critiques que celles adressées au Conseil supérieur du travail, sont portées au CSFP. Les neufs membres désignés par les organisations syndicales les plus représentatives de fonctionnaires, n'est pas claire. Il n'y a jamais eu d'élections de représentativité dans l'administration publique[152]. L'UNTM siège seule au niveau cet organe comme au Conseil supérieur du travail. La dernière-née des centrales syndicales a, à propos de cette situation, déposée une doléance sur la table du ministre de la Fonction publique[153]. Ceci témoigne en soi du peu d'effectivité du dialogue social mené au sein de cet organe, en principe important du dialogue social au niveau national dès lors qu'il doit émettre des avis et des recommandations lorsqu'il est saisi.

2. Les compétences et la portée des avis du CSFP

110. Le Conseil supérieur de la Fonction publique (CSFP) est saisi des projets de loi tendant à modifier le Statut général des fonctionnaires et les statuts particuliers régissant les différents corps de la Fonction publique[154]. Le Conseil est également saisi des projets de décret relatifs à la situation de l'ensemble des fonctionnaires et des projets de décret comportant des dispositions de nature statutaire communes à un ou plusieurs corps de fonctionnaires. Dans le cadre de la compétence qui lui est attribuée, le CSFP émet des avis ou fait des recommandations[155]. Le secrétariat du Conseil est assuré par le Directeur national de la Fonction publique et du personnel. Un compte rendu est établi après chaque séance et transmis dans le délai d'un mois aux membres du Conseil[156]. Il est adopté lors de la séance suivante. Les domaines de compétences du Conseil sont clairs du point de vue des textes, qu'en est-il dans la pratique ?

---

[151] Article 11 du décret d'application de la loi n° 02-053 du 16 décembre portant général de la Fonction publique du Mali relatif à la composition du Conseil supérieur de la Fonction publique.

[152] *Cf.* not. Sidibé O. O., « Réalités africaines et enjeux pour le droit au travail », *op. cit,* p. 130 et s.

[153] La CDTM : Centrale démocratique des travailleurs du Mali avait, dans son cahier de doléance de juillet 2015 adressé au ministre du Travail et de la Fonction publique, une demande d'entrée au Conseil supérieur du Travail et au Conseil supérieur de la Fonction publique. Aucune suite favorable n'a été donnée par le Gouvernement.

[154] Article 10 du décret d'application de la loi n° 02-053 du 16 décembre portant général de la Fonction publique du Mali relatif à la composition du Conseil supérieur de la Fonction publique.

[155] Article 10 du décret d'application du Statut des fonctionnaires

[156] Article 19 du décret d'application du Statut général des fonctionnaires.

111. En 2002, date de la modification significative du statut général des fonctionnaires, le conseil a été saisi pour examiner ce projet qui a revu l'âge de départ à la retraite à 62 ans notamment les fonctionnaires de la, catégorie A[157]. Aussi, depuis 2014, le Conseil a été régulièrement saisi pour examiner les vagues de plans de carrière que les syndicats demandent depuis 2013. Ainsi en 2015, les plans de carrière des fonctionnaires des impôts, de la Douanes, de l'environnement et de la santé ont été examinés par le CSFP. D'autres plans de carrière attendent d'être soumis à son avis[158] comme celui des inspecteurs du Travail et de la sécurité sociale entre autres.

112. Le fonctionnement du CSFP est remis régulièrement en cause, depuis 2011, par le fait que le ministère du Travail et de la Fonction publique n'arrive pas à payer les frais de déplacement des membres du Conseil, faute de prévision budgétaire. Le décret d'application du Statut général des fonctionnaires prévoit que des frais de déplacement, dont le montant sera fixé par arrêté conjoint du ministre[159] de la Fonction publique et du ministre des Finances, sera payé aux membres du Conseil ; mais, ce texte n'a jamais été pris.

113. Les avis donnés par le CSFP sont extrêmement importants dans la mesure où le Gouvernement à travers le Secrétariat général du Gouvernement[160] exige toujours l'avis du Conseil supérieur lors de l'examen de tous les projets de loi et décrets concernant le statut général des fonctionnaires ou les statuts particuliers régissant les corps de l'administration publique. L'impact du CSFP dans l'architecture du dialogue social au Mali n'est plus à démonter.

114. Il faut observer que dans le Statut général des fonctionnaires, il est fait mention d'organisations syndicales les plus représentatives de fonctionnaires[161] en ce concerne la composition du CSFP. Cependant, il faut noter que seule l'Union Nationale des Travailleurs du Mali (UNTM) occupe les neufs postes de travailleurs. Aussi, le Statut général des fonctionnaires prévoit une commission administrative paritaire, qui joue un rôle marginal

[157] Article 111 de la loi n° 02-053 du 16 décembre 2002, l'âge est fixé à 55, 58, 59 et 62 ans.
[158] Depuis 2015, certains plans de carrières des corps de fonctionnaires sont toujours « en instance », faute de moyens pour payer les frais de déplacement des membres de l'administration générale, de l'administration du travail, de l'action sociale, de l'enseignement secondaire et fondamental.
[159] Article 13 du décret : « *les frais sont gratuites, toutefois des frais de déplacement sont alloués dans des conditions déterminées par arrêté conjoint du ministre du travail et des finances* ».
[160] Le Secrétariat général du Gouvernement, dénommé « SGG », est un organe central dans la supervision et dans l'action gouvernementale au Mali, il jouer e rôle de gendarme des procédures au moment de l'adoption des textes législatifs et réglementaires. Le Secrétaire général du Gouvernement a rang de ministre ; il assiste au Conseil des ministres.
[161] Article 11 du Statut général des fonctionnaires.

d'acteur du dialogue social dans la Fonction publique notamment en matière disciplinaire.

3. La Commission administrative paritaire :

115. La Commission administrative paritaire est « saisie des questions individuelles intéressant tout membre d'un corps de fonctionnaires, en ce qui concerne la discipline et l'insuffisance professionnelle. Elle se réunit alors en formation disciplinaire »[162]. La composition est bipartite mais en fait, il s'agit d'un organe de sanction[163]. Son impact sur le dialogue social est très marginal dans la mesure où il s'agit d'un organe siégeant en formation disciplinaire. En plus du Conseil supérieur du Travail et de celui de la Fonction publique, d'autres organes contribuent efficacement à la promotion au dialogue social au Mali tel que le Conseil économique, social et culturel.

C. Le Conseil économique, social et culturel

116. Le besoin de liberté et de démocratie dans tous les domaines était si important qu'il est apparu nécessaire de créer un cadre approprié pour débattre des questions économiques sociales et culturelles au Mali. C'est la Constitution du 25 février 1992[164] qui a consacré l'institution du Conseil économique social et culturel (CESC) afin d'être en conformité avec les objectifs du millénaire dans le concert des nations. La loi n° 92-031 du 19 octobre 1992 fixe l'organisation, le fonctionnement et les modalités de désignation des membres du CESC. Nous examinerons sa composition et ses missions **(1)** et son impact sur le dialogue social au Mali **(2).**

1. Composition et missions

117. Le CESC collecte, rédige, avec la participation des différentes entités qui le composent, à l'attention du Président de la République, du Gouvernement et de l'Assemblée Nationale, le recueil annuel des attentes, des besoins et des problèmes de la société civile avec des orientations et des propositions[165]. Il existe non seulement une assemblée consultative qui donne son avis aux pouvoirs publics en matières économique social et culturel, mais aussi une

---

[162] Article 25 alinéa 3 du Statut général des fonctionnaires.

[163] Article 30 du décret d'application du statut des fonctionnaires stipule que : « *le conseil de discipline se réunit sur convocation de son Président. Il statue sur le cas du fonctionnaire qui, faisant l'objet d'une poursuite disciplinaire ou d'une procédure de licenciement pour insuffisance professionnelle, est déféré devant lui par arrêté du ministre de la Fonction publique* ».

[164] *Cf.* Titre XIII de la Constitution malienne du 25 février 1992.

[165] Article 107 de la Constitution du 25 février 1992.

institution représentative composée principalement de membres désignés par les organisations socioprofessionnelles.

118. Le CESC est composé de représentants des syndicats de travailleurs, des associations, des groupements socioprofessionnels, des collectivités territoriales et des citoyens vivant à l'extérieur[166]. Il est précisé que « le CESC comprends 56 membres répartis comme suit :
-Douze (12) représentants des salariés du secteur public et privé[167] (...) ». Les membres du CESC sont ensuite nommés par le Président de la République par décret[168]. Cette désignation depuis quelques années pose des soucis au ministre du Travail. Il convient à ce propos de rappeler qu'avant l'avènement du multipartisme syndical au Mali, les douze places des salariés étaient octroyées à l'Union Nationale des Travailleurs du Mali (UNTM), centrale syndicale unique alors. Avec la création de la CSTM en décembre 1997, le problème s'est posé dans la désignation des représentants des salariés du public et privé au niveau du CESC. Il serait nécessaire aussi de préciser que le décret[169] fixant les conditions de désignation des membres du Conseil en son article 3 parle d'organisation syndicale la plus représentative, toute chose qui faisait de l'UNTM, centrale unique depuis 1963, l'organisation désignée pour représenter les travailleurs au CESC. La question de la représentativité apparait donc depuis en plein jour.

119. En 1999, la CSTM a attaqué le décret portant nomination des membres du CESC devant la section administrative de la Cour suprême du Mali afin d'exclusion dudit Conseil[170], l'UNTM n'étant pas la seule organisation syndicale censée représenter les travailleurs du public et du privé. Face à la question, le Gouvernement avait déjà entrepris de réviser l'article 3 du décret n° 94-177 P-RM du 5 mai 1994, pour élargir la représentativité des salariés, en supprimant l'expression « la plus représentative » et en la remplaçant par « les organisations syndicales les plus représentatives »[171]. Toutefois, malgré une troisième annulation du décret de nomination des membres du CESC par la Cour suprême, le Gouvernement a maintenu l'octroi des douze postes de

---

[166] Article 110 de la Constitution du 25 février 1992.

[167] Article 7 de la loi n° 92-031 du 19 octobre 1992 précitée.

[168] Décret 2015-0024 P-RM du 29 janvier 2015 fixant la liste des membres du CESC.

[169] Article 3 du décret n° 94-177 P-RM du 5 mai 1994 fixant les conditions de désignation des membres du CESC : « les douze représentants des salariés du secteur public et du secteur privé sont désignés par l'organisation syndicale la plus représentative ».

[170] Arrêt n° 30 du 28 septembre 2000 et n° 76 du 15 août 2002, la section administrative de la Cour suprême du Mali a annulé le décret de nomination querellé de 1999 et a demandé au Gouvernement de faire représenter la CSTM audit Conseil en 2005 (*Cf.* arrêt n°135 du 16 août 2007 de la Cour suprême annulant le décret de 2004).

[171] Article 3 nouveau du décret n° 2004-333 P-RM du 13 août 2004 fixant les conditions de désignation des membres du CESC et article 9 de la loi n° 92-031 du 19 octobre 1992 précitée.

représentants des salariés à l'UNTM dans les décrets de 2009 et 2014 nommant les membres du CESC. La modification de l'article 3 du décret de 1994 n'a pas fait évoluer la question de représentation au CESC en ce qui concerne les travailleurs dans la mesure où les représentants de la CSTM n'ont pas pu figurer dans le décret 2009, encore moins dans celui de 2015[172].

120. La CSTM dans un ultime recours a, aussi, saisi le de l'OIT. Celui-ci dans son 359ème rapport[173] de 2011 a recommandé au Gouvernement du Mali d'annuler le décret 09-608 P-RM du 12 novembre 2009 afin d'inclure la CSTM dans la liste des représentants des salariés des secteurs public et privé et ce, conformément aux arrêts de la section administrative de la Cour suprême du Mali.

121. Le Gouvernement dans ses commentaires adressés au Comité de la liberté syndicale de l'OIT, confirme qu'il a entrepris depuis 2005 d'organiser des élections professionnelles au plan national afin de permettre la désignation des syndicats regardés comme les plus représentatives et de répondre par là même à la CSTM en ce qui concerne sa représentation au CESC.

122. En toute hypothèse nous pensons que cette question pouvait être réglée par consensus entre les deux centrales syndicales, avant 2014, dès lors qu'existerait une véritable volonté politique qui, de fait, a manqué. Le Gouvernement a craint les menaces de grève de l'UNTM. La situation s'est par ailleurs compliquée avec la création deux autres centrales syndicales en 2006 et 2014[174]. Le feuilleton judiciaire continue, la CSTM a de nouveau saisi la Cour suprême et le Comité de la liberté syndicale en 2015 pour demander à nouveau l'annulation du décret de janvier 2015 fixant la liste des membres du CESC.

123. Le Gouvernement dans ses commentaires adressés à l'OIT a répondu que des élections professionnelles seraient organisées courant 2016 ; mais entre-temps le climat social a continué à se dégrader ; ceci n'est pas de bon présage pour la tenue desdites élections surtout que l'UNTM n'entend toujours pas partager les douze postes au CESC avec une autre centrale syndicale. Cette déclaration parait être un trompe l'œil de la part du Gouvernement, deux ans se sont déjà écoulés, jusqu'à la date d'aujourd'hui, lesdites élections n'ont toujours pas été organisées.

---

[172] Décret 2015-0024 P-RM du 29 janvier 2015, *op. cit*, p. 31.

[173] Dans son 359ème rapport de 2011 le Comité de la liberté syndicale a recommandé au Gouvernement du Mali d'annuler le décret de 2011 et d'inclure la CSTM dans le CESC (*Cf.* Cas n° 2756 concernant le Mali).

[174] La Confédération malienne du Travail (CMT) et la Centrale démocratique des Travailleurs du Mali (CDTM).

124. Il faut noter que le Gouvernement et l'Assemblée nationale ont l'obligation, quand ils sont saisis, de donner une suite aux avis et rapports formulés par le Conseil économique, social et culturel dans un délai maximum de trois mois pour le Gouvernement et avant la fin de la session en cours pour l'Assemblée Nationale. Le CESC reçoit une ampliation des lois, ordonnances et décrets dès leur promulgation. Il suit l'exécution des décisions du Gouvernement relatives à l'organisation économique, sociale et culturelle[175].

2. L'impact du CESC sur le dialogue social au Mali

125. Le CESC à compétence sur tous les aspects du développement économique sociale et culturel1 de la nation. Il participe à toute question d'intérêt national à caractère économique social et culturel[176]. Il est obligatoirement consulté sur tout projet de lois des finances, de plan ou de programme économique, social et culturel[177]. Cette compétence constitutionnelle est complétée par celle découlant de la loi fixant l'organisation, le fonctionnement et les modalités de désignation de ses membres. Aux termes de la loi n° 92-031 du 19 octobre de 1992 fixant l'organisation, le fonctionnement et les modalités de désignation des membres du CESC, il se réunie en session ordinaire deux fois par an. Les sessions ordinaires du Conseil sont convoquées par son Président. L'acte de convocation précise la date d'ouverture et de clôture[178]. La première session a lieu en juin et la seconde en février.

126. Sur le terrain, les membres de délégations du CESC discutent avec les représentants des syndicats, les organisations socioprofessionnelles, les associations de la société civile, des organisations non gouvernementales et de l'administration[179]. Pour élaborer son rapport annuel, le Conseil recueille, à travers différentes commissions, les besoins des populations. Les membres font des descentes sur le terrain à travers tout le pays. Lesdits besoins font l'objet d'un rapport communiqué « au Président de la République, au Premier ministre, à l'Assemblée nationale »[180]. De façon générale, le CESC apporte « une contribution précieuse aux pouvoirs publics grâce à son rôle d'interlocuteur de premier plan, la pertinence et l'objectivité des travaux

[175] Article 109 de la Constitution du 25 février 1992.
[176] Article 106 alinéa 2.
[177] Article 108 de la loi n° 92-031 portant création du Conseil économique, social et culturel du Mali.
[178] Article 26 de la loi n° 92-031.
[179] Tall P. D., Rapport d'étude sur la coopération tripartite, le dialogue social et les relations professionnelles au Mali, BIT document dactyl. 1997, p, 15.
[180] Article 107 de la Constitution du 25 février 1992.

effectués par ses membres, la création d'un partenariat dynamique en son sein »[181].

127. La Commission chargée des affaires sociales et de la santé, se saisie régulièrement des revendications des syndicats. Récemment la commission des affaires sociales et la santé s'est saisie du conflit collectif entre la Direction de l'Office Radio Télévision du Mali (ORTM)[182] et son syndicat suite aux différentes grèves que ce syndicat a observé début janvier et février 2016. Elle s'est également saisie du conflit collectif des inspecteurs du Travail[183] pour tenter une médiation[184]. Les avis émis par le Conseil économique, social et culturel, sont transmis au Premier ministre pour publication au Journal Officiel.

128. Pour donner du poids aux avis qu'il émet, le CESC peut désigner l'un de ses membres, à la demande du Président de la République, du Gouvernement ou de l'Assemblée Nationale, pour exposer devant ces organes l'avis du Conseil sur les projets ou propositions de loi qui lui ont été soumis. Les demandes d'avis, adressées au CESC sont formulés par lui en principe lors de la session au cours de laquelle elles ont été déposées, au plus tard au cours de la session suivante[185]. Nous n'avons pas pu vérifier l'effectivité de telles prévisions au niveau de l'Assemblée nationale ; en revanche, nous avons relevé que le Président de la République, dans son adresse à la Nation à l'occasion du nouvel An 2016[186], avait fait état dans son discours de recommandations émanant du rapport du CESC et demandé au Gouvernement d'en tenir compte dans son action.

129. L'impact du CESC sur le dialogue social n'est plus à démontrer. Depuis sa création, les syndicats sont toujours présents dans sa composition. Le Conseil est le seul organe de dialogue social où toutes les couches de la société sont représentées et les descentes sur le terrain permettent aux populations de faire remonter leurs préoccupations aux autres institutions du pays[187]. J'ai pu

---

[181] *Cf.* Revue du Conseil économique social et culturel du 10 janvier 2001.

[182] Le syndicat de l'ORTM réclamait de meilleures conditions de travail, la suspension de la création d'un nouveau service de diffusion.

[183] Les inspecteurs du travail réclamaient le paiement des primes et indemnités conformément à la convention n° 81 de l'OIT, du matériel de travail, des véhicules pour les inspections sur le terrain.

[184] Le CESC a été saisi suite aux préavis de grève des inspecteurs du travail des 8, 9 et 10 février 2016 et des 4, 5, 6 et 7 avril 2016.

[185] Article 20 du règlement intérieur du Conseil économique, social et culturel du 10 juin 1994, validé après avis de la Cour constitutionnelle du 1er février 1995.

[186] Discours du Président, son excellence Ibrahim Boubacar Kéita, adresse à la Nation à l'occasion du nouvel an 2016.

[187] *Cf.* Rapport annuel de 2012 du CESC, validé lors de la session ordinaire du 20 février au 5 mars 2012, remis au Président intérimaire Dioncoumda Traoré. En réponse, ce dernier a loué

constater lors des entretiens que j'ai menés auprès des populations, il ressort que les commissions qui le composent mènent à bien leurs missions sur le terrain et les populations sont très satisfaites.

130. La seule fausse note, aujourd'hui, concerne toujours la désignation des représentants des salariés des secteurs public et privé. Les organisations syndicales considérées comme les plus représentatives à l'issue des élections professionnelles à venir, pourront designer les douze représentants des salariés au CESC. Cette question institutionnelle est de fait devenue un enjeu pour l'existence même du dialogue social au sein de ce Conseil[188]. Qu'en est-il de la concertation sociale ?

§ 3 - Les jeux de la concertation sociale

131. Les jeux de la concertation sociale peuvent se dérouler sous plusieurs formes telles que les consultations officieuses des services étatiques **(A)** ou la forme de manifestations de concurrences entre organisations syndicales**(B)** et des recours à des tierces personnes ou autorités pour débloquer le dialogue **(C).**

A. Les consultations officieuses des services Étatiques

132. Les pratiques informelles renvoient aux aspects du dialogue social qui ne se déroulent pas dans le cadre formel tel que nous venons de l'indiquer ; elles sont développées hors consultation formelle **(1),** en contribuant à faire progresser les points de vue et les positions des acteurs **(2).**

1. Les lieux et formes de la consultation officieuse

133. La société malienne, à l'instar de toutes les sociétés africaines, a toujours accordé et continue toujours d'accorder une place prépondérante au dialogue social comme mode privilégié de résolution des conflits sociaux ou sociétaux. Ainsi, les conflits se réglaient et continuent de se régler dans le « ventre » de la famille, du lignage, des mosquées, des églises, de l'arbre à palabre. C'est dans cette perspective qu'un auteur a pu affirmer : « La plupart des conflits se réglaient sous l'arbre à palabre avec une forte implication des sages du village qui étaient les acteurs inclusifs d'un dialogue sincère et constructif. L'arbre à

---

la qualité du travail accompli avant de promettre qu'une large diffusion en serait faite pour que tous les départements puissent en tirer le meilleur profit, n'hésitant pas à affirmer : « Ce bréviaire servira à nous qui sommes là et aussi à ceux qui viendront après nous. Tous les membres du Gouvernement prendront connaissance du livre pour que la symphonie qui en sortira soit la meilleure possible ».

[188] Bietry F., Les partenaires sociaux : quelle stratégie syndicale pour quel dialogue social ? Éd. Management et Société, 2007, *les Essentiels de la Gestion.*

palabre était le lieu où se tenaient des débats contradictoires, s'exprimaient des avis motivés sur des problèmes de société de même que des conseils sur les mécanismes divers de dissuasion et d'arbitrage des conflits. Cette culture a impacté sur la vie et le comportement des peuples pendant des siècles et même jusqu'à nos jours, surtout dans les villages »[189].

134. Les consultations ont souvent lieu à domicile ou entre les séances de suspension des négociations des conflits autrement dit dans les couloirs. Elles sont beaucoup plus efficaces que les négociations véritables. Elles ont souvent lieu dans les « grins »[190], au bureau de l'employeur par l'intermédiaire « d'une personne qui peut influer sur vos décisions », soit c'est parce que c'est un parent par alliance ou par mariage. Il n'est pas rare qu'on demande aux syndicats en conflit de faire des concessions incroyables et souvent même de renoncer à des droits acquis pour sauver les négociations[191].

135. Les consultations font intervenir d'autres variables[192] pour faire évoluer le dialogue social. On joue ici surtout sur les relations sociales, et l'on fait souvent intervenir les « sages »[193]. Beaucoup de conflits sociaux ont connu ainsi une solution pérenne grâce à ces pratiques informelles qui tirent souvent leur force du recours à des valeurs sociales d'antan, tel que le cousinage à plaisanterie, les paroles des sages, du patriarche. Elles peuvent venir des relations de mariage, de famille. Aujourd'hui, les consultations officieuses sont beaucoup plus pratiquées que les techniques modernes de résolution des conflits collectifs au Mali. Les conflits collectifs qui durent, trouvent leur

---

[189] Koto-Yerima N.-Z., *La pratique du dialogue social au Bénin : Bilan et perspectives*, Friedrich Ebert Stiftung, 2014, p. 4 et s.

[190] Les « grins » sont des lieux de rencontre des garçons de mêmes classes d'âges pour discuter des questions sociales, entre autres, autour du « thé vert de Chine ». Cette institution sociale remonte très loin. Les enfants de même classe d'âge était « circoncis » ensemble et formait un groupe uni pour toute la vie.

[191] Cette situation arrive très souvent, dans le conflit qui a opposé cette année en février 2016 les inspecteurs du travail au ministère du travail pour l'amélioration de leurs conditions de travail, les négociations avaient été bloquées, lors du premier préavis de grève, mais lors du second préavis de grève, à l'occasion de consultions officieuses, certains médiateurs non parties au conflit ont demandé au comité syndical des services du travail de renoncer à quatre ans de rappel de leur protocole de juillet 2011 conclut avec le Gouvernement, protocole qui n'avait pas été appliqué. Au gré des consultations et sollicitations le syndicat a été amené à renoncer à ces rappels par qu'il avait promis lors d'une consultation officieuse qu'il allait renoncer à ces rappels. Cette nouvelle a été accueillie par la commission de médiation avec soulagement et a contribué au déblocage des négociations le 30 mars 2016.

[192] Dans la société malienne le cousinage à plaisanterie est une valeur sociale extrêmement enracinée dans les traditions. Il est impossible de refuser une sollicitation d'un cousin plaisanterie. Les Coulibaly ont comme cousin les Kéita, les Konaté, les Bouaré, les Tangara, etc. Il est interdit de refuser une sollicitation sérieuse d'un cousin, sinon un malheur pourrait vous frapper. Ce levier est souvent utilisé pour régler les conflits sociaux

[193] Un sage est un dépositaire de la tradition, patriarche, un vieux griot, un chef de quartier ou de village.

solution dans ces consultations officieuses, qu'il s'agisse de conflits intéressant la Fonction publique, les collectivités territoriales ou le secteur privé.

136. D'autres types de consultations informelles sont aussi développés, il peut s'agir par exemple de la saisine directe, généralement par écrit, des organisations syndicales, sur un problème donné, ou pour les informer d'une situation donnée, d'une décision intervenue ou alors pour requérir leurs observations[194] sur un projet de texte de loi ou un dossier. Il importe de souligner que malgré l'intérêt que le syndicat peut porter aux sujets en question, « une réponse écrite ne peut jamais remplacer, dans une dynamique de dialogue social des échanges directs d'informations que permet une séance de travail regroupant les partenaires autour de la même table »[195]. Certaines consultations s'effectuent aux moyens de réunions auxquelles sont conviées soit l'ensemble du personnel d'un ministère, d'une direction ou service donné.

137. L'impact des consultations officieuses n'est plus à démontrer, quel que soit les lieux où elles se déroulent ou la forme, elles ont toujours fait évoluer le dialogue social au Mali et encore plus dans l'administration malienne[196] consacré par une lettre circulaire du Premier ministre. La lettre circulaire n° 01/PM-RM du 30 janvier 2004 du Premier ministre du Mali relative à la communication gouvernementale demande à chaque ministre du Gouvernement d'institué une rencontre trimestrielle avec les syndicats nationaux et les directions centrales d'organiser des rencontres trimestrielles avec les comités syndicaux de leur service. Dix ans après, les rencontres trimestrielles ne se tiennent plus dans tous les ministères encore moins dans les Directions centrales des départements ministériels. Il arrive cependant que ces consultations ne permettent pas de régler tous les conflits ou toutes les situations de conflit, et montrent des limites.

2. Les limites des consultations officieuses

138. Les consultations officieuses comme moyen de règlement des conflits connaissent leurs limites car trop pratiquées, elles sont entrain devenir des

---

[194] Le ministre du Travail du Mali procède régulièrement à ces types de consultations auprès des autres centrales syndicales en leur demandant de faire des observations sur des projets de textes à soumettre au Conseil supérieur du Travail, dans la mesure où seule l'UNTM siège au sein dudit Conseil.

[195] Oumarou M., *Le dialogue social dans les pays membres de l'UEMOA*, BIT, Genève, 2007 (wwww.ilo.org/dial, p.37).

[196] Lettre circulaire n° 01/PM-RM du 30 janvier 2004 du Premier ministre du Mali relative à la communication gouvernementale dans laquelle il précise que la « démarche du gouvernement à l'endroit des partenaires sociaux doit reposer sur le partage de l'information, la transparence et un meilleur suivi des engagements pris conformément au pacte de solidarité pour la croissance et le développement ».

freins au vrai dialogue social entre les acteurs. Les syndicats de plus en plus résistent à cette forme ou mode de résolution des conflits de travail. Il n'est pas rare de voir un syndicat opposé un refus au médiateur officieux parce que la confiance n'existe plus entre les acteurs. Cette méfiance trouve sa source dans la non-exécution des engament antérieurs à la suite d'un protocole de fin de conflit resté dans les tiroirs de la partie employeur[197]. L'exemple le plus frappant réside dans la négociation du préavis de grève des inspecteurs du Travail du 30 mars 2016, lors du second préavis de grève, les discussions ont trainé en longueur parce que le comité syndical disait clairement ne pas avoir confiance au ministre du Travail qui selon eux n'a pas pu mettre en œuvre le protocole d'accord du 29 juillet 2011 qui a été signé avec le Gouvernement[198].

139. La crise de confiance annihile tous les efforts de consultations informelles que les médiateurs entreprennent pour lever le blocage sur les négociations. Les préavis répétitifs résident dans l'inexécution des protocoles, renforcent le manque de confiance entre les acteurs. Il convient d'affirmer avec force, que l'exclusion de certains acteurs du dialogue social conduit a créé une certaine concurrence entre les organisations syndicales. Comment se manifestent-elles ?

B. Les manifestations de la concurrence entre organisations

140. Le dialogue social au Mali est victime de l'exclusion de certaines centrales syndicales des institutions paritaires comme le CESC, le Conseil supérieur du travail, le Conseil supérieur de la Fonction publique entre autres. Cette exclusion entraine des concurrences entre les syndicats s'expliquant par le fait que l'UNTM impose son diktat à l'État **(1)** et une remise en cause du principe d'égalité de traitement devant la loi **(2).**

---

[197] Nous avons été confrontés à ces situations lors de la gestion de plusieurs conflits de travail, le syndicat des mines, par exemple en 2014, avait déposé un préavis de grève sur l'ensemble du territoire national. Les négociations ont été bloquées parce que le syndicat estimait ne plus avoir confiance dans l'employeur Anglogold Ashanti de la mine d'or de la commune rurale Sadiola et Yatela dans la région de Kayes, toutes les interventions ou consultations entamées auprès du syndicat se sont soldées par un échec.

[198] Le comité syndical des services du travail avait conclu avec le Gouvernement un protocole d'accord le 29 juillet 2011 suite au préavis de grève qu'il avait déposé sur la table du ministre du Travail et de la Fonction publique ; ce protocole n'avait pas été mis en œuvre par le Gouvernement qui évoquait à tout bout de champ le mouvement insurrectionnel du 22 mars 2012 ayant abouti au coup d'État militaire ayant chassé le Général Amadou Toumani TOURE du pouvoir.

1. Le diktat de l'UNTM

141. Le dialogue social pierre angulaire de la démocratie sociale ne devrait pas s'accommoder d'une exclusion de certains acteurs majeurs[199], tel est le tableau peu luisant que nous proposent les syndicats au Mali. L'Union nationale des Travailleurs du Mali s'oppose farouchement à la présence des trois autres fédérations ou unions syndicales au sein des institutions, des instances ou organismes chargés de promouvoir le dialogue social. Elle dénie toute légitimité aux deux dernières centrales à représenter les travailleurs, que sont la CMT et la CDTM. Elle s'est accommodée au fil du temps avec la CSTM sans accepter cette dernière dans les organes de concertations paritaires. La raison est simple, toutes les centrales créées après elles, sont sortie de la scission de l'UNTM, sauf la CMT. Elle fait montre d'une certaine flexibilité dans la situation de la CSTM parce que depuis plus de dix ans, elle a accepté que la CSTM soit membre de la délégation malienne à la Conférence internationale du Travail (CIT) mais en tant que membre suppléant des syndicats.

142. Aujourd'hui, l'UNTM accepte tant bien que mal de signer des documents avec la CSTM sans pour autant lui donner la possibilité de siéger dans les institutions paritaires que nous avons étudiées plus haut[200]. Hormis la CSTM, l'UNTM ne veut pas sentir les deux dernières, pour preuve elle a refusé de signer avec ces centrales le document du Programme Pays de promotion du Travail Décent (PPTD) Mali[201] 2016-2018, mais qu'elle sera prête à signer le document avec la CSTM. Il a fallu l'intervention de la spécialiste ACTRAV[202] Abidjan pour amener la CMT et la CDTM a accepté un compromis pour que l'UNTM et la CSTM signent le PPTD au nom des travailleurs du Mali, le 14 avril 2016.

143. Cette situation a fait remonter « l'adrénaline » entre l'UNTM et les autres centrales, qui disent sur tous les toits du pays, que l'État est complice de l'UNTM. Ont-elles raisons, on est tenté de dire « oui » parce que les preuves de cette exclusion sont visibles tous les jours. Les pouvoirs publics comme a pu le dire Monsieur Ousmane O. Sidibé « s'accommodent de cette situation

---

199 Nous constatons que certaines centrales syndicales sont exclues de fait des organes paritaires de dialogue social. Il en va ainsi de la CSTM, de la CMT et de la CDTM sans que cela résulte d'une quelconque mesure de leur représentativité syndicale.

200 *Cf. supra* n° 97, 109 et 118.

201 Le PPTD Mali « programme pays de promotion du travail décent est un document cadre d'intervention du BIT dans ces États membres pour promouvoir le travail décent. Les PPTD sont conclus pour trois ans.

202 ACTRAV (activité pour les travailleurs) est une structure chargée au sein du BIT d'accompagner et de former les syndicats des États membres de l'OIT

probablement en raison de la forte implantation de l'UNTM dans la Fonction publique »[203].

144. Ces situations ont exacerbé aujourd'hui la concurrence entre l'UNM et la CSTM ; on en voudra pour preuve le fait que la CSTM ait repris dans son préavis de grève du 1er mars 2016, des points déjà résolus dans un accord signé avec l'UNTM, moins de deux ans avant. Ainsi « le ministère du Travail est devenu le terrain de leur démonstration de forces »[204] pour prouver aux militants qu'ils peuvent améliorer leurs conditions de vie et de travail. Tous les moyens sont bons pour se faire entendre par le Gouvernement qui, de son côté, affiche « sa faiblesse » et paraît ainsi mettre en cause lui-même l'égalité de traitement des organisations syndicales par l'État.

2. La remise en cause du principe d'égalité de traitement

145. Le principe d'égalité impose de traiter de manière égale des situations équivalentes et, par conséquent, prohibe toutes distinctions arbitraires. Il s'agit d'un principe Constitutionnel résultant de la Déclaration des Droits de l'Homme et du Citoyen de 1789[205], de la Déclaration Universelle des Droits de l'Homme de 1948[206], de la Charte Africaine des Droits de l'Homme et des Peuples[207].

146. Le Mali a connu, en effet, au cours des décennies de souveraineté plusieurs Constitutions dont celles du 2 juin 1960, du 2 juin 1974 et du 25 février 1992 desquelles s'est dégagée une constante, à savoir le principe « de l'égalité de tous devant la loi sans distinction d'origine, de race, de sexe ou de religion ». L'article 2 de la Constitution du 25 février 1992 affirme ce principe : « Tous les maliens naissent et demeurent libres et égaux en droits et en devoirs. Toute discrimination fondée sur l'origine sociale, la couleur, la langue, la race, le sexe, la religion et l'opinion politique est prohibée ». La

---

203 Tounkara D., État et perspectives du dialogue social au Mali, in Auvergnon Ph., Kénoukon Ch. (dir.), *Dialogue social dans les pays de l'espace OHADA et ailleurs dans le monde : la part du droit*, *op. cit.*, p. 262.

204 Nous reprenons ici, les propos du ministre du Travail qui soulignait lorsqu'elle a rencontré le Directeur général du BIT en juin 2015, qu'« il est nécessaire pour le Gouvernement d'organiser les élections professionnelles de représentativité syndicale au niveau national et avec l'appui et l'accompagnement du BIT », et convenait que « le ministère du Travail est devenu le terrain de leur démonstration de force ».

205 L'article 6 de cette déclaration affirme que « Tous les êtres humains naissent libres et égaux devant la loi ».

206 L'article 7 précise que « Tous sont égaux devant la loi et ont droit sans distinction, à une égale protection de la loi ».

207 L'article 3 de cette Charte rappelle que « Toutes les personnes bénéficient d'une totale égalité devant la loi ».

Cour constitutionnelle du Mali est intervenue plusieurs fois pour réaffirmer la portée de ce principe[208].

147. Ce principe transposé dans le champ syndical suppose que l'État, tant qu'il n'a pas organisé des élections professionnelles de représentativité, a l'obligation de traiter toutes les centrales syndicales sur le « même pied d'égalité ». L'État serait-il un frein au dialogue social inclusif ? On est tenté de répondre par l'affirmative. Lors de la nomination des membres du Conseil économique social et culturel en, 2015, sous la pression de l'UNTM qui menaçait d'aller en grève, le ministre du Travail a écrit à la CSTM pour dire que « le Gouvernement préférait garder le *statu quo* en ce qui concerne les douze représentants des travailleurs au CESC, l'UNTM étant la centrale historique »[209]. Cette correspondance a été très mal accueillie par la CSTM qui pensait pouvoir siéger au CESC par voie de consensus en attendant l'organisation des élections professionnelles. A la réception de la lettre, la CSTM a aussitôt saisi le Comité de la Liberté syndicale du Bureau international du Travail à Genève[210] pour dénoncer l'attitude du Gouvernement et l'interpeller.

148. Le Gouvernement dans ses commentaires adressés au BIT évoque toujours l'organisation des élections professionnelles courant 2016 pour régler le problème. Sur cette question, il s'agit d'une fuite en avant, parce qu'entre temps, le climat social se détériore, à cela s'ajoute la volonté de l'UNTM de ne rien céder aux autres centrales syndicales, donc elle ne voudrait d'une élection qui la priverait des privilèges acquis de longue date. Ces différentes situations vont influer inéluctablement sur la qualité du dialogue social et face à ce que la CSTM qualifie de partialité[211] de l'État. D'autres modes de consultation sont aussi utilisés comme le recours à des tierces autorités.

C. Le recours marginal à des tierces autorités

149. Est tierce autorité toute personne extérieure au conflit mais qui peut influer sur sa solution, dans le cadre d'une consultation visant à favoriser

---

[208] Trois ans déjà après sa naissance en 1994, 35% de ses décisions étaient rendues en application du principe d'égalité : Déc. 96-003 du 25 octobre 1996 ; Déc. 96-004 du 11 novembre 1996 ; Déc. 97-007 du 17 janvier 1997 (Source : *Rapport de la Cour constitutionnelle du Mali au 1er Congrès de l'ACCPUF* tenu à Paris les 10 et 11 avril 1997).

[209] Lettre adressée par le ministre du Travail en 2015 à la CSTM pour expliquer son exclusion du CESC.

[210] Cas n° 2756 concernant le Mali dans le 377ème rapport du Comité de la liberté syndicale de l'OIT, 2015 (www.ilo.org/eD_norm).

[211] Le point de 4 du cahier de revendication de la CSTM est libellé comme suit : « la neutralité et l'impartialité du Gouvernement dans ses relations avec les centrales syndicales », ceci indique implicitement que la centrale ne fait plus confiance au ministère du Travail et de la Fonction publique.

l'obtention d'un accord de fin de conflit. Cette pratique est très marginale comparativement aux autres modes de consultation que nous connaissons en matière de dialogue social. Nous indiquerons néanmoins le rôle qui peut être dévolu à une tierce autorité **(1)** et son impact possible **(2).**

1. Le rôle des tierces autorités

150. Certains auteurs ont porté « leur attention sur la place et le rôle des acteurs des relations professionnelles et particulièrement sur les relations entre l'État et les partenaires sociaux »[212] dans la régulation sociale. La concertation sociale au sens du jeu d'acteurs impliquant l'État et les partenaires sociaux permet le renforcement du dialogue social, mais dans la pratique on est passé de cette forme traditionnel de dialogue social au dialogue social moderne, certainement en Europe, mais en Afrique, et singulièrement au Mali, le recours à cette méthode reste non seulement vivace mais est de plus en plus pratiqué.

151. Il n'est pas rare, que dans la gestion des conflits collectifs, les parties aux conflits de travail aient recours à des autorités qui ne participent pas à la concertation sociale classique. Deux situations permettent d'illustrer cette pratique. En 2010, le syndicat autonome de l'enseignement supérieur, avait déclenché une grève illimitée pour protester contre les mauvaises conditions de travail des professeurs d'université. Le Gouvernement avait estimé que les revendications étaient trop maximalistes et qu'il n'était pas à mesure de satisfaire le syndicat. Il a fallu après un mois de grève illimitée que, le SNESUP lui-même ait recours au « Grand Imam »[213] de Bamako pour intervenir auprès du ministre du Travail et du Président de la République, pour renouer le dialogue et faire signer un moratoire pour permettre au Gouvernement d'analyser de plus près les revendications.

152. Encore récemment, le syndicat des travailleurs de l'Office de la Radio et télévision du Mali (ORTM) a eu également recours aux « communicateurs traditionnels[214] » pour intervenir dans la gestion de leur préavis de grève déposé auprès du ministère de la Communication et de l'économie numérique.

---

[212] Martin Ph., Introduction, *in Le dialogue social, modèles et modalités de la régulation juridique en Europe*, Presses Universitaires de Bordeaux, 2007, p. 10.

[213] Iman autorité religieuse qui dirige une prière dans une mosquée, le grand Iman de la grande mosquée est considéré comme la plus haute autorité morale et religieuse de Bamako, car issue de la première famille maraboutique de Bamako, et désigné par les familles autochtones de la ville. Il est très écouté et dispose d'un très grand respect auprès des autorités politiques.

[214] Le mot communicateur traditionnel revoie au « griot ». Le plus souvent il s'agit d'une association de griots chargés dans la société traditionnelle de porter la parole lors des cérémonies, de faire de démarches pour le mariage. Ils sont réputés pour avoir l'art de la parole ; ils jouent sur les liens sociaux pour régler beaucoup de problèmes dans la société malienne depuis des siècles.

Leur intervention a permis au département chargé de la communication de renouer le dialogue avec le syndicat. De pareilles pratiques sont rependues en Afrique de l'Ouest où le « griot » joue un rôle extrêmement important dans la société. En Europe, la pratique peut paraitre différente[215], par contre en Afrique, ces autorités morales traditionnelles sont très écoutées.

153. Un autre acteur, non moins important qui intervient dans la concertation sociale, en termes de régulation, est la « société civile ». Elle a un poids énorme et constitue un contre poids pour régler les problèmes. La société civile est-elle acteur du dialogue social ? De nos jours, la société civile intervient dans le dialogue social comme une tierce autorité, son intervention est souvent mal vue par les syndicats, dans la mesure où les syndicats sont assimilés à celle-ci. Malgré cette critique dressée contre leur légitimité sur le champ social, elle a tendance à se maintenir et à jouer un rôle important. Le Conseil du travail et du Dialogue social (CTDS-UEMOA)[216] a inclu dans sa composition, la société civile, sans remettre en cause le tripartisme prôné par cet organe de l'UEMOA. De même, dans le Conseil national du Dialogue social du Niger, la société civile est représentée, implicitement ; on lui reconnait un rôle assez important à jouer dans la régulation ou dans la concertation sociale.

154. Au Sénégal, le Conseil[217] de la République pour les affaires économiques et sociales est compétent pour le développement économique, social, culturel et institutionnel, et est obligatoirement saisi, pour avis, des projets de loi de programme à caractère économique et social. En outre, le Comité national du dialogue social, organe tripartite dont le champ d'application couvre les secteurs publics et privé, a été créé. Le Comité national du dialogue social est notamment chargé d'examiner les conditions générales de travail dans lesquelles les salaires, la productivité du travail et la protection sociale peuvent être modifiés par rapport aux indicateurs économiques types. Le jeu de la concertation sociale est à géométrie variable selon les pays et les pratiques de dialogue social. Quel sera l'impact de ces recours ou l'utilité des tierces autorités sur le dialogue social de façon globale ?

---

[215] Martin Ph., Dialogue social et régulation juridique, une problématique européenne, *in Le dialogue social, modèles et modalités de la régulation juridique en Europe*, *op. cit.*, p. 21.

[216] Le Conseil du travail et dialogue social de l'UEMOA a été créé par acte additionnel de 2009 par les chefs d'État, comme organe de dialogue social. Il donne un avis à l'UEMOA sur les questions sociales et en droit du travail. La CEDEAO a emboité le pas en se dotant d'un « Forum du dialogue social ».

[217] *Cf.* BIT, *La négociation collective dans la Fonction publique : un chemin à suivre, étude d'ensemble relative aux relations de travail et à la négociation collective dans la Fonction publique*, CIT, 102ème session, 2013, p. 63 ; voir aussi les commentaires de la commission d'experts pour l'application et recommandation de l'OIT sur la convention n° 98, 2010.

2. l'impact du recours à une tierce autorité

155. L'impact des recours à des tierces autorités en matière de dialogue social au Mali n'est plus à démontrer, il suffit de se convaincre, eu égard aux développements précédents que nous venons d'exposer sur la concertation sociale et ses acteurs. Un tel recours, nous l'avons déjà souligné, peut être fait à la demande soit du Gouvernement, soit des syndicats. Dans la plupart des cas, le recours se fait à la demande des syndicats. Le Gouvernement préfère garder « sa ligne de conduite »[218] qui est de dire : nous ne pouvons pas faire l'impossible face à des revendications maximalistes. Cette posture de l'État est considérée comme une cause de blocage de discussions et d'enlisement. On entend ainsi très souvent les syndicats dire « cet État là, ne nous prend pas au sérieux ».

156. Il faut noter que très récemment, lors de la grève des magistrats en entre juillet et septembre 2018, toutes les légitimités traditionnelles[219] de Bamako sont intervenues auprès des autorités pour tenter de régler le conflit mais en vain. Ainsi, les deux syndicats (SAM et SYLIMA) de magistrats ont été reçus par les familles fondatrices de Bamako, en plus des religieux.

157. Les différents recours ci-dessus évoqués à titre d'illustration, ont permis de dénouer le blocage qui pesait sur ces différentes négociations. Il s'agit là, d'un outil assez intéressant qui influe positivement sur la qualité du dialogue social. La valeur sociale d'une autorité morale est très importante, son implication permet, en tout cas, de régler beaucoup de problèmes, voire au-delà des conflits sociaux. L'impact du recours à une tierce autorité est très mitigé, il arrive que leur intervention règle le conflit et des fois leur intervention ne règle pas le conflit. En dehors des pratiques de concertation, nous retrouvons des négociations sectorielle ou bipartite.

SECTION II : La négociation sectorielle bi ou tripartite

158. Au Mali, le dialogue social se caractérise non pas par l'unicité mais par une pluralité de dialogues[220]. Cela se traduit par une segmentation au niveau

---

[218] Le Gouvernement adopte depuis quelque temps une posture peu reluisante pour la qualité du dialogue social, il n'est pas rare d'entendre des ministres dire, « quand ils se fatigueront, ils reviendront à la table de négociation ».

[219] Les légitimités traditionnelles regroupent les chefs de quartier de Bamako, les chefs religieux et les griots qui s'associent généralement au Conseil national de la société civile pour intervenir dans la gestion de certains conflits sociaux majeurs.

[220] La pluralité de dialogues s'explique tout simplement par le fait que les centrales syndicales a défaut d'avoir l'unicité syndicale, chaque centrale discute de son cahier avec l'État pour décrocher un accord en réalité dans le cadre d'un ersatz de dialogue.

des acteurs concernés. Chacune des quatre centrales syndicales dialogue[221] séparément avec le Gouvernement souvent avec des points de revendications qui sont reproduites. Cette situation se produit à la fois dans le secteur public ou privé. Nous examinerons, la négociation dans le cadre du strict bipartite du secteur public **(§ 1)** et le bipartisme sous tutelle du secteur privé **(§ 2).**

§ 1 - Le strict bipartite du secteur public

159. Depuis l'avènement du pluralisme démocratique, le Mali s'est engagé dans une politique de décentralisation. Cette décentralisation qui a commencé en 1994, a entrainé à termes la création d'une seconde Fonction publique appelée Fonction publique des collectivités territoriales. Cet état de fait a entrainé un éclatement de la négociation collective dans les deux fonctions publiques. Les statuts des agents ou travailleurs étant différents[222] de par les textes qui les régissent.

160. Cette négociation est purement bipartite entre l'État et les syndicats des travailleurs des deux fonctions publiques et porte généralement sur les revendications des centrales syndicales ou des syndicats sectoriels des deux fonctions publiques et, accessoirement, dans certains Etablissements publics administratifs ou scientifiques[223]. Nous examinerons la situation dans les fonctions publiques (**A**) et les cas résiduels des entreprises à statut public(**B**).

A. La situation dans les fonctions publiques

161. L'organisation internationale du Travail a adopté en 1949 la convention n°98 sur le droit d'organisation et de négociation collective pour compléter certains aspects de la convention n°87 sur la liberté syndicale a été ratifiée pat le Mali[224]. Cette convention a été également complétée par la convention n°151 de l'OIT (1978) sur les relations de travail dans la Fonction publique et par la convention n°154 sur la négociation collective (1981) étendant le droit

[221] Depuis 2014, on s'est retrouvé devant trois accords négociés avec les centrales syndicales (UNTM, CSTM et CDTM), sur des points fétiches qui accrochent les militants comme l'augmentation de la valeur du point d'indice, l'augmentation des salaires, la réduction de l'ITS.

[222] La fonction publique d'État est régie par la loi n° 02-053 du 16 décembre 2002 modifié et celle des collectivités territoriales par la loi n° 95-022 du 20 mars 1995 portant des fonctionnaires des collectivités territoriales.

[223] Les établissements publics sont créés par des lois en fonction de leur domaine, administratif, scientifique ou culturel au Mali tel que la loi n° 90-110 portant statut des établissements publics à caractère administratif (EPA).

[224] Convention n°98 de l'OIT sur la négociation collective ratifiée par le Mali le 22 septembre 1960.

de négociation collective à l'ensemble de la Fonction publique[225]. Toute « *négation de la liberté syndicale entraine une négation de la négociation collective* »[226]. Au Mali, la négociation collective est suscitée et encouragée par l'État. Le Code du travail de 1992 prévoit la négociation collective à travers les articles L.70 suivants consacrés à la conclusion des conventions et accords collectifs de travail. Quelle est la situation dans la Fonction publique d'État **(1)** et dans celle des collectivités territoriales **(2)** ?

1. Fonction publique d'État

162. Les modalités particulières d'application de la convention n° 154 de l'OIT pour ce qui est du droit de négociation collective dans la Fonction publique sont déterminées par la législation ou la pratique nationale. Au plan national, le Statut général des fonctionnaires est muet sur la question même si le Code du travail renvoi à la négociation des conventions collectives. Dans la pratique, la négociation bipartite se fait essentiellement à travers les cahiers de doléances déposés par les centrales syndicales au près du Gouvernement ou par des syndicats des divers secteurs de la Fonction publique d'État.

163. Depuis l'avènement du multipartiste intégral et de l'État de droit, le Gouvernement de la République du Mali, dans le cadre de l'amélioration des conditions de vie des travailleurs a conclu le 7 mars 1992 un « Pacte social »[227]. Au terme de ce dernier, le Gouvernement s'est engagé à consulter l'UNTM sur toutes les questions ayant des incidences sur la vie et les conditions de travail des travailleurs. A cette date, de nombreux syndicats sectoriels de l'éducation ou de la santé n'existaient pas encore, et même les syndicats autonomes des magistrats[228] et de l'enseignement supérieur. Depuis 1992, des négociations ont eu lieu au sein de la commission *ad-hoc* « Gouvernement-UNTM » instituée par ce même Pacte.

164. Ces négociations ont abouti la conclusion de plusieurs accords avec le Gouvernement et le Conseil national du Patronat du Mali[229]. Ils ont été fructueux dans la mesure où chaque accord a abouti à une augmentation des

---

[225] BIT, *La négociation collective dans la Fonction publique, un chemin à suivre*, CIT-102ème session, 2013, Genève, p. 79.

[226] *Ibidem*, n°193

[227] Le Pacte social était un cadre de dialogue social créé par l'État pour discuter de toutes les questions sur les conditions des fonctionnaires et des salariés du secteur privé à portée nationale.

[228] Le multipartisme démocratique a entrainé le multipartisme syndical. Nous avons assisté après 1992 à une floraison de syndicats sectoriels ou autonomes, dans le secteur de l'éducation, de la santé ou même de l'administration générale et de la diplomatie.

[229] Quatre accords ont été conclus les10 mars 1994, 20 mars 1997, 28 avril 1998 et 14 août 1999.

salaires successifs de 1994 à 2019. La grille de 2000[230] a permis un gain uniforme de quinze points d'indice pour toutes les catégories. Par ailleurs *« d'autres corps dotés de statuts autonomes ont bénéficié de grilles indiciaires spéciales ou ont amélioré les grilles déjà existantes »*[231]. Le Gouvernement avait aussi accédé, dans le protocole d'accord de 1998 conclut avec l'UNTM, *à « la mise en place d'un central d'achat en faveur des travailleurs d'un montant de trois cent mille francs CFA »*[232].

165. Il convient aussi de préciser que les négociations « UNTM-Gouvernement » ont abouti comme précédemment indiqué, à la conclusion du quatrième protocole de 1999 sous le signe du « *monopole* »[233] syndical de la centrale syndicale UNTM. Ces négociations étaient beaucoup plus portées sur les préoccupations tournées vers la maitrise des prix des produits de premières nécessités. Les résultats les plus importants de ce protocole en plus de la maitrise des prix de l'eau et de l'électricité, a été la hiérarchisation des enseignants[234].

166. Tous les avantages obtenus de 1993 à 1999 concernaient les fonctionnaires[235]. Le secteur privé avait une part assez infime dans les résultats obtenus. Nous traiterons plus avant[236] en détail les autres avantages obtenus par les salariés de la Fonction publique dans le cadre de la négociation tripartite (Syndicats- Gouvernement-CNPM). A partir de 1999, les négociations dans la Fonction publique n'étaient plus faites seulement avec l'UNTM, la CSTM venait de voir le jour suite au congrès de 1998. Le strict bipartisme du secteur public est beaucoup plus marqué par les négociations de branche dans les divers secteurs de la Fonction publique sur la base de la loi qui régit la grève dans le secteur public et para public[237]. Dans le secteur de la

---

[230] La grille de 2000 a permis de donner un nouveau souffle au salaire des fonctionnaires qui étaient resté dérisoires pendant tout le temps du franc malien.

[231] Sidibé O. O. et Tall P., Étude nationale sur le dialogue social, BIT 2002, Dakar, p. 59.

[232] Sidibé O. O. et Tall P., *op. cit.*, p. 60

[233] L'UNTM est longtemps demeuré la seule centrale syndicale et un véritable contre poids au pouvoir politique, le SG de l'UNTM était considéré comme un ministre dans les faits. Aucune centrale ne pouvait voir le jour à cette époque.

[234] Plusieurs décrets ont été pris en faveur des enseignants : décret n° 95-026/P-RM fixant les avantages accordés au personnel enseignant- hiérarchisé dans l'enseignement fondamental et dans l'éducation préscolaire ; n° 94-456/P-RM fixant les avantages accordés au personnel enseignant dans l'enseignement secondaire général, technique et professionnel ; décret n° 92-168/P-RM fixant les avantages accordés au personnel enseignant de l'enseignement supérieur.

[235] Cette situation s'expliquait par le fait que la section syndicale de l'administration d'État SYNTADE était la plus grande section de l'UNTM et la grève de cette section faisait peur au pouvoir d'autant plus son Secrétaire général était aussi celui de la centrale unique.

[236] *Cf. infra* § 3.

[237] Loi n° 87- 47 / ANRM du 10 août 1987 relative à l'exercice du droit de grève dans les services publics qui exige la mise en place d'une commission de médiation par arrêté du ministre de la Fonction publique.

santé, les négociations ont permis de régler l'une des vieilles revendications portant sur la prime de fonction spéciale[238]. De même, la magistrature constitue un secteur où le dialogue social s'est particulièrement développé au cours des dernières années. Deux syndicats autonomes se partagent la scène judicaire : le SAM et le SYLIMA[239] et un syndicat national des greffiers de justice et secrétaires de greffe et parquet.

167. Il convient de souligner que le secteur de l'éducation est le plus touché par les nombreux préavis de grève. Parmi les revendications des enseignants figure « *l'intégration de tous les contractuels dans la Fonction publique de l'État* »[240]. Ainsi, nous comptons au niveau de l'éducation sept syndicats sectoriels affiliés soit au « SNEC » [241]ou à la « FEN [242]» qui sont les deux syndicats nationaux. Ces syndicats ont pu obtenir également, au-delà de l'intégration de tous les enseignants contractuels dans la fonction publique des collectivités, l'octroi d'une indemnité de logement pour les enseignants plus d'autres avantages.

168. Nous pouvons aussi noter comme progrès dans ce secteur à l'actif du dialogue social, la création d'un Conseil supérieur de l'éducation[243]. La conclusion d'un « *partenariat pour une Ecole apaisée » en 2013* a permis de stabiliser les conflits au niveau des syndicats des enseignants de l'État. En mai 2016, le SNEC a déposé une plateforme revendicative de 74 points abordant l'ensemble des problèmes des enseignants de l'éducation de base au secondaire, et dans la foulée, ils demandèrent le Statut autonome des enseignants. Quant à l'enseignement supérieur, il a été marqué par des grèves récurrentes depuis 2010 à propos, notamment, de l'alignement des salaires des enseignants des Universités et Instituts supérieurs sur ceux des pays de la sous-région UEMOA. Plusieurs grèves illimitées ont été observées par le

---

[238] Décret n° 94-336 du 1er novembre 1994 fixant la prime de fonction spéciale alloué au personnel socio-sanitaire.

[239] SAM : syndicat autonome de la magistrature qui était d'ailleurs le seul syndicat des magistrats, le SYLIMA est né de l'éclatement en 2009 du SAM. Le SYLIMA est le syndicat libre de la magistrature.

[240] DE Y, Étude sur les crises sociales au sein de l'UEMOA : synthèse, rapport final, novembre 2013, p.17

[241] Le SNEC, Syndicat National pour l'Education et la Culture, est affilié à l'UNTM et englobe le secteur de la culture.

[242] La FEN, Fédération de l'Éducation Nationale est affiliée à la CSTM.

[243] Le Conseil supérieur de l'éducation existe depuis longtemps, mais ne fonctionnait presque plus, sous la pression des syndicats d'enseignants. Il a été « remembré », et siège depuis chaque année pour discuter et anticiper sur les problèmes de l'école en général.

SNESUP[244] et un protocole d'accord a été signé en mai 2017 avec le Gouvernement.

169. En ce qui concerne le secteur financier (impôts, douanes, trésor, finances), la négociation collective a connu un certain regain dans ces différentes administrations depuis 2009. Les négociations avec les douaniers ont abouti à l'adoption *« d'un statut particulier très amélioré »*[245]. La Direction générale du Budget et la Direction nationale du Contrôle financier ont également déposé des préavis pour l'octroi de primes et indemnités en termes de rendement[246] ; les négociations ont abouti à une augmentation de 18% du salaire de base catégoriel comme prime de rendement.

170. En ce qui concerne l'administration générale, ce secteur connait moins de conflit, dans la mesure où le département de la Fonction publique avait créé en 2008 un cadre de concertation[247] avec la section syndicale. Ce cadre permettait de discuter à l'avance les problèmes qui se posaient avec le personnel. Néanmoins, le comité syndical des services du travail et de la Fonction publique a, en 2011, déposé un préavis pour dénoncer le silence du ministre face à leurs doléances maintes fois portées à sa connaissance. Deux grèves ont été observées pour protester contre les mauvaises conditions de travail des agents de l'inspection du Travail. Un protocole a été signé le 05 avril 2016[248] et est en cours de mis en œuvre.

171. Dans le secteur de l'élevage, le Comité syndical du Laboratoire central Vétérinaire (L.C.V.)[249] a déposé des préavis portant sur la restitution des

---

244 SNESUP : Syndicat national de l'enseignement supérieur composé de la majorité des enseignants du supérieur, le second syndicat qui est le SNEC est ultra minoritaire et ne fait presque plus de revendication.

245 La revendication portait sur l'adoption d'un statut autonome, qui n'a pas été accepté pour la simple raison que la Constitution malienne du 25 février 1992 détermine les corps qui peuvent prétendre à un statut autonome. Cette liste est limitée exclusivement aux magistrats, les chercheurs et les forces armées.

246 Les services du budget et du contrôle financiers n'étant que des services d'assiette et de recouvrement ne pouvaient pas en réalité prétendre à la prime de rendement et à ristourne, pour compenser cette situation en tant qu'acteur principaux de la chaîne de dépense publique, le ministre des Finances a estimé que leur motivation passait par l'octroi d'avantages du même genre. En juin 2017, ils ont obtenu ces primes et indemnités.

247 Le cadre de concertation avait été créé en 2008 au niveau de chaque ministère. Il invitait les ministres et les directeurs centraux à tenir une réunion chaque avec leur syndicat respectif en vue promouvoir le dialogue social. Le ministre du Travail invitait également à tenir les réunions de conciliation au niveau de leur département respectif dans la mesure où toutes les conciliations se tenaient dans la salle de conférence du ministère de la Fonction publique.

248 Le protocole d'accord du 5 juillet 2016 prévoit l'octroi aux inspecteurs du travail une prime de 20.000 FCFA comme prime de fonction spéciale, 20.000 F CFA pour l'indemnité de monture personnelle et 20.000 F CFA pour la prime de risque.

249 Le laboratoire central vétérinaire, un service rattaché au ministère de l'agriculture et de l'élevage. Il disposait depuis les années 1960 d'une parcelle d'expérimentation en dehors de

domaines d'expérimentation et le secteur de la diplomatie[250] a aussi déposé un préavis pour l'octroi d'avantages sociaux aux agents des services diplomatiques et consulaires. Le climat social est très apaisé au niveau de ce secteur très stratégique de l'État, confirmant l'affirmation du ministre de tutelle de l'époque[251].

172. Il est constant au regard de l'examen que nous venons de faire que la grève peut être considérée comme un baromètre de la liberté syndicale. La fréquence prouve qu'elle est devenue le seul moyen de se faire entendre par le gouvernement. A ce niveau quatre faits essentiels sont à dénoncer : le déficit de communication, l'absence de structure pérenne de gestion des conflits, l'abandon du comité du dialogue social[252] à son sort et, enfin, les difficultés dans l'exécution des engagements pris par l'État.

173. Nous notons, qu'après le Pacte de solidarité de 2001, aucune autre structure nationale formelle de dialogue social n'existe au Mali, à l'image dudit Pacte. Il faut souligner qu'après l'évaluation du Pacte de solidarité en 2014, il a été recommandé la création d'un Conseil national de Dialogue social[253], qui peine à être mis en place. Ceci créerait les conditions d'une négociation dans le secteur public plus préventive, mais le ministre du Travail souhaite attendre les résultats des élections professionnelles et pour combien de temps ? Qu'en est-il dans la Fonction publique des collectivités territoriales ?

Bamako, une grande partie de la parcelle a été morcelée par les maires pour usage d'habitation, privant le laboratoire d'espace d'expérimentation.

[250] Le ministère des affaires et de la coopération internationale et de l'intégration africaine, ne connaissait pas de grève « la diplomatie ne s'accommodant avec le bruit disait », le ministre de tutelle.

[251] Le ministère des Affaires étrangères disait à l'ouverture de la séance de négociation « que la diplomatie ne peut pas s'accommodé avec du bruit et qu'il invitait les syndicats à plus de responsabilité ».

[252] Le comité du dialogue social a été mis en place en 2009 par le ministre du travail pour répondre et prendre en charge la négociation et la gestion des préavis du secteur public, et appuyé les ministères sectoriels dans la gestion des préavis de grève. Il était composé d'inspecteurs du travail détachés uniquement pour cela. Mais le comité n'a pas dépassé trois ans. Faute de conditions de travail, les membres ont laissé tomber, leur prise en charge a posé, parce qu'il n'avait pas un statut clair, c'était un comité *ad hoc*.

[253] Le Pacte de solidarité pour la croissance et le développement a été signé en 2001 entre le gouvernement et le CNPM et l'UNTM. Son évaluation a été faite en 2014. Il a recommandé la création d'un conseil national de dialogue à l'instar des autres pays de l'UEMOA.

2. la Fonction publiques des collectivités

174. La Fonction publique des collectivités territoriales est une Fonction publique de création très récente[254]. Les pratiques de négociation dans ce secteur ont toujours été inspirées par la Fonction publique de l'État. Le strict bipartisme du secteur public est beaucoup plus marqué par les négociations menées par les syndicats nationaux. Il est important de souligner de prime à bord que les collectivités territoriales[255] n'avaient de syndicats organisés qu'à travers les syndicats de l'enseignement notamment le secteur de l'Education nationale.

175. A cet effet, nous avons constaté une fragmentation de la négociation dans ce secteur. Chaque région formant une collectivité à part, les discussions autour des préavis se tiennent au niveau des gouverneurs de région[256]. Il est important de rappeler que la loi n° 87-47 régissant l'exercice du droit de grève dans les services publics s'applique à ce secteur. Les préavis de grève sont gérés par la mise en place d'une commission de médiation telle que prévue par ladite loi. Les parties procèdent à un échange de mémoire en défense.

176. La coordination des Syndicats de l'enseignement secondaire est composée de trois syndicats sectoriels[257] d'enseignants couvrant tous les secteurs dont l'essentiel des revendications portait sur des primes et indemnités tandis que pour la Fédération de l'Education Nationale (F.E.N) affiliée à la CSTM, la principale revendication portait sur *« l'intégration des enseignants contractuels dans la Fonction publique de l'État »*[258].

---

[254] La fonction publique des collectivités est devenue une réalité, il y a de cela une dizaine d'années. Elle a été créée par la loi n° 95-022 /AN-RM du 20 mars 1995 portant Statut des fonctionnaires des collectivités territoriales. A la faveur de la mise en œuvre effective de la décentralisation. Depuis le recrutement massif d'enseignants dans le secteur en 2008, ils se sont organisés en syndicat.

[255] Le syndicat des enseignants des collectivités territoriales est la plus grande organisation syndicale de l'Education nationale. Il dépose presque chaque année un préavis de grève.

[256] La région, unité administrative centrale des collectivités, est dirigée par un Gouverneur de région qui représente l'autorité administrative centrale qu'est le ministre de l'Administration territoriale. Chaque collectivité est administrée par le Conseil de région, le Conseil de cercle ou la Mairie.

[257] Le COSES est composé des syndicats suivants : le Syndicat des professeurs contractuels de l'Enseignement secondaire, le Syndicat national des Travailleurs de l'Enseignement secondaire (SYNTES), le Syndicat National de l'Enseignement Technique et Professionnel (SYNESTP), le Syndicat National des Professeurs de l'Enseignement Fondamental (SYNAPEF).

[258] Les enseignants contractuels sont classés en deux catégories : la 1ère catégorie est intégrée dans la Fonction publique d'État, parce que c'étaient des contractuels de l'État central et la seconde catégorie dans la Fonction publique des collectivités (régions, cercles et communes). Cette demande d'intégration de tous les contractuels dans la fonction d'État s'explique par le fait que les enseignants des collectivités connaissent des retards fréquents et même criards dans le paiement de leur salaire au niveau des collectivités.

177. Aujourd'hui, avec la création de la Fonction publique des collectivités Territoriales, deux syndicats[259] majeurs dominent le paysage syndical et la négociation collective dans ce secteur de la Fonction publique des collectivités tournent au tour de ces deux syndicats. Ainsi, le Syndicat national des enseignants fonctionnaires des collectivités territoriales a déposé un préavis de grève en mars 2016 dont le point essentiel portait sur la valorisation de la prime d'enseignement du personnel enseignant du fondamental[260] et secondaire et sur l'intégration des agents contractuels[261] recrutés entre 2011 et 2015 dans la Fonction publique des collectivités. Le procès-verbal de conciliation a été signé le 04 avril 2016.

178. Il faudra souligner que la mise en œuvre des accords signés pose toujours problème dans la mesure où trois semaines à peine après la signature du procès-verbal, le même syndicat a déposé un nouveau préavis de grève comportant vingt points de revendications, le 21 avril 2016. Les revendications portaient notamment sur : « la prise en charge des salaires et accessoires de salaires (CMSS[262] et AMO[263]), la relecture de la loi[264] portant Statut des fonctionnaires collectivités ». Le procès-verbal de conciliation a été signé le 12 mai 2016.

179. Les observations que nous avons déjà faites sur les causes et les raisons de la multiplication des grèves successives sont aussi valables dans la Fonction publique des collectivités. L'État négocie « le couteau à la gorge ». L'anticipation dans la gestion des problèmes des travailleurs fait défaut. Mais, il convient de rappeler que les sujets de la négociation collective ne se limitent pas seulement à la gestion des préavis de grève du secteur public stricto sensu.

---

[259] Le Syndicat national des enseignants fonctionnaires des collectivités territoriales (SYNEFCT) et le Syndicat national des travailleurs des collectivités territoriales (SYNTRACT) sont affiliés à la Centrale Démocratique des Travailleurs du Mali (CDTM).

[260] Fondamental : il s'agit du collège et des lycées.

[261] La Fonction publique des collectivités à véritablement commencé les recrutements dans les corps en 2011 alors que les collectivités continuaient de recruter du personnel contractuel.

[262] CMSS : Caisse malienne de sécurité sociale pour les fonctionnaires des deux fonctions publiques, des civils et militaires et des députés.

[263] AMO : Assurance maladie Obligatoire, qui est le régime général de protection contre la maladie instituée en 2010 gérée par la Caisse Nationale d'Assurance Maladie (CANAM). Ce régime s'applique à la fois aux fonctionnaires, aux travailleurs du secteur privé, aux assurés volontaires de l'INPS et aux retraités du privé et du public.

[264] Loi n° 95-022 /AN-RM du 20 mars 1995 portant Statut des fonctionnaires des collectivités territoriales au Mali.

B. Les cas résiduels des entreprises à statut public

180. Les entreprises à statut public au Mali sont de plusieurs sortes[265] : les Etablissements publics à caractère administratif (EPA), les établissements publics à caractère industriel et commercial (EPIC), les sociétés d'État, les établissements publics à caractère scientifique, technologique et culturel (EPSTC). Ces établissements fonctionnent sous le régime de droit privé et sont régis par le Code du travail. Les entreprises à statut public se subdivisent en deux secteurs : le secteur industriel **(1)** et le secteur des services[266] **(2).**

1. Le secteur industriel

181. Le secteur industriel des entreprises à statut public au Mali est dominé par les huileries et le textile. Il s'agit notamment de la société des Huilerie Cotonnière du Mali (HUICOMA), de la Société des Télécommunications du Mali (SOTELMA) et de la Compagnie malienne pour le Développement des Textiles (CMDT). La négociation dans ce secteur se fait généralement autour des préavis de grève des travailleurs mais aussi sur les accords d'établissement essentiellement. Cette situation résulte du fait que le statut du personnel de ces entreprises n'a pas été élaboré tel que prévu par la loi qui régit les EPA, les EPIC et les EPSTC. La pratique a consisté pour ces entreprises à l'élaboration des accords d'établissement inspirés du Code du travail de 1992, en attendant l'adoption par le Gouvernement du Statut du personnel. Les discussions autour de ce statut avaient échoué en 1997 avec l'UNTM notamment sur la grille salariale. Depuis cette date aucune discussion n'a été entamée par le Gouvernement.

182. Ces négociations suivent les principes et règles énoncées par le Code du travail en matière de négociation collective. On pourrait utilement souligner que la CMDT est aujourd'hui la société la plus publique et elle est chargée de la commercialisation du coton produit qu'elle achète aux producteurs paysans.

183. Sous l'impulsion de la Banque Mondiale, le Mali s'est engagé dans une large privatisation des sociétés d'État. Cette tendance a touché notamment

---

[265] Les EPA, les EPIC les EPSTC et les sociétés d'État sont régis par des lois différentes. Les EPA sont régis par la loi n° 90-110 /ANRM du 18 octobre 1990 portant principes fondamentaux de la création, de l'organisation et du fonctionnement des établissements publics à caractère administratif. Les EPIC sont régis par la loi n° 91-051/AN-RM du 26 février 1991 portant statut général des EPIC. Les sociétés d'État sont régies par la loi 91-057/AN-RM du 20 mars 1991 portant général des sociétés d'État. Les EPSTC sont régis par la loi n° 96-015 du 13 février 1996 portant Statut général des Etablissements publics à caractère scientifique, technologique et culturel.

[266] Nous faisons ici allusion aux services publics dans le domaine social comme l'emploi, la sécurité sociale

l'HUIOCMA et la SOTELMA, mais l'État y reste toujours actionnaire. Il convient de souligner que la CMDT et la SOTELMA ont connue dans le temps des licenciements pour motifs économiques en 2003 et 2010. Depuis 2003, la CMDT a procédé à la négociation d'un plan social qui a touché 585 personnes. Ces départs massifs avaient pour objectif la privatisation de la seule entreprise d'État, en créant quatre filiales[267] ; cette société n'a presque jamais fait de grève à part de participer au mot d'ordre national de l'UNTM à laquelle son comité syndical est affilié. Nous retrouvons la même réalité au niveau de la SOTELMA[268], société d'État de télécommunication jusqu'en 2010. Elle a été privatisée en 2010, après l'adoption d'un plan social de départ massif de plus de 1200 travailleurs, qui a été signé en 2010. L'ANPE a formé les partants avec des outils comme GERME[269] et CRE[270].

184. S'agissant de l'HUICOMA, société d'État jusqu'à en 2004, le Gouvernement dans le cadre de la privatisation, a procédé à sa cession en mai 2005 à un industriel Malien. La cession a été faite dans des conditions peu orthodoxes, et le syndicat UNTM avait exigé du Gouvernement la mise en place d'un plan social de départ conformément à l'accord conclu entre le Gouvernement et les salariés que *le repreneur*[271] n'a jamais accepté. Cette situation avait conduit les travailleurs en 2009 à s'installer dans la cour de la bourse du Travail jusqu'au paiement des arriérés de salaires, lesquels ont été payés grâce à la générosité du Gouvernement qui a payé deux milliards cent millions de francs CFA pour les faire quitter la bourse du Travail, à titre de solidarité nationale. Cette situation reste encore conflictuelle en 2019, les droits de réinsertion n'ayant pas été payés, à ce jour, à certains travailleurs licenciés et l'UNTM tiennent le Gouvernement pour responsable.

185. A l'examen des cas résiduels de secteur industriel à statut public, il ressort que les négociations ont tourné autour des *plans sociaux*[272]. La pratique

---

[267] La privation de la CMDT allait aboutir à la création de 4 filiales chacune par un Direction de filiale et la CMDT holding assurerait la coordination entre les filiales. Aujourd'hui, la société fonctionne avec les filiales mais comme une seule entité avec un seul Directeur général.

[268] La SOTELMA, Société malienne de télécommunication, a été privatisée en 2010. L'État a cédé 51 % des actions à Maroc télécom, repreneur stratégique. Cette privatisation a permis à la SOTELMA de faire face à la concurrence d'Orange Mali, opérateur entièrement privé de droit malien

[269] GERME veut dire « gérer mieux votre entreprise » ; il s'agit d'un outil de formation en entreprenariat utilisé par l'ANPE.

[270] CRE : « créer votre entreprise ».

[271] La société HUICOMA a été cédée à un repreneur national, le groupe TOMOTA, qui travaille dans l'imprimerie. Cette cession n'a pas donné les résultats escomptés. Aujourd'hui, le repreneur a intenté un procès contre le Gouvernement du Mali devant la Cour commune d'arbitrage de l'OHADA.

[272] Les plans sociaux sont des mesures d'accompagnement de sauvegarde de l'emploi dans le cadre d'une privatisation ou d'une cession d'entreprise entrainant des licenciements massifs

des plans sociaux a fait son entrée dans notre droit du travail à partir des années 2001 à la suite des licenciements opérés au niveau de la société des chemins de fer qui avait été privatisé en 2003. Quel est l'état de la législation malienne sur cette pratique des plans sociaux ?

186. Notre Code du travail, n'a jamais traité des plans sociaux ; il dispose sur les licenciements économiques. Cette pratique est devenue source de droit dans notre pays, sans être inscrit dans le Code du travail. Malgré les différentes modifications que notre Code a connues, de 1977 à nos jours, les acteurs n'ont jamais voulu que le principe soit inscrit dans le Code du travail. Seule la convention collective des sociétés minières, géologiques et hydrogéologiques du Mali de 2010 prévoit le principe d'un plan social en cas de fermeture de mine et ou de licenciement massif de travailleurs malgré la multitude des champs[273] de la négociation collective. Nous ne connaissons pas les raisons qui font que les employeurs ne voudraient pas voir écrire dans le Code du travail, la reconnaissance juridique d'une telle pratique et d'ailleurs acceptée au Mali depuis 2003. Quel est l'état de la négociation dans les services publics administratifs du secteur social au Mali ?

2. Les services publics administratifs du secteur social (ANPE, INPS, CANAM)

187. Les services publics administratifs dans le domaine social se trouvent dans les mêmes logiques que celles que nous venons de développer concernant le secteur industriel. Les mécanismes de négociation dans le secteur privé s'appliquent à eux, même s'il s'agit des Etablissement publics administratifs, non industriel. Les négociations sont aussi focalisées sur les négociations des accords d'établissement et souvent quelques préavis de grève. La particularité[274] de ces services est qu'ils sont dans le système de l'administration du travail puisqu'ils sont nés de l'éclatement du ministère du Travail au fil des réformes institutionnelles entamées de 2000 à nos jours.

---

de salariés protégés ou non. En plus des droits légaux, les travailleurs vont négocier des droits extralégaux sous forme d'indemnités de réinsertion pour financer les plans d'affaires qui ont monté suite à leur départ de l'entreprise. Les plans d'affaires fiancés, après les licenciements dans le cas de la SOTELMA en 2010, cinq ans après, ne sont pas viables.

[273] Gerard K. et Beal S., *Négociation collective dans l'entreprise*, 2010/2011, 1ère éd., Delmas, Paris, Dalloz 2009, p. 75.

[274] L'INPS, l'ANPE et la CANAM sont des services publics administratifs issus des réformes institutionnelles qui ont touché le ministère du travail depuis 2000 à nos jours. L'INPS était rattaché à la DNT jusqu'en 2000, avant la création du ministère du Développement social. L'ANPE était elle aussi rattachée à la DNT jusqu'en 1990. La CANAM est de création très récente suite à la mise en œuvre de la politique de l'Assurance Maladie Obligatoire (AMO) en 2010, elle est aujourd'hui rattachée au ministère du Développement social.

188. L'Institut national de la prévoyance sociale (INPS) est le service de sécurité sociale le plus ancien en tant qu'EPA. La négociation collective est menée depuis quelques années autour de leur accord d'établissement révisé en 2010 à la suite la création de la CANAM[275] et qui a vu le départ du régime « *Protection contre la Maladie* » transformé en régime AMO[276] plus étendu et qui concerne à la fois les fonctionnaires, les magistrats et autres corps à statuts autonomes ou particuliers.

189. Il est important de souligner que malgré l'existence des comités syndicaux de « *trois centrales syndicales* »[277] au niveau de ce service, pour les négociations autour des questions intérêts communs des travailleurs, les trois (3) comités syndicaux arrivent à mettre de côté leur rivalité pour aboutir à un accord. L'ANPE se trouve dans la même situation que l'INPS, chargée du placement public, les dernières négociations ont eu lieu autour de l'accord d'établissement en septembre 2016. Quant à la Caisse nationale d'Assurance Maladie (CANAM), elle est de création récente et ne connait presque pas de conflit collectif.

190. A l'instar de ces trois établissements publics administratifs précités, c'est pratiquement les mêmes réalités dans les autres secteurs notamment les établissements publics hospitaliers[278] qui ont connu des conflits collectifs au moins tous les deux mois au cours de ces six dernières années (2012 à 2018). Les négociations entre employeurs et travailleurs ne se limitent pas seulement aux secteurs publics et parapublics, qu'en est-il du bipartisme du secteur privé ?

---

[275] CANAM, *op. cit., note bas de page n°263* .

[276] L'Assurance Maladie Obligatoire (AMO) a remplacé le régime de protection contre la maladie gérée par l'Institut National de Prévoyance Sociale (INPS) depuis la mise en place en 2010 de ce nouveau régime. L'AMO a été remplacé en 2018 par le Régime d'Assurance Maladie Universelle (RAMU).

[277] Le paysage syndical au niveau de l'INPS est dominé par la présence de l'UNTM, la CSTM et la CDTM.

[278] Le Mali dispose de trois établissements publics hospitaliers à Bamako, en plus de l'hôpital de Kati. Ces trois hôpitaux de 4ème niveau sont dotés de l'autonomie financière et de gestion avec un conseil d'administration. Ils sont considérés comme des EPA, par leurs textes d'organisation et par la loi sur les Etablissements publics administratifs. Les comités syndicaux de ces trois structures sont perpétuellement en grève ces dernières années. Les revendications portent entre autres sur les conditions de travail. Ces grèves répétitives révèlent le non-respect ou la mauvaise application des accords de fin de conflits signés avec le Gouvernement. En 2016 seuls l'Hôpital du Point G et l'Hôpital Gabriel TOURE ont connu déjà chacun, au moins trois mouvements de grève pour des raisons diverses. La dernière grève des médecins date des 20 et 21 septembre 2016.

§ 2 - Le bipartisme sous tutelle du secteur privé

191. La convention n°154 de l'OIT sur la négociation collective prévoit essentiellement deux principaux acteurs dans la négociation collective : les employeurs ou leurs organisations professionnelles et les organisations professionnelles des travailleurs[279]. Cette convention ne reconnaît pas l'État comme partie prenante à la négociation collective du travail. Cependant, toutes les législations nationales des États membres de l'OHADA ont prévu l'État comme un troisième acteur qui doit faire de telle sorte que la négociation se déroule dans de bonnes conditions entre les deux acteurs prévus dans la convention à savoir : l'Employeur et le syndicat. Ces deux acteurs sont en effet dans l'entreprise. Un troisième acteur qui est hors de l'entreprise doit être pris en considération : l'État.

192. L'État reste le garant de la négociation collective et de la cohésion sociale. Il est le témoin de la négociation qu'il a mission donc d'organiser. Car il est le seul en mesure de créer, d'expliquer, d'enseigner le Code de communication qui doit être commun aux deux autres parties. Ce droit des organisations syndicales et patronales est encadré **(A)** et le rôle joué par l'État dans la négociation collective **(B).**

A. Un droit encadré des organisations syndicale et patronale

193. Le droit de la négociation collective est hautement encadré par les textes internationaux de l'OIT et par le Code du travail du Mali[280]. Ces textes définissent les acteurs de la négociation collective dans l'entreprise ou en dehors. Selon la convention n° 154 de l'OIT et le Code du travail malien, les travailleurs sont toujours représentés par une organisation au moins qu'on appelle syndicat professionnel de travailleurs[281]. Mais, il arrive que certaines

[279] La convention de n° 154 sur la négociation collective de l'OIT a été adoptée en 1947 ; elle n'est pas encore ratifiée par le Mali.

[280] L'article L.70 du Code du travail précise que « *La convention collective de travail est un accord relatif aux conditions de travail conclu entre d'une part, les représentants d'un ou plusieurs syndicats des travailleurs et, d'autre part, d'une ou plusieurs organisations syndicales d'employeurs, ou tout autre groupement d'employeurs ou un ou plusieurs employeurs pris individuellement. La convention peut mentionner des dispositions plus favorables aux travailleurs que celles des lois et règlements en vigueur. Elle ne peut déroger aux dispositions d'ordre public définies par ces lois et règlements. Les conventions collectives déterminent leur champ d'application* ». Le Code du travail ne définit pas directement la négociation. La question est traitée à travers la négociation des conventions collectives et des accords d'établissement ou d'entreprise.

[281] Selon l'article L.71 du Code du travail : « *Les représentants des organisations syndicales ou de tout autre groupement professionnel visés à l'article précédent peuvent contracter au nom de l'organisation qu'ils représentent en vertu : - soit des stipulations statutaires de cette organisation, - soit d'une délibération spéciale de cette organisation, - soit de mandats*

négociations soient confiées à des représentants désignés ou élus des travailleurs : des délégués du personnel. L'intervention de ceux-ci est limitée à certains cas de négociation : le licenciement pour motif économique, absence de syndicat.

194. Le patronat a compris les enjeux de la négociation collective et s'emploi auprès de ses groupements professionnels pour qu'elle soit une réalité dans les branches professionnelles et dans les entreprises. Il faut observer que les organisations syndicales de travailleurs semblent mal préparées à négocier avec un interlocuteur privé, à cause de la longue période du syndicat unique apparenté au parti unique au pouvoir au Mali de 1960 à décembre 1997, date de la création de la CSTM.

195. Il convient de souligner que la négociation collective au Mali suscitée et encouragée par les pouvoirs publics tourne au tour de la négociation des conventions collectives de branche, des accords collectifs d'établissements ou d'entreprises, ou de la relecture des règlements intérieurs des entreprises. Nous allons examiner successivement les conditions **(1)** et les domaines de la négociation collective **(2),** ainsi que la qualité des parties à la négociation **(3),** la signature et le régime juridiques des conventions et accords collectifs **(4),** à la lumière du Code du travail et de la pratique nationale.

1. Les conditions de la négociation collective

196. Au Mali, au regard du droit, ni les conventions internationales de l'OIT, ni la législation nationale n'attribuent un rôle spécifique à l'un ou l'autre acteur à la négociation collective. Tous ont les mêmes prérogatives : droit de proposer l'ouverture des négociations ; droit d'élaborer un projet soumis à négociation ; droit de dénoncer ou de demander l'extension d'une convention collective. Une « obligation de négocier, telle que celle prévue dans le Code du travail français[282] n'existe pas au Mali. La négociation collective est suscitée et encouragée par l'État, mais elle n'est pas imposée. La possibilité de « négocier au niveau de l'entreprise est un principe fondamental du droit du travail. Le Code du travail défini les acteurs sans imposer de façon expresse cette obligation.

---

spéciaux et écrits qui leur sont donnés individuellement par tous les adhérents de cette organisation (…) ».

[282] Chaque année la loi fait obligations aux organisations qui sont liées par une convention de branche ou à défaut par un accord professionnel de négocier. Cette obligation de négocier porte chaque année sur les salaires et sur la programmation de la suppression des écarts de rémunération entre hommes et femmes (Art. L. 2241.1) et tous les 3 ans sur l'égalité professionnelle entre hommes et femmes (Art. L. 2241.3).

197. Il est très fréquent que les employeurs et les travailleurs se prêtent à ce cet exercice de plus en plus dans les entreprises au Mali, en témoigne un nombre assez important d'accords d'établissements soumis à la validation technique de la Direction nationale du Travail[283] depuis une dizaine d'année. L'année 2016 a de battu tous les records avec plus de 15 accords d'établissements signés. La mise en œuvre de « l'accord pour la paix et la réconciliation nationale issue du processus d'Alger » a amenée toutes les régions à créer des Agences de Développement Régionales (ADR) qui ont tous procédé à la négociation d'accord d'établissement pour gérer les conditions de travail au niveau de ces nouvelles structures pour accompagner la mise en œuvre de l'accord de paix.

198. En plus de cela, le Code du travail du Mali précise que les « *Des accords, concernant une entreprise, un ou plusieurs établissements déterminés, peuvent être conclus entre, d'une part, un employeur ou plusieurs employeurs, et d'autre part, les délégués du personnel et les représentants des syndicats les plus représentatifs du personnel de l'entreprise, du ou des établissements intéressés et y étant effectivement employés* » [284].

199. Il est important de souligner que dans la pratique, la négociation collective est méconnue dans certaines entreprises qui ne sont affiliées à aucune convention collective de branche, et qui ne négocient aucun accord d'établissement ou d'entreprise. Cela s'explique par une faible syndicalisation[285] au niveau des entreprises maliennes dominées par le secteur informel. Malgré ces insuffisances, nous pouvons noter une nette amélioration dans la perception de l'évolution des pratiques, de plus en plus d'entreprises s'engagent dans cette voie qui devient aussi un moyen d'apaisement du climat social au niveau de l'entreprise.

2. Les domaines de la négociation collective

200. Il existe un principe général en droit du travail, selon lequel « un accord collectif peut, sous réserve de l'ordre public absolu, comporter des dispositions plus favorables aux salariés que celles des lois et règlements en

---

[283] Les accords d'établissements négociés par les entreprises avec leurs syndicats sont soumis au visa de la DNT et à la signature du Ministre du travail aux termes de l'article L73 du Code du travail qui stipule : « *La convention collective doit être écrite en langue française à peine de nullité. Elle est établie sur papier libre et signée par chacune des parties contractantes* ». Elle est soumise au visa du ministre chargé du travail qui exigera le retrait des dispositions contraires à la législation et à la réglementation en vigueur ».

[284] Article L088 alinéa 1er du Code du travail malien.

[285] La syndicalisation, à défaut d'études fiables, reste d'évidence très faible au Mali. Il n'est pas rare de voir certains employeurs dirent qu'aucun comité syndical ne sera installé dans leur entreprise au mépris des règles de la liberté syndicale prônée par le Code du travail mais également par les conventions de l'OIT ratifiées par le Mali.

vigueur. C'est dans son sens le plus étroit (et peut être le plus exact), ce que l'on entend désigner par le concept d'«ordre public social »[286]. Ce principe général, dit « *principe de faveur* », signifie que la « la loi ne peut permettre aux accords collectifs de travail de déroger aux lois et règlements ou aux conventions collectives de portée plus large que dans un sens plus favorable aux salariés »[287]. Ce principe est reconnu de façon générale et même par le Conseil constitutionnel comme principe « fondamental du droit du travail »[288]. Les tribunaux annulent systématiquement les clauses conventionnelles qui privent le salarié de ce statut minimum sur un point particulier.

201. En France, l'obligation de négocier inscrite dans les différentes lois, est une réalité qui est méconnue au Mali. Elle porte sur les domaines divers que variés. A l'origine, l'objet était limité en France à trois thèmes : les salaires effectifs, la durée effective et l'organisation du temps de travail. Diverses lois sont intervenues pour étendre les domaines[289], soit annuelle (égalité professionnelle hommes/femmes, l'emploi des travailleurs handicapés, l'égalité salariale), soit pluriannuelle (GPEC et modalités d'information et de consultation du comité d'entreprise, conditions de retour, de maintien dans l'emploi, et l'accès à la formation professionnelle, et le déroulement de carrière des salariés exerçant des responsabilités syndicales).

202. Au Mali, le Code du travail, dans une disposition très limitée, énonce les domaines[290] de la négociation collective. Aucune autre loi n'est venue expliciter ou élargir ce domaine. Elle se limite essentiellement à dire que « *Ces accords ont pour objet d'adapter, aux conditions particulières de l'entreprise, de l'établissement ou des établissements considérés, les dispositions des conventions collectives interprofessionnelles, des conventions collectives nationales, régionales ou locales et des arrêtés prévus à l'article L. 86 et, notamment, les conditions d'attribution et le mode de calcul de la rémunération au rendement, des primes à la production individuelle et collective et des primes à la productivité* ». L'alinéa 4 du même article ajoute que « *Ces accords peuvent prévoir des dispositions nouvelles et des clauses*

---

[286] Auzero G., Baugard D., Dockès E., *Droit du travail*, Précis Dalloz, 32ème éd., Paris 2019, p. 1600 ; voir notamment : Soc. 17 juillet 1996, Bull. V., n° 296 et 297.
[287] *Idem.*
[288] Cons. const. 29 avril 2004, n° 2004-449 DC, parag. 9.
[289] Loi n° 2001-397, du 9 mai relative à l'égalité professionnelle entre femmes et hommes, *JORF* du 10 mai ; loi n° 2005-102, du 11 février 2005 pour l'égalité des droits et des chances, la participation et la citoyenneté des personnes handicapées, *JORF* du 12 février ; loi n° 2006-340, du 23 mars 2006 relative à l'égalité salariale entre les femmes et les hommes, *JORF* du 24 mars ; Circulaire du 5 mai 1983 relative à l'application des dispositions de la loi n° 82-957 du 13 novembre 1982 concernant l'obligation annuelle de négocier dans les entreprises, *JORF* du 3 juillet, voir n° 30211 annexe 1.
[290] Article L83 alinéas 2 et 4 du Code de travail malien.

plus favorables aux travailleurs, notamment une participation aux fruits de l'entreprise ou de l'établissement ».

203. A l'analyse de ces dispositions légales du Code du travail malien, le champ de la négociation se limite au niveau de l'entreprise à prévoir des dispositions plus favorables que la loi ou la convention collective de branche. Des sujets comme les conditions d'attributions et de calcul de la prime au rendement et de la participation au fruit de l'entreprise sont également abordés au cours de ces discussions au niveau de l'entreprise.

204. Dans la pratique, tous les sujets sont discutés dans la négociation d'une convention de branche, au-delà des thèmes obligatoires[291]. Cependant, les accords d'établissements reprennent dans la pratique, tous les thèmes définis dans le Code du travail relativement à la négociation des conventions collectives, même si nous savons qu'au nom du « *principe de faveur* » l'accord d'établissement est inférieur à la convention collective, et ne saurait y déroger. Depuis 2005[292], les employeurs et les syndicats ont entrepris la négociation de nouvelles conventions collectives dans certains secteurs non couverts comme : la santé communautaire, les systèmes financiers décentralisés, la presse privée orale et écrite, les officines privées de pharmacie, le gardiennage et transports de fonds, etc.

205. Il faut noter que la multiplication de la négociation des accords d'entreprise au Mali, aujourd'hui, permet de suppléer à l'absence de grilles de salaire pour le personnel des EPA et des conventions collectives dans

---

291 L'article L.79 du Code du travail défini les thèmes obligatoires à traiter dans une convention collective : « *Les conventions collectives visées par la présente section comprennent obligatoirement des dispositions concernent :*
1) - le libre exercice du droit syndical et la liberté d'opinion. 2) - la détermination des classifications des catégories professionnelles. 3) - les salaires applicables par catégorie professionnelle et éventuellement par région. 4) - les modalités d'exécution et les taux des heures supplémentaires. 5) - les modalités d'application du principe : "à travail égal, salaire égal", pour les femmes et les enfants, 6) - les primes d'ancienneté et les indemnités de déplacement. 7) - les conditions d'embauchage et de licenciement et notamment la durée de la période d'essai et celle du préavis. 8) - les délégués du personnel. 9) - les conditions particulières du travail des femmes et des enfants. 10) - les modalités d'organisation et de fonctionnement de la formation dans l'entreprise, dans le cadre de la branche d'activité considérée. 11) - l'organisation et le fonctionnement des commissions paritaires de classement. 12) - la procédure de révision, modification et dénonciation de tout ou partie de la convention collective. Elles peuvent également contenir, toute autre disposition non contraire à la législation en vigueur ».

292 Depuis 2005, six secteurs jusqu'alors non couverts, l'ont été ; ceci témoigne de la vitalité du dialogue social dans les entreprises et du fait que les syndicats sont en train de comprendre la portée et les effets de la concertation sur les sujets qui intéressent la vie des travailleurs au quotidien dans les entreprises. Le secteur le plus difficile demeure l'enseignement privé laïque.

beaucoup de branches. La multiplication des accords collectifs d'entreprise ou d'établissement démontre que le dialogue social au sein des entreprises maliennes est en train de prendre son envol pour une meilleure dynamisation de la concertation sociale, gage de paix et stabilité sociale. Le poids des traditions et la puissance de la gestion patrimoniale[293] des entreprises généralement à statut familial font que certains employeurs ne sont toutefois pas encore enclins à négocier des accords.

3. La qualité des parties à la négociation

206. La négociation d'un accord de quelque nature que ce soit, nécessite l'identification des parties et les personnes qui seront amenées à les représenter. La négociation est subordonnée à une condition de représentativité et peut s'exercer dans différents périmètres. Ces deux exigences doivent être conjuguées. L'évocation de la représentativité n'est pas possible sans revenir sur les critères issus de « la loi de rénovation de la démocratie de 2008 »[294] en France. Il faut que ces critères soient réunis au niveau de l'entreprise notamment pour que les délégués syndicaux ou délégués du personnel soient habilités à parler au nom des travailleurs, les questions de seuil de représentativité, de cotisations, d'audiences sont importantes. Ce sont les résultats de tous les collèges confondus qui semblent devoir être pris en compte pour mesurer cette représentativité[295].

207. Pour être apte à négocier dans le périmètre considéré, les organisations syndicales de travailleurs doivent, selon le Code du travail français[296] être représentatives dans le champ d'application de la convention ou de l'accord. Le problème de la représentativité peut se poser si l'entreprise est divisée en plusieurs établissements avec des syndicats n'appartenant pas aux unions syndicales. La question semble trouvée une solution en France.

208. Qu'en est-il au Mali de la capacité de négocier au Mali ? Le Code du travail reconnait au niveau national la capacité de négocier des conventions collectives de branche aux organisations d'employeurs et de travail les plus

---

[293] Une grande partie des entreprises au Mali sont des entreprises familiales *« frères et fils »* qui fait que le Directeur de l'entreprise gère l'entreprise comme une famille. Les recrutements se font par le lien familial et non sur la base de la compétence. Ces types de dirigeants sont hostiles à la création d'un comité syndical dans leur entreprise. Le dialogue social et la négociation collective n'existe pas. C'est le chef qui décide de tout.

[294] La loi du 20 août de 2008 portant rénovation de la démocratie sociale et réforme du temps de travail définie les nouveaux critères de la représentativité syndicale en France : le respect des valeurs républicaines, indépendance, transparence financière, ancienneté, influence, effectifs des adhérents et cotisations, seuil de 10%.

[295] Article L. 2122-1 du Code du travail français.

[296] Article L. 2231-1 du Code du travail français.

représentatives[297]. Au niveau branche, seuls les syndicats nationaux sont habilités à négocier au nom de la branche. Dans la pratique, ces syndicats nationaux sont composés de représentants des comités syndicaux de base au niveau des entreprisses ou des services. Cependant, il convient de noter qu'aucune mesure de représentativité n'a été faite au Mali malgré que le processus ait commencé depuis 2005. La capacité ou la qualité de négocier revient aux vrais représentants des syndicats de la branche concernée, mais souvent sur la base d'un consensus, la centrale syndicale (union ou confédération) représente les acteurs de la branche. Cette situation se retrouve également au niveau de l'organisation centrale patronale qui est le CNPM.

209. L'organisation prochaine des élections professionnelles de représentativité[298] permettra de régler en partie la question au niveau national mais pas au niveau des entreprises. Il faut noter que la relecture du Code du travail en 2017, a permis de revoir la rédaction de l'article L78 et de prévoir un certain nombre de dispositifs pour bien étayer la représentativité au niveau national et entreprise. Quel sera le régime des accords ou des conventions conclues ?

---

[297] Article L.78 nouveau du Code du travail : « *À la demande de l'une des organisations syndicales les plus représentatives d'employeurs, ou de travailleurs intéressés, ou de sa propre initiative, le Ministre chargé du travail provoque la réunion d'une commission mixte en vue de la conclusion d'une convention collective de travail ayant pour objet de régler les rapports des employeurs et travailleurs d'une ou plusieurs branches d'activité déterminée (...). Des conventions annexes pourront être conclues, soit, pour chacune des principales catégories professionnelles, soit en cas de convention commune à plusieurs branches d'activité pour chacune de ces branches. Elles contiendront les conditions de travail particulières à ces catégories ou ces branches d'activité et seront discutées par les organisations syndicales les plus représentatives des catégories ou branches intéressées (...). La représentativité est la compétence reconnue à un ou des syndicats de travailleurs, ou d'employeurs, d'être le porte-parole des salariés ou des entreprises, y compris de ceux qui ne sont pas leurs adhérents. Pour être représentative, une organisation syndicale doit avoir une audience suffisante dans la branche ou le secteur d'activités concerné. Le caractère représentatif d'un syndicat de travailleurs est déterminé par le Ministre en charge du Travail sur la base du nombre de voix et de sièges remportés par ses adhérents aux élections de délégué du personnel, lorsque la mesure de la représentativité est appréciée au niveau de l'entreprise, et sur la base des élections professionnelles, lorsque la représentativité est appréciée au niveau national, de la branche ou du secteur d'activité (…)* ».

[298] Le ministère du Travail a entamé depuis quelque temps à nouveau des discussions avec les centrales syndicales sur le processus d'organisation d'élections professionnelles. La date de janvier 2017 était prévue pour le démarrage de l'opération, mais nous nous sommes heurtés au refus de l'UNTM sur le seuil de représentativité tel que demandé dans l'article L.78 nouveau du Code du travail. Aujourd'hui (2019) toutes les centrales syndicales sont d'accord pour aller aux élections, il reste la volonté politique pour engager le processus.

4. La signature et le régime juridique des conventions

210. A l'issue des négociations sur les conventions collectives ou d'un accord collectif, il y a forcément l'établissement d'un procès-verbal et la conclusion d'un accord. En 2008, lorsque le Gouvernement a discuté avec l'UNTM sur l'équilibre des grilles de salaires des catégories B1 et B2 de la Fonction publique, il a procédé à la signature d'un procès-verbal constatant l'accord intervenu entre le Gouvernement et les représentants de l'organisation syndicale nationale. Mais, il est possible quelques fois que des procès-verbaux de désaccord soient signés sur les points qui n'ont pas fait l'objet d'accord.

211. S'agissant des conventions collectives de branche, à l'issue de la négociation, seuls sont habilités à signer la convention, les représentants dont les noms figurent sur l'arrêté créant la commission mixte paritaire[299] de négociation de la convention collective (employeurs, travailleurs). En plus de la signature des parties, les membres de la commission adoptent aussi le procès-verbal des discussions qui servira de repère en cas de problèmes d'interprétation de la convention collective au cours de son application. La convention collective est signée par le Directeur national du Travail au Mali et le ministre du Travail[300]. La convention collective ou l'accord collectif fait l'objet d'un dépôt au greffe du Tribunal du travail du ressort pour les accords d'établissement et au Tribunal du travail de Bamako pour toutes les conventions collectives à couverture nationale.

212. En ce qui concerne l'entrée en vigueur et le régime juridique des conventions collectives, le Code du travail ne définit pas de principe en dehors de celui de la hiérarchie[301] des normes en droit. Outre, le principe de faveur que nous avons expliqué, généralement, la convention collective prévoit dans ces dispositions finales, la date d'entrée en vigueur et qui peut coïncider avec la date de dépôt au greffe du Tribunal la du travail. Les parties aussi peuvent décider d'une date d'entrée en vigueur, indépendamment.

213. Il convient de noter que la jurisprudence confirme l'effet très relatif du dépôt, il s'agit d'une mesure de publicité édictée dans l'intérêt des tiers. Dans

---

[299] Le ministre chargé du Travail provoque la réunion d'une commission mixte en vue de la conclusion d'une convention collective de travail ayant pour objet de régler les rapports des employeurs et travailleurs d'une ou plusieurs branches d'activité déterminée.
[300] Article L.73 du Code du travail stipule que « *La convention collective doit être écrite en langue française à peine de nullité. Elle est établie sur papier libre et signée par chacune des parties contractantes. Elle est soumise au visa du Ministre chargé du travail qui exigera le retrait des dispositions contraires à la législation et à la réglementation en vigueur* ».
[301] En vertu de ce principe « les normes inferieures ne peuvent déroger aux normes supérieures que lorsqu'elles prévoient des situations plus avantageuses que la norme supérieure ».

la pratique au Mali, beaucoup d'accords collectifs ne font pas l'objet de dépôt au Tribunal du travail. L'absence de dépôt ne s'oppose pas à son application et sa force obligatoire s'impose aux employeurs[302] de la branche, en vertu du principe qui dit que « *les conventions légalement formées tiennent lieu de loi à ceux qui les ont faites* »[303]. Elle sera d'application immédiate et impérative et non rétroactive, sauf si les parties en convenaient que des droits sociaux préalablement acquis seront sous son effet. Elle va s'appliquer à tous les contrats de travail en cours d'exécution. Il apparait important de souligner que l'État doit jouer et joue un rôle majeur dans tout le processus de négociation des conventions ou des accords collectifs.

B. Le rôle important de l'État

214. L'État est un acteur incontournable dans le processus de négociation ou de conclusion des accords collectifs de travail entre employeurs et travailleurs. L'État est présent dans le processus à travers le ministre du Travail qui délègue généralement la supervision à la Direction nationale du Travail et à ses services. On reviendra plus avant sur la procédure d'extension des conventions collectives **(1)** et le rôle informel de l'administration du travail dans les négociations **(2).**

1. La procédure d'extension des conventions collectives

215. La procédure d'extension des conventions collectives est décrite dans notre Code du travail, respectivement par les articles L.78, 80, 82, 83, 84, 85 et 86. Aux termes des dispositions[304] du Code du travail, « *à la demande de l'une de l'une des organisations syndicales les plus représentatives d'employeurs ou de travailleurs intéressés ou de sa propre initiative, le Ministre chargé du travail provoque la réunion d'une commission mixte en vue de la conclusion d'une convention collective de travail ayant pour objet de régler les rapports des employeurs et travailleurs d'une ou plusieurs branches d'activité déterminée* ».

216. Le ministre du Travail met en place une commission mixte paritaire sous la présidence de l'inspecteur du Travail, comprenant un nombre égal de représentants d'employeurs les plus représentatives et de représentants de travailleurs les plus représentatives de la branche d'activité concernée par la

---

[302] Soc. 18 octobre 2006, n° 04-40.493, Bull. V, n° 315 ; RJS 1/07, n° 125.

[303] Aux termes de l'article 77 de la loi n° 87-31/AN-RM du 29 août 1987 fixant le régime général des obligations au Mali, il est stipulé que « *les conventions légalement formées tiennent lieu de loi à ceux qui les ont faites, elles ne peuvent être révoquées que de leur consentement mutuel* ».

[304] Article L78 alinéa 1 du Code du travail.

convention collective. Aux termes de la loi[305] ces conventions collectives « *contiendront les conditions de travail particulières à ces catégories ou ces branches d'activité et seront discutées par les organisations syndicales les plus représentatives des catégories ou branche intéressées* ».

217. Aussi, à la demande de l'une des organisations syndicales les plus représentatives ou sur proposition du ministre chargé du Travail, un décret d'extension peut rendre obligatoire, pour tous les employeurs et travailleurs situés dans le champ d'application de la convention, les dispositions d'une convention collective répondant aux conditions déterminées par le Code du travail[306].

218. Sur proposition du ministre du Travail, ou à la demande des organisations les plus représentatives, tout décret d'extension peur être rapporté en totalité ou en partie lorsqu'il apparait que la convention ou certaines de ces dispositions ne répondent plus à la situation de la branche d'activité ou du groupe de branches dans le champ d'application considéré. Le retrait de l'extension est soumis aux mêmes formalités que celles ayant précédé l'extension. Les décisions des commissions paritaires ne sont toutefois pas applicables au secteur public qu'en vertu d'un arrêté du ministre du Travail.

219. La plupart des conventions collectives applicables au Mali sont issues de la période coloniale[307] donc avant 1960, date l'indépendance du Mali. La convention collective fédérale du commerce qui est la convention la plus appliquée, n'a pas encore été révisée depuis 1956. La grille de salaire qui est annexée à la convention collective fédérale du commerce fait l'objet d'une actualisation unilatérale par l'inspection du Travail pour prendre en compte toutes les augmentations salariales intervenues depuis 1960 à nos jours. Cette actualisation même n'étant pas consensuelle, permet d'avoir un salaire de base actualisé dans ce secteur très important de l'économie nationale.

220. En France, la procédure d'extension est la même que celle prévue dans le Code du travail malien. Le ministre du Travail peut au moyen d'un arrêté

---

[305] Article L78 alinéa 3 du Code du travail.

[306] Article L82 du Code du travail du Mali.

[307] Convention collective des ouvriers boulangers de Bamako du 9 octobre 1948 ; convention collective des chauffeurs africains du 9 mars1949 ; convention collective des entreprises du bâtiment et des travaux publics du 6 juin 1956, révisée en 2007 ; convention collective fédérale du commerce du 16 novembre 1956 ; convention collective de la métallurgie, de la mécanique générale du 8 octobre 1957. Elle a été révisée en 2010 ; convention collective des auxiliaires de transport du 16 décembre 1957 ; convention collective des industries textiles du 17 mai 1958 ; convention collective des industries des corps des gras du 4 juillet 1958 ; convention collective des industries chimiques du 12-07-1958 ; convention collective des industries alimentaires du 19 juillet 1958 ; révisée en 2006 ; convention collective des transports publics routiers du Mali du 17 décembre 1959.

d'extension, généraliser l'application d'une convention collective à toutes les entreprises d'un même secteur géographique et professionnel[308]. Nous allons enfin examiner le rôle informel de l'administration du travail dans la négociation des conventions collectives et dans la négociation collective en général.

2. Le rôle informel de l'administration du travail

221. Dans le cadre de la négociation collective, l'administration du travail est amenée à jouer un rôle que l'on peut qualifier d'informel parce qu'elle n'est pas acteur essentiel du processus bipartite du secteur privé même si elle doit souvent arbitrer certaines discussions entre employeurs et travailleurs dans une séance de négociation. Le ministre du Travail met en place une commission mixte paritaire sous la présidence de l'inspecteur du Travail[309], comprenant un nombre égal de représentant d'employeurs les plus représentatives et de représentants de travailleurs les plus représentatives de la branche d'activité concernée par la convention collective.

222. En pratique, l'administration du Travail[310] est chargée de mettre en place la commission mixte paritaire de négociation de la convention collective. Lorsqu'un groupement professionnel d'employeurs d'une branche d'activité souhaite négocier une nouvelle convention collective ou une organisation syndicale de travailleurs, le projet de texte de la nouvelle convention ou de relecture est adressé au Directeur national du Travail. Il saisit les différentes parties à la convention notamment les groupements professionnels intéressés par une lettre pour designer de façon paritaire leurs représentants à la négociation de la convention avec une copie du projet de texte à discuter.

223. Les discussions se font sous la direction d'un inspecteur du Travail désigné dans l'arrêté pris par le ministre du Travail. Il est garant du respect des dispositions des normes supérieures comme le Code du travail, les normes internationales de l'OIT ratifiées et sous régionales, ainsi que les principes généraux du droit du travail énoncés dans la Constitution du 25 février 1992 du Mali et de l'ordre public.

224. Une fois les discussions bouclées entre les parties, le projet de convention collective est signé seulement par les représentants nommément désignés dans l'arrêté et ayant participé effectivement aux discussions, ensuite par le

---

[308] Article L.133-8, alinéa 1 du Code du travail français.

[309] Les travaux de la commission mixte paritaire de négociation sont dirigés par un inspecteur du travail désigné par le Directeur national du Travail pour les conventions de branche (Art. L78 alinéa 2 du Code du travail).

[310] Il s'agit ici de la Direction nationale du Travail qui met en place la commission mixte de négociation de la convention et du Cabinet du ministre du Travail.

Directeur national du Travail et enfin par le ministre du Travail[311]. Une copie de la convention collective, ainsi négociée, est déposée au greffe du Tribunal du travail de Bamako contre récépissé de dépôt[312].

225. Malgré ce rôle informel, nous pensons qu'il est essentiel que l'inspecteur du Travail veille au respect de la légalité des clauses des conventions collectives. Il serait souhaitable que les parties, entre elles, négocient leurs conventions et soumettent à l'administration du Travail pour vérification de la légalité. Présidé, les discussions d'une convention collective prennent un temps énorme pour l'inspecteur du Travail. Cette implication de l'administration du Travail pourrait être limitée à la négociation des conventions susceptibles d'extension. Après avoir analysé les aspects de la négociation bipartite du secteur privé, nous allons examiner le tripartisme assumé dans les négociations intersectorielles.

§ 3 - Un tripartisme assumé dans les négociations intersectorielles

226. Le tripartisme est la base du dialogue social. Il repose essentiellement sur la participation des trois patries à un dialogue social effectif et inclusif des gouvernements, des employeurs et des travailleurs. Ce tripartisme se manifeste au Mali dans les participations aux organes du dialogue social. Pour bien favoriser ce tripartisme, un cadre national de dialogue social devrait être créé qui est le Conseil national du Dialogue social[313], après l'évaluation du Pacte de solidarité en 2014, mais qui peine à trouver son chemin. Nous allons examiner l'hypothèse d'une pluralité de secteurs concernés par les préavis de grève**(A)** et l'intervention imprévue mais officielle de l'État dans la négociation **(B).**

---

[311] Article L.73 du Code du travail : « *La convention collective doit être écrite en langue française à peine de nullité. Elle est établie sur papier libre et signée par chacune des parties contractantes. Elle est soumise au visa du Ministre chargé du travail qui exigera le retrait des dispositions contraires à la législation et à la réglementation en vigueur* ».

[312] Article L.74 du Code du travail : « *La convention collective est, après visa, déposée contre récépissé au greffe du tribunal du travail territorialement compétent. Elle est applicable à partir du jour qui suit son dépôt, sauf stipulation contraire. Le dépôt est effectué en triple exemplaire et sans frais, aux soins de la partie la plus diligente. Deux exemplaires de la convention collective sont adressés immédiatement par le greffier du tribunal du travail au Ministre chargé du travail. Les modifications apportées à la convention initiale doivent être établies, déposées et notifiées dans les mêmes conditions* ».

[313] Après l'évaluation du Pacte de solidarité en 2014, il a été recommandé la création d'un Conseil national du dialogue social à composition tripartite appelé CNDS Mali. Cet organe de dialogue existe presque dans tous les pays de la zone UEMOA qui travaillent en lien avec le Conseil du Travail et du Dialogue Social (CTDS) de l'UEMOA.

A. L'hypothèse d'une pluralité de secteurs concernés par les préavis de grève

227. Le tripartisme que nous allons examiner se manifeste dans la gestion des préavis de grève à dimension intersectorielle déposés par les centrales syndicales **(2)**. Les négociations de ces préavis de grève se font à travers la création d'une commission de négociation. Il peut aussi s'agir de cahiers de doléances **(1)**.

1. La négociation des cahiers de doléances

228. Les centrales syndicales au Mali de façon générale ne déposent presque pas de préavis de grève en temps de paix. Ils déposent généralement des cahiers de doléances qui sont un condensé des préoccupations des travailleurs dans tous les secteurs ouverts par la centrale syndicale. Avant de décrire la procédure de négociation, il est utile, voire nécessaire de parler de la pratique des cahiers de doléances au Mali. Les cahiers de doléances déposés par les centrales syndicales sont généralement issus des activités du 1er mai[314]. Lors du 1er mai, les Secrétaires généraux des différentes centrales remettent au ministre du Travail à la fin de la cérémonie commémorative de cette fête du travail, leurs cahiers de doléances. Le ministre se charge d'informer le Chef du Gouvernement et le Président du groupement des employeurs.

229. Une fois le cahier remis au ministre du Travail, il appartient au Gouvernement, en accord avec le Conseil national du Patronat, l'unique organisation patronale au Mali, de convenir d'un calendrier de négociation tripartite avec chaque centrale. Il peut aussi arriver que le cahier de doléances soit remis au ministre du Travail bien après le 1er mai. Ces dernières années, notamment en mai 2014, la CSTM[315] et la CDTM[316] (mai 2015) ont remis des cahiers de doléances au ministre du Travail et cela bien après la fête du 1er mai 2014.

230. La loi n° 87-47 sur la grève ne contient pas de dispositions sur la gestion des cahiers de doléances des centrales syndicales, leur mode gestion tripartite résulte de la pratique. La première réunion de négociation est généralement

[314] Le 1er mai est la Fête du travail ; c'est l'occasion pour les centrales syndicales de faire des acquis sociaux et de faire défiler tous les syndicats nationaux affiliés à leur organisation ; c'est aussi l'occasion pour chaque centrale de remettre au ministre du Travail leurs cahiers de doléances concoctés par les différents syndicats nationaux qui les composent.

[315] La CSTM a déposé le 1er mai 2014, un cahier de doléance comportant 38 points de revendications. Ce cahier a été négocié avec le patronat. Un procès-verbal de négociation a été signé le 13 mars 2015 sur les 38 points.

[316] La CDTM a déposé son cahier de doléances le 14 mai 2015. La commission de négociation a conclu un PV de négociation sur tous 33 points le 21 août 2015.

bipartite (Gouvernement-Patronat) pour repartir entre les départements ministériels concernés et le Patronat, l'ensemble des points de revendications et pour préparer les éléments de réponse à chaque point de revendication.

231. Le Gouvernement et le Patronat peuvent, en cas de doute sur certaines revendications, demander au syndicat de fournir des explications supplémentaires par une technique ou par un mémoire en défense écrite, pour expliquer leur demande sur chaque point. La première discussion tripartite permet de fixer le calendrier et le rythme des discussions. Les discussions sont ensuite menées point par point jusqu'à leur épuisement et une commission de suivi est prévue dans le procès-verbal de négociation signé par les trois parties. Cette commission est toujours tripartite et chaque mois, elle procède à l'évaluation de l'état de satisfaction des points d'accords.

232. A l'instar de l'UNTM, la Confédération syndicale des Travailleurs du Mali (CSTM) a, depuis 2008, déposé un cahier de doléances auprès du ministre du Travail et de la Fonction publique. Ce cahier a fait l'objet de plusieurs séances de négociation avec le Gouvernement et le Conseil national du Patronat. Ce cahier comprenait cinquante deux points de revendications qui touchaient à tous les problèmes du monde du travail, tant dans le secteur public que privé. Une Commission d'évaluation a été mise en place en 2009 par le Gouvernement. Il faut noter que la CSTM n'avait pas encore déposé un préavis de grève. Cette situation s'explique tout simplement par le fait que cette centrale, n'est pas bien implantée dans l'administration publique. Il était donc risqué pour elle, de tenter une grève. Sa principale force réside dans le secteur privé avec deux banques, quelques entreprises minières et le transport urbain et interurbain comme les « Sotrama »[317] et Taxi ; et une partie des « Gros porteurs » (camions et citernes).

233. Il faut observer que la CSTM déposa à nouveau, après celui de mars 2015, un cahier de doléances, qui comportait trente-huit points de revendications. Les discussions ont abouti, à la signature d'un procès-verbal de « négociation »[318] et non de « conciliation ». Elle a estimé que l'exécution du procès-verbal de 2015 ne se faisait pas « à hauteur de souhait ». Elle a, le 13 mai 2016, déposé un nouveau cahier de doléances qui comportait trente-

---

[317] Sotrama : ce sont des minibus utilisés comme moyen de transport urbain. Elles sont de couleurs vertes, généralement de marques Toyota, de 16 à 18 places et qui relient du matin au soir l'ensemble des quartiers de Bamako, transportant les passagers vers le centre et vice versa. Le prix du trajet varie en fonction de la distance de votre quartier du centre ville. Chaque ligne est tarifée par les chauffeurs de la Sotrama en coordination avec leur syndicat. Les « sotrama » constituent aujourd'hui le moyen de transport le plus utilisé par la classe moyenne bamakoise et les plus démunis. Les taxis sont réservés à une classe plus aisée.

[318] Le procès-verbal de négociation ne fait pas suite à un préavis de grève, mais plutôt à un cahier de doléances.

huit points. Elle a transformé ce cahier en préavis de grève, seulement trois jours après son dépôt. Lors des discussions autour du cahier, la CSTM a exigé la présence de tous les ministres concernés par le préavis ainsi que celle du Président du CNPM. Le Gouvernement n'a pas accédé à cette exigence du syndicat, ce qui aboutit à un échec des conciliations. En s'exprimant sur la situation du dialogue social au Mali, le Secrétaire général de la CSTM a alors déclaré : « il n'y a pas de dialogue social au Mali », pensant à juste raison que le Gouvernement avait pris fait et cause pour l'UNTM, ce qui a amené une crise de confiance, rendant difficile les discussions ultérieures.

234. Il faut noter également que la Centrale Démocratie des Travailleurs du Mali (CDTM), avait, pour marquer sa naissance ou son entrée dans le champ syndical national, déposée en mai 2015, un cahier de doléances qui comportait trente-trois points de revendications. Les discussions entre le Gouvernement, le CNPM et la Centrale syndicale ont abouti à la signature d'un Procès-verbal de négociation qui est en cours de mise en œuvre avec le Gouvernement. Il convient de noter que dans ces genres de discussions, les syndicats ont l'habitude, lorsque les négociations se bloquent, de transformer à tout moment le cahier de doléances en préavis de grève.

2. La négociation des préavis de grève

235. Le tripartisme se manifeste également à travers la négociation des cahiers de doléances des centrales syndicales. Dans la plupart des cas, les points de revendications objets du préavis intéressent à la fois la Fonction publique et le secteur privé. Il est important de noter que la procédure de négociation se déroule comme celle que nous avons décrite en parlant du bipartisme du secteur public[319].

236. Il est important de rappeler également que la loi n° 87- 47 régissant l'exercice du droit de grève dans les services publics s'applique à ce cadre et renforce le tripartisme Gouvernement- Employeurs et Travailleurs. Les préavis de grève sont gérés par la mise en place d'une commission de médiation telle que revue par ladite loi. Les parties procèdent à un échange de mémoire en défense. Nous prendrons, à titre illustratif, certains exemples tels que les préavis de grève de l'UNTM du 8 septembre 2011, du 2 octobre 2014 et du 16 janvier 2019[320].

---

[319] La loi n° 87-47 AN-RM du 10 août 1987 relative l'exercice du droit de grève dans le secteur public pose la procédure de négociation tripartite.

[320] Ces différents préavis ont abouti à la signature respectivement des procès-verbaux de conciliation du 2 octobre 2011, du 28 octobre 2014 et du 29 janvier 2019 entre le Gouvernement, le CNPM et l'UNTM.

237. Dans le cadre de l'activité syndicale, depuis 2007, l'UNTM a pris l'habitude et dans le cadre du partenariat, en vue de prévenir les conflits de travail, de créer un cadre de concertation État-syndicat. Ceci à l'avantage de procéder à la négociation des cahiers de doléances dans un climat apaisé. Le cahier de doléances avait été déposé après le 1er mai 2011 par l'UNTM sur la table du ministre du Travail et de la Fonction publique, Après plusieurs réunions et groupe de travail sur les différents thématiques, l'UNTM estima que la bonne foi du Gouvernement était entamée par le non-respect de certains engament pris en avant cette date, elle décida de déposer un préavis de grève.

238. Il faut noter que le préavis de grève du 8 septembre 2011 était la reconduction de certaines doléances non résolues suite à l'exécution du protocole d'accord du 18 juillet 2007 conclut entre le Gouvernement et l'UNTM. Ce préavis de grève fait suite, selon leur expression, à la mauvaise volonté du Gouvernement d'honorer ses engagements. Toujours, selon le syndicat UNTM, « *il était temps de secouer le cocotier parce que ce deuxième Gouvernement du deuxième mandant du Président ATT n'a pas connu de mouvements sociaux* ». Le préavis du 8 septembre 2011 comportait seize points de revendications[321] et qui constituait pour eux une réponse aux difficultés que vivent les travailleurs du Mali. A la suite du dépôt du préavis de

---

[321] Les points en 2011 étaient : - accélérer la mise en place en application des résultats de l'étude sur l'équilibre de la grille de la Fonction publique ; - payer les droits des travailleurs compressés des sociétés suivantes : Huicoma, hôtel azalai Tombouctou, Comateux, Smecma, itema ; - payer les indemnités des travailleurs partis à la retraite volontaire dont les omissions ont été constatées et régulariser les pensions de retraite pour ceux d'entre eux qui y ont droit ; - appliquer les conventions collectives signées et poursuivre l'adoption des celles qui attendent, - faire publier le bilan de la privatisation, ; - accélérer la relance du secteur postal et procéder à la libération de par des 10% du capital de la SOTELMA, réservé au personnel ; - rehausser le montant des différents primes, en élargissant les primes de zone aux autres secteurs d'activités de la Fonction publique, les primes de logent, les frais de mission des chauffeurs ; - établir un plan de carrière en faveur des fonctionnaires, en distinguant les emplois politiques des emplois administratifs ; - appliquer les conclusions issues du conseil supérieur du travail sur l'âge de départ à la retraite des travailleurs des EPA, EPIC et ceux du secteur privé, à l'instar de la Fonction publique en tenant compte des acquis - réinstaurer le Fonds minier conformément à l'esprit du protocole d'accord du 18 juillet 2007 ; - intégrer les contractuels occupant des emplois permanents dans la Fonction publique de l'État (cas de la santé et de l'Education) ; - appliquer l'indemnité de départ à la retraite des fonctionnaires et constater les arrêtés d'avancement de ceux ayant bénéficié de la notation « Bon » à la veille de leur départ à la retraite ; -rétablir les responsables syndicaux lésés dans leurs droits, protéger les actions que certains d'entre eux détiennent dans les entreprises : Aéroport du mali, Banque commerciale du sahel, Hôtel Rabelais, Misselini, Métal soudan, Betram sa ; - rétablir les termes du Procès verbal de conciliation du 18 mai 2011 relatif à l'agression des militants et invité de l'UNTM par un groupe de fonctionnaires de police lors du défilé du 1er mai 2011 ; -appliquer rigoureusement les décisions et orientations du Conseil National des Prix sur le marché dans le contexte de la cherté de la vie ; -Mettre en œuvre les protocoles d'accords signés entre les démembrements de l'UNTM, le Gouvernement et le Conseil National du Patronat du Mali (CNPM).

grève, la commission de conciliation s'est réunie les 30 septembre, 1er et 2 octobre 2011 sous la direction du ministre du Travail et de la Fonction publique.

239. Après un examen approfondi des points de revendications, un accord a été trouvé sur tous les seize points. Un protocole d'accord a été signé le 2 octobre 2011 et l'UNTM a accepté de lever son mot d'ordre de grève. Un chronogramme de mise en œuvre a été élaboré le 20 novembre 2011 entre le Gouvernement, le Conseil National du Patronat du Mali et l'UNTM. Ceci est un accord historique, jamais un Gouvernement n'avait réussi un tel exploit. Nous sommes toutefois en droit de nous poser certaines questions : le Gouvernement ayant le couteau sous la gorge a-t-il accepté malgré lui les points ci-dessus ou bien s'agit-il d'un succès du dialogue social ? Il faut noter qu'en acceptant tous les points, l'UNTM n'est pas sûre si le Gouvernement et le CNPM honorons leurs engagements pour la simple raison que tous les points d'accord du protocole de 2007 n'ont pas été éteints ou exécutés à hauteur de souhait. Sur les seize points de revendications, six appartiennent aux cahiers de doléances du protocole de juillet 2007 partiellement éteint selon les syndicalistes.

240. Avec la crise politico-sécuritaire du 22 mars 2012, le Gouvernement a réussi à obtenir des syndicats un moratoire, pour surseoir à toutes les réclamations salariales, en attendant la fin de la crise. Cet appel a été entendu par les deux centrales (UNTM et CSTM)[322], mais les syndicats catégoriels comme la santé et l'éducation ont continué à déposer et à revendiquer l'exécution des accords signés, antérieurement à la crise, avec le Gouvernement.

241. L'UNTM fidèle à son habitude, après évaluation du procès-verbal de conciliation de 2011, a déposé en septembre 2014, un autre cahier de doléances de dix sept points, qui intégrait les points non satisfaits du protocole[323] de 2011. Toujours, l'UNTM met en avant, la mauvaise foi du Gouvernement et du Patronat, parce que les engagements antérieurs peinent à être mis en œuvre. Ces anciennes revendications s'ajoutent aux nouvelles

---

322 Il faut noter que ces deux centrales sont les plus influentes ; en tout cas, elles sont capables de mobiliser un grand nombre de militants pour faire une grève dans des secteurs comme les transports interurbains et l'enseignement.

323 Les négociations n'ont pas permis de trouver un point d'accord sur les points de revendications suivants : - payer les droits des travailleurs compressés des sociétés suivantes : Huicoma, hôtel azalai Tombouctou, Comateux, Smecma, itema ; - payer les indemnités des travailleurs partis à la retraite volontaire dont les omissions ont été constatées et régulariser les pensions de retraite pour ceux d'entre eux qui y ont droit ; - appliquer les conventions collectives signées et poursuivre l'adoption des celles qui attendent ; - faire publier le bilan de la privatisation ; - accélérer la relance du secteur postal et procéder à la libération de par des 10% du capital de la SOTELMA, réservé au personnel.

revendications comme : l'augmentation de la valeur indiciaire des fonctionnaires de 20%, l'augmentation du SMIG, la réduction du taux de l'Impôt sur les Traitement et salaires, le relèvement du taux des allocations familiales, la baisse des tarifs d'eau et d'électricité à leur niveau de juillet 2014, la ratification des conventions n° 102, 122, 142, 155 et son protocole, le protocole 29 sur le travail forcé, convention n° 88 et convention n° 181 sur les agences de placement privé et public.

242. La Commission de conciliation a été mise en place, conformément à l'article 3 de la loi n° 87-47 et était composée des conciliateurs désignés par les parties (Gouvernement, Employeurs- Travailleurs). Après échange des mémoires en défense, les discussions entamées ont abouti, à un protocole d'accord de fin conflit signé le 28 octobre 2014 sur l'ensemble des points contenus dans le préavis de grève. Ce protocole était en exécution et une grande commission de suivi avait été créée et qui comprenait les conciliateurs, le Patronat et les représentants de l'UNTM, jusqu'au 2 mai 2018, où l'UNTM déposa un nouveau cahier. Les négociations ont échoué et un préavis de grève s'en est suivi le 19 décembre 2018[324], et ensuite un second préavis le 16 janvier 2019[325].

243. Il convient de préciser, que le Patronat depuis, quelques années n'acceptent plus que les augmentations de salaire dans la Fonction publique soient répercutées directement sur le secteur privé. Conformément à leur accord antérieur, pour ce qui est le point concernant le Patronat, une commission bipartite est mise en place, pour examiner la faisabilité des augmentations dans le secteur privé[326]. Elle aboutit depuis 2007, à la signature d'un second accord[327] entre le CNPM et l'UNTM sur les modalités d'application des augmentations de salaires au niveau du secteur privé.

244. Il faut noter que les deux parties n'arrivent pas, depuis octobre 2014, a signé un protocole entre elle, qui s'appliquerait au secteur privé. Le Patronat allègue, que les 20% d'augmentation des salaires obtenus dans la fonction publique n'est pas supportable par les entreprises du secteur privé et surtout après la crise de 2012 que le pays a connue. Elle a tout de même proposé à

---

[324] Le préavis du 19 décembre a abouti à un échec ; l'UNTM a observé son mot d'ordre de grève, les 9, 10 et 11 janvier 2019.

[325] Le préavis du 16 janvier 2019 a abouti à la signature d'un procès-verbal de conciliation entre le Gouvernement, le CNPM et l'UNTM le 29 janvier 2019 sur douze points de revendications : onze points d'accord et un accord partiel.

[326] Cette situation découlerait d'un accord conclu entre le CNPM et l'UNTM en avril 1998 selon lequel les deux parties devaient à chaque augmentation dans la Fonction publique, se rencontrer pour discuter de la faisabilité d'une augmentation dans le secteur privé.

[327] En 2007, le CNPM et l'UNTM ont signé un accord pour expliquer comment les augmentations de salaire de la Fonction publique s'appliqueraient dans le secteur privé. Cet accord a été largement diffusé dans les entreprises privées.

l'UNTM la révision des grilles de salaire des conventions collectives de 5%. Cette proposition n'a pas été acceptée du côté du syndicat. Sur ce point précis, la négociation collective est en panne. L'intervention de l'État est-elle imprévue dans la négociation collective notamment la gestion des préavis de grève, est-elle en pratique officielle ?

B. Intervention imprévue mais officielle de l'État dans les préavis de grève

245. Au regard des dispositions de la loi n° 87-47 sur la grève et de la pratique de la négociation, l'État n'est pas un acteur principal de la négociation collective, mais il arrive très fréquemment qu'il intervienne dans le processus du dialogue social notamment dans la gestion des cahiers de doléances et dans la gestion des préavis de grève. Ainsi, nous analyserons l'intervention de l'Etat dans la négociation même imprévue **(1)** et les limites de cette intervention **(2).**

1. Intervention imprévue de l'État dans la négociation

246. L'État puissance publique ne devrait intervenir dans les négociations collectives, mais il arrive souvent qu'il intervienne dans la négociation des conventions collectives ou des cahiers de doléances des syndicats qu'il s'agisse du bipartisme ou du tripartisme. En ce qui concerne la négociation des conventions collectives de branche, l'État y intervient à travers ses structures techniques que sont les inspections du Travail et la Direction nationale du Travail. Le ministre du Travail ayant dans son portefeuille le dialogue social, est l'autorité la plus adaptée pour jouer un rôle de premier plan. Son intervention la plus évidente se manifeste dans la gestion des préavis de grève des syndicats sectoriels de la Fonction publique mais aussi dans la gestion des préavis de grèves déposés par les différentes centrales syndicales au Mali.

247. Au regard des dispositions de la loi n° 02 - 053 du 16 décembre 2002 portant Statut général des fonctionnaires[328], et de la loi n° 87- 47 AN- RM du 10 août 1987 relative à l'exercice du droit de grève dans les services publics et son texte d'application[329], le rôle de l'État devait se limiter à garantir l'effectivité du droit de grève par les fonctionnaires. Il faut observer que la loi n°87-47 s'applique aux personnels des services publics de l'État, des

---

[328] L'article 19 alinéa 1 du Statut des fonctionnaires stipule que : « *le droit syndical est reconnu aux fonctionnaires (...)* » et, à son <u>alinéa 5</u>, que « *le droit de grève est reconnu aux fonctionnaires pour la défense de leurs intérêts professionnels collectifs. Il s'exerce dans le cadre défini par la loi* ». La loi n° 87-47 sur la grève dans le secteur public dispose que « la commission est composée de personnalités neutres ce qui exclut l'intervention de l'État ».

[329] Décret n° 90-562 du 22 décembre 1990 relatif au service minimum en cas de grève dans les services publics et parapublics.

collectivités territoriales et des organismes personnalisés chargés de la gestion d'un service public.

248. La loi n° 87-47 du 10 août 1987 ajoute que les différends collectifs dans les services publics font « *obligatoirement l'objet de négociation* devant une *commission de conciliation composée de personnalités indépendantes et étrangères au conflit et les accords qui interviennent sont applicables, sauf stipulation contraire, à compter du jour qui suit leur signature par les parties* ». Depuis l'avènement du multipartisme syndical au Mali, et après les évènements de mars 1991, l'État, même si son intervention n'est pas imprévue, elle est devenue officielle. Le Gouvernement de la République du Mali à travers le ministre du Travail, est le négociateur en chef des cahiers de doléances et des préavis de grève déposés par les centrales syndicales.

249. A l'examen des dispositions légales, c'est la commission mise en place qui dirige les négociations et supervise le suivi des accords, et l'État ne devrait pas avoir un rôle officiel. Dans les faits de tous les jours, c'est l'État qui signe les protocoles d'accord et les exécute. Pour rendre encore beaucoup plus officielle l'intervention de l'État, les syndicats ont tendance à abandonner la pratique de dépôt des cahiers de doléances qui donnait plus de temps au ministres sectoriels ou au ministre du Travail de discuter en toute tranquillité, puisque de plus en plus les accords ne sont pas respectés[330] et par les ministres « sectoriels » mais aussi par le ministre du Travail qui, en réalité, ne peut pas engager les finances publiques de l'État.

2. Les limites de cette intervention dans la négociation

250. L'intervention de l'État bien qu'officielle est souvent critiquée par les autres acteurs du tripartisme que sont le Conseil national du Patronat du Mali et les syndicats des travailleurs. Les critiques du CNPM se fondent sur le fait que l'État a tendance à décider seul[331] sans consultation préalable des employeurs privés et très souvent sur des sujets qui les intéressent au premier plan. Cette situation est visible lors des séances de négociation des préavis de grève déposés par les centrales syndicales. Les travailleurs pensent que l'État

[330] Un syndicaliste déclarait « que rien ne sert de responsabiliser les membres de conciliation en tant que le ministre du travail ou le ministre du travail n'est pas impliqué pleinement dans l'application des accords signés, selon, c'est le ministre du travail qui doit être garant des accords conclus avec les syndicats quels qu'il soit »

[331] Le CNPM lors de la négociation du préavis d'octobre 2014 déposé par l'UNTM s'était offusqué du fait que le Gouvernement discutait et prenait des décisions sur des points de revendications qui concernaient purement le secteur privé, notamment la participation des travailleurs au conseil d'administration des entreprises privées sans analyser la faisabilité de la revendication ; pour cette raison, le CNPM avait décidé de boycotter la séance de discussion.

intervient trop dans le champ de la négociation collective. A l'analyse, se sont les mêmes syndicats qui exigent que l'État soit plus présent, jusqu'à entamé ou empiété sur les décisions que le Patronat devrait prendre sur certains sujets qui concernent la vie des entreprises.

251. Au regard des dispositions des différents textes que nous avons examiné et qui traitent de la gestion des préavis de grève dans le secteur public, nous savons que la loi n° 87-48 du 10 août 1987 relative aux réquisitions de personnes, de biens et de service, donne la possibilité au Gouvernement, en plus de l'institution du service minimum[332], de réquisitionner[333] les personnes, lorsque la grève porte gravement atteinte à l'ordre public. Cette question s'est posée avec acuité en mai 2017, lorsque le syndicat national de la santé, de l'action et de la promotion de la femme, est allé en grève illimitée pendant quarante cinq jours. Les militants ont complètement déserté les hôpitaux, les centres de santé de référence ainsi que les ASACO[334], et le Gouvernement a avait décidé de procéder à la réquisition des médecins qui ont refusé de faire le service minimum. Le Gouvernement, malgré l'existence de la loi n° 87- 48 du 10 août 1987 sur la réquisition des biens et des personnes, n'a pas pu procéder aux réquisitions nécessaires car doutant entre respect de la liberté syndicale et la protection de la vie des populations. S'agit-il d'une véritable limite de la loi ? Surement pas.

252. Au-delà de la question du coût économique des grèves qui reste posée et constitue un facteur de blocage des discussions, il est un élément essentiel qui fonde l'intervention de l'État. Comme le disait l'ancien Président ATT « *le poids de la demande sociale est tel que, le Gouvernement semble ne plus avoir de priorités que de satisfaire aux revendications des syndicales de toutes sortes* »[335]. Le dialogue social est très dense ces dernières années notamment la gestion des préavis de grève et suscite beaucoup de réflexions, dans la

---

[332] Le décret n° 562 / P- RM du 22 décembre 1990 fixe la liste des services, des emplois et des catégories de personnels strictement indispensables à l'exécution du service minimal. La loi n° 87-47 sauvegarde, par l'institution d'un *service minimal,* l'ordre public, la sécurité des personnes et des biens, les liaisons et communications indispensables à l'action du gouvernement, des circonscriptions administratives ainsi que la continuité du service public nécessaire aux besoins essentiels du pays dans les domaines sanitaires, économique et social.

[333] La loi n° 87-48 du 4 juillet 1987 relative aux réquisitions de personnes, de biens et de services dispose que : « le droit de grève est suspendu pendant toute la durée de la réquisition. Quiconque n'exécute pas ou cesse, même temporairement, d'exécuter l'ordre de réquisition (…) est passible d'un emprisonnement de 2 mois à 2 ans et d'une amende de 20.000 à 500.000 F. CFA. Les personnes visées à l'alinéa précédent pourront, suivant le cas, soit être frappées de sanctions disciplinaires sans observation des garanties prévues par leurs statuts, soit être licenciées de leur emploi sans préavis ni indemnité. ».

[334] Association de santé communautaire fonctionnant comme des structures privées au niveau des communes urbaines et rurales du Mali ; il s'agit de la base de la pyramide sanitaire.

[335] *Cf.* Message d'adresse à la nation à la veille du nouvel an 2011.

mesure où la pluralité des acteurs et des sujets est d'ordre national. Les résultats des discussions et les processus négociations sont conformes aux dispositions légales et réglementaires prévues dans notre droit positif. Qu'en est-il du dialogue social au niveau de l'entreprise ?

CHAPITRE II - LE NIVEAU DE L'ENTREPRISE

253. Le dialogue social c'est d'abord l'affaire des partenaires sociaux ou des « interlocuteurs sociaux »[336], expression privilégiée par certains pour mieux souligner la différence des intérêts en présence. Le terme de « dialogue social », dans divers pays, renvoie aux trois niveaux traditionnels de la négociation collective entre employeurs et travailleurs : dans le cadre interprofessionnel, dans les branches et au sein de l'entreprise.

254. Parler de dialogue social dans l'entreprise, c'est parler de relations professionnelles, de la reconnaissance mutuelle des acteurs, de la formation des règles qui encadrent la subordination des salariés, du fonctionnement et du rôle des organisation syndicales, toute chose qui va au-delà de la seule négociation visant à conclure des accords. L'expression « dialogue social » renvoie également aux modes de représentation des travailleurs, soit élue[337], soit désignée[338]. Au regard de la législation malienne, trois acteurs sont prévus dans l'entreprise : le comité syndical d'entreprise[339], les délégués élus du personnel et le comité d'hygiène et de sécurité. Nous allons plus avant examiner la centralité du rôle des organisations syndicales **(section 1)** et la contribution d'autres élus du personnel **(section 2).**

SECTION I - La centralité du rôle des organisations syndicales

255. Les syndicats professionnels ne sont que l'émanation directe ou indirecte des représentants des travailleurs et des employeurs au niveau des entreprises. En effet, un syndicat est une organisation professionnelle ayant pour mission la défense des intérêts économiques sociaux et moraux de ses adhérents. Ils tiennent un rôle extrêmement important dans la conduite du dialogue social au niveau de l'entreprise.

256. Le dialogue social au niveau de l'entreprise ne se limite pas seulement aux seules relations entre la direction et les représentants du personnel élus ou désignés par les organisations syndicales. L'entreprise est une collectivité humaine au sein de laquelle les relations hiérarchiques et les relations entre les pairs jouent un rôle important.

---

[336] Maurin B. et Xirau D. (coord.), *Le tiers facilitateur*, Ed. Liaisons 2003, p. 9.

[337] Les délégués du personnel sont élus dans l'entreprise sur la base des élections conformément aux dispositions du Code du travail en vigueur

[338] Les représentants désignés sont les membres du comité syndical selon les dispositions du code du travail, communément appelé comité syndical.

[339] Le comité syndical est prévu dans chaque entreprise par l'article L258 du Code du travail.

257. Il ressort des dispositions pertinentes des conventions de l'OIT sur la liberté syndicale et de certaines conventions des nations unies qui garantissent et protègent les droits des salariés et des organisations syndicales notamment : la déclaration universelle des droits de l'homme de 1948 et la convention n° 87 de 1948 de l'OIT, qui consacrent le libre exercice du droit syndical ainsi que la Constitution du 25 février 1992 et le Code du travail du 23 septembre 1992 du Mali précisent ces modalités d'exercice. Les conventions collectives de branche respectives au Mali déterminent les contours. Quel sera le rôle des syndicats dans la conduite du dialogue social au sein de l'entreprise ? Il est aussi important de souligner que « les relations professionnelles sont le fait de la Direction de l'entreprise et des représentants du personnel »[340]. Ainsi, nous examinerons, les syndicats comme interlocuteurs principaux au sein de l'entreprise **(§ 1)** et les syndicats acteurs de la négociation collective **(§ 2).**

§ 1 - Les syndicats interlocuteurs principaux

258. Les syndicats constituent au regard des missions leur sont dévolues dans la loi portant Code du travail en République du Mali, et des conventions internationales de l'OIT les principaux interlocuteurs du Gouvernement et des employeurs. Le principe de la reconnaissance des syndicats est énoncé dans l'article L.258 du Code du travail[341]. Nous examinerons les attributions des syndicats **(A)** et les moyens de promotion du dialogue social **(B).**

A. Les attributions : prévisions et réalités

259. Le dialogue social comme droit d'expression des salariés dans l'entreprise trouve sa source d'abord dans la loi portant Code du travail en République du Mali[342]. Ainsi, nous analyserons les missions des syndicats telles que prévues **(1)** mais aussi les réalités ou l'effectivité des dispositions en question **(2).**

---

[340] Maurin B. et Xirau D. (coord.), Le tiers facilitateur, Ed. Liaisons 2003, p. 11

[341] Aux termes des dispositions de l'article L.258 « Un comité syndical peut être constitué par tout syndicat représentatif dans chaque entreprise ou établissement employant habituellement 11 salariés. Pour la détermination de l'effectif de l'entreprise, il est tenu compte non seulement du personnel permanent, mais aussi des apprentis, des travailleurs engagés à l'essai et des travailleurs occasionnels ou saisonniers effectuant une période moyenne de 6 mois de travail dans l'année. La constitution d'un comité syndical n'est soumise à aucune condition de forme ou de publicité. Toutefois il doit être notifié à l'employeur le nom des membres du comité syndical dès leur désignation ».

[342] *Cf.* Article L.5 du Code du travail qui stipule que : « *dans les entreprises les travailleurs bénéficient d'un droit à l'expression sur le contenu, les conditions d'exercice et l'organisation du travail à travers les institutions représentatives du personnel* ». Cet article n'évoque pas directement le mot dialogue social, mais il constitue la base du droit d'expression des salariés dans l'entreprise et des relacions professionnelles.

1. Les missions des syndicats au regard du droit :

260. Conforment aux textes en vigueur, les travailleurs ont le droit d'adhérer aux syndicats de leur choix. Ainsi, la convention n° 135 de l'OIT sur la protection des représentants des travailleurs dans l'entreprise et les facilités à leur accorder de 1971 dispose que : « *les représentants des travailleurs désignent des personnes reconnues comme telles par les lois nationales ; ces personnes seront chargées de la défense de leurs intérêts communs et jouissent de la capacité civile* »[343]. Pour donner effet, à cette norme internationale, l'article L.233 du Code du travail malien, dispose que : « *les personnes exerçant la même profession, des métiers similaires ou des professions connexes courant à l'établissement de produits ou services déterminés, peuvent constituer librement un syndicat professionnel* ». Les personnes chargées de l'administration de la direction d'un syndicat doivent être domiciliée en République du Mali, jouir de leurs droits civiques et n'avoir encouru aucune des condamnations qui, aux termes des lois électorales en vigueur, entrainent la suppression du droit de vote.

261. Le Code du travail du Mali, contrairement à certains Codes du travail d'autres pays de l'Afrique de l'Ouest notamment au Sénégal et au Burkina Faso, traite la question de la participation des femmes aux syndicats sans l'autorisation de leur mari ou de celle des enfants mineurs qu'il conditionne à « l'autorisation de leur père ou mère »[344]. La rédaction de l'article L.236 ancien du Code du travail de 1992 a été regardée par les CEACR de l'OIT comme contraire aux principes de la liberté de la syndicale consacrés par la convention n° 98 de l'OIT. Cette disposition a été revue lors de la modification du Code du travail[345] modifié en 2017 par la loi n° 2017-021 du 12 juin 2017 portant modifications de certaines dispositions du Code du travail.

262. La participation des femmes à l'activité syndicale au Mali est souvent mal vue par la société. Elle n'avait pas été consacrée dans le Code du travail du Mali de 1962, pensant que la femme, compte tenu de son statut d'alors, ne devait pas « *mettre sa bouche dans la parole des hommes* »[346]. Cette rédaction

---

[343] *Cf.* Article 3 de la convention n° 135 de l'OIT sur la protection des représentants des travailleurs dans l'entreprise et les facilités à leur accorder de 1971.

[344] *Cf.* Article L236.al.2 du Code du travail

[345] Aux termes de l'article L. 236 nouveau du Code du travail : « *La femme mariée exerçant une profession ou un métier peut, sans autorisation de son mari, adhérer aux syndicats professionnels et participer à leur administration ou à leur direction dans les conditions fixées à l'article précédent. Le mineur âgé de plus de 15 ans peut adhérer aux syndicats, sans autorisation préalable de son père, de sa mère ou de son tuteur* ».

[346] Il s'agit là une conception traditionnelle du rôle de la femme qui au regard de sa participation au comité syndicale, apparait comme une évolution des mentalités dans la mesure où elle ne prenait pas part aux discussions qui se déroulaient sous l'arbre à palabre ou

de l'article 236 nouveau, même si elle est conforme au droit, est considérée comme une évolution depuis la modification du Code du travail en 1984. Ainsi, nous assistons de nos jours au Mali à une forte implication des femmes dans l'activité syndicale. Elles font parties des membres des bureaux exécutifs des centrales syndicales, qu'il s'agisse de l'UNTM ou de la CSTM, mais aussi des comités syndicaux des entreprises.

263. il faut noter que les syndicats peuvent en vertu de l'article L 240 et suivants du Code du travail du 23 septembre 1992 ester en justice, passer des contrats ou conventions ; créer, administrer ou subventionner des œuvres professionnelles. Ils doivent déposer les statuts et les noms de ceux qui, à un titre quelconque, sont chargés de son administration ou de sa direction, ce dépôt a lieu au siège de la circonscription administrative ou le syndicat est établi. Une copie du statut et règlement est adressée à l'inspecteur du Travail et au Procureur de la République qui en vérifie la légalité.

264. Les modifications apportées aux statuts et règlements et les changements survenus dans la composition de la direction ou de l'administration du syndicat, doivent être portés à la connaissance des dites autorités (Inspecteur du travail, Chef de la circonscription administrative, Procureur de la République). Lorsqu'ils sont reconnus par le ministre chargé du Travail comme étant « les plus représentatifs », les syndicats peuvent, entre autres prérogatives, négocier des conventions collectives extensibles, désigner des assesseurs au Tribunal du travail, siéger eu sein du Conseil supérieur du Travail. Pour cela, ils doivent désigner les représentants en fonction du nombre défini par la loi. Les délégués syndicaux représentent les travailleurs auprès du chef d'entreprise. Ils doivent faire partir de l'entreprise depuis au moins un an. La qualité de délégué syndical est cumulable[347] avec celle de délégué élu du personnel.

265. Les délégués syndicaux représentent le syndicat auprès du chef d'entreprise et au sein du Comité de gestion de l'entreprise. Ils représentent les intérêts professionnels de leurs membres selon les dispositions applicables aux syndicats professionnels. Le comité syndical jouit de plusieurs prérogatives telles que la liberté d'affichage et de distribution de communications à caractère professionnel, la possibilité de réunion des délégués syndicaux chaque mois en dehors des heures de travail dans un local mis à leur disposition par le chef d'entreprise. Ils sont reçus sur leur demande par le chef d'entreprise. Le rôle d'encadrement et d'information continue des travailleurs

---

sur le hangard réservées seulement aux hommes. Elle n'avait pas le droit de prendre la parole et son avis n'était pas demandé sur les questions de la cité encore moins de l'entreprise.

[347] Aux termes de l'article L 261 du Code du travail du Mali : « *Les fonctions de délégués syndical peuvent se cumuler avec celles de délégué du personnel* ».

sur leurs droits et obligations écoule des attributions qui leurs sont accordées par la loi[348].

266. Dans les négociations collectives, les syndicats des travailleurs jouent un rôle prépondérant. Ainsi, lorsqu'il est envisagé la conclusion d'une convention collective susceptible d'extension, le droit de négocier est réservé aux organisations syndicales les plus représentatives. Ces prévisions sont reprises dans la plupart des Codes du travail des pays francophones d'Afrique subsaharienne et centrale[349]. Les prévisions juridiques sont rédigées de la même façon ou dans les termes semblables. Ces prévisions sont détaillées dans les articles L240 et L241 du Code du travail. Il en ressort que le syndicat, au regard de ses missions, joue un rôle extrêmement important dans la promotion du dialogue social au sein de l'entreprise. Il faut noter que ces missions ont été prises dans le projet d'acte uniforme de l'OHADA portant droit du travail[350]. Bien que tout un titre du projet d'acte uniforme relatif au droit du travail soit consacré à la représentation du personnel et au droit syndical, bien que les prévisions soient les mêmes que celles des Codes nationaux du travail, et que « dix-neuf articles traitent des délégués du personnel » et vingt articles traitent « des syndicats », la priorité est clairement donnée à la promotion d'une représentation élue dans l'entreprise plutôt qu'à celle des « délégués syndicaux »[351]. En réalité ce projet n'est pas autre chose, à notre avis, qu'une synthèse des codes nationaux présents dans l'espace OHADA. Au-delà, les dispositions du projet d'acte uniforme sur le droit du travail en Afrique, nous notons que les mêmes rédactions sur les attributions des comités syndicaux d'entreprises figurent dans le Code du travail français[352].

267. Au regard de ce qui précède, il est important de rappeler que deux éléments essentiels caractérisent les syndicats : le caractère professionnel et le caractère représentatif. Le premier caractère découle du fait que le syndicat doit regrouper des personnes ayant une activité professionnelle. Le second

---

[348] Article L 262 du Code du travail du Mali.

[349] *Cf.* Articles 20 et 53 de la loi n°1992-007 du 14 août 1992 portant Code du travail au Cameroun.

[350] Article 191 de l'avant-projet de l'acte uniforme de l'OHADA relatif au droit du travail stipule que : « Les syndicats professionnels jouissent de la personnalité civile. Ils ont le droit d'ester en justice et peuvent, devant toutes les juridictions, exercer tous les droits réservés à la partie civile, relativement aux faits portant un préjudice direct ou indirect à l'intérêt collectif de la profession qu'ils représentent ».

[351] Auvergnon Ph., « Des esprits présents dans le projet d'acte uniforme OHADA portant droit du travail », *in « L'esprit du droit africain »*, Mélanges en l'honneur du Professeur P-G. Pougoué, LGDJ, Paris 2012, p. 141.

[352] Aux termes de l'article L. 2131.1 du Code du travail français : « *les syndicats professionnels ont exclusivement pour objet l'étude et la défense des droits ainsi que des intérêts matériels et moraux, tant collectifs qu'individuels, des personnes mentionnées dans leurs statuts.* », *Code du travail, 82ème éd., Dalloz, 2019.*

caractère découle de la mission de représentation qui leur est confiée dans l'entreprise. Il s'agit d'un regroupement de droit privé en rapport avec leur activité professionnelle. Pour leur permettre de jouer pleinement leur, la loi malienne a prévu un nombre de délégués syndicaux en fonction de l'effectif de l'entreprise.[353] Par exemple, toute entreprise qui a au moins un effectif de 11 salariés a droit à un comité syndical et le nombre de représentants syndicaux est fonction de la taille de l'entreprise. Cette répartition est de mise, même dans la Fonction publique dans la mesure où le Statut général des fonctionnaires ne donne pas ce détail.

268. La mission des délégués syndicaux consiste à représenter leur syndicat dans l'entreprise. Elle peut être exercée en tout lieu, dans l'intérêt des salariés de l'entreprise ou de l'établissement au titre desquels ils ont été désignés, dès lors qu'elle entre dans le cadre de l'objet défini aux articles L259 et L262 du Code du travail[354].

269. Il faut noter que les syndicats peuvent, entre autres prérogatives, négocier des conventions collectives extensibles, désigner des assesseurs au Tribunal du travail, siéger eu sein du Conseil supérieur du Travail. Le comité syndical peut avoir d'autres attributions. En matière économique, le comité syndical assure une fonction essentiellement consultative. Ce n'est pas la « forme de cogestion »[355] telle qu'elle est pratiquée dans d'autres sphères mondiales. Il s'agit d'un rôle général de « surveillance » de l'activité de l'entreprise à travers les informations qui sont diffusées. Pour ce faire, la loi impose que le comité soit destinataire de nombreux renseignements, informations et documents. Ces éléments communiqués doivent être précis et écrits. L'employeur doit laisser aux membres du comité syndical, le temps nécessaire pour un examen suffisant et doit répondre aux observations formulées. Dans le cadre de « l'élaboration du règlement intérieur » l'employeur a l'obligation de consulter le délégué du personnel ou le comité syndical sur son contenu avant de le soumettre au visa de l'inspecteur[356]. Toutes ces transmissions

---

[353] *Aux termes de l'article A. 260 de l'arrêté d'application du Code du travail : « Le nombre des délégués syndicaux est fixé comme suit : - de 11 à 25 travailleurs = 5 délégués syndicaux ; - de 26 à 50 travailleurs = 7 délégués syndicaux ; - de 51 à l00 travailleurs = 12 délégués syndicaux ; - de 101 à 250 travailleurs = 17 délégués syndicaux ; - de 251 à 500 travailleurs = 21 délégués syndicaux ; -de 501 à 1.000 travailleurs = 24 délégués syndicaux ;- Au-delà de 1.000 travailleurs, un délégué syndical par tranche supplémentaire de 500, sans que le nombre total des délégués syndicaux ne dépasse 26 ».*

[354] Aux termes de l'article L.259 du Code du travail : *« Le comité syndical représente les intérêts professionnels de ses membres selon les dispositions applicables aux syndicats professionnels ».*

[355] Héas. F, *Droit du travail, licence master concours*, 4ème éd., coll. Paradigme, Larcier, 2015-2016, p. 92.

[356] Article L.65 du Code du Travail : « Le chef d'entreprise doit communiquer le projet de règlement intérieur aux délégués du personnel, s'il en existe. Cette communication s'effectue

d'informations à la charge de l'employeur doivent être faites à périodicité variable et sont obligatoires ou facultatives selon le thème en question, règlement intérieur, accord collectif, bilan social. Ainsi, « l'information et la consultation du comité sont obligatoires à propos des questions intéressants l'organisation, la gestion et la marche générale de l'entreprise, notamment les mesures de nature à affecter le volume ou la structure des effectifs, la durée du travail ou les conditions d'emploi, de travail et de formation professionnelle »[357]. Au Mali, le comité est également informé par l'employeur ou même informé dans le cadre de l'aménagement du temps de travail au sein de l'entreprise[358]. Au Mali, cette pratique est très fréquente dans les EPA disposant de conseil d'administration dans lesquels le personnel est représenté généralement par un membre du comité syndical ou par un « représentant des travailleurs » déterminé par un document dudit conseil d'administration. Le syndicat est également consulté sur les événements majeurs susceptibles d'avoir un impact sur la vie : licenciement collectif, plan de restructuration, modification dans la situation juridique de l'entreprise, introduction de nouvelles technologies[359].

270. Á d'autres occasions, la consultation du comité syndicat se fait sous la forme de consultation en cas de renouvellement de mandat des délégués du personnel. L'information peut être annuelle et portée notamment sur les orientations stratégiques de l'entreprise telle que la gestion prévisionnelle des emplois et des compétences, et de formation professionnelle, la politique sociale, les conditions de travail et d'emploi (évolution de l'emploi, qualifications, programme de formation, actions de prévention et de formation et de formation envisagée, apprentissage, congés, aménagements du temps de travail, modalités d'exercice du droit d'expression.

271. Selon la forme et la taille de l'entreprise, plusieurs informations doivent être communiquées au comité syndical. Dans les sociétés commerciales, les formes de consultation varient. Au Mali, l'acte uniforme de l'OHADA sur les

---

sous forme de remise aux délégués du personnel d'une copie du projet de règlement intérieur par tout procédé permettant de certifier la communication et de lui donner date certaine. Dans les quinze jours qui suivent la date de la réception de la copie du projet de règlement intérieur, les délégués du personnel adressent, par écrit, leurs observations au chef d'entreprise. L'absence de réponse dans le délai prescrit vaut acquiescement ». Dans beaucoup d'entreprise, le délégué n'existe pas, cette mission est très fréquemment de fait remplie par le comité syndical.

[357] Héas. F, *op. cit.*, p. 92.

[358] Article L 131 al. 3 du Code du Travail « (…) Des accords relatifs à l'aménagement et à la répartition des horaires de travail à l'intérieur de la semaine peuvent être conclus au sein de l'entreprise ou de l'établissement ». Cependant, l'article ne précise pas s'il s'agit du délégué du personnel ou du comité syndical. Dans la pratique, le comité syndical est beaucoup plus consulté que le délégué du personnel qui détient la légitimité liée aux élections.

[359] Héas. F, *op. cit.*, p. 93.

sociétés commerciales et les groupements d'intérêts économiques prévoit déjà ce type de consultation des travailleurs[360] notamment dans les Sociétés Anonymes. Un représentant des travailleurs élu en assemblée générale des travailleurs peut représenter l'ensemble des travailleurs au Conseil d'administration[361], ainsi du cas d'EDM SA[362]. Il est destinataire de tous les documents transmis aux membres du conseil d'administration y compris les documents comptables et financiers remis aux actionnaires ou associés.

272. Les attributions en matière d'emploi ou de conditions de travail ont déjà évoquées (temps de travail, congés, santé, hygiène et sécurité au travail, plan de formation des agents, licenciements de certains représentants des travailleurs). Sur toutes ces questions, le comité syndicat est consulté au sein de l'entreprise. Le comité syndical, selon, les législations maliennes et françaises a des attributs, notamment en cas de difficultés de l'entreprise (procédure collective d'apurement du passif). Le comité est consulté avant le commencement et en cours de procédure[363]. Il convient d'examiner la réalité ou l'effectivité de ces attributions.

2. Les réalités ou l'effectivité des attributions

273. Les attributions que nous venons d'examiner découlent des dispositions législatives et réglementaires du Code du travail et de ses textes d'application. Le dialogue social étant l'affaire des partenaires sociaux au sein de l'entreprise, ils exercent leurs missions sans trop de difficultés dans la réalité. Y a- t-il une différence entre les prévisions juridiques et la réalité sur le terrain ?

274. Lorsque nous interrogeons les travailleurs dans les entreprises et aux termes de notre Code du travail, les syndicats sont investis dans des missions

---

[360] Dans les sociétés anonymes telles que visées dans l'acte uniforme de l'OHADA sur les sociétés commerciales et els groupements d'intérêts économiques, les travailleurs même n'étant membres du Conseil d'administration sont admis comme observateur et consultés sur les questions d'intérêts financiers de l'entreprise.

[361] Par exemple, le décret d'application de la loi portant création de l'Institut national de prévention sociale qui est la caisse de sécurité sociale des travailleurs, stipule que les travailleurs sont représentés au Conseil d'administration par un travailleur élu en Assemblée générale des salariés de la caisse. Il faut souligner que l'INPS est un établissement public à caractère administratif (EPA). Toutes les règles de fonctionnement sont rédigées conformément à l'acte uniforme de l'OHADA sur le droit des sociétés commerciales et des groupements d'intérêts économiques.

[362] Il est prévu dans les textes d'organisation de la société EDM SA que les travailleurs sont représentés au conseil d'administration par un travailleur élu en assemblée générale des salariés pour un mandat de trois ans.

[363] Article 325 de l'acte uniforme de l'OHADA sur les procédures collectives d'apurement du passif.

dans l'entreprise. Nous pouvons affirmer qu'au Mali, la première difficulté ne réside pas seulement dans la mise en œuvre des attributions, mais déjà tout simplement dans l'existence et la reconnaissance même des comités syndicaux au sein de l'entreprise.

275. Le Code du travail garanti aux travailleurs la liberté de se syndiquer et de pouvoir créer des syndicats dans l'entreprise[364]. Aux termes de l'article L.258 « *un comité syndical peut être crée dans toute entreprise ou établissement ayant au moins onze (11) travailleurs* ». Cette disposition est complétée par celles de l'article L.259 du même code[365]. La convention n° 87 et n° 98 de l'OIT renforcent, au plan international, ces dispositions nationales sur la liberté syndicale et le droit de négociation collective.

276. Dans la pratique, les travailleurs connaissent énormément de difficultés pour mettre en place des comités syndicaux dans les entreprises. Ces difficultés sont rapportées très régulièrement aux inspecteurs du Travail, malgré les garanties juridiques découlant du Code du travail ou des conventions internationales de l'OIT. Il n'est pas rare de voir licenciés les travailleurs ayant tenté simplement de créer un comité syndical dans leur entreprise[366]. Il en est allé ainsi, par exemple, dans l'entreprise dénommée *« Bara Musso »*, société de fabrique de bouillons culinaires à base de poulet et autres condiments.

277. De nombreux de cas de violations de la liberté syndicale, rapportés par les comités syndicaux aux inspections du Travail, font souvent l'objet de conflits collectifs. Il faut ajouter que les toutes tentatives de regroupement de travailleurs au sein de certaines entreprises sont réprimées par des suspensions ou des licenciements. Un exemple concret illustre cette violation, en avril 2016, le Directeur de l'Ecole privée « Lahidou de Boulkassoumbougou » de Bamako, a empêché et même interdit à ses enseignants de créer un comité syndical. Il est allé jusqu'à porter plainte contre les enseignants initiateurs de la création du comité syndical, pour trouble à l'ordre et entrave à la liberté de travail. Lorsque l'inspection du Travail de Bamako a voulu enquêter sur l'éventuelle violation de la liberté syndicale, le directeur en question s'est opposé à l'entrée des inspecteurs du Travail dans son établissement. La section

---

[364] Article L 258 du Code du travail.

[365] Aux termes de l'article L 259 du Code du travail « le comité syndical représente les intérêts professionnels de ses membres selon les dispositions applicables aux syndicats professionnels ».

[366] Autre exemple : en décembre 2016, les initiateurs de la création d'un comité dans une entreprise ont été purement et simplement remerciés par la société des cubes jumbo dénommée « Baramusso », ce qui veut dire « la femme qui est chouchoutée par son mari » : malgré l'intervention de l'inspection du Travail du district de Bamako, les dits travailleurs ont tous été licenciés par le Directeur.

syndicale nationale de l'Education et la Culture s'est saisie du dossier en déposant un préavis de grève au niveau de national pour protester contre la détention illégale au commissariat du 3ème arrondissement des enseignants initiateurs du comité syndical. Le préavis de grève national déposé par le SYNEC[367] a permis au ministre de l'Education nationale de se saisir du dossier pour éviter des troubles au niveau national. Ainsi, un avertissement a été adressé au Promoteur par le ministre de l'Education nationale pour violation de la liberté syndicale garantit par le Code du travail et les conventions internationales de l'OIT. La Direction nationale du Travail avait aussi été par le comité syndical de la Société d'abattoir[368] du Mali en 2013 en raison de la non-reconnaissance dudit comité par l'employeur. Le Secrétaire général avait été licencié pour trouble et déstabilisation de l'entreprise, accusé de vol et de détournement ; il a fallu un préavis de grève de la section nationale affiliée à la CSTM pour que la Direction de l'entreprise accepte de réintégrer le Secrétaire général. Les discussions ont porté sur la violation de la liberté syndicale par l'employeur. Nous pouvons attester au regard de ces violations réelles que le dialogue social est inexistant dans beaucoup

---

[367] SYNEC : syndicat national pour l'Education et la culture ; celui-ci regroupe tous les comités syndicaux de base des lycées, des éducations préscolaires et spécialisées, de l'enseignement fondamental et le personnel non enseignants de certaines facultés ainsi que les travailleurs de la culture. Il est dirigé par le Secrétaire général adjoint de l'UNTM.

[368] Extrait du procès-verbal de conciliation du 24 juin 2009 entre les Abattoirs Frigorifiques du Mali et la CSTM. Le représentant de la CSTM, a ensuite insisté sur le non-respect de la liberté syndicale par la Direction générale de l'entreprise suite à la mise en place du comité syndical CSTM de l'Abattoir Frigorifique de Bamako. Il a indiqué que des discussions ont eu lieu sur ce sujet au sein d'une commission technique tripartite mise en place dans le cadre de l'application du procès-verbal de conciliation CSTM-Gouvernement-CNPM et ayant pour mission d'examiner les cas de violation de la liberté syndicale enregistrés par les syndicats de travailleurs dans différentes entreprises. Poursuivant leurs interventions, les travailleurs ont affirmé qu'ils sont victimes de toutes sortes d'intimidation depuis la création de leur comité syndical et qu'une agression physique a été perpétrée sur l'un des leurs par le Directeur général. En réponse à ces allégations, l'employeur a affirmé qu'il n'est point contre la création du comité syndical dans l'entreprise. Il a expliqué qu'il s'est élevé seulement contre la manière dont le bureau CSTM a été mis en place. Selon ces dires, il n'a pas été informé au préalable de la mise en place du comité et jusqu'à ce jour les membres du bureau ne lui ont pas été présentés en dépit des recommandations de la commission tripartite. Sur le point concernant les retenues sur salaires, l'employeur a précisé qu'il s'agit en fait des indemnités et primes octroyées à certains travailleurs sans support juridique. S'agissant des augmentations légales, la Direction a affirmé avoir appliqué celle de 5% accordée au titre de 2008 et qu'elle a pris des dispositions pour payer les 5% de 2009. Pour ce qui concerne la question relative à la jouissance des jours fériés et du repos hebdomadaire, la Direction a annoncé qu'elle a toujours payé aux travailleurs les jours fériés chômés et qu'elle n'a jamais refusé à un travailleur d'observer son repos hebdomadaire. Elle a démenti enfin l'allégation selon laquelle elle interdirait l'accès du lieu de travail aux salariés. Le président de séance, après l'accord des parties, a centré les débats autour des deux points essentiels suivants : 1. le respect de la liberté syndicale ; 2. les retenues injustifiées sur les salaires des travailleurs. Les autres points ont été identifiés comme relatifs à des cas individuels dont l'inspection du Travail du district de Bamako avait été déjà saisie (…)».

d'entreprises et que les travailleurs sont bien souvent muselés dans la défense de leurs droits.

278. Le constat que nous faisons est que les travailleurs connaissent énormément de difficultés à créer un comité syndical au niveau des entreprises et connaissent également les mêmes difficultés pour animer les comités syndicaux qui ont été créés souvent sur fond de menaces de grève. Ce droit n'est pas donné, il est arraché tous les jours des mains des employeurs qui n'ont aucun respect pour des dispositions du Code du travail à la rédaction duquel ils ont participé à travers le Conseil supérieur du travail[369] mais également des conventions internationales de l'OIT que le Mali a ratifiées[370] après leur consultation.

279. Ce qui pourrait expliquer cette situation réside dans le fait que la plupart des entreprises maliennes sont familiales ou sont des sociétés unipersonnelles à responsabilité limitée. Par ailleurs, on ne saurait oublier la prédominance de l'économie informelle au sein de laquelle, par définition, toute la gestion se ramène au chef d'entreprise et les règles de droit du travail sont foulées au pied, y compris en matière de risques professionnels[371]. De façon générale, dans l'économie formalisée, il n'est en tous cas pas rare de constater le refus de la création d'un syndicat ou bien que le choix de son secrétaire général soit « guidé », de facto, par le directeur de l'entreprise. Un cas a ainsi défrayé la chronique, celui du Fonds d'Appui à la Formation Professionnelle et à l'apprentissage[372] (FAFPA), structure rattachée au ministère de l'Emploi et de la Formation professionnelle. Les faits sont simples : les travailleurs avaient procédé au renouvellement des instances au niveau de l'entreprise. A la suite de ce renouvellement, un nouveau comité a été mis en place et dirigé par un nouveau Secrétaire général. Le Directeur du FAFPA a continué à collaborer avec le Secrétaire général déchu pour la simple raison que, selon lui, le

---

369 Le Conseil supérieur du Travail est un organe de consultation prévu par le Code du travail (*Cf. infra*).

370 Convention n° 144 de l'OIT sur la consultation tripartie ratifiée par le Mali en 2008. Cette convention dispose en son article 3 que « les employeurs et les travailleurs seront représentés sur un pied d'égalité au sein de tout organisme au moyen duquel les consultations auraient lieu ».

371 Les mesures de sécurité en matière de santé et sécurité au travail sont ignorées dans ces entreprises. L'inspection du Travail a difficile accès à ces entreprises souvent faute de techniques d'intervention. Le BIT a initié, depuis 2013, un programme de formalisation de l'économie informelle pour les inspections du travail qui consiste à former ces agents aux techniques d'intervention de l'inspection dan ce secteur, les pays comme le Mali, le Sénégal le Bénin et le Maroc ont bénéficié de ces formations.

372 Le FAFPA est un fonds mis e place par le Gouvernement du Mali pour financer la formation professionnelle des travailleurs des entreprises. A ce titre, les entreprises cotisent 1% de leur masse salariale pour financer ce fonds bénéficiant par ailleurs d'une subvention accordée par l'État.

nouveau n'était pas légitime. Pour mettre fin à cette situation, un préavis de grève a dû être déposé afin de dénoncer l'immixtion du Directeur général. Des cas, comme cela, font floraison dans les entreprises privées et parapubliques au Mali, et même dans la Fonction publique.

280. Le syndicalisme malien au niveau des entreprises se caractérise essentiellement par ce dilemme : un droit prévu et protégé par la loi et les conventions internationales de l'OIT mais un droit constamment violé dans sa mise en œuvre. Faut-il réécrire le Code du travail ou former les employeurs ? Une réécriture n'est pas nécessaire dans la mesure où le Code du travail donne, de façon claire, aux travailleurs la possibilité de créer et d'animer des comités syndicaux et de promouvoir le dialogue social au sein de l'entreprise. Mais, il parait opportun et même obligatoire d'élaborer des programmes de formation à l'endroit des dirigeants sociaux sur le droit syndical dans l'entreprise[373].

281. Il faut ajouter que la violation va au-delà des comités syndicaux de base ; les centrales syndicales sont aussi concernées et tentent parfois de « sauver les meubles ». Ainsi, la CSTM a saisi par deux fois le Comité de la liberté syndicale de l'OIT pour dénoncer les violations de la liberté syndicale par le Gouvernement du Mali[374] ainsi que l'absence de reconnaissance de la représentativité de la CSTM au niveau du Conseil économique, social et culturel comme précédemment indiqué[375]. Le Comité de la liberté syndicale dans ses commentaires a fait des recommandations[376] à l'endroit du Gouvernement pour que la CSTM soit représentée au Conseil Economique, Social et Culturel du Mali et au niveau des autres instances de dialogue social.

282. Dans l'entreprise, la liberté syndicale n'a pas seulement un aspect individuel : ses violations peuvent compromettre, au-delà des militants pris

---

[373] *Cf.*.Infra n° 705.

[374] Il faut se référer au cas n° 3030 du comité de la liberté syndicale de l'OIT concernant le Mali. Cette plainte a été introduite contre le Gouvernement du Mali par la CSTM le 15 mai 2013 ; les termes en sont les suivants : « licenciements massifs et travailleurs et de syndicalistes pour faits de grève et activités syndicales légitimes dans le secteur des mines ». Il en est de même pour le cas n° 2756 qui a été traité par le Comité de la liberté syndicale pour « sa non participation aux instances de consultation et de dialogue social national et ingérence du gouvernement dans la constitution de la délégation des travailleurs à la conférence Internationale du Travail sans consultation des organisations concernées ».

[375] *Cf.* cas n°3030 du Comité de la liberté syndicale concernant une plainte de la CSTM.

[376] Le Comité de la liberté syndicale a recommandé au Gouvernement du Mali que des mesures adéquates soient prises par les pouvoirs publics pour la faire appliquer. Il a prié le Gouvernement d'en faire état dans un bref délai pour les licenciements intervenus dans les sociétés minières pour activités syndicales. Il a demandé que le Gouvernement le tienne informé sans délai des résultats des décisions rendues suite aux recours intentés par les travailleurs devant le tribunal du travail de Kayes.

individuellement, la représentation syndicale elle-même, mise dans l'impossibilité de jouer le rôle qui lui est dévolu, mais se heurte ici à l'autorité patronale fondée sur la propriété[377].

B. Les moyens : prévisions et réalités

283. Dans l'entreprise, pour mener à bien les missions et les attributions qui leur sont dévolues par la loi, les syndicats doivent disposer de moyens spécifiques leur donnant la possibilité d'agir au nom de l'ensemble des travailleurs. Nous examinerons les prévisions juridiques concernant les moyens attribués **(1)** puis l'effectivité desdits moyens **(2).**

1. Les prévisions juridiques des moyens d'actions

284. Pour l'exercice des missions conviées au syndicat au niveau de l'entreprise, le Code du travail du Mali prévoit essentiellement des moyens d'actions pour le comité syndical, en son article L.263 stipulant que « le délégué syndical bénéficie pour l'exercice de ses fonctions du même temps[378] et de la protection accordée par l'article L.277 ». Cet article renvoi à l'article L.271 du même code qui demande aux chefs d'entreprises d'accorder un crédit de 15 heures par mois au délégué du personnel pour l'exercice des fonctions. Ce temps est considéré comme temps de travail et rémunéré comme tel. Pareille prévision est étendue par l'article L.263 précité au délégué syndical pour les mêmes missions.

285. Les délégués assurent par ce moyen la promotion du dialogue social à travers les accords collectifs d'entreprise ou d'établissement. Ces accords ont pour objet d'adapter aux conditions particulières de l'entreprise, de l'établissement ou des établissements considérés, les dispositions des conventions collectives interprofessionnelles, des conventions collectives nationales, régionales ou locales et des arrêtés prévus par la loi[379] et, notamment, les conditions d'attribution et le mode de calcul de la rémunération au rendement, des primes à la production individuelle et collective et des primes à la productivité. Les organisations syndicales peuvent être consultées sur tous les différends et toutes les questions se rattachant à

---

377 Auzero G., Baugard D., Dockès E., Droit du travail, Précis Dalloz Paris, 32ème éd., 2019, p. 1253.

378 Aux termes de l'article L.271 du Code du travail : « Le chef d'établissement est tenu de laisser aux délégués du personnel, dans les limites d'une durée qui, sauf circonstances exceptionnelles ne peut excéder 15 heures par mois, le temps nécessaire à l'exercice de leurs fonctions. Ce temps est considéré comme temps de travail et rémunéré comme tel, il doit être utilisé exclusivement aux tâches afférentes à l'activité du personnel telles qu'elles sont définies à la section III ci-après ».

379 Article L.86 nouveau du Code du travail, modifié.

leur spécialité. Dans les affaires contentieuses, les avis du syndicat sont tenus à la disposition des parties qui peuvent en prendre communication et copie. Il faut noter aussi que des facilités leur sont accordées sous la forme de permissions d'absence pour participer aux congrès de leurs organisations, aux réunions statutaires, à l'éducation ouvrière dans et en dehors de l'entreprise[380]. Ces absences sont payées et ne viennent pas en déduction des congés annuels.

286. Par-delà les crédits d'heures et les permissions d'absences pour participation aux réunions et activités syndicales, le Code du travail du malien affirme qu'« *Il est interdit à tout employeur de prendre en considération les opinions, l'appartenance à un syndicat ou l'exercice d'une activité syndicale, pour arrêter ses décisions en ce qui concerne notamment l'embauchage, la conduite et la répartition du travail, la formation professionnelle, l'avancement, la rémunération et l'octroi d'avantages sociaux, les mesures de discipline et de congédiement. Le chef d'entreprise ou ses représentants ne devront employer aucun moyen de pression en faveur ou à l'encontre d'une organisation syndicale quelconque. Toute mesure prise par l'employeur contrairement aux dispositions des alinéas précédents, sera considérée comme abusive et donnera lieu à des dommages-intérêt »*[381].

287. Des moyens identiques sont repris dans le projet d'acte uniforme de l'OHADA portant droit du travail en ce qui concerne les délégués du personnel. Mais, aucune mention n'y est faite s'agissant du délégué syndical en matière d'heures de délégation. Il s'agit certainement d'une omission, ou d'un renvoi au droit national alors même que d'importants moyens d'actions sont prévus pour les délégués du personnel[382].

288. Au Mali, une question préoccupe ; si l'on sait que, le comité syndical est composé en fonction de l'effectif de l'entreprise et varie donc de 5 à 26 délégués[383] et que le crédit d'heures est de 15 heures par mois, ce dernier doit-il être attribué au seul Secrétaire général du comité syndical ou non ? Cette question n'est pas totalement réglée par le droit du travail au Mali. Dans la pratique, la question pose énormément d'interrogation de la part des DRH aux inspecteurs du Travail, d'autant qu'il arrive très fréquemment que ces crédits

---

[380] Article L.254 du Code du travail.

[381] Article L.255 du Code du travail.

[382] Article L.172 du Code du travail : « *Le délégué du personnel titulaire, pour l'exercice de ses fonctions, bénéficie d'un crédit d'heures qui ne peut être inférieur à quinze (15) heures par mois. Ce temps est considéré comme temps de travail effectif et rémunéré comme tel. Le temps non utilisé ne peut être reporté sur le mois suivant ni faire l'objet d'une quelconque indemnité Les heures utilisées pour participer à des réunions qui ont lieu à l'initiative de l'employeur ne sont pas imputables sur le crédit d'heures du délégué du personnel*» (*Cf. Infra*, section 2).

[383] Pour les entreprises de onze à plus de mille travailleurs (Article A.260 de l'arrêté d'application du Code du travail).

soient insuffisants. Dans certaines entreprises, on décompte pour tout le bureau pour les réunions, les formations. Dans d'autres entreprises, les heures sont données par membre du bureau en déplacement hors de l'entreprise. Ces pratiques diverses sont sources de beaucoup d'interprétations et souvent de conflits[384] entre les délégués syndicaux et le chef d'entreprise.

289. Un autre débat se poursuit, celui du cumul des mandats de celui de délégué syndical ou de déléguée élu du personnel dans la même entreprise. La pratique consiste à cumuler les deux d'heures de délégation (délégué syndical et délégué du personnel). Le Code du travail et la jurisprudence malienne n'ont pas réglé le cas de l'utilisation des crédits d'heures suite au cumul de mandats. Le délégué doit utiliser les quinze heures par mois pour le mandat de délégué syndical et les quinze autres heures pour celui de délégué du personnel. La même situation pourrait se présenter en cas de cumul de trois mandats : délégué syndical, délégué du personnel et membre du Comité d'hygiène et de sécurité. Un tel cumul est apparemment prévu dans beaucoup de Codes du travail de la sous-région d'Afrique de l'Ouest[385].

290. En France, en plus des crédits d'heures et des facilités, les délégués trouvent dans les moyens attribués à la section syndicale, et l'article 2143-20 du Code du travail leur confère une triple faculté : « 1) celle de s'absenter de leur poste de travail ; 2) celle de se déplacer librement dans l'entreprise tant pendant leurs heures de délégation qu'en dehors de leurs de travail, avec la possibilité de prendre tout contact nécessaire et de s'entretenir avec le salariés, à conditions de ne pas apporter de gêne importante à l'exécution du travail ; 3) celle de quitter l'établissement pendant les heures de délégation »[386]. En raison de l'ampleur de leur mandat, « tout déplacement coïncidant, sauf abus caractérisé, avec l'accomplissement d'une de leurs missions[387], jouera pleinement pour eux la présomption légale d'utilisation de leur crédit d'heures à des activités conformes à leurs fonction, quels que soient l'absence, le déplacement, le contact pris ». Le CSE dispose d'un droit d'alerte

---

[384] Ces difficultés d'interprétation seront examinées dans la partie réservée à l'analyse de l'effectivité des prévisions juridiques sur ce sujet.

[385] *Cf.* not. Article L.209 du Code du travail du Sénégal de 2015 : « - Les employeurs sont tenus de laisser aux travailleurs de leur entreprise membres du Conseil consultatif national du Travail et de la Sécurité sociale, le temps nécessaire pour participer aux séances du conseil de la commission permanente et des sous commissions spécialisées ».

[386] *Cf.* Cass. crim., 25 mars 1982, *Dr. Ouvrier* 1983.152.

[387] La Cour de cassation française considère toutefois que le temps consacré à une instance électorale ne relève pas de la mission du délégué (Cass. soc., 10 octobre 1990, Bull. civ. V. n° 452 ; cass. soc., 23 juin 1993, Bull. civ. V. n° 157). « Il s'agit d'une jurisprudence contestable compte tenu des responsabilités attribuées par la loi au syndicat dans l'organisation des élections dans l'entreprise. Entre en revanche dans la mission des délégués l'assistance aux audiences d'un procès mettant en cause d'autres représentants du personnel de l'entreprise à l'occasion d'un conflit collectif (Cass. soc., 1er avril 1992. Bull. civ. V. n° 268).

économique[388] s'il a connaissance de tout fait pouvant affecter de manière préoccupante la situation économique de l'entreprise. Ils ont la possibilité de recourir à des experts pour pouvoir exercer convenablement leur droit d'alerte ou de licenciement collectif[389]. Cet expert technique et l'expert-comptable sont choisis par le comité et rémunéré par l'employeur. En cas de conflit, le tribunal de grande instance est saisi. Le comité peut également créer des commissions : économiques, commissions d'information et d'aide au logement, commission de la formation et commission de l'égalité dans les entreprises de plus de deux cent salariés.

291. Il faut noter que chaque DS dispose d'un crédit d'heure mensuel de dix à 20 heures selon l'effectif de l'entreprise ou de l'établissement dans le cadre duquel il exerce son mandat[390] auquel s'ajoute le crédit mensuel de 20 heures, propre au DS central[391]. Le RSS doit se contenter de quatre heures par mois et ce, quel que soit l'effectif des salariés compris dans le cadre d'exercice de son mandat[392]. En revanche, si les heures de délégation utilisées excédent les quatre heures accordées par la loi, ou davantage par un accord, et que l'employeur conteste devoir régler l'excédent, il n'y est pas tenu : c'est au délégué de saisir le juge afin de voir reconnaitre que des circonstances exceptionnelles légitimes le dépassement[393]. Il est important de s'interroger pour savoir si, les droits du RSS en matière de temps de délégation[394] sont-ils différents de ceux qui sont conférés aux membres du CE[395] ou la un salarié mandaté par son organisation syndicale[396] lorsqu'ils participent à la négociation d'un accord collectif ? Dans le premier cas, le crédit d'heures « est au moins égal à quatre heures par mois » ; dans les deux cas, il « ne peut excéder six heures par mois ». À notre avis, hormis le nombre d'heures prévu, ces dispositions sont équivalentes. Dans les deux cas, il s'agit d'un maximum imposé par la loi à l'employeur. Qu'en est-il de l'effectivité des moyens d'actions ?

2. L'effectivité des moyens d'actions

292. L'effectivité des moyens d'actions des syndicats pose le problème du droit d'expression dans l'entreprise. Le comité syndical qui est l'émanation

---

[388] *Cf.* Article L. 2323.50 et s. du Code du travail français.
[389] Héas. F, Droit du travail, licence master concours, 4ème éd. coll. Paradigme, Larcier, 2015-2016, p. 96.
[390] Article L 2143-13 du Code du travail français.
[391] Article L.2143-15, du Code du travail français.
[392] Article L.2142-1-3 du Code du travail français.
[393] Cass. soc, 21 juillet 1986, Bull. V, n° 401 ; cass. soc., 10 juin 1997, Bull.V, n° 217.
[394] Article L.2142-1-3 du Code du travail français.
[395] Article L.2232-23 du Code du travail français.
[396] Article L.2232-25 du Code du travail français.

des travailleurs syndiqués dans l'entreprise bénéficie d'un droit d'expression que nous avons déjà évoqué, qui emporte notamment la liberté d'affichage et de distribution des informations à caractère professionnel[397] à destination du personnel, et voire de tenir des assemblées générales d'information à l'attention des travailleurs, et même en dehors des heures de travail.

293. Il est très fréquent de constater que dans les entreprises maliennes, la compréhension de l'utilisation des heures de délégation n'est pas effective. Plusieurs exemples permettent d'illustrer cette situation. Dans un premier temps, les employeurs dans leur grande majorité, étant hostiles à la création d'un syndicat dans leur entreprise[398], au mépris des dispositions de la loi et des conventions internationales, ignorent que les syndicats disposent légalement de temps donné pour exercer les missions qui leur sont confiées. Dans un second temps, les permissions d'absences qui sont demandées pour participer à tel ou tel événement syndical, sont souvent refusées[399]. Il n'est pas rare que la Direction nationale du Travail et les inspecteurs du Travail soient saisies pour donner leur avis sur les refus de certains employeurs de délivrer des permissions d'absences pour activités syndicales. Ces refus sont monnaies courantes dans les entreprises maliennes. Plusieurs syndicalistes font l'objet de mutations arbitraires pour avoir fait le déplacement pour participer à des activités syndicales ou pour avoir demandé l'utilisation des heures de délégation. La question du paiement de ces heures se pose également avec acuité. Pour preuve, deux agents syndicalistes de la police nationale de la 3ème région administrative ont été radiés en 2015 pour avoir effectué le déplacement sur Bamako pour participer à une activité syndicale de la CSTM. La Direction générale de la Police nationale leur a reproché, lors du conseil de discipline, d'avoir effectué un déplacement sans la permission d'absence donnée par la hiérarchie[400]. Ils ont été suspendus de salaire pendant quatorze mois et radiés de l'effectif de la Police nationale. La CSTM a alors saisi le

[397] Article L. 262 du Code du travail malien.

[398] Un cas récent est le conflit qui oppose le Fonds d'appui à la formation et à l'apprentissage et le comité syndical de l'entreprise. Le Directeur refuse de reconnaitre le comité syndical mis en lace par les travailleurs en 2016.il dissension s'est crée entre le Directeur et le syndicat. Il ressort des correspondances que nous avons reçues de l'organisation syndicale, que le Directeur est en train de prendre position entre les deux tendances de travailleurs au sein de l'unité.

[399] Nous avons été saisis par le comité syndical de la Société minière de Syama dans la 3ème région à Sikasso, de demande de refus de l'employeur de délivrer des permissions d'absences pour permettre aux membres du comité syndical de l'entreprise de prendre part à des réunions de la SECNAMI (section Nationale des Mines et de l'Energie) à Bamako.

[400] La police nationale au Mali est composée de plusieurs syndicats repartis entre l'UNTM et la CSTM. A l'issue des discussions du préavis de grève de mars 2015 de la CSTM, il ressort que la permission d'absence avait été donnée mais après le départ des deux syndicalistes de Sikasso. Ensuite, la lettre de permission a été antidatée. Il s'agissait d'une pratique qui avait cours au niveau de la Direction régionale de la police de Sikasso.

ministre du Travail pour violation de la liberté syndicale, elle estime que les personnes citées étaient en activité syndicale. Le ministre répondit que la violation de la liberté syndicale n'est pas réelle dans ce cas précis.

294. Il est impérieux de rappeler que le Code du travail garantit les moyens d'actions. Mais, la mise œuvre apparait plus compliquée au regard des exemples que nous venons d'évoquer dans certaines entreprises privées et dans l'administration publique. Toutes ces interdictions qui sont monnaies courantes concernant les heures de délégation, les affichages et même la tenue de réunion du bureau syndical ; cela dénote une mauvaise formation des acteurs du dialogue social au sein de l'entreprise. Ces violations sont moins courantes au niveau des syndicats de branche. Les développements qui suivent porteront sur les rôles des syndicats en tant qu'acteur de la négociation collective.

§ 2 - Les syndicats acteurs de la négociation :

295. La négociation collective au sein de l'entreprise s'applique « à toutes les négociations qui ont lieu entre un employeur, un groupe d'employeurs ou une ou plusieurs organisations d'employeurs, d'une part, et une ou plusieurs organisations de travailleurs, d'autre part, en vue de fixer les conditions de travail et d'emploi, et/ou de régler les relations entre employeurs et travailleur et/ou de régler les relations entre les employeurs ou leurs organisations et une ou plusieurs organisations de travailleurs »[401]. Cependant, les lois ou les pratiques nationales peuvent en définir le contenu. Le terme « négociation collective » englobe également les négociations avec les représentants élus des travailleurs autres que les représentants syndicaux. Il est en effet précisé qu'elle met « en présence, l'employeur nanti du pouvoir de direction et les représentants élus ou désignés des travailleurs »[402]. Quel que soit l'objet de la négociation, il est de l'intérêt des parties qu'elles désignent ou élisent des représentants pour la circonstance.

296. La négociation collective au sein de l'entreprise concerne essentiellement dans la législation nationale les représentants des travailleurs élus ou les syndicats, qu'ils soient ou non représentatifs. Sur quoi porte la négociation collective ? Quelles sont les règles procédurales prescrites par la loi ou mises en œuvre dans la pratique nationale ? Quels effets emporte la conclusion d'accords collectifs ? Il y a là autant de questions qui nous permettrons d'éclaircir et d'expliquer le rôle des syndicats dans la négociation collective au sein de l'entreprise. Nous examinerons tout d'abord les domaines et modalités

---

[401] BIT, Manuel d'éducation ouvrière sur la négociation collective, 2ème éd. révisé, 1986, Genève, p. 1.
[402] BIT, Manuel d'éducation ouvrière, *op. cit.*, p. 2.

de cette négociation **(A)**, avant de traiter du régime juridique des accords signés par les parties **(B)**.

A. Les domaines et modalités de la négociation :

297. La possibilité de négocier au niveau de l'entreprise est un principe fondamental du droit du travail étendu aux entreprises publiques. Toutefois, la législation malienne ne prescrit pas l'obligation de négocier : la négociation d'établissement ou d'entreprise est libre. L'encadrement législatif de la négociation n'as pas pour objet de limiter la liberté de négociation mais, au contraire, de l'accroitre[403]. La négociation collective au sein de l'entreprise se caractérise par des relations entre deux parties indépendantes : l'employeur et le ou les représentants des travailleurs[404]. Elle a pour objet **(1)** des sujets intéressant la vie de l'entreprise, notamment les conditions de travail ou d'emploi, et se déroule dans le respect de certaines procédures et modalités **(2)**.

1. L'objet de la négociation

298. Au Mali, la conclusion des accords collectifs d'entreprise ou d'établissement est facultative[405], mais elle est largement encouragée. Aux termes des dispositions de la loi n° 92-020 du 23 septembre 1992, « *Des accords, concernant une entreprise, un ou plusieurs établissements déterminés, peuvent être conclus entre, d'une part, un employeur ou plusieurs employeurs, et d'autre part, les délégués du personnel et les représentants des syndicats les plus représentatifs du personnel de l'entreprise, du ou des établissements intéressés et y étant effectivement employés. Ces accords ont pour objet d'adapter, aux conditions particulières de l'entreprise, de l'établissement ou des établissements considérés, les dispositions des conventions collectives interprofessionnelles, des conventions collectives nationales, régionales ou locales et des arrêtés prévus à l'article L.86 et, notamment, les conditions d'attribution et le mode de calcul de la*

---

[403] Djénépo. M., *Droit du travail et de la sécurité sociale*, Manuel de formation juridique et d'éducation civique à l'usage des élèves et étudiants, des travailleurs et employeurs, des gestionnaires et autres pratiquants du régime du personnel salarié, éditions Jamana, Bamako, 2016, p. 80.

[404] BIT, Guide politique de la négociation collective, 1ère éd., Genève, 2016, p. 2. Voir la Convention n°154 de l'OIT qui utilise le terme « une ou plusieurs organisations de travailleurs », mais la plupart des législations nationales pour designer les mêmes parties utilisent les termes « syndicats ». La Convention n° 98 de l'OIT sur le droit d'organisation et de négociation collective utilise les termes « syndicat » et « organisation de travailleurs » de manière interchangeable.

[405] La loi ne prescrit pas l'obligation de conclure des accords collectifs, le Code du travail précise tout simplement « que des accords collectifs pourront être conclus entre les employeurs et leurs travailleurs »

rémunération au rendement, des primes à la production individuelle et collective et des primes à la productivité »[406].

299. Les négociations se déroulent généralement autour des questions qui intéressent la vie de l'entreprise. Les négociateurs pourront déterminer par accords les informations qui seront remises par le chef d'entreprise aux délégués syndicaux de l'entreprise ou de l'établissement avant la véritable discussion sur le fond. Il arrive souvent dans la pratique que le chef d'entreprise et le comité syndical fixent une périodicité des négociations et leur objet. Le Code du travail du Mali ne fixe pas de façon précise l'objet de la négociation. Il se limite essentiellement à viser la négociation du règlement intérieur de l'entreprise par les délégués et non par le comité syndical. Il faut noter que les négociations peuvent porter sur la gestion et la marche de l'entreprise, les augmentations de salaire, les conditions d'emploi, le classement, les congés, l'évaluation des performances du personnel, l'évolution des emplois et des compétences.

300. L'accord collectif (accord d'entreprise) peut donc être détaché de la convention collective, sauf pour les sociétés d'économie mixte qui fonctionnent dans les mêmes conditions que les sociétés anonymes relevant du droit commun des sociétés commerciales. Le personnel des entreprises publiques (EPA et EPIC) relève de la loi 89-85/ AN-RM du 1er décembre 1989[407]. Cette loi assigne aux accords d'établissement qu'elle prévoit, à l'exclusion de toute convention collective, une fonction d'amélioration des conditions de travail et de rémunération correspondantes aux activités spécifiques des entreprises publiques.

301. Au surplus, les accords d'établissement conclus dans les Etablissement publics à caractère administratif (EPA) sont indépendants des conventions collectives de branche. En tout état de cause, le Code du travail[408] prévoit la possibilité, à défaut de convention collective ou de décret en tenant lieu, de conclure des accords collectifs de travail portant sur les mêmes sujets que les accords d'entreprises selon les modalités définies par le Code du travail à l'article L.88 du Code du travail. Donc les accords établissement conclus par les EPA sont fondés exclusivement sur les postulats dudit article. Ils ne se justifient en droit et ne s'appliquent que dans la mesure où le statut du personnel des ces établissements n'est pas adopté. L'objet de ces négociations est le même que celui prévu dans les entreprises privées.

---

[406] *Cf.* Article L.88 du Code du travail.

[407] Loi n° 89-85 ANRM du 1er décembre 1989 portant principes fondamentaux de création, d'organisation et de fonctionnement des EPA au Mali.

[408] Article 86 du Code du travail.

302. En France, pendant longtemps l'essentiel du « droit des conventions collectives se situait au niveau des branches professionnelles et la loi n'attribuait qu'une place marginale aux accords d'entreprise »[409]. Ce n'est qu'en 1971, qu'il est devenu possible de conclure des accords salariaux. Dix ans plus tard, les réformes Auroux, tout particulièrement la loi du 13 novembre 1982, ont consacré le dualisme (branche/entreprise) dans le système français des conventions collectives, en instituant une double obligation de négocier ; tous les cinq ans dans les branches et tous les trois ans dans les entreprises dotées d'une représentation syndicale[410]. Dans le cadre d'une double obligation de négocier, l'objet de la négociation se concentre sur « les conditions de travail et d'emploi, la réglementation des relations entre les employeurs ou des organisations d'employeur et un ou plusieurs syndicats »[411]. Les conditions de travail et d'emploi peuvent également inclure des sujets comme les salaires, la durée du travail, les primes annuelles, les congés annuels, les congés maternité, la santé et la sécurité au travail, ainsi que d'autres questions. Les questions liées aux relations entre les parties peuvent inclure des sujets tels que les facilités à accorder aux représentants syndicaux, les procédures pour la résolution des conflits ainsi que la consultation et le partage des informations entre autres.

303. De façon générale, au-delà des salaires, la question de la durée du travail demeure toujours préoccupante parmi les sujets de la négociation au niveau de l'entreprise. Cette question est beaucoup plus complexe qu'elle ne l'était avant. Si pour beaucoup de travailleurs, au travers de la négociation il s'agit toujours de fixer le salaire, la somme qu'ils toucheront, , pour beaucoup d'autres, d'autres problèmes doivent être abordées : heures supplémentaires, primes de rendement, de productivité, de pénibilité », augmentations annuelles, de bilan, d'ancienneté, de gratification de fin d'année (treizième mois)[412], congés et « institution du salaire égal pour un travail de valeur égal »[413]. Des questions comme la sécurité et l'hygiène reviennent également comme sujet de la négociation. On se préoccupe de plus en plus de l'environnement de travail. La négociation collective doit en effet continuer de se préoccuper de la protection du travailleur, celui-ci étant parfois traité comme un simple agent de production plutôt que comme un être humain. Si

---

[409] Auzero G., Baugard D., Dockès E., *Droit du travail*, Précis Dalloz Paris, 32ème éd., 2019, p.1677.

[410] Auzero G., Baugard D., Dockès E., *op. cit.*, p. 1678.

[411] BIT, Guide politique de la négociation collective, *op. cit.*, p. 3.

[412] La question de treizième mois fait l'objet de beaucoup de revendications de la part des salariés des EPA et des EPIC. Certains travailleurs pensent qu'il s'agit d'un droit absolu que l'employeur doit donner, et cette question revient de façon fréquente dans les négociations des accords d'établissement.

[413] Voir les conventions n° 100 et n° 111 de l'OIT sur l'égalité de rémunération et la discrimination dans l'emploi et la profession.

humble que soit sa tâche, sa dignité doit être respectée : il ne doit pas être exposé aux insultes et aux brutalités, à l'arbitraire et à la discrimination.

304. La tendance, ces dernières années, a été à la multiplication des questions susceptibles d'être négociées. On mentionnera « la sécurité de l'emploi, les nouvelles technologies et leurs conséquences sociales, la formation et le recyclage, les régimes complémentaires de sécurité sociale, les mesures de bien être des salariés »[414]. En Afrique, les tendances nouvelles sont relatives à la négociation de salaires minima, de la couverture maladie universelle. Le relèvement salaire minima catégorielle est aujourd'hui des sujets de négociations dans les entreprises au Mali depuis l'adoption par le Gouvernement d'un nouveau taux qui porte le montant à 40.000 FCFA depuis janvier 2016.

305. Au Mali, le Code du travail traite des questions qui doivent obligatoirement être discutées dans une convention collective de branche[415]. Cette liste est de facto étendue aux accords d'entreprises dans la pratique. En plus de cette liste, tout sujet intéressant les conditions de travail des salariés peut être discuté au cours d'une négociation au sein de l'entreprise.

306. En France, le domaine de la négociation est divers et varié, les interlocuteurs jouissent d'une très grande liberté. Les conventions de branche doivent seulement fixer les modalités selon lesquelles seront prises en compte par l'employeur les demandes relatives aux thèmes de négociation émanant des syndicats représentatifs dans l'entreprise. La négociation peut aussi porter sur des questions qui font l'objet de clauses insérées dans une convention de branche, dans un accord professionnel ou interprofessionnel que sur des questions n'ayant pas donné lieu jusqu'à présent à des dispositions insérées dans un acte collectif. La convention ou l'accord collectif peuvent en effet comporter « des dispositions nouvelles » ou simplement adaptées des dispositions générales[416]. Jusqu'à la « réforme intervenue en 2004, les négociateurs ne pouvaient retenir que des solutions au moins aussi favorables aux salariés que les dispositions résultant des dispositions légales et réglementaires »[417]. La négociation d'entreprise est un moyen permettant d'améliorer la situation des travailleurs.

---

414 BIT, Manuel d'éducation ouvrière sur la négociation collective, Genève, 2ème éd. révisé, 1986, p. 4.

415 Article L.79 du Code du travail du Mali.

416 *Cf.* article L. 2253-1 du Code du travail français. Les dispositions d'un accord d'entreprise qui n'ont pas pour objet l'adaptation d'un accord professionnel applicable dans l'entreprise doivent s'interpréter de manière autonome (Cass. soc., 9 mars 2005, *Dr. soc.* 2005, p. 703).

417 Auzero G., Baugard D., Dockès E., *op. cit.*, éd., 2019, p. 1699.

307. Cette conception de la négociation collective est sortie profondément transformée de la loi Fillon du 4 mai 2004, qui a multiplié les possibilités de dérogation et généralisé la dérogation aux conventions collectives de niveau supérieur[418]. La loi « El Khomri » de 2016 a certainement modifié ces dérogations en tendant d'inverser la hiérarchie des normes. Avant cette date, les possibilités de dérogation à la loi portaient sur les salaires, la durée du travail et l'emploi précaire. Que cela soit en France ou au Mali, les employeurs et les syndicats jouissent d'une très grande liberté pour négocier dans le cadre de l'entreprise ; toutefois, cela passe nécessairement par un processus et le respect de règles procédurales.

2. La procédure et les modalités de négociation

308. Aucun formalisme n'est imposé par le législateur pour le déroulement de la négociation. Le Code du travail du Mali ne décrit pas spécifiquement une procédure particulière en ce qui concerne la négociation d'entreprise. Lorsqu'ils sont reconnus par le ministre du Travail comme étant « les plus représentatifs », les syndicats peuvent, entre autres prérogatives, négocier des conventions collectives Elle a lieu dans les mêmes conditions que celles des conventions collectives.

309. Les représentants des organisations ou groupements peuvent négocier et conclure au nom de leurs mandants en vertu, soit des stipulations statutaires de l'organisation, soit d'une délégation statutaire de cette organisation, soit de mandats spéciaux et écrits qui leur sont donnés individuellement par tous les adhérents de l'organisation. A défaut, pour être valable, la convention doit être ratifiée par une délibération spéciale du groupement. Diverses encore une fois de plus, la négociation collective peut se dérouler de multiples façons[419]. Dans certains cas, pour les conventions collectives au champ d'application très étendu, les deux parties peuvent se réunir à intervalles réguliers, chaque année ou tous les deux ans par exemple. Dans d'autres cas, la négociation est plus ou moins continue, et les réunions sont souvent d'autant plus fréquentes que l'effectif des travailleurs concernés est plus faible. La négociation suppose une suite de revendications, de contrepropositions, de discussions et d'échanges d'arguments, interrompues par des périodes pendant lesquelles les parties se séparent pour préciser leurs positions[420]. Il y a peu de chance qu'un employeur accepte d'emblée une revendication quelle que soit son importance.

310. Il faut noter qu'au Mali, il n'y a aucune formalité obligatoire, sauf le cas de la négociation de branche concernant les conventions collectives. Cette

---

[418] *Cf.* articles L. 2253-4 et L. 3122-47, L. 3121-11, L. 3122-2 du Code du travail français.
[419] BIT, Manuel d'éducation ouvrière sur la négociation collective, *op. cit.*, p. 21.
[420] *Ibidem*, p. 22.

formalité ou procédure est réglée par le Code du travail. Dans cette hypothèse, le ministre du Travail convoque la commission de négociation des conventions collectives siégeant au niveau de la Direction nationale du Travail (DNT). Un arrêté du ministre du Travail, à la demande de l'une des organisations syndicales d'employeurs ou de travailleurs, met en place la commission mixte paritaire de négociation qui comprend de façon paritaire un nombre égal d'employeurs et de travailleurs de la branche professionnelle concernée[421]. En pratique, la DNT est toujours saisie par un groupement d'employeur d'une branche ou par un syndicat d'une branche, *via* le dépôt d'un projet de convention collective à négocier.

311. La DNT saisit les deux parties pour désigner leurs représentants à la commission de négociation de façon paritaire (6 représentants employeurs et 6 représentants travailleurs) de la branche concernée. Sur la base de cette liste, le ministre du Travail prend un arrêté pour nommer les membres de la commission. Une copie de l'arrêté est notifiée à chaque membre. La présidence est assurée par le Directeur national du Travail, qui peut la déléguer à un de ses agents. Le Président convoque les membres à la première réunion de la commission avec une date précise et une copie du projet de convention y est jointe. Les discussions peuvent ainsi commencer, la méthodologie de travail et les suspensions de séance sont arrêtées par la commission. Dans la pratique, le projet est discuté article par article jusqu'à l'épuisement des thèmes. La convention doit obligatoirement contenir des chapitres prévus par le Code du travail[422]. Il 'agit entre autres des questions relatives aux salaires, à la détermination de la classification professionnelle, les modalités d'exécution des heures supplémentaires, la prime d'ancienneté, de déplacement, la durée du travail, le licenciement, le préavis, la période d'essai dans le contrat de travail, le travail des femmes et des enfants, les délégués du personnel, la formation professionnelle, les commissions de classement des travailleurs, et enfin la procédure de révision et de modification des accords conclus[423].

312. S'agissant de la négociation au sein de l'entreprise, elle porte essentiellement sur le règlement intérieur[424] et les accords d'établissement. La

---

[421] Article L 78 nouveau al 2 du Code du travail qui stipule que *«Une décision du Ministre chargé du travail détermine la composition de cette commission mixte qui comprendra, selon le cas, sous la présidence du Directeur National du Travail, un nombre égal, d'une part, des représentants des organisations syndicales les plus représentatives des travailleurs, et d'autre part, des représentants des organisations syndicales les plus représentatives d'employeurs, ou à défaut de celle- ci, des employeurs. »*

[422] *Cf.* article L.79 du Code du travail.

[423] Les dispositions de l'article L79 et suivants du Code du travail sont complétées par les articles L.86 et suivants sur les accords d'entreprise.

[424] Article L65 du Code du travail évoque la consultation des délégués mais dans la pratique dans les entreprises ou il n'ya pas de délégués du personnel, le règlement intérieur est transmis aux délégués syndicaux pour observation.

même procédure et les mêmes modalités ci-dessus décrites sont de mises. Le comité syndical au sein de l'entreprise peut, de temps en temps, déposer des cahiers de doléances ou demander la révision d'un accord d'établissement existant ou la conclusion d'un nouvel accord, lorsque l'entreprise n'en dispose pas. Le chef d'entreprise lorsqu'il reçoit le cahier du syndicat, convoque généralement une réunion pour examiner la faisabilité et souvent sous la responsabilité du DRH[425]. La direction de l'entreprise préconise généralement la mise en place d'une commission de négociation autour des points de revendications. Les discussions aboutissement dans la plupart des cas à la conclusion d'un accord sur les thèmes contenus dans le cahier de doléances.

313. En France lorsqu'il s'agit de négociation facultative, aucun formalisme n'est imposé par le législateur[426]. Il est seulement prévu que les négociateurs détermineront par accord les informations qui seront remises par le chef d'entreprise aux délégués syndicaux de l'entreprise ou de l'établissement avant la véritable discussion sur le fond[427]. Il est également possible que « le chef d'entreprise et les délégations syndicales fixent la périodicité des négociations et leur objet »[428]. Il faut toutefois « coordonner la négociation collective avec les règles de consultation du comité d'entreprise ». Lorsque l'objet de la négociation porte sur des « questions visées à l'article L2323-6 du Code du travail (questions intéressant l'organisation, la gestion et la marche générale de l'entreprise, mesures de nature à affecter le volume ou la structure des effectifs, la durée du travail, les conditions d'emploi, de travail et de formation professionnelle du personnel), l'employeur doit consulter le comité d'entreprise » tout en négociant avec les syndicats.

314. En pratique, dans les quinze jours qui suivent la demande formulée par une organisation syndicale, l'employeur doit convoquer les parties à la négociation annuelle obligatoire. La première réunion est généralement « réservée à l'organisation de la négociation ». Elle est généralement « l'occasion de préciser les informations que l'employeur mettra à la disposition des négociateurs syndicaux, la date de leur communication, le lieu et le calendrier des futures réunions »[429]. La deuxième sert à la présentation des revendications salariées. L'employeur peut se contenter d'y répondre au

---

[425] Le DRH est représentant légitime de l'employeur et c'est lui conduit toutes les discussions avec le comité syndical au sein de l'entreprise puis qu'il est chargé » de la gestion quotidienne des salariés.

[426] Pélissier J., La loyauté dans la négociation collective, Dr. ouvrier 1997, 496 s ; Y. Chalaron, La conduite de la négociation, *Dr. Soc.* 1990, p. 584 s.; M. Miné, La loyauté dans le processus de négociation collective d'entreprise, *Travail et Emploi* n°84, 2000, p.47 s.

[427] *Cf.* article L2232-20 du Code du travail français.

[428] Auzero G., Baugard D., Dockès E., *op. cit.*, p. 1699.

[429] Petit F., *Droit des relations collectives du travail : Syndicat et droit syndical*, Institutions représentatives du personnel, Dialogue social, négociation et Conflits Collectifs, Gualino, 2007, Mémentos, LMD.

cours d'une troisième et dernière réunion. Mais tant que la négociation est en cours l'employeur ne peut arrêter sur les thèmes abordés « des décisions unilatérales concernant la collectivité des salariés, à moins que l'urgence ne le justifie ». Au terme de la négociation, « si aucun n'accord n'est trouvé, il est établi un procès-verbal de désaccord dans lequel sont consignées les propositions respectives des parties et le mesures que l'employeur entend appliquer unilatéralement »[430].

315. Il faut noter que la Cour de cassation française a jugé que la règle selon laquelle « la décision du chef d'entreprise doit être précédée par la consultation du comité d'entreprise » s'applique « à toute décision du chef d'entreprise sans qu'il y ait lieu de distinguer selon que cette décision est une décision unilatérale ou prend la forme de la négociation d'un accord collectif d'entreprise »[431]. Le défaut de consultation du comité d'entreprise n'a cependant pas pour effet d'entrainer la nullité ou l'impossibilité d'un accord d'entreprise conclu au mépris de cette obligation de consultation[432]. La violation de cette obligation sera sanctionnée selon les règles régissant le fonctionnement des comités d'entreprise (délit d'entrave, dommages intérêts).

316. La Cour de cassation française a, en effet, jugé que la règle selon laquelle « la décision du chef d'entreprise doit être précédée par la consultation du comité d'entreprise »[433] s'applique à toute décision du chef d'entreprise sans qu'il y ait lieu de distinguer selon que cette décision est unilatérale ou prend la forme de la négociation d'un accord collectif d'entreprise. La question de la rémunération des négociateurs est une question qui revient souvent au début, voire à la fin de la négociation au moment de la signature des parties. Nous allons examiner dans les commentaires qui suivent la signature et le régime juridique des accords collectifs.

B. La signature et le régime juridique des accords

317. Il est important de souligner que la signature d'un accord engage des parties qui ont participé à la négociation au nom de leurs organisations respectives (syndicat et employeur). Il est donc nécessaire que soit rédigé un

---

[430] Article L132-29 du Code du travail.

[431] Cass. soc., 5 mai, 1998, Bull. civ.V, n° 105, *Dr. soc.* 1998, rapport .de Frouin J.-Y., p. 579 et obs. Ray J. E., p. 764.

[432] La promotion de la négociation collective pose la question de la nature juridique de « personnel » dont les intérêts se trouvent ainsi représentés (*Cf.* not. Barthelemy J., Collectivité du personnel et notion d'entreprise, D 2000. Chron. 279).

[433] *Cf.* not. Cass. soc., 5 mai, 1998, Bull. civ. V, n° 219, *Dr. soc.* 1998, *op. cit.* ; Cass. soc, 13 novembre 2001, Bull civ. V n° 343 (consultation du comité d'établissement sur la mise en œuvre d'un accord cadre conclu au niveau de l'entreprise) ; M Cohen, La consultation du comité d'entreprise avant la conclusion d'un accord collectif, *RJS* 6/ 98, p.435 s..

document qui puisse être le reflet des discussions engagées depuis le début de la négociation, à savoir le procès-verbal de négociation[434], Celui-ci se distingue évidemment de la convention ou de l'accord collectif proprement dit.

318. L'OIT définit ces derniers « Comme tout accord écrit relatif aux conditions de travail et d'emploi conclu entre d'une part, un employeur, un groupe d'employeurs ou une ou plusieurs organisations d'employeurs, et, d'autre part, une ou plusieurs organisations de travailleurs, ou, en l'absence de telles organisations, les représentants des travailleurs intéressés, dument élus et mandatés par ces derniers en conformité avec la législation nationale » [435]. Il est important que l'accord lie les signataires ainsi que les personnes au nom desquelles il est conclu. Ainsi nous allons examiner la qualité des signataires de l'accord **(1)** et la validité ou le régime juridique des accords **(2).**

1. La qualité des signataires

319. Dans les petites entreprises, où l'employeur et les représentants des travailleurs se connaissent personnellement, il n'est pas sans doute indispensable de rédiger un procès-verbal (PV) des négociations. Dans les grandes entreprises, en revanche, où la négociation se déroule dans des formes bien réglées, il faudrait toujours en tenir un. Un grand nombre de conflits ont en effet pour cause un malentendu ou une contestation sur ce qui a été décidé à une réunion[436]. Les employeurs tiennent habituellement leur propre procès-verbal, et les syndicats auraient avantage à en faire autant. Cette question du PV n'est pas dissociable de la qualité des signataires des accords. Cette dernière découle souvent des dispositions de la loi. Le PV constitue la mémoire des discussions des représentants à la négociation collective. Ils ne signeront que s'ils se reconnaissent dans le procès-verbal de négociation. Généralement les PV contiennent les propositions respectives de chaque partie en leur état, le rappel d'aspects particuliers du cahier de doléances du syndicat ainsi que les mesures que l'employeur entend appliquer unilatéralement.

320. Il peut aussi arriver que « les parties signent un PV de désaccord. Les domaines dans lesquels des négociations peuvent être engagés dans l'entreprise sont nombreux. Même en l'absence d'obligation légale de formalisation de l'échec des négociations, il peut être opportun de formaliser le fait qu'une négociation a été menée sur un sujet donné et que les négociations avec les partenaires sociaux n'ont pas pu aboutir »[437].

---

[434] BIT, Guide politique de la négociation collective, *op. cit.*, p. 3.
[435] Recommandation n° 91 de l'OIT sur les conventions collectives, 1951, partie II.2 (1).
[436] BIT, Manuel d'éducation ouvrière sur la négociation collective, *op. cit.*, p. 1.
[437] Gerard K. et BeaL S., *Négociation collective dans l'entreprise*, *op. cit.*, p. 193.

L'employeur pourra tout à fait, s'il le souhaite, s'inspirer des dispositions légales régissant le contenu des procès-verbaux de désaccord, rendus obligatoires par la loi.

321. Au Mali, la qualité des signataires découle de la loi : « *Les représentants des organisations syndicales ou de tout autre groupement professionnel visés à l'article précédent peuvent contracter au nom de l'organisation qu'ils représentent en vertu : - soit des stipulations statutaires de cette organisation, - soit d'une délibération spéciale de cette organisation, - soit de mandats spéciaux et écrits qui leur sont donnés individuellement par tous les adhérents de cette organisation. A défaut, pour être valable, la convention collective doit être ratifiée par une délibération spéciale de ce groupement. Les groupements déterminent eux-mêmes leur mode de délibération* » [438]. Qu'il s'agit du règlement ou de l'accord d'établissement au sein de l'entreprise, à défaut d'organisations représentatives, les personnes désignés par les travailleurs es-qualité sur l'arrêté portant création de la commission mixte paritaire de négociation de la convention sont les seuls habités à signer ou à engager les travailleurs[439].

322. En ce qui concerne les signataires du règlement intérieur ou de l'accord d'établissement au sein de l'entreprise, il s'agit du secrétaire général du comité syndical et du directeur de l'entreprise qui ont qualité pour engager les parties à l'accord[440]. L'accord est ensuite introduit dans le circuit administratif en passant par la Direction nationale du Travail et le ministère du Travail. La signature de l'accord d'établissement par le Directeur national du Travail est une pratique qui ne figure pas dans le Code du travail[441]. L'accord d'établissement doit être obligatoirement soumis à la censure du ministre du Travail avant sa signature. S'agissant des représentants signataires de syndicats, l'accord d'établissement ou la convention collective doivent être soumis à une délibération spéciale de l'organisation. Les signataires au sein de l'établissement sont les délégués syndicaux qui l'ont discuté lors des séances de négociation et aucun problème de signature ne se pose dans la pratique,

---

[438] Article L71 du Code du travail.

[439] Pour les accords collectifs la qualité de signataire est définie par l'arrêté qui crée la commission mixte paritaire de négociation de la convention collective. Seules les personnes figurant sur cet acte pris par le ministre du travail peuvent signer l'accord.

[440] Le Code du travail ne défini pas de façon précise la qualité des signataires ; on parle d'ailleurs plutôt de représentants des travailleurs élus ou désignés.

[441] Il s'agit d'une ancienne pratique qui ne figure pas dans le Code du travail, elle résulte du fait le DNT est considéré comme le conseiller le plus avisé du ministre du Travail, et généralement le ministre ne signe pas s'il ne voit pas la signature du Directeur qui joue un rôle d'arbitre ou de contrôle de légalité des dispositions de l'accord inferieur par rapport à la norme supérieur qui peut être la convention collective de branche, le Code du travail, la Constitution ou les normes de l'OIT ratifiées par le Mali. Au fil des ans, sa signature s'est imposée même si le Code du travail ne le mentionne pas.

sauf pour les conventions collectives de branche où, depuis 2005, nous connaissions de sérieux problèmes de qualité des représentants à la commission.

323. La signature de la convention collective des sociétés et entreprises minières, géologiques et hydrogéologiques du Mali de 2010 a été bloquée pendant longtemps, dans la mesure où certains employeurs pensaient qu'ils devaient obligatoirement signer alors même qu'ils ne figuraient pas sur l'arrêté qui avait mis en place la Commission mixte paritaire de négociation de la convention. Les mêmes problèmes ont surgi lors de la signature de la convention collective des BTP en 2007. Ces difficultés ont vite été surmontées avec quelques explications et séances de travail avec les parties à la DNT.

324. Nous avons aussi été saisis de quelques difficultés pour la signature de certains accords d'établissement, notamment celui de la Société Energie du Mali (EDM SA) en 2015[442]. Cette difficulté était due au fait qu'il existait dans l'entreprise deux comités syndicaux, et un troisième venait de se créer, tous les comités étant affiliés à des centrales syndicales différentes. Les deux premiers comités avaient signé l'accord puis qu'ils ont participé à la négociation, le troisième a saisi le DG de l'entreprise ainsi que le Directeur national du Travail pour demander l'annulation des signatures et entame une autre signature en les y intégrant. Il nous a fallu faire quelques explications juridiques tenant au fait qu'il venait d'être créé et qu'il n'avait pas participé à la discussion du document, et donc ne pouvait pas être signataire. Nous avons aussi expliqué que, dans tous les cas, la signature devait être faite sur la base de la représentativité réelle ou supposée et qu'il n'avait aucune expérience dans l'entreprise ou n'avait participé à aucune élection de délégués du personnel. Ils ont cédé sur la base de ces explications en réalité discutables dans le contexte d'absence d'élections de représentativité au sein de l'entreprise.

325. Le Code du travail du Mali dispose que « *la convention collective est établie sur papier libre et signée par chacune des parties contractantes. Elle est soumise au visa du ministre du travail qui exigera le retrait des dispositions contraires à la législation et à la réglementation en vigueur* »[443]. Le Code du travail apporte une précision supplémentaire en ces termes : « ...A défaut de conventions collectives ou des arrêtés prévus à l'article L.86, des accords d'entreprise ou d'établissement peuvent être conclus selon les modalités précitées. Les dispositions des articles L.72, 73 et 77 s'appliquent

[442] EDM SA est un établissement public administratif doté de l'autonomie financière et de gestion qui est la seule société qui s'occupe de la distribution de l'électricité au Mali.
[443] Article L.73 du Code du travail.

aux accords prévus au présent article »[444]. L'article L 77 alinéa 1er du Code du travail ajoute une autre précision sur la qualité de signataires pour expliquer que : « (…) *La convention lie également les organisations qui lui donnent leur adhésion, ainsi que tous ceux qui, à un moment quelconque, deviennent membres de ces organisations* ».

326. Au-delà de ces questions juridiques, un autre problème existe souvent au niveau des entreprises dépourvues de représentants du personnel, en ce qui concerne la qualité des signataires de l'accord ou de la convention collective. Le Code du travail, en parlant de représentant des travailleurs, fait souvent allusion au délégué élu du personnel. Dans la pratique, il est très fréquent de constater que dans beaucoup d'entreprises, ce sont les syndicats qui ont signé l'accord et non le délégué. Il est aussi très fréquent qu'une entreprise ne soit dotée ni de comité syndical, ni de délégué élu. Dans ces cas précis, les travailleurs désignent un autre travailleur qui signera l'accord en leur nom[445]. Ces pratiques sont très fréquentes dans les entreprises à gestion familiale dans la mesure où la majorité des salariés sont des parents du chef d'entreprise.

327. La nécessité d'avoir des acteurs légitimes pour la signature de l'accord est posée par le Code du travail en France de même qu'au Mali. Au niveau de l'entreprise, il s'agira du chef d'entreprise ou d'une personne mandatée par lui, pour mener une négociation[446]. La question de la participation des personnes extérieures à l'entreprise, à la négociation reste entière, car elle n'est pas totalement reconnue dans le Code du travail français. En effet l'article L 2232-17 du Code du travail porte uniquement sur la délégation salariale à la négociation d'entreprise, qui doit comporter un ou plusieurs délégués syndicaux et éventuellement d'autres travailleurs de l'entreprise. La loi du 20 août 2008, qui a transformé les règles du droit de la représentativité syndicale, a apporté aussi de profondes modifications du droit de la négociation collective. Elle pose pour la première fois, au-delà du fait majoritaire, l'exigence de la signature de l'accord par une minorité significative de syndicats représentatifs. La validité d'un accord est désormais subordonnée à sa signature par une ou plusieurs organisations syndicales de salariés représentatives ayant recueilli au moins 30% des suffrages exprimés aux élections professionnelles[447].

---

444 Article L.88 al. 6 du Code du travail.

445 Cette situation s'explique par le fait que certain employeur sont hostiles à l'idée même de voir ou d'entendre parler de syndicat dans leur entreprise, c'est le paradoxe de l'informel ou de la gestion des entreprises familiales. Le droit des travailleurs sont foulés au pied. Ces difficultés sont très fréquentes et sont souvent remontées aux inspections du travail qui tentent de faire comprendre à l'employeur que les relations de travail sont régies par une loi et qui doit s'appliquer.

446 Cass. soc., 23 mars 1994, *RJS* 1994, n° 583.

447 Articles L 2232-2, L2232-6, L 2232- 12.

328. S'agissant de l'employeur, la question de la représentativité ne vaut pas : le ou les employeurs n'ont pas à être représentatifs, sauf en France. Les organisations de salariés disposent donc du monopole de la négociation collective : elles sont seules habilitées à négocier, puis éventuellement à conclure les normes professionnelles. Une seule personne peut en principe suffire (sous réserve du principe majoritaire). Mais elle parait plus importante depuis la loi de 2008 sur la rénovation de la démocratie sociale en France, les signataires doivent venir des organisations syndicales les plus représentatives et ce sont celles qui satisfont aux sept nouveaux critères légaux qui sont dorénavant cumulatifs et dont l'audience apparait comme le facteur essentiel[448]. L'organisation doit avoir au moins 10% de suffrages au premier tour des élections au comité d'entreprise et des délégués du personnel[449]. Le seuil de 8% au niveau de la branche (les résultats étant additionnés à ce niveau) et interprofessionnel pour qu'une organisation soit considérée comme représentative. Cependant, dans le cadre du pluralisme syndical, l'employeur doit inviter toutes les organisations syndicales concernées selon le niveau de la négociation[450]. A défaut, le syndicat exclu des négociations pourra faire annuler le texte conclu[451] ou les avenants postérieurs[452], car, il est censé être considéré comme un des signataires de l'accord conclu.

329. Le dialogue social sans représentant syndical, est une ancienne pratique qui aboutissait, notamment, à la conclusion d'accords atypiques en France signés avec les travailleurs n'ayant pas compétence ou qualité à conclure de tels accords. Aujourd'hui, cette possibilité d'accord atypique est inscrite dans le Code du travail français[453]. Le dispositif est ouvert dans les entreprises (même celles de plus de deux cent salariés), dépourvues de délégué syndical. Des accords collectifs peuvent y être négociés et conclus avec les salariés élus au comité d'entreprise ou à la délégation unique du personnel (ou avec les délégués du personnel). Mais, il importe que l'accord soit approuvé par les salariés à la majorité des suffrages exprimés. A défaut l'accord est réputé non écrit. Au Mali, pareilles dispositions n'existent pas dans notre Code du travail, malgré une pratique très rependue dans les entreprises concluant très souvent des accords atypiques. Dans tous les cas de figure, la validité des accords dépendra de la qualité des signataires. Le Code du travail français précise que

---

[448] Héas F, *Droit du travail, op. cit.*, p.148

[449] Aux termes de l'article L 2122-1 du Code du travail français, la représentativité des organisations de salariés est acquise pour toute la durée du cycle électoral, y compris en cas de modification dans la situation juridique de l'employeur (Cass. soc, 19 février 2014, Bull civ, V n° 12-29351.

[450] Cass. soc, 8 juillet 2009, Bull civ, V. n° 177.

[451] Cass. soc, 10 juillet 2001, Bull civ, V. n° 261.

[452] Cass. soc, 17 septembre 2003, Bull civ, V. n° 240.

[453] Article L.2232-21 du Code du travail français.

les représentants des organisations signataires bénéficient d'un mandant spécial écrit[454]. Cette habilitation de la personne signataire est essentielle, car à défaut, le texte négocié peut être annulé. Dans les entreprises et établissements, le ou les délégués syndicaux sont le ou les seul(s) habilités à signer. Ils bénéficient d'un monopole en cette matière, monopole érodé par la pratique des accords atypiques.

2. La nature juridique et la validité des accords

330. Aux termes du Code du travail malien « la convention collective de travail est un accord relatif aux conditions de travail conclu entre d'une part, les représentants d'un ou plusieurs syndicats des travailleurs et, d'autre part, d'une ou plusieurs organisations syndicales d'employeurs, ou tout autre groupement d'employeurs ou un ou plusieurs employeurs pris individuellement. La convention collective peut mentionner des dispositions plus favorables aux travailleurs que celles des lois et règlements en vigueur. Elle ne peut déroger aux dispositions d'ordre public définies par ces lois et règlements. Les conventions collectives déterminent leur champ d'application »[455]. Ainsi, « la convention collective a vocation à traiter de l'ensemble des conditions d'emploi, de travail et des garanties sociales. L'accord collectif ne traite qu'un ou plusieurs sujets déterminés dans cet ensemble »[456]. Cette distinction entre convention et accords s'applique quel que soit le niveau de négociation.

331. Les représentants des organisations syndicales ou de tout autre groupement professionnel peuvent contracter au nom de l'organisation qu'ils représentent en vertu des stipulations statutaires de cette organisation, d'une délibération spéciale de cette organisation, ou en vertu de mandats spéciaux et écrits qui leur sont donnés individuellement par tous les adhérents de cette organisation. A défaut, pour être valable, la convention collective doit être ratifiée par une délibération spéciale de ce groupement. Les groupements déterminent eux-mêmes leur mode de délibération. L'accord d'entreprise suit le même régime juridique en matière de validité, soit par la signature des représentants des travailleurs et des employeurs ou par une délibération de l'organisation.

332. A défaut de stipulations contraires, l'accord collectif à durée déterminée qui arrive à expiration continue à produire des effets comme une convention à durée indéterminée. La convention collective « doit prévoir dans quelles formes et à quelle époque elle pourra être dénoncée, renouvelée ou révisée.

---

454 *Cf.* Article L. 2231-2 du Code du travail français.
455 Article L 70 du Code du travail.
456 *Cf.* Article L. 2122-2 du Code du travail français.

Elle doit prévoir notamment la durée du préavis qui doit précéder la dénonciation »[457]. Elle doit être écrite en langue française à peine de nullité. Elle est établie sur papier libre et signée par chacune des parties contractantes. Elle est soumise au visa du ministre chargé du Travail qui exigera le retrait des dispositions contraires à la législation et à la réglementation en vigueur. Cette formalité est de mise pour l'accord d'entreprise ou d'établissement.

333. Après visa, l'accord d'entreprise ou la convention collective est déposée contre récépissé au greffe du Tribunal du travail territorialement compétent et est applicable à partir du jour qui suit son dépôt, sauf stipulation contraire. Le dépôt est effectué en triple exemplaire et sans frais, aux soins de la partie la plus diligente. Deux exemplaires de la convention collective sont adressés immédiatement par le greffier du Tribunal du travail au ministre chargé du Travail. Les modifications apportées à la convention initiale doivent être établies, déposées et notifiées dans les mêmes conditions. Cette formalité de dépôt n'est pas souvent respectée, beaucoup se contentant du visa du ministre du travail. Les juges du travail sont ainsi confrontés à des difficultés lorsqu'ils sont saisis de litiges concernant un accord d'entreprise. Dans la pratique, la convention ou l'accord est déposé en cinq exemplaires auprès du ministre du travail après visa et Tribunal du travail compétent.

334. Les parties qui « adhèrent à une convention collective en vigueur doivent notifier par écrit cette adhésion au greffe du tribunal où le dépôt de la convention collective a été effectué. La démission de tout groupement, membre ou adhérent, ainsi que la dénonciation de la convention s'effectuent dans les mêmes conditions »[458]. La faculté de dénoncer la convention est toutefois réservée aux seules parties signataires. Dans le cas particulier de l'accord d'entreprise tous les salariés sont obligatoirement soumis à ces dispositions, il n'y a pas d'adhésion comme dans le cas d'une convention collective de branche. A cet effet, toute adhésion et toute modification à une convention, toute démission et toute dénonciation d'une convention sont portées à la connaissance du ministre chargé du Travail par les soins du greffier du Tribunal du travail compétent.

335. Le Code du travail du Mali donne plus de précisions en ce qui concerne l'effet de la convention ou de l'accord collectif à l'égard des parties signataires : « sont soumises aux obligations de la convention collective toutes les personnes qui l'ont signée ou qui sont membres des organisations signataires. La convention collective lie également les organisations qui lui donnent leur adhésion, ainsi que tous ceux qui, à un moment quelconque, deviennent membres de ces organisations ». Lorsque l'employeur est lié par

---

[457] Article L 72 du Code du travail.
[458] Article L.75 du Code du travail.

une convention collective ou un accord collectif, les clauses de cette convention s'appliquent aux contrats de travail conclus par lui. Dans tout établissement compris dans le champ d'application d'une convention collective, les dispositions de cette convention s'imposent sauf disposition moins favorable pour les travailleurs aux rapports nés des contrats individuels[459].

336. La convention est un accord créant des normes ; lors de sa conclusion, elle est traitée comme un contrat. Elle doit en respecter les conditions de formation et la force obligatoire vis-à-vis de ses signataires. La convention collective « est, en principe applicable à partir du jour qui suit son dépôt auprès du service comptent, mais les parties peuvent fixer une autre date »[460]. Lors de son application la de la convention collective est traitée comme un règlement. Elle a force normative, donc elle régit les contrats individuels de travail compris dans son champ d'application, sans s'incorporer à ceux-ci. L'inspection du Travail doit veiller à son application à l'instar de celle de la loi et du règlement[461]. Le juge « doit l'appliquer comme sous le contrôle de la cour de cassation qui assure ainsi l'unité de leur interprétation »[462]. Elle doit donc « être recherchée par le juge comme règle de droit applicable au même titre que la loi. Même si le salarié ne fonde pas sa réclamation en justice sur une convention ou un accord collectif déterminé, le juge doit rechercher s'il y a une convention » ou un accord collectif « applicable et, le cas échéant, en déterminer le contenu »[463].

337. S'agissant de l'effet normatif, aux yeux des tribunaux, la convention collective ou l'accord collectif apparait à, priori tributaire de la liberté des conventions de l'article 1134 du Code civil, les conditions de fond et de forme demeuraient celles du droit commun. Les clauses insérées dans l'accord d'entreprise ayant été libres débattues entre les signataires. Le principe de l'effet relatif des contrats s'applique à cette matière[464].

338. Cette même logique juridique est reprise dans le Code des obligations du Mali : « les conventions légalement formées tiennent lieu de loi à ceux qui les ont faites. Elles ne peuvent être révoquées que de leur consentement mutuel (…) »[465]. Les parties qui ont librement débattu et inséré des

---

459 Article L77 du Code du travail.
460 Auzero G., Baugard D., Dockès E., *op. cit.*, p. 1627.
461 Article L. 8112-1 du Code du travail français.
462 Cass., ass. Plén, 6 février 1976, *JCP* 1976, II.18481, note H. Groutel ; Cass., soc., 18 mars 1988, D, 1989, 221, note J-P. Chauchard ; cass. soc. 28 avril 1988, Bull, cil. V. n° 262, p. 171.
463 Cass. soc, 20 février1996, *CSBP* 1996, n° 80 A.28, note A. Philibert.
464 *Cf.* article 1165 du Code civil français.
465 Article 77 de loi n° 87-31 ANRM du 31 août 1987 fixant le régime général des obligations au Mali.

dispositions dans une convention, donc produit une force obligatoire à leur égard. Des actions judiciaires pourraient découler de la non application en vertu du précité de droit nous venons dénoncer[466].

339. Au regard des développements que nous venons de faire sur la nature et la validité des accords conclus entre représentants des travailleurs et ceux des employeurs, l'ordre public doit être respecté. Aucune disposition des accords collectifs ou des conventions collectives et accords atypiques ne doivent contenir des dispositions contraires à l'ordre public, en plus du fait qu'ils doivent être signés par les personnes habilitées. De ce seul fait, les dispositions des articles 1134 du Code civil français et 77 du Code des obligations du Mali s'appliqueront, qu'il s'agisse de l'ordre public absolu ou de l'ordre public social.

340. Le texte de l'accord doit être écrit pour des questions de sécurité juridique. Ces accords sont aussi soumis à des conditions de publicité examinées plus haut. Les formalités de publicité adaptées à leur statut juridique sont obligatoirement observées au niveau de l'entreprise et s'effectuent, en principe, selon les modalités définies au niveau de la branche ou de la profession[467].

SECTION II - La contribution d'autres représentations du personnel

341. La représentation du personnel dans l'entreprise ne se limite pas aux organisations syndicales. En effet, la loi prévoit en plus des délégués syndicaux, l'existence de représentants élus, chargés comme les représentants syndicaux de promouvoir et de défendre les intérêts des salariés. Ce sont les délégués du personnel et les membres travailleurs du Comité d'hygiène et de sécurité. Ces représentants élus jouent un rôle important dans la promotion du dialogue social, voire de la négociation collective dans l'entreprise. Ainsi, nous allons examiner les fonctions de délégués du personnel **(§1)** et l'apport spécifique du Comité d'hygiène et de sécurité au dialogue social **(§ 2).**

---

[466] Aux termes de l'article L.89 : « *Les personnes liées par une convention collective ou un accord d'établissement peuvent intenter une action en dommages-intérêts aux autres personnes ou aux groupements liés par la convention qui violeraient à leur égard les engagements contractés* ». et l'article L 90 du même code du travail malien ajoute : « *Lorsqu'une action née de la convention collective ou de l'accord d'établissement est intentée soit par une personne, soit par un groupement capable d'ester en justice dont les membres sont liés par la convention ou l'accord, peut toujours intervenir à l'instance engagée à raison de l'intérêt collectif que la solution du litige peut présenter pour ses membres* ».

[467] Article L 2262-5 du Code du travail français.

§ 1 - Les fonctions des délégués du personnel

342. Les délégués du personnel jouent un rôle capital dans la vie de l'entreprise, dès lors que souvent plus proches des travailleurs et du chef d'entreprise pour débattre des problèmes liés au travail dans l'entreprise. La convention n° 135 du 23 juin 1971 de l'OIT[468], ratifiée par la République du Mali, stipule que des facilités doivent être accordées dans l'entreprise aux représentants des travailleurs, de manière à leur permettre de remplir rapidement et efficacement leurs fonctions en tenant compte notamment des besoins, de l'importance et possibilités de l'entreprise intéressée. Les délégués du personnel ont dans l'entreprise une mission d'information et de consultation **(A)** et, à titre subsidiaire, de négociation **(B).**

A. Une mission déterminante d'information et de consultation

343. Il convient en premier lieu de rappeler les nombreuses missions des délégués du personnel **(1),** avant de se pencher sur les conditions de fonctionnement de cette institution représentative **(2).**

1. Les missions des délégués

344. Au regard de la législation malienne du travail, les délégués du personnel jouent un rôle important dans la vie de l'entreprise. Nous allons plus particulièrement nous intéresser à leur mission d'information et de consultation dans le cadre du dialogue social au sein de l'entreprise.

345. En nous référant à certaines dispositions de notre Code du travail[469] les délégués jouent des missions importantes telles que la présentation à l'employeur des réclamations individuelles et collectives sur les conditions condition de travail et la protection des travailleurs[470]. Cela dénote de l'importance non négligeable des délégués du personnel pour assurer une cohésion sociale dans l'entreprise.

346. Si l'on se réfère à l'article L.278 du Code du travail, les délégués du personnel sont compétents pour « *Présenter à l'employeur toutes les réclamations individuelles ou collectives concernant les conditions de travail et la protection des travailleurs (salaires et accessoires, durée du travail,*

---

[468] Convention n° 135 sur la protection des représentants des travailleurs du 23 juin 1971 a été ratifiée par le Mali et ces dispositions sont reproduites dans le Code du travail du Mali.

[469] Article L278 du Code du travail du Mali

[470] *Cf.* Article L265 qui stipule que « *lorsque plusieurs établissements sont situés dans une même localité ou dans un rayon de vingt kilomètres et ne comportent pas séparément le nombre minimum de travailleurs, les effectifs de ces établissements sont regroupés en vue de la constitution d'un collège électoral* ».

congés, repos etc.), l'application des conventions collectives, des classifications professionnelles et des taux des salaires réglementaires ». Ils peuvent également *« saisir l'inspecteur du Travail de toutes plaintes ou réclamations concernant l'application des prescriptions légales et réglementaires dont elle est chargée d'assurer le contrôle »* et veillent *« à l'application des prescriptions relatives à l'hygiène et à la sécurité des travailleurs et à la prévoyance sociale et proposer toutes mesures utiles à ce sujet ». Enfin, ils peuvent « communiquer à l'employeur toutes suggestions utiles tendant à améliorer l'organisation et le rendement de l'entreprise »*.

347. Ces mêmes dispositions relatives à la mission des délégués du personnel sont reprises dans le projet d'acte uniforme de l'OHADA relative au droit du travail[471] sur les missions des délégués du personnel comme suit : « *les délégués du personnel ont pour attributions : - de présenter à l'employeur toutes les réclamations individuelles ou collectives relatives aux salaires, à l'application des dispositions légales, réglementaires et conventionnelles concernant les conditions de travail et de protection sociale qui n'auraient pas été directement satisfaites ; - de saisir l'Inspecteur du Travail de toute plainte ou réclamation relative à l'application des prescriptions légales, réglementaires ou conventionnelles ; - de communiquer à l'employeur toutes suggestions et observations du personnel tendant à l'amélioration de l'organisation et du rendement de l'entreprise ; - de faire part à l'employeur de leurs avis et observations sur les mesures de licenciement pour motifs économiques envisagées ; - de donner leur avis sur tout projet d'acte de l'employeur instaurant des règles générales et permanentes s'imposant au personnel ;- d'accompagner l'Inspecteur du Travail, si celui-ci le désire, au cours de ses visites dans l'entreprise ;- de négocier des accords collectifs en l'absence de représentants de syndicats. S'il n'existe pas de Comité de Santé et de Sécurité au Travail, les délégués du personnel exercent les missions attribuées à ce Comité* ».

348. A la différence des législations nationales de certains pays membres de l'OHADA, particulièrement ceux de l'Afrique de l'Ouest, le projet d'acte uniforme sur le droit du travail donne plus de missions aux délégués du personnel, notamment la possibilité pour eux de remplacer les délégués syndicaux dans le cas où l'entreprise n'en disposerait pas et, éventuellement, « des comités de santé et de sécurité au travail »[472].

349. En France, le rôle principal des délégués est de présenter à l'employeur les réclamations individuelles et collectives relatives « aux salaires, à l'application du code du travail et des autres lois et règlements concernant la

---

[471] Article 178 du projet d'acte uniforme de l'OHADA sur le droit du travail.

[472] *Cf. infra* les missions subsidiaires des délégués du personnel.

protection sociale, l'hygiène et la sécurité des travailleurs, ainsi que des conventions et accords collectifs de travail applicables dans l'entreprise »[473]. Dans les entreprises dotées de délégués syndicaux, les délégués du personnel peuvent entrer en concurrence avec ceux-ci. La jurisprudence s'est attachée à distinguer leurs missions respectives, elle décide dans un arrêt du 24 mai 1973[474], que « les délégués du personnel, s'ils demeurent compétents pour présenter à l'employeur les réclamations relatives à l'application des taux des salaires, n'ont plus la qualité pour lui demander des modifications de ces mêmes taux ». Ainsi, est née la distinction entre la réclamation (demander l'application du droit positif) et la revendication (demander le changement du droit), mais il ne faut pas exagérer la portée de cette décision car elle est rarement suivie dans la pratique. En l'absence de délégué syndical, elle ne fait d'ailleurs, jamais obstacle à ce que le délégué du personnel présente les revendications du personnel syndiqué ou non. La Chambre criminelle de la Cour de cassation française a complété sa position par un arrêt du 26 juin 1993[475] en décidant que « que l'article L422-1 du Code du travail ne limite pas dans le domaine des salaires, la mission des délégués du personnel aux seules réclamations ayant pour but l'application des règles de droit ». Elle ajoute toutefois que dans les entreprises où sont implantés des syndicats représentatifs, l'employeur « est fondé, en présence de revendications des délégués du personnel portant sur l'augmentation de salaire et la réduction du temps de travail, à répondre qu'elles relèvent de la négociation avec lesdites organisations ».

350. Il faut noter qu'avant la création du Comité social et économique (CSE)[476] par l'ordonnance n° 2017-1386 du 22 septembre 2017, une entreprise pouvait, en fonction de son effectif, accueillir une pluralité d'institutions représentatives du personnel. A « une représentation syndicale, pouvait ainsi s'ajouter une représentation élue, constituée de délégués du personnel, d'un comité d'entreprise et d'un CHSCT. Cette pluralité ne rimait pas avec confusion, dans la mesure où chacune de ces institutions était dotée de prérogatives propres et spécifiques. Cela offrait la garantie d'une spécialisation et d'une complémentarité dans l'exercice des missions légalement dévolues,

---

[473] Petit F, Droit des relations collectives du travail, syndicats et droit syndical, *op. cit.*, p. 100 ; Voir également l'article L. 2313-1 du Code du travail français.

[474] Cass. crim, 24 mai 1973, *JCP G.* 1974, II, 17651, obs. N. Catala.

[475] Cass. crim, 26 janvier 1993, *Dr. soc.* 1993, p. 751, note J. Savatier.

[476] L'institution sera progressive, le législateur ayant pris soin de ménager une période de transition. Les représentants des syndicats dans l'entreprise ont donc été laissés en marge de la fusion, la reforme autorise la norme conventionnelle à conférer au CSE, qui prend alors le nom de conseil d'entreprise, le pouvoir de négocier et conclure les conventions et accords collectifs de travail (article 9 de la loi n°2017-1386 du 22 septembre 2017). La mise en place du CSE se fera à partir de onze salariés.

gages d'efficacité pour la défense des intérêts des salariés »[477]. Avec la réforme de 2017, la fusion des institutions représentatives du personnel est devenue une obligation. En lieu et place des délégués du personnel, du comité d'entreprise et du CHSCT, doit être institué un « Comité social et économique ». Une phase transitoire est prévue pour sa mise en place dans les entreprises déjà pourvues de représentants du personnel à la date de l'entrée en vigueur[478] de la loi n° 2017-1386. Il faut noter que « l'instance nouvelle est mise en place au terme du mandat de ces représentants et, au plus tard le 31 décembre 2019, mais cette échéance peut être anticipée »[479].

351. Au Mali, on relève une confusion terrible entre la réalité du droit et la pratique. Sans que cela ne soit indiqué dans le Code du travail, les délégués en plus de leur mission de consultation, notamment sur le règlement intérieur[480], sont amenés à jouer le rôle des syndicats dans beaucoup d'entreprises dépourvues de comités syndicaux. Il n'est pas rare de constater dans beaucoup d'entreprises que, combien l'employeur est plus favorable à l'élection de délégués du personnel qu'à la mise en place d'un comité syndical. Cette pratique trouve sa source dans la méconnaissance du rôle distinct des deux institutions, mais également dans l'image « d'empêcheurs de tourner en rond » dont bénéficient les syndicats dans l'opinion publique, c'est-à-dire des d'éléments qui sont là uniquement pour empêcher l'entreprise de fonctionner correctement.

352. En France, en attendant la mise en œuvre effective de la loi n° 2017-1386, une telle confusion n'existe pas dans la mesure où la présentation à l'employeur des réclamations obéit à un certain nombre de règles : « il n'est plus nécessaire que les demandes aient été préalablement présentées sans succès au représentant de l'employeur compétent pour prendre la décision ; désormais, les délégués du personnel peuvent présenter directement leurs demandes au chef d'entreprise ou au chef d'établissement ; celui-ci doit répondre lui-même, sans avoir la possibilité de renvoyer la question à un chef de service ou d'atelier. Les demandes sont habituellement présentées au cours d'une réunion avec les délégués, qui doit être tenue chaque mois »[481], les

---

[477] Auzero G., Baugard D., Dockès E, *Droit du travail*, précis Dalloz, 32ème édition, 2019, p. 1311.
[478] *Idem.*
[479] *Ibidem*, p.1312.
[480] Article L.65 du Code du travail qui stipule que *« Le chef d'entreprise doit communiquer le projet de règlement intérieur aux délégués du personnel, s'il en existe. Cette communication s'effectue sous forme de remise aux délégués du personnel d'une copie du projet de règlement intérieur par tout procédé permettant de certifier la communication et de lui donner date certaine. Dans les quinze jours qui suivent la date de la réception de la copie du projet de règlement intérieur, les délégués du personnel adressent, par écrit, leurs observations au chef d'entreprise. L'absence de réponse dans le délai prescrit vaut acquiescement ».*
[481] Article L. 2315-8 du Code du travail français.

délégués titulaires peuvent être accompagnés de suppléants. Les demandes doivent être présentées par écrit deux jours au moins avant la date de la réunion. En dehors de cette réunion mensuelle obligatoire, les délégués peuvent demander à être reçus, soit individuellement, soit par catégorie, soit par atelier, service ou spécialité professionnelle[482] et il existe même une possibilité pour eux d'être reçu par le conseil d'administration[483].

353. Au-delà des missions d'information, les délégués ont une mission consultative, dans la mesure ou l'employeur doit recueillir leur avis dans divers hypothèses prévues par la loi, notamment sur les propositions de reclassement d'un salarié à la suite d'un accident de travail ou d'une maladie professionnelle inapte à reprendre son emploi. Ils sont également consultés sur toutes questions touchant la vie de l'entreprise, cela est identique selon que l'on se réfère au droit français ou malien.

354. En droit malien, les délégués sont obligatoirement consultés pour tout licenciement économique individuel ou collectif de salariés pour motif économique. Ainsi aux termes de l'article L.47 du Code du travail malien : « *Pour tenter d'éviter un licenciement pour motif économique, l'employeur, qui envisage un tel licenciement, doit réunir les délégués du personnel et rechercher avec eux toutes les autres possibilités telles que la réduction des heures de travail, le travail par roulement, le chômage partiel. Le procès-verbal de cette réunion, dûment signé par les deux parties, doit être immédiatement communiqué par l'employeur à l'inspecteur du Travail lequel dispose d'un délai de quinze jours, à dater de cette communication, pour exercer, éventuellement, ses bons offices* ».

355. En plus de cette consultation dans le cadre du licenciement économique, lorsque les mesures envisagées à l'article L48, ne permettent pas d'éviter les licenciements envisagés, il est prévu une information obligatoire des délégués : « *L'employeur doit communiquer, par écrit, aux délégués du personnel, s'il en existe, la liste des travailleurs qu'il se propose de licencier en précisant les critères qu'il a retenus. Il convoque, dans les huit jours de la communication de cette liste, les délégués du personnel pour recueillir leurs suggestions, lesquelles sont consignées dans le procès -verbal de la réunion. Si l'employeur envisage de licencier pour motif économique un délégué du personnel, il devra respecter la procédure spécifique à ces travailleurs* »[484]. Cette même possibilité est donnée aux délégués du personnel par le projet d'acte uniforme relatif au droit du travail en cas de licenciement pour motif économique.

---

[482] *Idem.*
[483] Article L. 2315-9 du Code du travail français.
[484] Article L 48 alinéa 2 et 3 du Code du travail.

356. En matière de négociation collective, le rôle des délégués est moindre ou même marginal, même si le projet d'acte uniforme relatif au droit du travail y fait allusion à son article 178. Le Code du travail malien n'y fait pas allusion quand bien dans la pratique de tous les jours dans les entreprises, les délégués tiennent un rôle souvent en présence[485] ou en l'absence des délégués syndicaux. Il est donc utile de confirmer que la pratique dans les entreprises n'est pas toujours conforme au droit positif. Il faut rappeler que notre Code du travail ne prévoit pas la possibilité pour les délégués du personnel de négocier des accords collectifs ; en l'absence des comités syndicaux dans l'entreprise, ils peuvent signer un accord d'établissement mais pas une convention collective.

357. En France, dans le cadre de la négociation collective, « reprenant une expérience lancée par l'accord interprofessionnel du 31 octobre 1995, reprise par la loi du 12 novembre 1996, puis consolidée par la loi du 19 janvier 2000 (dans le seul domaine de la négociation de la réduction du temps de travail), la loi du 4 mai 2004 a ouvert dans certaines conditions la négociation collective aux élus, notamment aux délégués du personnel. Aux termes de l'article L.132-26 du Code du travail, il est possible dans les entreprises dépourvues de délégués syndicaux ou de délégués du personnel faisant fonction de délégué syndical dans les entreprises de moins de 50 salariés, de prévoir par convention de branche ou accord professionnels étendus »[486], la négociation de conventions ou d'accords collectifs d'entreprises avec les « représentants élus au comité d'entreprise ou, à défaut les délégués du personnel ». Il convient de rappeler que les élus ne disposent pas en principe du pouvoir de conclure des accords collectifs, ce mode de négociation reste exceptionnel et subsidiaire. Les accords conclus dans de telles conditions n'acquièrent la qualité d'accords collectifs qu'après leur approbation par une commission paritaire nationale de branche. A défaut d'une telle approbation, ils sont considérés comme non-écrits. Pour mener à bien toutes ces missions et attributions, les délégués du personnel ont besoin de moyens d'action.

2. Fonctionnement et moyens d'action de l'institution

358. Pour exercer leur mission, les délégués du personnel peuvent quitter leur poste de travail sans autorisation, circuler dans et en dehors de l'entreprise et prendre contact avec les salariés à tout moment, « sous réserve de ne pas apporter de gêne importante à l'accomplissement du travail »[487]. Ainsi,

---

[485] Cette pratique de faire jouer par les délégués tous les rôles des comités syndicaux relève d'une confusion des missions confiées par la loi à ces institutions au sein de l'entreprise. Il est dû souvent au fait que l'employeur confond les rôles mais aussi du fait de la méprise dont il témoigne à l'égard des syndicats de façon générale.

[486] Petit F, Droit des relations collectives du travail, syndicats et droit syndical, *op. cit.*, p. 103.

[487] Article L 2315-5 du Code du travail français.

conformément aux articles L271 et 273 du Code du travail du Mali[488] et à la recommandation n° 143 de l'OIT concernant les représentants des travailleurs de 1971, des facilités sont accordées aux délégués du personnel. Ils ont un temps libre d'une durée qui ne peut pas excéder 15 heures par mois, sauf circonstances exceptionnelles, qui leur est accordé par le chef d'entreprise, sans perte de salaire ni de prestation et des avantages sociaux, afin d'assister à des réunions, des cours de formation, séminaire, etc. Ils sont reçus collectivement une fois par mois par le chef d'entreprise ou son représentant, en cas d'urgence ils sont reçus sur leur demande. Les modalités de réception des délégués du personnel sont fixées par arrêté du ministre du Travail au sens du Code du travail du Mali. Ils ont également accès à tous les lieux de travail et sans retard injustifié, à la direction de l'entreprise et auprès des représentants de la direction autorisés à prendre des décisions lorsque cet accès est nécessaire pour le bon exercice de leurs fonctions. Enfin, les délégués du personnel sont, d'une certaine façon, les correspondants privilégiés de l'inspecteur du Travail, nonobstant le fait que ce dernier doit, par ailleurs, se faire accompagner dans ses visites par le délégué compétent, si ce dernier le désire[489].

359. Hormis les moyens d'action rappelés ci-dessus, les délégués peuvent procéder à des affichages d'informations à destination des travailleurs dans l'entreprise. L'article de L.273 du Code du travail précise ainsi que : « *Les délégués du personnel peuvent faire afficher à l'exclusion de tout document de quelque sorte que ce soit, les renseignements qu'ils ont pour rôle de porter à la connaissance du personnel dans le cadre de leur mission, l'affichage doit être effectivement assuré aux portes d'entrée des lieux de travail et également sur des emplacements obligatoirement prévus et destinés aux communications syndicales. Les entreprises doivent choisir ces emplacements dans un endroit apparent et de préférence sur les lieux de passage du personnel* ». De plus, le chef d'établissement est tenu de mettre à la disposition des délégués du personnel le local et le mobilier nécessaires pour leur permettre de remplir leur mission et notamment de se réunir. Ce sont autant de moyens et de garanties offerts par la loi pour leur permettre d'exercer leur mission. Ces mêmes garanties sont reprises dans le projet d'acte uniforme de l'OHADA relatif au droit du travail[490] et couvre tous les aspects que les législations nationales

---

[488] Article L.271 du Code du travail malien stipule que : « Le chef d'établissement est tenu de laisser aux délégués du personnel, dans les limites d'une durée qui, sauf circonstances exceptionnelles ne peut excéder 15 heures par mois, le temps nécessaire à l'exercice de leurs fonctions (…) ».

[489] *Cf.* article L.296 al. d. du Code du travail.

[490] Articles 172 à 174 du projet d'acte uniforme de l'OHADA relatif au droit du travail : « *Le délégué du personnel titulaire, pour l'exercice de ses fonctions, bénéficie d'un crédit d'heures qui ne peut être inférieur à quinze heures par mois. Ce temps est considéré comme temps de travail effectif et rémunéré comme tel. Le temps non utilisé ne peut être reporté sur le mois*

n'ont pas traité[491]. Les délégués du personnel bénéficient également de protection en matière de licenciement. Ils sont protégés par le Code du travail contre tout le licenciement fondé sur leur qualité ou activité de représentant du personnel, et les actes de discrimination[492].

360. Il convient de souligner que malgré les garanties offertes par la loi aux délégués, la pratique est tout autre ; il n'est pas rare de constater que certains employeurs refusent de recevoir les délégués à leur demande, *a fortiori* de tenir les réunions mensuelles telles que prescrites par le Code du travail. Ces situations sont sources de beaucoup de conflits au sein des entreprises. Le mandat d'un an étant très court des délégués est souvent source de conflit, et dans le cadre de la relecture du Code du travail en 2017, le Gouvernement et les partenaires sociaux ont convenu de porter le mandat à trois ans[493]. L'inspection du Travail est très souvent saisie de contestations de délégués arguant qu'ils ne sont pas reçus par leur employeur bien que la loi le prévoie. Le risque que nous avons relevé est que ces refus sont souvent récupérés par le comité syndical et aboutit souvent à des dépôts de préavis de grève comme étant le résultat de la manifestation de la mauvaise foi de l'employeur.

361. Il faut noter que les pratiques diffèrent selon les législations ou le droit positif en vigueur. En France, par exemple, les délégués du personnel peuvent prendre « tous contacts nécessaires à l'accomplissement de leur mission, notamment auprès d'un salarié à son poste de travail, sous réserve de ne pas

---

suivant ni faire l'objet d'une quelconque indemnité. Les heures utilisées pour participer à des réunions qui ont lieu à l'initiative de l'employeur ne sont pas imputables sur le crédit d'heures du délégué du personnel ». Article 173 : « *Les délégués sont reçus collectivement par le chef d'établissement ou son représentant au moins une (1) fois par mois. Ils peuvent, sur leur demande, se faire assister par un représentant de l'organisation syndicale à laquelle ils sont affiliés. Ils sont en outre reçus, en cas d'urgence, sur leur demande. Le temps passé par les délégués du personnel pour assister aux réunions prévues au présent article est considéré comme temps de travail effectif et rémunéré comme tel* ». Article 174 : « Sauf circonstances exceptionnelles, les délégués du personnel remettent au chef d'établissement au moins trois (3) jours ouvrables avant la date où ils doivent être reçus, une note écrite exposant l'objet des demandes présentées. L'employeur répond par écrit à ces demandes au plus tard dans les six (6) jours ouvrables suivant la réunion. Les demandes des délégués et les réponses motivées de l'employeur sont, soit transcrites sur un registre spécial, soit annexées à ce registre. Ce registre ainsi que les documents qui y sont annexés doivent être tenus, pendant un (1) jour ouvrable par quinzaine et en dehors de leur temps de travail, à la disposition des travailleurs de l'établissement qui désirent en prendre connaissance. Le registre est également tenu à la disposition des délégués du personnel ».

491 Le projet d'acte uniforme de l'OHADA dans sa conception globale intervient pur renforcer ou comblés les vides juridiques laissés par les législations nationales.

492 *Cf.* article L.257 du Code du travail.

493 L'article L 265 nouveau du Code du travail a porté le mandat des délégués du personnel à trois ans « *Des délégués du personnel sont élus dans chaque établissement comprenant plus de dix travailleurs. La durée de leur mandat est de trois ans* (…) ».

apporter de gêne importante à l'accomplissement du travail des salariés »[494]. Cependant, dans un arrêt rendu en 1979, la Chambre criminelle de la Cour de cassation française a considéré que « subordonner le déplacement des délégués à une autorisation constitue une entrave »[495]. On pourrait également souligner que, dans le cadre du droit d'affichage des délégués pour les communications destinées au personnel et sur les emplacements réservés à cet effet, ils ne sont pas obligés, à la différence des délégués syndicaux, de communiquer à l'employeur le texte des documents qu'ils affichent. L'employeur ne peut retirer ou faire retirer les communications qu'il estime irrégulières, dès lors qu'elles sont affichées sur les panneaux réservés à cet effet, ou sur les portes d'entrée des lieux de travail de travail[496]. L'employeur peut seulement saisir le juge de référés (TGI), qui ordonnera éventuellement, le retrait de la communication, si elle n'est pas conforme à l'objet précisé par loi : communication à caractère politique, à caractère injurieux à l'égard de certains membres du personnel (…) ».

362. On note par ailleurs que le droit de distribuer des tracts n'est pas expressément reconnu aux délégués du personnel. Si la diffusion de document informant le personnel des réponses de la direction aux réclamations présentées par eux devrait être déclarée licite, la diffusion de tracts syndicaux par des délégués du personnel pendant leur temps de travail est, à cout sur irrégulière. Si le délégué du personnel doit pouvoir rencontrer le plus facilement possible le chef d'entreprise, il doit aussi pouvoir communiquer en toute indépendance avec le personnel et l'informer : ainsi de l'affichage, de la tenue du registre du délégué, d'un local commun sans seuil minimum. Cependant, il convient de tenir compte des nouvelles technologies de l'information et de la communication à l'intérieur de l'entreprise[497]. Ces anciennes attributions seront exercées par le CSE en fonction d'un seuil définit par la loi n° 2017-1386. Ainsi, le CSE voit « ses prérogatives accroitre avec l'effectif de l'entreprise. Tandis que dans les entreprises et établissements de moins de cinquante salariés, il existe les attributions autrefois dévolues aux délégués du personnel, il recueille, dans les entreprises et établissements d'au moins cinquante salariés, les prérogatives qui étaient antérieurement exercées par les délégués du personnel, le comité d'entreprise et le CHSCT »[498].

363. La liberté de déplacement dans l'entreprise est essentielle pour l'exercice de la mission. Le délégué peut en user, que ce soit ou non sur son temps de travail. Il peut se faire assister d'un représentant d'une organisation syndicale

---

[494] *Cf.* article 2315-5 du Code du travail français.
[495] Cass. crim, 27 juin 1979, Jurisp, UIMM 1979, n° 402.
[496] Cass. crim. 8 mai, D. 1968, note J-M. Verdier.
[497] Mazeaud A., *Droit du travail*, Précis Domat droit privé, 10ème éd., 2016, LGDJ, p. 153.
[498] Auzero G., Baugard D., Dockès E, *Droit du travail*, précis Dalloz, 32ème édition, 2019, p.1313.

lors des réunions avec le chef d'entreprise ou d'établissement ; rien ne s'oppose à ce que cet « assistant » soit un permanent syndical extérieur à l'entreprise.

364. Au Mali, la notion de « permanent syndical » n'est pas utilisée dans notre droit en tant que tel ; le recours à un représentant de la section nationale de branche pour accompagner le travailleur n'est toutefois pas interdit. Aujourd'hui, les technologies de l'information et de la communication (TIC) sont devenues un véritable outil de communication et les délégués syndicaux ou du personnel les utilisent pour faciliter les communications avec le personnel. Cette pratique est très usitée dans les entreprisses minières au Mali.

365. Si certaines activités de l'entreprise sont cachées aux délégués du personnel ceux-ci peuvent quitter l'établissement ou l'entreprise pour exercer leurs fonctions sans avoir, à demander l'autorisation, quitte à demander « un bon de délégation ». En particulier, ils peuvent se rendre à l'inspection du Travail pour informer l'inspecteur du Travail des irrégularités qui seraient commises et solliciter son intervention[499].

366. Au Mali, et de façon générale dans les codes du travail des pays d'Afrique subsaharienne et dans le projet d'acte uniforme de l'OHADA sur le droit du travail, la possibilité est offerte aux délégués du personnel d'assister le travailleur ou de saisir l'inspecteur du Travail des irrégularités qu'ils auraient constatés dans l'entreprise, si l'information de l'employeur au préalable n'a pas permis de corriger lesdites irrégularités[500]. Ainsi, les délégués du personnel, d'une manière générale, sont perçus comme les yeux et les oreilles de l'inspecteur du Travail ; collégialement ils contribuent à rehausser le niveau des discussions. Mais, dans la pratique au Mali, ce rôle n'est qu'imparfaitement joué. Il est clair aujourd'hui que la pratique ne colle pas avec les missions. Ce qui est paradoxal c'est que la majorité des entreprises ayant les effectifs requis pour élire des délégués, n'en ont pas. La plupart du temps, le renouvellement des mandats est rare. Certains délégués élus font deux voire trois mandats sans qu'interviennent des élections. Ceci étant dit, or, leurs attributions principales d'information, de communication et de consultation, les délégués du personnel peuvent tenir un rôle subsidiaire dans la négociation collective.

---

[499] Article L 23-13-1 du Code du travail, au cours des visites l'inspecteur doit se faire accompagner le délégué compétent, si celui-ci le désire.

[500] Article L.278 du Code du travail stipule que : « *Les délégués du personnel ont pour mission : de saisir l'inspecteur du travail de toutes plaintes ou réclamations concernant l'application des prescriptions légales et réglementaires dont elle est chargée d'assurer le contrôle (...)* ».

B. Une place subsidiaire dans la négociation collective

367. La pluralité d'institutions représentatives du personnel est d'autant moins justifiée et plus difficile à mettre en œuvre que l'entreprise est petite ; la tendance est alors de confier aux délégués du personnel les fonctions exercées ailleurs par d'autres institutions. Cette « mission de suppléance s'exerce de plein droit », notamment en matière de négociation collective. Elle permet de combler les vides juridiques laissés çà et là par la législation, au profit des salariés qui n'ont pas d'autre porte-parole dans l'entreprise. Ce rôle est aujourd'hui dévolu au CSE en France après la réforme de 2017[501]. Nous examinerons successivement le rôle limité du délégué dans la négociation collective **(1),** puis sa fonction de suppléance du comité syndical et du CHS **(2).**

1. Le rôle limité dans la négociation collective.

368. Contrairement aux représentants syndicaux, le délégué du personnel occupe une place subsidiaire dans la négociation collective. Il n'en est pas un acteur essentiel, sauf situations d'absence du délégué syndical. Le rôle du délégué du personnel se limite au Mali à la négociation du règlement intérieur et à la consultation en cas de licenciement pour motif économique.

369. Dans le cadre de la procédure de licenciement pour motif économique définie par le Code du travail, le législateur a fait intervenir le délégué du personnel dans la procédure sous la forme d'une consultation préalable obligatoire, pour permettre de trouver des solutions ou palliatifs aux licenciements ainsi envisagés par l'employeur. Pour tenter d'éviter un licenciement pour motif économique, l'employeur, qui envisage un tel licenciement, « doit réunir les délégués du personnel et rechercher avec eux toutes les autres possibilités telles que la réduction des heures de travail, le travail par roulement, le chômage partiel »[502]. Le procès-verbal de cette réunion, dûment signé par les deux parties, doit être immédiatement communiqué par l'employeur à l'inspecteur du Travail lequel dispose d'un délai de quinze jours, à dater de cette communication, pour exercer, éventuellement, ses bons offices. Ainsi, les délégués du personnel interviennent dans la procédure pour garantir les intérêts des salariés et s'assurer que leurs droits ont été respectés par l'employeur dans cette phase cruciale de la vie de l'entreprise.

---

[501] Auzero G., Baugard D., Dockès E, Droit du travail, Précis Dalloz, 32ème éd., 2019, p.1313.

[502] Article L47 du Code du travail. Cet article a fait l'objet de modifications mais la consultation des délégués du personnel en cas de licenciement pour motif économique a toujours été maintenue dans ces deux phases de consultation préalable à toute décision de l'employeur.

370. Le Code du travail du Mali prévoit une seconde consultation des délégués du personnel dans la procédure de licenciement économique comme suit : « *Si après l'échéance de ce délai de quinze jours, certains licenciements pour motif économique étaient nécessaires, ceux-ci sont soumis aux règles suivantes : 1) L'employeur établit l'ordre des licenciements. Cet ordre tient compte, en premier lieu, des travailleurs présentant des aptitudes professionnelles moindres pour les emplois maintenus. En cas d'égalité d'aptitude professionnelle les travailleurs les plus anciens seront, conservés. L'ancienneté dans l'entreprise est majorée, pour établir cet ordre des licenciements, d'un an pour le travailleur marié et d'un an pour chaque enfant à charge au sens de la législation sur les prestations familiales, 2) L'employeur doit communiquer, par écrit, aux délégués du personnel, s'il en existe, la liste des travailleurs qu'il se propose de licencier en précisant les critères qu'il a retenus. Il convoque, dans les huit jours de la communication de cette liste, les délégués du personnel pour recueillir leurs suggestions, lesquelles sont consignées dans le procès-verbal de la réunion, 3) Si l'employeur envisage de licencier pour motif économique un délégué du personnel, il devra respecter la procédure spécifique à ces travailleurs, 4) Pour les autres travailleurs l'employeur peut, après la réunion des délégués du personnel visée a l'alinéa 2, procéder au licenciement. Dans tous les cas la liste des travailleurs licenciés et le procès-verbal de la réunion susvisée sont immédiatement communiqués à l'inspecteur du Travail pour information, 5) Le travailleur licencié bénéficie, en dehors du préavis et de l'éventuelle indemnité de licenciement, d'une indemnité spéciale, non imposable, payée par l'employeur et égale à un mois de son salaire brut. Il bénéficie également, dans son ancienne entreprise et pendant deux ans, d'une priorité d'embauche dans la même catégorie. 6) En cas de litige, la charge de la preuve du motif économique et du respect de l'ordre des licenciements incombe à l'employeur* »[503].

371. Dans cette phase de dialogue social permanent caractérisé par un va-et-vient, les délégués du personnel jouent un rôle extrêmement important. Au-delà de la consultation obligatoire des délégués du personnel dans la procédure de licenciement pour motif économique, le législateur ouvre-t-il une seconde possibilité de consultation ? L'expression, *« s'il en existe »* renvoie à un autre représentant qui est surement le délégué syndical en cas d'absence du délégué du personnel.

372. En plus de la consultation en matière de licenciement pour motif économique, le législateur malien fait intervenir les délégués du personnel

[503] Article L.48 du Code du travail du Mali. Cet article a été modifié par la loi n° 2017-021 du 12 juin 2017.

dans la négociation collective au sein de l'entreprise notamment en ce qui concerne l'élaboration du règlement intérieur. Cette procédure de consultation se déroule également au sein de l'entreprise où le délégué du personnel est consulté par écrit comme dans le cas du licenciement pour motif économique. Ainsi, aux termes du Code du travail : « *Le chef d'entreprise doit communiquer le projet de règlement intérieur aux délégués du personnel, s'il en existe. Cette communication s'effectue sous forme de remise aux délégués du personnel d'une copie du projet de règlement intérieur par tout procédé permettant de certifier la communication et de lui donner date certaine. Dans les quinze jours qui suivent la date de la réception de la copie du projet de règlement intérieur, les délégués du personnel adressent, par écrit, leurs observations au chef d'entreprise. L'absence de réponse dans le délai prescrit vaut acquiescement* »[504].

373. Le législateur a voulu instituer cette consultation obligatoire des délégués dans le cadre de l'élaboration du règlement intérieur parce que le document en lui-même contient des dispositions relatives à la discipline au sein l'entreprise et les sanctions qui pourraient être infligées aux salariés fautifs ou qui auront violé celui-ci. L'article L. 65 précité laisse une possibilité de suppléance que nous allons examiner ci-dessous, en cas d'absence des délégués du personnel dans l'entreprise par l'expression « *s'il en existe* ». Il ressort, toujours dans le cadre de la procédure d'élaboration du règlement intérieur, que les délégués du personnel sont informés une seconde fois par l'employeur dans la mesure où ce dernier doit communiquer aux délégués une copie du règlement intérieur avec les observations qu'il a envoyées à l'inspecteur du Travail du ressort[505]. La procédure de consultation des délégués est parachevée par la communication aux délégués du personnel de la copie du règlement visé par l'inspecteur du Travail. Le délégué joue ainsi pleinement son rôle dans la négociation collective au sein de l'entreprise. En plus, le délégué du personnel est souvent consulté lors de la procédure de validation du règlement intérieur au niveau de l'entreprise.

374. Au terme de l'article L.46 du Code du travail : « *Le règlement intérieur, après visa, est communiqué aux délégués du personnel qui en portent la teneur à la connaissance des travailleurs de l'entreprise. Il est affiché dans les*

---

[504] Article L.65 du Code du travail malien.

[505] Article L.66 du Code du travail malien stipule que : « *A l'expiration du délai prévu à l'article L.65, le chef d'entreprise doit adresser à l'inspecteur du travail du ressort :- le projet de règlement intérieur établi en double exemplaire, avec mention qu'une copie en a été remise aux délégués du personnel et l'indication de la date de réception de cette copie par les délégués du personnel, - l'original, dûment signé par les délégués du personnel, des observations qu'ils ont présentées et une copie des dites observations, certifiée conforme par l'employeur, - un exposé, en double exemplaire, des considérations qui ont pu motiver le rejet par l'employeur de tout ou partie de ces observations* (…) ».

locaux d'embauche et les lieux de travail, à une place convenable, aisément accessible. Il doit être tenu constamment en bon état de lisibilité ». Cette réalité du droit du travail malien est partagée par tous les codes du travail des pays d'Afrique occidentale. Nous retrouvons les mêmes dispositions relatives à la consultation des délégués du personnel en matière de licenciement pour motifs économiques et dans le projet d'acte uniforme de l'OHADA relatif au droit du travail mais l'acte uniforme est plus précis s'agissant de la suppléance du délégué qui est supposé dans le notre Code du travail[506].

375. Ce rôle confié au délégué du personnel est-il effectif ? Nous pouvons affirmer que dans les entreprises structurées, le délégué du personnel joue pleinement son rôle dans la négociation des règlements intérieurs et est constamment consulté dans la procédure de licenciement économique. Nous constatons que pour les entreprises dépourvues de délégués du personnel, ce qui est fréquent, en dehors du secteur structuré, les comités syndicaux jouent tous les rôles des délégués du personnel. Le projet d'acte uniforme relatif au droit du travail semble trouver la solution au problème d'inversion ou de suppléance des rôles respectivement en cas de carence de l'un ou de l'autre[507]?

2. La suppléance du comité syndical et du CHS.

376. En pratique, dans les entreprises où il n'y a pas de comités syndicaux, les délégués du personnel jouent le rôle du comité syndical. Sur ce point précis, le Code du travail est muet en ce qui concerne la négociation des conventions collectives de branche mais plus précis lorsqu'il s'agit d'accords collectifs d'entreprise. Ainsi, aux termes du Code du travail, « *Des accords, concernant une entreprise, un ou plusieurs établissements déterminés, peuvent être conclus entre, d'une part, un employeur ou plusieurs employeurs, et d'autre part, les délégués du personnel et les représentants des syndicats les plus représentatifs du personnel de l'entreprise, du ou des établissements intéressés et y étant effectivement employés (...)* »[508]. De ce fait, la possibilité est ouverte en droit malien pour les délégués du personnel de suppléer les comités syndicaux dans la négociation des accords collectifs et inversement. Mais cette possibilité ne s'étend pas au Comité d'Hygiène et de Sécurité dans les entreprises.

---

506 Article 178 du projet d'acte uniforme de l'OHADA relatif au droit du travail qui donne la possibilité au délégué de négocier des accords collectifs, chose que ne prévoit pas notre code du travail qui limite le rôle du délégué à al consultation pour les licenciements économique et de l'élaboration du règlement intérieur de l'entreprise et ouvre la possibilité pour le syndicat de suppléer le délégué du personnel en cas d'absence.

507 En France, la situation est différente dans la mesure où la possibilité pour les délégués du personnel de négocier des accords collectifs est réelle et prévue par le Code du travail.

508 Article L.88 du Code du travail du Mali.

377. On observera que le projet d'acte uniforme de l'OHADA relatif au droit du travail est plus précis, s'agissant de la suppléance à tout point de vue : « *Les délégués du personnel ont pour attributions (...) de négocier des accords collectifs en l'absence de représentants de syndicats. S'il n'existe pas de Comité de Santé et de Sécurité au Travail, les délégués du personnel exercent les missions attribuées à ce Comité. Les dispositions du présent article ne font pas obstacle à l'application des dispositions plus favorables résultant de conventions et d'accords collectifs* »[509].

378. Qu'en est-il en France ? Les délégués du personnel exercent également une fonction de suppléance du comité d'entreprise lorsque celui-ci n'a pu être mis en place dans les entreprises de plus de 50 salariés[510]. Ils vont alors exercer, en l'absence de ces institutions certaines de ces attributions telles que le droit d'alerte. Dans l'exercice de sa mission, ils sont autorisés à recourir aux experts rémunérés par le chef d'entreprise dans les conditions prévues par les articles L.432-1 à l.432-5 du Code du travail français. Les délégués du personnel ne sont consultés que sur le fondement d'une disposition prévoyant leur avis à défaut de comité d'entreprise, dorénavant du CSE[511]. La question est différente s'agissant de la gestion des activités des sociales et culturelles, car l'assemblée des délégués du personnel qui n'a pas la personnalité juridique, ne peut recevoir les fonds. Le législateur français a donc prévu, depuis 1946, que les délégués du personnel assurent conjointement avec l'employeur la gestion des activités sociales et culturelles[512].

379. S'il n'existait pas de CHSCT, les délégués du personnel exerçaient les missions attribuées à ce comité dans les conditions fixées au 2è et 4è alinéas de l'article L.2313-16 du Code du travail. Toutefois, même s'il existait un CHSCT, les délégués du personnel ne sont pas privés de droit de présenter des réclamations relatives à l'hygiène et à la sécurité[513]. De manière complémentaire, le Code du travail, dispose que, même s'il existe un comité d'entreprise, les délégués du personnel ont compétence pour lui « communiquer les suggestions et les observations du personnel sur toutes les questions entrant dans la compétence du comité »[514] et qu'il en « est de même quand il existe un CHSCT »[515]. A l'appui de notre analyse, il est important de noter que « quoique le CHSCT ait été supprimé par les ordonnances du 22

---

509 Article 178 *in fine* du projet d'acte uniforme de l'OHADA relatif au droit du travail.
510 Article L422-3 du Code du travail français.
511 Par exemple avant l'introduction des horaires à temps partiel.
512 *Cf.* article L.425-5 du Code du travail français.
513 Article L 2323-48 du Code du travail français
514 Article L.2323-50 du Code du travail français.
515 Petit F, *Droit des relations collectives du travail, syndicats et droit syndical, institutions représentatives du personnel, dialogue social : négociation collective et conflits collectifs*, Mémentos LMD, édition Gualino, Paris 2007, p. 101.

septembre 2017, le rôle des représentants du personnel en la matière demeure, les principales fonctions du CHSCT ayant été transférées au Comité social et économique »[516].

380. Toutes ces dispositions font des délégués du personnel des représentants à « tout faire », polyvalents, dans les entreprisses petites et moyennes, soit entre 11 et 50 salariés. Les articles L.2313-13 et L.2313-14 « leur adaptent tant bien que mal » les prérogatives légales des comités d'établissement et d'entreprises. Cette réforme aurait dû enlever beaucoup de son effet dissuasif au seuil de 50 salariés. Il faut noter que ces prérogatives seront désormais exercées par le CSE[517].

381. Il faut rappeler que dans les établissements où travaillent des salariés qui dépendent d'une autre entreprise, ces derniers peuvent faire présenter au chef d'établissement leurs réclamations individuelles et collectives par l'intermédiaire des délégués du personnel[518]. Ce sera le cas également des travailleurs temporaires : les délégués du personnel sont leurs intermédiaires dans l'entreprise utilisatrice. Ainsi, devront-ils veiller à ce que la rémunération de l'intérimaire ne soit pas inférieure à celle d'un salarié de même qualification dans l'entreprise utilisatrice.

382. Au regard de la pratique au Mali, les délégués du personnel jouent pleinement le rôle du comité syndical et le rôle du Comité d'Hygiène et de Sécurité (CHS) dans une moindre mesure dans les entreprises dépourvues de comités syndicaux et de CHS. Ce qui parait fréquent, c'est la présence des délégués ; ainsi peut-on trouver dans les entreprises des délégués du personnel mais sans comité syndical ; nous avons déjà évoqué les raisons qui ont prévalue à cette pratique. Les employeurs sont très opposés à la création de comités syndicaux sauf dans les entreprises qui sont très formelles ou structurées. Il convient de noter que très peu d'employeurs savent que le Code du travail traite de cet aspect. Les syndicalistes eux-mêmes ignorent que cette possibilité existe dans la loi, notamment en matière de négociation d'accords collectifs d'établissement. Les comités syndicaux au niveau des entreprises ne sont pas les seuls à jouer un rôle, en plus des délégués du personnel dont nous avons analysé les rôles de suppléance, l'apport des CHS est aussi considérable.

§ 2 - L'apport spécifique du Comité d'Hygiène et de Sécurité

383. En droit malien, la protection de la sécurité et de la santé au travail renvoie à deux catégories juridiques, en l'occurrence l'accident de travail et la

---

[516] Auzero G., Baugard D., Dockès E, Droit du travail, Précis Dalloz, 32ème éd., 2019, p.1119.
[517] *Idem.*.
[518] *Cf.* Articles L 2313-3 et L.2313-4 du Code du travail français.

maladie professionnelle dont la prévention et la réparation sont respectivement organisées par le Code du travail et celui de la prévoyance sociale[519], complétés par des textes d'application. Même s'il est relativement modeste, il existe bien en droit malien un régime de prévention des accidents du travail et des maladies professionnelles[520]. Ce régime s'applique aux établissements de toute nature où sont employés des travailleurs tels que définis à l'article 1er du Code du travail[521]. En plus des comités syndicaux et des délégués du personnel, il est institué dans l'entreprise des Comités d'hygiène et de sécurité.

384. Aux termes du Code du travail[522], un Comité d'hygiène et de sécurité doit être créé dans tous les établissements industriels occupant d'une façon habituelle cinquante salariés au moins, dans les établissements autres qu'industriels quelle que soit leur nature et occupant de façon habituelle cent travailleurs au moins. Toutefois, l'inspecteur du Travail peut exiger la création d'un CHS dans les établissements ne comportant pas les effectifs requis, mais qui effectuent des travaux présentant une insécurité particulière du point de vue des accidents du travail ou des maladies professionnelles.

385. Les membres travailleurs du comité d'hygiène et de sécurité ont pour tâche essentielle la prévention des accidents du travail et des maladies professionnelles dans l'entreprise. Dans l'accomplissement de cette mission le comité d'hygiène et de sécurité est chargé de la production et l'échange d'informations techniques **(A)** et surtout, il peut faire l'objet de saisine par les travailleurs pour faire face à certaines situations de risque dans l'entreprise **(B)**.

A. La production et l'échange d'informations techniques

386. En application de l'article L.171 du Code du travail, c'est un décret du 13 juin 1996 portant application du Code du travail qui est venu fixer les règles d'hygiène et de sécurité au travail. Les articles L.280 et suivants du Code du travail définissent les contours et les missions des Comités d'Hygiène et de Sécurité (CHS) **(1).** Il est également fait cas à travers le décret d'application du Code du travail relatif aux moyens d'actions dont disposent les membres du CHS **(2)**.

---

[519] Loi n° 92-020 du 23 septembre 1992 portant Code du travail en République du Mali ; loi n° 99-041 du 9 août 1999 portant Code de prévoyance sociale en République du Mali.

[520] *Cf.* le titre IV de la loi du 23 septembre 1992 portant Code du travail dont les articles L.170 et suivants sont consacrés à l'hygiène et à la sécurité au travail dans l'entreprise.

[521] Auvergnon Ph. (dir.), Du droit de la santé et de la sécurité au travail en Afrique subsaharienne, Études africaines, L'Harmattan, 2014, p. 194.

[522] Article L.280 du Code du travail.

1. Les missions et attributions des CHS.

387. Conformément aux textes précités, des facilités sont accordées aux membres travailleurs du CHS au même titre que les délégués du personnel. En outre, le décret n° 96-178/ P-RM fixant les modalités de fonctionnement et d'organisation des CHS dispose que « des missions d'enquêtes périodiques à l'occasion d'accident ou de toute maladies professionnelles graves lui sont assignées »[523].

388. Le CHS institué dans chaque établissement doit comprendre : le chef d'établissement ou son représentant, le chef du service et l'agent chargé des questions de sécurité, à défaut du chef de service compétent dans le domaine social ou un ingénieur qualifié désigné par l'employeur. Le CHS comprend également le médecin de l'établissement si celui-ci possède un service médical interentreprises ou un médecin-inspecteur de travail nommé par décret conformément aux dispositions du Code de travail, ainsi que trois représentants du personnel dont un personnel de maîtrise dans les établissements occupants jusqu'à 500 salariés ; ce chiffre est porté à six représentants du personnel dont deux du personnel de maîtrise pour les établissements réunissant plus de 500 salariés. Le CHS peut enfin faire appel à la collaboration de toute personne qualifiée qu'il jugera utile d'associer afin de résoudre un problème déterminé.

389. Les représentants du personnel au CHS sont élus tous les trois ans dans les mêmes conditions que les délégués du personnel en tenant compte des connaissances techniques ou des aptitudes nécessaires en matière d'hygiène et de sécurité du travail. Leur mandat est renouvelable. Ils bénéficient de la même protection légale instituée en faveur des délégués du personnel[524]. Les membres du CHS sont astreints au secret professionnel[525] en ce qui concerne les faits dont ils ont eu connaissance en raison de leur mission : renseignement d'ordre médical concernant la victime ou les secrets de fabrication.

390. Aux termes du Code du travail, le CHS a pour mission de : «*procéder lui-même ou faire procéder par l'un de ses membres, à une enquête à l'occasion de tout accident et de toute maladie professionnelle grave, entraîné la mort ou paraissant devoir entraîner une incapacité permanente ou qui aura*

---

[523] Article D. 282-6 du décret d'application du Code du travail

[524] L'article L277 du Code du travail accorde aux membres du CHS la même protection que les délégués du personnel contre le licenciement ou pour l'exercice des missions qui leur sont confiées.

[525] Le secret professionnel à trait à toutes les informations d'ordre médical concernant la victime et même les secrets de fabrication. Il joue un rôle extrêmement dans l'entreprise mais force est de reconnaitre que cet organe n'est pas doté de moyens leur permettant de faire leur travail d'information et de sensibilisation des autres salariés.

révélé l'existence d'un danger grave. Il peut requérir à cet effet la collaboration de personnes qualifiées. L'enquête doit avoir essentiellement pour objet de déterminer les causes de l'accident ou de la maladie, afin de rechercher les moyens qui permettront d'éviter son retour. Les résultats de cette enquête sont consignés dans le registre du comité ». Par ailleurs, il doit « s'assurer avant toute implication de matériel ou de machine que ceux-ci présentent les dispositifs de sécurité conformes aux normes et à la réglementation en la matière ». Il doit également « procéder à de fréquentes inspections de l'entreprise pour s'assurer de l'application des prescriptions légales et consignes concernant l'hygiène et la sécurité, ainsi que du bon entretien des dispositifs de protection. Le résultat des inspections doit faire l'objet d'un rapport consigné sur le registre du comité et doit être mentionné sur le rapport annuel du comité prévu à l'article D.282-8 ». De plus le CHS donne *son avis sur toute mesure se rapportant à l'objet de sa mission notamment sur les règlements et consignes de sécurité de l'établissement lorsqu'un représentant avise le chef du service chargé des questions de sécurité qui consigne cet avis sur le registre du comité* ». Il organise « *l'instruction des équipes chargées des services d'incendie et de sauvetage et de veiller à l'observation des consignes de ces services* ». Enfin, il doit « *s'efforcer de développer par tous les moyens efficaces de sécurité (conférences, tracts, affiches, méthodes audiovisuelles) les notions de sécurité, d'hygiène et de santé* »[526].

391. Au regard des missions qui lui sont assignées, le CHS a le pouvoir de procéder à des inspections en vue de s'assurer de l'application des prescriptions législatives et réglementaires des consignes concernant l'hygiène et la sécurité, ainsi que du bon entretien des dispositifs de sécurité. Il a également une mission de vérification des matériels pour s'assurer qu'ils présentent les dispositifs de sécurité conformes aux normes et à la réglementation en la matière. Il doit de plus assurer la promotion auprès des travailleurs des notions de sécurité, d'hygiène et de sécurité : conférence, tracts, affiches, méthodes audiovisuelles. Ces informations doivent permettre aux salariés de prévenir la survenance des accidents de travail et des maladies professionnelles. En pratique, « il en est différemment, même dans les entreprises modernes, les CHS qui devraient être les vecteurs principaux d'évaluation des risques professionnels ; de planification et de mise en œuvre de la prévention, sont quasiment inexistants »[527]. Cette absence tient certes aux seuils légalement prévus pour leur création (50 salariés dans les entreprises industrielles, 100 salariés dans les autres) mais cela vient surtout de la

---

[526] L'article D282-6 du Code du travail qui évoque les missions des membres du CHS.

[527] Sidibé O. O., Le droit malien de la santé et de la sécurité au travail à l'épreuve des réalités de l'économie informelle, in Auvergnon Ph. (dir.) *Droit de la santé et de la sécurité au travail en Afrique subsaharienne*, *op. cit.*, p. 196.

mauvaise volonté des employeurs et du manque d'intérêt que les travailleurs accordent à l'amélioration de leurs conditions d'hygiène et de sécurité.

392. En France, le CHSCT a été intégré au CSE avec les ordonnances[528] Macron. Il s'agissait d'un organe spécialisé doté de la personnalité juridique[529] dont la constitution était obligatoire dans tous les établissements de plus de 50 salariés. Cette mission se traduit d'abord par une activité de conseil. Le chef d'établissement doit informer et consulter le CHSCT avant toute mesure d'aménagement important modifiant les conditions d'hygiène et de sécurité ou les conditions de travail[530], par exemple la transformation d'une machine-outil. Il doit également être consulté lors de l'élaboration ou de la modification du règlement intérieur ou en matière de mesures concernant les handicapés ou les accidentés du travail.

393. Aux termes du projet d'acte uniforme de l'OHADA relatif au droit du travail, les « *entreprises sont tenues d'organiser un Comité de Santé et de Sécurité au Travail lorsqu'elles utilisent au moins cinquante travailleurs*[531]. *L'inspecteur du Travail peut sur avis motivé prescrire la création d'un Comité lorsque cet effectif est inférieur à cinquante et que cette mesure est nécessaire, notamment en raison de la nature de l'activité, de l'agencement ou de l'équipement des locaux. Lorsque le nombre de travailleurs est inférieur à cinquante, les entreprises peuvent se regrouper sur un plan professionnel ou interprofessionnel en vue de la constitution d'un Comité de Santé et de Sécurité interentreprises dont les modalités de fonctionnement sont fixées par l'État Partie* ».

394. Il faut également noter qu'aux termes dudit projet d'acte uniforme, « *le Comité de Santé et de Sécurité au Travail a pour mission de contribuer à la protection des travailleurs au sein de l'entreprise et de ceux mis à sa disposition par une entreprise extérieure. Il veille à l'amélioration des conditions de travail. Il a également pour mission de donner un avis motivé sur l'observation des prescriptions légales, réglementaires et conventionnelles prises en ces matières. L'État Partie peut préciser les modalités d'exercice des missions du Comité de santé et de sécurité au Travail* »[532].

---

[528] Ordonnance n°2017-1389 du 22 septembre 2017 relative à la prévention et à la prise en compte des effets de l'exposition à certains facteurs de risques professionnels et au comte professionnel de prévention.

[529] Article L.236 du Code du travail français.

[530] Article L 4612-1 du Code du travail français

[531] Article 159 du projet d'acte uniforme de l'OHADA relatif au droit du travail qui institut comité se santé et de sécurité au travail qui correspond aux CHS des différents codes du travail des pays francophone de l'Afrique de l'Ouest.

[532] Article 160 de l'avant-projet d'acte uniforme relatif au droit du travail

395. En pratique, au Mali, bien que le Code du travail affirme clairement les attributions du CHS, rares sont les entreprises qui disposent de ce type d'institution[533]. Cet organe demeure méconnu malgré les missions d'information et de sensibilisation des inspecteurs du Travail ainsi que du service de prévention de l'Institut national de prévoyance sociale. Le constat est amer même en ce qui concerne les CHS existants : ils ne sont pas dynamiques et fonctionnent de façon occasionnelle. Les employeurs ne mettent pas à la disposition des membres du CHS les moyens, notamment un local ou les équipements de protection individuelle, destinés à l'ensemble des travailleurs exposés aux risques professionnels.

396. En pratique, les membres du CHS sont rarement consultés sur les questions de prévention qui sont leurs missions essentielles ; ils ne sont visibles qu'au cours des visites de l'inspecteur du Travail dans l'entreprise. La mission de production et d'échanges d'information des membres du CHS se trouve réduite à quelques séances d'information dans l'entreprise. Après avoir examiné les missions et attributions du CHS, nous nous intéresserons, malgré les critiques qui leur sont adressées, aux moyens d'action.

2. Les moyens d'actions du CHS

397. Aux termes du Code du travail, le CHS est présidé par le chef d'entreprise ou son représentant. Les fonctions de secrétaire du comité sont remplies par l'agent chargé des questions de sécurité ou le chef du service compétent dans le domaine social ou l'ingénieur qualifié désigné par l'employeur pour faire partie du comité[534]. Le CHS doit en principe se réunir au moins une fois par trimestre, sauf dérogation accordée par l'inspecteur du Travail et en outre, obligatoirement à la suite de tout accident qui aura entraîné ou aurait pu entraîner des conséquences graves. L'initiative de ces réunions appartient au chef d'établissement. De ce fait, les temps de réunion du comité sont rémunérés comme temps de travail. Dans le cas où les travailleurs membres du CHS exercent également dans l'établissement des fonctions de délégué du personnel, le temps passé aux réunions et aux missions confiées par le comité ne peut être déduit des heures dont ils disposent en qualité de

---

533 L'utilité économique des CHS est peu perçu par les entreprises malgré que l'INPS organisé chaque la journée africaine de prévention des risques professionnels est cela est l'occasion pour les caisses de sécurité sociale de sensibiliser les acteurs de la prévention. Des thèmes choisis pour la journée sont exposés devant les salariés à travers tout le Mali, « une seule hirondelle ne fait pas le printemps ». Une fois la journée clôturée, les acteurs retournent dans les entreprises et très souvent aucun mot sur les CHS ne sera plus entendu dans beaucoup d'entreprises jusqu'à la journée suivante.

534 Article D 282-4 du Code du travail.

délégué du personnel, en vertu de l'article L 271 du Code du travail[535]. Après chaque réunion, il est établi un PV de séance, lui-même transcrit sur un registre spécial qui devra être constamment tenu à la disposition des inspecteurs et contrôleurs du travail, ainsi que des contrôleurs de sécurité de l'Institut national de Prévoyance sociale (INPS). Les décisions ayant une portée éducative du personnel peuvent faire l'objet d'information par voie d'affiche ou tous autres moyens.

398. Le CHS procède également à des inspections de l'établissement en vue de s'assurer de l'application des prescriptions légales et réglementaires sur l'hygiène et la sécurité, du bon entretien des dispositifs de protection. Il établit chaque année un rapport de ses activités qu'il transmet au plus tard le 30 janvier à la Direction nationale du Travail et à l'INPS. De manière plus spécifique, le CHS doit procéder à une enquête à l'occasion de tout accident de travail ou de toute maladie professionnelle grave c'est-à-dire ayant entrainé la mort ou paraissant devoir entrainer une incapacité permanente ou ayant révélé l'existence d'un danger grave pour la personne du salarié. En plus du crédit d'heures dont ils disposent pour mener leur mission, les membres travailleurs du CHS bénéficient de la même protection que les délégués du personnel[536].

399. Depuis 2017 en France, les ordonnances Macron ont consacré la création du CSE d'établissement ou du CSE d'entreprise. Le CSE d'établissement est consulté sur les mesures d'adaptation des décisions arrêtées au niveau de l'entreprise spécifiques à l'établissement et qui relèvent de la compétence du chef de cet établissement. Dan le cadre de ses compétences, le CSE d'établissement peut faire appel à un expert[537]. La loi précise que non seulement les frais sont à la charge de l'employeur mais que, si celui-ci entend contester la nécessité de l'expertise. Cette contestation est portée devant le président du tribunal de Grande Instance statuant en urgence[538]. Il résulte de ce texte que l'employeur doit supporter le coût de l'expertise et les frais de procédure de contestation éventuelle de cette expertise dès lors qu'aucun abus du CSE n'est établi[539].

---

535 Article L.271 du Code du travail qui stipule que « *Le chef d'établissement est tenu de laisser aux délégués du personnel, dans les limites d'une durée qui, sauf circonstances exceptionnelles ne peut excéder 15 heures par mois, le temps nécessaire à l'exercice de leurs fonctions. Ce temps est considéré comme temps de travail et rémunéré comme tel, il doit être utilisé exclusivement aux tâches afférentes à l'activité du personnel telles qu'elles sont définies à la section III ci-après* ».

536 L'article L.281 du Code du travail stipule que « *Les représentants du personnel au comité bénéficient de la même protection et du même crédit d'heures que les délégués du personnel* ».

537 Article L 2316-21 du Code du travail français.

538 Cass. soc., 3 avril 2001, Bull, civ. V, n° 121.

539 Cass. soc., 26 juin 2001, *RJS* 10/01, n° 1150.

400. Aux termes de certaines des dispositions du projet d'acte uniforme de l'OHADA relatif au droit du travail, « *Le Comité de Santé et de Sécurité au Travail se réuni au moins une fois par an ou obligatoirement après tout accident grave ou à la demande motivée d'au moins deux de ses membres. L'inspecteur du Travail est informé de la date de tenue des réunions du Comité auxquelles il peut assister. L'employeur fournit au Comité de Santé et de Sécurité au Travail les informations nécessaires à l'exercice de ses missions, un local pour abriter ses réunions dans l'entreprise et les moyens minima de fonctionnement. Les membres du Comité sont tenus au secret professionnel pour toutes les informations communiquées par l'employeur et celles auxquelles ils accèdent dans le cadre de leur mission. Le Comité de Santé et de Sécurité au Travail est composé de l'employeur ou de son représentant, de trois délégués du personnel désignés par leurs pairs, du médecin du travail ou du personnel de santé employé par le service de médecine de travail de l'entreprise. Le Comité est présidé par l'employeur ou son représentant. Le Comité peut faire appel à titre consultatif à toute personne dont la compétence est utile à l'objet de ses travaux, sur avis de l'employeur* »[540]. Le projet d'acte uniforme de l'OHADA reprend dans une certaine mesure les stipulations du Code du travail du Mali sans le précise, dans la mesure où il ne donne pas le volume d'heure pour assister aux réunions du CSST ou du CHS selon le cas.

401. Dans la pratique, les quelques entreprises qui accordent de l'importance à cette institution sont généralement les entreprises multinationales. Les membres utilisent leur crédit d'heure conformément aux dispositions du Code du travail. Dans les autres entreprises le CHS est une institution virtuelle, l'employeur ne voyant pas lui-même l'utilité de l'organe ou simplement ignorante son importance. Cependant, il faut noter que la loi n° 92-020 du 23 septembre 1992 portant Code du travail donne la possibilité aux inspecteurs du Travail d'instituer des CHS[541] dans les entreprises même si l'effectif requis n'est pas atteint, compte tenu des risques très élevés pour les salariés pour leur santé. Il demeure constant que le rôle des CHS dans l'animation du dialogue social au sein de l'entreprise ne fait aucun doute, dans la mesure où les informations qu'ils produisent à l'attention des salariés et de l'employeur sont d'un apport utile. Ce rôle est de plus en plus joué par les délégués du personnel dans les entreprises dépourvues de CHS. En plus de la production et des échanges d'informations, le CHS peut être saisi par l'employeur ou par les

---

[540] *Cf.* Articles 161 à 163 du projet d'acte uniforme de l'OHADA relatif au droit du travail.

[541] Il convient d'indiquer que cette possibilité, donnée aux inspecteurs du travail, n'est pas du tout mobilisée, dans la mesure où faute de moyens l'inspection du Travail fait rarement des descentes dans les entreprises à risque. La plupart des visites d'inspection sont centrées sur les entreprises qui ne sont pas loin de la capitale Bamako ou des chefs-lieux de régions.

travailleurs et, dans une certaine mesure, par l'inspecteur du Travail dans certaines situations. Nous examinerons les hypothèses de saisine obligatoire.

B. Des hypothèses de saisine obligatoire

402. La saisine obligatoire du CHS passe nécessairement par la consultation des membres du Comité d'Hygiène et de sécurité **(1)** mais aussi par le droit d'alerte **(2).**

1. La consultation

403. Le CHS est consulté au Mali sur toutes les questions relevant de sa compétence notamment tout ce qui touche aux mesures d'hygiène et de salubrité dans l'entreprise en plus de son rôle de conseil. Dans certaines entreprises à défaut de délégués les membres du comité d'hygiène jouent ce rôle même si le cas est rare pour être souligné. En pratique la consultation du CHS n'est pas toujours effective cela s'est vu notamment dans les mines d'or de Sadiola[542]. La consultation est donc un principe inscrit dans le Code du travail ; mais l'acteur principal qui est l'employeur ne joue que très imparfaitement le jeu. Seules les grandes sociétés ou multinationales apparaissent regardantes sur les conditions d'hygiène de façon générale. Il faut cependant noter que le projet d'acte uniforme de l'OHADA relatif au droit du travail a repris le principe de la consultation du comité de santé et de sécurité au travail. Aux termes des dispositions du projet OHADA, « *le Comité de Santé et de Sécurité au Travail se réuni au moins une fois par an ou obligatoirement après tout accident grave ou à la demande motivée d'au moins deux de ses membres. L'inspecteur du Travail est informé de la date de tenue des réunions du Comité auxquelles il peut assister* »[543].

404. En France, la consultation de l'ex-CHSCT est plus réglementée que dans les nos législations d'Afrique subsaharienne. Ainsi, au moins « une fois par an, le chef d'entreprise doit soumettre à l'avis du CHSCT un rapport écrit faisant le bilan de la situation générale de l'hygiène, de la sécurité et des conditions de travail dans l'établissement, et sur un programme annuel de prévention des risques professionnels et d'amélioration des conditions de travail ». L'article L.4112-1 du Code du travail « impose à l'employeur de prendre les mesures nécessaires pour assurer la sécurité et protéger la santé physique et mentale des

---

[542] La mine d'or de sadiola est située à 85 km de la ville de Kayes, première région administrative du Mali, considérée comme une zone minière par excellence. Quatre grandes mines d'or sont dans cette zone. Ce sont les mines les plus importantes du Mali : Loulo, sadiola, Gangotéri et Yatela. En 2005, la situation avait entrainé un éboulement des murs de la mine à ciel ouvert occasionnant de nombreux blessés, ce qui était en cause c'était les mesures d'hygiène et de sécurité.

[543] Article 161 du projet d'acte uniforme de l'OHADA sur le droit du travail.

travailleurs, et plus précisément de prendre des « mesures » de prévention des risques professionnels, d'information et de formation, de mise en place d'une organisation et de moyens adaptés »[544]. Il faut rappeler que le CSE jouera désormais ce rôle.

405. La consultation du CHSCT est lors de projets importants concernant la santé, l'hygiène et la sécurité revêt une importance capitale, tant en fait qu'en droit. A cet égard, il faut rappeler que le « comité d'entreprise doit avoir dans le cadre de sa consultation sur un projet important, de l'avis préalablement émis par le CHSCT dans le cas où cet avis s'impose et qu'à défaut, il est recevable à invoquer, dans le cadre de sa propre consultation, l'irrégularité de la procédure de consultation du CHSCT et à saisir le juge des référés, pour faire suspendre l'exécution du projet »[545]. A coté de ses attributions consultatives, « le comité peut susciter toute initiative utile à la promotion de la prévention des risques professionnels et proposer des actions de prévention. Le projet d'acte Uniforme de l'OHADA ajoute que « Si l'employeur rejette un projet, il doit motiver sa décision »[546]. Il faut toujours rappeler que dans le cadre de la reforme en France, le comité d'entreprise a été remplacé par le Comité social et économique en 2017.

406. De façon générale, « le CHSCT se réunit au moins tous les trimestres à l'initiative de l'employeur, plus fréquemment en cas de besoin notamment dans les branches d'activités présentant des risques particuliers[547]. L'ordre du jour de chaque réunion établie par le président et le secrétaire, doit être transmis aux membres du comité et à l'inspecteur du Travail. Plus ponctuellement le comité d'hygiène doit être réunion à la suite de tout accident ayant entrainé la mort ou ayant pu entrainer des conséquences graves ou à la demande motivée de deux de ses membres, représentant du personnel[548]. En cas de défaillance de l'employeur, l'auteur de la demande est fondé à intenter une action pour obtenir la réunion du CHSCT[549]. Mais dès lors que la condition est remplie, il n'appartient ni à l'employeur ni au juge de vérifier si la demande est bien fondée. Il faut cependant, noter que sont déclarées caduques les dispositions de la loi n° 2017-1386 intéressant les délégués du personnel, le comité d'entreprise, le CHSCT, la DUP, l'instance étant regroupée, il y a là, une volonté du législateur de faire table rase du système antérieur de représentation du personnel.[550].

---

544 AUZERO G., Baugard D., Dockès E, *op.cit*, p1123.

545 V. Soc, 4 juillet 2012, n° 11-19.678 : Bull, civ, V. n° 2015, aussi, dans le même sens voir, Soc, 10 juillet 2013, sept, 12-17-196, publié.

546 *Cf.* Article L.4612-3 du Code du travail français.

547 *Cf.* article L 4614-7 du Code du travail français.

548 *Cf.* article 4514-10 du Code du travail français

549 Soc, 26 juin.2013, n°12-13,599, Bull. civ. V, n°175.

550 Auzero G., Baugard D., Dockès E, *op.cit., éd., 2019,* p. 1321.

407. Au Mali, l'inspecteur du Travail n'a jamais participer à la réunion des membres du CHS et il n'est même pas tenue informer de la date de la réunion. La seule exigence légale réside au niveau de l'installation du CHS. Quand un employeur veut installer pour la première fois son CHS, le Code du travail lui fait obligation de saisir l'inspecteur du Travail territorialement compétent. Dès lors que le Code du travail du Mali dispose que les délégués du personnel et les membres du comité syndical peuvent cumuler les trois mandats, cela crée des confusions au niveau des entreprises et souvent même dans l'accomplissement des missions du CHS et des délégués du personnel. Les inspecteurs au cours de leur visite, travaillent avec les CHS dans les entreprises, interrogent et consultent le registre de sécurité qui donne les informations sur les accidents intervenus et leurs causes.

408. Nous pouvons noter que le rôle dans le dialogue social du CHS est limité, même si dans la pratique le CHS peut être amené à jouer souvent le rôle de délégué du personnel ou de comité syndical, ce qui d'ailleurs est diversement prévu par les textes juridiques. Cependant, il est difficile de soutenir que le droit malien des risques professionnels constitue un réel instrument de promotion de la santé et de la sécurité de la personne au travail, alors que la protection de la santé en tant que droit fondamental de la personne au travail est maintenant affirmée partout à travers le monde[551].

409. Il est important de noter la situation particulière des travailleurs d'entreprises qui ne sont pas, dans la plupart des cas, dotés de comité syndical et, à plus forte raison, d'un CHS. Il convient de rappeler que les acteurs de l'économie informelle qui sont liés par une relation de travail subordonnée n'ont pas le sentiment que leurs rapports sont régis par une norme juridique. Il faut également admettre qu'il n'y a pas une vraie réparation des accidents de travail et maladies professionnelles. Cette situation s'explique par le fait que les inspecteurs du Travail n'y vont pas très souvent parce qu'ils ne maitrisent pas la démarche d'intervention[552] dans l'économie informelle où les risques d'accidents de travail sont très nombreux.

410. Dans ce « secteur », il y a une « résilience de certaines pratiques traditionnelles de prévention des risques professionnels qui reste encore imprégnée de l'esprit du droit coutumier africain, mais c'est nettement insuffisant pour qu'on puisse parler d'une véritable protection organisée »[553].

---

551 Cass soc. 28 février 2006, *Dr. soc.* 2006, p. 514.

552 BIT, Guide pratique de l'intervention de l'inspection du Travail dans l'économie informelle, Genève 2015.

553 Sidibé O. O., Le droit malien de la santé et de la sécurité au travail à l'épreuve des réalités de l'économie informelle, in Auvergnon Ph. (dir.) *Droit de la santé et de la sécurité au travail en Afrique subsaharienne*, *op. cit* p.214 ; Voir également P. Hugon « Approches pour l'étude

Or l'expérience a montré que l'économie informelle est rarement un tremplin pour parvenir à l'économie formelle ; les travailleurs concernés restent en marge des circuits économiques modernes. L'OIT a adopté en 2014 une recommandation[554] sur l'économie informelle et a incité les États membres a adopté des politiques publiques qui encouragent la formalisation des relations de travail.

411. Un cadre juridique et opérationnel adapté permettrait la mise en place de mécanismes et de procédures garantissant la pleine participation des travailleurs et de leurs représentants à l'organisation du travail. Rares sont les pays africains qui ont déjà intégré dans leur droit ou leurs pratiques administratives, la recommandation de l'OIT sur la transition de l'économie informelle à l'économie formelle. Enfin, le « déficit de formation des acteurs du CHS explique largement la passivité des travailleurs au sein des structures de dialogue social »[555]. Des programmes d'éducation renforcés pourraient aider les représentants des travailleurs à s'adapter aux changements qui sont en cours en matière de santé et de sécurité au travail. Les employeurs doivent jouer pleinement leurs rôles de formation des acteurs à ce sujet.

2. Le droit d'alerte

412. Le droit d'alerte est une notion utilisée en France ; il n'existe pas en tant quel tel dans notre Code du travail, mais pourrait se manifester de différentes façons. Il est ainsi prévu que le CHS doit « s'assurer avant toute implantation de matériel ou de machine que ceux-ci présentent les dispositifs de sécurité conformes aux normes et à la réglementation en la matière »[556]. Le résultat de ces inspections doit faire l'objet d'un rapport qui est consigné sur le registre du comité et doit être mentionné sur le rapport annuel prévu à l'article D.282-8[557].

413. Le droit d'alerte n'est pas indiqué dans le Code du travail du Mali mais les informations figurants dans le registre du CHS permettent à l'inspecteur du Travail de procéder s'il le faut à l'arrêt de chantier conformément aux dispositions pertinentes du Code du travail[558]. Dans la pratique, l'exercice de

---

du secteur informel dans le contexte africain, in D. Turnham, B. Salomé, A. Scwartz (dir), *nouvelles approches du secteur informel,* OCDE, 1990, p.81.

[554] BIT, Recommandation n°204 *concernant la transition de l'économie informelle vers l'économie formelle* adoptée à Genève, 104ème session CIT (12 juin 2015).

[555] Sidibé O. O., Le droit malien de la santé et de la sécurité au travail à l'épreuve des réalités de l'économie informelle, *op. cit.*, p. 214.

[556] *Cf. supra* les missions et attributions du CHS.

[557] Article D.282-6 du décret n° 96-178/P-RM du 13 juin 1996 fixant les modalités et application des dispositions du Code du travail et en application de l'article L170 du même Code.

[558] Aux termes de l'article L.175 du Code du travail : « *Lorsqu'il existe des conditions de travail dangereuses pour la santé ou la sécurité des travailleurs non visés par les textes*

ce pouvoir pose des problèmes au niveau du juge des référés qui semble ne pas saisir l'urgence de la décision. Ceci pousse les inspecteurs du Travail, même s'ils ont connaissance de situations de danger grave, de dresser procès-verbal adressé au Procureur de la République plutôt que d'aller en référé. Dans tous les cas, la décision de fermer l'entreprise par l'inspecteur du Travail peut faire l'objet d'un recours administratif auprès du ministre chargé du Travail.

414. En France, le CHSCT en tant qu'institution de représentation du personnel disposait d'un droit d'alerte pouvant être mis en œuvre en cas de danger grave et imminent[559]. Avec la reforme de 2017, le droit d'alerte est devenu un droit du CSE[560]. Les salariés et les membres du CSE bénéficient en outre d'un droit d'alerte en cas de menace grave sur la santé publique ou l'environnement. Cette prérogative permet d'informer l'inspecteur du Travail de la situation périlleuse ; celui-ci peut alors saisir le juge des référés pour obtenir éventuellement la fermeture du chantier ou de l'atelier dangereux[561].

415. Ce droit s'exerce aussi par l'intermédiaire de l'un des membres de l'institution. En effet, chaque membre du CHSCT, aujourd'hui du CSE, qui constate une cause de danger grave peut aviser l'employeur ou son représentant ; celui-ci est tenu de procéder sur le champ à une enquête avec lui et de prendre les mesures nécessaires (sans pouvoir refuser aux représentants du CHSCT) de se rendre sur les lieux ni de leur fournir à cet effet les moyens nécessaires[562].

416. Il convient de rappeler qu'afin de ne pas risquer d'engager la responsabilité d'un représentant du personnel et de maintenir le lien entre le pouvoir du chef d'entreprise et sa responsabilité en matière d'hygiène et de sécurité, « le législateur n'a pas conféré au CHSCT en France le droit de faire interrompre et arrêter les machines »[563]. Ce pouvoir revient naturellement à l'inspecteur du Travail lorsqu'il est alerté par les membres du CHSCT. Toutefois, en cas de divergence sur la réalité du danger ou la mesure à

---

prévus à l'article L.171, l'employeur est mis en demeure par l'inspecteur du travail d'y remédier par les formes et conditions prévues à l'article précédent. L'inspecteur peut, notamment, dans les cas d'urgence, ordonner l'arrêt immédiat du travail jusqu'à ce que les mesures de prévention adéquates aient été prises par l'employeur. Les heures chômées de ce fait donneront lieu à une rémunération au même titre que des heures de travail effectif. L'employeur qui conteste le bien fondé des mesures prises par l'inspecteur du travail a la possibilité d'effectuer un recours administratif auprès du Ministre chargé du travail ».

559 Article L.4614-1 du Code du travail français.

560 Auzero G., Baugard D., Dockès E, *op.cit.,2019,* p. 1139 ; *Cf.* les articles L. 4131-2, L. 4132-2 à L. 4132-4 du Code du travail français.

561 Article L. 4614-6 du Code du travail français.

562 Cass. soc, 10 octobre1989, *RJS* 1989, n°850.

563 Verdier J. M., Coeuret A., Souriac M. A., *Droit du travail, les rapports collectifs*, 2011, Vol. 1, 15ème éd., Mémentos Dalloz, 2009, p.156.

prendre, le CHSCT est réuni d'urgence ; si aucun accord n'est réalisé entre le chef d'établissement et la majorité des membres, l'inspecteur du Travail informé peut avertir le directeur départemental du travail qui peut mettre en demeure l'employeur d'agir, ou bien saisir le juge des référés pour le voir ordonner toute mesure appropriée.

417. Au demeurant, le projet d'acte uniforme sur droit du travail ne parle pas de CHS mais de Comité en santé et sécurité au travail. Il indique que « l'inspecteur du Travail peut sur avis motivé prescrire la création d'un Comité lorsque cet effectif est inférieur à cinquante et que cette mesure est nécessaire, notamment en raison de la nature de l'activité, de l'agencement ou de l'équipement des locaux »[564]. Si le projet a abandonné le terme « hygiène » et a opté pour le terme « *santé et sécurité au travail* », il vise les mêmes missions.

418. La consultation et le droit d'alerte du CHS, même dérisoire, reste un outil de protection pour les salariés s'il fonctionne normalement. Il convient d'ajouter que la possibilité que notre Code du travail donne aux délégués du personnel d'exercer des missions du CHS, est une garantie supplémentaire malgré les insuffisances que nous pouvons noter ici et là, en pratique au quotidien au sein des entreprises. Le CHS joue le même rôle dans les toutes entreprises. Après avoir examiné les dispositions relatives à l'information, la consultation et la négociation, nous allons analyser les prévisions concernant la gestion des conflits sociaux.

---

[564] Article 159 du projet d'acte uniforme de l'OHADA relatif au droit du travail.

TITRE II - LES PREVISIONS CONCERNANT LA GESTION DES CONFLITS SOCIAUX

419. Dans le secteur privé comme dans le secteur public, les acteurs sociaux recourent souvent à « des moyens non cordiaux pour défendre leurs intérêts plus ou moins antagonistes »[565] ; des conflits individuels ou collectifs peuvent naitre de ces situations au sein des entreprises ou des services publics. Ainsi, le champ des relations professionnelles se trouve perturbé par des mouvements de salariés, ayant pour origine des problèmes ou tensions aussi bien individuels que collectifs.

420. On rapporte que « sous l'antiquité gréco-romaine, et en Egypte pharaonique, des arrêts de travail pour protester contre les conditions de travail et obtenir satisfaction des revendications ont été observés par les producteurs »[566]. Cependant, la civilisation « technicienne » qui a favorisé le développement massif du travail salarié dans les usines et manufactures est celle qui a manifestement enregistré le plus de mouvements de contestation organisée au travail, la forme la plus achevée résidant dans la grève.

421. Les dispositions du Code du travail des Territoires d'Outre-mer[567], relatives à la gestion des conflits individuels et collectifs de travail[568] ont été « recopiées » dans les législations nationales des pays francophones d'Afrique centrale et de l'ouest[569] nouvellement indépendants ; tel fut le cas du Mali en ce qui concerne le secteur privé **(Chapitre 1).** Un encadrement juridique relatif à la gestion des conflits sociaux a été, par ailleurs, prévu pour le secteur public **(Chapitre 2).**

---

[565] Djénépo M., *Droit du travail et de la sécurité sociale*, manuel de formation juridique et d'éducation civique à l'usage des étudiants, des travailleurs et employeurs, des gestionnaires et autres pratiquants du régime du personnel salarié, éd. Jamana, Bamako 2016, p. 83.

[566] *Idem.*

[567] La loi française n° 52-1322 du 15 décembre 1952 a institué un « code du travail dans les territoires et territoires associés relevant des ministères de la France d'Outre-mer » (*JORF* du 16 décembre 1952 p. 11541). Ce texte a été repris dans un premier temps dans les législations de divers pays d'Afrique après leurs indépendances.

[568] Les articles 179 et 280 du CTOM de 1952 distinguent conflits individuel et collectif, notamment, dans leur procédure de gestion.

[569] Nous faisons ici allusion aux pays francophones d'Afrique centrale et de l'Ouest suivants : Bénin, Burkina Faso, Côte d'Ivoire, Guinée, Mali, Niger, Sénégal, Togo, Cameroun, Gabon, Centrafrique, Tchad, etc.

CHAPITRE I - LE SECTEUR PRIVÉ

422. Les systèmes « de relations professionnelles en Afrique sont comme partout ailleurs, essentiellement déterminées par les conditions générales ou locales d'ordre économique, politique et social »[570]. Il faut noter que la non-maitrise des textes juridiques qui gouvernement le monde de l'entreprise et le faible taux des salaires payés aux travailleurs peuvent être sources de conflits. Ces conflits perturbent la production des entreprises qui peinent alors à atteindre leurs objectifs de production.

423. Les relations de travail dans le secteur privé[571] sont régies par les dispositions du Code du travail du Mali qui a fait l'objet de plusieurs modifications. Ces modifications ont eu pour effet la flexibilisation du marché du travail pour l'adapter aux mutations du monde de l'entreprise. Ainsi, la non-prise en compte des intérêts des employeurs et des travailleurs dans les modifications des dispositions du Code du travail entrainent fréquemment des conflits collectifs dans les entreprises. Le climat social au sein des entreprises s'en trouve perturbé. L'un des objectifs essentiels des modifications des dispositions du Code du travail devrait être la prise en compte des facteurs qui influent sur la productivité des entreprises mais aussi la protection des droits des travailleurs. Le respect des normes du travail a un impact non négligeable sur l'efficacité et le rendement des entreprises. Pour juguler les effets de ces mouvements liés à l'insuffisance de leurs protections, nous devons veiller au respect des prescriptions légales et réglementaires en la matière. Nous examinerons les types de conflit et les mécanismes de prévention dans le secteur privé **(Section 1)** ainsi que les modalités de gestion de ces conflits au regard des textes juridiques **(Section 2)**.

SECTION I - Les types de conflit et les mécanismes de prévention

424. Pour rendre le dialogue social plus efficace dans la prévention des conflits, il faut une étroite collaboration entre les partenaires sociaux, les représentants du Gouvernement et toute personne susceptible de concourir à l'apaisement du climat social. La mise en place d'une politique d'information et de communication à tous les niveaux s'avère plus que fondamentale. Toute une série d'outils et techniques doivent être utilisés pour permettre l'accès de l'ensemble des salariés ou d'une partie d'entre eux (représentants du

---

[570] BIT, *Les problèmes de travail en Afrique*, Genève, 1958, p. 245.

[571] Ce secteur est constitué de l'ensemble des entreprises dont les salariés sont visés par le champ d'application du Code du travail. Sont également considérés comme relevant du droit travail les salariés des sociétés et entreprises d'État fonctionnant sous le régime de l'OHADA notamment les SA, et à cela s'ajoute les EPA, les EPIC et les EPST. Ces sociétés sont en grande majorité affiliées au Conseil national du Patronat du Mali qui comprend des groupements professionnels.

personnel) à un ensemble d'information relevant du domaine social et économique.

425. L'information devrait être la clé de voute du management au niveau de l'entreprise. Néanmoins, le plus souvent, « l'entreprise reste perçue simplement comme un bien de l'employeur. Comme tel, elle est irradiée par la force du droit de propriété, notamment dans son caractère exclusif. C'est qu'on pense que les informations sur l'entreprise appartiennent à l'employeur, lequel peut choisir de les communiquer ou non aux autres parties prenantes aux rapports de travail, en particulier les travailleurs et leurs organisations professionnelles »[572]**.** De fait, le manque d'information ou même la désinformation des salariés peuvent être sources de conflits. Ceux-ci peuvent être individuels ou collectifs (**§ 1**) ; ils appellent en principe l'existence de mécanismes de prévention (**§ 2**).

§ 1 - Les conflits individuels et collectifs

426. En dehors du droit d'expression visé par le Code du travail[573], le droit malien du travail ne fait aucune allusion aux modalités et formes prises par les conflits individuels ou collectifs. Il indique simplement d'une part que « le différend individuel est le conflit qui oppose un ou plusieurs travailleurs à leurs employeurs à l'occasion de l'exécution du contrat de travail pour la reconnaissance d'un droit individuel »[574], d'autre part qu'« est réputé différend collectif du travail, tout conflit caractérisé à la fois par l'intervention d'un groupe de travailleurs » et « la nature collective de l'intérêt en jeu » [575]. Nous traiterons successivement des conflits individuels **(A)** puis des conflits collectifs de travail **(B).**

A. Les conflits individuels

427. Le conflit individuel est celui qui oppose un travailleur à un employeur ; il porte sur des réclamations d'ordre individuel telles que : le classement dans la convention collective de branche, la promotion interne, l'augmentation de salaire, la mutation, l'intérim d'un poste supérieur, les conditions d'exécution du travail, la qualité de service, les indemnités de rupture, la réintégration dans

---

572 Tchakoua J-M., « Dialogue social et responsabilités du droit : observations sur la situation camerounaise » in Auvergnon Ph., Kénoukon Ch. (dir.), *Dialogue social dans les pays de l'espace OHADA et ailleurs dans le monde : la part du droit*, *op. cit*, p. 160.

573 Article L.4 du Code du travail du Mali stipule que « *Dans les entreprises les travailleurs bénéficient d'un droit à l'expression sur le contenu, les conditions d'exercice et l'organisation du travail à travers les institutions représentatives des travailleurs* ».

574 Article L.192 nouveau issu de la loi n° 2017-021 du 12 juin 2017 portant modification de la loi n° 92-020 du 23 septembre 1992 portant Code du travail en République du Mali.

575 Article L.218 du Code du travail du Mali.

l'entreprise, le certificat de travail, les heures supplémentaires, le repos, les congés, etc.

428. Les conflits individuels du travail surviennent avant ou après la rupture du contrat du travail et concernent généralement la réclamation de tout ou partie du salaire, de diverses primes et indemnités présentant un caractère alimentaire ou sur l'irrespect par l'employeur de certaines clauses du contrat du travail. Un conflit individuel peut avoir une incidence collective dès lors que règlement peut créer un précédent. Nous examinerons tout d'abord les causes internes à l'entreprise **(1)**, puis les causes externes desdits conflits individuels (**2**).

1. Les causes internes à l'entreprise

429. Les conflits individuels comme souligné plus haut, surviennent généralement à la suite de réclamation de droits suite à la rupture du contrat de travail ou au cours de son exécution. La plupart des conflits qui surviennent au cours de l'exécution résultent de violations de la loi ou d'inégalités de traitement salarial, ou encore d'irrespect des dispositions du règlement intérieur[576] ou de celles d'un accord collectif, du fait de l'employeur ou du salarié. Certaines causes internes peuvent tenir à des actes de discrimination syndicale ou être liées à la personne du salarié lui-même.

430. S'agissant des causes liées à l'employeur, on retrouve ici les inégalités de traitement salarial résultant soit des négociations salariales, soit simplement de rupture de l'égalité de traitement entre les travailleurs classés dans les mêmes emplois ou dans la même catégorie[577]. La rupture de l'inégalité par le non-respect des dispositions de l'article L.95 nouveau du Code du travail est souvent source de conflit individuel. Dans cette hypothèse, le salarié peut réclamer le bénéfice de droits violés ou lésés par l'employeur ; il n'est pas rare de constater que les conflits individuels de ce genre débouchent sur des conflits collectifs.

---

[576] L'article L62 du Code du travail stipule que : « *Un règlement intérieur est obligatoire dans toute entreprise industrielle, commerciale et agricole employant au moins dix salariés* » et l'article L. 64 du même Code du travail ajoute que *: « Le règlement intérieur est établi par le chef d'entreprise. Son contenu est limité exclusivement aux règles relatives à l'organisation technique du travail, à la discipline, aux prescriptions concernant l'hygiène et la sécurité et aux modalités de paiement de salaires* » et le non-respect des dispositions relatives à la discipline peut être source de conflit.

[577] Aux termes de l'article L95 du Code du travail : « *A conditions égales de travail, de qualification professionnelle et de rendement, le salaire est égal pour tous les travailleurs, quels que soient leur origine, leur sexe, leur âge et leur statut dans les conditions prévues au présent chapitre* ».

431. Il n'est pas rare non plus de constater, dans certaines entreprises, que l'employeur fait varier les salaires en fonction d'affinités familiales ou de liens familiaux. Les salariés plus proches de la famille sont bien payés alors que ceux recrutés sur la base de leurs compétences sont moins payés ; ils tiennent pourtant les mêmes emplois, ont les mêmes contraintes d'exécution du travail, mais sont indiscutablement discriminés au regard de la convention n°100 de l'OIT que le Mali a ratifiée[578]. Ces situations sont très fréquentes dans les entreprises familiales ou non structurées où il n'existe aucun règlement intérieur, aucun accord d'établissement et peu ou pas de procédures administratives ou comptables. Ces situations se retrouvent évidemment dans l'économie informelle où le salaire est payé en fonction souvent des marchés obtenus par l'entrepreneur. Ces exemples sont très courants dans certains ateliers de menuiserie, bois et métallique à Bamako, comme également chez les teinturières.

432. Le principe de l'égalité de rémunération est étroitement lié au principe de non- discrimination[579]. Ce dernier doit être mis en œuvre pour l'ensemble des relations de travail (embauche, formation professionnelle, licenciement ....) ; on peut ici se référer, notamment, à l'article L. 1132-1 du Code du travail français qui dresse une liste importante de cas prohibés par le législateur comme constituant une discrimination. La prise en compte de « nombreux facteurs peut ainsi déboucher sur des mesures discriminatoires parmi lesquelles on identifie la rémunération. Nul ne doit être lésé en la matière en raison de son origine, de son sexe, de ses mœurs (...) de son patronyme ou de son handicap »[580]. Il faut noter que « toute disposition ou tout acte contraire à l'égard d'un salarié est nul de plein droit ». Mais, le juge saisi du seul point de savoir si le principe *« à travail égal, salaire égal »* a été méconnu par l'employeur, n'a pas à se prononcer sur une discrimination en raison de l'un des cas énumérés à l'article L.1134-1 du Code du travail français. En matière de discrimination, la Chambre sociale de la Cour de cassation a été amenée à préciser « qu'il appartient au salarié qui se prétend lésé par une mesure discriminatoire, doit soumettre au juge des éléments de fait susceptibles de caractériser une atteinte au principe d'égalité de traitement entre les hommes et les femmes et qu'il incombe à l'employeur d'établir que la disparité de situation ou la différence de rémunération constaté est justifiée par des critères

---

[578] Convention n° 100 de l'OIT sur l'égalité de rémunération entre la main d'œuvre masculine et la main-d'œuvre féminine pour un travail de valeur égale, adoptée le 29 juin 1951 et entrée en vigueur le 23 mai 1953.

[579] Bossu B., Dumont F., Verkindt P.Y., *Droit du travail, relations collectives de travail, règlementation du travail*, tome 2, LMD, Éd. Montchrestien, 2007, p. 348.

[580] *Idem.*

objectifs étrangers à toute dissémination fondée sur le sexe ou sur l'appartenance à un syndicat »[581].

433. Au-delà des cas de discriminations salariales qui peuvent exister notamment mais pas uniquement entre hommes et femmes au mépris de la convention pertinente de l'OIT[582], nous pouvons aussi constater que des conflits individuels portent sur des heures supplémentaires non payées suite soit du fait d'un mauvais pointage des heures par les chefs d'équipes, soit de l'absence de pointage des heures supplémentaires effectuées. Ces situations sont très fréquentes et concernent le plus souvent plusieurs salariés pris individuellement.

434. Les conflits individuels proviennent aussi de situations découlant du non-respect par l'employeur de certaines clauses contractuelles. Ces situations sont très fréquentes et peuvent être portées devant l'inspecteur du Travail sans que cela n'entraine une rupture du contrat de travail de l'intéressé. On peut, à titre d'illustration, le cas d'une société de gardiennage dénommée G4S ; Dans le contrat de travail de sa directrice commerciale était stipulé qu'« en fonction des marchés qu'elle apporte à l'entreprise, elle recevra un certain pourcentage d'augmentation de son salaire qui lui sera payé en fin d'année comme prime de rendement ». Pendant trois ans, la Direction de G4S[583] n'a rien payé ; lorsque la travailleuse a demandé le paiement de ses primes, la Direction de l'entreprise lui a proposé un pourcentage des montants des marchés qu'elle avait apporté à la société. En fait, le *hic* était que le contrat n'avait pas précisé un pourcentage déterminé. La divergence d'interprétation est devenue un conflit individuel ; la Directrice commerciale a saisi le Tribunal du travail pour que le droit soit dit. Il est constant que beaucoup de conflits naissent du non-respect des obligations de l'employeur découlant des contrats de travail.

435. Les conflits individuels peuvent résulter de contestations de classement des salariés dans l'entreprise au regard de la classification professionnelle des emplois annexée à l'accord d'entreprise ou d'établissement. Ainsi, en 2011, la Société des Mines d'Or de Syama (SOMISY SA)[584], dans la 3ème région administrative du Mali, a connu une série de conflits individuels liés à la

---

[581] *Ibidem*, p. 349 (*Cf.* not. Cass. soc. 28 mars 2000, précité p. 593 ; Cass. soc., 4 juillet 2000, SA Verdome, *Dr soc.* 2000, p. 919, obs. Mouly J.

[582] Convention n° 111 de l'OIT concernant la discrimination (emploi et profession) adoptée le 25 juin 1958 et entrée en vigueur le 15 juin 1960.

[583] G4S est une société de gardiennage, de surveillance et de transports des fonds de droit malien, créée depuis bientôt dix ans au Mali. Elle recrute des salariés et les forme en vue d'assurer la sécurité des personnes et des biens. Elle opère également dans le domaine des transports de fonds des banques et des privés.

[584] La SOMISY est une société minière de droit malien exploitant la production d'or dans la région de Sikasso au Mali. D'autres sociétés minières interviennent également, ainsi des sociétés NAMPALA SA et SOMIKA SA.

contestation de la classification des infirmiers recrutés dans la mine et classés en catégorie C de la grille annexée à l'accord d'établissement de la société. Cette contestation avait été au départ le fait d'une infirmière mettant en cause son classement. Dans la mesure où elle avait fréquenté l'Ecole des techniciens de santé avec une autre Dame, elle avait été reclassée en catégorie B. La contestation avait alors gagné les autres infirmières restées classées en catégorie C. La direction de l'entreprise avait saisi l'inspection du Travail territorialement compétente, mais sa décision a été contestée par les travailleurs. Un second recours a eu lieu devant la Direction nationale du Travail qui a saisi le ministère de l'éducation pour établir l'équivalence des diplômes en cause. Il a résulté de cette consultation que les infirmiers en question devraient être classés en catégorie B et non C de l'accord d'établissement de l'entreprise. Sur la base des précisions apportées par le ministère de l'Education nationale et confortées par le ministère de la Santé, le Directeur national du Travail a saisi l'employeur pour lui demander de procéder au classement des infirmiers en question à la catégorie B de la grille annexée à l'accord d'établissement. Dans la foulée, la société a procédé à l'élaboration d'un répertoire des emplois en précisant leurs contenus pour chaque direction technique contribuant ainsi à mettre fin aux reclassements potentiels d'autres salariés. De telles pratiques, sources de conflits, sont nombreuses dans les entreprises et, de fait, relativement méconnues des inspecteurs du Travail.

436. Au-delà du cas qui vient d'être indiqué, d'autres motifs génèrent des conflits individuels, singulièrement quant aux droits liés à la rupture d'un contrat de travail : indemnités de licenciement[585], de préavis de licenciement, de précarité suite à la fin des contrats à durée indéterminée[586], d'indemnités de services rendus à la suite d'une démission du travailleur, de certificat de travail non délivrés « pour punir le travailleur » [587]. D'évidence, les raisons liées à la

[585] Aux termes de l'article L.53 du Code du travail : « *En cas de licenciement et de rupture de contrat pour cas de force majeure, le travailleur ayant accompli dans l'entreprise une durée de service continue au mois égale à un an, a droit à une indemnité distincte du préavis (...). Cette indemnité n'est pas due si le licenciement est motivé par une faute lourde du travailleur* ».

[586] Aux termes de l'article D.20 du décret d'application du Code du travail du Mali, le travailleur a droit à une indemnité de précarité en cas de rupture du CDD. Cette indemnité est égale à 2,5% de la rémunération totale perçue par le travailleur pendant toute la durée du contrat et s'ajoute à celle-ci

[587] Article L61 du Code du travail stipule que : « *A l'expiration du contrat, l'employeur doit, sous peine de dommages-intérêts, remettre au travailleur, au moment de son départ définitif de l'entreprise ou de l'établissement, un certificat indiquant exclusivement la date de son entrée, celle de sa sortie, la nature et les dates des emplois successivement occupés, la catégorie professionnelle de classement de la convention collective dont le travailleur relève. Si la remise du certificat de travail au travailleur n'est pas possible du fait du travailleur, le certificat de travail est tenu à sa disposition par l'employeur. Ce certificat est exempt de tous droits de timbre et d'enregistrement, même s'il contient la formule "libre de tout engagement"*

réclamation des droits sont les plus nombreuses. Elles concernent des ruptures abusives du contrat de travail et donc des paiements de droit et, éventuellement, des dommages-intérêts. En tous cas, le déclassement de travailleurs fait l'objet de beaucoup de conflits individuels, comme celui d'API-Mali[588], voire des conflits collectifs.

437. S'agissant des causes liées au travailleur, il convient de préciser que la rupture du CDD est une source de conflits permanents dans les entreprises dans la mesure où son régime juridique n'est pas maitrisé. En effet, beaucoup de travailleurs sont illettrés et ignorent les conditions de rupture de ce type de contrat. Par ailleurs, une majorité des conflits individuels liés à la réclamation du certificat de travail sont portés devant le Tribunal du travail dans la mesure où les employeurs en font un élément de pression et de chantage sur le travailleur. Il faut observer qu'il est prévu dans les dispositions du Code du travail que : « (...) *Si la remise du certificat de travail au travailleur n'est pas possible du fait du travailleur, le certificat de travail est tenu à sa disposition par l'employeur. Ce certificat est exempt de tous droits de timbre et d'enregistrement, même s'il contient la formule "libre de tout engagement" ou toute autre formule ne constituant ni obligation ni quittance. A peine de dommages-intérêts : l'employeur ne peut fournir des renseignements tendancieux ou erronés sur le compte du travailleur* »[589]. Ceci fait qu'en principe l'employeur est obligé de mettre à disposition le certificat de travail, et que cela ne devrait pas normalement déboucher sur un contentieux judiciaire, contrairement à ce qui se passe. Il est en tous cas fréquent de constater que certains employeurs conditionnent la délivrance du certificat de travail au remboursement de dettes ou de facilités accordées au travailleur, ainsi de prêts « alimentaires », « motos » ou « voitures » ou liés à des prêts bancaires.

438. A cela s'ajoute également les conflits individuels liés aux réclamations de bulletin de salaire qui sont très rarement délivrés en dehors de quelques entreprises formelles. Pourtant, aux termes des dispositions du Code du travail, la délivrance[590] du bulletin de paie est une obligation légale servant à justifier

---

ou toute autre formule ne constituant ni obligation ni quittance. A peine de dommages-intérêts : l'employeur ne peut fournir des renseignements tendancieux ou erronés sur le compte du travailleur ».

[588] Agence de Promotion des Investissements : il s'agit d'une sorte de guichet uniquement pour faciliter les procédures de création d'entreprises au Mali dont l'installation a été soutenue par le FMI et la Banques mondiale. Suite à la dernière restructuration intervenue en 2017, des travailleurs ont été déclassés de la Catégorie A à la Catégorie B, avec certainement des diminutions de traitements, et provoqué ainsi, des actions individuelles ont été introduites devant l'inspection du Travail de Bamako.

[589] Article L61 al. 2, 3 et 4 du Code du travail.

[590] Article L104 et s. du Code du travail.

le paiement du salaire. Dans ce type de situation beaucoup de travailleurs victimes se résignent ou gardent le silence. Qu'en est-il des causes externes ?

2. Les causes externes à l'entreprise

439. Les conflits individuels peuvent avoir des causes externes à l'entreprise mais communes à la branche ou au secteur d'activité et même à d'autres branches ; nous les nommons conflits individuels de « *regard* »[591] ou de comparaison. Ces situations sont très fréquentes dans les entreprises du même secteur ou à l'intérieur d'une même entreprise dans la mesure une entreprise peut comporter plusieurs établissements[592]. A titre d'exemple, un conflit individuel relatif à une réclamation d'égalité de traitement a éclaté dans une banque de la place au Mali. La réclamation du travailleur reposait sur le fait qu'un collègue à lui d'un autre établissement et lui-même n'étaient pas classés dans la même catégorie. La différence de salaires entre les deux catégories se chiffrait à plus de deux cent mille francs CFA. L'agent de la BSIC[593] demandait pourquoi autant de différence de traitement entre lui et son collègue de la BNDA[594]. Il a décidé de saisir la direction de la BSIC de la question dans la mesure où les deux établissements bancaires étaient régis par la même convention collective de branche. La réponse donnée par la direction générale de la banque fut évasive. Le DRH estimait « que la différence de traitement s'explique par le fait que leur Directeur général pouvait de façon discrétionnaire donner des sursalaires à certains salariés, à défaut d'accord d'établissement ». Le salarié a alors saisi le syndicat national de branche[595] dont les réponses furent identiques à celles de l'employeur. L'inspection du Travail du district de Bamako ne disposait pas de base juridique pour exiger la régularisation de la situation du travailleur dans la mesure où le salaire de classement de la catégorie professionnelle au niveau de la convention collective était le même et les différences de salaires s'expliquaient par le fait que les deux agents occupaient des emplois différents dans deux banques. Il est important d'observer, dans ce cas précis, que la BNDA dispose d'un accord d'établissement dans lequel les conditions de traitement des primes et indemnités étaient clairement définies, contrairement à la BSIC qui ne disposait d'aucun accord de ce genre.

---

[591] Les conflits de « *regard* » sont des conflits qui naissent par mimétisme, des salariés se comparant à un autre ou à d'autres salariés d'autres entreprises en termes de conditions de travail et de salaire ; ceci peut dans certains cas déboucher sur un conflit collectif

[592] *Cf.* Article L.3 du Code du travail.

[593] BSIC-Banque Sahélienne pour l'Investissement et le Commerce qui finance essentiellement le secteur des petits commerçants et l'informel.

[594] BNDA : Banque Nationale de Développement Agricole qui finance essentiellement le secteur agricole.

[595] Le syndicat national de branche est le SYNABEF « Syndicat national des banques, assurances et établissements financiers » qui englobe également le secteur des assurances.

440. Au-delà de ce cas précis, plusieurs situations se présentent dans les entreprises en termes de conflit individuel de « regard ». Un cas a défrayé la chronique au Mali en 2017 après le licenciement du Secrétaire général du comité syndical de la Nouvelle Société Internationale d'Assurances (NSIA assurances). Ce conflit a été récupéré par le SYNABEF qui est le syndicat national de branche. Le syndicat a expliqué son intervention par le fait que la « liberté syndicale avait été violée » dans cette entreprise à l'occasion du licenciement du premier responsable du syndicat. Une grève générale a été déclenchée dans le secteur des banques et des assurances, privant du coup les clients de leurs ressources et cela, de surcroit, à la veille de la fête de Tabaski, les 22, 23 et 24 août 2017. Au départ, il s'agissait d'un conflit individuel interne[596] à une compagnie d'assurance mais celui-ci a rejailli sur les autres compagnies d'assurances et sur l'ensemble du secteur financier, au titre d'une violation de la liberté syndicale protégée par la convention n° 87 de l'OIT ratifiée par le Mali. Autre illustration : récemment en février 2019, le syndicat national des enseignants de l'enseignement privé catholique du Mali, a adressé un préavis de grève à sa Direction nationale de l'enseignement catholique pour manifester leur solidarité en observant une grève de 72 heures les 18, 19 et 20 février 2019. Cette grève de solidarité avait pour objectif d'appuyer la grève enclenchée par les « sept syndicats signatures du 15 octobre 2016 de l'éducation nationale »[597]. Ils estiment que les points de revendications contenus dans le préavis de grève des sept syndicats signataires du 15 octobre 2016 les concerne, à plus d'un titre notamment la question de la « prime de documentation des enseignants ».

441. De façon claire, les questions de conflits individuels sont insuffisamment traitées par la doctrine alors même qu'ils sont sources de saisines nombreuses de l'inspection du Travail et de contentieux devant les tribunaux du travail. Ils débouchent par ailleurs souvent sur des conflits collectifs ; en effet, la plupart des conflits individuels dont les motifs sont relatifs à l'amélioration des conditions de travail (durée, salaires, heures supplémentaires, congés,) sont généralement récupérés par les délégués syndicaux qui en font des motifs de préavis de grève. Des exemples ont été donnés ; on aurait pu y ajouter ceux de la mine d'or de Sadiola dans la région de Kayes en 2012, de l'Hôtel Kinspesky de Bamako en 2013, et d'API –Mali en novembre 2018.

---

[596] Cette grève générale qui s'est déroulée à la veille de la grande fête de Tabaski, fête qui occasionne habituellement des dépenses importantes (achat du mouton), a ébranlé le tissu économique.

[597] Les sept syndicats signataires du 15 octobre 2016 ont constitué une coordination d'un certain nombre de syndicats au niveau de l'éducation ationale. Cette coordination est composée des syndicats des différents ordres d'enseignement : éduction préscolaire et spéciale, l'enseignement primaire, fondamentale, secondaire général, technique et professionnel.

B. Les conflits collectifs

442. Les relations de travail sont souvent conflictuelles ; ceci peut résulter de la réclamation d'un droit individuel violé ou d'un droit collectif. En principe, les conflits collectifs résultent de la réclamation de droits collectifs violés ou de revendications visant l'amélioration des conditions de travail. En régime démocratique, la justice sociale ne procède pas seulement de règles venues d'en haut, mais elle vient aussi d'en bas, de la confrontation des intérêts des employeurs et des salariés. La reconnaissance « des libertés de représentation, d'action et de négociation collective permet d'y convertir les rapports de force en rapport de droit et de métaboliser ainsi les ressources de la violence sociale »[598]. Parmi les formes d'action collective, la grève s'est ainsi affirmée comme objet d'un droit fondamental. Elle est généralement inscrite dans les Constitutions de différents pays africains[599], en tant que fondement de la défense des intérêts des salariés qui est aussi inscrit dans la déclaration de la Philadelphie relatif à la déclaration universelle des droits de l'homme du 10 décembre 1948 en son article 23 alinéa 4.

443. L'idée de conflit collectif renvoie généralement à la grève et rarement au lock-out : « La grève manifeste l'existence d'un conflit collectif du travail, mais ne se confond pas avec celui-ci, dont elle n'est qu'une modalité. Le conflit est une chose, les formes d'action collective (grève, occupation des lieux, lock-out) utilisés au cours du conflit en sont une autre »[600]. Les conflits collectifs naissent du désaccord entre employeur et employés sur une question relative au régime du travail, de l'emploi, ou aux garanties sociales. Ils entrainent souvent « la formation de coalitions, en particulier de grèves : refus collectifs de travail des salariés, il peut aussi s'agir de lock-out : interdiction par l'employeur aux salariés de l'accès, des lieux de travail »[601]. Il demeure alors constant que la notion de conflit collectif nous renvoie à deux notions essentielles : la notion juridique de grève **(1)** et les conséquences de l'exercice du droit de grève **(2).**

1. L a notion juridique de grève

444. La vie de l'entreprise comme la vie sociale connait des périodes de tensions et de conflits. Ces derniers prennent souvent la forme de grève. En France, le préambule de la Constitution de 1946 ne parlant que du droit de

---

598 Auzero G., Baugard D., Dockès E, Droit du travail, Précis Dalloz, 32ème éd., 2019, p.1741.

599 *Cf.* Article 21 de la Constitution du Mali du 25fevrier 1992 qui dispose que : « *le droit de grève est garanti. Il s'exerce dans le cadre des lois et règlements en vigueur* » et ce même principe est énoncé dans la Constitution Sénégalaise de 2001 à l'article 25 alinéa 4.

600 Auzero G., Baugard D., Dockès E, *Droit du travail, op. cit,* p. 1743.

601 Verdier J.-M., Coeuret A., Souriac M. A., *Droit du travail,* Rapports collectifs, 2011, Vol. 1, 15ème éd., Mémentos Dalloz, 2009, p. 271.

grève en général, on s'est demandé si ce droit pouvait être invoqué par les agents de l'État et par les travailleurs des services publics. Le législateur est intervenu soit pour enlever expressément ce droit à certains fonctionnaires, soit plus tardivement pour interdire certaines modalités de grève dans les services publics[602]. La Constitution française de 1946, en affirmant l'exercice du droit de grève, a incité le Conseil d'État à renverser sa jurisprudence[603]. Dorénavant, le droit de grève existe dans les services publics y compris au profit des fonctionnaires, au même titre que pour les salariés dans l'entreprise privée.

445. Au Mali, la Constitution du 25 février 1992[604], et avant elle celles du 2 juin 1974 et du 2 juin 1960 consacre le droit de grève issue du Code du travail des territoires d'outre-mer de 1952[605]. Les principes de ce dernier ont été repris par le Code du travail de 1962 et celui de 1992 en ces termes : « *Le droit de grève est garanti à tous les salariés ; « En cas de cessation concertée de travail, la satisfaction des besoins de base des usagers, l'ordre public, la sécurité des personnes et des biens, le fonctionnement continu des installations, sont sauvegardés par l'institution d'un service minimal* (…) ». Ces principes ont été traduits dans le Code du travail de 1962 et celui du Code du travail de 1992.

446. Le Code du travail du Mali, en plus de garantir le droit de grève aux salariés du secteur privés, procède à l'institution d'un service minimal en cas de grève qui résulte de la modification du Code du travail en juin 2017. Ces différents principes du droit de grève sont repris dans les conventions collectives de branche[606] ; toutes contiennent des dispositions qui traitent du droit de grève et de son encadrement dans l'entreprise. Il est aussi important de noter que le droit de grève est aussi prévu et encadré dans le secteur public et parapublic par la loi[607]. Nous analyserons la définition de la grève et ses éléments constitutifs (**a**) et les mouvements exclus de la qualification de grève (**b**).

---

602 Auzero G., Baugard D., Dockès E, *Droit du travail*, Précis Dalloz, 32ème éd., 2019, p. 1751.

603 CE 7 juin 1950, Dehaene, JCP 1950.II.5681, concl. A. Gasier, la jurisprudence antérieure refusait le droit de grève aux fonctionnaires.

604 Article 21 de la Constitution du 25 février 1992 : « *Le droit de grève est garanti. Il s'exerce dans le cadre des lois et règlements en vigueur* ».

605 Article 209 et suivants du CTOM de 1952.

606 Le droit de grève est repris dans les conventions collectives de branche : mine, banques et assurances, pétrole, commerce, BTP, mécanique générale et de l'industrie, système financier décentralisé, CSCOM, alimentaire, enseignement privé catholique, gardiennage et transport de fonds, etc.

607 Loi n° 87-47 du 10 août 1987 sur l'exercice du droit de grève dans les services publics au Mali.

a- La définition de la grève et de ses éléments constitutifs :

447. Parce que tout mouvement collectif ne peut être qualifié de grève, il faut préciser la définition de celle-ci. Certains mouvements collectifs sont en effet étrangers à la définition jurisprudentielle de la grève et, si le salarié participe à une telle action, il commet une faute. Il convient alors de préciser que, même dans l'hypothèse où la qualification de la grève peut être retenue, l'exercice de celle-ci ne doit pas se faire de façon abusive[608]. Comme tout autre droit, le droit ne peut être absolu[609]. Aussi, « le législateur a privé certaines catégories d'agents de l'exercice de ce droit : militaires, fonctionnaires de police et CRS, personnels de l'administration pénitentiaire, magistrats, personnel du service des transmissions du ministère de l'intérieur, ingénieurs des études et de l'exploitation de l'avion civile »[610]. Ceci suscite parfois des « grèves » pour la reconquête du droit de grève. Il faut tout de suite observer que ces exclusions ou privations sont propres à la France ou à certains pays. Au Mali, les exclusions sont limitées à certains services de la Police nationale et aux forces armées (les militaires, la garde nationale et la gendarmerie nationale).

448. La définition de la grève est en France jurisprudentielle. Pour la Cour de cassation française, « la grève n'est caractérisée légalement que par un arrêt de travail concerté en vue d'appuyer des revendications professionnelles »[611]. Trois conditions sont ainsi posées, il faut un arrêt de travail, une action concertée et un but professionnel. Il convient alors de rappeler que notre Code du travail même modifié ne définit pas la grève ; au Mali, on se réfère à la définition donnée par la Cour de cassation française. L'analyse des trois éléments nous permettra de comprendre la notion.

a-1. Un arrêt de travail

449. La grève suppose « un arrêt de travail et cet arrêt doit être collectif. En revanche, « peu importe le moment, la spontanéité, la durée, l'ampleur, ou le lieu de cet arrêt collectif de travail »[612]. Cette précision notionnelle est aussi celle des tribunaux maliens ; ainsi, « en l'absence de tout texte légal ou réglementaire précisant les formes que doivent revêtir les arrêts de travail pour constituer une grève, telle modalité de grève (en l'espèce, des arrêts de travail de brève durée successifs ou répétés) ne peut être considérée en principe

---

[608] Bossu B, Dumont F, Verkindt P.-Y., *op. cit.*, p. 67.
[609] Waquet Ph., La grève, les mouvements illicites et l'abus de droit de grève, *RJS*, 3/95, 139.
[610] Auzero G., Baugard D., Dockès E, *Droit du travail*, *op. cit.*, p. 1751 ; différentes lois sont intervenues pour supprimer ou atténuer ce droit en France : lois, du 27 décembre 1947 et du 28 septembre 1948 ; ordonnances du 6 août 1958 et du 22 décembre 1958, loi du 4 juillet 1972.
[611] Cass. soc., 16 mai 1986, *RJS* 1989, n° 536.
[612] Auzero G., Baugard D., Dockès E, *Droit du travail*, *op. cit.*, p. 1755.

comme illicite »[613]. La notion juridique de grève vise un champ plus étroit que celui des pratiques de « grève » ; ceci explique que le juge disqualifie parfois des mouvements de salariés qui pensaient ou avaient pensé « faire grève ».

450. Au regard de la jurisprudence, peu importe le moment, il n'y a pas lieu d'attendre le résultat d'une procédure de conciliation. La jurisprudence exige seulement que l'employeur ait été informé des revendications professionnelles avant l'arrêt de travail, peu importe les modalités de cette information[614]. De façon générale, les arrêts de travail aussi bien courts que fréquents, ne sont pas dans le secteur privé précédé de préavis de grève.

451. Au Mali, le Code du travail n'avait pas règlementé le préavis ; il était seulement prévu dans la loi sur la grève dans le secteur public un préavis de quinze jours[615]. Ceci a entrainé des jours d'arrêts de travail et des « grèves sauvages » dans le secteur privé. Les syndicats déposaient des préavis et partaient aussitôt en grève sans donner la possibilité à l'employeur de tenter une conciliation même informelle. L'abus de ces pratiques a conduit le CNPM à demander que soit introduite, dans le Code du travail, la notion de délai de préavis et à le fixer à quinze jours avant le déclenchement du mouvement. C'est très récemment que ce délai de préavis[616] a été introduit, à la suite de discussions avec les syndicats les plus représentatifs et les employeurs lors de la modification de certaines dispositions du Code du travail en juin 2017.

452. Il existe plusieurs formes de grève allant de celle qualifiée du zèle, de perlée, de tournante, de solidarité, à la grève dite « thrombose »[617] ; toutes demeurent licites à condition qu'il n'y ait pas désorganisation de l'entreprise[618]. En présence d'une désorganisation, la grève, licite à son origine, devient abusive. Il y a aussi ce qu'on appelle « la grève « *sur le tas* », peu importe le lieu où les grévistes accomplissent leur mouvement. Ils peuvent

---

613 *Idem.*

614 Cass. soc., 7 juin 1975, *Dr. soc.* 1995, 836 ; Cass. soc., 28 février 2007, n° 06-40944P, D. 2007, p. 867.

615 Article 2 de la loi n° 87-47 du 10 août 1987 sur l'exercice du droit de grève dans les services publics qui stipule que : « *l'usage du droit de grève par les catégories de personnels visés par l'article 1er de la présente loi doit être précédé d'un préavis. Le préavis doit préciser les motifs du recours à la grève, le lieu de la grève, l'heure du début ainsi que la durée limitée ou le non de la grève envisagée. Le préavis doit parvenir quinze jours avant le déclenchement de la grève à l'autorité hiérarchique de gestion territorialement compétente* ».

616 Article L.231-2 nouveau du Code du travail du Mali : « *La grève doit être précédée d'une période de préavis au cours de laquelle les parties sont tenues de négocier. La durée du préavis est de 15 jours calendaire* ».

617 La grève « thrombose » correspond à l'arrêt de travail d'un petit nombre de salariés occupant un point de passage obligé dans le processus de la production va permettre de paralyser le fonctionnement de l'entreprise ou une partie ce celle-ci.

618 Cass.soc., 7 janvier1988, *Dr. soc.* 1988, 156, Obs. Mazeaud A.

rentrer à leur domicile, mais afin de se concerter, il est fréquent qu'ils restent sur le lieu de travail : la grève a lieu « sur le tas », au moins pendant la journée »[619]. Elle ne doit pas être confondue avec une simple réunion pendant le temps de travail, sauf si cette réunion est à l'appui de revendications professionnelles[620].

a-2 – Une action concertée

453. La grève est un acte collectif qui suppose une cessation collective et concertée du travail. On ne peut en principe faire grève tout seul, car il faut un arrêt collectif de travail ; plusieurs salariés peuvent se mettre d'accord pour cesser le travail. Celui qui décide seul de faire grève est en état d'insubordination[621]. Cependant deux précisions sont importantes ; un salarié seul peut faire grève s'il est seul salarié de l'entreprise[622], ou s'il répond à un mot d'ordre plus large voire régional ou national. Le caractère collectif de la grève est apprécié de façon libérale ; peu importe l'étendue ou l'ampleur de l'arrêt de travail. Une grève peut n'être le fait que d'une minorité. Pour la Cour de cassation française, « un arrêt de travail ne perd pas le caractère d'une grève par le seul fait qu'il n'a pas été observé par la majorité du personnel »[623].

454. De plus le mot « concerté » n'emporte pas un vote des salariés de l'entreprise, il n'implique pas une véritable convention entre les travailleurs[624] ; la simple coïncidence des volontés individuelles est suffisante. Il s'agit bien d'une conception libérale de la grève adoptée par la Cour de cassation française. Ceci fait que même les grèves « spontanées » ou « sauvages sont licites. Le droit de grève étant reconnu à tous les salariés, il s'agit de l'exercice d'une liberté individuelle dans un cadre collectif.

a-3 – L'appui de revendications professionnelles

455. En règle générale, peu importe l'objet des revendications, tout ce que la jurisprudence exige c'est qu'il existe des revendications professionnelles non satisfaites[625]. La « grève professionnelle licite » est non seulement celle qui tend à obtenir une augmentation des salaires, à obtenir de meilleures conditions de travail, ou à contraindre l'employeur à remplir ses engagements, mais encore celle lancée pour s'opposer au licenciement de représentants du

---

[619] Auzero G., Baugard D., Dockès E, Droit du travail, Précis Dalloz, 32ème éd., 2019, p.1760.
[620] *Ibidem*, p. 1761.
[621] Bossu B., Dumont F., Verkindt P.-Y., Droit du travail, éd. Montchrestien 2011, p. 70.
[622] Cass. soc., 23 novembre 1996, *Dr. soc.* 1996, p. 1108, Obs. Ray J.-E.
[623] Bossu B., Dumont F., Verkindt P.-Y., *op. cit.*, p.70.
[624] *Ibidem*, p.71.
[625] Cass. soc., 13 novembre 1993, *RJS*. 1/194, n° 72.

personnel, ou à un licenciement collectif pour défendre l'emploi en général, ou pour défendre l'exercice du droit syndical[626].

456. Au Mali, en août 2017, une grève des banques et des compagnies d'assurance a fortement secouée l'économie malienne ; son objet était la défense de l'exercice du droit syndical suite au licenciement par le groupe NSIA[627] assurances vie et non vie, du Secrétaire général du comité syndical. L'employeur avait procédé au licenciement du syndicaliste sans respecter les procédures imposées par le Code du travail concernant le licenciement d'un délégué syndical ; la décision de licenciement était intervenue à la suite d'un e-mail que la syndicaliste avait adressé à l'employeur en sa qualité de Secrétaire général dudit comité syndical ; l'employeur avait trouvé le message par trop virulent et lui avait adressé une demande d'explication. Pour défendre la liberté syndicale les travailleurs ont estimé qu'il était nécessaire de répondre collectivement pour protéger le Secrétaire général qui n'avait fait que son travail. Cette réponse collective des salariés a été considérée comme une non-réponse du Secrétaire général du comité syndical, et à une insubordination pouvant justifier son congédiement pour avoir refusé manifestement de répondre à la demande d'explication adressée par son Chef.

457. Ce licenciement a entrainé une grève générale de trois jours sur toute l'étendue du territoire nationale à l'appel du SYNABEF, cela à la veille de la fête de tabaski de 2017. Cette grève de solidarité de l'ensemble des banques et assurances de la branche a été critiquée comme anormale et illicite par beaucoup d'observateurs. Mais en fait, « la grève générale » déclenchée avait comme fondement, aux dires des syndicalistes, la défense de la liberté syndicale si chèrement acquise, ces derniers soulignant « qu'à ce rythme il n'y aura plus de syndicalisme dans les banques au Mali et qu'ils seront tous licencier un jour, pour activité syndicale » [628]. La grève générale est en soi licite, même si la Cour de cassation française l'a d'abord nié, mais cette dernière estime aujourd'hui, que « la capacité de l'employeur à satisfaire les revendications des salariés est sans incidence sur la légitimité de la grève »[629].

458. La question qui taraude l'esprit, est en revanche de savoir si la grève de solidarité est licite ? Ainsi, la grève du SYNABEF pour défendre la liberté syndicale dans les banques et assurances au Mali, a réveillé les discussions au

---

[626] Cass. soc. 30 mars 1999, Bull. civ. V, n° 140.
[627] Le Groupe NSIA (Nouvelle Société Internationale d'Assurance) est une filiale du groupe NSIA ASSURANCES basé en Côte d'Ivoire, spécialisé dans l'assurance complémentaire vie et l'assurance non vie des véhicules à moteurs terrestres conformément au Code CIMA.
[628] Selon les propos de Monsieur Yacouba Katilé, Secrétaire Générale du l'Union Nationale des Travailleurs du Mali (UNTM) à laquelle centrale est affiliée le SYNABEF. Ce syndicat regroupe le secteur des banques et assurances et des établissements financiers.
[629] Cass. soc., 23 octobre 2013, *RTM*, n° 06-17802.

sein des Facultés de droit sur la légalité d'une telle grève. Il convient de préciser que la grève de solidarité externe à l'entreprise, « a été jugé non abusive par la Chambre criminelle », même en cas de grève générale « pour l'emploi, le pouvoir d'achat, la défense du droit syndical », car elle cherche à obtenir la satisfaction de revendications d'ordre social et professionnel, « lesquelles pour être générales et communes à un très grand nombre de travailleurs n'en étaient pas moins de nature à intéresser les salariés de l'entreprise »[630].

b) -Les mouvements exclus de la grève

459. A partir de la définition donnée de la grève, la jurisprudence exclut de cette définition certains mouvements collectifs. Ces auteurs ne peuvent pas bénéficier de la qualification donnée à la grève par la jurisprudence et dont nous venons d'exposer les contours. La grève supposant un arrêt de travail, le contrat de travail se trouve alors suspendu. Certaines formes de grève, comme la « *grève perlée* », sont exclues de cette définition dans la mesure où il s'agit là d'une exécution défectueuse du travail ; le contrat de travail n'étant pas suspendu, le travail se fait au ralenti. Cette situation pourrait être sanctionnée pour faute disciplinaire du salarié[631].

460. Il faut noter qu'ici ou ailleurs, les travailleurs s'adonnent très souvent à des mouvements que la jurisprudence ne qualifie pas de grève au sens réel du terme : « l'exécution du travail dans des conditions autres que celles prévues au contrat » sont des « comportements qui se placent sous le couvert du droit de grève, mais ne sont pas des grèves ». La Cour de cassation française disqualifie ce type de mouvement : les « salariés travaillent dans des conditions autres que celles imposées par l'employeur »[632] que précisément ils revendiquent.

461. Au Mali, les *sit-in* sont fréquents. On se demande si cette forme de manifestation entre ou non dans la définition de la grève telle que donnée par la jurisprudence. On est tenté de répondre par un « oui » dans la mesure où il y a une cessation collective de travail. Ces *sit-in* durent souvent deux heures ou toute une matinée. Faute de jurisprudence de la Cour suprême du Mali sur la question, nous sommes d'avis que cette forme de grève rentre bien dans la définition de la jurisprudence de la Cour de cassation française. Toutefois, les salariés ne peuvent pas, eux-mêmes, satisfaire leurs revendications. La Cour

---

630 Auzero G., Baugard D., Dockès E, Droit du travail, Précis Dalloz, 32ème éd., 2019, p. 1763.
631 Cass. soc., 18 octobre 1956, *Dr. soc.* 1957, p. 235 (le refus de travail, non précédé par la formulation de revendications, est un acte d'indiscipline non une grève).
632 Auzero G., Baugard D., Dockès E, *Droit du travail*, Précis Dalloz, 32ème éd., 2019, p. 1767.

de cassation française a ainsi précisé que « le droit pour les salariés de recourir à la grève ne les autorise pas, sous son couvert, à exécuter leur travail dans les conditions qu'ils revendiquent autres que celles prévues par leur contrat de travail »[633]. Ceci nous conduit à examiner les conditions d'exercice du droit de grève.

2. Les conséquences de l'exercice du droit de grève

462. La grève étant l'exercice d'un droit, elle ne saurait entrainer, pour le travailleur, la perte de son emploi. Il faut signaler que malgré sa valeur constitutionnelle au Mali[634], le droit de grève est mal protégé contre les atteintes dans son exercice. Par ailleurs, le travailleur qui n'a pas fourni sa prestation, sera privé de son salaire. Nous allons examiner les conséquences de l'exercice normal et anormal du droit de grève (**a**) et les ripostes à l'exercice du droit de grève (**b**).

a) L'exercice normal du droit de grève :

463. Au regard des dispositions du Code du travail malien, « la grève ne rompt pas le contrat de travail sauf faute lourde du travailleur »[635]. Il ressort de cette disposition du Code *qu'a priori* la grève ne peut pas être un motif de rupture du contrat lorsqu'elle est effectuée dans les conditions décrites par le même Code. Ceci suppose que pendant la grève le contrat de travail est suspendu et que son exécution reprend à la fin du mouvement collectif. *A priori*, l'exercice normal du droit de grève ne peut pas rompre le contrat de travail. En France, l'article L.2511-1 du Code du travail dispose lui-même que « l'exercice du droit de grève ne peut justifier la rupture du contrat de travail sauf faute lourde imputable au salarié ».

464. Il convient aussi de rappeler que la notion de « faute lourde » n'est pas définie par le Code du travail ; elle relève de la jurisprudence ; dès lors que le contrat de travail est suspendu, et même le règlement intérieur sont suspendus, la question de la sanction des salariés pendant la grève se pose avec acuité. Est-il possible de sanctionner un travailleur lorsqu'il commet une faute qui relèverait de l'appréciation d'une faute lourde ?

---

[633] Cass. soc., 21 juin 1989, Bull. civ. V, n° 457.

[634] Aux termes de l'article 19 de la Constitution du 25 février 1992 du Mali « Le droit de grève est garanti. Il s'exerce dans le cadre des lois et règlements en vigueur ». Il doit être précédé d'un préavis de 15 jours.

[635] Aux termes de l'article L231-2 de la loi 2017-021 du 12 juin 2017 portant modification de certaines dispositions du Code du travail, « la grève ne rompt pas le contrat du travail sauf faute lourde du travailleur ».

465. La faute lourde est définie par la jurisprudence comme « toute faute dictée par l'intention de nuire à l'employeur ou à l'entreprise ». La Chambre sociale et la Chambre criminelle de la Cour de cassation française « déduisent de la reconnaissance constitutionnelle du droit de grève, pour la première, et de la volonté des grévistes, pour la seconde, que la grève ne saurait dorénavant entrainer la rupture des contrats de travail »[636]. Donc, si la grève est licite, l'employeur qui met fin au contrat d'un gréviste prononce un licenciement illégal et « non plus seulement abusif et dépourvu de toute cause réelle et sérieuse ». La Cour de cassation affirme clairement « qu'un salarié gréviste ne peut être licencié ou sanctionné, à raison d'un fait commis à l'occasion de la grève à laquelle il participe que si ce fait est constitutif d'une faute lourde »[637].

466. Il convient également de rappeler que la suspension du contrat de travail et du lien de subordination font que l'employeur n'a plus « la qualité de commettant » au sens de l'article 1384 du Code civil et ne répond donc plus des dommages causés aux tiers par le salarié ; de même, l'accident dont le salarié gréviste peut alors être victime n'est pas considéré comme accident de travail et ne sera pas pris en charge par la caisse de sécurité sociale. La suspension du contrat de travail rejaillit également sur le salaire. Ainsi, « la retenue doit être strictement proportionnelle à la durée de l'interruption de travail »[638].

467. Il convient de revenir que le fait que le Code du travail du Mali a ajouté la condition particulière dans le secteur privé de l'observance d'un préavis ; cela suppose que la grève doit être précédé d'un préavis[639] de quinze jours dans les services privés et parapublics régit par le Code du travail. Ceci en fait une condition de validité même de la grève. La question du service minimum est aussi règlementée par notre Code du travail modifié[640]. Ces deux innovations majeures sont calquées sur la grève dans le secteur public.

---

636 Auzero G., Baugard D., Dockès E, *op. cit.,* p 1768 ; voir Cass. Soc.25 avril et 26 juin 1952, *Dr. soc.*1953. p. 433 et 535.

637 Cass. soc.16 déc. 1992, *Dr. soc.* 1993, 291, note J. Savatier. Une procédure ou une sanction disciplinaire constitue, dès lors, un trouble manifestement illicite et peut être suspendue par la formation de référé en conseil de prud'hommes.

638 Auzero G., Baugard D., Dockès E, *op. cit.,* p 1772.

639 Aux termes de l'Article L.231-1 nouveau du Code du travail malien : « *La grève doit être précédée d'une période de préavis au cours de laquelle les parties sont tenues de négocier. La durée du préavis est de 15 jours calendaires* ».

640 Aux termes de l'article L.231. nouveau du Code du travail : « *Le droit de grève est garanti à tous les salariés. En cas de cessation concertée de travail, la satisfaction des besoins de base des usagers, l'ordre public, la sécurité des personnes et des biens, le fonctionnement continu des installations, sont sauvegardés par l'institution d'un service minimal. Un décret pris en Conseil des Ministres, fixe après consultation des organisations syndicales d'employeurs et de travailleurs les plus représentatives, la liste des services et des emplois strictement indispensables à l'exécution du service minimal* (…) ».

b) L'exercice anormal du droit de grève

468. Les jurisprudences administrative et judiciaire s'accordent pour considérer que le droit de grève est, comme tout droit, susceptible d'exercice abusif. De nombreux actes illicites peuvent être commis au cours de l'exercice d'une grève (vols, violences, séquestration, etc.). Ils relèvent en principe de la responsabilité individuelle de ceux qui les commettent et n'ont pas pour effet de modifier la nature de la grève[641]. Ces actes peuvent donner lieu à diverses sanctions civiles, disciplinaires ou pénales mais ne suffisent pas à caractériser l'abus de droit en tant que tel. De même, le recours à la grève est-il interdit avant l'épuisement des voies de règlements ouvertes par le Code du travail ? Pour répondre à cette interrogation, il convient de préciser que la grève est interdite pendant la phase de conciliation ouverte par le Code du travail. Dans ce cas précis, le Code du travail du Mali énonce que : « *la grève est illicite pendant la procédure de conciliation et dès qu'une décision arbitrale a acquis force exécutoire* »[642].

469. L'exercice de la grève n'est pas sans conséquence. Il peut y avoir faute lourde ou délit pénal. La faute lourde, selon la jurisprudence du Cour de cassation, est celle qui, présentant un caractère grave nécessitant la rupture et le départ immédiat du salarié, a en plus été commise par celui-ci avec l'intention spécifique de nuire et rend impossible le maintien des relations de travail[643]. Le juge retient généralement pour faute lourde justifiant la rupture des liens contractuels sans indemnités de licenciement et de préavis, sauf l'indemnité de congé non jouit, les faits suivants : la participation à une grève illicite ou abusive, la constitution de piquets de grève, l'occupation des lieux du travail, l'inexécution de service de sécurité, incendie, entrave à la liberté de travail, séquestration de cadres ou de dirigeants de l'entreprise.

470. Selon l'article L.231-2 du Code du travail malien, modifié, les contrats sont rompus sans autres droits que le salaire impayé et l'indemnité de congé acquis à cette date. La violation du droit de propriété, entrave à la liberté de travail[644], séquestration, violences, voies de fait sont considérés comme des délits pénaux. La jurisprudence estime que l'occupation de l'entreprise, lorsqu'elle est une modalité de la grève, est en principe licite. En revanche, elle peut être à l'occasion de fautes commises par les salariés, notamment en cas d'atteinte à la liberté du travail[645].

---

641 Cass. soc.,18 janvier 1995, Bull. civ, n° 27.

642 Article L231-1 nouveau du Code du travail.

643 Cass. soc., 28 mars 2018, n°16-26013.

644 Aux termes de l'article du Code pénal du Mali : « *l'entrave à la liberté de travail est un délit puni par une peine d'emprisonnement allant d'un à cinq (5) ans d'emprisonnement* ».

645 Cass. Soc., 9 mars 2011, n° 10-11.588, Dr. ouvrier 2011. 627, note de P. Darves-Bornoz : l'occupation des locaux n'est pas un trouble manifestement illicite, en l'absence d'atteinte à la

471. Il faut cependant noter que l'employeur a les moyens de riposter à la grève, par le service minimum, la réquisition ou le lock-out. Au Mali, la notion de service minimum est beaucoup plus connue dans le secteur public ; mais dans le secteur privé, elle a été introduite très récemment dans le Code du travail modifié en juin 2017[646], tout comme la notion de réquisition[647] de salariés en cas de grève dans les services essentiels et lorsque ce service minimal n'a pas été observé par les travailleurs du secteur privé. Ces notions sont encore vagues et ne pourront être mises en œuvre que dans les textes réglementaires d'application du Code du travail ou dans les conventions collectives de branche. Cependant, le lock-out, qui consiste à la fermeture de toute l'entreprise ou d'une partie de l'entreprise à l'occasion d'un conflit collectif fait l'objet d'une prohibition de principe. Il est considéré comme une pression volontaire de l'employeur sur les travailleurs pour les contraindre à abandonner leurs revendications. Le lock-out est en principe interdit[648]. Il constitue une entrave au droit de grève ou à la grève tout court.

472. Qu'en est-il au Mali ? En pratique le lock-out est un héritage du droit français de la grève, il n'est presque pas pratiqué au Mali. Des bribes de pratiques se rencontrent essentiellement dans les entreprises familiales dans lesquelles l'employeur agit et réagit en maitre absolu. Cela s'explique aussi par le fait que les salariés sont majoritairement les membres de sa famille. La pression est beaucoup facile ; généralement dans ces entreprises, il est rare de voir des syndicats créés, à plus forte raison, le droit de grève s'exercer. Récemment, les 11 et 12 février 2019, la Confédération générale des Transporteurs Terrestre et Fluviaux affiliée au Centre national du Patronat du Mali a pratiqué une forme d'action n'ayant en réalité rien à voir avec le lock-

---

liberté du travail, de dégradation, de violence, de séquestration ou d'autres comportements dangereux à l'égard des personnels présents sur le site.

[646] Article L.231. nouveau stipule que: « *Le droit de grève est garanti à tous les salariés. En cas de cessation concertée de travail, la satisfaction des besoins de base des usagers, L'Ordre public, la sécurité des personnes et des biens, le fonctionnement continu des installations, sont sauvegardés par l'institution d'un service minimal. Un décret pris en Conseil des Ministres, fixe après consultation des organisations syndicales d'employeurs et de travailleurs les plus représentatives, la liste des services et des emplois strictement indispensables à l'exécution du service minimal. Les personnels pourront être requis par l'autorité administrative dans les cas suivants :*
- lorsqu'un secteur public essentiel est interrompu par une grève illégale ; - lorsque dans un secteur important de l'économie, un arrêt total et prolongé du travail peut provoquer une situation telle que la vie, la santé où la sécurité de la population peuvent être mises en danger.
Tout travailleur qui n'exécute pas ou cesse, même temporairement, d'exécuter un ordre de réquisition lui ayant été régulièrement notifié, peut, selon le cas, être licencié de son emploi, sans préavis ni indemnité ».

[647] Voir le même article L231 nouveau du Code du travail.

[648] Cass. soc., 24 janvier 1968, Bull. civ. V, n° 51.

out. L'ensemble des griefs formulés dans leur préavis, étaient adressés au Gouvernement notamment les tracasseries policières dont sont victimes les compagnies de transports.

473. En interrogeant la jurisprudence récente, on observe que « seuls les cas de voie de fait, de situation d'insécurité ou d'atteinte aux personnes pouvaient légitimer une mesure de lock-out »[649]. Cependant, il semble que nous ne sommes pas dans un cas de revirement de jurisprudence ; en effet, en cas d'occupation des lieux de travail, la « situation contraignante » suppose que l'employeur ait sollicité l'évacuation des lieux de travail. Pour la Cour de cassation française, « l'employeur qui, à la suite d'un mouvement de grève, procède à une fermeture de l'entreprise, doit apporter la preuve d'une situation contraignante de nature à le libérer de son obligation de fournir du travail à ses salariés »[650].

474. Nous constatons enfin qu'au Mali les grèves sont pratiquées, en principe, en observant les règles édictées par le Code du travail (délai de préavis) et les conventions collectives de branche. Les piquets de grève existent ainsi que des abus dans leur exercice, dans la mesure où il n'est pas rare de voir des syndicalistes contraindre les non-grévistes à quitter le lieu de travail[651]. Se pose alors un problème de méconnaissance, dans beaucoup de secteurs, des règles qui régissent la grève. Le besoin de formation des syndicalistes se pose ainsi avec acuité et le ministère du Travail a sollicité à maintes reprises le BIT pour engager des formations en faveur des délégués syndicaux des entreprises et même des responsables dirigeants des centrales syndicales. Tout le monde a intérêt que cela se fasse pour que le droit de grève reconnu mais « *méconnu* » par les acteurs soit une réalité.

475. En jurisprudence, a été soulevé le problème de l'action des grévistes vis-à-vis des non-grévistes pour le paiement des salaires, en termes de responsabilité individuelle et non « in solidum » des responsables des grévistes pour comportement illicites commis lors de la grève[652]. Il est alors constant que les non grévistes vont bénéficier du paiement des jours de grève tandis que les grévistes seront privés de leur salaire, de même qu'ils pourront être poursuivi au civil et au pénal pour les dommages causés aux employeurs ou à l'employeur. Il est donc nécessaire de prévoir des mécanismes de prévention.

---

[649] Cass. soc., 17 décembre 2013, n° 12-23006 P., cité dans : Auzero G., Baugard D., Dockès E., *op. cit.*, p 1772.

[650] Cass. soc., 7 février 1990, Bull. civ. V, n° 42.

[651] Cette situation a été constatée dans différents collectifs dans les entreprises minières mais aussi lors de la grève du syndicat national des banques, assurances et établissements financiers du Mali au mois de septembre 2017. Ces situations ont été rapportées aussi dans la grève du syndicat de la Direction du commerce et de la concurrence en juillet 2017.

[652] Cass. soc., 30 janvier 1991, n° 89-17.332, publié au bulletin.

Ainsi, nous faut-il examiner ces mécanismes qu'on soit en présence de conflits individuels ou collectifs dans l'entreprise.

§ 2 - Les mécanismes de prévention

476. Un conflit social ne survient jamais par hasard. Pour que les représentants des travailleurs puissent lancer un ordre de grève, encore faut-il qu'ils aient des raisons d'arrêter le travail. Les représentants des travailleurs ne seront écoutés que si, aux yeux des salariés, « ça ne peut plus continuer comme ça ». Il ne sert à rien de mettre en cause la volonté qu'on leur prête souvent de « saisir toutes les occasions pour embêter la direction de l'entreprise »[653]. S'ils sont suivis, c'est qu'il y avait des tensions sociales dans l'air.

477. Les tensions sociales peuvent avoir été provoquées par la multiplication de faits irritants, rendant difficile la vie de travail. Ces faits irritants, toutefois, demandent à être situés dans un contexte plus général. Selon le cas, ils seront considérés comme autant de détails désagréables, mais au fond sans grande importance ou, au contraire, comme le signe d'une grande insatisfaction. Ainsi, « *si la direction ne fait pas en sorte qu'on ait les bons outils quand il le faut, c'est qu'elle se fiche bien de nos conditions de travail lance un délégué du personnel* ». Il s'agit là bien du signe d'un malaise au sein des salariés. On prête parfois à la direction une intention ou une volonté qui peut être n'est pas la sienne. Dans tous les cas, il y a là une insatisfaction qui va pouvoir être confortée par divers actes posés par la direction et déboucher sur un conflit collectif. On se trouve souvent en face d'une sédimentation des motifs d'aigreur et d'accumulation des tensions sociales. Il est fréquent de constater que ces dernières se développent sur un fond d'interprétation de faits liés à la gestion de la direction de l'entreprise. Il est donc important de donner une réponse appropriée à ces situations en fonction des facteurs internes et externes afin qu'elles ne débouchent pas sur un conflit individuel ou collectif. Ainsi, la sensibilisation au niveau de l'entreprise **(A)** et l'animation des CHS sont des mécanismes de prévention **(B).**

A. La sensibilisation au niveau de l'entreprise

478. Les relations du travail sont très souvent sujettes à des conflits entre l'employeur et le travailleur au regard de questions intéressant leurs intérêts et droits respectifs. Il est dès lors important que des mécanismes de prévention soient en place au niveau de l'entreprise afin de parvenir à un règlement amiable avant qu'ils ne dégénèrent avec les conséquences que l'on sait pour les deux parties. Nous examinerons les mécanismes internes de prévention **(1),**

---

[653] Landier H., Labbé D., *Prévenir les conflits sociaux dans l'entreprise : prévention, stratégie, médiation, cadre juridique*, Liaisons sociales, 2013, p. 58.

puis les mécanismes externes **(2),** notamment le rôle de l'inspection du Travail.

1. Les mécanismes internes de prévention

479. Pour prévenir les conflits ou un conflit dans l'entreprise, il faut que les mécanismes internes de consultations préalables fonctionnent normalement. Il s'agit des attributions consultatives des délégués du personnel mais aussi de celles des délégués syndicaux conformément aux dispositions du Code du travail[654]. Ceci suppose que l'employeur communique avec les représentants des travailleurs dans l'entreprise. La loi reconnait le droit d'expression des salariés y compris les cas de consultation préalable par l'employeur. Cette communication consiste à agir en amont sur les facteurs de maturation et d'allumage des conflits. Il s'agit donc d'améliorer : la communication en renforçant notamment l'écoute, la cohésion en supprimant les clans, la confiance en évitant les préjugés, les conditions de travail.

480. Renforcer la communication par l'écoute suppose la consultation des délégués syndicaux et des délégués du personnel, conformément à leurs missions statutaires déjà examinées. Au regard des missions du délégué du personnel, l'employeur doit recueillir son avis dans diverses hypothèses prévues par le Code du travail, par exemple sur les propositions de reclassement d'un salarié victime d'un accident de travail ou d'une maladie professionnelle et devenu médicalement inapte à reprendre son emploi[655].

481. Aux termes des dispositions de l'article L.274, « *Les délégués sont reçus collectivement par le chef d'établissement ou son représentant au moins une fois par mois ; ils sont, en outre, reçus en cas d'urgence sur leur demande* ». Ces consultations sont l'occasion pour l'employeur d'agir sur les facteurs de tensions et d'expliquer les causes des changements organisationnels sources d'incertitudes et de peurs pour les salariés du lendemain, et d'effacer les préjugés en donnant la bonne information aux délégués sur la situation réelle de l'entreprise. Il s'agit d'agir sur les « facteurs d'allumage » et de diminuer les mauvaises interprétations des intentions que l'on prête à la direction de l'entreprise. Le déficit de communication entre cette dernière et les représentants des travailleurs est, de nos jours, source de motifs de frustration des salariés, voire des délégués du personnel.

482. Nous pouvons affirmer qu'au Mali beaucoup de conflits naissent du mépris de la direction envers le comité syndical de l'entreprise. L'exemple de

---

[654] Aux termes de l'article L.5 du Code du travail : « Dans les entreprises les travailleurs bénéficient d'un droit à l'expression sur le contenu, les conditions d'exercice et l'organisation du travail à travers les institutions représentatives des travailleurs ».

[655] Cass. soc., 20 avril 2003, *Dr. soc.* 1978, p. 787, Obs. J. Savatier.

l'abattoir frigorique de Bamako en est une parfaite illustration[656]. En 2011, les travailleurs ont observé des grèves répétitives à la suite du refus de la direction de l'entreprise de recevoir le comité syndical d'alors, tout simplement parce qu'elle estimait que le Secrétaire général du comité syndical n'était pas la bonne personne ; Cette situation a conduit le comité syndical a déposé plusieurs préavis de grève, simplement parce que la direction de l'entreprise avait des préjugés sur la personne du Secrétaire général dudit comité. Lors de la tentative de conciliation entre les parties, l'employeur a reconnu son tort. Ceci a permis au comité syndical de lever son mot d'ordre de grève.

483. Il faut noter que dans la plupart des cas de dénonciations, les syndicats ou les salariés mettent en avant les mauvaises conditions de travail et qui sont généralement les véritables motifs des conflits individuels ou collectifs. Ces différentes dénonciations prennent corps en une opinion partagée par les salariés, dénonçant les mauvaises conditions de travail et la tension devenant palpable par ces mots « cette chaise inconfortable », il s'agit de trouver une explication et de désigner des coupables. On est alors dans le registre émotionnel. « *Si la chaise est inconfortable c'est parce que la direction se fiche bien des conditions de travail, la preuve étant que sinon elle aurait déjà changé* (…) »[657]. Dans la pratique ce registre émotionnel prédomine au sein des syndicats. Il faut donc se parler et dissiper les préjugés.

484. Dans ces situations de réclamations décrites dans ci-haut, il peut arriver que le supérieur hiérarchique, de l'agent qui se plaint de sa chaise, n'ait pas transmis la demande ou que la direction ayant un budget moindre, pourrait penser que la chaise pourrait faire un ou deux ans. Il peut aussi arriver que la réponse de la Direction générale de l'entreprise n'ait pas été donnée à l'agent qui se plaint. L'agent qui réclame n'a pas l'information, il est donc réduit à des conjectures. L'absence de réponse venant de la direction va aggraver son interprétation, qu'il formulera avec d'autant plus d'agressivité « *il dira qu'il a même mal au dos* ». Il faut donc agir sur les facteurs d'accumulation des tensions et mais comment ?

Il faut alors organiser les réunions d'information, procéder à des évaluations périodiques des besoins du personnel, dynamiser le dialogue social et la concertation, le partage d'informations : c'est en cela que le dialogue social au niveau de l'entreprise prend tout son sens et constitue un puissant outil de prévention des conflits.

---

[656] L'entreprise de droit privé qui pour mission de l'abattage des bovins, ovins et caprins selon les règles du rite musulman et dont les viandes sont contrôlées par les services vétérinaires de l'État avant consommation par le public. Il est représenté dans région du Mali.il est d'ailleurs la seule entreprise autorisée à faire de l'abattage au Mali.

[657] Landier H., Labbé D., Prévenir les conflits sociaux dans l'entreprise : prévention, stratégie, médiation, cadre juridique, *op. cit.*, p. 66.

485. Dans l'entreprise, le comité syndical[658] joue un rôle extrêmement important, dans la prévention, notamment par la négociation des cahiers de doléances. Il s'agit ici de revendications. Il faut observer que cette pratique très répandue au Mali. Périodiquement, les comités syndicaux d'entreprises déposent des cahiers de doléances contenant les préoccupations diverses des travailleurs relatives, notamment, à l'amélioration des conditions de travail, au salaire et au régime des heures supplémentaires, à la durée du travail, aux mesures d'hygiène et de sécurité, à la médecine du travail, aux accidents de travail et même l'instauration d'un fonds social.

486. Les discussions autour de ces cahiers permettent de prévenir les conflits et doivent être entourées de toutes les garanties nécessaires de confiance entre la direction et le comité syndical. Il n'est pas rare de voir que les discussions sur des cahiers de doléances finissent par des préavis de grève parce que la confiance et la bonne foi[659] ont manqué entre la direction, souvent représenté par le directeur des ressources humaines et les responsables du comité syndical d'entreprise. Il n'est pas rare d'entendre des responsables syndicaux dire « ils sont de mauvaises foi, sinon, on se serait compris, nous allons déposer un préavis de grève pour nous faire entendre ». Le « ils » désignent les responsables de la direction de l'entreprise. Dans certaines entreprises, le meilleur mécanisme interne de prévention a consisté « à instituer des rencontres hebdomadaires avec le comité syndical »[660].

487. Il faut noter le rôle déterminant des commissions paritaires de classement et des commissions d'avancement et de reclassement dans les entreprises ; ce sont des lieux de dialogue social qui contribuent à apaiser le climat social. A cela s'ajoute les commissions paritaires d'interprétation des accords d'établissements et des conventions collectives de branche qui siègent sur les réclamations des salariés qui estiment que leurs droits sont violés par l'employeur ou tout cas, les dispositions de la convention ou de l'accord ne

---

[658] Aux termes de l'article L.262 du Code du travail : « *Le comité syndical jouit des prérogatives suivantes : - liberté d'affichage et de distribution de communications à caractère professionnel ; - réunion des délégués syndicaux une fois par mois en dehors des heures de travail dans un local mis à leur disposition par le chef d'entreprise ; - réception sur leur demande par le chef d'entreprise* ». Ces réceptions sont souvent conflictuelles parce que les tourne en bourrique, et des rendez-vous qui ne sont pas respectés par la Direction et aboutissent aussi au dépôt de préavis de grève.

[659] « La bonne foi » doit être le maitre mot de la négociation des cahiers de doléances ; les propositions doivent aussi être faites de bonne foi ; il y a là une condition *sine qua non* de réussite des négociations et d'évitement d'un conflit. Les parties doivent éviter, notamment, la discourtoisie dans les propos. Ceci n'est pas toujours évident surtout si la confiance n'est pas au rendez-vous.

[660] Ces pratiques existent dans certaines sociétés minières comme Sadiola, Loulo, Goungoto (dans la région de Kayes) et Syama (dans la région de Sikasso). Ces sociétés sont généralement cotées en bourse, en Afrique du sud, en Australie, ou au Ghana.

sont pas pleinement appliquées. Ces commissions d'interprétations sont prévues dans tous les accords d'établissements ou d'entreprise[661] et dans toutes les conventions collectives de branche. Ces mécanismes internes ne sont pas les seuls, nous analyseront aussi, les mécanismes externes.

2. Les mécanismes externes de prévention

488. Dans la gestion externe de la prévention des conflits, plusieurs acteurs interviennent, ainsi de l'inspection du Travail[662], des commissions mixtes paritaires d'interprétation des conventions collectives de branche[663], des commissions mixtes paritaires de négociation des conventions collectives.

489. En ce qui concerne les inspecteurs du Travail, à l'occasion de leurs visites des entreprises, ils prodiguent informations et conseils techniques aux employeurs et aux travailleurs sur les meilleures façons de respecter la législation du travail. « *Les agents de l'inspection du Travail sont chargés de fournir des informations, des conseils techniques et des recommandations tant aux employeurs et qu'aux travailleurs et/ou à leurs représentants sur la législation du travail, l'état du droit et sur les moyens les plus efficaces d'observer les dispositions légales* »[664]. L'inspecteur du Travail contribue ainsi à la prévention des conflits de travail dans les entreprises assujetties à leurs contrôles. Ces conseils sont aussi donnés dans les bureaux de l'inspection du Travail, sur les lieux de travail, au cours des entretiens directs, par des consultations juridiques écrites[665], ou encore au téléphone. Indéniablement ces

---

[661] Ce point est traité dans tous les accords collectifs d'entreprise ou d'établissement au travers de la prévision de la composition et des missions de la commission. Les accords sont négociés dans l'entreprise dans une commission de négociation et portent sur l'adaptation des dispositions de la convention collective de branche à l'échelle de l'entreprise en vertu du principe de faveur de la norme la plus avantageuse pour les salariés.

[662] Au regard notamment des dispositions de l'article L296 du Code du travail malien prévoyant que « *Les inspecteurs du travail ont le pouvoir de : e) procéder à tous les examens, contrôles ou enquêtes jugés nécessaires pour s'assurer que les dispositions applicables sont effectivement observées et notamment : - interroger, avec ou sans témoins, l'employeur ou le personnel de l'entreprise, contrôler leur activité, demander des renseignements à toute autre personne dont le témoignage peut sembler nécessaire (...)* ».

[663] Les commissions paritaires sont prévues dans toutes les conventions collectives de branche, ainsi de l'article 56 de la convention collective des banques, assurances et établissements financiers stipulant qu'« *il est institué une commission paritaire d'interprétation et de conciliation pour rechercher une solution amiable aux différends pouvant résulter de l'interprétation et de l'application de la convention ou de ses annexes et additifs. Cette commission n'a pas à connaitre des litiges individuels qui ne mettent pas en cause le sens et la portée de la convention. Elle est composée des parties à la convention et de la direction nationale du travail ou l'inspection du travail (...)* ».

[664] DNT, Guide méthodologique de l'inspection du travail au Mali, ministère du Travail du Mali, BIT et Gip-inter France, 2010, p. 30.

[665] L'inspection du travail traite dans l'année plus de 3000 consultations juridiques écrites ou orales qui passent par des conseils sur la meilleure façon de comprendre ou d'appliquer la

interventions participent à l'évitement d'un nombre significatif de conflits collectifs dans les entreprises.

490. Le contrôle préalable des établissements visant à assurer la santé et sécurité des travailleurs lors de la création d'un établissement, du commencement d'une nouvelle activité, de l'utilisation de nouveaux procédés de fabrication et de l'utilisation de nouvelles substances ou de nouveaux produits, est également un vecteur de désamorçage de conflits potentiels. L'intervention de l'inspecteur du Travail permet en effet de faire les corrections nécessaires avant tout problème. Malheureusement en pratique au Mali, ces visites préventives sont rarement menées ; ceci tient à plusieurs causes parmi lesquelles le nombre très insuffisant d'inspecteurs du Travail et la faiblesse des moyens alloués[666]. Il en est de même pour le contrôle des conditions de santé et de sécurité au travail. Le nombre des visites d'entreprises se situe en moyenne annuellement autour de 320[667].

491. Or, son intervention dans l'entreprise, l'inspecteur du Travail joue un rôle important en matière de licenciement économique[668]. Avant le Code du travail de 1992, il était saisi par l'employeur pour apprécier le motif du licenciement. Son rôle dans cette procédure consistait à vérifier le motif évoqué par l'employeur, son fondement et, éventuellement, à rejeter les licenciements comme mal fondés, dès lors que leur motif n'était pas clairement économique. Il contribuait du coup à prévenir les conflits liés à ce type de licenciements.

492. Depuis 1992, l'inspecteur du Travail n'a plus la possibilité de vérifier le motif du licenciement économique ; son rôle de prévention se réduit tout simplement à vérifier le respect de la procédure décrite aux articles L.47 et suivants du Code du travail[669]. A titre de rappel, la consultation des délégués du personnel est obligatoire dans la procédure de licenciement pour motifs économiques, l'inspecteur du Travail intervient dans la procédure pour offrir

---

législation du travail. Ces informations visent à prévenir la mauvaise compréhension de la législation et des droits des salariés et donc à agir sur le taux de survenance des conflits.

[666] Le nombre actuel des inspecteurs et des contrôleurs du travail pour l'ensemble du territoire national est de 81 inspecteurs et 50 contrôleurs du travail.

[667] Rapport annuel 2016 de la Direction nationale du Travail.

[668] Articles L 47 et L48 du Code de travail de 1992 relatif au licenciement pour motif économique.

[669] Aux termes de dispositions de l'article L 47 ancien de la loi n° 92-020 du 23 septembre 1992 portant Code du travail en République du Mali « *Pour tenter d'éviter un licenciement pour motif économique, l'employeur, qui envisage un tel licenciement, doit réunir les délégués du personnel et rechercher avec eux toutes les autres possibilités telles que la réduction des heures de travail, le travail par roulement, le chômage partiel. Le procès-verbal de cette réunion, dûment signé par les deux parties, doit être immédiatement communiqué par l'employeur à l'inspecteur du travail lequel dispose d'un délai de quinze jours, à dater de cette communication, pour exercer, éventuellement, ses bons offices* ».

ses bons offices en cas désaccord à l'interne sur les propositions de sortie pour éviter ou réduire les conséquences de la mesure envisagée par l'employeur. Suite à l'échec de ses bons officies, l'inspecteur du Travail vérifie si la procédure décrite aux articles L47 et 48 du Code du travail ont été respectées notamment les critères que l'employeur a utilisés. Il a la possibilité d'exiger le respect des critères utilisés par l'employeur (ancienneté, la qualification professionnelle, et la charge de famille).

493. Certaines dispositions du Code du travail ont été modifiées en juin 2017, notamment les articles L.47et L48[670] ; toutefois, le rôle de l'inspecteur du Travail n'a pas sensiblement changé qu'il s'agisse de sa mission générale de « bons offices » ou de la vérification des critères et de l'ordre des licenciements, même si certains critères ont été renvoyés à la négociation d'entreprise.

494. Un autre mode de prévention « externe » des conflits réside dans l'existence au niveau des branches professionnelles de commissions mixte paritaire de négociation et de commissions paritaires d'interprétation des conventions collectives. La présidence de ces instances revient le plus souvent à la Direction nationale du travail bien plus qu'à l'inspection du Travail. Ainsi, le Directeur national du Travail préside la commission mixte paritaire de négociation des conventions collectives mais aussi les commissions paritaires d'interprétation des conventions collectives et des accords d'établissement. Ce type de commissions est un véritable outil de prévention des conflits au niveau des branches, voire des entreprises. A titre d'illustration, la commission d'interprétation de la convention collective des mines a permis de régler des conflits portant sur la prime d'ancienneté et les heures supplémentaires dans les deux entreprises minières Syama et Sadiola. Les contestations des travailleurs allaient déboucher inévitablement sur des conflits au niveau de ces entreprises. Le comité syndical n'était notamment pas d'accord avec le mode de calcul des heures supplémentaires. Les conclusions de la Commission d'interprétation[671], dès lors qu'elles s'imposent aux parties[672], ont permis

---

[670] Aux termes de l'article L47 nouveau « *En cas de désaccord, le procès-verbal de cette réunion, dûment signé par les deux parties, doit être i6nrediatement communiqué par l'employeur à I' inspecteur du travail lequel dispose d'un délai de quinze jours, à dater de cette communication, pour exercer, éventuellement, ses bons offices* ». *L'article L 48 nouveau ajoute « 4) pour les autres travailleurs l'employeur peut, après la réunion des délégués du personnel visée à l'alinéa 2, procéder au licenciement. Dans tous les cas la liste des travailleurs licenciés et le procès-verbal de la réunion susvisée sont immédiatement communiqués à l'inspecteur du travail pour information et qui vérifiera si les critères ont été respectés (...)* »

[671] La commission d'interprétation est composée généralement des représentants des organisations syndicales qui ont négocié la convention de branche et du Patronat ; la direction nationale du travail assure la présidence de la commission d'interprétation.

l'ouverture de conflits collectifs. D'autres instances peuvent contribuer à la prévention des conflits collectifs ; il en va notamment ainsi dans le domaine spécifique des risques professionnels des Comités d'Hygiène et de Sécurité.

B. L'animation des Comités d'Hygiène et Sécurité

495. En droit malien, « la protection de la santé et sécurité au travail renvoie à deux catégories juridiques, en l'occurrence l'accident du travail et la maladie professionnelle, dont la prévention et la réparation sont respectivement organisées par le Code du travail et le Code de prévoyance sociale »[673]. Les mécanismes de prévention des conflits de travail qui existent dans l'entreprise ne se limitent pas aux seuls délégués du personnel ou à l'intervention de l'inspection du Travail, le CHS joue un rôle prépondérant dans cette prévention. Il convient de préciser qu'une mauvaise maitrise des risques professionnels dans l'entreprise est souvent un facteur d'allumage de conflits ; or, la prévention des risques professionnels consiste à agir sur ces facteurs d'allumage. Quel peut être le rôle des CHS dans la prévention des conflits de travail ? Ainsi, nous allons examiner l'animation des CHS dans les entreprises formelles où le risque d'allumage est très élevé **(1)** et dans l'économie informelle **(2).**

1. L'animation dans les entreprises structurées

496. Au regard des dispositions du Code du travail, la loi impose à l'employeur une obligation générale de sécurité ; il apparait comme la clé de voûte du système. En principe, il est le premier responsable de l'application des règles d'hygiène et de sécurité dans l'entreprise[674]. Le Code de prévoyance sociale du Mali conforte cette position en affirmant que « les employeurs sont tenus de faire apposer dans chaque atelier, chantier ou lieu de travail, une affiche composée par l'INPS et destinée à renseigner les travailleurs sur la règlementation concernant les accidents de travail et les maladies professionnelles »[675]. Si l'employeur est le premier responsable de l'application des mesures légales et règlementaires de prévention, les représentants des travailleurs doivent aussi concourir à leur mise en œuvre.

497. Les responsables syndicaux doivent s'employer à obtenir de l'employeur l'amélioration de leurs conditions de travail pour leurs mandants. L'article L.280 du Code du travail du Mali stipule que « *Il est créé un comité d'hygiène*

---

672 Une copie des conclusions est adressée au tribunal pour homologation et ces conclusions deviennent partie intégrante de la convention collective de branche

673 Auvergnon Ph. (dir.), *Du droit de la santé et de la sécurité au travail, en Afrique subsaharienne*, éd. L'Harmatan, coll. Études africaines, p. 193.

674 Article L 172 du Code du travail.

675 Article 70 du Code de prévoyance sociale.

et de sécurité dans tous les établissements appartenant » soit à des « établissements industriels occupant d'une façon habituelle 50 salariés au moins », soit à des « *établissements autres qu'industriels et, quelle que soit leur nature, occupant d'une façon habituelle 100 travailleurs au moins. Toutefois, l'inspecteur du travail peut imposer la création d'un comité d'hygiène et de sécurité dans les établissements ne comptant pas les effectifs requis, mais qui effectuent des travaux présentant une insécurité particulière du point de vue des accidents du travail ou des maladies professionnelles. Dans ce cas, le délai d'exécution de la mise en demeure est fixé à un mois* ». Cela souligne l'implication particulière du CHS, son rôle de prévention des risques professionnels mais aussi des conflits de travail, dans la mesure où un grave accident de travail peut être source de conflit dans l'entreprise. Les travailleurs estiment en effet alors souvent que l'employeur « se fiche pas mal de leur santé et de leur sécurité ». Précisément les travailleurs sont représentés et peuvent donc faire entendre leur voix au sein du CHS[676].

498. Au-delà des missions de sensibilisation et d'information des travailleurs, les délégués du personnel doivent veiller à l'application des prescriptions relatives à la santé et la sécurité des travailleurs et proposer des mesures utiles à ce sujet[677]. Par ailleurs, les travailleurs ont un rôle direct à jouer à travers le CHS qui est investi d'une mission générale étendue. Le CHS a le pouvoir de procéder à des inspections en vue de s'assurer que les prescriptions légales et réglementaires et des consignes concernant l'hygiène et la sécurité, ainsi que du bon entretien des dispositifs de sécurité sont assurés. Il a également une mission de vérification des matériels pour s'assurer qu'ils présentent les dispositifs de sécurité conformes aux normes et à la réglementation en la matière. De manière plus spécifique, le CHS peut procéder à une enquête à l'occasion de tout accident ou de toute maladie professionnelle grave, c'est-à-dire ayant entrainé la mort ou paraissant devoir entrainer une incapacité permanente ou ayant révélé l'existence d'un danger grave. De plus, il doit assurer la promotion auprès des travailleurs des notions de sécurité par des moyens : conférences, affiches, tracts, etc[678]. Le CHS organe de prévention des risques professionnels, devient ainsi un organe de prévention des conflits,

---

[676] Article D.282-1 du Code du travail qui stipule que : « *Le comité d'hygiène et de sécurité institué dans chaque établissement doit comprendre : a) le chef d'établissement ou son représentant, b) le chef du service ou l'agent chargé des questions de sécurité ; à défaut le chef du service compétent dans le domaine social ou un ingénieur qualifié désigné par l'employeur, c) le médecin de l'établissement si celui-ci possède un service médical interentreprises ou un médecin inspecteur du travail nommé par décret conformément aux dispositions du Code du travail, d) trois représentants du personnel dont un du personnel de maîtrise dans les établissements occupant jusqu'à 500 salariés. Ce chiffre est porté à 6 représentants du personnel dont 2 du personnel de maîtrise pour les établissements groupant plus de 500 salariés (...)* ».

[677] Article L278 du Code du travail.

[678] Article D.282-2 du Code du travail.

les conseils et conférences donnés par le CHS contribuent à apaiser le climat social, notamment à la suite d'un accident grave, voire mortel du travail.

499. Force est de constater la faible conscientisation des travailleurs en matière de sécurité et santé au travail ; ce fossé doit être comblé par l'intervention de l'inspection du Travail dont le pouvoir s'exerce sur l'ensemble des entreprises publiques et privées en termes de sanctions qu'elle pourrait infliger[679] et influer fortement sur ce facteur d'allumage des conflits. Les travailleurs dépourvus d'équipements collectifs ou individuels de protection sont enclins très souvent, en cas d'accident de travail, à protester, débrayer et exiger que des mesures de protection appropriées leur soient données immédiatement. Ceci conduit très souvent dans beaucoup d'entreprises formelles, à des préavis de grève, sans parler des arrêts de travail « sauvages ». La situation dans les unités de l'économie informelle semble un peu différente.

2. L'animation dans l'entreprise informelle

500. Le Code du travail du Mali n'interdit pas l'intervention de l'inspection du Travail dans l'économie informelle, mais l'une des difficultés de ce secteur s'explique par le fait qu'il s'agit d'entreprises et de relations de travail non déclarées, que certaines relations de travail répondent aux critères d'un travail subordonné et que donc ce type de relations de travail sont soumises au Code et au contrôle de l'inspection du Travail. C'est l'absence de moyens et de méthode originale d'intervention qui fait que ces relations sont laissées à l'informalisation au non-droit. Ce qui n'interdit pas de se poser la question de la pertinence du droit du travail actuel dans une perspective de transition de l'économie informelle à l'économie formelle. Il y a « plus de dix ans[680], une étude indiquait déjà combien l'économie informelle est souvent (et parfois de loin) le plus important pourvoyeur d'emplois dans les pays d'Afrique subsaharienne ». L'intervention de l'inspection du Travail dans ce secteur est atypique dans la mesure où les risques sont plus élevés que dans le secteur formel. Une autre situation qui réveille l'attention est que l'inspection du Travail n'y va pas très souvent, en tout cas dans beaucoup de nos pays en Afrique. Cette inaction de l'inspection pourrait s'expliquer par le fait qu'elle manque de méthodes d'intervention adaptées à ce secteur où plus de 80% de la population[681] y travaillent. La problématique réelle qui se pose est de savoir est ce que le est : est-ce que des inspecteurs interviennent ? Selon quelles

---

[679] Article L.326 du Code du travail.

[680] Ph. Auvergnon, S. Laviolette, M. Oumarou, *Les fonctions assurées par les inspecteurs et contrôleurs du travail dans le système d'administration du travail en Afrique francophone subsaharienne*, Rapport/Document n° 15, Genève, BIT, 2007, p. 4.

[681] Auvergnon Ph., Economie informelle et inspection du travail en Afrique subsaharienne : la révolution nécessaire, in *colloque international sur les défis de l'inspection du travail en Afrique*, CRADAT, 2016, p.1.

modalités dans le champ de la santé et de la sécurité au travail dans l'économie informelle ? Est-ce que des inspections du Travail y compris jouent un rôle dans la résolution de conflits collectifs dans l'économie informelle ? La réponse dans certains pays est positive. Au Mali, avec l'appui du BIT, une fiche d'intervention de l'inspection du Travail dans l'économie informelle a été élaborée et intégrée au guide méthodologie d'intervention de l'inspection du Travail en 2010.

501. Il faut noter que « d'un point de vue plus juridique, il est ici confronté à des difficultés permanentes d'appréciation, de qualification des relations de travail dans des milieux de travail recourant souvent à des « apprentis », à de la main-d'œuvre familiale, à des prestations occasionnelles ou non, en tous cas à des « emplois » ne faisant pas l'objet d'un écrit et pouvant correspondre à du travail véritablement subordonné comme à du travail indépendant »[682]. Cependant, le problème le plus important est certainement d'ordre culturel ; la notion d'inspection et de contrôle renvoie très souvent, pour les acteurs de l'économie informelle à celle « de risque financier, de mise en cause directe de l'activité économique qui, rappelons-le, est pourvoyeuse de formes d'emploi assurant si ce n'est un revenu décent, du moins des moyens de subsistance individuelle et/ou familiale. L'inspecteur du Travail peut ainsi assez facilement être assimilé, par les patrons comme par les travailleurs, à un agent des impôts, à l'envoyé d'un Etat prédateur »[683].

502. Il convient de souligner que des initiatives[684] existent déjà ou sont en cours pour que l'inspection du Travail puisse pénétrer utilement le milieu de l'économie informelle dans certains pays d'Afrique de l'ouest. Il serait « illusoire de « décréter », du jour au lendemain, une inspection de toutes les variétés d'expression et d'organisation de l'économie informelle dans tous les secteurs professionnels concernés. Il est nécessaire de choisir des cibles prioritaires, ceci en fonction de diverses variables : données statistiques, enquêtes administratives ou informations d'ONG disponibles, poids économique de l'activité, niveau de conflictualité et de risques professionnels, violations de droits fondamentaux et catégories de travailleurs concernés (enfants, femmes enceintes, minorités, etc.) ». La problématique essentielle réside dans la compréhension même des risques professionnels par les acteurs de l'économie informelle. Ces caractéristiques sont telles que, ceux qui y sont, ne sont pas conscients des dangers auxquels ils sont exposés tous les jours. « Compte tenu de l'importance et des particularités de l'économie informelle,

---

682 *Idem*

683 *Ibidem*. p.1.

684 Avec l'appui du BIT, le ministère du Travail a élaboré un guide méthodologique de l'inspection du travail en 2010. Ce guide consacre une partie à la méthode d'intervention de l'inspection du travail dans l'économie informelle dans ce secteur. De plus en plus, les inspecteurs du travail de formation généraliste y vont régulièrement.

l'agent de contrôle aura une approche spécifique »[685]. Cette dernière consiste à « identifier les situations les plus graves (mise en danger de la santé et de la sécurité des travailleurs), violations avérées des droits fondamentaux des travailleurs, définir les objectifs à atteindre, élaborer une stratégie d'intervention (sensibilisation et communication sur des règles de santé et sécurité au travail faciles à mettre en œuvre, information sur la prévention, diffusion d'information sur les droits fondamentaux et des bonnes pratiques, repérer des méthodologies novatrices associant une petite et une grande entreprise pour échanger les expériences et les bonnes pratiques » [686]. Il convient, néanmoins, de souligner que dans ce flot de situations à risque de l'économie informelle, certaines petites unités dotent leurs salariés d'équipements de protection individuelle, tels que masques, gants et chaussures de sécurité.

503. La logique profonde mais très claire « du message de l'inspection du Travail doit être de prévention, c'est-à-dire d'un point de vue humain peu contestable. L'inspection du Travail, par la démonstration de la pertinence de son diagnostic mais aussi par le réalisme de ses propositions, doit apparaître comme un facteur de changement positif, utile, à l'opposé de toute figure de « l'empêcheur de tourner en rond », du trouble-fête, de celui qui cherche à nuire à l'entreprise »[687]. Dans tous les cas, l'inspecteur du Travail doit présenter son action sous l'angle d'une amélioration des conditions de travail et d'un renfort potentiel des capacités de l'entreprise, plutôt qu'au travers du contrôle et de la répression qui risque de ne pas aboutir et renforcer la méfiance des acteurs du secteur dans les actions de l'inspection. L'inspecteur du Travail doit utiliser les moyens de sensibilisation décrite dans le guide méthodologique de l'inspection du Travail au Mali, en espérant une évolution de la législation du travail sur le contrôle de l'économie informelle ou le dialogue social doit faire son entrée pour limiter sur la survenance des conflits collectifs. Il faut observer que « les inspecteurs et inspectrices du travail, ils sont effectivement appelés à une révolution professionnelle. Ils doivent être plus présents sur le terrain, dans les entreprises « formalisées » comme dans les unités de l'informel, dans une attitude de suggestion et d'accompagnement du changement social, et non pas de comptabilité des infractions ou de collusion passive avec les pires situations »[688]. La législation du travail notamment le Code du travail et le Code de prévoyance sociale doivent consacrer des dispositions nouvelles pour pouvoir impulser l'action de l'inspection du Travail dans les unités informelles. Au-delà des mécanismes

---

[685] Guide de l'inspection du travail du Mali, 2010, p. 51.

[686] *Idem.*

[687] Auvergnon Ph., Economie informelle et inspection du travail en Afrique subsaharienne : la révolution nécessaire, in *colloque international sur les défis de l'inspection du travail en Afrique*, CRADAT, 2016, p.6.

[688] *Idem*

de prévention des conflits, nous allons aussi analyser les procédures de règlement et de résolution des conflits.

SECTION II - Les procédures de règlement et de résolution des conflits

504. En matière de conflit de travail, les mécanismes de prévention ont pour but d'éviter que le conflit, qu'il soit individuel ou collectif, n'atteigne le point de non-retour et se transforme en conflit ouvert. Il arrive néanmoins souvent que ce stade soit atteint. Si c'est le cas, notre législation du travail a prévu des modes de règlement et de résolution. Les procédures existantes à ce niveau au Mali sont indiquées au Code du travail. Le règlement se fait devant l'inspecteur du Travail, le directeur national du travail et le conseil d'arbitrage. Il faut cependant noter que les procédures et les modes de règlements différeront qu'il s'agisse de conflits individuels (**§ 1**) ou de conflits collectifs de travail (**§ 2**).

§ 1 - Le règlement des conflits individuels :

505. Le règlement des litiges individuels du travail s'effectue à deux niveaux : tout d'abord au travers d'une tentative de conciliation devant l'inspecteur du Travail, puis dans le cadre de la procédure judiciaire devant le Tribunal du travail. La procédure devant ces instances est gratuite et très simplifiée. La conciliation devant l'inspecteur du Travail peut être facultative ou obligatoire selon les législations nationales. Aux termes des dispositions du Code du travail du Mali *« Les tribunaux du Travail connaissent des différends individuels pouvant s'élever à l'occasion du travail entre les travailleurs et leurs employeurs »* [689]. Le Code du travail n'impose pas l'obligation de conciliation avant la saisine du juge, ce qui suppose que la saisine de l'inspecteur peut être facultative pour le salarié. Il n'impose pas non plus l'obligation de saisine d'office du juge. Il s'agit donc d'un choix laissé au travailleur. Nous traiterons d'abord de la conciliation de l'inspecteur du Travail (**A**) puis de la saisine du juge compétent **(B).**

A. La conciliation de l'inspecteur du Travail

506. La procédure de saisine de l'inspecteur en matière de différend individuel est spécifiée par le Code du travail du Mali. En effet, l'article L.190 du Code du travail donne la possibilité à tout travailleur de demander à l'inspecteur de régler le différend à l'amiable[690]. Il s'agit d'une simple faculté laissée à tout

---

[689] Article L.192 du Code du travail.

[690] L'article L.190 du Code travail du 23 septembre 1992 stipule que : « *tout travailleur ou tout employeur pourra demander à l'inspecteur du travail, à son délégué ou à son suppléant de régler le différend à l'amiable. Cette demande suspend à sa date de réception par*

travailleur qui estime que ses droits au travail ne sont pas respectés de saisir l'inspecteur du Travail du ressort. Il a donc la possibilité de « *bruler* » cette étape et de saisir le juge du travail. Le projet d'acte uniforme OHADA relatif au droit du travail pose le principe de la conciliation préalable dans les mêmes termes que notre Code du travail[691]. A la différence du système français, le Mali ne dispose pas d'un conseil de prud'homme, la procédure de conciliation se déroule devant l'inspection du Travail puis devant le juge du travail. Ainsi, nous verrons les formalités de saisine **(1)** puis le déroulement de la séance de conciliation et ses suites **(2).**

1. Les formalités de saisine de l'Inspecteur

507. La conciliation autour d'un conflit individuel a lieu devant l'inspecteur du Travail territorialement compétent[692]. Il s'agit d'une compétence liée à une région ou un territoire, dans la mesure où dans chaque région administrative du Mali, il y a une direction régionale du travail[693], appelée communément inspection du Travail. La procédure commence généralement par une plainte verbale (une demande au sens du Code du travail) ou écrite du salarié au bureau de conciliation de l'inspection du Travail[694]. L'inspecteur qui reçoit la plainte procède sans délai à une convocation des parties pour un jour et une heure précise. Cette demande ou plainte du travailleur suspend, à sa date de réception par l'inspecteur du Travail, le délai de prescription. Cette suspension court jusqu'à la date du procès-verbal qui clôt la tentative de conciliation à l'inspection du Travail.

508. Les parties sont tenues de comparaitre à l'heure indiquée sur la convocation sous peine d'une amende de simple police[695]. Les plaintes portent généralement comme indiqué plus haut, sur des réclamations d'ordre

---

l'inspecteur du travail le délai de prescription, cette suspension court jusqu'à la date du procès-verbal qui clôt la tentative de conciliation de l'inspecteur du travail. Aussi en cas de règlement la formule exécutoire est apposée au procès-verbal de conciliation par ordonnance du président du tribunal du travail prise à la requête de la partie la plus diligente ».

691 L'article 226 du projet d'acte uniforme de l'OHADA relatif au droit du travail stipule que : « *Tout différend individuel de travail doit être soumis à la procédure de conciliation préalable à l'initiative du travailleur ou de l'employeur devant l'Inspecteur du travail compétent du lieu du travail* ».

692 L'organisation administrative actuelle comprend dix régions et un district. Neuf autres régions seront opérationnelles dans les années à venir.

693 Les inspections du travail anciennes sont appelées aujourd'hui directions régionales du travail et sont rattachées hiérarchiquement à la direction nationale du travail.

694 L'inspection du travail est organisée en deux divisions : la division appui et conseil, conciliation et la division contrôle et enquête aux termes du décret de 2010 fixant les modalités d'organisation des directions et subrégionaux du travail au Mali.

695 Article A. 190 de l'arrêté d'application du Code du travail **:** « *Le montant de l'amende civile qui sanctionne la non-comparution des parties devant l'inspecteur du travail aux fins de conciliation, est fixée à cinq mille (5.000) F. C.F.A* ».

individuel, telles que le classement dans la convention collective de branche, une promotion interne, l'augmentation de salaire, la mutation, l'intérim, les conditions d'exécution du travail, la qualité de service, les indemnités de rupture du contrat, les congés, les heures supplémentaires, le repos hebdomadaire, la santé au travail (port d'équipements mais très rarement), la réintégration dans l'entreprise, le certificat de travail, etc.

509. Cette formalité de saisine de l'Inspection du Travail en matière de règlement des litiges individuels est simplement décrite dans un seul article[696] du Code du travail du Mali. Il faut reconnaitre qu'il y a peu de formalisme en la matière. L'inspection du Travail reçoit beaucoup de plaintes verbales dans la mesure où les travailleurs en majorité ignorent qu'il faut saisir l'inspecteur du Travail par une plainte écrite. Pour atténuer cet état de fait, l'inspection du Travail dispose dans les faits d'un registre qui permet de renseigner le nombre de plaintes enregistrées dans l'année, les entreprises concernées ainsi que leurs motifs. Il serait certainement souhaitable d'avoir un imprimé de plainte qui sera rempli chaque fois qu'un travailleur porte plainte ou adresse une demande à l'inspecteur du Travail pour tenter une conciliation ou un règlement à l'amiable du différend individuel. Ceci aurait pour avantage de recenser la nature des plaintes et d'orienter les contrôles en entreprise.

510. Dans la pratique, la procédure diffère quelque peu lorsque la plainte est verbale ou écrite. Dans l'hypothèse d'une plainte verbale, l'inspecteur du Travailleur qui a reçu le travailleur lui délivre une convocation[697]. Lorsqu'il s'agit d'une plainte écrite, le dossier est confié par le directeur régional de l'inspection du Travail à un des inspecteurs de la Division « appui conseil », et lui appartient de délivrer une convocation au salarié qui a porté plainte. Il convient de souligner que la convocation doit porter le nom de l'entreprise, la date, le jour et l'heure de la convocation, le nom et la signature de l'Inspecteur du Travail devant qui les parties doivent comparaitre. Ceci dit, nous devons maintenant nous intéresser au déroulement de la conciliation, le jour de l'audience.

2. Le déroulement de la conciliation et ses suites

511. A l'heure indiquée, l'inspecteur reçoit les parties en audience dans son bureau, vérifie la présence des parties et leurs qualités et procède à une

[696] *Cf.* Article L 190 du Code du travail.

[697] La convocation est l'acte par lequel l'inspecteur du travail convoque les parties. Elle indique le nom de l'employeur ou de l'entreprise en indiquant les possibilités de représentation et l'adresse du bureau de conciliation.

enquête contradictoire[698]. Toutefois, il importe de souligner qu'au cours de l'enquête, l'employeur peut se faire représenter par une personne dûment mandatée[699], tel un conseil ou son directeur des ressources humaines. La conciliation a pour but de rapprocher les points de vue des parties. Il est important de souligner que les points de droit ne pourront pas faire l'objet de négociation mais d'un rappel de la part de l'inspecteur du Travail lors de la séance de conciliation. La négociation éventuelle pourra porter sur les modalités de paiement desdits droits tels que les heures supplémentaires exécutées dans les conditions normales que l'employeur refuse de payer par exemple, ou la dotation du salarié en équipements de protection individuelle.

512. La conciliation finie toujours par la conclusion d'un accord ou par l'échec de la tentative de conciliation. Lorsque la conciliation aboutit à un accord, l'inspecteur du Travail dresse un procès-verbal (PV) de conciliation sur l'ensemble des points d'accord, qui selon les dispositions du Code du travail[700] peut être revêtu de la formule exécutoire par la partie la plus diligente devant le Tribunal du travail du ressort. Il peut y avoir une conciliation partielle, dans ce cas, sera dressé un procès-verbal de conciliation partielle[701], ce dernier mentionnant les points d'accord et de non-accord.

513. En cas d'échec total, l'inspecteur dresse un procès-verbal de non conciliation. A la suite de cet échec, l'action peut être introduite par déclaration orale ou écrite au greffe du Tribunal du travail ; inscription en est faite sur un registre tenu spécialement à cet effet. Un extrait de cette inscription est délivré à la partie ayant introduit l'action. Aux termes de l'article L.191 nouveau du Code du travail : « *En cas de règlement amiable du différend, la formule exécutoire est apposée sur le procès-verbal de conciliation par ordonnance du président du Tribunal du travail prise à la requête de la partie la plus diligente. En cas d'échec total ou partiel de ce règlement amiable constaté par un procès-verbal de non conciliation, l'action peut être introduite par déclaration orale ou écrite faite par l'une ou l'autre des parties au greffier du Tribunal du travail ; inscription en est faite sur un registre tenu spécialement à cet effet, un extrait de cette inscription est délivré à. la partie ayant introduit l'action. En cas de non conciliation, l'inspecteur du Travail est tenu de transmettre au tribunal du Travail le Procès-verbal de non*

[698] L'enquête contradictoire consiste à écouter les parties sur leur moyen et de tenter de concilier les parties tout en rappelant et insistant sur le respect des points de droits (législation) sous peine de sanctions par l'inspection du travail

[699] La personne dument mandatée est généralement un conseil, avocat de l'entreprise, qui de plus en plus assiste les entreprises lors des séances de conciliation au niveau de l'inspection du travail ou des enquêtes de licenciement.

[700] Article L191 nouvel alinéa 1er du Code du travail.

[701] Guide méthodologique de l'inspection de 2010, *op. cit.*, annexe I.

conciliation, à la demande de l'une des parties, dans les quinze jours, auprès du Tribunal du travail du ressort ».

514. En ce qui concerne le PV de conciliation[702], l'une des difficultés réside dans le fait que, généralement, aucune des parties ne demande qu'il soit revêtu de la formulation exécutoire. Il est simplement exécuté par les parties. Or, la formule exécutoire a l'avantage que le PV requiert force exécutoire à l'égard des parties et emprunte le caractère d'une décision ayant autorité de la chose jugée entre les parties. Le salarié qui est souvent l'auteur de la plainte, ignore qu'il peut saisir le juge du Tribunal du travail pour que soit apposé cette formule exécutoire sur le PV de conciliation. Ceci fait que très souvent, le différend refait surface, parce que le PV n'a pas été exécuté par l'employeur.

515. Il convient de noter que le projet d'acte uniforme de l'OHADA relatif au droit du travail, a introduit une notion nouvelle en la matière, celle de « procès-verbal d'homologation [703]». S'agit-il d'une formalité supplémentaire ou d'une mission nouvelle de l'inspecteur du Travail ? La réponse ne peut être que négative dans la mesure où les parties elles-mêmes, ont conclu un PV à l'amiable, soumis à l'inspecteur du Travail qui à son tour dresse le PV d'homologation, lequel sera ensuite revêtu de la formule exécutoire par le juge du travail. Il s'agit donc de donner plus de garantie à l'exécution de l'accord intervenu entre les parties.

516. Dans la pratique, à la fin de la conciliation, aucune disposition du Code du travail n'imposait un délai à l'inspecteur du Travail pour transmettre le PV de non conciliation au Tribunal du travail du ressort, en cas d'échec de la conciliation. Pour corriger cela, il a été introduit dans l'article L191 nouveau alinéa 3, l'obligation pour l'inspecteur du Travail de transmettre dans le délai de quinze jours, le PV de non conciliation au Tribunal du travail. Cette rédaction s'explique par le fait que les syndicats se sont plaints, et soutiennent que les PV de non conciliation n'étaient jamais transmis au Tribunal, ou l'étaient au gré de l'inspecteur du Travail. L'introduction du délai a l'avantage de l'y obliger[704]. Cette rédaction parait cependant incomplète dans la mesure où c'est « à la demande de l'une des parties » que l'inspecteur est tenu de respecter le délai de quinze jours. Que se passe-t-il si aucune des parties ne demande la transmission du PV au Tribunal du travail ? Aucune suite ne

---

[702] *Cf.* article l191 nouvel alinéa 1 du Code du travail.

[703] L'article 228 du projet d'acte uniforme de l'OHADA relatif au droit du travail stipule que : « *L'Inspecteur du travail, saisi par la partie la plus diligente, après avoir entendu contradictoirement les parties, dresse un procès-verbal d'homologation de l'accord amiable des parties ou de la transaction prévue à l'article 61.*
Le procès-verbal d'homologation devient applicable dès qu'il a été vérifié par le Président du Tribunal compétent et revêtu de la formule exécutoire ».

[704] Article L191 nouvel alinéa 3 du Code du travail.

pourrait être donnée à ce PV de non conciliation dans la mesure où « *l'action peut être introduite par déclaration orale ou écrite faite par l'une ou l'autre des parties au greffier du Tribunal du travail* (…) ». Il s'agit donc d'une simple faculté donnée aux parties. Aussi, nous rappelons qu'au-delà de la tentative de conciliation devant l'inspecteur du Travail, le travailleur qui est souvent à l'origine de la plainte, peut ne pas saisir l'inspecteur du Travail. Il peut adresser directement sa plainte au Président du Tribunal du travail du ressort, dans la mesure où une tentative de conciliation est possible devant ce tribunal[705]. Il convient de souligner qu'en pratique les travailleurs ou les employeurs hésitent à saisir d'office le Tribunal du travail ; la majorité des acteurs souhaite dans un premier temps saisir l'inspection du Travail et trouver un accord plutôt que de saisir le tribunal. Un adage dit « *un mauvais arrangement vaut mieux qu'un bon procès* » ; l'accent est ici mis sur l'issue peu probable du jugement qui n'est pas toujours gagné à l'avance au regard de la subtilité des règles de droit et de leurs manipulations. Nous examiner la saisine du Tribunal du travail.

B. La saisine du tribunal du Travail

517. Les travailleurs et les employeurs concernés ont la possibilité de saisir le juge du travail des conflits nés à la suite à l'exécution du contrat individuel de travail. Ils exercent ce pouvoir en dehors de toute saisine préalable de l'inspecteur du Travail[706]. Ceci veut dire que les parties, sans passer par l'inspecteur, peuvent saisir directement le juge du Tribunal du travail territorialement compétent. Au Mali, les tribunaux du Travail sont créés dans le ressort territorial de chaque tribunal d'Instance et de Grande Instance[707]. Le président du Tribunal d'Instance ou de grande Instance est d'office président du Tribunal du travail. Nous examinerons la procédure de saisine du juge (**1**) puis le jugement et les voies de recours (**2**).

[705] *Cf.* Article L208 du Code du travail.

[706] Article L192 du Code du travail ; ceci suppose que le code du travail ne prescrit aucune obligation préalable de saisine de l'inspection du Travail avant de saisir le tribunal du travail de ses prétentions contre son employeur suite aux difficultés d'exécution de son contrat de travail.

[707] La loi n° 2011-038 du 15 juillet 2011 portant création des juridictions et son décret d'application n° 2011-580/P-RM du 13 septembre 2011 fixant le ressort des juridictions et déterminant le parquet général d'attache des parquets des tribunaux de grande Instance et des parquets des tribunaux d'instance, a transformé les tribunaux de première Instance en tribunaux de grande instance dans les ressorts des régions et les tribunaux de première instance de certains grands cercles en tribunaux d'Instance.

1. La procédure de saisine du juge

518. Aux termes des dispositions du Code du travail « *la connaissance des litiges du travail relève exclusivement des juridictions du travail lorsque le conflit revêt un caractère individuel. Le contentieux social est éclaté entre deux ordres judiciaire et administratif* (...) »[708]. Par exemple, le fait de licencier un délégué du personnel peut être soumis au juge administratif qui statue sur la régularité de l'autorisation de licenciement donnée par l'inspecteur du Travail, ou bien au juge répressif, qui se prononce sur le délit commis par l'employeur pour avoir refusé la réintégration du délégué irrégulièrement congédié, ou bien encore au juge du travail, qui peut ordonner en référé à l'employeur la réintégration du délégué licencié sans autorisation.

519. Les tribunaux du travail connaissent des différends individuels pouvant s'élever à l'occasion du travail entre les employeurs et leurs travailleurs. Ils peuvent se prononcer sur tous les différends individuels relatifs aux conventions collectives ou aux décrets en tenant lieu et au contrat d'apprentissage. Ils sont également compétents pour les litiges relatifs à l'application du Code de prévoyance sociale. Enfin, les contestations relatives à l'électorat, à l'éligibilité ainsi qu'à la régularité des opérations électorales concernant les délégués du personnel, sont portées devant les tribunaux du travail, qui pour la circonstance, statuent d'urgence. Ces tribunaux ont donc une compétence d'attribution.

520. On peut ici se poser la question de savoir comment le juge est saisi ? Aux termes de l'article L193 du Code du travail : « *Le tribunal compétent est celui du lieu d'exécution du contrat de travail. Toutefois, pour les litiges nés de la résiliation du contrat, le travailleur dont la résidence au moment de la signature du contrat est dans un lieu autre que celui du lieu d'emploi, aura le choix entre le tribunal de cette résidence et celui du lieu d'emploi. Les travailleurs dont la résidence est hors du Mali auront le choix entre le tribunal du lieu d'exécution du contrat et celui de Bamako* ». Il apparait donc clairement que les parties ne peuvent saisir que le tribunal de lieu d'exécution du contrat de travail sauf pour les exceptions suscitées notamment pour les litiges nés de la résiliation du contrat pour le travailleur dont la résidence au moment de la signature du contrat est dans un lieu autre que celui du lieu d'emploi, « aura le choix entre le tribunal de cette résidence et celui du lieu d'emploi ». Le juge saisi peut se déclarer incompétent[709] à statuer sur le différend.

---

[708] Article L192 alinéa 1 du Code du travail.

[709] Cour d'appel de Kayes, tribunal du travail de Kita, jugement n° 30 du 6 juin 2013 dans l'affaire Société minière LTA SA contre certains travailleurs suite à un mouvement de grève

521. La procédure devant les tribunaux du travail est gratuite[710]. En outre, pour l'exécution des jugements rendus à leur profit, les travailleurs bénéficient de l'assistance judiciaire. Ce qui suppose que les parties ne paient rien en termes de somme d'argent pour porter plainte contre un employeur, personne physique ou morale. L'action est généralement introduite par une citation directe de la partie qui demande l'intervention du tribunal. La demande est enregistrée au greffe du Tribunal du travail du ressort. Le président cite les parties à comparaitre dans les douze jours[711] de sa saisine, la citation est faite à domicile et l'audience est publique. Les parties sont tenues de se présenter le jour et l'heure fixés devant le tribunal[712].

522. Sans nous étendre sur le reste de la procédure, on doit souligner un aspect intéressant la législation malienne, c'est la phase de conciliation devant le tribunal du Travail. Aux termes des dispositions du Code du travail du Mali : « *Lorsque les parties comparaissent devant le tribunal du travail, il est procédé à une tentative de conciliation. En cas d'accord un procès-verbal rédigé séance tenante sur le registre des délibérations du tribunal consacre le règlement à l'amiable du litige. Un extrait du procès-verbal de conciliation signé du président et du greffier vaut titre exécutoire. En cas de conciliation partielle, un extrait du procès-verbal signé du président et du greffier vaut titre exécutoire pour les parties sur lesquelles un accord est intervenu et procès-verbal de non conciliation pour le surplus de la demande. En cas de non conciliation où pour la partie contestée de la demande, le tribunal doit retenir l'affaire, il procède immédiatement à son examen ; aucun renvoi ne peut être prononcé, sauf accord des parties, mais le tribunal peut toujours par jugement motivé, prescrire toutes enquêtes, descentes sur les lieux et toutes mesures d'information quelconque* »[713].

523. Il existe en réalité une double tentative de conciliation prévue dans le Code du travail. La première a lieu devant l'inspecteur du Travail[714] et la seconde se déroule devant le Tribunal du travail. Les deux tentatives sont obligatoires. Beaucoup de juristes de droit du travail ont milité pour la

des travailleurs, licenciés pour exercice abusif du droit de grève, et le licenciement a été autorisé par l'inspecteur du travail de la région

710 Article L200 du Code du travail.

711 Article L203 du Code du travail ; voir article 669 du Code de procédure civile, commerciale et sociale du Mali du 15 septembre 1999, modifié.

712 Article L204 du Code du travail.

713 Article L190 du Code du travail.

714 Article L208 du Code du travail.

suppression de ce doublon[715], *via* le seul maintien de la conciliation devant l'inspecteur du Travail.

524. On pourrait se poser la question suivante : le juge doit-il faire du dialogue social ? Ou bien le juge est-il est un acteur du dialogue social ? Nous osons dire que le juge doit être exclu du dialogue social en fonction de sa mission première qui est de rendre la justice donc d'appliquer la règle de droit lorsqu'il est saisi. Cette option est conforme au principe selon lequel « la règle de droit est générale, impersonnelle, *erga omnes* ».
Cependant dès lors qu'il s'agit de la matière sociale, il n'est pas totalement inutile que le juge soit acteur du dialogue social[716], puisqu'il s'agit en passant par une nouvelle phase de conciliation de permettre un « dialogue social » et d'éviter qu'un tiers tranche. Les assesseurs du Tribunal du travail souhaitent pour leur part le maintien d'une conciliation devant le juge en invoquant les critiques adressées à l'inspection du Travail[717], mais aussi à certains juges, par les usagers de la justice du Travail. Quoiqu'il en soit, on constate que peu de tentatives de conciliation devant le Tribunal du travail aboutissent, singulièrement parce que « le climat » est demeuré « pourri » après passage devant l'inspection du Travail.

525. Au demeurant certaines personnes, notamment les représentants syndicaux, pensent que les Inspecteurs travail contribuent au pourrissement du « climat social » lors de la tentative de conciliation en privilégiant l'employeur lors des enquêtes de licenciements, etc. Il faut enfin rappeler que la crainte de la conciliation devant le Tribunal du travail est généralement due au fait que les acteurs sociaux ignorent dans leur grande majorité qu'une conciliation est possible devant le tribunal et préalable à tout jugement. Dans tous les cas, les voies de recours traditionnelles en droit sont ouvertes à l'issue du jugement.

2. Le jugement et les voies de recours

526. Puisqu'il arrive très souvent que la phase de conciliation échoue, le jugement devient obligatoire. Le juge doit statuer immédiatement sur le litige

---

[715] Il s'agit d'une question discutable. Les partisans de la suppression estiment que la conciliation devant l'inspecteur donne plus de résultat au regard de la culture malienne en matière de justice. De façon générale au Mali, on estime qu'amener quelqu'un au tribunal est très grave et est le signe que les relations, quelles qu'elles soient, on atteint un point de non retour. En revanche, les partisans du maintien fondent leur raisonnement sur le fait qu'il s'agit d'abord de donner une chance au maintien en emploi, de tenter d'éviter le recours au juge et de recourir à ce dernier en dernier lieu.

[716] Lorsque nous avons saisi certains juges du tribunal du Travail de Bamako, ils sont apparus partagés entre le maintien et la suppression. Certains estiment qu'au regard de la composition du tribunal, il existe de réelles chances de trouver une solution sans aller au jugement.

[717] La critique principale est le manque de professionnalisme de certains inspecteurs du Travail dans ce rôle.

et aucun renvoi ne peut être prononcé, sauf accord des parties[718]. Mais le tribunal peut toujours par jugement motivé, prescrire toutes enquêtes, descentes sur les lieux et autres mesures d'information. Une fois « *les débats clos, le tribunal délibère immédiatement en secret. Sauf mise en délibéré, lequel ne peut excéder la date de la prochaine audience de la même section, le jugement qui doit être motivé est rédigé sur l'heure et l'audience reprise pour sa lecture* » [719]. Les minutes du jugement sont signées par le président du tribunal et le greffier. Elles sont transcrites sur le registre des délibérations et une copie en est remise aux parties sur leur demande. Aux termes du Code du travail de 1992 : « Une copie de chaque jugement est adressée par le greffier à la direction du travail et à l'inspection du Travail territorialement compétente »[720]. Il convient de souligner que les termes de cet article sont loin d'être mis en œuvre par les juridictions du travail. Aucune copie de jugement n'est envoyée à la Direction nationale du Travail, encore moins à l'inspection du Travail qui a envoyé le PV de non conciliation au tribunal du Tribunal. La majeure partie des acteurs ignore que cette possibilité existe.

527. Le jugement peut ordonner l'exécution jusqu'à concurrence d'un taux de 50% des sommes[721] portant sur les réclamations des salaires et accessoires, indemnités diverses, droits et avantages à l'exclusion des dommages-intérêts nonobstant appel et par provision avec dispense de caution. Lorsque le jugement est rendu par défaut, signification est faite dans les formes fixées par l'article L.203 du Code du travail, sans frais, à la partie défaillante, par le greffier du tribunal ou par un agent administratif commis spécialement à cet effet par le président. Si dans un délai de dix jours, après signification plus les délais de distance, le défaillant ne fait pas opposition dans les formes prescrites à l'article L. 191, le jugement est exécutoire. Sur opposition, le président convoque à nouveau les parties, comme il est dit à l'article L.203. Le nouveau jugement, nonobstant tout défaut ou appel, est exécutoire.

528. Il convient de préciser que « les jugements du Tribunal du travail sont définitifs et sans appel[722], sauf du chef de la compétence, lorsque le chiffre de la demande faite par le travailleur n'excède pas douze fois le montant du salaire minimum interprofessionnel garanti »[723]. Au-dessus de ce montant, les jugements sont susceptibles d'appel devant la Chambre sociale de la Cour

---

[718] Article L208 du Code du travail.

[719] Article L209 du Code du travail.

[720] Article L2010 du Code du travail.

[721] Article L211 du Code du travail de 1992, et article du décret n° 99- 245 /P-RM du 15 septembre 1999 portant Code de procédure civile, commerciale et sociale du Mali.

[722] Article L213 du Code du travail et article 681 du Code de procédure civile, commerciale et sociale du Mali.

[723] Le SMIG est depuis janvier 2016 fixé à 40.000F CA, soit environ 60.97 euros. La date d'aujourd'hui le montant n'a pas changé ; Voir Article L.213 du Code du travail.

d'appel. Le Tribunal du travail connaît de toutes demandes reconventionnelles, ou en compensation qui, par leur nature, entrent dans sa compétence. Lorsque chacune des demandes principales reconventionnelles ou en compensation sera dans les limites de sa compétence en dernier ressort, le Tribunal du travail se prononcera sans qu'il y ait lieu à l'appel.

529. Aux termes de l'article L.215 du Code du travail qui stipule : « *Si l'une de ces demandes n'est susceptible d'être jugée qu'à charge d'appel, le tribunal du travail ne se prononcera sur toutes qu'à charge d'appel, il statuera en dernier ressort si seule la demande reconventionnelle en dommages-intérêts, fondée exclusivement sur la demande principale, dépasse sa compétence en dernier ressort. Il statue également sans appel en cas de défaut du défendeur si seules demandes reconventionnelles formées par celui-ci dépassent le taux de sa compétence en dernier ressort, quels que soient la nature et le montant de cette demande. Si une demande reconventionnelle est reconnue non fondée et formée uniquement en vue de rendre le jugement susceptible d'appel, l'auteur de cette demande peut être condamné à des dommages-intérêts envers l'autre partie, même au cas où, en appel le jugement en premier ressort n'a été confirmé que partiellement* ». La procédure en appel est suivant suivie d'un pourvoi en cassation devant la Cour suprême. Les différentes voies de recours qui peuvent être exercées contre les décisions de la Chambre sociale de la Cour d'appel sont portées devant la Cour suprême[724], section judiciaire[725]. Cette voie est considérée comme une voie de recours extraordinaire[726]. Le pourvoi est introduit et jugé dans les formes et conditions prévues par les lois relatives à l'organisation et à la procédure de la Cour suprême[727]. Il parait étonnant ou incompréhensible que le pourvoi en cassation ne soit suspensif qu'en matière immobilière, d'état des personnes, des successions et des droits fonciers[728]. Dans les autres cas, le

---

[724] L'article L 215 du Code du travail stipule que : « *l'appel doit être interjeté dans les 15 jours, délai légal du prononcé du jugement et dans les formes prévues à l'article L.191 paragraphe 2. En ce qui concerne les jugements rendus par défaut, ce délai prend effet du jour de la signification. L'appel est transmis dans la huitaine de la déclaration d'appel à la cour d'appel avec une expédition du jugement et des lettres, mémoires et documents déposés par les parties. L'appel est jugé sur pièces.*
Toutefois, les parties peuvent demander à être entendues : en ce cas la représentation des parties obéit aux règles fixées par l'article L. 204 ».

[725] La Cour suprême comprend deux sections : la section administrative et la section judiciaire. La section administrative reçoit les pourvois introduits contre les jugements rendus par les tribunaux administratifs en premier ressort. La section judiciaire reçoit les pourvois formulés contre les arrêts de la chambre sociale, de la chambre criminelle, de la chambre civile et de la chambre spéciale des mineurs. Il n'y a pas au Mali de juridictions administratives d'appel.

[726] Article 543 du Code de procédure civile, commerciale et sociale du Mali.

[727] Article L217 alinéa 2 du Code du travail.

[728] Article 615 du Code de procédure civile, commerciale et sociale du Mali.

pourvoi n'est pas suspensif comme en matière sociale. Ce qui suppose que les décisions rendues en appel ou en jugement devront être appliqués.

530. En dehors des voies de recours qui sont exercés conformément à la procédure décrite par le Code de procédure civile, commerciale et sociale, une procédure spéciale est instituée pour statuer sur les cas d'urgence qui est le référé social. Aux termes des dispositions de l'article 684 du Code de procédure civile, commerciale et sociale du Mali « *dans tous les cas d'urgence, le président du tribunal peut dans la limite de la compétence du tribunal, ordonner toutes les mesures qui ne se heurtent à aucune contestation sérieuse que justifie l'existence d'un différend* ». Le président du tribunal peut toujours, « *même en présence d'une contestation sérieuse, prescrire les mesures conservatoires ou de remise en état qui s'imposent, soit pour prévenir un dommage imminent, soit pour faire cesser un trouble manifestement illicite. Dans le cas ou l'existence de l'obligation n'est pas sérieusement contestée, il peut accorder une provision au créancier ou ordonner l'exécution de l'obligation* »[729]. L'article 686 du même Code ajoute que les autres règles de procédures établies devant le travail civil s'appliquent en matière de référé.

531. Bien que spéciale, cette procédure est rarement maitrisée par les juges lorsqu'ils sont saisis, par exemple, par les inspecteurs du Travail en matière de santé et sécurité au travail aux termes des dispositions du Code du travail, notamment l'article L175 du Code du travail. Ils hésitent à se prononcer ou méconnaissent les principes de droit du travail. Ceci dénote d'une insuffisance de formation des magistrats du Tribunal du travail. Ainsi, aux termes de l'article L175 précité : « *Lorsqu'il existe des conditions de travail dangereuses pour la santé ou la sécurité des travailleurs non visés par les textes prévus à l'article L.171, l'employeur est mis en demeure par l'inspecteur du travail d'y remédier par les formes et conditions prévues à l'article précédent. L'inspecteur peut, notamment, dans les cas d'urgence, ordonner l'arrêt immédiat du travail jusqu'à ce que les mesures de prévention adéquates aient été prises par l'employeur* ».

532. La procédure d'arrêt du travail n'étant pas définie par le Code du travail, ni par son décret d'application, les inspecteurs du Travail ont à plusieurs occasions saisi le président du Tribunal du travail en procédure de référé pour l'arrêt de chantier. Aucune suite n'est souvent donnée. De fait, en invoquant des dispositions du Code du travail[730], ils décident d'arrêter certains chantiers ; en cas de contestation, il est procédé à une mise à demeure de correction de la situation de danger imminent sous 48 heures pour corriger les situations de dangers imminents. Ceci révèle une insuffisance du Code de procédure civile

---

[729] Article 685 du Code de procédure civile, commerciale et sociale du Mali.
[730] Article L175 du Code du travail.

commerciale et sociale, mais aussi du Code du travail. La relecture récente du Code du travail n'a pas pu prendre en compte cette insuffisance dans la mesure où il s'agit d'une règle de procédure. Les conflits du travail ne se limitent pas seulement aux conflits individuels, nous avons aussi les conflits collectifs de travail. Comment pourrait-on les résoudre, et quelle sera la procédure ?

§ 2 - La résolution des conflits collectifs : la conciliation et l'arbitrage

533. Le Code du travail prévoit deux modes de résolution des conflits collectifs du travail : la conciliation ou le règlement à l'amiable et l'arbitrage social. Le conflit collectif est généralement caractérisé par l'intervention d'un groupe de travailleurs et la nature collective de l'intérêt en jeu[731]. Ces deux conditions sont cumulatives. Il est nécessaire qu'une collectivité soit partie au litige : syndicat, personnel d'un établissement ou une catégorie de travailleurs (chauffeurs par exemple) ou une entreprise, une profession ou une localité qu'un employeur soit seul visé ou bien qu'un groupe d'employeurs. Une fois que le conflit éclate, le Code du travail prévoit que les services du travail interviennent pour régler le différend collectif[732]. Nous analyserons la conciliation devant l'inspection du Travail ou la DNT (**A**) et, en cas d'échec, le recours à l'arbitrage social **(B)**.

A. La conciliation de l'inspection du Travail et de la DNT

534. En France, la conciliation des conflits collectifs a connu beaucoup d'évolution. La grande époque du règlement des conflits du travail fut la période des années 1938 ; la législation prévoyait alors l'obligation[733] d'une conciliation et d'un arbitrage avant de recourir à la grève et au lock-out. Elle fut abandonnée avec des fortunes diverses, ces deux formules n'étant présentées que comme une faculté. Au Mali, la conciliation est restée obligatoire et a été toujours confiée à l'inspection du Travail, depuis le Code du travail des territoires relevant de la France d'outre-mer de 1952. Nous analyserons la procédure de saisine de l'inspection du Travail **(1)** et les résultats de la conciliation **(2).**

1. La procédure de saisine de l'inspection du Travail ou de la Direction

535. Aux termes des dispositions du Code du travail modifié, tout différend collectif doit être immédiatement notifié par les parties à l'inspecteur régional

---

[731] Article L.218 du Code du travail.

[732] Par services du travail, nous visons les services du ministère du travail composé de la direction nationale du travail et des directions régionales du travail ou inspections du travail.

[733] *Cf.* Lois françaises du 31 décembre 1936 et du 4 mars 1938.

du Travail du ressort, lorsque le conflit est limité au territoire d'une inspection régionale du travail et au Directeur national du Travail lorsque le conflit s'étend sur le territoire de plusieurs inspections régionales[734]. Par exemple, un conflit porté devant l'administration du travail par la Compagnie malienne pour le développement des textiles (CMDT) dont la zone d'action couvre les territoires de Kayes, Koulikoro, Sikasso et Ségou, est susceptible d'entraîner l'intervention des quatre inspections régionales du travail. Le Directeur national du Travail qui a compétence sur tout le territoire national tente de régler le différend suivant le cas, il procède sans délais à la tentative de conciliation[735].

536. Au regard des dispositions du Code du travail, la conciliation et la saisine de l'inspection du Travail du ressort et de la direction nationale du travail, selon les compétences, est obligatoire pour régler le différend. Ceci ne donne pas une marge de manœuvre à l'administration du travail, qui lorsqu'elle est saisie, doit statuer sur le différend et sans délai. En effet, le Code du travail prévoit que les parties peuvent se faire assister ou représenter suivant le cas, par une personne dûment mandatée.

537. Il convient de souligner que beaucoup de difficultés demeurent dans la phase de saisine de l'inspecteur et cela découlerait du fait que le Code du travail n'avait pas prévu un délai de préavis en matière de déclenchement des conflits collectifs de travail. Ceci fait que les inspections du Travail et la Direction nationale du Travail, selon les cas, étaient saisies parfois à peine 24 heures avant le déclenchement de la grève. En pareil cas, il était impossible à l'inspecteur d'émettre des convocations pour la conciliation imposée par la loi. La conséquence était que beaucoup de syndicats partaient en grève sans que l'inspecteur du Travail ne puisse intervenir préalablement en conciliateur.

538. Au regard des difficultés persistant pour les inspections du Travail de faire une conciliation, la modification récente du Code du travail a prévu d'instaurer un délai de préavis avant toute grève ou tout conflit collectif de travail dans le secteur privé. Ainsi, l'article L231-1 nouveau du Code du travail du Mali stipule que : « *La grève doit être précédée d'une période de*

---

[734] L'article L219 du Code du travail, modifié, stipule que : « *Tout différend collectif doit être immédiatement notifié par les parties : 1- à l'inspecteur régional du travail du ressort lorsque le conflit est limité au territoire d'une inspection régionale du travail ; 2 - au directeur du travail lorsque le conflit s'étend sur le territoire de plusieurs inspections régionales. L'inspecteur régional du travail et le directeur du travail, suivant le cas, procèdent sans délai à la tentative de conciliation* ».

[735] La Direction nationale du travail a une compétence sur l'ensemble du territoire national est obligatoirement saisie par le syndicat qui décide de déposer un préavis de grève qui concerne au moins deux régions du Mali. Les inspections régionales du travail sont placées sous l'autorité hiérarchique du Directeur national du Travail, qui a un pouvoir de reformation des décisions précises par les Directions régionales dans leur domaine de compétence.

préavis au cours de laquelle les parties sont tenues de négocier. La durée du préavis est de 15 jours calendaire »[736]. Une fois que l'inspecteur régional reçoit le préavis de grève, il convoque les représentants des syndicats et de l'entreprise concernée à l'inspection du Travail. La lettre de convocation fixe le jour et l'heure de la conciliation. Il convient de souligner que pour les préavis adressés au Directeur national du Travail, la conciliation a lieu au siège de la DTN. Dans les deux cas, la conciliation est toujours présidée par un inspecteur du travail, soit de l'inspection du Travail concernée ou de la Direction national du Travail, s'il elle est saisie ; cette dernière dispose depuis 2010 d'une Division « dialogue social » chargée de la gestion courante de tous les préavis de grève dans le secteur privé à couverture nationale sous la supervision du Directeur national du Travail. Lorsque les parties ne comparaissent pas dans un délai de 48 heures, elles sont convoquées à nouveau, dans les six jours francs suivant la date de saisine.

539. Aux termes des dispositions du Code du travail du Mali « *les parties peuvent se faire assister ou représenter par une personne dûment mandatée. Lorsqu'une partie ne comparaît pas ou ne se fait pas représenter valablement, l'inspecteur du travail convoque à nouveau dans un délai qui ne peut excéder 48 heures sans préjudice de la condamnation à l'amende civile prévue à l'article L.190* »[737]. Il arrive dans certains cas que les représentants des travailleurs ne comparaissent pas pour des raisons qui leur sont propres. Ces refus ont entrainé des licenciements par l'employeur pour refuser de négocier ou des grèves sauvages[738]. Il est aussi important de souligner que la sanction prévue par le Code du travail pour défaut de comparution en matière de conciliation de conflit individuel s'applique aux conflits collectifs. Dans la pratique, les inspections du Travail, n'appliquent pas la sanction ou l'amende de 5000 FCFA qui semble ne produire aucun effet[739]. Il est nécessaire de remonter le montant de l'amende à une hauteur plus dissuasive pour les deux parties.

540. Le projet d'acte uniforme de l'OHADA relatif au droit du Travail reconnait les mêmes principes que la plupart des codes du travail de la zone UEMOA. Ainsi, aux termes de l'article 236 dudit avant-projet : « *Tout*

---

[736] Les quinze jours calendaires voudrait dire que les samedis et les dimanches sont inclus dans les quinze jours calendaires, qui d'ailleurs renvoi au mot « calendrier ».

[737] Article L220 du Code du travail du Mali.

[738] Cette situation de refus de négocier s'est déjà produite dans la mine d'or Loulo dans la 1ère région du Mali où des salariés ont refusé en 2012 de répondre à la convocation de l'inspecteur du travail de Kayes. Lorsqu'il a été saisi par l'employeur pour licencier les délégués syndicaux et 400 autres travailleurs pour abus du droit de grève et grève sauvage, l'inspecteur du travail du travail a autorisé les licenciements demandés et 433 travailleurs se sont retrouvés sans emploi.

[739] Article L.190 du Code du travail.

différend collectif doit être immédiatement notifié par la partie la plus diligente : à l'inspecteur du Travail, lorsque le conflit est limité au ressort territorial d'une inspection du travail ; au Directeur du travail, lorsque le conflit s'étend sur le ressort de plusieurs inspections du travail ». L'article 237 du même projet OHADA ajoute que : « *A défaut de procédure de conciliation prévue par la convention collective ou en cas d'échec de ladite procédure, l'inspecteur du Travail ou le Directeur national du Travail convoque les parties et procède à une tentative de conciliation préalable* ».

541. On pourrait poser la question de savoir pourquoi la conciliation des conflits collectifs est toujours obligatoire dans les législations des pays francophones d'Afrique subsaharienne, alors que l'inspection du Travail doit faire face à de nouveaux défis, notamment la pénétration des conditions de travail de l'économie informelle et les effets de la mondialisation. Le projet d'acte uniforme de l'OHADA relatif au droit du travail aurait pu rendre cette activité facultative et renforcer la fonction de contrôle des conditions de travail et de la sécurité et santé au travail.

542. En France, la conciliation est devenue facultative en 1982[740] : « S'il n'existe aucune procédure conventionnelle ou si celle-ci n'a pu fonctionner, on peut recourir à la procédure règlementaire, qui présente un caractère subsidiaire. Elle implique l'intervention conciliatrice de l'autorité publique »[741]. Ainsi, au départ « le préfet informé peut toujours prendre l'initiative de réunir les parties et de tenter de les concilier. Ensuite et surtout le directeur régional du travail au niveau de la région, le ministre au niveau national, présideront les commissions triparties de conciliation au sein de laquelle se dérouleront la tentative de conciliation »[742]. La commission de conciliation dans les différentes législations aboutit forcement à un résultat dans la mesure où il peut y avoir échec de la conciliation ou accord.

2. Les résultats de la conciliation

543. Aux termes des dispositions du Code du travail du Mali « *Dans les six jours francs, suivant la date à laquelle il a été saisi, le conciliateur est tenu de dresser un procès-verbal constatant l'accord intervenu ou l'échec de la conciliation* »[743]. L'accord de conciliation, signé par les parties, daté et visé par l'inspecteur du Travail, est immédiatement exécutoire. Un exemplaire de cet accord de conciliation est adressé par l'inspecteur du Travail au Secrétaire

---

[740] Article L2522-1 du Code du travail français : tous les conflits collectifs de travail peuvent être soumis aux procédures de conciliation.
[741] Auzero G., Baugard D., Dockès E, Droit du travail, Précis Dalloz, 32ème éd., 2019, p. 1806.
[742] *Idem.*
[743] Article L 221 du Code du travail.

du Tribunal du travail de ressort. En cas de différend interrégional, l'accord est déposé par le Directeur national du Travail auprès de la juridiction du travail compétente. Tout accord de conciliation est susceptible d'être étendu conformément aux dispositions des articles L.78 nouveau du présent Code du travail modifié en juin 2017. En l'absence d'accord, le conciliateur rédige un rapport[744] sur l'état du différend et l'adresse accompagné des documents et renseignements recueillis par ses soins, au ministre chargé du Travail. Une copie du rapport est remise sans délai à chacune des parties avec mention de la date à laquelle ce document a été envoyé au ministre chargé du Travail.

544. Ces dispositions sont reprises dans le projet d'acte de l'OHADA relatif au droit du travail en ces termes : « *En l'absence d'accord, l'Inspecteur du travail ou le Directeur du Travail, selon les cas, rédige dans les trois (3) jours un rapport sur l'état du différend et l'adresse, accompagné de documents et renseignements recueillis par ses soins, au ministre chargé du Travail. Ce rapport précise les points sur lesquels le différend persiste. Une copie du rapport est remise sans délai à chacune des parties avec mention de la date à laquelle ce document a été transmis au ministre chargé du Travail en vue du déclenchement éventuel de la procédure d'arbitrage* ». Au regard des dispositions ci-dessus examinées, il ressort des résultats de la conciliation ou l'échec, que certaines critiques peuvent être adressées. Quel sera le sort des procès-verbaux de conciliation ?

545. La procédure de conciliation tend, dans la pratique au rapprochement des points de vue antagonistes des parties. Il en résulte forcement pour les parties la signature d'un PV de conciliation ou d'échec qui doivent être suivis d'effets, quel que soit le résultat de la conciliation. Certaines critiques pourraient être adressées, mais la situation diffère en France ou au Mali.

546. En France, l'objet de la conciliation est relativement modeste puisqu'elle se veut simple instrument de dialogue entre les parties en conflit. Elle ne débouche en aucun cas sur des recommandations et *a fortiori* sur une décision. Des obligations pèsent sur les parties à commencer par celle de comparaitre en personne ou représenté et de l'exigence d'une participation loyale ; l'article L. 2522-2 du Code du travail français leur impose de « donner toutes facilités aux membres des commissions pour leur permettre de remplir la fonction qui leur est dévolue »[745]. Il faut noter que « si la conciliation réussit, le procès-verbal prend la valeur d'un accord collectif, ayant la même autorité et même effet qu'une convention collective et devant être déposé au secrétariat du conseil de

---

744 Article L 224 du Code du travail.

745 Coeuret A., Gauriau B., Miné M., Droit du travail, Sirey, 2ème éd., 2009, p.748.

prud'hommes. En cas d'échec, le procès-verbal de non- conciliation enregistre les points de désaccord »[746].

547. Au Mali, dans la pratique, les procès-verbaux (PV) de conciliation ne sont pas suivis d'effets ; c'est pourquoi nous assistons à des préavis de grève répétitifs. Les employeurs, dans la plupart des cas, ne donnent pas toutes les suites souhaitées dans les procès-verbaux de conciliation. En 2017, sur les 43 préavis de grève enregistrés par les inspections du Travail et la Direction nationale du Travail, 40% ont été suivis de grèves répétitives[747] suite à l'irrespect des PV de conciliation signés, en principe, de bonne foi par les parties. Ceci nous amène à nous poser la question suivante : le fait que le PV de conciliation est adressé au secrétariat du Tribunal du travail a-t-il une utilité ? Laquelle ?

548. *A priori*, nous estimons qu'il s'agit de revêtir le PV de la formule exécutoire ou pour simple information. Dans les deux cas, cela ne produira aucun effet dans la mesure où les syndicats sont toujours préoccupés à faire appliquer les procès-verbaux signés entre les parties, non d'exiger que le PV soit revêtu de la formule d'exécutoire pour faciliter son application en cas de mauvaise foi de l'employeur. Cette situation est très fréquente et décrédibilise les employeurs aux yeux des syndicats de travailleurs qui n'hésitent pas à le dire en face. A notre avis, l'envoi des PV de conciliation au Tribunal du travail ne produit aucun effet dans la mesure où les juges ne s'en servent pas ou ne le revêtent pas de la formule exécutoire. Il est souhaitable que cette procédure soit supprimée des dispositions du Code du travail. En ce qui concerne le rapport de non-conciliation, il est transmis au ministre du Travail qui saisit le conseil d'arbitrage[748], après notification aux parties par l'inspecteur du Travail ou par le Directeur national du travail selon les cas.

B. La saisine du conseil d'arbitrage

549. L'arbitrage social déroge au droit commun de l'arbitrage. D'une part, la loi ne détermine pas le degré de juridiction auquel appartient le conseil d'arbitrage et, d'autre part, elle limite à l'opposition le recours contre les décisions du conseil. L'arbitrage social est un mode de règlement peu usité,

---

[746] Auzero G., Baugard D., Dockès E, *op. cit*., p. 1806.

[747] Ces grèves répétitives se retrouvent dans les secteurs comme les mines, l'enseignement privé, le BTP, les banques et assurances et les transports du secteur privé. Les syndicats de travailleurs dénoncent à chaque séance de conciliation le non-respect des accords signés par les entreprises. Ceci induit que les parties négocient « le couteau à la gorge », ce qui expliquerait le faible taux d'exécution des accords (*Cf.* not. Rapport annuel 2017 de la DNT du Mali).

[748] Article L225 nouveau du Code du travail modifié pour rendre l'arbitrage volontaire entre les parties.

dont les partenaires sociaux ont découvert les vertus à la faveur de l'effervescence née dans le monde du travail des événements de mars 1991[749] à l'occasion desquels ont éclaté de nombreux conflits collectifs du travail au Mali ; ces derniers auraient pu entraîner une surcharge des juridictions ordinaires. Le recours à l'arbitrage social a contribué à l'amélioration des relations partenariales et diminuer la défiance traditionnelle du secteur privé à l'égard de l'administration. Nous traiterons d'abord de la saisine, de la composition et des missions du conseil **(1),** puis de l'exécution de la sentence arbitrale **(2).**

1. La saisine, composition et missions du Conseil

550. Il est important de rappeler que la modification récente du Code du travail en juin 2017 a rendu l'arbitrage volontaire pour les secteurs non essentiels. L'article L225 nouveau stipule ainsi que : « *Dès réception du rapport de non conciliation, le ministre chargé du Travail saisit sans délai le Conseil d'arbitrage, à la demande expresse des parties au conflit. En cas de crise nationale aigué ou lorsque le conflit concerne un service essentiel, le ministre chargé du Travail peut, de sa seule initiative, décider de convoquer le conseil d'arbitrage. Est considéré comme un service essentiel, tout service dont l'interruption risque de porter atteinte à la vie, à la sécurité et à la santé de tout ou partie de la population (…)* ».

551. L'arbitral social se déroule devant le conseil d'arbitrage qui est composé[750] d'un magistrat de la Cour d'appel et de deux assesseurs employeurs et deux assesseurs travailleurs, choisis par le Conseil supérieur du Travail[751] ; le secrétariat est assuré par un greffier désigné par le ministre de la Justice garde des Sceaux. Les membres employeurs et travailleurs du Conseil sont choisis, en fonction de leur autorité morale et de leurs compétences

---

[749] En 1991, le pouvoir du Général Moussa Traoré, Président de la République du Mali, Chef de l'État et Chef du Gouvernement a été renversé par un Coup d'État militaire ; ceci entraina l'instauration du multipartisme politique et syndical. Cette démocratie nouvelle est à la base de la Conférence nationale de 1992. Celle-ci a réuni toutes les forces vives du pays. Ila été alors recommandé la relecture de toutes les lois nationales majeures dans le domaine du travail, des douanes, des impôts, du commerce, etc. C'est ainsi que le code du travail de 1962 qui avait subi beaucoup de modifications a été refondu pour donner la loi n° 92-020 du 23 septembre 1992 portant Code du travail en République du Mali.

[750] Aux termes de l'article L.226 du Code du travail : « *Le conseil d'arbitrage est composé : - d'un magistrat de la Cour d'appel, président ; - de quatre assesseurs dont deux assesseurs employeurs et deux assesseurs travailleurs choisis en son sein par le conseil supérieur du travail. Un greffier désigné par le ministre de la Justice assure le secrétariat. Dans le cas où le différend concerne exclusivement les services publics, les deux assesseurs employeurs sont remplacés par deux représentants désignés par le Ministre Chargé de la Fonction Publique* ».

[751] Les assesseurs employeurs sont remplacés par un représentant de l'administration dans le cas où le différend concerne exclusivement les services publics.

techniques, par le ministre chargé du Travail, sur proposition des organisations syndicales d'employeurs et de travailleurs les plus représentatives. Une fois constitué, le Conseil d'arbitrage dispose de huit jours francs[752], au plus, pour se réunir. Les parties communiquent, à la demande du Président du Conseil, leurs mémoires sur le différend qui les oppose.

552. Le Conseil d'arbitrage est compétent pour connaître les différends collectifs du travail[753]. Il se prononce en droit sur les différends relatifs à l'interprétation des lois, conventions ou accords d'entreprise ou d'établissement en vigueur. Il tranche en équité sur les conflits relatifs aux salaires ou sur les conditions de travail qui ne sont pas fixées par les lois, règlements, conventions ou accords collectifs de travail en vigueur, sur les différends relatifs à la conclusion et à la révision des clauses des conventions ou accords collectifs en vigueur.

553. Le Conseil d'arbitrage a les pleins pouvoirs de s'informer de la situation économique des entreprises et de la situation sociale des travailleurs intéressés par le différend. Les membres du conseil d'arbitrage peuvent, à cet effet, enquêter auprès des entreprises et des syndicats, réclamer aux parties tous documents ou renseignements d'ordre comptable et financier susceptible d'être utiles à l'examen du différend. Le Conseil peut confier ces enquêtes à toutes personnes qualifiées notamment, aux experts comptables. Il juge sur pièce mais peut entendre les parties, si cela lui parait nécessaire.

554. L'institution de l'arbitrage volontaire après la modification de juin 2017 du Code du travail, s'explique par le fait que les parties de plus en plus refusaient d'aller à l'arbitrage obligatoire et disaient au ministre du Travail qu'elles préféraient continuer de dialoguer que d'aller devant un arbitre[754]. L'arbitrage obligatoire avait alors atteint ses limites. Cette situation est doublée par les interpellations du Mali par la Commission d'Experts pour l'Application des Conventions et Recommandations de l'OIT sur l'arbitrage obligatoire comme mode de règlement des conflits collectifs de travail[755].

---

[752] Article L225 nouveau, alinéas 4 et 5, du Code du travail.

[753] *Cf.* Articles L227 et L228 du Code du travail.

[754] Le dernier de refus s'est produit en 2016 où la Section nationale des mines et de l'industrie a refusé de comparaitre devant le conseil d'arbitrage, et elle a manifesté cela par une lettre adressée au président du conseil dans ce sens.

[755] *Cf.* Observation de la CAECR adoptée en 2010, publiée lors de la 100ème session de la CIT 2011 ; voir les commentaires à ce sujet : « *Depuis plusieurs années, la commission rappelle la nécessité de modifier l'article L.229 du Code du travail de 1992 afin de circonscrire les pouvoirs du ministre du Travail de recourir à l'arbitrage pour faire cesser une grève risquant de provoquer une crise nationale aiguë. Cet article prévoit en effet que le ministre du Travail peut renvoyer certains conflits à l'arbitrage obligatoire non seulement dans les conflits intéressant les services essentiels dont l'interruption risque de mettre en danger la vie, la sécurité ou la santé des personnes, mais aussi dans les conflits risquant «de compromettre le*

555. Cependant, le législateur a gardé l'arbitrage obligatoire pour les services essentiels[756] ; ceci donne la possibilité au ministre du Travail lorsque le conflit intéresse un secteur vital de l'économie ou en cas de crise nationale aigue, de saisir le Conseil donc d'imposer l'arbitrage aux parties. Mais, une simple notion définie dans le Code du travail ne permet pas de cerner les difficultés d'application pratique d'un tel choix dans la mesure où le Mali n'a pas pris une loi qui définie de façon précise la liste des services essentiels au sens du Comité de la liberté syndicale de l'OIT[757]. Il n'est pas nécessaire de dire qu'il y aura des difficultés d'appréciation. Il faut donc aller à la détermination de cette liste de services essentiels et ne pas se cantonner dans une définition qui ne veut pas dire grand-chose, sauf à avoir le mérite d'en parler ou « d'effleurer ».

556. Ainsi, aux termes de l'article L229 nouvel alinéa 1 du Code du travail modifié : « *Le Conseil d'arbitrage dispose d'un délai de 15 jours pour rendre sa sentence. La décision du Conseil est immédiatement notifiée et commentée aux parties par le Président, qui en adresse une copie au ministre chargé du Travail (...)* ». Au regard des difficultés rencontrées dans la réalisation de l'arbitrage qui trainait en longueur, la nouvelle disposition impose au Conseil un délai de quinze jours au bout duquel il doit rendre sa sentence arbitrale. Ce délai a été salué par les partenaires sociaux.

557. Pareil arbitrage est repris dans les dispositions du projet d'acte uniforme de l'OHADA relatif au droit du travail. Cela reflète les dispositions des différents codes du travail des pays membres de l'OHADA. Qu'en est-il pour la France ? La loi du 11 février 1950 a conféré à l'arbitrage des conflits collectifs un caractère facultatif et ceci a été maintenu par la loi du 13

---

déroulement normal de l'économie nationale ou intéressant un secteur vital des professions». La commission note que le rapport du gouvernement fait état de la validation en juillet 2010 d'une étude sur la mise en conformité de la législation du travail avec les conventions fondamentales du travail et de l'élaboration d'un projet de texte modificatif qui inclut la révision de l'article L.229 du Code du travail ».

[756] Article L225 nouveau alinéa 3 du Code du travail : « *Est considéré comme un service essentiel, tout service dont l'interruption risque de porter atteinte à la vie, à la sécurité et à la santé de tout ou partie de la population* ».

[757] BIT- compilation de la décision du Comité de la liberté syndicale, 6ème édi., Genève, 2018.p.156. « *Pour déterminer les cas dans lesquels une grève pourrait être interdite, le critère à retenir est l'existence d'une menace évidente et imminente pour la vie, la sécurité et la santé dans tout ou partie de la population. Le maintien des services minimum en cas de grève ne devrait être possible que 1). Dans les services dont l'interruption risquerait de mettre en danger la vie, la sécurité et la santé de la personne dans une partie ou dans l'ensemble de la population (services essentiels au sens strict du terme) ; 2.dans les services qui ne sont pas essentiels au sens strict du terme mais où les grèves d'une certaine ampleur et durée pourraient provoquer une crise nationale aiguë menaçant les conditions normales d'existence de la population ; et 3. Dans les services publics d'importance primordiale* ».

novembre 1982. Il n'y a arbitrage que si les parties au conflit en ont décidé ainsi en insérant une clause compromissoire dans la convention collective[758] ou en signant un compromis après les l'apparition du litige (article L. 2524-2 du Code du travail).

558. En France, l'arbitre désigné par les parties ne joue pas exactement le même rôle que l'arbitre de droit commun. La loi prescrit « qu'il doit statuer en droit dans les litiges juridiques et en équité dans les conflits économiques »[759]. La sentence doit être motivée. « Ses effets sont ceux d'une convention collective et les sanctions sont celles que la loi attache à la violation d'une convention collective ». Cette solution différencie un peu plus l'arbitrage social de celui visé au Code de procédure civile, commerciale et sociale[760]. En matière de conflit du travail, la sentence est assimilée à un contrat entre les parties : elle a « force exécutoire »[761] . Au-delà de ces remarques sur le cas français, l'arbitrage a toujours connu des fortunes diverses quant à l'application ou l'exécution de la sentence arbitrale par les parties.

2. Exécution de la sentence arbitrale

559. En pratique au Mali, l'exécution de la sentence arbitrale a toujours posée des problèmes. Plusieurs sentences arbitrales ont été rendues[762] depuis 2004 et

---

[758] Article L. 2524-1 du Code du travail français.

[759] Auzero G., Baugard D., Dockès E, Droit du travail, Précis Dalloz, 32ème éd., 2019, p.1808.

[760] Décret n° 99-254/P-RM du 15 septembre 1999, modifié, par le Décret n°09-220/P-RM du 11 mai 2009 portant Code de procédure civile, commerciale et sociale en République du Mali.

[761] Sur les conditions de contestation d'une sentence arbitrale, v. C. sup. arbitrage, 16 mai 2001, *RJS* 10/01, n° 1184, concl. M. Schwartz, p. 757.

[762] Sentence arbitrale rendu en novembre 2004 entre la société minière de Morila SA dans la région de Sikasso et le syndicat des travailleurs de cette mine sur la prime de rendement en application des dispositions de la convention collective des sociétés et entreprises minières géologique et hydrogéologiques du Mali de 1985. Il y a aussi la sentence arbitrale rendue en 2010 dans le conflit Air France suite à une grève illimitée des travailleurs de la délégation locale Air France au Mali. Après l'échec des négociations le conflit a été porté devant le conseil d'arbitrage et l'employeur a fait opposition sur la prime de panier et la sentence pour être exécutoire a été portée devant le conseil des ministres par une communication orale intro duite devant le conseil par le ministre du travail à la demande du syndicat des travailleurs de la délégation locale d'air France au Mali qui s'est déclaré incompétent au motif qu'il ne s'agit pas d'un service essentiel. Suite à l'échec des négociations dans le conflit syndicat/ LTA sa dans la mine d'or de Sadiola en 1ère région, conseil d'arbitrage a été saisi, après délibération, le Conseil d'Arbitrage, a par décision n° 001/CA du 07 janvier 2013, décidé que Louis Thomson Amstrong Mali-SA procède au paiement du reliquat des rappels d'augmentation de salaire de 7% de 1999 sur 32 mois ainsi que le paiement de la prime de rendement de l'année 2011 conformément aux dispositions de l'article 8 de la convention collective des mines. La Direction de Louis Thomson Amstrong Mali SA a fait opposition à la sentence du 07 janvier 2013 sur les deux points en date du 1er février 2013. Ainsi la Fédération Nationale des Mines et de l'Energie (FENAME) a demandé que le conseil des ministres soit saisi pour rendre la sentence exécutoire. Le 28 janvier 2014, le Ministre du Travail, des Affaires Sociales et

n'ont jamais été exécutées par la partie employeur. Cette inexécution était liée à notre avis à la rédaction de l'article L225 du Code du travail qui rendait l'arbitrage social obligatoire. C'est ainsi que des sentences ont été rendues en 2004 et en 2010, respectivement dans des affaires Morila SA et la délégation locale d'Air France au Mali. Cette rédaction avait des limites certaines dans la mesure où on ne faisait pas de distinction entre services essentiels et autres activités. Les différentes décisions prises par le Conseil des ministres lorsqu'il était saisi, ont rendu nécessaire la relecture de l'article en question sur l'arbitrage.

560. Pour rendre l'exécution de la sentence arbitrale facile dans les services essentiels, en plus de rendre l'arbitrage volontaire, la nouvelle rédaction de l'article L229 nouveau a donné plus de liberté aux parties : « *La formule exécutoire est apposée sur la décision du Conseil, par ordonnance du Président du tribunal compétent, à la requête de la partie la plus diligente. La sentence arbitrale ne peut faire l'objet de recours que pour excès de pouvoir, violation de la loi ou violation des règles de procédure, portés devant la Chambre sociale de la Cour suprême. Le recours en annulation de la sentence arbitrale est ouvert : si le conseil d'arbitrage a été irrégulièrement constitué ; si l'arbitre a statué sans se conformer à la mission qui lui a été assignée ; s'il a violé une règle d'ordre public ; Lorsque le principe du débat contradictoire n'a pas été respecté. Le recours doit être exercé dans les 8 jours francs suivant la signification de la sentence. Il est suspensif de l'exécution de la sentence arbitrale. En cas d'annulation de tout ou partie de la sentence arbitrale, la Cour suprême, dans le délai de 3 jours francs suivant la date de sa saisine par la partie la plus diligente, renvoie l'affaire aux parties qui proposent au Ministre chargé du travail, la constitution d'un nouveau conseil d'arbitrage. Dans le cas où la nouvelle sentence est annulée, la Cour Suprême*

Humanitaires a adressé à la Direction de l'entreprise une lettre de rappel pour la prise en charge de la sentence notamment le paiement de la majoration des 7% sur 32 mois et la prime de rendement prévue par la convention collective des mines. Cette lettre est restée sans suite. La Fédération Nationale des Mines et de l'Energie (FENAME) a saisi le 16 juin 2014, le tribunal de travail de Bamako, qui s'est déclaré incompétent sur la demande de réclamation de droits et de dommages intérêts. Le 30 juin 2014 par lettre N°14/00108/CEN-CSTM, la Confédération Syndicale des Travailleurs du Mali (CSTM) demanda au Ministre du Travail, de la Fonction Publique et des Relations avec les Institutions de saisir le conseil des Ministres pour rendre exécutoire la sentence arbitrale du 07 janvier 2013. Par lettre n° 000448/MTFPRI-SG en date du 09 juillet 2014, le Ministre du travail répondit que le secteur des mines n'étant un secteur essentiel, qu'il ne peut pas saisir le Conseil des Ministres sur le sujet. Suite aux négociations du cahier des doléances de la Confédération Syndicale des Travailleurs du Mali (CSTM) en mars 2015, il a été convenu au point 6 de ce cahier que le Ministre du Travail saisisse le Conseil des Ministres du conflit pour faire application des dispositions de l'article L.229 Code du Travail. Selon la Confédération Syndicale des Travailleurs du Mali (CSTM), il n'appartient pas au Ministre du Travail de dire que le secteur des mines n'est pas un service essentiel, plutôt le Conseil des Ministres conformément à l'esprit de la loi.

rend, dans les 15 jours suivant le 2e arrêt d'annulation, avec les mêmes pouvoirs qu'un arbitre, une sentence qui ne peut faire l'objet d'aucun recours ».

561. Au regard des difficultés ci-dessus décrites et pour rendre exécutoire une sentence arbitrale, la modification récente du Code du travail a entrainé la suppression de la procédure de saisine du Conseil des ministres ; des recours peuvent être exercés par les parties au cours de la procédure telle que décrite dans la nouvelle disposition. En réalité, les articles L225 et 229 dans leurs anciennes rédactions étaient devenus inopérants. En plus de dix ans de pratique, nous avons observé qu'aucune sentence n'avait été exécutée à hauteur de souhait. La nouvelle procédure devrait améliorée la situation, mais il faut aussi reconnaitre qu'elle pose quelques difficultés d'application en rendant l'arbitrage volontaire critiquable[763]. Par exemple en 2017, la SECNAMI a refusé d'aller à l'arbitrage volontaire demandé par les employeurs d'une société de mine d'or, suite à l'échec de la tentative de conciliation devant la Direction nationale du travail. Conformément aux dispositions du nouvel article L225 du Code du travail, l'employeur a demandé au ministre du Travail la saisine du Conseil sur le différend. Notre surprise fut très grande quand la SECNAMI refusa de répondre à la demande de désignation de représentants à la Commission d'arbitrage.

562. Peut-être qu'une insuffisance existe dans la nouvelle disposition de l'article L225 nouveau stipulant que : « *Dès réception du rapport de non conciliation, le Ministre chargé du travail saisit sans délai le Conseil d'arbitrage, à la demande expresse des parties au conflit (...) ».* Cette disposition fait déjà l'objet d'interprétations différentes selon la partie qui ne veut pas aller à l'arbitrage ; il faudrait que les deux parties, d'un commun accord, acceptent d'aller devant le Conseil d'arbitrage. Les syndicats ont expliqué parfois leur refus par le fait qu'ils voudraient privilégier le dialogue social. Pour preuve, ils ont saisi le ministre de la Justice pour manifester leur volonté de rester dans le dialogue social sans aller vers un arbitrage social. Il faut noter que cette proposition de la partie syndicale n'a pas été acceptée par les employeurs.

563. La médiation serait-elle la solution ? Pourquoi ne pas tester la pratique de la médiation dès lors que la nouvelle disposition du Code du travail sur l'arbitrage social semble ne pas emporter l'adhésion des parties en conflit en

---

[763] L'arbitrage volontaire parait déjà critiquable dans la mesure où l'objectif visé en introduisant la nouvelle rédaction n'est pas atteint. En réglant la question posée par les organes de contrôle de l'OIT, nous n'avons pas intégré que les parties refuseraient de se soumettre à un arbitrage volontaire. Pour autant la disposition paraît être pertinente dès lors que rien ne sert d'imposer un arbitrage.

cas de rapport de non conciliation ? En réalité, le problème resterait entier en cas d'opposition de l'une des parties à la sentence arbitrale même résultant d'un arbitrage obligatoire institué par le ministre du Travail dans le cas des services essentiels. Qu'en sont-ils des dispositifs de prévention et de résolution des conflits collectifs de travail dans le secteur public ?

CHAPITRE II - LE SECTEUR PUBLIC

564. Le dialogue social dans le secteur public au Mali est régi par des dispositions, légales et réglementaires, autres que celles du Code du travail et des textes d'application de ce dernier. Il s'agit pour l'essentiel de la loi relative à la gestion des conflits collectifs dans le secteur public[764]. Par ailleurs, certains instruments de prévention ont été conclus entre l'État et les partenaires sociaux pour la gestion des conflits du travail. On peut noter le Pacte social de 1992 et le Pacte de solidarité pour la croissance et le Développement de 2001. Le dernier pacte contient des clauses relatives à la concertation périodique et annuelle sur l'ensemble des problèmes du monde du travail au Mali. Nous allons examiner dans un premier temps les dispositifs de prévention des conflits collectifs (**Section 1**) et dans un second temps les mécanismes de résolution des conflits **(Section 2).**

SECTION I - Les instances de prévention des conflits collectifs

565. La concertation avec l'U.N.T.M, seule centrale syndicale jusqu'en 1997[765], a abouti au « Pacte de solidarité pour la croissance et le développement » de 2001 regardé, comme le « Pacte social » de 1992[766], comme entre le Gouvernement Malien et les partenaires sociaux comme un instrument de prévention des conflits collectifs. L'objectif du Pacte de solidarité a été de permettre une concertation avec les partenaires sociaux en vue d'aboutir à des compromis acceptables entre les exigences de développement économique et celles de justice sociale. La circulaire n° 0001/ PM-RM du 30 janvier 2004 relative à la communication gouvernementale précise que conformément au Pacte de solidarité pour la croissance et le développement, il est institué une rencontre trimestrielle avec les syndicats nationaux relevant du domaine de compétence des ministres. Au-delà de la circulaire de 2004 dont les contours seront analysés dans les développements ultérieurs, le Pacte avait prévu des commissions de travail pour qu'il soit pleinement mis en œuvre et jouer son rôle de prévention des conflits **(§ 1).** Le Gouvernement a aussi prévu mais cette fois de façon non formelle[767], des

---

[764] Loi n° 87-47 AN/RM du 10 août 1987 sur l'exercice du droit de grève dans les services publics.

[765] *Cf. supra* chapitre 1 du titre II de cette première partie.

[766] Le Pacte social a été conclu le 7 mars 1992 entre le Gouvernement et l'UNTM et a permis d'avoir des résultats forts appréciables. Des protocoles d'accord ont été conclus avec l'UNTM dans le cadre du pacte notamment le protocole du 02 octobre 2011 qui le dernier en date avant l'évaluation intervenue en 2014.

[767] Les commissions de négociation des cahiers de doléances des centrales syndicales ne découlent pas d'un texte formel (loi ou décret) mais plutôt de la pratique administrative de

commissions de négociation des cahiers de doléances des centrales syndicales **(§ 2).**

§ 1 - Les Commissions du Pacte de solidarité pour la croissance et le développement

566. Le Pacte de solidarité pour la croissance et le développement a été adopté le 14 août 2001, par le Gouvernement, l'Union Nationale des Travailleurs du Mali (UNTM), le Conseil National du Patronat du Mali[768] (ex- FNEM), la Chambre de Commerce et d'Industries du Mali, l'Assemblée Permanente des Chambres d'Agriculture du Mali, la Fédération Nationale des Artisans du Mali et d'autres associations de travailleurs.

567. Bien qu'il y ait d'autres organes consultatifs nationaux tels que le Conseil ssupérieur du Travail, le Conseil ssupérieur de la Fonction publique, le Conseil économique, social et culturel, ou des organes de gestion des conflits collectifs tels que les commissions de conciliation, le Pacte de solidarité a enrichi le système de dialogue social au Mali dans la mesure où il a été adopté pour participer à la prévention des risques de conflits sociaux par la mise œuvre d'un cadre de dialogue fécond et responsable entre le Gouvernement et les partenaires sociaux. Le Gouvernement a mis en exergue pareille ambition afin d'améliorer la situation peu reluisante qui prévalait alors et qui pouvait être résumée au travers du double constat d'une situation économique mais aussi sociale pour le moins délicate. Ainsi, la commission *ad 'hoc* chargée de la mise en œuvre du Pacte à juger nécessaire de créer deux commissions de travail : la Commission de développement du secteur privé **(A)** et la commission de modernisation de l'administration **(B).**

A. La Commission développement du secteur privé

568. La création des deux commissions de travail s'expliquait par le fait que le Pacte lui-même était bâti autour de deux grandes idées fortes pour répondre aux objectifs[769] du Pacte de solidarité qui était un modèle unique dans la zone Afrique de l'Ouest en termes de dialogue social. La première idée concernait *« le développement des entreprises en vue de la réalisation des objectifs fixés*

---

gestion des conflits au niveau du secteur public. Ces cadres des concertations sont entrés dans la pratique et sont considérés comme sources de droit en matière de dialogue social au Mali.

[768] Ex FNM : appelée fédération nationale des employeurs du Mali) a été remplacé par le Conseil National du Patronat du Mali. Cette évolution de nom a été déjà évoquée dans le chapitre I du Titre I de cette première partie de notre travail.

[769] Le Pacte devait répondre aux deux préoccupations essentielles du moment : un indice de pauvreté restant à un niveau préoccupant, entraînant la multiplication et l'exacerbation des revendications catégorielles et le fait que l'environnement économique et juridique n'était pas suffisamment favorable au développement réel des entreprises et à la création d'emplois.

par le Gouvernement » ; la seconde était axée sur « l'*amélioration des conditions de vie et de travail des salariés des secteurs public et privé* »[770]. Ainsi, la Commission de développement du secteur privé a été créée pour s'occuper de la mise en œuvre des axes qui visent le développement du secteur privé et répondre aux engagements du Gouvernement et des partenaires sociaux. Quelles sont les missions et moyens de la Commission (**1**) et quels en ont été les acquis (**2**) ?

1. Les missions et moyens de la commission

569. La Commission avait pour objectif de rendre opérationnel les engagements pris par le Gouvernement et les partenaires sociaux. Ainsi, pour renforcer la compétitivité[771] des entreprises industrielles nationales, le Gouvernement s'est engagé à développer la mise en place d'infrastructures de base adaptées aux besoins des industriels. Il devait également veiller à l'application des dispositions du Code des marchés publics pour faire bénéficier les entreprises maliennes de la préférence nationale pour l'attribution des marchés publics.

570. Dans un contexte économique marqué par l'intégration économique sous-régionale et la mondialisation, la mobilisation et la disponibilité des capitaux sont des conditions essentielles à la création et au développement des entreprises. Pour faciliter l'accès des entreprises au financement, le Gouvernement s'est dit disposé à : « renégocier les lignes de crédit extérieures tout en recherchant auprès des bailleurs de fonds, des conditions plus souples et des procédures de décaissement plus simplifiées ; accompagner le secteur privé dans ses initiatives pour la mise en place d'un fonds de garantie et la création d'institutions adaptées au financement des investissements ; affecter les excédents de fonds de transit routier inter-Etats (TRIE) à la réalisation d'équipements et d'infrastructures pour l'amélioration du transit ; rendre opérationnel le Fonds d'équipement et confier sa gestion à la Fédération Nationale des Employeurs du Mali (FNEM) ; accompagner et accélérer la mise en place d'un Fonds de développement du secteur de l'artisanat ; faciliter l'octroi de crédits à des taux raisonnables pour les producteurs agricoles ; renforcer la compétitivité des entreprises ; ffaciliter l'accès des entreprises au financement ; améliorer l'environnement juridique et institutionnel du secteur privé ; lutter contre les lenteurs administratives et assurer plus de transparence dans les procédures ; mettre en place des outils modernes de gestion de l'administration publique ; favoriser l'implication

---

[770] *Cf.* Préambule du Pacte de solidarité de 2001.

[771] *Cf.* article 1er du Pacte consacré à l'accès au financement ; voir notamment le rapport d'évaluation du Pacte de septembre 2014, rédigé par Comlan René Tohouenou, Psychologue du Travail et des Organisations, Chef de mission de Talents Plus Conseils Mali.

effective des employeurs à la résolution des problèmes les concernant ; promouvoir le dialogue social »[772].

571. Les organisations syndicales d'employeurs et de travailleurs ont exprimé leur pleine adhésion aux objectifs fixés par le Gouvernement en matière de croissance économique, de maîtrise de l'inflation et de création d'emplois. Pour atteindre ces objectifs, les employeurs se sont engagés, notamment, à : moderniser les entreprises et relever de niveau de leur compétitivité ; s'acquitter de toutes leurs obligations financières vis-à-vis de l'État ; lutter plus efficacement contre la fraude et la contrebande ; consolider les emplois existants et créer de nouveaux emplois.

572. Ainsi, en vue de la réalisation de l'ensemble des engagements contenus dans les articles 1 à 7 du Pacte concernant le « Développement du secteur privé » [773], la Commission a été composée de représentants des départements ministériels[774], des partenaires sociaux[775] et des chambres consulaires[776]. La Commission se réunissait une fois par semaine. Elle était dotée d'un budget de fonctionnement qui s'élevait en 2001 à 2 772 000 FCFA et était composée de vingt-huit membres (douze représentants des départements ministériels et seize représentants des partenaires sociaux). Ce budget a évolué en 2002 pour atteindre la somme de 5 796 000 FCFA. Le Conseiller technique chargé du travail assurait le secrétariat technique de la Commission et était appuyé sur des questions techniques par le département concerné. Un compte rendu régulier était fait lors de chaque réunion. Un budget était élaboré chaque année[777].

---

772 *Cf.* Préambule du Pacte de 2001.

773 L'article 1er concerne « l'accès au financement », l'article 2 est relatif à « La répartition équitable de la pression fiscale », l'article 3 est relatif au « Le renforcement de la compétitivité des entreprises », l'article 4 traite de « L'intégration économique », l'article 5 est relatif au « L'implication du secteur privé dans la résolution des problèmes des entreprises », l'article 6 traite de « L'amélioration des relations entre l'administration et le secteur privé » et l'article 7 traite de « La création d'emplois ».

774 Les départements ministériels étaient représentés dans cette commission par le ministère des finances, du travail, de l'emploi, du commerce et de l'industrie, de la santé, de l'artisanat et du Tourisme, du développement social, de la solidarité et des personnes âgées.

775 Les partenaires sociaux étaient représentés par le FNEM, les retraités de l'INPS, La fédération nationale des associations des retraités de l'UNTM. La CSTM qui a été créée qu'en1997 n'était pas représentée.

776 Les chambres consulaires étaient représentées par la Fédération nationale des artisans du Mali, la Chambre de Commerce et d'Industrie du Mali, l'Assemblée permanente des Chambres d'agriculture du Mali.

777 Décision n° 2011-002333/MTFP-DFM du 17 août 2011 fixant l'indemnité des membres des commissions et du secrétariat permanent du Pacte de Solidarité pour la Croissance et le Développement.

573. Le Pacte de solidarité a été conclu pour une durée de départ de cinq ans et devait suivi d'une évaluation. Il est à constater que le Pacte a fonctionné de 2001 à 2014 sans être évalué. Ceci a créé un vide dans la bonne conduite du dialogue social au Mali dans la mesure où entre temps, en plus de l'UNTM seul acteur, et la CSTM qui avait été exclue de la signature pour des questions de rivalités entre les deux centrales, d'autres centrales s'étaient créées[778] entre 2006 et 2014. Ainsi, une véritable évaluation n'est intervenue qu'en septembre 2014 ; elle a fait ressortir les acquis mitigés de la Commission « développement du secteur privé ».

2. Les acquis et difficultés constatées de la Commission

574. Au regard des points traités par les articles 1 à 7 du Pacte, sa mise en œuvre de 2001 à 2014 n'a pas permis d'atteindre les résultats escomptés. Le rapport d'évaluation fait ressortir des résultats directs et indirects. Ainsi, selon le rapport d'évaluation du consultant, « des objectifs énumérés dans le Pacte, certains ont été réalisés grâce aux activités menées directement par ces deux commissions. Notre évaluation, se voulant fidèle au contenu du Pacte, se base sur toutes les informations directes, émanant du secrétariat permanent et des informations indirectes émanant d'autres sources. Dès lors, nous aurons deux catégories d'actions réalisées et de résultats »[779]. Première catégorie : les résultats directs liés aux activités des commissions grâce aux comptes rendus, notes d'informations et rapports du Secrétariat permanent. La seconde catégorie vise les résultats indirects pour lesquels nous ne disposons pas d'éléments tangibles pour affirmer qu'ils ont été directement réalisés par les commissions. Néanmoins ceux-ci font partie des objectifs du Pacte. Ce dernier peut bien avoir servi de document de base à d'autres actions dans la mesure où l'État, dès le début, entendait aller au-delà du dialogue social pour améliorer la situation socio-économique des citoyens au Mali.

575. Il faut noter que dans cette perspective, des activités inscrites dans le Pacte ont été prises en charge dans le cadre de la Stratégie Nationale de Sécurité Alimentaire adoptée par le Conseil des ministres le 21 novembre 2002. L'évaluation ayant porté sur les 36 actions programmées dans le cadre des travaux de la Commission du développement du secteur privé, il ressort que 52,83% des actions ont été réalisées et auraient eu un impact direct sur le développement des entreprises. Parmi les actions ayant bénéficié d'une « évaluation positive »[780] ou étant considéré comme ayant eu « un résultat

[778] Les deux centrales qui ont été créées entre 2006 et 2014 sont la CMT en 2006 et la CDTM en 2014.

[779] Tohouenou C. R., Rapport d'évaluation du Pacte de solidarité pour la croissance et le développement du Mali, Bamako 2014, p. 14.

[780] *Ibidem*, p. 52 et 53 ; loi n° 06-040 du 11 août 2006 portant institution du numéro d'identification national des personnes physiques et morales ; loi n° 06-045 du 05 sept 2006

mitigé », il est permis de citer : la création d'un fonds de garantie ; la création des institutions adaptées au financement des investissements ; l'opérationnalisation du fonds de développement du secteur de l'artisanat ; la facilitation de l'octroi de crédits aux producteurs agricoles ; l'élargissement de l'assiette des impositions ; la préférence des entreprises maliennes par l'Etat lors de l'attribution des marchés publics et la domiciliation des assurances des risques sur le territoire national.

576. Il n'est ni possible, ni souhaitable de citer l'ensemble des acquis du Pacte en ce qui concerne la mise en œuvre des actions prévues par ses sept premiers articles, en termes d'engagement réciproques des parties, Gouvernement, Employeurs et Travailleurs. Il demeure certain que la mise en œuvre du Pacte par cette commission a connu des difficultés. Le consultant commis pour l'évaluation a lui-même souligné que « le défi était de discuter avec tous les acteurs et de déposer le rapport provisoire dans le délai imparti, soit au plus tard le 31 décembre 2013. Le consultant a rencontré des difficultés principalement dans la prise de contact avec ces acteurs. Parfois, il a fallu visiter à plusieurs reprises la même institution avant de rencontrer le répondant (la personne impliquée dans la mise en œuvre du Pacte). Des rendez-vous ont été prévus et reportés à plusieurs reprises à cause des voyages des répondants ou de leurs indisponibilités »[781].

577. Il faut observer que la mise en œuvre du Pacte a aussi souffert, en un moment donné, d'un manque de budget de fonctionnement notamment en 2008 et 2009 avec la coupe budgétaire opérée sur les crédits de fonctionnement des ministères, mais aussi en partie due aux modifications des membres des différentes Commissions, notamment aux changements de postes et de responsabilités inhérents à l'administration en générale. Les changements institutionnels au niveau des différents ministères les ont amenés chaque fois à changer de représentants au sein de la Commission. Il faut noter que seuls les représentants des employeurs et les travailleurs étaient constants dans leur nomination ainsi que le secrétariat du Pacte, limité toutefois à une seule personne, sans bureau fixe et ne disposant pas de moyens adéquats pour faire ces rapports et compte rendus. Une autre commission a été créée pour s'occuper de la mise en œuvre du second volet du Pacte.

---

portant loi d'orientation agricole ; loi n° 05-061 du 22 décembre 2005 portant ratification de l'ordonnance n° 5-019/P-RM du 26 septembre 2005 portant création de l'Agence pour la Promotion des Investissements au Mali (API-MALI) ; loi n° 2011-051 du 20 juillet 2011 portant institution du volontariat national ; loi n° 2011-087/du 30 décembre 2011 portant modification du Code du travail ; note sur les initiatives du Conseils National du Patronat du Mali sur la problématique du financement du secteur privé, 17 octobre 2005.

[781] Tohouenou C. R., *op. cit.*, p. 12.

B. La Commission modernisation de l'administration

578. Comme la Commission « Développement du secteur privé », la Commission modernisation a été créée pour mettre en œuvre, comme indiqué plus haut, le second volet des engagements contenus dans le Pacte de solidarité pour la croissance et le développement. Nous analyserons les missions et les moyens de la Commission (1), puis ses acquis (2).

1. Les missions et les moyens de la commission

579. Cette commission technique avait pour objectif de mettre en œuvre les engagements des parties en lien avec le deuxième axe du Pacte qui portait sur : « *l'amélioration des conditions de vie et de travail des salariés des secteurs public et privé* ». Ces engagements étaient repartis au sein de quatre articles du Pacte de solidarité[782]. Le montant du budget alloué à cette commission était le même que celui de la commission précédente soit la somme de 5.796.000 FCFA par an. Les actions à mettre en œuvre découlaient des constats et des engagements des parties au Pacte. A ce titre étaient notamment visés : l'harmonisation des différents statuts de la fonction publique, le recrutement en nombre suffisant de fonctionnaires, la mise en valeur des ressources humaines et l'amélioration des conditions de travail des agents de l'État. Ces objectifs étaient regardés comme les piliers essentiels de toute politique de modernisation de l'administration et ces sur ces axes que la commission a bâti ces actions.

580. Pour concrétiser ces actions, le Gouvernement s'était engagé à : remettre à plat tous les statuts de la Fonction publique à l'exception des statuts autonomes (Magistrature, Forces armées, Police nationale) et de celui des enseignants du supérieur ; relever le niveau quantitatif des recrutements pour répondre aux besoins des cadres organiques des services ; à définir et mettre en œuvre un véritable plan de formation et de perfectionnement des agents de l'État et dégager les ressources budgétaires nécessaires pour ce faire ; élaborer un plan de carrière pour toutes les catégories de fonctionnaires ; réaménager la structure des personnels et la classification des grades et emplois ; améliorer le système de rémunération par le réaménagement de l'actuelle grille en tenant compte des critères de convergence fixés dans le cadre de l'UEMOA[783] et de

---

[782] Il s'agit des articles 8, 9, 10 et 11. L'article 8 traite de « la modernisation de l'administration », l'article 9 est relatif à la protection sociale des travailleurs », l'article 10 traite de « la sécurisation des travailleurs » et l'article 11 traite de la révision des conventions collective ».

[783] L'Union Économique Monétaire Ouest Africaine (UEMOA) regroupe huit pays dont le Mali. Les États membres doivent respecter des « critères de convergence » imposant notamment que la masse salariale ne dépasse pas 35% du PIB.

la CEDEAO[784]; procéder à la révision et à la rationalisation des primes et indemnités allouées aux fonctionnaires de l'Etat, après étude préalable. A la lumière de ces objectifs, la nécessité s'imposait pour le Gouvernement d'envisager des actions concrètes allant dans le sens de la réalisation des engagements contenus dans le Pacte. Ces actions passaient nécessairement par : la relecture du Statut général des fonctionnaires ; l'élaboration du Statut du personnel des Etablissements Publics à caractère Administratif ; l'adoption rapide des textes d'application du Statut du personnel des Collectivités territoriales.

581. Un autre constat était que les fonctionnaires bénéficient d'une couverture sociale insuffisante[785]. Le niveau des prestations servies est faible. Par ailleurs, en dépit des efforts accomplis, le pouvoir d'achat des retraités était dégradé et l'équilibre financier des organismes chargés du versement des pensions très précaire. Pour réduire ces difficultés, le Gouvernement s'était engagé à : la mise en place d'un véritable régime de sécurité sociale en faveur des fonctionnaires et des autres couches sociales ; la prolongation de l'âge de départ à la retraite, pour contribuer entre autres au redressement de l'équilibre financier de la Caisse des retraites du Mali et de l'INPS ; la révision du mode de calcul des pensions ; l'application aux pensions, dans les mêmes conditions et au même taux, de toutes augmentations générales de salaires accordées aux travailleurs en activité, conformément à l'ordonnance n° 79-7 CMLN du 18 janvier 1979 en ce qui concerne les fonctionnaires ; la mensualisation du paiement des pensions de retraite ; la révision du taux des allocations familiales et la limitation du nombre d'enfants à prendre en charge ; la relecture du décret n° 243 PG-RM du 19 septembre 1983 fixant le régime de la rémunération des actes médicaux et de l'hospitalisation dans les formations sanitaires.

582. Le troisième axe d'intervention de la commission de modernisation de l'administration reposait sur la protection des travailleurs sur les lieux de travail[786] contre les agressions des usagers et contre les accidents du travail ; la réalisation de cet objectif était regardée comme pouvant jouer un rôle important dans l'amélioration des conditions de travail et des performances des agents de l'administration. Sa mise en œuvre nécessitait l'implication des organisations syndicales dans la formulation et la mise en œuvre des différentes politiques. Aussi, le Gouvernement s'était-il engager à créer et promouvoir un cadre de concertation État-Syndicats-Collectivités territoriales ainsi qu'à assurer la sécurisation des bâtiments administratifs. Ce point était

---

784 La Communauté Économique des États de l'Afrique de l'Ouest (CEDEAO) réunit quinze États dont le Mali.
785 Article 9 du Pacte de solidarité.
786 Article 10 du Pacte de solidarité.

une demande forte des syndicats et se justifiait par le fait que n'importe quelle personne pouvait accéder à un bâtiment administratif sans aucun contrôle d'identité et exposait ainsi les agents publics, notamment, à des vols fréquents dans les bureaux.

583. Dans le domaine de la protection contre les risques professionnels, le Gouvernement envisageait une plus grande coordination des actions des différentes administrations chargées de la prévention et le perfectionnement des agents de l'administration du travail et le renforcement des services du travail. En relation avec les services administratifs concernés, les organisations syndicales s'engageaient à rendre plus dynamiques les comités d'hygiène et de sécurité institués dans les entreprises. Cette action passait forcement par la création au niveau du ministère du Travail d'un cadre de prévention des risques professionnels regroupant les services concernés par la prévention de ces risques certainement inspiré du Conseil supérieur de la Santé et sécurité au travail existant dans certains pays tel que le Burkina Faso.

584. La dernière action à mettre en œuvre par la Commission « modernisation de l'administration » concernait la révision des conventions collectives de travail[787]. Ainsi, les organisations syndicales d'employeurs et de travailleurs se sont alors engagées à prendre les initiatives nécessaires en vue de la révision des conventions collectives existantes et la conclusion de nouveaux accords collectifs dans les secteurs d'activités non couverts, tout ceci au regard du fait que les dernières révisions de moultes conventions de branche datées de la période coloniale. Pour concrétiser cet engagement, de son côté, le Gouvernement devait prendre les mesures permettant l'institution rapide de commissions mixtes paritaires de négociation des conventions collectives, elles-mêmes devenues obsolètes, car datant aussi pour la plupart de la période d'avant les indépendances[788].

585. Pratiquement, la Commission modernisation s'est réunie tous les jeudis sur la base d'un programme d'activités élaboré par ses membres. Celui était actualisé chaque année. Le secrétariat technique était assuré par le conseiller technique chargé du travail du ministère du Travail. Chaque réunion était suivie d'un compte rendu validé par la Commission et transmis au ministre du Travail et aux autres signataires. De fait les travaux durant treize ans ont été émaillés de suspensions ou ruptures fréquentes, soit pour des raisons budgétaires, soit pour des raisons d'indisponibilité des membres. Malgré cela,

---

[787] Article 11 du Pacte de solidarité.

[788] Plus de huit conventions collectives applicables aux relations de travail dans le secteur privé au Mali datent de la période coloniale, ainsi de la convention collective fédérale du commerce de 1956, la convention collective des corps gras de 1958, de la convention collective des ouvriers boulangers de Bamako de 1948, de la convention collective des chauffeurs africains de 1949 modifiée en juillet 1959, etc.

la Commission a quand même engrangé quelques résultats ou acquis satisfaisants.

2. Les acquis de la commission et les difficultés

586. La mise en œuvre des actions envisagées dans ce second axe du pacte a permis d'obtenir les résultats consignés dans le rapport d'évaluation du consultant commis à cet effet. La synthèse de l'évaluation des mesures relatives à l'amélioration des conditions de vie des travailleurs fait apparaître des résultats très mitigés. Sur les dix-sept actions programmées, seules sept actions ont obtenu une évaluation positive[789]. On peut ainsi citer : la remise à plat des statuts excepté les statuts autonomes (Magistrature, Forces armées, Police et enseignants du supérieur) ; la relecture du Statut général des fonctionnaires ; l'élaboration du Statut du personnel des Etablissements Publics à caractère Administratif ; l'appréciation du régime de sécurité sociale en faveur des fonctionnaires et des autres couches sociales ; le paiement mensuel de la pension ; la révision des conventions collectives et la conclusion de nouveaux accords collectifs dans les secteurs d'activités non couverts. Il faut cependant observer que parmi les sept actions ayant eu une évaluation positive, l'élaboration du Statut du personnel des EPA n'a en réalité pas abouti pour la simple raison que les acteurs syndicaux, notamment l'UNTM, n'ont pas pu s'entendre avec le Gouvernement sur la grille des salaires qui devait être annexée, jugeant les minima trop bas au regard du Statut de ces établissements. Cette situation demeure encore de nos jours alors même que le Pacte a vécu. En ce qui concerne la conclusion de conventions collectives dans les secteurs non couverts, il reste encore aujourd'hui beaucoup de chemin à faire. Pour preuve on peut citer le cas du secteur de l'enseignement privé laïc, celui où l'on enregistre le plus de litiges individuels et de conflits collectifs liés à la question salariale. De même, aucune couverture conventionnelle n'existe dans le secteur des télécommunications, de la téléphonie et plus généralement des TIC[790].

587. Huit actions prévues ont vu leur mise en œuvre évaluée négativement[791]. Les engagements étaient-ils trop ambitieux ? En tous cas, parmi ces « actions

---

[789] Rapport d'évaluation du Pacte, p. 55.

[790] Trois sociétés interviennent : Malitel opérateur historique national dont la majorité des actions est détenue par Maroc télécom, Orange Mali et Telecel dernière arrivée sur le marché en 2018.

[791] Cette évaluation négative pourrait s'expliquer par le fait que ces points ont toujours posés par les syndicats en termes de revendication. En 2015, les quatre centrales unanimement ont refusé que l'INPS change le mode de calcul de la pension. Les questions relatives aux plans de carrières des fonctionnaires figurent depuis 2011 dans les préavis de grève de l'UNTM, sans être totalement réglée, quelques plans de carrière ont été adoptés comme les impôts, la douane, la santé.

évaluées comme négatives » et qui auraient pu avoir un impact certain sur le résultat du Pacte on peut relever : le relèvement du niveau quantitatif des recrutements pour répondre aux besoins des cadres organiques des services ; l'élaboration d'un plan de carrière pour toutes les catégories de fonctionnaires ; le réaménagement du système de rémunération ; le respect des critères de convergence fixés dans le cadre de l'UEMOA – CEDEAO ; le changement du mode de calcul des pensions ; la mise en place d'un cadre de concertation État-Syndicats-Collectivités territoriales ; la mise en place du cadre de coordination des actions des différentes administrations chargées de la prévention des accidents de travail. Il faut cependant noter que depuis l'évaluation du Pacte, les revendications posées par l'UNTM ont permis la signature de certains plans de carrières, notamment pour les fonctionnaires des impôts, de la douane, des affaires sociales. Les plans de carrières de l'administration générale, du cadre du travail sont dans le circuit d'adoption du Gouvernement depuis 2017. Les autres points dont la réalisation a été considérée défavorable n'ont connu aucune évolution positive à ce jour. Un changement du mode de calcul des pensions a été initié pour les fonctionnaires mais pas pour le secteur privé ; le dossier reste bloqué à l'INPS faute d'accord avec les organisations syndicales.

588. Deux objectifs du Pacte ont été jugées comme ayant fait l'objet de réalisations « mitigées »[792] ; il s'agit d'une part de la dynamisation des CHS, d'autre part de la sensibilisation des travailleurs par les organisations syndicales en vue de favoriser l'amélioration de la qualité des prestations des fonctionnaires de l'État. Ce qui parait assez intéressant, c'est qu'il résulte du rapport d'évaluation que le dialogue social au Mali, pendant la période de réalisations du Pacte, a connu à un moment donné un ralentissement réel en raison de certaines contraintes. Il s'agit entre autres : du climat de suspicion qui a prévalu entre le Gouvernement et certains syndicats autonomes ; celui-ci trouvait son origine dans les conditions de mise en œuvre de certains accords conclus avec les syndicats de magistrats et de l'UNTM, mais aussi du fait de la nature très catégorielle de certaines revendications qui semblaient insupportables par le Gouvernement. Il faut noter que ces revendications excessives trouvaient certainement leur source dans la naissance du pluralisme syndical issu de la libération des initiatives depuis les évènements de mars 1991. Il n'est en tous cas pas rare de voir des groupes socioprofessionnels avoir des revendications sans commune mesure avec les moyens financiers de l'État, compromettant ainsi le dialogue entre les deux parties. Enfin, il faut

---

[792] *Cf.* Rapport d'évaluation du Pacte (24,53% des actions ont donné des résultats mitigés soit parce qu'elles ont été partiellement réalisées, soit parce que les répondants ont des appréciations très différentes des résultats ; 3,70% des actions n'ont pu être évaluées par manque d'information, 1,89% des actions a été évaluée de manière superficielle ; 16,98% des actions n'ont pas été réalisées).

relever que la dynamisation des CHS est devenue une action continue des inspections du Travail ; pour preuve chaque année, le DNT adresse une lettre circulaire aux Inspections régionales du travail pour faire de cette activité une priorité absolue.

589. L'évaluation a fait également ressortir l'absence partielle ou totale de réalisation de certains objectifs, posant le problème de savoir s'il fallait ou non continuer de poursuivre leur mise en œuvre ou discuter de la conclusion d'un nouveau pacte plus inclusif. Parmi ces actions au mieux imparfaitement réalisées, on trouve : la renégociation des lignes de crédits extérieurs ; la suppression des disparités entre les salaires des fonctionnaires et l'harmonisation des points d'indice pour toutes les catégories à l'avancement ; la redynamisation des commissions de suivi du Pacte pour une plus grande efficacité ; le renouvellement du plan triennal de renforcement des services du travail ; la mise en place d'un mécanisme de suivi des conditions des bailleurs ; l'évaluation annuelle de la portée des infrastructures réalisées grâce au fonds de Transit routier Inter-Etats (TRIE) ; l'opérationnalisation du fonds d'équipement ; le suivi des indicateurs des taux de crédits aux producteurs agricoles pour contribuer à leur réduction ; l'amélioration de la compétitivité des entreprises ; le suivi du règlement des sinistres par les sociétés d'assurance ; le suivi et la promotion des emplois dans le secteur de l'artisanat ; la création de fonds structurels ; l'élaboration de plan de formation et de perfectionnement des agents de l'État ; la mise en place d'un cadre formel de dialogue entre le Gouvernement et les travailleurs ; le relèvement du niveau quantitatif des recrutements pour répondre aux besoins des cadres organiques des services ; le réaménagement du système de rémunération ; le changement du mode de calcul de la pension ; la mise en place d'un cadre de concertation État-Syndicats-Collectivités territoriales ; la redynamisation du cadre de coordination des actions des différentes administrations chargées de la prévention des accidents de travail et la sensibilisation des travailleurs par les organisations syndicales en vue de favoriser l'amélioration de la qualité des prestations des fonctionnaires de l'État.

590. De façon unanime, les acteurs de l'évaluation du Pacte ont convenu d'aller vers la création *d'un « cadre nationale de Dialogue social plus inclusif »*[793] *dans la mesure où les autres centrales syndicales qui étaient présentes à l'évaluation ont dénoncé leur exclusion du pacte de façon claire.* Le processus d'évaluation a été en lui-même positif dans la mesure où toutes les centrales syndicales qui n'étaient pas parties au Pacte[794], y ont participé à travers un atelier tenu en septembre 2014 avec l'appui du BIT. La

[793] Le cadre formel fait allusion à la création d'un Conseil National du Dialogue Social qui regroupera l'ensemble des centrales syndicales, le Patronat et le Gouvernement.
[794] Le Mali compte aujourd'hui quatre centrales syndicales : UNTM, CSTM, CMT et CDTM.

pérennisation du dialogue social par l'institutionnalisation d'un cadre est apparue comme un moyen efficace d'accélération des réformes à condition que les acteurs impliqués puissent régulièrement avoir un aperçu des réalisations et incitent et soient incités à atteindre rapidement les objectifs. Nous pouvons noter à l'appui de notre réflexion que les objectifs du Pacte étaient peut-être trop ambitieux et que les acteurs n'ont pas tenu compte des moyens modestes de l'Etat du Mali. Indiscutablement le taux des actions non réalisées est trop élevé et concerne des secteurs essentiels, soit les entreprises, soit la situation des fonctionnaires de l'Etat, y compris les fonctionnaires sous statuts autonomes. Néanmoins, la révision du Pacte aurait permis de mettre en œuvre des actions non réalisées, dès lors que cette possibilité était prévue.

591. En effet, l'article 16 du Pacte de solidarité indiquait que ce dernier « peut être révisé à la demande de l'une quelconque des parties signataires, sous réserve d'un préavis de six mois. La demande de révision doit être accompagnée d'un nouveau projet pour permettre la reprise des négociations ». Force est de constater que le Pacte n'a pas été révisé. A l'issue de l'évaluation, certains penchaient vers l'adoption d'un nouveau Pacte inclusif. Au final, l'idée de l'instauration d'un cadre national de dialogue social formel l'a emporté sur la rédaction d'un nouveau Pacte. Ce choix s'explique par le fait que le CTDS de l'UEMOA incite vivement les États membres à créer un tel cadre. A ce jour, le Mali est le seul pays de la zone UEMOA qui ne dispose pas de cadre national de dialogue social formel[795]. Nous relevons avec regret que depuis septembre 2014, date d'évaluation du Pacte de solidarité pour la croissance et le développement, aucun cadre formel de dialogue social n'a été mis en pale au Mali. A ce jour, la création d'un Conseil National du Dialogue Social (CNDS) apparaît subordonnée aux résultats des élections professionnelles de représentativité des centrales syndicales, en tout cas c'est ce que le ministre en charge du Travail pense. On observera que cette position n'est pas rendue public par le ministre et que tous les acteurs du dialogue social sont loin de la partager En attendant l'hypothétique organisation des élections professionnelles[796], le dialogue est

---

[795] Le Conseil du Travail et du Dialogue social de l'UEMOA a créé dans les États membres des « cellules nationales de dialogue social » dirigées par les Directeurs généraux du Travail. Il a, comme déjà indiqué, encouragé les États à créer un cadre national formel de dialogue social. On a cru à sa mise en place rapide d'un cadre, mais l'autorité de tutelle (ministre du Travail) a estimé, à notre sens à tort que des élections professionnelles dites de représentativité devaient être préalablement organisées. Le Burkina Faso, la Côte d'Ivoire, le Niger et le Togo ont créé un tel cadre national sans pour autant avoir préalablement organisé des élections professionnelles.

[796] Hypothétique, parce que l'organisation des élections de représentativité n'est pas très sûre dans la mesure où la question de représentativité divise les acteurs du monde du travail notamment les centrales sur la détermination du seuil de représentativité, et l'on aurait raisonnablement arrêté 10% de suffrages exprimés pour être représentatif comme au Sénégal.

censé se dérouler dans les cadres classiques que sont le Conseil économique, social et culturel, le Conseil supérieur du Travail et celui de la Fonction publique, les commissions de conciliation des conflits collectifs dans le secteur public et les commissions de négociations des cahiers de doléances des centrales syndicales.

592. Aujourd'hui, le Mali a besoin d'un cadre formel, peu importe le nom qu'on va lui donner, à défaut, il faudra penser à réécrire le Pacte de solidarité qui malgré les reproches que l'on pourrait lui faire, il a eu l'avantage de traiter les questions et préoccupations des acteurs du dialogue social. Les problèmes traités par le Pacte sont encore d'actualité. Au regard de ces critiques et analyses, nous examinerons le cadre de dialogue social qui est généralement mis en place dans le but de négocier les cahiers de doléances des centrales syndicales.

§ 2 - Les commissions de négociation des cahiers de doléances des centrales syndicales

593. Les centrales syndicales, confédérations ou unions syndicales, sont des organisations de travailleurs au niveau national qui regroupent des syndicats nationaux ou fédérations nationales dans les secteurs public et privé. Aux syndicats nationaux ou fédérations nationales sont affiliés des syndicats de base au niveau des entreprises ou des services publics, souvent dénommés « comités syndicaux », organisés en section syndicale dans un secteur ou dans une branche donnée. Ces organisations, à des échelons différents, jouent un rôle important en matière de prévention dans le dialogue social. Toutes ces organisations participent, à leur niveau dans l'organisation syndicale, à la gestion des cahiers de doléances.

594. C'est en particulier au travers des commissions de négociations des cahiers de doléances que nous nous intéresserons aux mécanismes de prévention des conflits dans le secteur public. Très régulièrement, les centrales syndicales déposent des cahiers de doléances auprès du ministère du Travail, afin qu'ils soient négociés et que l'on évite ainsi d'aller vers le dépôt de préavis de grève. C'est en cela que ces commissions de négociation sont des véritables outils de prévention des conflits collectifs de travail dans le secteur public. Il faut tout de suite noter que la loi n°87- 47/AN-RM du 10 août 1987 sur la grève dans les services publics[797] ne contient pas de dispositions sur la

---

Aussi l'année 2018, semble ne pas être la bonne année à cause des échéances électorales nombreuses, régionales, en avril, présidentielles en juillet aout, législatives en novembre.

[797] La loi n° 87- 47 du 10 août 1987 sur l'exercice du droit de grève révèle des insuffisances dans la mesure où elle ne prévoit aucun dispositif sur commissions de négociation des cahiers de doléances et même sur les mécanismes de prévention. La circulaire du Premier ministre Ag

gestion des cahiers de doléances des centrales syndicales, leur mode de gestion tripartite résulte de la pratique.

595. Au-delà de la loi précitée, aucun autre texte ne réglemente la création des commissions de négociations desdits cahiers de doléances. Elle tire sa seule source des pratiques au niveau des entreprises où très couramment les acteurs (la direction de l'entreprise et le comité syndical de base) se retrouvent autour des revendications posées par le syndicat préalablement à tout préavis de grève. Puisqu'il faut prévenir la survenance du conflit, une commission est mise en place par le ministère du Travail ; elle peut être bipartite au départ puis devenir tripartite. Nous allons examiner les moyens et attributions des commissions (**A**) ainsi que les modalités de fonctionnement desdites commissions (**B**).

A. Les moyens et attributions des commissions

596. Les commissions de négociation des cahiers de doléances doivent disposer de moyens adéquats pour tenir les réunions autour des cahiers de doléances déposés sur la table du Gouvernement ; leurs attributions résultent de la pratique du dialogue social entre les partenaires sociaux et l'Etat (**1**). Si ce dernier, en la personne du ministre en charge du Travail, propose de fait une feuille de route dans la conduite des négociations, indéniablement des améliorations sont possibles quant à la gestion des cahiers de doléances (**2**).

1. Les attributions des commissions

597. La commission de négociation est mise en place par le ministère du Travail et de la Fonction publique. Le secrétariat est assuré par le Conseiller technique chargé du dialogue social, assisté d'un assistant chargé du dialogue social. Il est créé autant de commissions que de cahiers de doléances déposés. Les cahiers sont déposés auprès du ministre du Travail, généralement après chaque 1er mai moment privilégié de mobilisation par les syndicats de leurs troupes. Les discours prononcés par les différents Secrétaires généraux des centrales syndicales à l'occasion du 1er mai donnent généralement des indications sur le souhait de telle ou telle centrale de déposer ou non un cahier de doléances.

598. Si c'est le cas, le cahier de doléances est adressé au ministre du Travail. Une fois reçu le cahier est imputé au Conseiller technique chargé du travail ou du dialogue social. Celui-ci, sous la signature du ministre du Travail,

---

Hamani de 2004 précise simplement que les départements ministériels doivent organiser des réunions de concertation avec les syndicats une fois par semaine pour les directeurs des services centraux, une fois par mois pour les ministres.

convoque en réunion technique les représentants des départements ministériels intéressés par les points contenus dans le cahier ainsi que le Patronat, si des points du cahier de doléances concernent le secteur privé[798]. Cette première réunion de négociation est généralement bipartite (Gouvernement-Patronat) ; il s'agit de repartir entre les départements ministériels concernés et le Patronat, l'ensemble des points de revendications. Un tableau est remis à chaque ministère et au Conseil national du Patronat du Mali (CNPM) afin de préparer les éléments de réponse à chaque point de revendication. Cette réunion permet à la partie employeur (Gouvernement-CNPM) d'adresser à la centrale ayant déposé le cahier de doléances, une lettre de demande d'éclaircissement sur les points de doléances apparaissant imprécis ou confus et de produire en même temps un mémoire en défense[799]. La lettre indique également la date à laquelle les négociations débuteront. Un délai de quinze jours est généralement donné aux parties pour déposer leur mémoire en défense ; certaines centrales refusent de déposer un mémoire en défense en soulignant que ce n'est prévu nulle part.

599. L'un des aspects les plus importants concerne les moyens mis à disposition de la commission de négociation. Le budget de fonctionnement des réunions est pris en charge par le ministère du Travail sous la forme d'un « *chapitre dialogue social* »[800] inscrit dans le budget national. Des frais de transports sont payés aux participants à chaque séance, et ce jusqu'à la fin des négociations. Indiscutablement, ce budget est insuffisant et des arriérés de frais de transports sont souvent impayés ce qui handicape la tenue des sessions. De plus en plus, même si les organisations syndicales n'en font pas une exigence, pour compenser les frais de déplacements des membres de la commission est une question sensible. Les commissions *ad hoc* du Pacte de solidarité a connu les mêmes problèmes en un moment donné. Faute de cadre de dialogue permanent, les moyens humains pour faire ce travail, proviennent du département du travail, en particulier de l'inspection du Travail. Le secrétariat et l'intendance des négociations sont assurés par les agents du ministère (Direction des finances et du Matériel, régisseur, comptables matières) détaché auprès du ministère, à cet effet.

---

[798] Il arrive très fréquemment que les cahiers contiennent des points de revendications concernant le secteur privé. En mai 2014, le cahier de doléance de la CSTM concernait en grande partie les sociétés minières et la réintégration des travailleurs licenciés sur les sites miniers en 2012 et 2013.

[799] Il permet à la centrale syndicale d'expliquer point par point de revendication, les raisons profondes qui soutiennent la réclamation ou la revendication.

[800] L'allocation de moyens financiers pour la prise en charge des frais des transports pour la négociation des cahiers de doléances est récente ; elle remonte en 2014, année où pour la première fois un chapitre « dialogue social », a été inscrit dans le budget d'État au compte du ministère du Travail.

600. Le faible niveau de l'allocation budgétaire a souvent handicapé le fonctionnement des commissions de négociation des cahiers de doléances ; mais depuis 2016, la Primature alloue au ministère du Travail et de la Fonction publique une enveloppe sur son propre fonds « dialogue social ». Le Conseiller technique et l'assistant au dialogue social compilent les réponses des départements ministériels et consultent le ministre du Travail sur les réponses, préalablement à toute discussion avec les représentants des départements ministériels et du Patronat. Des retards sont accusés dans la transmission des réponses des départements ministériels. Cet état de fait impacte négativement le processus de négociation ; ainsi en novembre 2018 lors de la négociation du cahier de doléances de l'UNTM, la transmission tardive de certaines réponses du Ministère de l'Economie et des Finances, relative notamment à la prolongation de l'âge de départ à la retraite ou sur la grille des salaires, a fait que l'UNTM a claqué la porte des négociations.

601. La commission est, en définitive, chargée de discuter avec les représentants de la centrale syndicale pour trouver une réponse favorable à chaque point de revendication contenu dans le cahier de doléances dans la mesure du possible en fonction des moyens du Gouvernement. Quoiqu'il en soit des améliorations sont possibles dans la gestion des cahiers de doléances, en particulier en consolidant des « bonnes pratiques ».

2. Les leçons apprises et les améliorations envisageables

602. Qu'il s'agisse du secteur privé ou du secteur public, la création de la commission *ad 'hoc* permet de rechercher des solutions à des problèmes ponctuels aussi bien au niveau de l'entreprise ou de la branche qu'au niveau de l'administration publique. Elles n'ont aucun caractère permanent et leur composition varie selon les sujets à traiter en fonction du champ d'action des centrales syndicales. Cette bonne pratique a fait du chemin ; pourtant elle n'est prévue ni dans le Code du travail, ni dans le Statut général des fonctionnaires, ni par la loi n° 87-47 du 10 août 1987.

603. Il existe au niveau des départements ministériels des commissions sectorielles de négociation des cahiers de doléances. Ces dernières sont plus fréquentes et régulières que les négociations menées au niveau national interprofessionnel avec les centrales syndicales. Ainsi, par exemple, au sein des ministères de la Santé, de l'Education nationale et de l'Administration territoriale, se tiennent régulièrement des séances de négociations, non pas sur des préavis de grève mais sur des cahiers de doléances déposées par les syndicats sectoriels des ministères concernés[801]. Il y a là des instruments de

---

[801] En 2017, le SNEC (syndicat national pour l'Education et la Culture), a déposé au niveau du ministère de l'éducation nationale un cahier de doléances de 71 points sur les conditions de

promotion du dialogue social, imprévus légalement ou réglementairement. Il serait souhaitable que ces cadres soient réglementés dans un texte pour en déterminer de façon précise les compositions, les moyens et les attributions.

604. S'agissant du cas de l'Éducation nationale, faute de moyens financiers pour prendre en charge le fonctionnement de la commission, les travaux de la commission de négociation du cahier du SNEC n'ont pas pu démarrer à temps en 2017 ; le syndicat a menacé de déposer un préavis de grève pour dénoncer la mauvaise foi du ministre de l'époque à engager les discussions avec la section syndicale de l'éducation nationale[802] et de la culture. Ainsi, il est très fréquent de constater la lenteur des autres ministères dans le traitement des points d'accords signés avec les organisations syndicales. Ils pensent à tort qu'il revient au seul ministère du Travail et de la Fonction publique de négocier avec tous les syndicats (centrales et syndicats sectoriels). En 2017 également le ministère de l'Energie et de l'Eau ayant reçu le cahier de doléances du syndicat unique des travailleurs de l'Eau et de l'Energie, a transmis ledit cahier au ministère du Travail pour traitement. Au constat, il est ressorti de l'analyse dudit cahier que l'ensemble des points inscrits ont trait au financement des activités du secteur de l'eau et de l'énergie ; ils n'avaient aucune connotation salariale ; le ministre du Travail n'avait aucune compétence pour traiter les doléances.

605. Au-delà de la situation des syndicats sectoriels, l es pratiques de négociations des cahiers des centrales syndicales ont fait des émules ; elles ont servi de fondement à la lettre circulaire du 30 janvier 2004 du Premier ministre d'alors invitant les responsables des ministères, des directions centrales et même déconcentrés à créer des cadres permanents de concertation avec les syndicats. Il nous reste à transformer cette bonne pratique de dialogue et de concertation dans un texte juridique, pour le plus grand bien de notre dialogue social. Nous notons que l'UNTM très déçue du comportement du Gouvernement qualifié de mépris et de négligence, souhaite ne plus déposer un cahier de doléances sur la table du ministre du Travail et qu'elle préférerait désormais déposer un préavis de grève pour être prise plus au sérieux par le Gouvernement. Au-delà de ces critiques, il convient de noter qu'l s'agit bien d'une bonne pratique qu'il faut garder.

606. Nous osons espérer que la future création d'un Conseil national du dialogue social permettra de répondre au manque de cadre formel pour la négociation des cahiers de doléances des centrales syndicales mais aussi des

---

travail et de rémunération des enseignants, du primaire, fondamental et secondaire général et technique.

802 Le SNEC est le deuxième syndicat du secteur de l'éducation. Il est affilié à l'UNTM tandis que la FEN est affiliée à la CSTM.

syndicats sectoriels dans le secteur public. A l'analyse, nous affirmons que les commissions de négociations sont de véritables outils de promotion du dialogue social, au niveau de l'administration publique. La nécessité s'impose, au regard de la pratique, de créer un cadre formel de négociation au niveau du ministère du Travail. Ce cadre, à notre avis, doit comprendre l'ensemble des départements ministériels dans lesquels des préavis sont régulièrement déposés ; la liste pourra être modifiée en fonction des sujets soumis dans les cahiers de doléances pour « booster » le dialogue social et former les acteurs sociaux. Le seul fondement formel reste aujourd'hui la lettre circulaire de 2004 du Premier ministre AG Hamani qui invitait les services centraux et les départements ministériels à tenir régulièrement des réunions de concertation avec les syndicats. Une autre solution pourrait être retenue, notamment dans le cadre de la relecture de la loi n° 87- 47 relatif à l'exercice du droit de grève[803] dans les services publics : un dispositif de prévention pourrait être inclus dans la loi pour organiser la gestion des cahiers de doléances et préciser la responsabilité des acteurs du dialogue social au plan national ou sectoriel. Cette capitalisation de la pratique de dialogue social pourrait être bien améliorée. Nous savons tous que ce cadre convivial est nécessaire ; les reproches qui sont faits au Gouvernement récemment par l'UNTM sont fondés, même les techniciens du ministère du Travail sont d'accord avec l'UNTM sur ce point. Il convient de prendre au sérieux l'interlocuteur d'en face et de traiter avec convenance ses revendications.

607. En termes d'amélioration, dans le projet de révision de la loi n° 87-47 on pourrait prévoir la création d'un cadre de concertation formel au niveau de chaque département ministériel pour gérer, de concert avec le ministre de la Fonction publique, les conflits sectoriels du secteur public. Cela permettrait d'anticiper sur la gestion des conflits et d'organiser des élections professionnelles de représentativité dans certains secteurs « clés » comme la santé et l'éducation nationale. Ces deux secteurs totalisent en effet à eux seuls, près de quatre-vingt-dix jours de grève au cours de l'année 2017[804] ; l'année scolaire 2018-2019 semble compromise au regard des différents préavis de grève déposées de novembre 2018 à avril 2019 et de l'échec des différentes tentatives de conciliation. La création d'instances de négociation parait d'autant plus possible que la lettre circulaire de 2004 demandait déjà aux

---

[803] La loi n° 87- 47 du 10 août 1987 ne contient aucun dispositif de prévention. Elle se borne uniquement à traiter de la gestion du conflit après dépôt d'un préavis de grève par une centrale syndicale ou un syndicat sectoriel.

[804] Au cours de l'année 2017 le syndicat national de la santé, a fait 45 jours de grève dans les hôpitaux, Gabriel Touré et Point G, et sur l'ensemble du territoire national ; ceci a entrainé des dizaines de décès de malades. Les syndicats sectoriels de l'éducation nationale, notamment les signataires du 15 octobre ont totalisé eux-mêmes 45 jours de grève en 2017. Les grèves ont repris dans ce secteur en 2018, ainsi du 2 au 27 janvier 2018 les écoles étaient fermées pour cause de grève des enseignants.

départements et aux services de tenir des rencontres périodiques avec les syndicats. Au-delà des critiques et propositions d'amélioration, les modalités de fonctionnement des commissions de négociation des cahiers de doléances des centrales syndicales doivent être analysées.

B. Les modalités de fonctionnement des commissions mixtes

608. Les commissions mixtes qui gèrent les cahiers de doléances ne sont pas instituées sur le fondement d'un texte. Elles résultent de la pratique de prévention des conflits collectifs. Même si elles ne sont pas documentées, elles font école au sein du ministère du Travail et de la Fonction publique dans la mesure où les méthodes de travail sont connues par tous les agents dudit ministère. Il est important d'analyser les modalités de fonctionnement des commissions (**1**) et les difficultés auxquelles ces dernières peuvent être confrontées (**2**).

1. La méthode de travail de la commission

609. Dès la réception du mémoire en défense de la centrale syndicale ayant déposé le cahier de doléances, le ministre du Travail convoque une seconde réunion de partage avec les autres ministères et le Conseil national du Patronat du Mali[805], si le cahier de doléances concernant à la fois l'administration publique et les entreprises privées.

610. La commission n'est pas créée par arrêté ou par une décision du ministre du Travail et ne fait pas appel à des conciliateurs extérieurs tels que cela est prévu pour la gestion des préavis de grève. Il s'agit donc de réunions de négociation qui se tiennent jusqu'à épuisement des points du cahier. La Commission *ad hoc*[806] fixe elle-même les rythmes ou la périodicité des rencontres en accord avec les représentants de la centrale syndicale. Les réunions ont lieu dans la salle de conférence du ministère du Travail, haut lieu du dialogue social tripartite. Une fois le chronogramme des rencontres arrêté de commun accord, le ministère du Travail se fait le devoir de convier les parties à chaque réunion, une copie de l'avis de réunion étant adressée à la Primature pour information. Les représentants des ministères se munissent des positions de leur département sur les questions qui les concernent tout comme

---

[805] Il faut souligner que le CNPM est toujours convoqué dans la négociation des cahiers de doléances même si aucun point n'intéresse le Patronat et cela pour veiller au respect du tripartisme qui est très important pour le Bureau international du Travail (BIT).

[806] L'appellation commission *ad 'hoc* s'explique par le fait que la commission dont il s'agit n'est pas créée par un acte du ministre du Travail ; il s'agit donc des séances de rencontres tripartites que nous appelons commission de négociation des cahiers de doléances des centrales syndicales.

ainsi que le Patronat. Pour les questions à incidences financières, le ministère de l'Economie et des Finances est obligatoirement consulté.

611. Les discussions sont menées sous la présidence du ministère du Travail et dirigées par le Conseiller technique chargé du dialogue social, assisté très souvent par le Directeur national du Travail. Le ministère est doté d'une ligne budgétaire pour faire face au remboursement des frais de transport des membres de la commission de négociation ; les repas et les pauses café sont pris en charge, éventuellement. Les discussions se déroulent point par point. Elles aboutissent généralement à des points « d'accord », de « désaccord » ou « d'accord partiel »[807]. Les négociations sont toujours sanctionnées par un *procès-verbal de négociation*[808]. On ne parle pas ici de « *procès-verbal de conciliation* » dans la mesure où il ne s'agit pas de la gestion d'un préavis de grève déposé par la centrale syndicale. Les deux parties se situent dans la prévention d'un conflit collectif qui pourrait lui-même rejaillir, en cas de désaccord, sur l'ensemble des points du cahier de doléances. La suite de l'action syndicale dépend des réponses favorables ou non apportées à leur cahier. En cas de désaccord, dans la plupart des cas, la centrale syndicale a la possibilité de transformer son cahier en préavis de grève.

612. Pour illustrer cette situation, en date du 19 mai 2014, la Confédération Syndicale des Travailleurs du Mali (CSTM) a déposé un cahier de doléances sur la table du ministre du Travail et de la Fonction publique. Ce cahier comportait 38 points de revendications[809] englobant les préoccupations des travailleurs du secteur privé et du secteur public. Les négociations ont été entamées le 22 décembre 2014 ; elles se sont poursuivies les 6, 8, 11, 19, 21, 23, 26, 28 et 30 janvier 2015 ainsi que les 2, 4, 9, 11, 13, 16, 18, 20 et 23 février 2015 ; elles ont abouti à la signature le 13 mars 2015 d'un procès-verbal de négociation entre le Gouvernement du Mali, représenté par le ministre du Travail, le CNPM et le Secrétaire général de la CSTM. De son côté, la CDTM[810] a déposé le 14 mai 2015 un autre cahier de doléances qui

---

[807] Les points d'accord sont ceux sur lesquels la partie employeur (Gouvernement - CNPM) et les travailleurs ont eu une convergence de vues pour résoudre la revendication posée. Le point d'accord partiel suppose que la réclamation n'a pas été totalement satisfaite ; le point de désaccord suppose que les deux parties n'ont pas trouvé un accord répondant à la revendication.

[808] Un PV de négociation est signé à la fin de la négociation d'un cahier de doléances. Il se distingue du PV signé à la fin de la conciliation suite au dépôt d'un préavis de grève par n'importe quel syndicat dans le secteur public comme dans le secteur privé.

[809] Parmi les 38 points, l'essentiel était relatif aux licenciements massifs de travailleurs syndiqués ou non syndiqués dans les sociétés minières de la Région de Kayes et de Sikasso et à l'irrespect de la convention n° 87 de l'OIT sur la liberté syndicale.

[810] A titre de rappel, la CDTM a été créée en 2014, de la dissidence de l'UNTM suite au congrès de 2014. Pour marquer son existence, elle a déposé aussi tôt un cahier de doléances sur le bureau du ministre du Travail.

comportait 33 points de revendications majoritairement axées sur les préoccupations des travailleurs de la Fonction publique. Les négociations, entamées les 27 et 29 juillet, se sont poursuivies les 3, 5, 10, 11, 12 et 17 août 2015 ; elles ont obéi aux mêmes modalités et principes décrits ci-dessus. L'essentiel des revendications portaient sur la création de structures de gestion des carrières des agents et des équipements de travail. Les négociations ont abouti à la signature d'un procès-verbal de négociation entre le Gouvernement, le CNPM et la Centrale Démocratique en date du 21 août 2015. Il faut observer que le procès-verbal de négociation peut contenir des points d'accord, des points d'accord partiels et des points de désaccord, et cela est conforme à la loi n° 87-47. Nous pouvons aussi noter que suite à l'échec des négociations UNTM-Gouvernement sur son cahier de doléances du 2 mai 2018 dont les points essentiels portaient sur l'augmentation des salaires des fonctionnaires et la prolongation des âges de départ à la retraite dans les deux secteurs public et privé, elle (UNTM) déposa un préavis de grève générale[811] pour les 9, 10 et 11 janvier 2019 et suivie d'un second préavis, déposé le 16 janvier 2019.

613. En règle générale, toujours en pratique, la centrale syndicale demande la mise en place d'une commission de suivi composée des trois parties (Gouvernement, employeur et travailleur). Cette commission a pour tâche de suivre et de veiller à l'exécution des points d'accord et d'accord partiel contenus dans le procès-verbal de négociation. Ainsi, pour les deux procès-verbaux signés en mars et août 2015, le ministère du Travail a mis en place deux commissions de suivi et des sous-commissions de travail[812] pour la mise en œuvre diligente des points d'accord avec les deux centrales. Ces diverses commissions ont travaillé avec l'ensemble des acteurs impliqués dans ces deux dossiers.

614. Cependant, la CSTM en mars 2016 a estimé que le procès-verbal n'était pas suffisamment mis en œuvre par le Gouvernent ; elle a déposé un second cahier de doléances, transformé sans aucune justification auprès du ministère du Travail trois jours après en préavis de grève. Selon les informations que nous avons recueillies auprès de cette centrale, elle estimait alors être très

---

[811] Ce premier préavis a abouti à une grève générale dans l'Administration à l'appel de tous les syndicats affiliés à l'UNTM. L'appel à la grève a été particulièrement suivi, ce qui a fait reculer le Gouvernement.

[812] En 2015 suite à la signature du PV de la CSTM du 13 mars 2015, trois sous-commissions ont été mises en place : la sous-commission « tracasserie policière et déversement des déchets toxiques par les spiros », la sous-commission « liberté syndicale », la sous-commission « mototaxis ».

méprisée par le Gouvernement par rapport à l'UNTM[813]. Le résultat de ces négociations sera discuté dans la partie de notre travail relative aux mécanismes de résolution des conflits[814].

615. Les commissions de suivi sont des garanties certaines pour la mise en œuvre des accords signés avec l'Eat et le CNPM, même si nous sommes d'avis avec les centrales syndicales que le Gouvernement est toujours en retard dans l'exécution de ses engagements vis-à-vis des partenaires sociaux. Pour preuve, les procès-verbaux de négociation signés en mars 2015 et août 2015 avec la CSTM et la CDTM sont toujours en train d'être mis en œuvre et ne sont pas entièrement éteints ou exécutés par le Gouvernement. Ces deux centrales dénoncent la lenteur du Gouvernement et sa mauvaise foi.

616. Il faut noter que les fins de mandat des Présidents de la République en Afrique donnent du tonus aux revendications syndicales[815], il s'agit d'arracher les derniers accords avant la fin du mandat. Il ressort des constats que nous venons de faire que les commissions mixtes rencontrent d'énormes difficultés dans l'accomplissement de leur mission.

2. Les difficultés de la Commission mixte

617. Au regard des problèmes soulevés, les commissions mixtes connaissent d'énormes difficultés dans le fonctionnement et dans le suivi des accords signés. Les premières difficultés résident dans la création de la commission *ad 'hoc*. Comme je l'ai souligné dans les développements antérieurs[816], la commission n'est pas créée sur la base d'un acte d'une autorité administrative. Son existence se fait sur la base de simple avis de réunions envoyé aux parties avec la date et l'heure de la rencontre.

618. Dès lors que la réunion fonctionne sous la forme d'une commission, la mauvaise habitude a été prise de parler de « commission ». Celle-ci devrait normalement être paritaire, mais elle ne l'est pas. En réalité, il s'agit simplement de réunions de négociation autour des points de revendications contenus dans un cahier de doléances. De fait, les représentants des départements ministériels concernés ne disposent pas du pouvoir de décider et

---

[813] Il est reproché au Gouvernement par la CSTM de privilégier l'UNTM par rapport aux autres centrales dans la mesure où ne traite avec le même sérieux les doléances de la CSTM que celles de l'UNTM

[814] *Cf. Infra* n° 664.

[815] Pour corroborer cela, on relèvera qu'en 2017 le ministère du Travail et de la Fonction publique a reçu 39 préavis de grève dans le secteur public et 43 dans le secteur privé, soit un total de 82 préavis de grève.

[816] *Cf. Supra* n° 597.

sont le plus souvent obligés de se référer à leur ministre. Ces situations entrainent de nombreux blocages des négociations.

619. Les membres des commissions de négociation sont généralement des directeurs centraux des départements ministériels et des conseillers techniques qui n'ont aucune formation en matière de dialogue social et ne maitrisent aucunement les diverses techniques de négociation. A cela s'ajoute, le fait que les représentants de la centrale syndicale ne maitrisent pas non plus les techniques de négociation et recourent souvent en lieu et place à l'affrontement[817]. Il n'est pas rare que les travaux soient suspendus soit pour consulter un ministre, voire et même souvent le Premier ministre, sur des aspects engageant les finances de l'État ou remettant en cause les grands équilibres financiers.

620. Pour mener une bonne négociation, les représentants dûment désignés par l'autorité centrale, doivent disposer de tous les pouvoirs pour décider et engager le Gouvernement afin d'éviter de remettre en cause les accords obtenus à la suite d'âpres négociations entre les parties. On peut ici donner un exemple peu orthodoxe, celui d'une négociation avec les syndicats de l'éducation. Le ministre de l'Education nationale en 2011 s'est désolidarisé[818] d'un engagement que son représentant avait pris lors d'une négociation antérieure avec les syndicats de l'éducation nationale et remis ainsi en cause le procès-verbal de négociation signé entre les parties. Le représentant du ministère s'est senti trahi par son Chef alors que ce dernier avait été consulté par téléphone et avait donnée son accord de principe. Ces pratiques sont monnaies courantes dans les ministères ; le négociateur est ainsi souvent *« court-circuité »*[819] par sa hiérarchie pour donner aux syndicats des informations que lui-même ne détient pas dans la salle ; il se voit opposer dans les discussions des propositions de solutions que le ministre aurait promis au syndicat.

621. Il nous arrive très souvent de nous interroger sur la qualité des négociateurs qui sont désignés pour discuter avec les syndicats. Qu'il s'agisse

---

[817] Les négociations sont souvent le théâtre d'insultes ou de propos outrageants ; parfois les représentants du ministère du travail sont maudits !

[818] Le préavis de grève déposé par le syndicat national pour l'éducation et la culture en 2011 dont l'un des points portaient sur l'intégration des contractuels dans la fonction publique et des enseignants des écoles communautaires, mais aussi sur la hiérarchisation des enseignants. Le représentant du ministre avait accédé à ce point de doléances, mais lorsque le compte rendu a été fait au ministre, il s'est désolidarisé de l'engagement pris par son représentant, et le syndicat aussi tôt informé à décider d'aller en grève pour protester contre cette décision du ministre.

[819] Le mot a un sens péjoratif, mais voudrait dire le représentant désigné du ministre dans la négociation n'a pas souvent les bonnes informations qui sont données dans son dos au syndicat.

d'un conseiller technique ou d'un directeur national, s'il n'est pas outillé, il ne peut rien apporter comme solution. Il n'est pas rare de voir ainsi des négociations bloquées suite à des propos tenus ou des écarts de langage faits par le représentant d'un ministère sur une question qui concerne son secteur. Ces attitudes rejaillissent souvent sur les débats et peuvent être des facteurs de blocage. Faut-il revoir la qualité des représentants désignés par les ministères ? Cette question se pose, aussi, pour la désignation de certains représentants syndicaux à la négociation. De part et d'autre, la question de la formation est posée en des termes très préoccupants, singulièrement toutefois pour les acteurs syndicaux[820].

622. Parmi les difficultés rencontrées figure la prise en charge financière des négociations. Jusqu'en 2015, aucune ligne budgétaire n'était inscrite dans le budget national pour la prise en charge des négociations des cahiers de doléances des centrales syndicales et de façon générale, le dialogue social au Mali. La première ligne budgétaire[821] dédiée au dialogue social a été créée par la Direction générale du Budget en 2014. De nos jours, cette ligne budgétaire est très insuffisante au regard de nombreuses réunions de conciliations tout azimut qui se tiennent autour des cahiers de doléances et des préavis de grève. En cette période d'austérité budgétaire, le ministère du Travail aura certainement des problèmes pour faire face à cette situation dans les années à venir.

623. Une chose est sûre tant que l'État restera un employeur majeur, il est clair que le dialogue social s'en ressentira même dans le secteur privé, dès lors qu'il ne faut pas perdre de vue que les agents du secteur public ont tendance à comparer leur situation à celle des travailleurs du privé. Pour éviter la comparaison, les pouvoirs publics sont enclins à ne pas trop encourager la concertation dans le secteur privé. Les centrales syndicales essayent de combler ce déficit par le dépôt de cahiers de doléances contenant des points de revendications concernant les deux secteurs.

624. Un autre aspect, peut-être le plus important, concerne le cadre juridique. Doit-on en rester aux pratiques et aux habitudes ? Dans le langage courant, on dit souvent que les « *habitudes ont la vie dure* ». La pratique est source de droit. Mais, dans le cas malien, depuis la création de la centrale syndicale unique (UNTM) des cahiers de doléances sont déposés[822] sur la table du

---

[820] Cette question est discutée dans la seconde partie de notre étude.

[821] Le budget d'État 2016 du ministère du Travail et de la Fonction publique s'élevait à 30 millions de francs CFA. Ce budget a été augmenté *via* une enveloppe que le Premier ministre a bien voulu accorder au ministre du Travail sur un fonds réservé au dialogue social et logé dans le budget de la Primature.

[822] Tall P., Sidibé O. O., *Le dialogue social au Mali, étude nationale*, BIT, PRODIAF, Sénégal 2002, p.5 8. ; voir aussi « Depuis la conclusion du Pacte social en 1992, des

ministre du Travail et de la Fonction publique et des négociations ont toujours été engagées pour satisfaire les revendications posées. Il reste entendu que le Pacte de solidarité était un cadre de concertation non inclusif et qu'il n'y avait pas de texte juridique encadrant les modes de fonctionnement des commissions mixtes de négociation des cahiers de doléances des centrales syndicales. Puisque la négociation des cahiers de doléances relève du domaine de la négociation collective, les dispositions du Code du travail[823] en cette matière pourraient s'appliquer. En revanche, elles ne permettent pas d'encadrer les modalités de fonctionnement de ces types de commission notamment dans la fonction publique.

625. Il est aujourd'hui, plus que nécessaire de disposer d'un texte qui encadrera les modes de fonctionnement desdites commissions. Aussi, ni le Pacte social de 1992, ni le Pacte de solidarité de 2001, n'ont encadré la négociation des cahiers. Nous savons qu'il est difficile de transposer dans le secteur public des pratiques du secteur privé. En somme, nul n'a besoin de monter sur « *les toits du dialogue social* » pour prier l'État d'encadrer cette bonne pratique et éviter ainsi d'aller négocier le couteau sous la gorge lorsqu'il se trouver face à un préavis de grève, même si des mécanismes de résolution de ces conflits collectifs du travail sont prévus par la loi.

SECTION II - La médiation : mécanisme de résolution des conflits

626. La médiation « est mieux adaptée à la nature d'une situation de conflit, dans la mesure où elle est plus incitative que contraignante ; à ce titre, elle a eu les faveurs du législateur Auroux de 1982 en France »[824]. Les ministres en charge du Travail y recourent dans les grands conflits, afin de tenter de sortir d'une situation bloquée (secteur automobile, transports routiers, transports publics etc.). La mission spécifique du médiateur est de faire des propositions motivées portant le nom de recommandation. Il est important de ne pas

---

négociations régulières ont lieu entre le Gouvernement et l'UNTM dans le acdre de la commission *ad'hoc* Gouvernement-UNTM institué par ce même pacte. Ces négociations ont permis de conclure quatre protocoles d'accord » avec le Gouvernement sous l'égide la centrale syndicale UNTM : le protocole d'accord du mars 1994 ; le protocole du 20 mars 1997 ; le protocole du 26 avril 1998 et le protocole du 14 août 1999 et des nouvelles grilles de salaire ont été adoptées en 1993 et 2000.

[823] Les articles L70 et suivants posent le principe de la négociation collective dans le secteur privé. La convention n° 98 de l'OIT en traite également. En outre, l'article 8 de la convention n° 151 de l'OIT du 27 juin 1978 sur les relations dans la Fonction publique ratifiée par le Mali, prévoit que la résolution des différends survenant à propos des conditions d'emploi sera recherché, d'une manière appropriée aux conditions nationales, par voie de négociation entre les parties ou d'une procédure donnant des garanties d'indépendance et d'impartialité, telles que la médiation, la conciliation, l'arbitrage institués de telle sorte qu'elles inspirent la confiance des personnes intéressées.

[824] Mazeaud A., *Droit du travail*, Précis Domat droit privé, 10ème éd., 2016, LGDJ, p. 320.

« confondre cette procédure formelle de médiation avec la fonction médiatrice de l'inspecteur du Travail, fonction informelle qui joue cependant en pratique un rôle beaucoup plus important »[825]. La médiation comme mécanisme de résolutions des conflits collectifs est traitée de façon différente dans les législations du travail de divers pays, certaines y ont recours, d'autres non. Nous allons examiner les dispositions légales (**§ 1**), puis les enseignements de la pratique (**§ 2**).

§ 1 - Les dispositions légales

627. La médiation permet de recourir à une personnalité désignée en fonction de son autorité morale ou de ses compétences. Le médiateur a « les plus larges pouvoirs pour s'informer de la situation économique des entreprises et la situation des travailleurs intéressées par le conflit. Il peut procéder à toutes enquêtes auprès des entreprises et des syndicats et requérir des parties la production de tout document ou renseignements d'ordre économique, comptable, financier, statistique ou administratif susceptible de lui être utile pour l'accomplissement de sa mission. Il peut recourir aux offices d'experts et, généralement, de toute personne susceptible de l'éclairer »[826]. Le médiateur (celui que prévoit le Code du travail) « est choisi par les parties, soit, à défaut d'accord, choisi par le ministre sur la liste de personnalités impartiales et compétentes établies par lui. Dans une première phase, il joue un rôle d'enquêteur qualifié »[827]. Il doit réunir sur le différend une certaine documentation appropriée d'ordre économique, et social sur l'entreprise et sur les conditions de travail des salariés.

628. Au Mali, la loi n° 87-47 du 10 août 1987 relative à l'exercice du droit de grève dans le secteur public prévoit la médiation comme mécanisme de résolution des conflits collectifs. Il convient de préciser à l'entame de cette analyse que le terme médiation n'est pas exactement utilisé par la loi, elle parle plutôt de « commission de conciliation » qui fonctionne comme une médiation. Nous sommes donc en face d'un régime mixte (médiation/conciliation), spécificité malienne oblige. La résolution d'un conflit collectif dans le secteur public nécessite l'intervention d'autres acteurs qui ne sont pas parties au conflit. Comment cette intervention est régulée aux termes de la loi précitée sur la grève dans les secteurs publics ? On rappellera la procédure de résolution des conflits (**A**) avant de proposer une analyse critique des prévisions légales (**B**).

---

[825] Auzero G., Baugard D., Dockès E, *Droit du travail*, Précis Dalloz, 32ème éd., 2019, p.1807.
[826] Article L 524-2 du Code du travail français.
[827] Auzero G., Baugard D., Dockès E, *Droit du travail*, *op. cit.*, 2019, p. 1807.

A. La procédure de résolution des conflits

629. Au Mali, la loi trace le cadre légal de la grève dans le secteur public ; elle dispose que : « *l'usage du droit de grève par les catégories de personnels visés à l'article 1er de la présente loi doit être précédée d'un préavis* [828]». Le préavis doit préciser le motif du recours à la grève, le lieu de la grève, l'heure du début ainsi que la durée limitée ou non de la grève envisagée. Le préavis doit parvenir quinze jours avant le déclenchement de la grève à l'autorité hiérarchique de gestion territorialement compétente. Dans le cas malien, il peut s'agir du ministre en charge de la Fonction publique, du ministre « sectoriel » pour les grèves sectorielles ou du chef de service pour certains EPA[829] ou EPST[830]. Le préavis doit émaner « *de l'organisation syndicale la plus représentative sur le plan national dans la catégorie professionnelle ou dans le service ou l'organisme intéressé* »[831]. Une fois le préavis déposé par l'organisation syndicale, il doit faire l'objet d'une négociation obligatoire entre les parties concernées. Il faut noter que la gestion du préavis fait intervenir la commission de conciliation **(1)** et devrait, en toute logique, aboutir à une solution **(2)**.

1. La Commission de conciliation : modes de désignation et missions

630. Au Mali, aux termes de la loi n°87-47, les différends collectifs faisant intervenir les personnels et les employeurs font obligatoirement l'objet de négociation entre les parties concernées. « *A la suite du dépôt du préavis, le différend est porté devant une commission de conciliation composée de personnalités indépendantes et étrangères au conflit* » qui interviennent dans le conflit comme des médiateurs désignés. Ainsi, *« les membres de la commission de conciliation sont nommés par arrêté du ministre du Travail sur proposition conjointe du ministre intéressé et de l'organisation syndicale la plus représentativité au plan national* »[832]. Ainsi, la loi impose au ministre du Travail ou au ministre « sectoriel » l'obligation de mettre en place une commission de conciliation.

631. Avant leur nomination, chaque partie (organisations syndicales et ministère sectoriel) propose des noms de conciliateurs au ministre du Travail. A la réception de la liste des désignations faites par les parties, le ministre du

---

[828] Article 2 alinéa 3 et 4 de la loi n° 87- 47 du 10 août 1987 portant exercice du droit de grève dans les services publics.

[829] EPA : Etablissement public administratif, ayant une mission de service public, aux termes de la loi 90-110 portant création et organisation des Établissements publics administratif au Mali, révisée en 2006.

[830] EPST : Établissement Public Scientifique et Technologique,

[831] Article 2 alinéa 2 de la loi n° 87-47 du 10 août 1987précitée.

[832] Article 3 de loi n° 87-47 du 10 août 1987.

Travail prend un arrêté qui met en place la commission. Ensuite, le ministre du Travail ou le ministre « sectoriel », selon le cas, convoque les parties en séance de conciliation, en indiquant le jour, le lieu et l'heure de la conciliation. Ainsi, l'arrêté de nomination légitime les membres de la commission de conciliation en même temps qu'il les investit dans leur mission de conciliation ; ces conciliateurs sont désignés en référence à leur neutralité et à leur autorité morale. Ils sont désignés parmi les « vieux retraités » du secteur d'activité qui a déposé le préavis de grève. Ceci est une pratique. La commission convoque les parties qui sont tenues de comparaitre devant elle.

632. La séance de conciliation est toujours précédée par des petites interventions pour situer le cadre des discussions, soit par le ministre « sectoriel » ou par le ministre du Travail. En plus des conciliateurs désignés sur l'arrêté, chaque partie se fait représenter par deux ou plusieurs personnes. Avant l'entame des discussions, la commission de conciliation élit en son sein un président, généralement le plus âgé des membres. « Les fonctions de membres de la commission de conciliation sont gratuites et leur exercice n'ouvre droit qu'à des remboursements de frais »[833]. Le crédit de fonctionnement de la commission de conciliation est inscrit au budget du ministère du Travail, chapitre réservé au Dialogue social.

633. Aux termes de la loi n° 87-47, « *la procédure de conciliation est engagée par le président de la commission qui, dans ce cas, invite chaque partie à designer sans délai deux représentants, aux fins de favoriser le règlement amiable du conflit* »[834]. Sur ce point précis, les parties désignent toujours un porte-parole, pour éviter un éparpillement des discussions et favoriser la compréhension de l'ensemble des parties à la négociation. Mais, en pratique, le porte-parole se fait toujours assister par certains de ses collègues souvent nombreux, chacun voulant être un témoin privilégié des accords éventuels.

634. La commission a les plus larges pouvoirs pour s'informer de la situation économique des entreprises et la situation des travailleurs intéressés par le conflit. Elle « *peut procéder à toutes enquêtes auprès des entreprises et des syndicats et requérir des parties la production de tout document ou renseignements d'ordre économique, comptable, financier, statistique ou administratif susceptible de lui être utile pour l'accomplissement de sa mission. Elle peut recourir aux offices d'experts et, généralement, de toute personne susceptible de l'éclairer* »[835]. Les parties remettent à la commission un mémoire en défense contenant leurs observations. Il faut noter que chaque mémoire est communiqué par la partie qui l'a rédigé à la partie adverse. Dans

---

[833] Article 9 de la loi n° 87-47.
[834] Article 4 de la loi n° 87-47.
[835] Article 4 alinéa 2 et 3 de la loi n° 87-47.

la loi n° 87-47, les mémoires en défense sont communiqués avant la date de la conciliation de part et d'autre, par le ministre sectoriel ou par le ministre du Travail et le tout gravite autour du Conseiller technique chargé du dialogue social. Dans la pratique, c'est dans la salle de conciliation que les parties échanges souvent les mémoires ; cela peut être une source de report des discussions pour se donner le temps d'étudier le mémoire de l'autre et affûter ainsi ses armes pour les « *batailles futures* ».

635. Aux termes de l'article 6 de la loi n° 87-47, « *chaque partie au conflit doit commettre deux représentants dument mandatés et ayant pouvoir pour négocier un accord* ». Les discussions ont lieu entre le conciliateur et les deux parties. Dans la pratique des négociations de ce genre, le conciliateur donne toujours la parole en premier à l'organisation syndicale à travers son porte-parole désigné pour qu'elle présente les doléances et les motivations du préavis pour conforter son mémoire en défense. Le porte-parole peut présenter l'ensemble des points de revendications globalement ou le faire point par point. Son intervention peut être complétée par es collègues qui l'accompagnent pour la circonstance.

636. La réplique est donnée par la partie employeur pour justifier les efforts accomplis pour satisfaire les revendications posées. En cas de désaccord persistant sur un point de revendications, le conciliateur peut demander une concertation et proposer une solution intermédiaire aux parties ; celle-ci est généralement acceptée. Il est important de souligner que, dans ce type d'exercice, la commission de conciliation ne peut rien imposer au syndicat ou au Gouvernement ; elle doit garder sa neutralité[836] et veiller à concilier. Elle a pour mission essentielle à ne pas oublier de mener les débats, d'encadrer les interventions des uns et des autres, d'apporter des précisions et, éventuellement, de demander à l'une des parties de céder sur un point si elle estime que des efforts ont été fait pour la résolution d'un autre point de revendication. Elle joue un rôle d'équilibre sous réserve que son impartialité soit préservée.

637. Force est de reconnaitre qu'avec la création des Conseils nationaux de Dialogue social ou du Haut conseil du dialogue social dans l'espace UEMOA, la conciliation/médiation paraît avoir de beaux jours devant elle. Au Sénégal, l'exercice du droit de grève dans le secteur public est encadré par la loi[837]. Ainsi, l'article 7 de la loi n° 61-33 du 15 juin 1961 sur l'exercice du droit de

---

836 Mais s'agissant de la neutralité de la commission, il arrive souvent que la partie syndicale accuse la commission d'être partiale. Elle estime que la commission prend souvent position et défend le Gouvernement.

837 Loi n° 61-33 du 15 juin 1961 sur l'exercice du droit de grève dans le secteur public au Sénégal.

grève au Sénégal « confère aux fonctionnaires soumis à un statut ne leur interdisant pas le droit de grève, de cesser collectivement le travail après l'expiration d'un délai d'un mois suivant la notification d'un préavis écrit à l'autorité administrative compétente, par la ou les organisations syndicales représentatives »[838]. Cette pratique de conciliation existe dans presque tous les pays de la zone UEMOA. Elle s'inspire le plus souvent de la méthode de conciliation prévue par le Code du travail, à la différence que la conciliation est ici présidée par l'inspecteur du Travail de la région ou par le Directeur national du Travail lorsque plusieurs régions sont concernées. Les négociations, dans tous les cas, aboutissent à un accord total ou partiel, ou à un désaccord.

2. Le résultat de la négociation, interdictions et sanctions en cas de grève

638. A l'issue des réunions de la commission de conciliation, il est établi un procès-verbal qui constate l'accord, le désaccord total ou partiel des parties. Ce « procès-verbal est aussitôt notifié aux parties »[839]. Les procès-verbaux de conciliation, de non conciliation ou de conciliation partielle sont signés par le président de la commission de conciliation, le représentant du Gouvernement et du syndicat qui a déposé le préavis de grève. Il est important de rappeler que la signature d'un ministre, quel qu'il soit, engage le Gouvernement du Mali. En ce qui concerne les préavis déposés par les syndicats sectoriels, le procès-verbal de conciliation est signé par le ministre « sectoriel » mais engage toujours le Gouvernement. La signature du procès-verbal de conciliation est cependant accompagnée par la diffusion d'un message à la télévision pour informer les militants de l'issue heureuse des négociations ; il s'agit là encore d'une pratique non écrite.

639. Les accords qui interviennent sont applicables, sauf stipulation contraire, à compter du jour qui suit leur signature par les parties aux termes de l'article 8 de la loi n° 87-47. En cas de désaccord, l'organisation syndicale qui est à l'origine du préavis de grève décidera si elle doit ou non observer la grève projetée. Il est très rare de voir les parties signées un procès-verbal de conciliation partiel, voire inexistant ; en toute hypothèse, la signature de ce procès-verbal n'empêche toujours pas la grève dans la mesure où les points qui n'ont pas fait l'objet d'accord peuvent paraitre plus importants aux yeux du syndicat que les points d'accord.

640. A l'issue des négociations, il arrive très fréquemment que la commission de conciliation exige la mise en place de commissions de suivi de mise en

---

[838] Haut Conseil du Dialogue Social, Rapport 2015 sur l'état du dialogue social, Dakar, édition CTS, 2015, p. 49.

[839] Article 7 de loi n° 87-47 du 10 août 1987 précitée.

œuvre du procès-verbal ou de l'accord de fin de conflit. Les membres de la commission de conciliation sont membres d'office de cette commission, et un chronogramme peut être défini pour superviser le processus. De plus en plus, dénonçant la mauvaise foi du Gouvernement, les syndicats exigent la mise en place de ces commissions de suivi. Les accords obtenus étant applicables à compter du jour de leur signature, un arrêt de travail en violation de la procédure ainsi définie, rend l'organisation syndicale responsable des dommages causés en termes de responsabilités civiles.

641. Enfin, en vue d'assurer un meilleur suivi des engagements pris par le Gouvernement lors des négociations avec les partenaires sociaux, les départements ministériels concernés veillent à responsabiliser leurs cadres pour le suivi régulier des accords afin de prévenir d'éventuels conflits et leur gestion. Cependant, en cas de grève, la loi n° 87-47 a édicté certaines interdictions. Aux termes de l'article 10 de la loi : « *la grève pour des motifs politiques est strictement interdite* »[840] et le personnel qui fait grève doit évacuer les locaux et ne doit pas porter atteintes à la liberté du travail[841]. En cas d'occupation des locaux, il est fait appel au concours des forces de l'ordre pour disperser les grévistes. D'autres interdictions sont également édictées notamment celles tenant au service minimal en cas de grève. Aux termes de la loi n° 87- 47, « *en cas de cessation concertée de travail de travailleurs, l'ordre public, la sécurité des personnes et des biens, les liaisons et communications indispensables à l'action du gouvernement, des circonscriptions administratives, ainsi que la continuité du service public nécessaire aux besoins essentiels du pays dans les domaines sanitaire, économique et social sont sauvegardés par l'institution d'un service minimal* »[842].

642. Au niveau des services publics et parapublics, le Gouvernement a pris un décret pour instituer le service minimum en cas de grève dans les services publics ; ceci a pour but de préserver la continuité du service public. Ainsi, le décret n° 90-562 /PG-RM du 22 décembre 1990 fixe la liste des services et

---

840 *Cf. Infra*, analyse critique des dispositions légales, n° 647.

841 Le fait de porter atteinte à la liberté du travail est punie par le code pénal de 2001 du Mali en son article132 qui stipule que : « *Sera puni d'un emprisonnement de quinze jours à trois mois, et d'une amende de 20 000 à 200 000 francs ou de l'une de ces deux peines seulement, quiconque, à l'aide de violences, voies de fait, menaces ou manœuvres frauduleuses, aura, soit porté atteinte à la liberté de l'embauche et du travail, soit provoqué ou maintenu une cessation individuelle ou collective du travail, soit perturbé le déroulement normal de travaux scolaires ou universitaires. La tentative sera punie comme le délit lui-même* », et l'article 133 poursuit : « *La même peine sera appliquée à quiconque, abusant de ses fonctions ou de son autorité, aura contraint un individu à travailler pour son compte ou pour le compte d'autrui* ».

842 Article 12 de la loi n° 87-47 du 10 août 1987. Voir également la compilation des décisions du Comité de la liberté syndicale du BIT (, éd. 2018, p. 162 et s.).

emplois et les catégories de personnel indispensable à l'exécution du service minimal en cas de cessation concertée du travail dans les Services publics de l'État et des Collectivités territoriales et les organismes en charge de la gestion d'un service public.

643. Il convient de rappeler que ce décret, depuis son adoption, a toujours fait l'objet de vives contestations par l'UNTM comme étant contraire à la liberté syndicale. L'organisation fonde sa critique ou son rejet par le fait que le décret aurait « été pris en cachette et signé nuitamment par le Gouvernement, sans consultation des syndicats » à la veille de la grève générale que la centrale UNTM a organisé en 1990 et qui a entrainé la chute du régime militaire du Général Moussa Traoré, Président de la République de novembre 1968 à mars 1991. L'organisation syndicale estime également que le décret querellé ne tient pas compte des services essentiels[843] ou ne respecte pas les principes édictés en la matière. Depuis 2009, le Gouvernement a tenté de réviser ce décret. Après consultations des partenaires sociaux, un projet de décret a été soumis au Conseil des ministres en juin 2010 qui l'a adopté sous réserve de la prise en compte de certaines observations. A cause de l'opposition de la CSTM, le projet de décret a été retiré du circuit d'adoption en octobre 2012. Cette organisation estimait que le décret ne devait prendre en compte que les services essentiels et, à juste raison, qu'un service minimum devrait être institué dans les services essentiels. Dès lors, l'application de ce décret querellé suscite des remous dans les milieux syndicaux, l'exemple des magistrats qui ont refusé le service minimum en août 2018 en est une illustration

644. En outre, la convention n° 151 de l'OIT adoptée le 27 juin 1978 sur les relations dans la Fonction publique ratifiée par le Mali[844], prévoit que la résolution des différends survenant à propos des conditions d'emploi sera recherchée, d'une manière appropriée aux conditions nationales, par voie de négociation entre les parties ou une procédure donnant des garanties d'indépendance et d'impartialité, telles que la médiation, la conciliation, institués de telle sorte qu'elles inspirent la confiance intéressée. Au-delà des interdictions et prévisions juridiques sur le service minimum, la loi n° 87-47 a aussi prévu des sanctions contre les grévistes qui ne respectent pas le service minimal. Ainsi, « *toute personne qui ne défère pas à un ordre d'exécution de service minimal qui abandonne la tâche à elle assignée ou qui sciemment, se soustrait ou tente de se soustraire à l'exécution de cette tâche, pourra faire*

---

[843] Au sens des commentaires de la commission d'experts de l'OIT, relèvent généralement des services essentiels : la santé, les télécommunications, l'eau et l'électricité, et le transport aérien.

[844] Article 8 de la convention n° 151 de l'OIT du 27 juin 1978 sur les relations de travail dans la fonction publique, ratifiée par le Mali le 12 juin 1995.

l'objet de sanction en dehors des garanties disciplinaires»[845]. En conséquence, l'observation de la grève donne lieu à la retenue du traitement ou de la rémunération pour la journée non travaillée, hors les suppléments pour charge de famille. Les retenues sont opérées en fonction des durées d'absence constatées. Sur le terrain, les chefs des services administratifs procèdent à des pointages quotidiens pour savoir qui a travaillé ou qui a fait grève. Ces pointages sont envoyés au Bureau central des Soldes du Gouvernement pour opérer les retenues sur les salaires du mois qui suit la grève. Mais en pratique, il arrive que le paiement du salaire des jours de grève soit un élément de la négociation, ceci n'étant jamais consigné dans le procès-verbal de conciliation.

645. Au sens de la loi n° 87-47, tout auteur d'arrêt de travail illégal ou qui l'aurait encouragé, est civilement responsable des dommages causés aux usagers des services publics concernés. La mise en œuvre de cette responsabilité parait néanmoins difficile au regard de l'influence grandissante des centrales syndicales ou des syndicats sectoriels. Il n'est pas rare de voir que l'administration centrale reporte des décisions de mutations de syndicalistes, des arrêtés ou décisions de nominations des cadres de l'administration qui ne conviennent pas aux syndicats[846].

646. La mise en œuvre des sanctions fonctionne beaucoup plus dans le secteur privé que dans la Fonction publique. Pour preuve, les sept syndicats signataires de l'accord du 15 octobre 2016 dans l'éducation nationale ont procédé, au mois de janvier 2018, à des arrêts répétitifs de travail sans respecter le délai de préavis de quinze jours. Le Gouvernement est resté impuissant et ces pratiques ont continué jusqu'à la signature du Statut autonome des enseignants de l'enseignement préscolaire et spécial, de l'enseignement fondamental et de l'enseignement technique et secondaire et de leurs textes d'application, le 27 janvier 2018. Ces constats nous conduisent à une analyse critique des dispositions de la loi n° 87-47 du 10 août 1987.

B. L'analyse critique des dispositions légales

647. Au Mali, la loi n° 87-47 du 10 août 1987 relative à l'exercice du droit de grève dans le secteur public est le premier texte législatif qui a règlementé la grève dans le secteur public. Les mouvements de grève étaient alors gérés

---

[845] *Cf.* Article 16 de la loi n°87-47 précitée.

[846] En janvier 2018, la section syndicale du ministère de l'Emploi a déposé un préavis de grève pour demander l'annulation des mutations des Directions régionaux de l'emploi et de la Formation professionnelle. Le syndicat a soutenu dans son mémoire en défense que le ministre a violé le plan de carrière en nommant au niveau des DREF, des agents venus du ministère de l'Éducation nationale. A l'issue de la négociation du préavis grève de 72 heures, le Ministre a accepté de rapporter les arrêtés de nominations des DREF qu'il avait signés une semaine avant. Des exemples comme cela foisonnent dans la Fonction publique.

selon les dispositions du Code du travail et des conventions collectives de branche, la République du Mali n'ayant pas pu négocier une convention nationale interprofessionnelle[847] depuis son accession à la souveraineté nationale. Plusieurs tentatives ont échoué faute de consensus entre les partenaires sociaux.

648. Le contexte socioéconomique du Mali a évolué depuis les évènements de mars 1991. Le pluralisme syndical est devenu une réalité avec la création de la CSTM en décembre 1997 ainsi que la création de nombreux syndicats nationaux de branche dans le secteur public. On dénombre aujourd'hui au moins douze syndicats[848] d'enseignants dans le secteur public de l'éducation nationale, l'enseignement supérieur et la recherche scientifique, du secteur agricole, de l'administration d'État, du secteur de la production, du secteur de la santé et du développement social, l'administration minière et les administrations financières. Ces nouvelles mutations ont mis à rude épreuve l'application de la loi n° 87-47 précitée.

649. Depuis son adoption en 1987, de nouvelles pratiques et de nouveaux défis ont gagné le champ syndical dans la Fonction publique. Ceci fait que la loi présente beaucoup d'insuffisances, apparaît très inadaptée, souvent en déphasage avec la pratique sur le terrain. Nous analyserons ses insuffisances **(1)** et les propositions d'amélioration **(2)**.

1. Les insuffisances de la loi

650. La loi n° 87-47, en tenant compte du contexte dans lequel elle fut élaborée, ne répond plus aujourd'hui aux attentes des acteurs du dialogue social dans le secteur public. Le contexte a changé et le paysage syndical a aussi changé. Depuis bientôt, près de dix ans, plusieurs acteurs du dialogue social se sont prononcés en faveur de la révision ou de la modification de la loi ; mais, compte tenu de la sensibilité de la question au Mali, le ministère du Travail n'a jamais élaboré ne serait-ce qu'un avant-projet de texte de modification. A- t-il peur de la réaction des acteurs sociaux ?

---

[847] Dans le cadre du Pacte social de 1992, le Gouvernement et l'UNTM avaient convenu de négocier une convention collective interprofessionnelle ; toutefois, les discussions n'ayant pas abouti, on s'est orienté vers une révision des conventions collectives de branche ; les discussions à ce propos ont commencé après la conclusion du Pacte de solidarité pour la croissance et le développement.

[848] La multiplication de ces syndicats d'enseignants s'explique par le fait que les contractuels avaient au moins deux syndicats en fonction des niveaux de l'éducation nationale : le préscolaire, l'enseignement fondamentale, l'enseignement technique, l'enseignement normal, les écoles de formation des maitres, l'enseignement secondaire général, les collectivités, les écoles communautaires et les *medersas* (école arabe).

651. Cette situation s'explique tout d'abord par le fait que le champ d'application de la loi est étendu « aux organismes personnalisés chargés de la gestion d'un service public »[849]. Si l'on analyse la loi n° 90-110 portant sur les Etablissements Publics Administratifs (EPA), nous constatons que ce personnel est régi par le Code du travail. Le mode de résolution des conflits collectifs des établissements publics administratifs est celui de la loi n ° 87-47 alors même qu'on se torve dans le champ du Code du travail. Il s'agit d'un paradoxe qu'il faudrait très vite corriger. Nous pensons que cet article devrait être relu pour exclure les EPA du champ d'application de la loi n° 87-47.

652. Par ailleurs, la loi n° 87-47 en son article 2 parle d'organisation syndicale la plus représentative, s'agissant du dépôt du préavis de grève. Aujourd'hui, le paysage syndical a fortement changé, nous sommes en présence de quatre centrales syndicales. La notion « *d'organisation syndicale la plus représentative* » devra être revue même si, de nos jours, aucune élection professionnelle de représentativité, au plan national, n'a été encore organisée au Mali, et ceci pour tenir compte du pluralisme syndical. Une question plus préoccupante se pose aujourd'hui au regard du nombre très élevé des syndicats « libres » et « autonomes ». Ils se créent dans des secteurs comme l'éducation nationale, les affaires étrangères, l'administration du territoire, la justice, l'enseignement supérieur, la sécurité et la protection civile. Il existe par exemple une centrale syndicale qui s'occupe uniquement des acteurs de l'économie informelle[850]. Il y a là autant de défis qu'il faut relever lorsqu'on évoque le pluralisme syndical au Mali.

653. De plus, on se réfère pour la qualité des membres de la commission de conciliation à des « *personnalités indépendantes et étrangères au conflit* »[851] ; cette rédaction est très discutable dans la mesure où nous constatons très fréquemment, pour ne pas dire de façon permanente que les représentants des travailleurs au sein de la commission, sont « des anciens syndicalistes ». La question de l'indépendance est absolument en cause parce que, qu'on veuille ou pas, un ancien syndicaliste penchera toujours du côté du syndicat. Il est devenu difficile, voire impossible, de trouver des personnalités neutres comme conciliateur qui n'ont jamais connu le monde syndical.

654. La commission de conciliation visée à l'article 3 de la loi, joue un rôle de médiation, sans être désignée comme telle dans loi. Ceci apparait comme une insuffisance sérieuse dans la mesure où elle ne joue qu'un rôle d'intermédiation en pratique. Aussi, la loi donne à la commission un pouvoir

---

[849] *Cf.* Article 1er de la loi n° 87- 47 précitée.

[850] La CMT est la troisième centrale créée au Mali, elle s'occupe de façon générale des acteurs de l'économie informelle en vue de leur syndicalisation.

[851] *Cf.* Article 2 de la loi n° 87-47.

qu'elle ne peut exercer[852] : « (…) *elle peut procéder à toutes enquêtes auprès des entreprises et des syndicats et requérir des parties la production de tout document ou renseignements d'ordre économique, comptable, financier, statistique ou administratif susceptible de lui être utile pour l'accomplissement de sa mission. Elle peut recourir aux offices d'experts et, généralement, de toute personne susceptible de l'éclairer* (…) ».

655. Il faut noter que, dans la pratique, il y a là une « mission ornementale » confiée à la commission de conciliation, dans la mesure où elle n'a aucune possibilité d'enquêter sur la situation financière du Gouvernement ou l'EPA ou la collectivité territoriale. Il s'agit d'une disposition qui est très inopérante et ne sert à rien qu'à orner la loi ; on gagnerait en la supprimant. La commission désigne aussi en son sein, « *un rapporteur* », qui n'apparait dans aucune des dispositions de la loi. Ce rapporteur rédige en général le procès-verbal de conciliation. C'est également une insuffisance dans la mesure où nous constatons dans la pratique que c'est plutôt le ministère qui convoque la réunion de conciliation, qui rédige le procès-verbal et le soumet au rapporteur pour correction. Or, il est clairement indiqué que c'est la commission qui convoque la réunion de conciliation[853]. Il arrive très souvent que les membres de la commission se plaignent d'être convoqués à la dernière minute par le ministère sectoriel ou par le ministère du Travail pour la gestion des grèves des centrales syndicales. L'article 6 apparait donc inopérant en pratique.

656. Les mémoires en défense qui doivent être échangés avant la réunion de conciliation sont très souvent échangés dans la salle. Ceci est souvent un motif de report de la première séance de conciliation. Les parties demandent un report pour mieux analyser les mémoires fournis de part et d'autre. Ces reports sont souvent sources d'exacerbation des conflits et dénote le peu de sérieux du Gouvernement ou sa mauvaise foi, selon les syndicats.

657. Notre critique ne se limitera pas à la procédure de conciliation. Il faut souligner que la partie concernant la rédaction du procès-verbal comporte aussi des insuffisances. En cas de désaccord total, un procès-verbal de non conciliation est rédigé. La loi ne donne aucune procédure à suivre après la grève[854]. Nous constatons que le syndicat qui veut faire aboutir ses revendications dépose tout de suite un autre préavis de grève, juste à la fin de la première grève. Les préavis se suivent en cascade jusqu'à ce que le

---

[852] *Cf.* Article 5 alinéa 2 et 3 de la loi 87- 47.

[853] Aux termes de l'article 6 : « *la commission convoque les parties qui sont tenues de comparaitre devant elle. Chaque partie au conflit, doit commettre deux représentants dument mandatés et ayant pouvoir pour négocier n accord* ».

[854] Aux termes de l'article 8 de la loi : « *Les accords qui interviennent sont applicables sauf stipulation contraire, à compter du jour qui suit leur signature par les parties* ».

Gouvernement fléchisse ou que le syndicat obtienne satisfaction, souvent sur l'ensemble des points de revendication.

658. Nous avons aussi constaté, jusqu'à une date très récente, qu'aucune inscription n'était faite dans le budget du ministère du Travail pour la prise en charge des frais de fonctionnement des commissions de conciliation. La loi fait allusion au remboursement des frais de transports des membres de la commission de conciliation. C'est seulement en 2014, qu'une ligne budgétaire a été consacrée au fonctionnement des instances du dialogue social dans le budget du ministère du Travail. Depuis cette date, les membres de la commission de conciliation bénéficient d'un remboursement de frais à hauteur de 25.000 F CFA par séance de négociation[855], soit l'équivalent de « *38,11euros* », somme le plus perçue avec énormément de difficultés par les conciliateurs.

659. Une autre notion apparaît critiquable celle qui conduit à affirmer que « *la grève pour des motifs politiques est interdite* ». La Cour de cassation française après avoir condamné des grèves politiques et certaines grèves dites « mixtes », recherche maintenant le but principal de la grève et déclare abusive les grèves principalement politiques. Certains auteurs ont critiqué cette position en faisant valoir l'imbrication du professionnel (économique et social) et du politique et le caractère artificiel de la distinction. Le salarié qui se met en grève perd son salaire. Sensible à ces critiques, la Chambre criminelle de la Cour de cassation, dans un arrêt du 23 octobre 1969, a obligé le juge à rechercher la présence de revendications d'ordre social et professionnel alors même que la grève a un caractère national et est dirigée contre la politique économique du Gouvernement. La même Chambre sociale a aussi atténué sa sévérité, et « *admet que la participation à une journée nationale de protestation contre la politique sociale du Gouvernement est couverte par le droit de grève* »[856].

660. La question des revendications politiques demeure sensible et « certains juges du fond se crispent sur des positions éloignées de celles de la Cour de cassation, ce qu'elle ne manque pas de censurer »[857]. La commission d'experts du BIT considère que « la liberté d'action des syndicats implique pour eux la possibilité de mener des grèves de protestation contre la politique économique du Gouvernement », et donc reconnait que ces types de grève sont légaux. Au regard de ces critiques, la loi n° 87-47 en parlant de grève politique devrait

---

[855] Le montant des 25000 FCFA ne repose sur aucun texte, et ceci parait paradoxal. Le ministère du travail, sur ce plan est privilégié par rapport aux départements sectoriels, qui sont obligés de donner des tickets d'essence aux conciliateurs.

[856] Verdier J.-M., Coeuret A., Souriac M. A.**,** *Droit du travail, les rapports collectifs*, 2011, Vol. 1, 15ème éd., Mémentos Dalloz, 2009, p. 284.

[857] Verdier J.-M., Coeuret A., Souriac M. A , *op. cit*, p. 285.

nuancer cette assertion ou expliquer le contenu de la notion ; en effet, le décret d'application prévu à l'article 15 de la loi ne doit mot ; il prévoit seulement la liste des services, la catégorie de personnels et des emplois indispensables à l'exécution du service minimum en cas de grève.

661. Nous allons terminer notre analyse critique des dispositions légales sur la responsabilité civile des grévistes décrites dans la loi en cas de dommages causés par ceux-ci aux usagers de l'administration. La mise en œuvre d'une pareille responsabilité est très difficile et requiert trois conditions[858] : la preuve d'une faute (acte en soi illicite, abus du droit de grève), d'un dommage (autre que celui découlant du simple exercice du droit de grève), d'un lien de causalité entre celui-ci et celle-là. Il est donc difficile pour le Gouvernement sur la base de ces dispositions d'engager la responsabilité civile des grévistes. Cependant, les insuffisances du décret sur le service minimum qui ne se résument pas seulement au fait qu'il n'a pas obéi à la phase de consultation des partenaires sociaux, mais il s'étend à tous les services, toute chose que les syndicats dénoncent. Pour faire échec à la grève générale à caractère politique, déclenchée par l'UNTM en 1990, le Gouvernement a été amené, sans consultation préalable, « à signer nuitamment le projet »[859]. L'UNTM décida de saisir le BIT pour dénoncer le caractère illégal du texte. La Commission d'experts du BIT est allée dans le même sens que l'UNTM, d'où la nécessité de réviser le décret querellé. Ainsi, après une analyse critique des dispositions légales, nous pouvons envisager quelques propositions d'amélioration en vue d'adapter le dispositif aux réalités pratiques du terrain de la négociation des conflits collectifs dans le secteur public.

2. Les propositions d'amélioration ou de modification

662. Au regard des constats d'insuffisances que nous venons de mettre en exergue, il serait de bon aloi que le Gouvernement engage très prochainement la procédure de modification de la loi n° 87-47 pour l'adapter aux réalités de la gestion quotidienne des conflits collectifs de travail dans le secteur public et parapublic.

663. La première modification de la loi pourrait porter sur son champ d'action en supprimant à l'article 1er qui fait allusion aux EPA. Il est vrai qu'ils accomplissent des missions de service public, mais la loi n° 90-110/AN-RM

---

[94] Auzero G., Baugard D., Dockès E, *Droit du travail*, *op. cit.*, , p. 1799 ; Cass. soc., 29 janvier 2003, n° 00-22290 (« la seule présence du secrétaire de l'Union départementale de la CGT le jour de l'obstruction des locaux ne caractérise pas un tel agissement fautif du syndicat » et la responsabilité du syndicat doit être écartée) ; Cass. soc., 26 janvier 2000, n° 97-15.291., Bull. V, n° 38, p. 28.

[859] Cette appréciation a été émise par le Secrétaire général de l'UNTM, Monsieur Chiaka Diakité, lors des négociations du préavis de grève d'octobre 2011.

du 18 octobre 1990 relative à leur création, organisation et fonctionnement, avait prévu l'adoption d'une loi sur le Statut du personnel. Cette loi n'a jamais été adoptée et les EPA sont régis par le Code du travail[860]. Il faut souligner que ces EPA fonctionnent en réalité comme des entreprises du secteur privé dans la mesure où plus de 90% du personnel sont régis par le Code du travail et disposent d'accord d'établissement[861].

664. La seconde proposition de modification pourrait porter de façon globale sur la procédure de gestion des conflits par la commission, notamment la qualité des membres de la commission, leur mode de désignation, etc. On pourrait aussi discuter de la terminologie à utiliser, savoir s'il l'on parle de « médiation » ou de « conciliation ». Nous avons constaté que la commission de conciliation n'est pas en mesure d'exercer les pouvoirs qui lui sont donnés par la loi. Les membres ne disposent pas de compétences pour enquêter sur la situation économique et financière de l'Etat. Il faut certainement aller vers la formation et la nomination de médiateurs et la constitution d'un vivier de personnalités. Il faudra clarifier le recours à la notion « d'organisations syndicales les plus représentatives » pouvant déposer le préavis. L'éducation nationale compte aujourd'hui près de douze syndicats qui déposent dans le désordre des préavis de grève. L'année scolaire 2019 semble compromise par des mouvements de grève.

665. De même, en ce qui concerne la convocation des réunions, il serait souhaitable de modifier la loi pour que ce soit le ministère du Travail ou le ministère de tutelle qui convoque la réunion et que le nombre de représentants soit élargi, en tout cas se situe au-delà de deux personnes. Nous constatons dans les salles de réunion une moyenne de six représentants de part et d'autre (Gouvernement-travailleurs).

666. Il convient alors de faire en sorte que les partenaires sociaux soient associés à cette consultation pour qu'il y adhère dans la mesure où il est fréquent dans les instances des syndicats, que la constitution des délégations devant conduire les négociations soit difficile. Tous les membres du Bureau exécutif veulent prendre part à la négociation. La dernière négociation UNTM- Gouvernement- CNPM de janvier 2019 nous a montré la preuve. Plus

[860] Au Mali, tous les EPA ou EPST ou EPH (Etablissement public hospitalier) se sont dotés d'accords d'établissement pour gérer le personnel. Personne ne sait si le Statut du personnel prévu par la loi n° 90-110 du 18 octobre 1990 relative à la création, à l'organisation et au fonctionnement des EPA sera adopté.

[861] Au Mali, plus de 90% des établissements publics administratifs disposent d'un accord d'établissement qui réglemente les conditions de travail du personnel, de la liberté syndicale, au droit syndical, les salaires, les primes et indemnités, le régime des congés, des avancements et de la notation des salariés.

d'une dizaine de représentants de l'UNTM ont siégé à la table des négociations.

667. Nous devrions aussi associer à cette consultation, le CNPM qui est l'un des acteurs majeurs du processus de négociation, qui amène une forte délégation d'employeurs concernés par les points de revendications. Il faudrait, en dernier lieu, consulter certains conciliateurs qui ont leur mot à dire, parce qu'il arrive parfois, lorsque la salle est trop pleine, les discussions deviennent très difficiles. Dans tous les cas une large consultation des différents acteurs du dialogue social, à ce sujet, est nécessaire pour aboutir à un bon texte juridique qui règle les problèmes soulevés.

668. Pour éviter la survenance ou le renouvellement successif des préavis de grève à la suite d'un procès-verbal de non conciliation, il serait souhaitable d'introduire dans la loi une procédure d'arbitrage volontaire. Cela nécessitera certainement, la désignation d'arbitres pour les secteurs essentiels et, par la même occasion, restreindra le droit de grève[862] dans les services essentiels tels que : le secteur de l'eau, la santé, l'électricité, les transports aériens, les télécommunications.

669. Il serait bon puisque la pratique le consacre déjà, d'opter pour la prévision dans la loi de commissions de suivi tripartite[863] (Gouvernement-syndicat-commission de conciliation). Les syndicats estiment à l'unanimité que la présence des conciliateurs à l'évaluation de la mise en œuvre des procès-verbaux de conciliation renforce leur confiance au Gouvernement. Les syndicats revendiquent ou exigent cette prévision dans la loi.

670. Il faudrait aussi supprimer dans la loi la référence faite aux grèves politiques, ou l'aménager ou pour tenir compte de la position de la Cour de cassation française et de prendre un décret plus consensuel sur le service minimum. La modification du décret n° 90-562/P-RM du 22 décembre 1990 sur le service minium en 2010, n'a pas été du goût de la CSTM. Elle reproche au Gouvernement de fouler au pied les principes du service minimum universellement admis au nom de « la continuité du service public » [864]. Au regard des positions divergentes sur le sujet, « la conciliation sera difficile mais nécessaire entre la grève et la continuité du service public, auxquelles le

---

[862] Selon la Commission d'experts du BIT sur les services essentiels, le Gouvernement peut restreindre le droit de grève dans les services essentiels, mais cela doit être accompagné par des mesures prises après consultation des organisations les plus représentatives du secteur d'activité concerné.

[863] Les commissions de suivi se multiplient aujourd'hui du fait que les syndicats n'ont pas une totale confiance dans le Gouvernement.

[864] Cons. const., 25 juillet 1979, n° 79-705- DC, D.1980, 01, note M. Paillet, *Dr., soc.*1980, p.7.

Conseil constitutionnel a reconnu également valeur constitutionnelle »[865]. Enfin, au niveau des sanctions, la responsabilité civile des grévistes pour des dommages causés aux usagers doit être réécrite à la lumière des constats faits. La mise en œuvre d'une telle responsabilité parait difficile, sauf en matière pénale lorsque l'infraction de délit d'entrave à la liberté de travail est constituée au sens du Code pénal du Mali en ses articles 132 et 133 ; ceux-ci punissent de peines d'emprisonnement les personnes qui se seraient rendus coupables d'entrave à la liberté du travail lors des mouvements de grève.

671. Quelles leçons pourrait-on tirer des pratiques de dialogue social dans le secteur public ? Tout n'est pas mauvais. Nous devons nous inspirer des bonnes pratiques pour faire évoluer le dialogue social dans le secteur public au Mali.

§ 2 - Les enseignements de la pratique

672. La pratique du dialogue social au quotidien nous enseigne énormément de bonnes choses parfois mais pas toujours conformes aux textes qui peuvent être source d'évolution et d'amélioration pour le dialogue social au quotidien. Nous avons dénombré en 2017, sans disposer de statistiques fiables, quarante-trois conflits dans le secteur privé[866] et trente-neuf dans le secteur public[867]. Les données de l'année 2018 se situent dans la même fourchette que celle de 2017. Bien que les conflits collectifs de travail dans le secteur privé soient beaucoup plus nombreux, ceux du secteur public semblent plus préoccupants : « S'agirait-il d'une crise des relations de travail dans les administrations elles-mêmes ? »[868]. Nous examinerons les leçons apprises **(A)** et nous jetterons un regard critique sur la réalité par rapport aux textes **(B)**.

A. Les leçons apprises

673. Nous pourrions, sans trop de souci, transposer les conclusions de l'étude sur les causes des crises sociales dans la zone UEMOA, dès lors que les études nationales la précédant avaient à peu près abouti aux mêmes constats. On y observe que « les conflits collectifs dans secteur public, ont en tout cas plus de résonnance, ils sont plus récurrents, plus longs et certains d'entre eux, notamment ceux de la santé ou de l'éducation nationale, se déroulent sur l'ensemble du territoire national, et ont donc plus d'impacts que les conflits du

---

865 Auzero G., Baugard D., Dockès E, *Droit du travail*, *op. cit.*, p. 1778.

866 Rapport annuel de la Direction nationale du Travail 2017 réunissant les informations fournies par les inspections régionales du travail. En 2018, nous avons dénombré 36 préavis de grève dans le secteur privé et 42 dans le secteur public.

867 Bilan des conflits gérés dans le secteur public par le ministère du Travail et de la Fonction publique en 2017.

868 Dé Y., *Études sur les crises sociales au sein de l'UEMOA*, rapport final, UEOMA-BIT, 2013, p. 24.

secteur privé »[869]. L'analyse des conflits de travail amène à formuler une hypothèse de travail : le Statut général des fonctionnaires est perçu comme inadapté aux conditions actuelles de vie et de travail dans les services publics et le risque est grand que les conflits se multiplient en se durcissant. Ainsi, nous allons traiter des enseignements tirés de l'inadaptation des textes **(1)** et de ce qui nous semble relever des bonnes pratiques (**2**).

1. Les enseignements tirés de l'inadaptation des textes

674. Une allusion au Statut général des fonctionnaires au Mali est nécessaire. Il faut rappeler que ce statut été conçu au départ pour gérer les fonctionnaires et leurs carrières[870]. Les spécificités des secteurs d'activités ont fait que le Statut n'a pas répondu aux aspirations des travailleurs. Depuis les années 1980, les magistrats ont ainsi été les premiers à se détacher du Statut général afin que soit prise en compte leur spécificité[871].

675. L'ordonnance de 1977/CMLN qui a modifié le Statut général des fonctionnaires n'était pas adaptée aux contextes post crise de 1992. La conclusion du Pacte social de 1992 a permis à l'UNTM d'obtenir des revalorisations de la grille de salaires annexée au Statut général ; des accords ont été signés en 1994, 1997 et 1999 et ces accords portaient en général sur l'augmentation du traitement indiciaire de base du fonctionnaire. Aucun des Statuts n'a véritablement consacré de dispositions relatives à la gestion des conflits collectifs de travail ; c'est pourquoi le pouvoir du Général Moussa Traoré, surpris par les changements d'idéologies des syndicats, a vite adopté la loi n° 87-47 pour encadrer les mouvements des travailleurs qui menaçaient le régime dictatorial ; mais il n'en fut rien et l'on la connait la suite, la chute du régime le 26 mars 1991.

676. Il faut noter que les différents statuts successifs de la Fonction publique jusqu'en 2002 n'avaient aucunement répondus aux aspirations et aux préoccupations de l'UNTM et n'avaient que très imparfaitement règlementés le droit de grève dans le secteur public. Ce vide juridique apparent s'est ressenti dans la rédaction de la loi n° 87-47. Le Statut général des

---

[869] Dé Y., *op. cit.*, p. 25.

[870] Après les indépendances, la Fonction publique du Mali a été dotée d'un Statut général des fonctionnaires, tous les corps de fonctionnaires étant « gérés » par ce texte de base. Au fil du temps, il s'est quelques peu effacé au profit de « statuts autonomes ». En 2018, le seul Statut général s'appliquait à 40011 agents. Il faut noter que de 1961 à fin 2018, le nombre d'agents de l'État est passé de 4982 à 55578 agents dont 40011 fonctionnaires et 15567 contractuels.

[871] Les magistrats ont été dotés d'un statut autonome avec une grille de salaire et des primes et indemnités qui les placent en termes de rémunération devant les autres corps même les enseignants de l'enseignement supérieurs.

fonctionnaires de 2002[872] a fait l'objet de beaucoup de contestations parce que la grille de salaire a été élaborée sous la pression ; celle des fonctionnaires des catégories B1 et B2[873] a tout particulièrement fait l'objet de contestations et de revendications de l'UNTM afin de corriger l'inégalité de traitement entre les deux catégories précitées et la catégorie A apparaissant plus favorisée.

677. Cette situation est d'ailleurs l'une des raisons qui a fait que beaucoup de corporations ont quitté le Statut général des fonctionnaires pour créer des syndicats autonomes leur permettant de revendiquer de meilleures conditions et sortir de cette situation très ténébreuse. Les différents syndicats ont ainsi quitté au profit d'un Statut autonome qui ne dit pas son nom. D'autres syndicats ont emboité le pas notamment la protection civile, les préfets et sous-préfets, en créant cette fois-ci un syndicat libre ou autonome.

678. Malgré les différents aménagements de la grille du Statut général en 2005 et 2007, l'on est tenté de croire que « les conflits se nourrissent d'une crise de pouvoir d'achat des travailleurs de l'administration, du décalage entre les possibilités qu'offrent les salaires de la fonction publique et les coûts des modèles de consommation des agents de l'État, des coûts des conditions de vie relativement décentes ». Nous avons aussi constaté que « « les conflits se nourrissent aussi, de discriminations certaines et décidées volontairement dans le traitement des agents de l'État ». Ne faut-il pas « déchirer le Statut général », car il semble ne plus faire « l'affaire des syndicats ». C'est à juste raison que très récemment les syndicats d'enseignants, pendant quarante-cinq jours ont fait grève pour qu'ils soient détachés du Statut général des fonctionnaires. Le Statut général n'est plus adapté au mode de gestion actuel des agents de l'État. Plusieurs statuts autonomes ont vu le jour[874] ; le Statut général « se vide » chaque année un peu plus. Pourtant le droit de grève n'est réglementé que dans un seul petit article du Statut général[875], pour le surplus on se réfère la plupart du temps aux dispositions du Code du Travail et des conventions internationales de l'OIT.

679. Malgré l'insuffisance du Statut général pour encadrer la pratique du droit de grève, il demeure bon que le Gouvernement applique la loi 87-47 et son

---

[872] Loi n° 02-053 du 16 décembre 2002 portant Statut général des fonctionnaires et son décret d'application n° 05-164/P-RM du 6 avril 2005.

[873] Le Statut général des fonctionnaires prévoit une classification en fonction des diplômes obtenus ou de la qualification professionnelle initiale. La catégorie B1 représente des travailleurs titulaires d'un brevet de technicien et la catégorie B2 représente les titulaires de BTS ou de Diplôme Universitaire de Technologie (DUT).

[874] Le statut des enseignants de l'enseignement préscolaire, primaire, fondamentale, secondaire, le statut des agents de protection civile, le statut autonome des chercheurs, etc.

[875] Article 19 alinéa 5 du Statut général : « le droit de grève est reconnu aux fonctionnaires pour la défense de leurs intérêts professionnels collectifs. Il s'exerce dans le cadre défini par la loi (…) ».

décret d'application. Le respect des textes juridiques qui régissent la grève a permis au le Gouvernement de « sauver les meubles » en 2017 face aux grèves répétitives de la santé, de l'éducation et des magistrats, et même des inspecteurs du Travail. Bien qu'elle date de 1987, la loi n° 87-47 et son application stricte ont permis au Gouvernement de gérer, à travers la commission de médiation qu'elle institue, de nombreux conflits collectifs dans le secteur public. Nous avons appris que mieux vaut avoir un texte laconique que de ne pas avoir de texte du tout.

680. Les acteurs sociaux sont tous unanimes au Mali sur le fait que le préavis de grève est de quinze jours et que la grève doit être précédée d'une phase obligatoire de négociation. Cette reconnaissance, malgré la multiplication des préavis, permet de faciliter la gestion des conflits par la commission de conciliation en toute quiétude, même si nous reconnaissons que très souvent la loi est violée allégrement par les syndicats en déposant des préavis successifs qui ne respectent pas les quinze jours de préavis, avec un mot fétiche « *le mot d'ordre de grève est suspendu* »[876].

681. Peut-on s'éloigner des textes dans la pratique ? Ce n'est pas conseillé. En matière de préavis, les acteurs syndicaux ont pris l'habitude de respecter les quinze jours. Ce délai est rentré dans les pratiques, et cela est justifié par le fait que le Code du travail n'a prescrit aucun délai aux syndicats qui voulaient déposer un préavis. En 2017, lors de la modification de certaines dispositions du Code du travail, les syndicats ont unanimement accepté qu'un délai de préavis de quinze jours soit inscrit dans le Code du travail. Cela fut accepté par les parties.

682. Nous pouvons observer que les corps de fonctionnaires qui ont droit à un Statut autonome sont cités[877] dans la Constitution du 25 février 1992. Mais depuis 2008, plusieurs corps de fonctionnaires se sont détachés du Statut général des fonctionnaires, entrainant par ce seul fait, la violation de la Constitution, puisque le respect des textes dépend souvent des rapports de force sur le terrain, et cela en fonction de la nature des conflits et des acteurs en face[878]. Comme nous l'avons souligné dans les développements ultérieurs,

---

[876] La suspension, dans l'esprit de tous les syndicalistes, veut dire que le syndicat à tout moment peut « faire descendre » le mot d'ordre, d'une certaine façon avec ou sans préavis selon leur humeur. Ceci légitime les grèves répétitives, sous prétexte que le mot d'ordre de grève était « suspendu » mais pas « levé ».

[877] Article 70 de la Constitution du 25 février 1992.

[878] Ces dernières années, curieusement, la situation est la même dans tous les pays de l'UEMOA ; les conflits sont dus très souvent au « non-respect par l'État de ses engagements souscris lors d'accords avec les syndicats » ou au faible niveau de mise en œuvre de ces accords. Les sept syndicats signataires de l'accord du 15 octobre 2016 dans l'Education nationale, ont depuis averti qu'ils en respecteraient le délai de préavis dès lors que le Gouvernement n'avait pas respecté ses engagements. Les conflits peuvent être également de

tout n'est pas mauvais ou à jeter. Ainsi, nous examinerons, quelques bonnes pratiques que l'on pourrait envisager d'instituer officiellement.

2. Les bonnes pratiques

683. Le dialogue social dans le secteur public au Mali est le résultat de plusieurs années de sédimentations et de compromis, souvent en accord avec les textes et parfois résultant de la pratique. La lettre-circulaire n°04-0001/PM-RM du 30 janvier 2004 du Premier ministre AG Hamani, en 2004, a institué des pratiques de dialogue social qui peuvent entrer dans les bonnes pratiques. Ainsi, aux termes de la lettre, « dans les directions des services centraux et des organismes personnalisés, il est organisé à l'initiative du directeur, des rencontres trimestrielles avec les comités syndicaux autour des questions relatives aux conditions de travail et au fonctionnement des services et des organismes ».

684. Au niveau de tous les services publics de l'Etat, il est organisé des assemblées générales ponctuelles d'information en vue de susciter une large adhésion des travailleurs à certaines grandes décisions gouvernementales. Les problèmes identifiés dont les solutions impliquent plusieurs départements sont soumis au Cabinet du Chef du Gouvernement. Il s'agit là d'une bonne pratique, mais il faut le souligner, les structures centrales de l'administration comme les services déconcentrés n'arrivent plus à perpétuer cette bonne pratique, alors qu'elles permettraient aux responsables des administrations de « *prendre langue* » avec le syndicat de base et de faire remonter les préoccupations des travailleurs pour une prise en charge rapide et idoine au niveau supérieur.

685. Nous pouvons aussi souligner comme bonne pratique les commissions de conciliation des conflits collectifs dans le secteur public. Aujourd'hui, la majorité des départements ministériels ont expérimenté la mise en place des commissions de conciliation. Chaque fois qu'un syndicat sectoriel dépose un préavis de grève, le ministère de tutelle saisi automatiquement le ministre du Travail pour que soit diligentée la procédure de mise en place d'une commission. Il faut noter que les ministères de tutelle ont compris que les négociations avec les partenaires sociaux sont surement des occasions d'exposer clairement les difficultés et contraintes rencontrées par le

---

nature économique (alignement des salaires des enseignants sur ceux de la sous-région) et sauvent difficile à gérer, de nature juridique (non respect des engagements) ou relatifs à la gouvernance (équité salariale).

Gouvernement. Une fois que des engagements sont pris, leur respect passe par un système fiable de suivi des accords conclus[879].

686. Les investigations au niveau de trois secteurs de l'éducation, de la santé et de l'enseignement supérieur indiquent la présence d'une diversité de cadres de concertation et de dialogue social dont les plus importants peuvent être classés en trois catégories : les cadres *ad 'hoc* et non structurés, le plus souvent mis en place pour la gestion d'une crise sociale, les cadres structurés mais non formels plus ou moins permanents pour la concertation et le dialogue social entre certaines catégories d'acteurs d'un secteur, et enfin les cadres permanents, structurés et le plus souvent institutionnalisés.

687. Dans la crise scolaire en 2010, les parents d'élève ont joué un rôle très important entre l'État et le personnel enseignant (SYNESUP, etc.) Un cadre partenarial a été institué pour une école apaisée et performante avec comme organe de support une commission de suivi d'évaluation de « *l'accord de partenariat pour une école apaisée* ». La commission a été créée sous l'autorité du ministre chargé de l'Education nationale. Elle avait pour mission d'accompagner le ministre dans la mise en œuvre de l'accord de partenariat pour une école apaisée et performante, de procéder à une évaluation périodique de la mise en œuvre de l'accord, de réaménager le chronogramme de mise en œuvre, en cas de besoin, afin de prévenir les crises et d'informer les acteurs.

688. En réalité, cette bonne pratique n'a pas résisté au temps[880]. La crise de 2012 est passée par là ; la plupart des acteurs d'hier ont « quitté la table ». Aussi, cette association s'est évertuée en janvier 2018 à ramener à la raison les syndicats d'enseignants en grève illimitée pour l'adoption de leur statut autonome, par une déclaration fracassante à la télévision nationale rappelant « *les valeurs du Mandé* » : « *au Mandé la parole des anciens était sacrée. Aujourd'hui, elle est galvaudée, et n'est plus respectée, nous invitons les enseignants à regagner les classes dans la mesure où la loi portant Statut des*

---

[879] En 2017, le ministre du Travail et de la Fonction Publique, a dénombré 39 préavis de grève, tous secteurs confondus. En fin d'année, une équipe d'évaluation mis en place par le ministère de la fonction publique pour sillonner les services publics et faire le point d'exécution des protocoles d'accords que le Gouvernement a signés avec les syndicats en 2017. Ce tableau de bord permettra de suivre le niveau d'exécution des engagements pris par le Gouvernement, et d'anticiper sur le dépôt d'éventuels préavis de grève en 2018. Nous pouvons dire que malgré ce mécanisme de suivi des accords signés depuis deux ans n'ont pas reçu une application souhaitée et les syndicats répliqueront certainement avec des préavis de grève, comme les deux syndicats de magistrats et de l'enseignement supérieur qui affutent leurs armes pour 2019.

[880] En Bamanan, un adage au village dit « *les bonnes sauces ne durent pas dans le Bièlèn* ». Le *bièlèn* est une tasse en argile cuite par les artisans dans lequel on mettait la sauce au village.

enseignants été votée par les députés à l'Assemblée nationale »[881]. Les seuls enseignements de la pratique ne se limitant pas aux leçons apprises de la gestion des conflits, nous allons jeter enfin un regard critique sur la réalité par rapport aux textes.

B. Regard critique de la réalité par rapport aux textes

689. Au regard de tout ce qui a été exposé sur la pratique du dialogue social dans le secteur public, les attributions relatives à celui qui conduit le dialogue social au nom du Gouvernement n'étaient pas définies de façon précise dans un texte. Ce sont les différents décrets fixant les attributions spécifiques des membres du Gouvernement qui désignent le ministre du Travail et de la Fonction publique[882] comme celui qui doit conduire le dialogue social au nom du Gouvernement.

690. En dehors de ces différents décrets, l'article 2 de la loi n° 87-47/AN-RM du 10 août 1987 relative à l'exercice du droit de grève dans les services publics, précise que l'usage du droit de grève dans le secteur public est précédé d'un préavis de 15 jours. En plus, la lettre circulaire n° 04-0001/PM-RM du 30 janvier 2004 portant sur les mesures relatives à l'amélioration de la communication gouvernementale constitue une feuille de route est un mécanisme de prévention assez pertinente à la disposition du Gouvernement. Quel usage réel les acteurs sociaux font-ils de ces textes ou des instruments du dialogue social précités ? Les textes collent-ils aux réalités de tous les jours en termes de pratique et de gestion des conflits de travail au Mali ? Nous analyserons l'attitude du Gouvernement par rapport aux textes (**1**) et ce qu'il faut bien appeler le « diktat des syndicats » **(2)**.

1. L'attitude du Gouvernement

691. Au Mali, le droit de grève est un droit constitutionnel garanti par la Constitution de 1992 en son article 20. C'est ainsi que dans le cadre de leurs

---

[881] Le Mandé : haut lieu de la sagesse de la société mandingue, aire culturelle d'Afrique de l'Ouest située au Mali, en Guinée et au Niger. Cette société se caractérise par le respect de la parole des anciens, dépositaires des traditions ancestrales. La parole des anciens était sacrée et personne n'osait s'opposer. Ce qui était demandé était exécuté à la lettre, sans murmure, ni atermoiement.

[882] Décret n° 2018-0005/P-RM du 10 janvier 2018 fixant les attributions spécifiques des membres du Gouvernement qui stipule à son article 24 que le « *le ministre du Travail et de la Fonction publique, chargé des Relations avec les Institutions, prépare et met en œuvre la politique du gouvernement dans les domaines du travail et de la fonction publique. à cet titre, il est compétent pour : ...la promotion du dialogue social, la prévention et la gestion des conflits, la coordination des rapports du Gouvernement avec les organisations syndicales et patronales, l'élaboration des règles relatives à la représentativité des organisations syndicales* ».

activités, les organisations syndicales peuvent observer des grèves. Si la grève est un droit garanti par la Constitution, elle obéit tout de même à des règles édictées par la loi et le règlement comme le dispose l'article 20 ci-dessus mentionné. Mais, il arrive très fréquemment que ces règles ne soient pas respectées. Ainsi, en édictant la circulaire de 2004[883], le Gouvernement avait pour souci de prévenir les conflits collectifs dans le secteur public. Force est de reconnaitre qu'elle n'a pas été suivie d'effets dans les administrations publics. Nous n'avons pas fait d'enquêtes à ce sujet, mais il suffit d'interroger les statiques des conflits générés[884] dans la Fonction publique au cours des deux dernières années pour se rendre compte que les cadres de concertations prévus par la circulaire de 2004 sont restées lettres mortes[885].

692. L'effectivité du dialogue social suppose que le Gouvernement, acteur essentiel de la promotion du dialogue social, respecte les principes qu'il a lui-même édictés. Aucune évaluation n'est faite des termes de la circulaire de 2004. Pourtant, elle avait été bien accueillie comme un bon outil de prévention et de promotion du dialogue social. Dans les administrations, chaque service public devait communiquer à sa hiérarchie les comptes rendus des rencontres qu'il avait eu avec son comité syndical et les ministres devaient faire un rapport sur le point des rencontres avec les syndicats nationaux relevant de leur secteur d'activité, au Premier ministre.

693. En pratique, les directeurs de services centraux et les ministres sectoriels ne tiennent des rencontres avec les syndicats que si une menace de grève plane sur le service ou sur les départements. Il n'est pas rare de voir des tentatives de rencontre qu'après que la grève ait été consommée. Ces déficits se ressentent au plus haut sommet de l'État ; le Président de la République est souvent

---

[883] La circulaire n° 04-0001/PM-RM du 30 janvier 2004 a institué : « *au niveau de chaque département ministériel, une rencontre trimestrielle avec les syndicats nationaux relevant du domaine des compétences des ministères dont le but est de s'enquérir des problèmes rencontrés par les travailleurs de son secteur et de rechercher avec les délégués syndicaux, les solutions adéquates ; dans les directions des services centraux et des organismes personnalisés, des rencontres trimestrielles avec les comités syndicaux autour des questions relatives aux conditions de travail et au fonctionnement des services et des organismes ; au niveau de toutes les structures, il est organisé des assemblées générales ponctuelles d'information, en vue de susciter une large adhésion des travailleurs à certaines grandes décisions gouvernementales* ».

[884] Chaque année dans le cadre de la participation du Mali à l'Assemblée générale du CTDS de l'UEMOA, les cellules nationales du dialogue social doivent font le point des réalisations en la matière.

[885] Le ministère du Travail et de la Fonction publique a commencé à établir, en janvier 2018, un tableau de suivi des accords signés avec les syndicats dans les ministères sectoriels, mais il ressort des constats qu'aucun département, en tout cas, au cours du mois de janvier 2018, n'avait rencontré son syndicat sectoriel, y compris, le ministère de la fonction publique. « Il faut balayer, d'abord devant sa porte, avant d'aller voir les autres » dit un adage Bamanan.

obligé de descendre dans l'arène pour tenter d'éteindre le feu[886], allumé par la négligence des ministres de tutelle. Il s'agit là d'un semblant de dialogue social ou du recours au « *médecin après la mort* » dit-on chez nous. L'attitude de certains ministres, dans la réalité, ressemble souvent à de la négligence ou à un refus de dialoguer avec les syndicats.

694. Le respect de la circulaire de 2004 contribuerait à éviter beaucoup de conflits sociaux. Mais la réalité est tout autre. Les déclarations publiques des ministres ne correspondent pas à la réalité décrite dans la lettre circulaire. On assiste alors à « un semblant de dialogue social »[887].

695. S'agissant de la loi n° 87-47, au-delà des constats que nous avons déjà faits, et des préconisations que nous avons déjà évoquées, le contenu de la loi elle-même n'est pas connu de beaucoup de services centraux et départements ministériels. Il n'est pas rare de voir des cadres de conciliation se créer à l'occasion de préavis de grève non conformes aux dispositions de la loi. La gestion des préavis de grève des EPA ne se fait pas conformément au cadre décrit par la loi n° 87-47 ; or elle est aujourd'hui au Mali la seule norme juridique qui encadre la négociation des conflits collectifs de travail dans le secteur public. Nous pourrions adresser d'autres critiques en raison de l'ambivalence liée au fait que les EPA sont régis par le Code du travail, les conflits collectifs étant gérés par les dispositions de la loi sur la grève dans les services publics, comme indiqué plus haut. Tout ceci mériterait d'être éclairci.

696. Il faut noter que la mise en place des cadres de conciliation obéit au tripartisme découlant des principes de l'OIT. C'est dans la réalité de la coopération tripartite que l'efficacité du dispositif n'est pas toujours évidente. Ce n'est que très récemment que le tripartisme est en train de devenir la règle dans la négociation des conflits collectifs concernant les centrales syndicales. Nous pouvons affirmer qu'il existe des possibilités d'amélioration à condition que les acteurs s'en approprient les principes. Il n'est pas rare de voir certains

---

[886] Le SYNTADE avait déposé un préavis de grève pour protester contre le harcèlement dont l'Office central de lutte contre l'enrichissement aurait témoigné vis-à-vis de ses militants à propos de la déclaration de biens. Le syndicat reprochait à la loi son caractère sélectif, le caractère continu de l'infraction, les difficultés liées à la déclaration, la dénonciation des tiers sur le train de vie, pour juguler la crise. Il a fallu que le Président lui-même appelle le syndicat à Koulouba pour leur parler de l'état du Mali et du fait qu'il n'avait pas besoin d'une grève des services financiers de l'État au moment où les bailleurs tournaient le dos.

[887] Nous avons osé utiliser terme « semblant de dialogue social », lorsque certaines autorités, disent « après la grève, nous allons parler », ce voudrait dire que la pratique du dialogue social devient un tremplin pour certains acteurs en attendant que la fin du conflit. On retourne à nos anciennes pratiques, l'absence de dialogue crée la méfiance et le manque de confiance. Il n'est pas rare que « *certains ministres partent avec la grève de leur secteur* », autrement dit l'échec de la conciliation fragile le ministre et se voit « débarquer » lors du prochain remaniement du Gouvernement.

acteurs du dialogue faire jouer un rôle à la société civile, en dehors de toutes règles juridiques relatives à la gestion des conflits collectifs dans le secteur public. Il n'est pas non plus rare de voir, lors de séances de négociation, des conciliateurs se transformer en « *Imam* » pour sensibiliser les syndicats en faisant des « *prêches* »[888] et en évoquant des versets coraniques sur la paix. Notre dialogue social serait-il saisi par moment par la religion ?

697. Il est clair que notre dialogue social se nourrit aussi des ferments de la société, des pratiques, des habitudes ancestrales, des prières, et parfois de messages de sensibilisation pour amener les parties à comprendre les enjeux économiques et mêmes sociaux de leur mouvement. Faut-il adapter la loi n° 87- 47 à ces pratiques ?

698. Il nous paraît discutable d'affirmer que ces pratiques de sensibilisation aient eues des résultats sur le dialogue social au détriment des textes qui les encadrent, dans la mesure où certains responsables syndicaux habitués aux négociations ne les acceptent pas et les considèrent comme du dilatoire dans les discussions. Il faut noter que ces invocations n'apportent pas souvent la conviction des syndicalistes : « un syndicat a besoin de propositions concrètes, mais pas des versets du Coran », a pu dire un Secrétaire général de syndicat. Plus d'une fois, l'effectivité des textes est délaissée au profit de pratiques discutables en termes de dialogue social dans le secteur public. Il s'agit bien d'une effectivité relative dans la mesure où il n'est pas rare de voir les syndicats imposés leur diktat au Gouvernement.

2. Le diktat des syndicats

699. Le syndicalisme est né de la lutte des classes. Ceci explique pour beaucoup l'utilisation de la violence qui apparait dans ses moyens d'action dits pacifiques qui, au fond, constituent des pressions, des contraintes exercées sur l'employeur ou l'autorité publique. Cette violence caractérise le syndicaliste dans ses paroles. Un syndicat qui veut obtenir quelque chose ne demande pas mais exige, avec à l'appui des propos menaçant voire « *orduriers* »[889]. La situation n'a pas très évolué par rapport à celle du XVIIIème siècle. Alors les syndicats ont-ils besoin de formation ? Certainement oui[890].

---

[888] Le « prêche » est un message dont l'auteur est un érudit du « Saint Coran » qui vise à amener à travers ses évocations, les parties à accepter « la volonté de Dieu ». Serions-nous fatalistes dans le dialogue social ?

[889] Le terme « *orduriers* » renvoie à des propos irrespectueux, à la limite injurieux, qui tendent à maudire la personne de son interlocuteur. Ces types de comportements sont monnaies courantes dans les négociations avec les syndicats sectoriels des départements ministériels et, quelquefois, avec les centrales syndicales.

[890] La réponse à cette interrogation sera abordée dans la seconde partie de notre étude

700. Les organisations syndicales sollicitent fréquemment des audiences auprès du ministre en charge du Travail et de la Fonction publique et bien d'autres ministres pour aborder des préoccupations concernant leurs membres. Ces démarches non conflictuelles et participatives contribuent à circonscrire beaucoup de problèmes. Force est de constater que, dans la pratique, les positionnements des syndicats lors des négociations sont tels que le Gouvernement se trouve en position de faiblesse et accepte de négocier « le couteau à la gorge »[891]. Il n'est pas rare de voir également les syndicats imposer leurs volontés au Gouvernement et des propos comme ceux-ci : « *nous n'allons pas cette fois-ci observés de service minimum, nous allons aller en grève illimitée jusqu'a la satisfaction de nos doléance*s ».

701. Les raisons de ces pratiques sont profondes. La crise politico-institutionnelle de mars 2012 a secoué les soubassements de l'État ; à cela s'ajoute la multiplication des actions des syndicats nationaux qui se détachent des centrales syndicales parce qu'ils estiment que ces dernières sont à la solde du pouvoir politique. Nous sommes donc en face de deux faiblesses : celle de l'État et de ses institutions et celle des centrales syndicales. Les syndicats nationaux « font la loi » et imposent leur diktat au Gouvernement. Ils violent allègrement les dispositions du décret n° 90-562 du 22 décembre 1990 instituant un service minimal en cas de grève dans les services publics, les collectivités territoriales et les établissements publics[892].

702. Il est important de rappeler que le Gouvernement avait refusé de donner une suite favorable à la revendication des médecins, mais avait, peu de temps après, satisfait à une demande d'augmentation des primes de logement et de judicature des magistrats. Cette attitude du Gouvernement a poussé le syndicat national de la santé à vouloir régler cette injustice et est resté sourd aux différentes interventions de la société civile pour mettre fin à leur mouvement, malgré plusieurs décès dans les hôpitaux. En plus, du fait que le décret sur le service minimal soit contesté par les centrales syndicales, les syndicats

---

[891] L'expression « avoir le couteau à la gorge », revient très souvent car elle correspond à une réalité sur le terrain : faute d'avoir tenu des rencontres préalables avec les syndicats, une fois le préavis déposé, on est obligé de négocier en position de faiblesse et de tout accepter pour éviter la grève ; même si le Gouvernement ne peut ensuite faire face aux conséquences financières.

[892] Le syndicat national de la santé, de l'action et de la promotion de la femme, avait depuis 2017 déposé un préavis de grève, portant pour l'essentiel sur la majoration de la prime de responsabilité, des primes de garde pour les médecins, etc. Lors des négociations entamées conformément aux dispositions de la loi n° 87-47, la commission n'a pas réussi à concilier les parties. Le syndicat s'est alors lancé dans un mouvement de grève répétitif, puis de grève « illimitée » qui a duré 45 jours, en voyant s'associer par solidarité des médecins des centres de santé communautaire qui ne relèvent pas de la loi n° 87- 47. Le syndicat national de la santé avait au début refusé de faire le service minimum. Les hôpitaux de Point G et de Gabriel Touré ont enregistré beaucoup de décès suite à la non-observation du service minimum.

sectoriels enfoncent le clou en n'observant pas ce dernier au cours de leur grève. Les sept syndicats signataires de l'accord du 15 octobre 2016, ont fait la même chose que le syndicat national de la santé, autrement dit « *grève sans service minium* ». Cette violation a été répétée entre juillet 2018 et août 2018 par les deux syndicats de magistrats qui sont allés en grève illimitée pendant trois mois sans service minimum. Un décret de réquisition a été pris par le Premier ministre après avis de la Cour suprême ; mais les deux syndicats ont refusé tout simplement d'observer ce service minimum.

703. Aux termes de la loi n°87-47 : « *En cas de cessation concertée de travail, l'ordre public, la sécurité des personnes et des biens, les liaisons et communications indispensables à l'action du Gouvernement, des circonscriptions administratives ainsi que la continuité du service public nécessaire aux besoins essentiels du pays dans les domaines sanitaire, économique et social sont sauvegardés par l'institution d'un service minimal* »[893].

704. Nous nous interrogeons : Où faut-il rechercher les causes d'une telle défiance de l'autorité alors qu'une autre norme existe ?[894] Les dispositions du décret sanctionnent le refus de faire le service minimal. Ainsi, l'exécution du service minimum est une exigence de la loi et « *toute personne qui ne défère pas à un ordre d'exécution de service minimal, qui abandonne la tâche à lui assignée ou qui sciemment, se soustrait ou tente de se soustraire à l'exécution de cette tâche, pourra faire l'objet de sanction en dehors des garanties disciplinaires* » [895].

705. La loi n° 87- 49/AN-RM du 4 juillet 1987, relative à l'état de siège et à l'état d'urgence, en son article 13, dispose que : « *La déclaration de l'état d'urgence ouvre le droit de réquisitionner des personnes, des biens et des services (…)* ». Le décret n°247/PG-RM du 28 septembre 1987 précise en son article 2 que : « *Les pouvoirs énoncés à l'article 13 de la loi relative à l'état de siège et à l'état d'urgence sont exercés dans les conditions prévues par ladite loi concurremment par le Président de la République et par les ministres qui ont sous leur autorité ou sous leur tutelle les personnes, les biens ou les services faisant l'objet de la réquisition* ». La liberté syndicale et son corollaire le droit de grève étant un problème très sensible, le recours à la réquisition doit être précédé d'une bonne communication pour expliquer la base juridique et le bien-fondé de l'acte.

---

[893] Article 14 de la loi n° 87-47 sur la grève.

[894] La loi n° 87-48/AN-RM du 4 juillet 1987, relative aux réquisitions de personnes, de services et de biens, des réquisitions peuvent être ordonnées dans le cadre de l'organisation générale de la défense et des états d'exception.

[895] Article 16 de la loi n° 87-47 sur la grève.

706. La référence faite à ces textes juridiques nous permet juste d'asseoir notre critique. Au regard de la panoplie de dispositifs normatifs au plan national, les syndicats ne devraient pas pouvoir imposer leur diktat au Gouvernement. L'État n'a-t-il plus les moyens de faire appliquer la loi à tous en matière de grève ?

707. A notre avis, l'inapplicabilité des textes est due au fait que nos Gouvernements sont fragiles et souffrent souvent de manque de solidarité entre les ministres[896]. Chaque ministre voudrait que le Président de la République le félicite en Conseil des ministres pour avoir pu contenir une grève dans son secteur. Au lieu de critiquer les méthodes et la non fermeté du Gouvernement pour faire face à la pression des syndicats, l'on assiste à une sorte de « *sauve qui peut* » au sein du Gouvernement. L'attitude des syndicats ne se justifie pas dans la mesure où la faveur des rapports de force ne doit pas occulter le fait que la loi est générale et impersonnelle, *erga omnes*. Il appartient au Gouvernement à travers le ministère de tutelle[897] chargé de la promotion du dialogue social, d'imaginer les méthodes pour faire respecter la loi par tous les acteurs. Les lois sont le fruit de leur consultation réelle préalable.

---

[896] La solidarité gouvernementale semble être devenue au Mali un concept dépassé. Il n'est pas rare de voir se former des clans entre des ministres. De plus en plus, des fossés se creusent entre acteurs de la scène politique. Dans ce contexte général, il arrive que le Ministre du travail soit un bouc émissaire….

[897] Au regard du décret fixant les attributions spécifiques des membres du Gouvernement, la tutelle des organisations syndicales est le ministère du Travail : « *(...) La coordination des rapports du Gouvernement avec les organisations syndicales et patronales, l'élaboration des règles relatives à la détermination de la représentativité syndicale et de la légitimité des organisations syndicales (...)* ».

Conclusion de la première partie

708. La pratique du dialogue social au Mali au cours de ces vingt dernières années a révélé de nombreuses contraintes qui sont autant d'obstacles au nécessaire approfondissement du dialogue social. Les parties à la négociation ont des aptitudes inégales à discuter objectivement des dossiers. La diversité des acteurs de la concertation sociale au niveau national est une caractéristique de notre situation nationale. Cette diversité touche aussi bien les acteurs étatiques que les acteurs du secteur privé. Les services centraux du ministère du Travail[898], le Conseil national du Patronat et les organisations syndicales au niveau central jouent un rôle essentiel dans le dispositif de l'information, de la concertation et de la consultation, parfois même de la négociation. Ceci nous amène à dire que ces rôles doivent être renfoncés au regard de l'impact qu'ils ont sur le dispositif de la concertation sociale. La question du rôle particulier des organisations syndicales est posée en termes d'introduction de la notion de représentativité.

709. La question de la représentativité nous a conduit à nous interroger sur le champ institutionnel, notamment les rôles particuliers des organes de dialogue social au niveau national. La principale problématique posée est celle de la représentativité des syndicats au sein de ces organes de consultation[899]. Notre conviction est que la principale faiblesse du dispositif de consultation réside dans la participation ou l'exclusion de certaines organisations syndicales du dialogue social. Il y a donc nécessité d'aller très rapidement vers des élections professionnelles. La faiblesse du fonctionnement des deux conseils supérieurs nous recommande d'aller vers la révision de leurs modes de fonctionnement en favorisant la participation des autres acteurs syndicaux. Le seul organe qui fonctionne normalement est confronté à la non-participation des autres acteurs syndicaux, il s'agit du CESC. Il est impérieux que le Gouvernement exécute les arrêts rendus par la Cour suprême sur la participation des centrales au CESC. Cependant, nous pouvons noter l'existence de pratiques courantes, il s'agit des concertations officieuses qui permettent d'alimenter le dialogue et contribuer ainsi à la recherche des solutions. Le recours à des tierces autorités est une voie qu'il faut explorer comme une réussite de notre dialogue social.

710. L'encadrement du dialogue social tant au plan des organes, des instances que des acteurs mérite d'être consolidé au regard de la faiblesse actuelle du Gouvernement à faire appliquer les textes législatifs et réglementaires qui

[898] Il s'agit de la Direction nationale du travail et des Directions régionales du Travail et de la Direction nationale de la Fonction publique et du personnel.
[899] A savoir le Conseil supérieur du Travail, le Conseil supérieur de la Fonction publique, les commissions paritaires et le Conseil économique, social et culturel.

gouvernement la gestion des conflits collectifs, tant dans le secteur privé que dans le secteur public, en ayant dans ce dernier une préoccupation particulière pour le respect du principe de continuité du service public[900].

711. Au niveau de l'entreprise, il est important de souligner la centralité du rôle des organisations syndicales dans la réussite du dialogue social. Nous avons noté que les missions des syndicats sont conformes au droit positif mais qu'il était nécessaire de renforcer leur rôle dans le dialogue social, notamment au travers des comités syndicaux, des délégués du personnel et des membres travailleurs du Comité d'hygiène et de sécurité. De même, les moyens d'actions devraient être rendues conformes aux dispositions légales nationales ou communautaires, et renforcées. Ceci renvoi à la nécessité de l'effectivité des moyens d'action des représentants des travailleurs au niveau de l'entreprise. Le droit d'expression, bien que mentionné dans le Code du travail, souffre de quelques violations au regard notamment du principe de la liberté syndicale. Le Gouvernement doit s'évertuer à donner des garanties pour assurer son effectivité dans la pratique et dans la législation. Le rôle des travailleurs et de leurs organisations dans la négociation collective doit être renforcé au regard des faiblesses que nous avons notées, notamment en cas d'absence de comités syndicaux.

712. Nous avons relevé que l'une des questions clés pour la crédibilité même du dialogue social est celle du respect des accords de fin de conflit. Nous avons constaté que les accords conclus ne sont pas suffisamment mis en œuvre par le Gouvernement et, dans une moindre mesure, par les employeurs. Le non respect des accords conclus est à la base de la majorité des actions de grève répétitive des syndicats. Il nous reste ainsi, à mener les réflexions nécessaires pour l'amélioration du dialogue social **(2ème partie)**.

---

[900] Nous évoquons ce principe parce qu'il est fréquent de constater que les différents ministres qui se succèdent dans les cabinets semblent ne pas être liés par un accord de fin de conflit signé par le prédécesseur. Ces situations qui sont contraires au principe de la continuité du service public sont sources de conflit. Les syndicats estiment, à juste titre, que les changements de Gouvernement ne devraient en aucune façon interférer avec l'exécution des accords.

PARTIE II - L'AMELIORATION DU DIALOGUE SOCIAL

713. L'amélioration du dialogue social au Mali passe par un certain nombre de conditions. Ainsi, sa mise en œuvre suppose l'application des lois, règlements et conventions, c'est dire une volonté politique mais aussi la conviction selon laquelle le dialogue social est le moyen le plus efficace pour prévenir et gérer les conflits collectifs. Monsieur Christian Larose écrivait : « Tout le monde sait que la négociation ne produit plus rien de durable, les « élites » patronales et syndicales ont « des égos démesurés », et pourtant les résultats sont affligeants »[901]. Le « bon fonctionnement du dialogue social implique nécessairement la présence d'organisations syndicales fortes, autonomes et représentatives »[902], l'existence des cadres de concertations inclusifs, des textes juridiques consensuels.

714. Il faut observer que de telles situations se retrouvent rarement en Afrique. La création d'espaces régionaux de dialogue social permettra-elle de l'améliorer ? En effet, « si l'on parle beaucoup de dialogue social en Afrique, s'y engage-ton vraiment ? Les pouvoirs publics ainsi que les organisations d'employeurs et de travailleurs ne semblent pas toujours avoir la volonté de dialoguer, de négocier, de trouver des compromis constructifs. Sans parler de situations délétères résultant de conflits armés, d'instabilités politiques ou d'une corruption érigée en système, au sein d'un certain nombre d'États de la région prévaut parfois encore une conception du pouvoir peu favorable à l'écoute des revendications sociales des travailleurs et des besoins des acteurs économiques »[903]. Le manque de volonté politique associé à l'ineffectivité et l'inefficacité des dispositions juridiques prises en faveur du dialogue social constitue des facteurs qu'il convient de prendre en compte et d'analyser si l'on entend précisément dégager les conditions de dynamisation.

715. La participation des acteurs reste encore faible d'un déficit de compétences des organisations syndicales, de l'insuffisance ou de l'inexistence des cadres de dialogue social contribuant à institutionnaliser ce

---

901 Larose C., Quand va-t-on sortir de l'impasse sur le dialogue social ? *Dr. soc.*, 2009, p. 18.
902 BIT, Dialogue social en Afrique, pratiques et expériences : Sénégal, Togo, UEMOA, Niger, PRODIAF-BIT, mai 2008, p. 7.
903 Auvergnon Ph., Kénoukon Ch. (dir.), *Dialogue social dans les pays de l'espace OHADA et ailleurs dans le monde : la part du droit*, éd. L'Harmattan, 2018, p. 11.

dernier comme gage de la paix sociale, et donc d'amélioration de la productivité et, potentiellement, de la croissance économique. Il s'ajoute aux difficultés l'inadaptation des textes existants. Pour combler les lacunes signalées, des modifications normatives sont nécessaires (**Titre 1**). C'est au regard des insuffisances constatées qu'il convient de traiter des conditions de dynamisation du dialogue social (**Titre 2).**

TITRE I - LES NECESSAIRES MODIFICATIONS NORMATIVES

716. L'analyse de l'encadrement du dialogue social tant dans le secteur privé que dans le secteur public, a révélé les insuffisances des textes juridiques, qu'il s'agisse du Code du travail ou de la loi sur la grève dans le secteur public et, de façon générale, celles des cadres existants à encadrer le dialogue social et aboutir à la participation effective de l'ensemble des acteurs. Dès lors, le renforcement du dialogue social permettra de créer chez les partenaires sociaux un réflexe de naturel de consultation et de concertation.

717. Une modification normative permettrait de combler les vides juridiques existant dans les textes certes de droit positif mais adoptés en un moment où la consultation des acteurs sociaux était très limitée, ainsi de la loi n° 87-47. Les initiateurs de cette dernière, on s'en souvient, avaient pour objectif de limiter l'exercice du droit de grève dans une période dictatoriale où l'UNTM, centrale unique, était censée représenter l'ensemble des travailleurs du Mali. Au-delà, des modifications normatives devront également concerner les textes d'application. On pense évidemment au fait que les « pouvoirs publics doivent impérativement apporter une réponse ferme et définitive à la représentativité syndicale, clef de voûte du dialogue social »[904], cela passant par la révision de certaines dispositions relatives à la question, y compris de textes concernant l'organisation de certains organes du dialogue social. L'analyse des dispositions en cause dans le Code du travail et dans la loi n°87-47, nous permettra d'examiner les clarifications impératives (**Chapitre 1**) et de proposer les innovations souhaitables (**Chapitre 2**).

---

904 Tounkara D., « Etat et perspectives du dialogue social au Mali » in Auvergnon Ph., Kénoukon Ch. (dir.), *Dialogue social dans les pays de l'espace OHADA et ailleurs dans le monde : la part du droit*, éd. L'Harmattan, 2018, p. 284.

CHAPITRE I - LES CLARIFICATIONS IMPÉRATIVES

718. Le dialogue social, en termes de collaboration entre autorités publiques et partenaires sociaux, tire sa légitimité implicitement, de la Constitution du 25 février 1992[905]. Cette constitution pose les principes généraux du droit du travail y compris le droit de grève et la liberté syndicale. Aussi, le législateur malien a octroyé dans le Code du travail « *un droit d'expression sur le contenu, les conditions d'exercice et l'organisation du travail à travers les institutions représentatives des travailleurs* »[906]. Ce droit d'expression des salariés constitue l'un des fondements du dialogue social.

719. Le dialogue social au Mali est régi par le Code du travail en ce qui concerne le secteur privé et par la loi n °87-47 du 10 août 1987 s'agissant du secteur public. Les cadres[907] de concertation qui ont été mis en place se sont révélés au fil du temps inadaptés et exclusifs. L'analyse des mécanismes de consultation bipartite ou tripartite a révélé la nécessité d'une amélioration des bases juridiques, de changements possibles et souhaitables. Ainsi, nous examinerons les dispositions en cause du Code du travail (**section 1**) et la révision nécessaire du droit de grève (**section 2)**.

SECTION I - Les dispositions en cause du Code du travail

720. Le dialogue social et la négociation collective sont deux notions qui ne sont pas antonymiques mais se complètent dans le cadre de la coopération tripartite entre les acteurs. Le dialogue social se résume-t-il à la négociation collective ? L'examen des textes internationaux et communautaires européens révèle un flou sémantique. « Si la résolution de l'OIT du 18 juin 2002 concernant le tripartisme et le dialogue social établit, dans son préambule, une distinction entre le dialogue social et la négociation collective »[908] , force est de reconnaitre qu'au Mali les deux notions sont traitées indifféremment par le Code du travail de 1992[909].

---

[905] Article 23 de la Constitution du 25 février 1992.

[906] Article L5 du Code du travail.

[907] Au travers des Pactes de 1992 et 2001, le Mali a créé deux cadres de dialogue social, hors Code du travail et loi sur la grève dans le secteur public. Force est de reconnaitre que ces cadres n'étaient pas inclusifs. L'UNTM en 2001 n'avait pas accepté la CSTM à la table des discussions.

[908] Maggi-Germain N., Sur le dialogue social, *Dr soc*. 2007, p. 799.

[909] Le Code du travail de 1992 ne fait pas allusions aux termes dialogue social, l'allusion implicite qui en est faite se trouve dans l'article L5 en parlant du droit d'expression des travailleurs. En revanche en France, le Code du travail traite dans un chapitre préliminaire du « Dialogue social ».

721. Certes, le Code du travail met beaucoup plus l'accent sur la négociation collective et le mot « dialogue social » est presque passé sous silence. Ceci est, à notre sens, une insuffisance sur laquelle nous reviendrons dans les développements qui suivent. De même, le droit de la négociation collective est traité à travers les commissions mixtes paritaires[910] de négociation des conventions collectives et les commissions d'interprétation des conventions collectives. Ces dispositions paraissent ne pas prendre en compte toutes les préoccupations liées à la coopération tripartite, notamment le rôle des acteurs. L'examen de ces questions nous permettra de proposer une rénovation du droit de la négociation collective (**§.1**) mais aussi de proposer que soit introduite dans la législation nationale malienne, le droit de la négociation bipartite dans les branches (**§ 2**).

§ 1 - La nécessité de rénovation du droit de négociation collective

722. Le droit de la négociation collective est hautement encadré par les textes internationaux de l'OIT, notamment la convention n°154 de l'OIT sur la négociation collective et la convention n° 151 sur les relations de travail dans la Fonction publique. Ces textes définissent les acteurs de la négociation collective dans l'entreprise ou en dehors et dans la Fonction publique. Selon la convention OIT n° 154 et le Code du travail malien, les travailleurs sont toujours représentés par une organisation. Mais, il arrive que certaines négociations soient confiées à des représentants élus des travailleurs : les délégués du personnel. L'intervention de ceux-ci est limitée à certains cas de négociation : le licenciement pour motif économique.

723. Il convient de souligner que le Code du travail ne définit pas de façon expresse la négociation collective. Il y a déjà ici un point de rénovation nécessaire. Cette rénovation pourrait également viser à combler les lacunes concernant le champ de la négociation, soit dans le Code du travail, soit dans le Statut général des fonctionnaires. Bien que le législateur ait tenté de rénover certaines dispositions du Code du travail en 2017, force est de reconnaitre que les questions relatives à la représentativité pour négocier ne sont pas suffisamment traitées **(A)** ainsi que le droit à la négociation bipartite dans les branches **(B).**

A- Les critères de la représentativité pour négocier.

724. Au regard des dispositions de la loi n° 2017-021 du 12 juin 2017 portant modification de certaines dispositions de la loi n° 92-020 du 23 septembre 1992 portant Code du travail, la question de la représentativité est abordée à

---

[910] Article L78 nouveau du Code du travail

travers l'article L.78 nouveau[911]. L'objectif recherché à travers cette récente modification était de faire en sorte que les élections professionnelles puissent se tenir à bonne date et d'en fixer les modalités d'organisation. Cet objectif n'est pas encore atteint. Ainsi, nous examinerons les insuffisances constatées malgré la révision (**1**) et les évolutions possibles (**2**).

1. Les insuffisances du cadre juridique actuel :

725. Aux termes dudit article « *La représentativité est la compétence reconnue à un ou des syndicats de travailleurs, ou d'employeurs, d'être le porte-parole des salariés ou des entreprises, y compris de ceux qui ne sont pas leurs adhérents ».* Pour être représentative, une organisation syndicale doit avoir une audience suffisante dans la branche ou le secteur d'activités concerné. La notion d'audience n'a pas été clarifiée. Ceci constitue une première difficulté. Le nombre des adhérents n'est pas connu pour chaque centrale faute de cartes de membres. En plus de cela, le taux de syndicalisation n'est lui-même pas exactement connu. A cela s'ajoute, la difficile question de fixation des règles et modalités d'organisation des élections professionnelles au niveau national ou de la branche[912].

726. Force est de reconnaitre qu'au Mali la négociation collective est beaucoup plus développée dans les branches et dans l'entreprise notamment à travers la négociation des conventions collectives mais aussi des accords d'établissement. La question soulevée par l'alinéa 6 de l'article L.78 nouveau renvoie à la détermination d'un « *seuil de représentativité* » en laissant de côté tous les autres critères comme « *l'audience* ». Il ressort que la détermination de la représentativité pour négocier au niveau de l'entreprise se ramène « *au nombre de voies et de sièges remportées aux élections des délégués du personnel* ». À la lecture de cet alinéa, il nous semble que la notion d'audience, mentionnée dans l'article L.78 nouveau, n'est pas un critère

---

[911] Les alinéas 1 et 2 de l'article 78 nouveau stipulent que « *A la demande de l'une des organisations syndicales les plus représentatives d'employeurs, ou de travailleurs intéressées, le Ministre chargé du travail provoque la réunion d'une commission mixte en vue de la conclusion d'une convention collective de travail ayant pour objet de régler les rapports des employeurs et travailleurs d'une ou plusieurs branches d'activité déterminée. Une décision du Ministre chargé du travail détermine la composition de cette commission mixte qui comprendra, selon le cas, sous la présidence du Directeur National du Travail, un nombre égal, d'une part, des représentants des organisations syndicales les plus représentatives des travailleurs, et d'autre part, des représentants des organisations syndicales les plus représentatives d'employeurs, ou à défaut de celle- ci, des employeurs* ».

[912] L'alinéa 6 de l'article L78 nouveau stipule que « *Le caractère représentatif d'un syndicat de travailleurs est déterminé par le ministre en charge du Travail sur la base du nombre de voix et de sièges remportés par ses adhérents aux élections de délégué du personnel, lorsque la mesure de la représentativité est appréciée au niveau de l'entreprise, et sur la base des élections professionnelles, lorsque la représentativité est appréciée au niveau national, de la branche ou du secteur d'activité* ».

essentiel, mais plutôt la notion de seuil que la loi met en avant. Les difficultés rencontrées sur le terrain en matière de négociation collective se situent plus particulièrement dans certaines branches comme les transports[913], les mines[914] et le commerce.

727. Les aliénas 7, 8, 9 et 10 de l'article L.78 nouveau relatifs aux seuils et à la fixation des modalités par voie réglementaire disposent comme suit : *« Les élections professionnelles sont organisées au niveau national pour déterminer la représentativité des centrales ou des confédérations syndicales de travailleurs. Les élections professionnelles sont organisées au niveau sectoriel lorsqu'il s'agit de déterminer la représentativité des organisations syndicales de travailleurs au niveau du secteur ou de la branche d'activité. Les élections professionnelles au niveau de l'entreprise sont organisées, en cas de besoin. Les seuils de représentativité au niveau national, de la branche ou de l'entreprise, sont fixés par voie réglementaire par le ministre chargé du Travail, après concertation avec les organisations syndicales les plus représentatives d'employeurs et de travailleurs. Un arrêté du ministre en charge du Travail organise les modalités des élections générales de représentativité des unions syndicales ou professionnelles de travailleurs, au plan national et de la branche en concertation avec les organisations syndicales d'employeurs les plus représentatives »*.

728. Il importe de rappeler que ces modalités n'arrivent pas être fixées suite au blocage de l'UNTM. Les discussions autour de la détermination du projet d'arrêté fixant les règles et modalités d'organisation des élections professionnelles n'ont pas abouti en 2017. De même, la communication écrite introduite en octobre 2017 par le ministre du Travail pour informer le Gouvernement sur la feuille de route des élections professionnelles n'arrive pas à avoir l'adhésion du Gouvernement à cause de la non-détermination du *« seuil de représentativité »*[915]. La consultation des syndicats sur la question

[913] La négociation de la convention collective a commencé en 2007 ; elle n'a jamais pu être achevée, suite aux dissensions entre les groupements professionnels d'employeurs, les uns se disant plus représentatifs des secteurs que les autres. En 2017, la grève des chauffeurs et conducteurs routiers a mis le feu aux poudres. Le Conseil malien des transporteurs routiers et certains gros transporteurs ne reconnaissent pas la légitimité des représentants du patronat pour décider de la désignation des représentants au CNPM au niveau de la commission mixte paritaire de négociation de cette convention collective.

[914] Le secteur des mines connait des problèmes semblables. La négociation de la convention collective des mines est bloquée depuis 2016.

[915] Au Bénin, ce seuil est de 15 % des suffrages remportés aux élections générales de représentativité. Il est de 10% au Sénégal lors des élections professionnelles de 2017. A la différence de ces pays, les partenaires sociaux au Mali peinent encore à trouver un seuil. Cela dénote à notre avis la mauvaise foi de l'UNTM pour les raisons que nous avons déjà évoquées.

n'a pas pu être organisée. Le Gouvernement en fait du coup « une condition » pour introduire le dossier en Conseil des ministres.

729. Faute de n'avoir pu déterminer des critères clairs dans le Code du travail modifié en 2017, la pratique consacre la représentation de tous les syndicats nationaux de la branche au niveau des Commissions mixtes paritaires de négociation des conventions collectives. Bref, tous les syndicats nationaux de la branche concernée par la négociation collective se font représenter lors de la négociation de la convention collective. C'est en se référant à l'alinéa 10 de l'article L.78 nouveau du Code du travail que le Gouvernement demande la consultation des centrales syndicales comme un préalable à la libération de tout budget pour les élections professionnelles.

730. Deux insuffisances sont demeurées malgré la révision récente du Code du travail : l'impossibilité de prendre en compte la notion « *d'audience* » et la difficile question de détermination du « *seuil de représentativité* ». La rédaction actuelle du Code ne prend pas en compte d'autres critères tels que l'indépendance, l'expérience, l'influence[916], l'ancienneté, etc. Nous pensons que l'audience électorale qui est le signe d'une confiance donnée par les électeurs ne peut être mesurée sans élection. Ce critère tirera sa sincérité du critère du seuil qui sera fixé. Certains auteurs diront que le seuil de représentativité devrait être fixé dans la loi[917], mais le Gouvernement a fait le choix de le fixer par voie réglementaire. Cette rédaction de l'article L.78 nouveau du Code du travail abandonne les anciens critères comme l'expérience, la nature et l'étendue des activités en se concentrant sur la notion d'audience. Ce seul critère suffit-il à évaluer la représentativité d'une organisation syndicale quel que soit le niveau (national, branche ou entreprise) ?

731. En France, depuis l'adoption de la loi du 20 août 2008 relative à la rénovation de la démocratie sociale, « *il n'est plus exigé qu'un syndicat soit représentatif pour présenter une liste aux élections professionnelles ou constituer une section syndicale, puisqu'il conquiert sa représentativité par l'audience recueillie aux élections* »[918]. En supprimant la représentativité d'emprunt, la loi lui substitue une exigence de représentativité réelle, en mesure de mieux légitimer la faculté de négocier et de conclure une

[916] Ouaissi H., *Droit du travail de l'individuel au collectif*, 2ème éd, Bruylant, coll. Paradigme, 2017, p. 330.

[917] *Cf.* not. Docteur Dianguina Tounkara, maitre- assistant CAMES de l'Université de Bamako ; l'émancipation de la femme malienne : la famille, les normes, l'Etat, l'Harmattan, 2013, 486 pages).

[918] Mazeaud A., *Droit du travail*, *op. cit.*, p. 257.

convention collective ou un accord collectif applicable à tous[919]. La représentativité en France repose désormais sur sept critères cumulatifs et non plus deux. Ces critères sont : le respect des valeurs républicaines, l'indépendance, une ancienneté minimale de deux ans, l'effectif des adhérents et les cotisations, la transparence financière, l'influence caractérisée par l'activité et l'expérience, l'audience. La représentativité réelle en France repose essentiellement sur *« l'audience »*[920] qui s'apprécie au vu des résultats des élections professionnelles dans l'entreprise. Elle est au cœur du renforcement de la démocratie sociale. Raison pour laquelle elle est une exigence « *d'ordre public absolu* ». Ce qui signifie qu'on ne peut, « *même par voie d'accord collectif* », accorder le bénéfice de la représentativité à une organisation syndicale qui ne remplit pas ce critère, l'audience étant appréciée dans le seul cadre du périmètre légal[921].

732. Le fait de privilégier l'audience par rapport à l'influence ou le nombre d'adhérents peut se justifier par le fait qu'une convention ou un accord collectif produit un effet « *erga omnès dans la mesure où sa portée normative* » n'est pas réservée aux seuls adhérents du syndicat. Pour être représentatif tout syndicat doit recueillir un minimum de suffrages aux élections professionnelles dans l'entreprise (10% des voix)[922]. Cependant, la loi « Travail » de 2016 consacre « l'exigence de majorité du moins pour les accords d'entreprise », tout en étalant dans le temps l'entrée en vigueur de la réforme et qui s'appliquera à compter du 1er janvier 2017 pour les accords sur la durée du travail, le repos et les congés, et à compter du 1er septembre 2019 pour les autres accords. Désormais « en cas d'accord non majoritaire, mais signé par des syndicats ayant recueilli plus de 30% des suffrage exprimés en faveur d'organisations représentatives au 1er tour des élections professionnelles, si les syndicats signataires ayant recueilli plus de 30% des suffrages ne demandent pas une consultation des salariés, l'employeur peut organiser la consultation, sauf opposition de l'ensemble des syndicats. La conclusion du protocole spécifique fixant les modalités du referendum n'est plus aux organisations syndicales signataires de l'accord. Toutes les organisations syndicales représentatives ayant recueilli plus de 30% des voix au premier tour des élections professionnelles peuvent signer ce protocole »[923].

---

919 *Cf.* not. Borenfreund G., Avant propos, *Dr. soc.* 2013, p. 300 ; Borenfreund G., Le nouveau régime de la représentativité syndicale, *RDT* 2008, p.712 ; Picaud-Rivolier L. et Y. Struillou Y., La représentation du personnel dans l'entreprise après la loi du 20 août 2008, *RDT* 2009, p. 490 ; Favennec-Héry F., La représentativité syndicale, *Dr. soc*, 2009, p. 630.
920 Mazeaud A., *op, cit*, p. 257.
921 Cass. soc., 18 avril 2011, n° 10-60406, PBR n° 383 ; *Dr. soc.* 2011, p. 1002, obs. F. Petit.
922 Mazeaud A., *op, cit*, p. 257.
923 Article L. 2232-12 du Code du travail.

733. Au Mali, il y a nécessité de définir le seuil de représentativité des élections professionnelles. Le paradoxe réside dans le fait que le législateur a omis les critères retenus en France et n'a retenu que l'audience. La Commission d'experts de l'OIT, dans son rapport adopté en 2017 sur la convention n° 98 de l'OIT, « encourage le Gouvernement du Mali à prendre des mesures nécessaires pour déterminer, après consultations des organisations intéressées, les modalités des élections professionnelles dans les meilleurs délais » et souligne que « les résultats permettront de déterminer sans ambiguïté les organisations représentatives aux fins de la négociation collective à tous les niveaux »[924]. La commission d'experts de l'OIT dans ses commentaires ne fait aucune allusion à la révision du Code du travail du Mali de 2017.

734. Au regard de ce qui précède, il reste constant que le législateur malien en parlant de *l'audience* n'a pas précisé le contenu de cette notion. Au-delà de ces insuffisances dans la définition des critères, quelques évolutions sont-elles possibles ?

2. Les évolutions législatives possibles

735. Le Code du travail du Mali présentait des insuffisances et n'a pu être révisé qu'en 2017 notamment dans ses dispositions relatives à la négociation collective. L'article L.78 ancien qui réglementait la négociation collective, notamment les critères de la représentativité syndicale, n'a jamais pu être mis en œuvre, faute d'organisation d'élections professionnelles depuis 2005. L'article L.78 nouveau cumule plusieurs modalités de détermination de la représentativité. Celle des centrales ou des branches se fait « sur la base d'élections professionnelles » et « sur la base du nombre de voix et de sièges remportés par ses adhérents aux élections de délégué du personnel » au niveau de l'entreprise[925]. De même, la notion « d'audience s'applique aux élections au niveau de la branche ou au niveau du secteur d'activité ».

736. Il pourrait être proposé les rédactions suivantes : pour l'article L.78 nouveau : *« A la demande de l'une des organisations syndicales les plus représentatives d'employeurs, ou de travailleurs intéressées, le ministre chargé du Travail provoque la réunion d'une commission mixte en vue de la conclusion d'une convention collective de travail ayant pour objet de régler les rapports des employeurs et travailleurs d'une ou plusieurs branches d'activité déterminée. Une décision du ministre chargé du Travail détermine*

[924] BIT, Observation (CEACR) adoptée en 2017, publiée 107ème session de la Conférence Internationale du Travail, 2018. Ce rapport a été discuté en juin 2018 à la Conférence Internationale du Travail.
[925] Article L78 nouveau alinéa 6 du Code du travail malien.

la composition de cette commission mixte qui comprendra, selon le cas, sous la présidence du Directeur national du Travail, un nombre égal, d'une part, des représentants des organisations syndicales les plus représentatives des travailleurs, et d'autre part, des représentants des organisations syndicales les plus représentatives d'employeurs, ou à défaut de celle- ci, des employeurs (...) ». Pour l'article L.78-1 : « *La représentativité est la compétence reconnue à un ou des syndicats de travailleurs, ou d'employeurs, d'être le porte-parole des salariés ou des entreprises, y compris de ceux qui ne sont pas leurs adhérents. Pour être représentative, une organisation syndicale doit avoir une audience suffisante dans la branche ou le secteur d'activités concerné. Le caractère représentatif d'un syndicat de travailleurs est déterminé par le ministre en charge du Travail sur la base du nombre de voix et de sièges remportés par ses adhérents aux élections de délégué du personnel, lorsque la mesure de la représentativité est appréciée au niveau de l'entreprise, et sur la base des élections professionnelles, lorsque la représentativité est appréciée au niveau national, de la branche ou du secteur d'activité. Les élections professionnelles sont organisées au niveau national pour déterminer la représentativité des centrales ou des confédérations syndicales de travailleurs. Les élections professionnelles sont organisées au niveau sectoriel ou de la branche*[926] *lorsqu'il s'agit de déterminer la représentativité des organisations syndicales de travailleurs au niveau du secteur ou de la branche d'activité* ».

737. Ainsi, il pourrait être proposé la suppression de l'organisation des élections professionnelles au niveau de l'entreprise en se limitant aux seules élections des délégués du personnel, et que « Le comité syndical qui remportera le grand nombre de délégué sera considéré comme représentatif ». On pourrait introduire dans la nouvelle rédaction de cet article une dose de proportionnel pour maintenir l'équilibre des forces en présence, en fonction du nombre des délégués à élire[927]. Il faut rappeler que la question du seuil de la représentativité est une question majeure. La rédaction suivante pourrait être retenue pour l'article L.78-2 : *« Les seuils de représentativité au niveau national, de la branche, sont fixés par voie réglementaire par le ministre*

---

[926] Ainsi, la représentativité pourrait être organisée au niveau de la branche ou du secteur dans la mesure où aujourd'hui les syndicats sectoriels de l'administration publique sollicitent au regard de leur nombre l'organisation desdites élections notamment dans le secteur de l'Education nationale.

[927] Ceci à l'avantage qu'un seul comité syndical ne puisse pas, en cas de majorité courte que l'autre syndicat puisse aussi représenter les travailleurs dans les négociations. Le cas présent qui pose problème se trouve dans une société minière dans la région de Kayes à Sadiola. Lors de l'élection des délégués du personnel l'UNTM a obtenu 28 délégués, et la CSTM 14 délégués. Au regard du nombre de délégués obtenus par la CSTM, il serait intéressant qu'elle puisse participer à la négociation au niveau de l'entreprise. Lors du licenciement économique opéré en janvier 2018, l'UNTM a réclamé la représentativité au regard du nombre de ses délégués pour discuter avec l'employeur au nom de l'ensemble des travailleurs et n'a pas voulu que la CSTM soit présente lors de ces négociations.

chargé du Travail, après concertation avec les organisations syndicales d'employeurs et de travailleurs en présence. Un arrêté du Ministre en charge du travail déterminera les règles et modalités des élections générales de représentativité des centrales syndicales de travailleurs, au plan national et de la branche, en concertation avec les organisations syndicales d'employeurs. Les élections professionnelles de représentativité des centrales syndicales au niveau national et de la branche, seront organisées tous les cinq (5) ans. L'enquête de représentativité sur la base de l'élection des délégués du personnel au niveau des entreprises sera organisée tous les trois ans ». Cette option en matière de représentativité au niveau de l'entreprise pourrait se faire sur la base d'un seuil défini par voie réglementaire, comme au niveau de la branche, ou l'on pourrait opter pour des élections des délégués du personnel permettant aux organisations syndicales en lice de conclure un accord préélectoral fixant les critères de la représentativité.

738. Il serait aussi possible de s'inspirer, dans la rédaction du nouvel article L78, de l'article L. 2121-1 du Code du travail français qui donne pour critères : « 1°) le respect des valeurs républicaines ; 2°) l'indépendance ; 3°) la transparence financière ; 4°) une ancienneté minimale de deux ans dans le champ professionnel et géographique couvrant le niveau de négociation ; 5°) l'audience établie à partir des résultats aux élections professionnelles ; 6°) l'influence, prioritairement caractérisée par l'activité et l'expérience ; 7°) les effectifs d'adhérents et les cotisations »[928]. Dans une certaine mesure, ces critères sont cumulatifs aux termes du Code du travail français. La Cour de cassation française « a retenu une interprétation compréhensive du texte ». Pour sa Chambre sociale « si les critères posés par le texte de l'article L.2121-1 doivent être tous réunis pour établir la représentativité d'un syndicat », il faut souligner qu'il ressort de cette importante solution que « les trois premiers critères énumérés par l'article » précité du Code du travail, « doivent être réunis pour qu'une organisation syndicale accède à la représentativité ».

739. Il est important de noter que dans la logique malienne, aucune des organisations syndicales en présence sur le terrain ne pourrait remplir tous ces critères d'où l'intérêt de ne faire que s'en inspirer. Il faut aussi observer que la notion de « *cycle électoral* » doit être précisée ; lorsque nous proposons cinq ans, cela voudrait dire que « la représentativité des organisations syndicales, dans un périmètre donné, est établie pour toute la durée du cycle électoral »[929], donc pendant les cinq ans dans la proposition de rédaction que nous faisons de l'article L78. Il est aussi possible de prendre en compte la « confirmation

[928] Auzero G., Baugard D., Dockès E, *Droit du travail*, Précis Dalloz, 32ème éd., 2019, p.1277.
[929] *Ibidem*, p.1285.

donnée par la Cour de cassation (française) dans une décision du 14 novembre 2013 »[930].

740. L'article L.78 nouveau de la loi n° 2017-021 du 12 juin 2017 se contente juste de parler de façon lapidaire de la représentativité des organisations d'employeurs. Pour le moment, au niveau du Mali, le problème ne se pose pas dès lors qu'il n'existe qu'une seule organisation patronale[931]. Il serait bon toutefois de disposer pour l'avenir. Ainsi, la rédaction suivante pourrait être proposée : « *Le caractère représentatif d'une organisation d'employeurs est déterminé par arrêté du ministre en charge du Travail, sur la base d'une élection de représentativité dont les critères sont fixés en concertation avec les organisations syndicales d'employeurs en présence. L'élection de représentativité est organisée tous les cinq ans entre les organisations d'employeurs en présence sur la base du nombre de voix et de sièges remportés audites élections. Un seuil sera également fixé* ».

741. Sur la représentativité des organisations patronales au Mali, il n'est également pas interdit de s'inspirer de la rédaction de l'article L.2151-1 du Code du travail français pour faire une proposition de rédaction. Il n'est pas exclu dans un futur proche que deux organisations patronales puissent se partager le champ de la négociation collective au niveau patronal. Aux termes du Code du travail français, la représentativité des organisations patronales est définie selon six critères : « 1°) le respect des valeurs républicaines ; 2°) l'indépendance ; 3°) la transparence financière ; 4°) une ancienneté minimale de deux as dans le champ professionnel et géographique couvrant le niveau de négociation ; 5°) l'influence, prioritairement caractérisée par l'activité et l'expérience ; 6)° l'audience qui se mesure en fonction du nombre d'entreprises volontairement adhérentes ou de leurs salariés »[932]. Il faut donc penser que la « trouvera, à s'appliquer la solution selon laquelle si tous les critères posés par le texte doivent être réunis pour établir la représentativité d'une organisation patronale et si ceux tenant au respect des valeurs républicaines, à l'indépendance et à la transparence financière doivent être satisfaits de manière autonome, ceux relatifs à l'influence, à l'ancienneté et à l'audience doivent faire l'objet d'une appréciation globale »[933].

742. S'il s'agit pour nous de faire une proposition de rédaction en se basant sur certains des critères évoqués en France, il n'est pas interdit aussi de s'inspirer du projet d'acte uniforme de l'OHADA relatif au droit du travail. Celui-ci

---

[930] Cass. Soc., 14 novembre 2013, n°13-11-316, Bull civ. n°267.

[931] Le Conseil National du Patronat du Mali (CNPM) regroupe à ce jour 19 groupements professionnels.

[932] Auzero G., Baugard D., Dockès E, *Droit du travail*, précis Dalloz, 32ème éd., 2019, p 1289.

[933] *Idem.* Voir notamment Cass. soc., 29 février 2012, n° 11-13.748, Bull. civ. V, n° 83..

dispose que : « *Le caractère représentatif d'une organisation d'employeurs est déterminé par le Ministre chargé du Travail soit au vu de l'effectif des entreprises adhérentes du secteur géographique et d'activité, soit au vu du nombre de travailleurs dans le secteur géographique et d'activité. Le dossier fourni au Ministre en charge du Travail comprend tous les éléments d'appréciation recueillis et l'avis de l'inspecteur du Travail. Les dispositions qui précèdent ne peuvent être interprétées comme autorisant l'administration à prendre connaissance des registres d'inscription des adhérents ou des livres de trésorerie du syndicat et de l'organisation syndicale. La décision du Ministre est susceptible, le cas échéant, d'un recours administratif dans les formes et délais prévus par l'Etat Partie* »[934]. Il faut noter que ce projet d'acte uniforme défini des critères aussi pour la représentativité des organisations syndicales dans le même article 211 dont on pourrait s'inspirer pour les deux types d'organisations : travailleurs et employeurs.

B - Le droit à la négociation bipartite dans les branches

743. Le Code du travail du Mali ne définit la négociation collective de branche qu'en se référant à la convention collective susceptible d'extension[935], pour laquelle référence est faite à la branche. La convention collective a été alors une intervention de la pratique. Elle s'est développée au fil du temps au-delà de la situation des anciennes conventions collectives. Il fallait rechercher au niveau des branches comment concrétiser cette nouvelle option de négociation entre les deux parties, les syndicats sectoriels et les employeurs. Elle a pris de l'élan dans les branches en France et dans beaucoup d'autres pays notamment au Mali depuis 2005.

744. Au Mali, la négociation dans les branches résulte de la transmission des anciennes conventions collectives issues de la loi n° 52-1322 ; c'est ainsi que la plupart des conventions applicables au Mali datent de la période 1948-1959[936]. Il ya donc nécessité à rénover le droit de la négociation collective

---

[934] Article 211 alinéa 4 du projet d'acte uniforme de l'OHADA.

[935] Ainsi l'article L.70 du code du travail stipule que « La convention collective de travail est un accord relatif aux conditions de travail conclu entre d'une part, les représentants d'un ou plusieurs syndicats des travailleurs et, d'autre part, d'une ou plusieurs organisations syndicales d'employeurs, ou tout autre groupement d'employeurs ou un ou plusieurs employeurs pris individuellement. La convention peut mentionner des dispositions plus favorables aux travailleurs que celles des lois et règlements en vigueur. Elle ne peut déroger aux dispositions d'ordre public définies par ces lois et règlements. Les conventions collectives déterminent leur champ d'application ».

[936] Au Mali, on dénombre de nos jours 23 conventions collectives de branches ; sur les 23 au moins 11 conventions collectives datent de l'époque 1948-1959, ainsi de la convention collective des ouvriers boulangers de Bamako du 9 octobre 1948, de la convention collective des chauffeurs africains du 9 mars 1949 en cours de révision depuis 2007, de la convention collective des entreprises du Bâtiment et des Travaux Publics du 6 juillet 1956, révisée en

dans les branches. Il s'agit pour l'essentiel de redéfinir les modalités de la négociation de branche, par nature, bipartite **(1)** en proposant de nouvelles dispositions trouvant place dans le Code du travail **(2)**.

1. Les modalités de la négociation bipartite dans les branches

745. Le droit de la négociation collective au Mali se passe de façon générale dans les branches, au regard des conventions collectives dont nous disposons depuis la période coloniale. Force est de constater que ces conventions collectives ont été négociées à une période où les organisations syndicales en AOF[937] n'avaient pas la pleine aptitude de discuter à égal avec les employeurs.

746. La négociation de branche se déroulera selon les règles que les parties choisiront. La loi impose cependant à l'employeur deux obligations. La première concerne l'information, l'employeur doit communiquer aux syndicats les informations leur permettant de négocier en connaissance de cause. L'autre concerne la rémunération des travailleurs qui participe à la négociation. En France la loi n'impose pas une obligation directe de rémunération ; « elle précise seulement que la convention doit définir les modalités d'exercice du droit de s'absenter »[938] pour des syndicalistes désignés pour la négociation.

747. Au Mali, la situation n'est pas très claire, dans la pratique, les syndicalistes désignés par leur organisation pour la négociation, sont considérés comme étant en mission de service et sont rémunérés comme telle. Mais, il n'est pas exclu que certains employeurs les considèrent comme étant en train de travailler, ou considèrent le temps passé en réunion comme des heures de délégation, il s'agit bien d'une négociation bipartite.

748. Il faut noter que la branche d'activité a pendant longtemps été en France le lieu quasi-exclusif de la négociation collective. La convention collective de branche permettait « de fixer un statut social commun à un ensemble d'entreprises opérant dans un même secteur d'activités pour éviter qu'elles ne se concurrencent par une politique de bas salaire ou de mauvaises conditions

---

2008, de la convention collective fédérale du commerce du 16 novembre 1956, de la convention collective de la métallurgie, des industries de la mécanique générale du 8 octobre 1957, révisée en 2010, de la convention collective des auxiliaires de transport du 16 décembre 1957, de la convention collective des Industries Textiles du 17 mai 1958, de la convention collective des Industries des corps des gras du 4 juillet 1958, de la convention collective des Industries chimiques du 12 juillet 1958, de la convention collective des Industries alimentaires du 19 juillet 1958, révisée en 2006 et de la convention collective des Transports Publics Routiers du Mali 17 décembre 1959 .

[937] Afrique Occidentale Française, comprenant au moins huit pays ayant en partage le français comme langue officielle après les indépendances.

[938] Auzero G., Baugard D., Dockès E, *op. cit.*, P. 1657 .

de travail »[939]. La France a opté ultérieurement pour la négociation obligatoire dans les branches. Cette obligation de négocier porte sur deux aspects : « *une négociation annuelle sur les salaires et sur la programmation de la suppression des écarts de rémunérations entre les hommes et les femmes (article L.2241-1 du code du travail) et tous les 3 ans sur l'égalité professionnelle entre hommes et femmes (art.2241-3), sur la formation professionnelle (art.2241-6), sur les conditions de travail, la gestion prévisionnelle des emplois et des compétences et sur la prise en compte de la pénibilité du travail (art.2241-4), sur les mesures tendant à l'insertion professionnelle et au maintien dans l'emploi des handicapés (art.2241-5), sur les priorités, les objectifs et les moyens de la formation professionnelle des salariés (art.2241-6) ; et une fois tous les 5 ans sur les classifications (art.2241-7)* »[940]. Cette obligation « s'impose aux organisations qui ont déjà conclu une convention ou un accord de branche »[941]. Les négociations se déroulaient selon les règles que les négociateurs choisiront et la loi impose à la partie patronale deux obligations : l'une concerne l'obligation d'information et l'autre la rémunération des salariés participants à la négociation.

749. Au Mali, la négociation collective dans les branches est bipartite et volontaire ; toutefois, elle se déroule sous l'autorité d'un agent de l'administration centrale du travail représentant de la Direction nationale du Travail. Il n'y a pas une obligation de négociation dans les branches même sur les salaires. La possibilité est donnée aux parties d'en définir les modalités, avec pour eux l'obligation de saisir la Direction nationale du Travail qui doit faciliter les discussions et veiller au respect des dispositions du Code du travail et des conventions internationales que le Mali a ratifiées.

750. L'article L.78 nouveau donne la possibilité au ministre du Travail, lorsqu'il est saisi, de mettre en place une commission mixte paritaire pour la négociation d'une convention. Cette méthode fait intervenir le Gouvernement dans la négociation collective de branche et elle n'a plus alors, au sens réel, un caractère bipartite. Par ailleurs, les représentants des employeurs et des travailleurs, au sein de la commission mixte paritaire, ne sont pas souvent les vrais acteurs de la branche[942]. Ceci a pour conséquence de faire échouer les discussions.

---

[939] *Idem.*

[940] *Ibidem,* p. 1655.

[941] *Idem.*

[942] Il arrive très fréquemment que les centrales syndicales d'affiliation des syndicats de la branche se substituent aux vrais acteurs pour participer à la négociation au détriment des syndicats de la branche. Ces situations ont mis en mal certaines négociations collectives notamment celle sur la convention collective des chauffeurs er conducteurs routiers du Mali où les vrais acteurs ne sont jamais autour de la table.

751. Au constat, seuls les accords d'établissement sont négociés de façon bipartite dans l'entreprise entre les délégués du personnel ou les syndicats représentatifs et l'employeur puis *a posteriori* soumis au contrôle de la Direction nationale du Travail avant signature par le ministre du Travail conformément aux dispositions du Code du Travail. Dans tous les cas, les personnes habilitées à discuter du projet d'accord d'établissement sont les vrais acteurs de l'entreprise.

752. Il convient de préciser néanmoins que dans le secteur des banques et assurances au Mali, la convention collective négociée en 2010 a prévu « *une renégociation chaque trois ans* »[943] des dispositions de la convention, portant notamment sur la grille salariale. C'est précisément dans ce secteur que la négociation collective de branche revêt un caractère véritablement bipartite. Des discussions préalables ont lieu entre les deux parties (syndicats représentatifs de la branche et les employeurs) avant de saisir la Direction nationale du Travail du projet de convention collective. Cette convention en est aujourd'hui à sa troisième renégociation. C'est la seule convention collective renégociée à ce rythme. Les autres branches échappent à cette règle et se contentent de la possibilité de dénonciation donnée aux parties.

753. Cette conception élargie du dialogue social dans les branches s'explique en partie par le fait que la culture de négociation bipartite n'est pas ancrée dans les habitudes en plus du fait que le Code du travail n'a pas rendu obligatoire la négociation annuelle ni dans les branches, ni dans les entreprises. On a souvent l'impression que c'est l'État qui est l'acteur principal. Ceci peut s'analyser comme une insuffisance et un révélateur de la faiblesse du taux d'adhésion des employeurs à des organisations de branche. Ceci est un fait. A titre indicatif, depuis plusieurs années, nous avons tenté de négocier des conventions dans l'enseignement privés laïc mais en vain ; les acteurs ne sont pas du tout organisés en vue d'une telle négociation. Il en est de même dans les secteurs des télécommunications, du transport privé de marchandises, etc.

754. La France n'échappe pas à une certaine faiblesse de la négociation de branche : « La loi du 5 mars 2014 en France relative à la formation professionnelle, à l'emploi et à la démocratie sociale a introduit dans le Code du travail quelques règles susceptibles de remédier à cette situation, visant à la restructuration des branches professionnelles »[944]. Sans entrer dans le détail d'un dispositif pour le moins technique, on se bornera à relever que l'article L.

---

[943] L'article 2 de la convention collective des Banques et assurances du Mali de 2010 prescrit la révision chaque trois ans, la grille annexée à ladite convention collective.

[944] Article L. 2261-32 du Code du travail français. ; Auzero G., Baugard D., Dockès E, *op. cit.*, p. 1658 ; P-H Antonmattéi, Restructuration des branches professionnelles : ce n'est pas pour demain, Sem. Soc, Lamy 2017, n° 1630, p. 8.

2261-32 du Code du travail établit cinq critères alternatifs permettant de cibler les branches professionnelles susceptibles d'être « restructurées ». Ces critères sont les suivants : « (...) les branches comptant moins de cinq mille salariés ; la faiblesse de l'activité conventionnelle ; la dimension géographique limitée de la branche, son champ d'application étant uniquement régional ou local ; les branches dans lesquelles moins de cinq pour cent (5%) des entreprises adhèrent à une organisation professionnelle représentative des employeurs les branches dans lesquelles la commission paritaire permanente prévue à l'article L. 2232-9 n'a pas été mise en place ou ne se réunit pas »[945]. On observera toutefois que nous n'en sommes pas au Mali à organiser une restructuration des branches professionnelles mais bien plutôt à favoriser, quel que soit l'état de la branche, la dynamisation du dialogue social, la révision ou la conclusion de conventions collectives. Il est nécessaire dans cette perspective de faire quelques propositions normatives.

2. L'évolution normative de la négociation bipartite dans les branches

755. La négociation bipartite telle que nous l'avons décrite au Mali repose essentiellement sur la volonté des deux parties (employeurs et syndicats) dans les branches. L'État n'intervient qu'en tant qu'arbitre dans la mesure où le résultat de la négociation ou l'accord est toujours soumis à la signature du Directeur national et du ministre du Travail qui contrôle la légalité sans violer le « principe de faveur » que la convention de branche pourrait accorder aux salariés. La seule exigence légale que nous retrouvons dans le Code du travail, c'est l'exigence pour que les conventions soient susceptibles d'extension qu'elles contiennent obligatoirement des dispositions relevant d'un certain nombre de thématiques[946]. Ces conventions doivent contenir notamment des dispositions sur l'exercice du droit syndical, les salaires, les classifications professionnelles, etc. Il serait donc opportun de revoir les dispositions de l'article L.78 nouveau et d'imposer la négociation de façon régulière sur certains sujets dans les branches, à l'instar de l'actuelle convention collective

---

945 Auzero G., Baugard D., Dockès E, *op. cit.*, p. 1659.

946 Article L79 du Code du travail : « *Les conventions collectives visées par la présente section comprennent obligatoirement des dispositions concernant : 1) le libre exercice du droit syndical et la liberté d'opinion ; 2) la détermination des classifications des catégories professionnelles ; 3) les salaires applicables par catégorie professionnelle et éventuellement par région ; 4) les modalités d'exécution et les taux des heures supplémentaires ; 5) les modalités d'application du principe : "à travail égal, salaire égal", pour les femmes et les enfants ; 6) les primes d'ancienneté et les indemnités de déplacement ; 7) les conditions d'embauchage et de licenciement et notamment la durée de la période d'essai et celle du préavis ; 8) les délégués du personnel ; 9) les conditions particulières du travail des femmes et des enfants ; 10) les modalités d'organisation et de fonctionnement de la formation dans l'entreprise, dans le cadre de la branche d'activité considérée. ; 11) l'organisation et le fonctionnement des commissions paritaires de classement ; 12) la procédure de révision, modification et dénonciation de tout ou partie de la convention collective* ».

des banques. Ainsi pourrait-il être proposé une obligation de négocier dans toutes les branches sur les salaires, l'égalité homme/femme, tous les trois ans, et sur les autres sujets évoqués dans l'article L79 du Code du travail tous les cinq ans.

756. Par ailleurs, en France, la possibilité est donnée par une ordonnance de 2017 d'engager une procédure de fusion des champs d'application des conventions collectives d'une branche avec une autre branche dès lors que l'activité de négociation est faible. Il faut noter que cette « fusion ne peut intervenir qu'après l'avis motivé de la Commission nationale permanente de la négociation collective, étant entendu que les organisations d'employeurs et de travailleurs présentes peuvent proposer une autre branche de rattachement de la convention collective ». Mais, à l'expiration du délai donnée, « le ministre chargé du Travail engage la fusion des branches n'ayant pas connu d'accord ou d'avenant lors des sept années précédant la promulgation de la loi »[947]. Cette rénovation de la négociation collective de branche en France pourrait aussi nous inspirer lors de la modification normative qui sera proposée pour la loi n°87-47.

757. Nous sommes conscients des difficultés qui pourraient résulter d'une telle imposition par le ministère du Travail, prenant en compte le faible taux de syndicalisation dans les branches du côté des employeurs. Mais cela aurait un avantage dans la mesure où depuis 2005, la Direction nationale du Travail a tenté plusieurs fois de réunir les acteurs, par exemple, de la branche commerce pour réviser la convention collective fédérale du commerce de 1956 et l'adapter aux évolutions du monde du travail. Les groupements professionnels patronaux de commerçants ainsi que les syndicats de commerçants ne se sont jamais sentis concernés par cette proposition du ministère du Travail. Au pire, le ministère du Travail peut être regardé comme en train de *« se mêler de choses qui ne le regarde pas »*[948].

758. La négociation bipartite dans les branches sans aucun regard de l'administration du travail, semble vouer à l'échec, les partenaires bipartites cultivant toujours entre eux la méfiance. Ils arrivent rarement à s'entendre sans l'intervention des services du travail tant au niveau central qu'au niveau déconcentré de l'État. L'exemple nous a été donné récemment, en 2016, lorsque la Section nationale des mines et de l'Industrie (SECNAMI) avait demandé la révision de la convention collective des sociétés et entreprises minières, géologiques et hydrogéologiques du Mali de 2010, en souhaitant

---

947 Auzero G., Baugard D., Dockès E, *op. cit.*, p. 1660.

948 Lors d'un entretien, le Secrétaire général nous a dit que la révision de cette convention ne les arrangeait pas pour le moment, qu'ils étaient occupés à faire en sorte que ce groupement puisse rentrer dans les rangs du Patronat.

intégrer un article sur le dialogue social en matière de plans sociaux de départ en cas de licenciement massif dans les mines d'or. Les négociations ont duré 8 mois sans que les parties puissent trouver un accord et pourtant sous l'arbitrage de la Direction nationale du Travail. C'est à la suite d'un préavis de grève déposé par la SECNAMI, en novembre 2017 que les parties ont conclu à l'issue des négociations, un procès-verbal de conciliation[949] consacrant le renvoi de la question des plans sociaux aux négociations d'entreprises. Sans déroger aux règles de la convention collective, les parties ont donné un « coup de fouet » à la négociation bipartite dans les entreprises. Mais, il convient de préciser que l'accord de 2017 renvoyant à la négociation n'a pas été suivi d'effets dans toutes les mines d'or du Mali. Il faut noter que depuis mars 2018, plusieurs licenciements massifs ont été opérés dans certaines mines notamment dans le Région de Kayes, sans que les deux parties, au niveau de l'entreprise, puissent trouver un accord sur le plan social. Ce renvoi des parties à la négociation d'entreprise, puisque la branche a échoué, a permis à d'autres mines de négocier un plan social de départ en cas de fermeture des mines, mais le bilan n'est pas très reluisant.

759. Au-delà des difficultés que nous venons de souligner, il est permis d'observer que la négociation bipartite et la conclusion de nouvelles conventions collectives présentent un intérêt certain pour les centrales syndicales. On ne constate pas le même élan du côté des employeurs. On peut ici à nouveau prendre l'exemple du secteur de l'enseignement privé laïc[950]. Il constitue à lui seul un casse-tête pour les services du travail. Faute de syndicats représentatifs, les questions de violations des droits des travailleurs, de salaire minimum, de paiement de la prime d'ancienneté, de classifications, se multiplient. Tous ces sujets sont des thèmes de négociation collective. Mais pour le moment ils ne conduisent qu'à voir régulièrement le secteur sombré dans des grèves.

760. Il serait aussi important d'envisager la prise de décrets d'extension de certaines conventions existantes à d'autres secteurs non couverts. Les inspecteurs du Travail se permettent depuis l'indépendance parfois d'imposer, hors fondement juridique, l'application à des secteurs non couverts, par exemple, de la convention collective fédérale du commerce de 1956, qui elle-

---

[949] *Cf.* PV de conciliation en date du 24 novembre 2017 (SECNAMI-CNPM) dans lequel les parties s'engagent à discuter cette question de plan social à l'interne a niveau de chaque entreprise en tenant compte de leur réalité économique.

[950] L'enseignement privé laïc est devenu un secteur très important par le fait que l'État a ouvert la possibilité pour des privés de créer des écoles. Chaque fois que ces écoles élaborent des contrats de travail, la convention collective visée est la CCFC, et non celle de l'enseignement privé catholique qui date de 1969. Il convient quand même de préciser que cette convention collective ne traite notamment pas de la prime d'ancienneté qui est de nos jours devenu un sujet de discorde entre le syndicat et les Diocèses.

même, est devenue obsolète. Un décret d'extension du ministre du Travail pourrait, par exemple, étendre la convention collective de l'enseignement privé catholique de 1969, révisée en 2010, à l'enseignement privé laïc non couvert depuis sa libéralisation par l'État. De même, la convention collective de l'industrie alimentaire pourrait, elle aussi, être étendue ou fusionnée avec la convention collective du commerce. Il faut noter que, depuis 1956, il n'y a pas eu de négociation collective dans ce secteur qui est pourtant singulièrement vivant. Les acteurs sociaux n'y sont pas, en réalité très préoccupés par la négociation sociale. Ces différentes propositions pourraient en tous cas permettre rapidement de rénover le droit de la négociation collective et donner plus de légitimité au dialogue social dans les branches. A elles seules, ces quelques modifications ne seront toutefois pas suffisantes. Il y a, plus fondamentalement, à aller vers une consécration législative du dialogue social dans le Code du travail.

§ 2 - La consécration normative du préalable du dialogue social

761. Le Code du travail de 1992[951] a repris les dispositions du Code de 1962[952], provenant elles-mêmes du CTOM de 1952[953], relatives à la

---

[951] Loi n° 92-020 du 23 septembre 1992, modifiée, portant Code du travail en République du Mali en son article L283 nouveau, prévoit la création d'un conseil supérieur du travail ainsi qu'il suit : « : *Un conseil supérieur du travail est institué auprès du Ministre chargé du travail. Il est présidé par le Ministre ou son représentant. Il comprend : Six représentants des travailleurs et six représentants des employeurs, ayant voix délibérative ; Deux membres de l'Assemblée Nationale, Le Directeur national du Travail, le Directeur national de l'Emploi, le Directeur national de la Formation Professionnelle et le Directeur national de la Protection Sociale et de l'Economie Solidaire, ainsi que des représentants des Ministres intéressés, avec voix consultative. Un fonctionnaire, nommé par le Ministre chargé du travail assure les fonctions de secrétaire du conseil* ».

[952] La loi n° 62-67/AN-RM du 9 août 1962 portant Code du travail en République du Mali avait prévu la création d'un Conseil supérieur du Travail dans un article L.361rédigé comme l'article L283 nouveau actuel.

[953] Loi n° 52-1322 du 15 décembre 1952 instituant un Code du travail dans les territoires et territoires associés relevant du ministère de la France d'Outre-mer dispose en article 161 : « *Un conseil supérieur du travail est institué auprès du ministre de la France d'outre-mer. Il a pour mission : 1° D'étudier les problèmes concernant le travail, l'emploi des travailleurs, l'orientation, la formation professionnelle, le placement, les mouvements de main-d'oeuvre, les migrations, l'amélioration de la condition matérielle et morale des travailleurs, la sécurité sociale ; 2° D'émettre des avis et de formuler des propositions et résolutions sur la réglementation à intervenir en ces matières. Le Conseil supérieur du travail de la France d'outre-mer est présidé par le ministre de la France d'outre-mer ou son représentant. Il comprend : -Deux membres de l'Assemblée nationale, un membre du Conseil de la République et un conseiller de l'Union française ; -Quatre représentants des travailleurs et quatre représentants des employeurs, nommés par arrêté du ministre de la France d'outre-mer, sur proposition des organisations professionnelles les plus représentatives ; -Le président de la section sociale du conseil d'État ; Des experts et des techniciens désignés par arrêté du ministre de la France d'outre-mer, qui ont voix consultative. Le secrétariat permanent du conseil supérieur du travail est assuré par un fonctionnaire de l'inspection*

consultation des employeurs et des travailleurs sur les questions relatives au travail, à l'emploi, à la formation professionnelle et à la Sécurité sociale. Cette consultation est une marque historique d'une forme de dialogue social tripartite au Mali qu'il faut rapprocher de la prévision, depuis le CTOM au Code d'aujourd'hui, de l'organe tripartite qu'est le Conseil supérieur du Travail[954], mais aussi d'autres dispositions sur la prévention et la gestion des conflits. A l'analyse ces dispositions semblent insuffisantes et ne prennent pas suffisamment en compte le préalable du dialogue social dans le Code du travail. Il apparaît nécessaire de légiférer expressément sur le dialogue social dans le Code du travail en s'inspirant du modèle du tripartisme de l'OIT (**A**) mais aussi en incitant les acteurs à plus d'autonomie dans le cadre du modèle bipartite (**B**).

A- Le modèle du tripartisme de l'OIT

762. La pratique des Conseils supérieurs du travail a été développée dans toutes les législations des pays des anciennes colonies de la France sur la lancée de la loi française du 15 décembre 1952 portant Code du travail des territoires d'outre-mer (CTOM). Les dispositions du CTOM ont été reprises le plus souvent dans les Codes du travail des pays nouvellement indépendants dans les années 1960. Ces rédactions consacraient le seul modèle tripartite à l'image du BIT. Ces modèles fonctionnaient sous le prisme des syndicats uniques avec des organisations d'employeurs peu structurées. Au fil du temps, ce Conseil a été le seul cadre véritable du dialogue social autre que celui des conseils supérieurs de la Fonction publique connaissant, alors également, aujourd'hui des difficultés de fonctionnement.

763. Au-delà de ces cadres, des pratiques se sont développées, entre autres celles des Pactes sociaux[955] conclus sous l'impulsion du PRODIAF. Malgré cela on ne peut constater la persistance des insuffisances, singulièrement au Mali. Il faut légiférer sur le dialogue social, l'afficher dans le Code du travail pour donner corps à la pratique et aux déclarations de l'OIT mais aussi aux discours politiques. Nous examinerons dans cette perspective les évolutions

---

générale du travail et des lois sociales de la France d'outre-mer. Un arrêté du ministre de la France d'outre-mer assure les conditions d'organisation et de fonctionnement du conseil supérieur du travail ».

[954] *Cf. supra* première partie.

[955] Le Programme de promotion du dialogue social en Afrique (PRODIAF BIT) a été mis en place en 1997 grâce au financement de la coopération belge. Il s'est agi de développer et mettre à la disposition des partenaires un capital méthodologique et des mécanismes permettant de répondre positivement au « comment faire » le dialogue social, de participer efficacement à l'élaboration et à la mise en œuvre des politiques et stratégies de développement au niveau national et régional.

législatives possibles (**1**) ainsi que le renforcement du tripartisme, au sens de l'OIT (**2**).

1. Les évolutions législatives possibles sur le dialogue social

764. Au regard des constats que nous venons de faire, la nécessité de légiférer de façon claire sur le dialogue social s'impose. Le Pacte social de 1992 et le Pacte de solidarité de 2001 ont fait leurs temps ; aucune disposition claire dans le Code du travail n'a consacré ces pratiques du dialogue social. Ce dernier est devenu « *un mot de passe* »[956] utilisé dans tous les discours politiques par les Chefs d'État, les Premiers ministres et les ministres, bref les hommes politiques de tous bords. Il est difficile d'entendre un discours politique se terminer sans faire allusion au dialogue social ; il n'en est que plus nécessaire de légiférer de façon claire.

765. Pour renforcer le cadre le dialogue social existant, un nouvel article pourrait venir s'ajouter à l'article 5 affirmant le droit d'expression des travailleurs. Sa rédaction pourrait s'inspirer de celle contenue dans le Code du travail français en vigueur comme suit : « *Le dialogue social sera instauré à tous les niveaux, (au plan national, branche et entreprise) entre les différents acteurs du dialogue social. Tout projet de réforme envisagé par le Gouvernement qui porte sur les relations individuelles et collectives du travail, de la sécurité sociale, de l'emploi et de la formation professionnelle et qui relève du champ de la négociation collective nationale et interprofessionnelle fait l'objet d'une concertation préalable avec les organisations syndicales de salariés d'employeurs représentatives au niveau national et interprofessionnel en vue de l'ouverture d'une telle négociation. Chaque année le Gouvernement remet au parlement un rapport faisant état de toutes les procédures de concertation et de consultation mises en œuvre pendant l'année écoulée*[957] *en lien avec les conseils supérieurs du travail ou de la fonction publique* ». Cette rédaction a l'avantage d'institutionnaliser le dialogue social à tous les niveaux des relations professionnelles[958], et

---

[956] Le Premier ministre malien Abdoulaye Idrissa Maïga, a consacré un axe de sa déclaration de politique générale devant l'Assemblée nationale au dialogue social en mai 2017 pour répondre à la demande sociale (volet programme d'urgence social présidentiel).

[957] L'obligation de produire un rapport au Parlement se retrouve dans le Code du travail français (Article 3 de chapitre préliminaire sur le Dialogue social).

[958] Elle ne fait pas obstacle aux procédures déjà décrites au niveau du Conseil supérieur du travail prévu à l'article L284 du Code du travail du Mali. Cette rédaction à l'avantage de combler les vides ou les difficultés d'application des missions du Conseil supérieur et permet d'instaurer une consultation et une concertation obligatoire. Même si en pratique aujourd'hui une consultation intervient, elle est bien souvent partielle ; certains syndicats s'offusquent de ne pas être consultés par le Gouvernement sur les projets de textes qui concernent leur secteur d'activités. Un exemple peut être donné à propos de la loi sur l'enrichissement illicite de 2014. Le syndicat national de l'administration d'Etat avait déposé un préavis de grève en

d'imposer au Gouvernement une obligation de consultation qui n'existe, au Mali, qu'à l'article L.284 du Code du travail concernant le Conseil supérieur du Travail. On permettrait ainsi à l'Assemblée nationale d'avoir un droit de regard sur le dialogue social.

766. Au demeurant, la lettre circulaire précitée du Premier ministre de 2004 n'est qu'une circulaire. La consécration législative est la meilleure voie à suivre pour sortir du flou, des intentions et des invocations rituelles. Au-delà du Code du travail, les différents statuts de la Fonction publique de l'Etat et des Collectivités territoriales devraient également inscrire le dialogue social dans leurs dispositions préliminaires, pour qu'on ne pense que c'est dans le seul Code du travail que le principe est affirmé. Le caractère transversal du dialogue social entre les ministères sera également clarifié. Cela est nécessaire dans la mesure où les ministères ne gèrent plus les revendications des faitières et toutes les revendications sociales quelle que soit la nature est renvoyée au ministère du Travail dès lors que les acteurs parlent de grève. Très récemment, une grève des faitières lait-viande[959] a été adressée au ministre du Travail pour gestion, alors que les questions soulevées ne sont pas celles des relations de travail mais celles des difficultés des éleveurs. D'autres cas de ce genre sont fréquemment observables. La clarification législative est une nécessité absolue à l'heure des revendications de toutes sortes et au fait que nous entendons, tous les jours des déclarations publiques des hommes politiques où l'usage du mot « « dialogue social » est devenu de « mode ».

767. Force est de reconnaitre que sous l'impulsion du programme du BIT « PRODIAF », les pratiques de dialogue social se sont développées en Afrique[960]. La coopération avec le BIT a permis aux pays couverts par le programme de revoir les pratiques de dialogue social et de permettre aux différents acteurs de s'y familiariser. Cette coopération a d'ailleurs favorisé l'institutionnalisation de cadre de dialogue social dans ces pays. Ce dialogue peut être institutionnalisé et présenter un champ d'application global ou thématique (comme dans le cas des organes spécialisés de fixation des salaires), ou avoir lieu ponctuellement, par exemple lorsqu'il s'impose aux partenaires tripartites face à un choc économique.

---

octobre 2017 pour protester contre son application et estimé n'avoir pas été consulté au moment de son élaboration ni par le Gouvernement, ni par l'Assemblée nationale. Le Gouvernement a été obligé de signer un accord pour suspendre l'application de la loi et engager des discussions avec le SYNTADE pour relire la loi (*Cf.* loi n° 2014-015 du 27 mai 2014 portant prévention et répression de l'enrichissement illicite et décret n° 2015-0606/P-RM du 5 octobre 2015 fixant les modalités d'application de la loi).

[959] *Cf.* grève des professionnels du lait et de la viande du 15 février 2019.

[960] Des études nationales sur le dialogue social ont été menées dans chaque pays couvert par le programme du BIT. Elles ont permis de faire le point sur les pratiques et d'encourager les pays à la ratification de la convention n°144 de l'OIT sur la consultation tripartite ; rarement, elles ont recommandé la nécessité d'une nouvelle rédaction des codes du travail.

768. Outre qu'ils permettent de parvenir au consensus et à des propositions négociées de politiques économiques et sociales et de politiques du travail, les mécanismes du dialogue social au plus haut niveau peuvent aussi contribuer à assurer des transitions sans heurts à des moment clés, par exemple à la fin d'un régime autoritaire, pendant le passage d'une économie à planification centrale à une économie de marché, lors de ruptures technologiques majeures, telles que la numérisation, ou encore dans le cadre d'activités visant à répondre aux besoins de certains territoires ou régions.

769. De façon générale, à travers le monde, on assiste à une tendance à l'institutionnalisation ou au renforcement du dialogue social faisant intervenir les autorités publiques locales, des organisations d'employeurs et de travailleurs et divers autres acteurs. Nous reviendrons sur cette tendance à propos de la création d'un conseil national de dialogue social[961]. L'analyse des Codes du travail des Etats membres de l'UEMOA[962] ne permet pas de dire que des dispositions précises sont consacrées au dialogue social en leur sein. Certes, le droit d'expression est y affirmé mais aucun affichage législatif ne s'y trouve. Pourtant, dans ces différents pays, outre le souhait aujourd'hui évident de créer et faire vivre des CNDS pour « booster » le dialogue social, il existe également une volonté de renforcement du tripartisme, regardé par tous les acteurs comme le socle du dialogue social dans un pays. Le tripartisme est très développé dans l'interprofessionnelle dans la mesure où il implique l'Etat, les employeurs et les travailleurs.

2. Les actions de renforcement du tripartisme

770. La nécessité de renforcer le tripartisme s'impose dans la mesure où le Mali a ratifié depuis 2008, la convention n° 144 de l'OIT sur la consultation tripartite. Dans de nombreux pays d'Afrique francophone, « *les institutions tripartites ont eu du mal à anticiper et à régler des différends du travail survenus dans des administrations et des services publics pendant la période 2015-2017* »[963]. Néanmoins, lorsqu'elles se sont vu accorder un mandat clair et des ressources suffisantes, ces institutions ont aidé le pouvoir et les partenaires sociaux à faire face aux chocs externes. Il faut souligner que des efforts ont été faits ou sont en train d'être faits en ce sens, dans les pays d'Afrique subsaharienne francophone, un peu partout.

---

[961] *Cf. infra* n°867.

[962] Les Codes du travail du Mali, du Sénégal et du Burkina Faso ne disposent pas de façon expresse sur le dialogue social.

[963] BIT, *Dialogue social et tripartisme*, *op, cit.* p. 17.

771. A titre indicatif, on relèvera que le Comité national du dialogue social du Tchad a négocié en 2017 un accord entre le Gouvernement et les syndicats du secteur public qui a permis de mettre fin à une grève de trois mois dans les services publics et d'atténuer les incidences de la crise du prix du pétrole. Les missions du Haut Conseil du dialogue social du Sénégal et du Haut Conseil du dialogue social du Burkina Faso ont été élargies, respectivement en 2014 et 2017, afin d'inclure la prévention, le règlement des grands conflits du travail et le renforcement de la paix et la stabilité sociale. Des pactes pour le développement économique et social ont été conclus par les partenaires sociaux au Sénégal en 2014[964], au Bénin en 2016[965].

772. Au-delà des avancées constatées, dans la zone UEMOA le Conseil du Travail et du Dialogue Social (CTDS UEMOA), créé par un acte additionnel en 2009, a invité tous les pays membres de la Zone UEMOA à la création d'un organe national tripartite du dialogue social voire quadripartite, comme c'est le cas au Niger[966]. Ce dernier pays est le seul de la zone UEMOA à avoir une composition « tripartite plus ». Cette expérience est manifestement très enrichissante et fait réfléchir dans les autres pays au moment où les légitimités traditionnelles, les leaders religieux et autres acteurs soucieux de la stabilité sociale s'intéressent au dialogue social. Il n'est donc pas exclu que le dialogue social classique, tripartite tel que prôné par le BIT, ne soit pas soumis à des changements majeurs.

773. En toute hypothèse, si le tripartisme transparait dans les dispositions du Code du travail sur la négociation collective, cette notion, chère au BIT et aux organisations syndicales de travailleurs, n'est pas précisément consacrée dans le Code du travail. Il mériterait, par ailleurs, d'être renforcé « au quotidien » par la création d'un cadre formel de dialogue social national tripartite. On pourrait aussi renforcer le tripartisme nécessaire au fonctionnement du dialogue social. Il faut noter que dans la pratique, le ministère du Travail procède à des consultations chaque fois que les circonstances l'exigent notamment lors de la ratification des conventions internationales de l'OIT. Cette consultation préalable des partenaires sociaux pourrait être inscrite dans le Code du travail. Cette rédaction mettra l'accent sur le tripartisme en lien

---

[964] Le Sénégal a conclu en 2014 un Pacte de stabilité et d'émergence économique et un Plan d'action « Sénégal émergent » ; le Comité national du dialogue social a été remplacé par le Haut Conseil national du dialogue social créé par le décret n° 2014-1299 du 13 octobre 2014.

[965] Le Benin a créé un Conseil national de dialogue social en 2016 ; voir BIT, *Dialogue social et tripartisme, op, cit.* p. 21.

[966] Aux termes du décret n° 2000-159/PRN/MT/MA du 23 mai 2000 instituant une ommission nationale du dialogue social, stipule en son article 6 que : « *la commission nationale du dialogue social comprend le Président, vingt huit membres repartis ainsi qu'il suit : 7 représentants du gouvernement, 7 représentants des organisations d'employeurs les plus représentatives, 7 représentants des organisations professionnelles les plus représentatives et 7 représentants de la société civile et des organisations coopératives* ».

avec la proposition qui a été faite dans l'article 5bis nouveau sur le dialogue social. Cette proposition pourra aussi, régler toutes les difficultés[967] liées à la consultation tripartite nationale, voire insérer dans le Code du travail la prévision de la création d'une « commission consultative tripartite sur les normes internationales » qui pourrait se réunir deux fois par an sous l'autorité du ministre du Travail ou du Directeur national du Travail. Elle aura l'avantage de se réunir sur toutes les questions et même du suivi des décisions prises lors des CIT.

774. La participation effective de l'ensemble des acteurs du dialogue social tripartite au cadre de concertation formel est plus que nécessaire pour ne faire revivre les pratiques que nous avons connues avec le Pacte où tous les acteurs n'étaient pas associés. Aujourd'hui, au Mali toutes les parties prenantes au dialogue social tripartite convergent pour la création d'un cadre national de dialogue social mais risque de se heurter à l'épineuse question de la représentativité des organisations syndicales qui peine à être réglée par le Gouvernement. Il faut noter qu'une feuille de route des élections professionnelles a été soumise au Gouvernement, qui a posé des préalables[968] pour donner quitus au ministre du Travail pour poursuivre les consultations avec les organisations syndicales d'employeurs et de travailleurs sur la question. Le Premier ministre dans sa déclaration de politique générale en 2018 avait aussi promis l'organisation desdites élections, mais au regard des enjeux électoraux de 2019[969], aucune certitude ne peut être donnée quant à leur tenue.

775. Des difficultés pratiques subsistent un peu partout en Afrique, souvent liées au manque de ressources et de capacités des acteurs, à un soutien administratif insuffisant ou encore à un manque de volonté politique pour mettre en œuvre les accords. A titre d'exemple, faute des ressources financières nécessaires, le Conseil consultatif tripartite du travail du Malawi ne

[967] Seule l'UNTM est membre des trois organismes consultatifs au plan national (Conseil supérieur du Travail, Conseil supérieur de la Fonction publique, Conseil économique, social et culturel).

[968] Lors de l'examen de la communication écrite en novembre 2017 sur la feuille de route des élections professionnelles au Secrétariat général du Gouvernement, les Secrétaires généraux des départements ministériels n'ont pas voulu autoriser le ministère du Travail à continuer le processus tant qu'un seuil de représentativité n'aura pas été convenu entre le ministère du Travail, les centrales syndicales et les employeurs. Cette réunion a recommandé au ministère du Travail de consulter les centrales syndicales pour fixer un seuil.

[969] Le mandat des Députés ayant été prolongé jusqu'en juin 2019, cette année sera marquée par des élections législatives. Il est également prévu un referendum constitutionnel en juin, des élections régionales en août et des élections municipales en novembre. Il n'y a donc d'évidence en 2019 pas de place pour les élections professionnelles, d'autant que l'on sait que tout cela nécessite des budgets conséquents, au moment même ou les institutions de Bretton Woods menacent de se retirer de la coopération avec le Mali.

s'est jamais réuni de 2009 à septembre 2016, et encore a-t-il fallu que ce soit avec le soutien de l'OIT.

776. Au Mali, la formulation du « Programme Pays pour le Travail Décent » (PPTD a constitué une opportunité de renforcement du dialogue social. Pour la première fois, depuis 2014, les acteurs syndicaux des quatre centrales ont accepté de s'asseoir à la même table. Pour montrer sa bonne volonté, l'UNTM a accepté que les autres centrales syndicales soient représentées en nombre égal au sein du Comité de pilotage du PPTD mis en place par le ministère du Travail. Le Secrétaire général de l'UNTM a toutefois estimé, à juste raison, que pour renforcer la pratique du dialogue social tripartite, qu'il était nécessaire de fixer les critères de création des unions ou confédérations de syndicats dans le Code du travail et cela pour éviter aussi la prolifération des organisations syndicales qui ne respectent aucun critère de création. Nous avons eu l'impression qu'il a voulu justifier leur refus de voir siéger les autres organisations syndicales dans les instances dans la mesure où elles ne respectent aucun critère légal. Puisque les difficultés sont inhérentes au processus de dialogue social, le tripartisme doit être renforcé en prenant exemple sur le dialogue social bipartite qui semble connaitre un essor certain.

B - L'hypothèse d'incitation au bipartisme

777. Nous pouvons noter qu'il est essentiel « de promouvoir des relations professionnelles inclusives, productives et harmonieuses dans les secteurs privé et public pour parvenir au travail décent »[970]. Pour ce faire le BIT lui-même en convient : « Le dialogue social bipartite reste la méthode la plus adaptée pour promouvoir de telles relations, que ce soit lorsque des employeurs et leurs organisations négocient des conventions collectives avec les organisations de travailleurs ou lorsque les directeurs et les représentants du personnel coopèrent et se consultent sur le lieu de travail, y compris pour éviter et résoudre efficacement les conflits »[971]. L'incitation au dialogue bipartite est une réalité quotidienne dans les entreprises dans les branches différemment du tripartisme qui est beaucoup plus développé dans l'interprofessionnelle.

778. Prenant appui sur le modèle du dialogue social tripartite de l'OIT, il est donc nécessaire de mettre l'accent, dans les différents secteurs d'activités, sur le dialogue social bipartite au niveau de l'entreprise et dans les branches. Ceci passe nécessairement par l'incitation des acteurs à plus de négociation d'entreprise pour booster le dialogue social dans ce secteur. Il n'est donc pas rare de voir des négociations bloquées pendant des mois, voire des années, au

---

970 BIT, *Dialogue social et tripartisme*, rapport VI soumis de la CIT, juin 2018, p. 31.
971 *Idem.*

niveau des branches[972] du fait des acteurs de la branche. Ces situations sont moindres dans les entreprises. Il faut noter que l'Etat contribue fortement à faire en sorte que la négociation bipartite puise s'inspirer de l'expérience acquise au niveau interprofessionnel s'agissant du tripartisme. Ainsi, nous examinerons la nécessaire incitation à la négociation des accords d'entreprise ou d'établissement (**1**) mais aussi la portée de ces négociations collectives sur les conditions de travail (**2**).

1. Incitation à la négociation des accords d'établissement

779. Dans l'entreprise, employeurs et syndicats représentatifs jouissent d'une très grande liberté pour négocier. En effet, « l'encadrement législatif n'a pas pour effet de limiter la liberté de négocier mais au contraire de l'accroitre »[973]. La négociation peut aussi bien être menée dans les entreprises privées que dans les entreprises publiques. En France, « la négociation peut concerner l'ensemble de l'entreprise, mais aussi être conduite au niveau d'un établissement ou d'un groupe d'établissements d'une même entreprise »[974]. Elle pourra se dérouler dans les mêmes conditions, quel que soit le niveau de négociation choisi par les acteurs sociaux. Ainsi, « les accords conclus au niveau des établissements peuvent, logiquement, être différents d'un établissement à l'autre : en effet, la négociation collective d'établissement a pour finalité de permettre des différences de traitement entre les salariés de la même entreprise »[975]. Il faut noter que la Cour de cassation française a décidé dans un arrêt de 2016 que « les différences de traitement entre salariés appartenant à la même entreprise mais à des établissements distincts, opérés par voie d'accord d'établissement négocié et signé, (...) sont présumées justifiées de sorte qu'il appartient à celui qui les conteste de démontrer qu'elles sont étrangères à toute considération de nature professionnelle »[976].

780. Au Mali, aux termes de l'article L.88 du Code du travail **:** « *Des accords, concernant une entreprise, un ou plusieurs établissements déterminés, peuvent être conclus entre, d'une part, un employeur ou plusieurs employeurs, et d'autre part, les délégués du personnel et les représentants des syndicats les plus représentatifs du personnel de l'entreprise, du ou des établissements*

[972] Depuis 2007, nous assistons constamment à des blocages au niveau des branches dans la conclusion des conventions collectives. Par exemple, la négociation de la convention des chauffeurs qui a commencé en avril 2007 peine à être bouclée faute de consensus entre les différents groupements patronaux de transporteurs. Les uns contestent la légitimé des autres. Le même constat peut être fait au niveau de la convention collective fédérale du commerce datant de 1956. Cette situation se limite seulement à quelques secteurs d'activités.
[973] Auzero G., Baugard D., Dockès E, *Droit du travail*, Précis Dalloz, 32ème éd., 2019, p.1679.
[974] Article L. 2232-16 du Code du travail français.
[975] Auzero G., Baugard D., Dockès E, *op. cit.*, p. 1680.
[976] *Idem* ; voir Cass. soc., 3 novembre 2016, n°15-18444, RDT 2017.140, note I. Odoul-Asorey.

intéressés et y étant effectivement employés, (...).Les clauses salariales de ces accords collectifs peuvent prévoir des modalités particulières d'application des majorations de salaires décidées par les conventions de branches d'activité ou interprofessionnelles applicables dans l'entreprise ou l'établissement à condition que l'augmentation de la masse salariale totale soit au moins égale à l'augmentation qui résulterait de l'application des majorations accordées par les conventions précitées pour les travailleurs concernés.(...). A défaut de conventions collectives ou des arrêtés prévus à l'article L.86, des accords d'entreprise ou d'établissement peuvent être conclus selon les modalités précitées. (...) ».

781. La pratique de la négociation des accords d'établissements a pris de l'ampleur dans les entreprises ces dix dernières années au Mali ; cela s'explique par le fait que les conventions collectives de branches en grande partie datent d'avant l'indépendance et que les grilles salariales annexées sont obsolètes[977]. Ces grilles ne prennent pas en compte l'évolution du coût de la vie. Ces insuffisances dans les grilles des conventions collectives de branche poussent les syndicats, au niveau des entreprises, à demander et souvent exiger la mise en place des accords d'entreprise ou d'établissement qui vont disposer dans une certaine mesure plus favorablement que la grille de la convention collective de branche. Toutes ces discussions soit menées au niveau des entreprises dans le cadre de la négociation de l'accord d'établissement et très souvent dans des secteurs où il n'y a pas de convention collective.

782. Pour corroborer la nécessité d'une cette incitation à la négociation d'accords d'établissements, on indiquera que la Direction nationale du Travail reçoit en moyenne 24 accords d'établissements[978] soumis au visa du ministre du Travail, par an, depuis 2013. Cet engouement pour la négociation au niveau des entreprises s'explique aussi par le fait que les Établissements Publics Administratifs (EPA), qui n'ont pas de statut propre à leur personnel, optent tous pour la négociation d'accords d'établissement fixant les salaires du personnel. Cette pratique s'est étendue aux Etablissements Publics Industriels et Commerciaux (EPIC). Il en est de même pour certaines autorités indépendantes qui disposent d'un accord d'établissement pour leur personnel contractuel, notamment le Bureau du Vérificateur général. Enfin, une autre raison qui pousse à la négociation d'accords d'établissement vient du fait que beaucoup de secteurs d'activités ne sont pas couverts par une convention collective de branche, le Mali ne disposant pas d'une convention collective

[977] Au moins six conventions collectives applicables datent de la période allant de 1948 à 1959. Il en va notamment ainsi de la convention collective fédérale du commerce, de la convention collective des transports, des chauffeurs, des corps gras, etc. La question de la révision de ces conventions obsolètes revient toujours dans les cahiers de revendications des centrales syndicales de travailleurs.

[978] *Cf.* Rapports annuels de la Direction nationale du Travail de 2013 à 2017.

interprofessionnelle. En général les accords d'établissements sont négociés par des structures publiques ne disposant pas de grille de salaires propres pour gérer le personnel. Il faut toutefois noter que la mise en œuvre de ces accords souffre de manque de ressources propres pour faire face aux primes et indemnités négociées.

783. Au-delà des justifications en termes de réponses à l'absence de dispositions conventionnelles en matière de salaire, l'élaboration d'un accord d'établissement constitue une incontestable opportunité pour le comité syndical de nouer le dialogue avec la Direction de l'entreprise, et de discuter des conditions générales de travail et d'emploi au niveau de l'entreprise. Il n'est un secret pour personne que les accords d'établissement sont l'occasion pour les travailleurs de discuter ainsi du régime des primes et indemnités données en compléments de salaire selon les conditions d'exécution de la relation de travail[979].

784. Aujourd'hui au Mali, il existe une véritable incitation à la négociation des accords d'établissement. Il n'est pas rare de voir les acteurs patronaux et syndicaux demander, lors de négociations de branche, que certains sujets soient renvoyés à la négociation d'entreprise. L'argument qui prévaut est que les entreprises sauront mieux adapter les demandes des syndicaux nationaux à la situation de leur établissement. Nous examinerons plus avant l'objet et la portée de la négociation collective.

2. Objet et portée de la négociation collective.

785. Il est important de rappeler que les négociations collectives dans les entreprises se déroulent sans formalité aucune. Il est simplement rappelé que les négociations pourront « se faire avec les organisations syndicales les plus représentatives, mais un employeur n'a pas le pouvoir d'imposer à un syndicat une participation à la négociation »[980] ; il n'est pas nécessaire que tous les syndicats participent à la négociation d'entreprise. La négociation des accords d'établissement n'est pas le seul sujet de la négociation bipartite au niveau de l'entreprise, on peut aussi retrouver des négociations autour du règlement intérieur même s'il demeure un acte unilatéral du chef d'entreprise. Ces deux sujets dominent la négociation collective en entreprise, un troisième sujet est souvent inscrit et favorise pleinement la participation au dialogue social, il s'agit de la négociation des plans sociaux de départ en cas de licenciements

---

[979] Les accords d'établissements fixent le contenu des avantages accordés aux travailleurs dans une entreprise ainsi que les conditions d'octroi de diverses primes (panier, salissure, rendement, (...). Certains accords d'établissement portent uniquement sur les primes (ex. Accord d'établissement de la Bank of Africa Mali de 2016).

[980] Auzero G., Baugard D., Dockès E, *op. cit.*, p. 1688.

massifs de salariés suite à des restructurations ou à des fermetures d'entreprises.

786. Il serait souhaitable que la convention de branche fixe les modalités selon lesquelles seront prises en compte par l'employeur des demandes relatives aux thèmes de négociation émanant des syndicats représentés au niveau de l'entreprise. En effet, la négociation à ce niveau peut porter sur des questions faisant ou non l'objet de clauses insérées dans une convention de branche, dans un accord professionnel mais aussi sur des questions n'ayant pas donné jusqu'à présent lieu à des dispositions insérées dans une convention collective. En principe, l'accord d'établissement peut comporter des dispositions nouvelles mais non dérogatoires au droit commun des conventions collectives.

787. Les accords d'établissements une fois négociés sont soumis à des conditions de validité[981]. La première consiste à la signature du comité syndical ou des comités syndicaux et des délégués du personnel qui ont participé à la négociation. Les Secrétaires généraux des comités syndicaux signent le document avec l'employeur avant sa transmission à la Direction nationale du Travail. Cette dernière, avant soumission à la signature du ministre, examine les dispositions ; des observations sont faites si nécessaires ainsi que des demandes de corrections. La seconde condition est le dépôt au greffe du Tribunal du travail du ressort. L'accord ainsi déposé entre vigueur le jour qui suit son dépôt au greffe du tribunal du Travail du ressort[982].

788. Le constat qui se dégage est que tous les accords d'établissement sont déposés au greffe du Tribunal du travail de Bamako, l'accord étant soumis à la signature du ministre du Travail. Une fois entrée en vigueur, l'accord d'établissement acquiert force exécutoire découlant des dispositions de la loi portant « régime général des obligations au Mali »[983]. Il s'agit donc d'un acte

---

[981] La Cour de cassation française a décidé que les conditions de validité d'un accord collectif sont d'ordre public et qu'un accord collectif ne peut, en conséquence, subordonner sa validité à des conditions de majorité différentes de celles prévues par la loi (Cass. soc., 4 février 2004, n° 12-35.333, Lexbase Hebdo, n° 559, note Gilles Auzero. Rendue sous l'emprise des textes antérieurs à la réforme de 2008, cette solution reste d'actualité).

[982] Article L.74 du Code du travail du Mali : *« La convention collective est, après visa, déposée contre récépissé au greffe du tribunal du Travail territorialement compétent. Elle est applicable à partir du jour qui suit son dépôt, sauf stipulation contraire. Le dépôt est effectué en triple exemplaire et sans frais, aux soins de la partie la plus diligente. Deux exemplaires de la convention collective sont adressés immédiatement par le greffier du tribunal du travail au Ministre chargé du travail. Les modifications apportées à la convention initiale doivent être établies, déposées et notifiées dans les mêmes conditions »*.

[983] Article 77 du Code des obligations du Mali : « *les conventions légalement formées tiennent lieu de loi à ceux qui les ont faites. Elles ne peuvent être révoquées que de leur consentement mutuel, ou pour des causes que la loi autorise. Elles doivent être exécutées de bonne foi* » ; *Cf.* Également l'article 1134 du Code civil français.

contractuel entre les parties qui l'ont négocié et signé. L'entrée en vigueur est souvent objet de conflit entre les parties en raison de l'imprécision de certains articles stipulant sur sa mise en œuvre. Les parties oublient souvent de mentionner dans l'accord la date d'entrée en vigueur. La mine d'or de Goungoto à Kayes a été confrontée à un problème d'interprétation s'agissant de l'entrée en vigueur de la grille de salaire en février 2019. Ce conflit d'interprétation a été porté devant le Directeur national du Travail qui a mis en place la commission d'interprétation prévue à cet effet dans l'accord.

789. En France, un accord collectif peut faire l'objet d'extension et l'élargissement ressemble par certains traits à l'extension. Elle est réservée aux conventions collectives de branches. Ainsi, « pour qu'un arrêté d'élargissement soit pris, il faut tout d'abord qu'il y ait absence ou carence prolongée des organisations de salariés ou d'employeurs. Celle-ci se traduira par une impossibilité persistante de conclure une convention ou un accord »[984]. L'élargissement a ainsi un rôle incitatif à la négociation : « la menace d'élargissement, comme l'existence d'un arrêté d'élargissement incitera les professionnels à élaborer eux-mêmes les règles conventionnelles qui gouvernent leurs relations de travail »[985]. Mais lorsqu'un arrêté d'élargissement est annulé par la juridiction administrative, il est réputé n'être jamais intervenu[986].

790. Incontestablement, les ordonnances « Macron » ont modifié en France les relations entre accord d'entreprise et convention de branche. Un conflit entre accord d'entreprise et convention de branche et accords au champ plus large peut exister par affirmation de la loi (article L.2253.1) ou, de façon beaucoup plus résiduelle, du fait de la convention de branche (article L.2253.2). Il faut observer que « l'ordonnance n° 2017-1385 a introduit une nouvelle modalité de règlement de ces conflits, articulée autour de la notion de « garanties équivalentes », substituée au principe de l'application de la règle la plus favorable »[987]. Il faut souligner que le droit des conventions collectives au Mali a gardé pour le moment « le principe de la règle la plus favorable » aux salariés. Il faut préciser que c'est l'ordonnance n°2017-1385 du 20 août 2017 en France qui a « étendu les règles relatives aux rapports entre conventions d'entreprise et conventions collectives de branche aux accords dont le champ est plus large (accords interprofessionnels) »[988]. Ainsi, nous pouvons noter qu'au-delà des clarifications concernant la rénovation de la négociation

---

[984] Auzero G., Baugard D., Dockès E, *Droit du travail*, Précis Dalloz, 32ème éd., 2019, p.1737.
[985] *Idem*.
[986] Cass. soc., 7 mai 1991, *CSBP* 1991, S. 111.
[987] Auzero G., Baugard D., Dockès E, *op. cit.*, p. 1704.
[988] *Ibidem* 1704.

collective dans les entreprises, il serait aussi important d'examiner les dispositions en cause du droit de grève dans le secteur public.

SECTION II - Les révisions du droit de grève dans le secteur public

791. Prenant en compte le contexte dans lequel la loi n° 87- 47/ANRM du 10 août 1987 relative à l'exercice du droit de grève dans les services publics a été élaborée[989], il apparaît que ladite loi ne répond plus aux attentes des acteurs du dialogue social dans les services publics. Il n'est plus un secret pour personne que certaines organisations syndicales dont la CSTM, ont à maintes reprises demandé sa révision pour l'adapter aux exigences de l'heure. Ces insuffisances trouvent leurs sources, entre autres, dans l'absence d'encadrement du choix du médiateur mais aussi de claire définition de la mission du médiateur/conciliateur. Au-delà des insuffisances relevées de la procédure de médiation, force est de reconnaitre que les accords conclus connaissent des difficultés d'application. Nous examinerons les insuffisances de la procédure de médiation **(§ 1)** ainsi que les incertitudes qui entourent les accords conclus **(§ 2).**

§ 1 - Les insuffisances de la procédure de médiation/conciliation

792. La procédure de médiation actuelle instituée par la loi n° 87-47 soulève un certain nombre d'interrogations quant à son encadrement du choix du médiateur ou des médiateurs. Ceci pourrait même être considéré comme un pléonasme dans la mesure où les personnes qui sont désignées ne font pas en réalité de la médiation mais de la conciliation. La frontière entre la médiation et la conciliation dans les conflits collectifs du secteur public est de fait très mince. La loi n°87- 47 parle plus de commission de conciliation[990]. Mais qu'il s'agisse de la médiation ou de la conciliation au sens de la loi précitée, des difficultés relatives à la procédure sont réelles et doivent être corrigées dans le cadre de la révision de la loi sur la grève dans les services publics au Mali. Ainsi, nous examinerons l'absence d'encadrement du choix des conciliateurs(**A**) et la définition des missions des médiateurs (**B**).

A - L'absence d'encadrement du choix du médiateur/conciliateur

793. La médiation en tant que telle est définie dans le Code du travail français mais, n'a pas encore fait son entrée dans la Fonction publique. Au Mali, le

---

[989] La loi n° 87- 47 a été adoptée en 1987 sous la dictature du général Moussa Traoré avec le syndicat unique d'alors, l'UNTM. Cette organisation a toujours contesté le contenu du décret n° 562 du 23 décembre 1990 concernant l'observation du service minimum en cas de grève dans les services publics.

[990] Articles 3 et 4 de la loi n° 87-47 du 10 août 1987.

système définit dans la loi n° 87-47 du 10 août 1987 fonctionne comme une médiation mais n'a pas été désigné comme telle dans la loi. La médiation a fait son entrée dans le Code du travail malien à la faveur de la modification du Code du travail de 2017[991]. Dans le cadre de la révision de la loi n°87- 47, il nous parait nécessaire de prévoir la médiation mais aussi de procéder à l'encadrement du choix des médiateurs ou des conciliateurs en fonction des conflits sectoriels ou nationaux (**1**) et d'instituer une procédure d'arbitrage en cas d'échec de la conciliation ou de la médiation (**2**).

1. L'encadrement du choix du médiateur dans la loi

794. Au Mali, la loi sur la grève dans le secteur public présente un certain nombre d'insuffisances que nous avons déjà évoquées dans les développements antérieurs de notre réflexion. A cela s'ajoute une absence d'encadrement du choix du médiateur dans la gestion des conflits du secteur public. Nous n'allons pas revenir sur ces insuffisances, mais plutôt centrer notre analyse sur des propositions pouvant servir dans la pratique quotidienne de la gestion des conflits collectifs.

795. En France, les termes de « médiation et de conciliation ont été utilisés pour designer des procédures distinctes. Les procédures facultatives de règlement des conflits collectifs, semblent indiquer qu'à la différence de la conciliation, la médiation reposerait sur le rôle d'enquête et de proposition conféré au médiateur. Les termes sont largement employés comme synonymes »[992]. Dans le décret du 5 mai 1955 qui avait introduit cette procédure nouvelle, il n'était possible de recourir à un médiateur que si le conflit collectif portait sur les salaires, la négociation ou la révision d'une convention collective. Ces limitations ont été supprimées en 1957. Ce mode de résolution des conflits est venu s'ajouter à la pratique prétorienne de la médiation sous le contrôle et parfois à l'initiative du juge (généralement juge des référés), fondée sur les dispositions du Code de procédure civile[993].

796. Le médiateur, celui que prévoit le Code du travail est choisi par les parties, ceci est valable en France qu'au Mali, soit à défaut d'accord, choisi par le ministre du Travail sur la liste des personnalités impartiales et compétentes établies par lui. Au regard des dispositions de la loi malienne sur la gestion des grèves dans le secteur public, les conciliateurs/médiateurs sont désignés sans encadrement. La loi n° 87-47 dispose que « *le conflit est porté devant une*

[991] *Cf.* Article L225 et 229 nouveaux de la loi n° 201-021 du 12 juin 2017 portant modification de certaines dispositions du Code du travail malien.

[992] Petit F., « Les problématiques du règlement amiable des différends sociaux en France » in Petit F., (dir), *Le règlement amiable des différends sociaux*, Ed., L'harmattan, 2007, pp.16-17.

[993] Articles 21, 27 et suivants du Code de procédure civile français.

commission de conciliation composée de personnalités indépendantes ou étrangères au conflit »[994]. Il est prévu que « *Les membres de la commission de conciliation sont nommés par arrêté du ministre chargé du Travail sur proposition conjointe du ministre intéressé et de l'organisation syndicale la plus représentative sur le plan national* »[995]. Aujourd'hui, le mode de désignation des membres de la commission de conciliation pose un sérieux problème. Les personnalités indépendantes dont il s'agit, en réalité ne le sont pas. Les membres désignés par les syndicats sont souvent de proches collaborateurs des centrales syndicales qui leur servent souvent de conseillers occultes. Cette proximité se sent dans les prises de positions lors des débats.

797. Pour corriger les insuffisances que nous venons d'évoquer, les membres de la commission de conciliation au niveau national devraient être des personnalités autres que des anciens syndicalistes. Le ministre du Travail devrait procéder à un appel à candidature pour les fonctions de médiateurs. Ne pourraient faire acte de candidature que des personnalités neutres qui n'ont jamais brigué un mandant syndical au plan national. La nouvelle rédaction de l'article 3 de la loi n° 87-47, devrait prévoir « que les membres choisis devraient être au-dessus de tout soupçon de coalition, ni avec le Gouvernement, ni avec les employeurs, ni avec les syndicats en conflit ». Un vivier de médiateurs[996] devrait être disponible et les médiateurs devraient être formés aux techniques de gestion des conflits. Les conciliateurs ou les médiateurs devraient désormais être choisis au sein de ce vivier de personnes à l'intégrité morale et aux compétences reconnues. Aucun conciliateur ne devrait être choisi en dehors de cette liste. Il serait aussi nécessaire de limiter leur mandant à trois ans. Le Gouvernement et les syndicats devraient faire leur choix parmi ce vivier.

798. Cette prévision proposition de rédaction permettrait d'encadrer le choix des médiateurs ou des conciliateurs parce qu'il n'est pas rare de voir l'une des parties avoir de graves soupçons et aller jusqu'à récuser un membre de la commission du fait de ses prises de positions. L'encadrement du choix du médiateur doit traiter des pouvoirs des membres de la commission de conciliation, notamment de celui de rencontrer à leur demande le ministre sectoriel intéressé par le conflit. Il n'est en effet pas rare de voir la commission de conciliation se plaindre de ne pas pouvoir rencontrer le ministre sectoriel

---

[994] Article 3 alinéa 2 de la loi 87-47.

[995] Article 3 alinéa 3 de la loi 87-47.

[996] Le Code du travail parle, à propos de la procédure d'arbitrage, de personnalités désignées sur la liste des membres du Conseil supérieur du travail. Il y a là en effet un vivier de personnes bien formées et reconnues comme telles. En janvier 2018, le premier ministre Soumeylou Boubeye Maïga, lors de sa visite aux centrales syndicales, a annoncé la création d'un comité de médiateurs assurant le suivi des accords avec les partenaires sociaux ou des engagements du Gouvernement. Cette structure est restée en l'état d'annonce.

pour lui « arracher » des propositions de solution de sortie de crise. Cette insuffisance, même relative, influe souvent sur le résultat du dialogue social. En pratique certains ministres sectoriels se font prier pour rencontrer la commission de conciliation. Même si elle dispose de bonnes propositions de sortie de crise, il a l'aval du Gouvernement pour entériner lesdites propositions.

799. Au regard des dispositions actuelles de la loi n° 87- 47, la commission de conciliation remplit la fonction médiatrice tenue par l'inspection du Travail dans le secteur privé, à la différence que l'inspecteur du Travail peut exiger un bilan social, des rapports du chef d'entreprise, etc. La commission ne peut rien exiger du Gouvernement[997]. Au sens de l'article 5 de la loi n° 87- 47, elle peut « tout exiger » mais « en pratique ne peut rien ». Proposer à des enquêtes suppose des moyens pour le faire ; en plus du manque de moyens financiers, la commission ne dispose d'aucune compétence pour cela.

800. S'agissant de l'État, le répondant étant le ministre de l'Economie et des Finances, ce choix parait inopérant en pratique. Il est possible que le Directeur général du Budget puisse jouer ce rôle. Nul n'a besoin de dire combien le médiateur ou la commission de conciliation prévue par la loi n°87- 47 joue un rôle très important dans l'apaisement du climat social. N'est-il pas possible de créer, pour les besoins de la cause, un corps de médiateurs pour le secteur public ? La réponse n'est pas évidente ; mais, aujourd'hui, le Gouvernement essaye toute sorte de formule pour apaiser le climat social. La dernière en date est une proposition de modification de l'architecture des cabinets politiques des ministres, en nommant des chargés de missions supplémentaires, dont l'un s'occuperait spécifiquement du suivi dialogue social.

801. La mission spécifique du médiateur est de faire des propositions motivées portant le nom de « recommandations ». Il doit suggérer une solution tenant compte à la fois de la légitimité des revendications et des possibilités financières de l'entreprise ou de l'État. Cette « recommandation est proposée à l'approbation des parties. Si elles (les parties) ne donnent pas leur accord, le médiateur communique au ministre chargé du Travail le texte de la recommandation motivée et signée »[998]. Le ministre peut rendre public le rapport. La question qui vient alors à l'esprit est de savoir si cette solution pourrait s'appliquer à l'État puissance publique ? On pourrait aussi envisager l'instauration d'une procédure d'arbitrage au regard des insuffisances de la

---

[997] Ceci voudrait tout simplement dire que l'article 5 de la loi n°87-47 est en pratique inopérant. Il prévoit que : « *la commission peut procéder à toutes enquêtes et requérir des parties la production de tout document ou renseignement d'ordre économique, comptable, financier, statistique ou administratif* ».
[998] Auzero G., Baugard D., Dockès E, *op. cit.*, p. 1807.

procédure de la loi n° 87- 47 en cas d'échec des négociations ou bien de recourir à un médiateur.

2. L'institution de la procédure d'arbitrage

802. La gestion des grèves dans les services publics laisse toujours un arrière-goût amer dans la mesure où en cas d'échec des négociations aucune voie n'est indiquée en vue de la résolution du différend. La loi n°87-47 n'a pas prévu de procédure de règlement après l'échec de la procédure de conciliation. Aux termes de l'article 7 de la loi « A l'issue de la commission de conciliation, il est établi un procès-verbal de conciliation qui constate l'accord, le désaccord total ou le désaccord partiel »[999]. L'échec des négociations devrait ouvrir la voie à une autre solution, dès lors qu'en l'état du droit, les parties se quittent dos à dos sans savoir qu'elle pourrait être la suite, ce qui conduit surement à ce qu'un autre préavis soit déposé et qu'une autre grève ait lieu.

803. Le Code du travail prévoit une procédure d'arbitrage, après l'échec de la conciliation, entre les parties dans le secteur privé[1000]. Cette procédure était obligatoire jusqu'à l'adoption de la loi n° 2017- 021 du 12 juin 2017. Elle a été rendue volontaire sauf pour les des conflits collectifs dans les services essentiels[1001]. Avant la modification de 2017, l'arbitrage dans le secteur privé était obligatoire entre les parties et la sentence arbitrale s'imposait à elles, sauf opposition à la sentence alors portée devant le Conseil des ministres[1002]. Des critiques ont été adressées par le BIT dans ses commentaires au Mali. Dans ceux-ci, la Commission d'experts de l'OIT estimait que l'arbitrage obligatoire devrait se limiter aux conflits concernant les services essentiels, non réglés en conciliation devant la commission de conciliation.

---

[999] Article 7 de la loi n° 87- 47 du 10 août 1987 sur la grève dans les services publics.

[1000] Article L 225 du Code du travail : « *Dès réception du rapport de non conciliation, le ministre chargé du Travail saisit le conseil d'arbitrage du différend* ».

[1001] Article L.225 nouveau qui stipule que : « *Dès réception du rapport de non conciliation, le ministre chargé du travail saisit le Conseil d'arbitrage, à la demande expresse des parties au conflit. En cas de crise nationale aigue ou lorsque le conflit concerne un service essentiel, le ministre chargé du Travail peut, de sa seule initiative, décider de convoquer le Conseil d'arbitrage. Est considéré comme un servicee essentiel, tout service dont l'interruption risque de porter atteinte à la vie, à la sécurité et à la santé de tout ou partie de la population. Les membres employeurs et travailleurs du Conseil sont choisis, en fonction de leur autorité morale et de leurs compétences techniques, par le ministre chargé du Travail, sur proposition des organisations syndicales d'employeurs et de travailleurs les plus représentatives. Une fois constitué, le Conseil d'arbitrage dispose de 8 jours francs, au plus, pour se réunir. Les parties communiquent, à la demande du Président du Conseil, leurs mémoires sur le différend qui les oppose* ».

[1002] *Cf.* Article L 229 ancien du Code du travail : « (…) *le ministre chargé du Travail en cas de désaccord de l'une ou des deux parties, porte le conflit devant le conseil des Ministres qui peut rendre exécutoire la décision du conseil d'arbitrage* ».

804. Aux termes de l'article L.227 du Code du travail qui stipule que : « *Le conseil d'arbitrage a les plus larges pouvoirs pour s'informer de la situation économique des entreprises et de la situation sociale des travailleurs intéressés par le différend. Dans ce but, ces membres peuvent enquêter auprès des entreprises et des syndicats, réclamer aux parties tous documents ou renseignements d'ordre comptable et financier susceptibles d'être utiles à l'examen du différend. Ces enquêtes peuvent être confiées par le conseil d'arbitrage à toutes personnes qualifiées, notamment aux experts comptables agréés. Le conseil d'arbitrage juge sur pièces, mais il peut entendre les parties, s'il l'estime nécessaire* ». Ceci suppose que le conseil peut enquêter sur la situation des parties. Cette situation nous parait de fait, inopérante en ce qui concerne l'État. Le Trésor public n'est pas la Direction financière et comptable d'une entreprise, enquêter sur la situation financière de l'Etat parait assez délicat dans le cadre d'une conciliation. La pauvreté d'un Etat peu paraitre difficile à contrôler et surtout, de plus en plus, le *« Minéfi » évoque « les critères de convergence de l'UEMOA »*[1003] pour ne pas donner une suite favorable aux revendications salariales.

805. Il nous parait important de prévoir dans la relecture prochaine de la loi n°87-47 sur la grève dans les services publics, la procédure instituée par le Code du travail après l'échec de la conciliation. Ceci permettrait de régler les conflits. Faute d'avoir prévu une procédure d'arbitrage après l'échec de la conciliation devant la commission de conciliation[1004], nous assistons à des dépôts de préavis répétitifs et successifs jusqu'à satisfaction du point majeur.

806. Aussi, aux termes de l'article L.228 du Code du travail : « *Le conseil d'arbitrage se prononce en droit sur les conflits relatifs à l'interprétation des lois, règlements, conventions collectives ou accords collectifs en vigueur. Il se prononce en équité sur les autres conflits, notamment lorsque le différend porte sur les salaires ou sur les conditions de travail qui ne sont pas fixées par les dispositions des lois, règlements, conventions collectives ou accords collectifs en vigueur et sur les conflits relatifs à la conclusion et à la révision des clauses des conventions collectives et accords collectifs* ».

807. L'institution de la procédure d'arbitrage dans le secteur public pourrait amener à revoir sa compétence au regard des dispositions de l'article L.228

[1003] Aux termes des critères de convergence de l'UEMOA, la masse salariale d'un Etat membre ne doit pas dépasser 35% du PIB. Selon les propos du Directeur général du Budget, le Mali se situe à 37% de masse salariale de son PIB, donc fait partie des mauvais élèves de la classe.

[1004] En 2017, sur 39 préavis de grève enregistrés par le ministère du Travail et de la Fonction publique, plus du tiers était des préavis déposés à la suite de l'échec de la conciliation. Les syndicats pensent qu'il faut alors faire pression sur le Gouvernement qui, selon eux, est de mauvaise foi.

précité en ce qui concerne le secteur public, car il ne pourrait se voir confier l'arbitrage des conflits collectifs relatifs à l'interprétation des lois du travail, notamment le Statut général des fonctionnaires ou d'autres lois ; il n'y aurait compétence qu'en droit et en équité sur les conflits relatifs aux conditions de travail. Mais en analysant l'article L.226[1005] du Code du travail, la composition du Conseil d'arbitrage change lorsqu'il s'agit de la procédure d'arbitrage dans le secteur public. Il faut préciser qu'il s'agit ici de l'arbitrage concernant les établissements publics administratifs qui sont régis par le Code du travail. Il ne peut en être autrement dans la mesure où la loi n°87-47 du 10 Août 1987 sur la grève dans les services publics ne fait aucunement cas de ce conseil d'arbitrage dans ses dispositions.

808. L'article L.226 en évoquant le changement dans la composition du conseil d'arbitrage cible les établissements publics administratifs qui sont régis par le Code du travail. Or, en pratique, la loi n° 87- 47 prévoit la mise en place de commissions de conciliation en cas de grève dans ces établissements publics. Ces deux lois sont en conflit en ce qui concerne la procédure de règlement des conflits collectifs dans ces établissements. Ce conflit s'explique par le fait que le personnel des établissements est sujet de droit du travail donc régis par le Code du travail et l'échec de la conciliation devrait passer par la procédure d'arbitrage instituée par ce dernier (Code du travail). Mais, la loi n° 87-47 cite les établissements publics administratifs dans son champ d'application[1006]. Il arrive donc très fréquemment qu'en cas de grève dans ces établissements, la commission de conciliation soit mise en place conformément aux dispositions de la loi sur la grève dans les services publics.

809. La question est alors de savoir s'il ne faut pas abroger la procédure de conciliation de la loi n°87-47 au profit de celle du Code du travail. Nous pensons qu'il serait souhaitable de modifier l'article L.226 du Code du travail en supprimant la composition du Conseil d'arbitrage en ce qui concerne les établissements publics, déjà eux-mêmes habitués à la commission de conciliation des services publics, dans la mesure où ils exercent une mission de service public. Ainsi, la relecture prochaine de la loi n°87-47 pourrait intégrer cette procédure d'arbitrage afin d'organiser une clôture du différend. Ceci contribuerait sans doute à limiter sa poursuite par des actions collectives

---

[1005] Article L226 : « *Le conseil d'arbitrage est composé : d'un magistrat de la cour d'appel, président ; de quatre assesseurs dont deux assesseurs employeurs et deux assesseurs travailleurs choisis en son sein par le conseil supérieur du travail. Un greffier désigné par le ministre de la Justice assure le secrétariat. Dans le cas où le différend concerne exclusivement les services publics, les deux assesseurs employeurs sont remplacés par deux représentants désignés par le ministre chargé de la Fonction publique* ».

[1006] Article 1er de la loi n° 87-47 : « *les dispositions de la présente loi s'appliquent aux personnels des services publics de l'État, des collectivités et des organismes personnalisés chargés de la gestion d'un service public* ».

ressortant, à notre avis, d'un exercice abusif du droit de grève[1007], le syndicat voulant « coûte que coûte » faire aboutir ses revendications. On sait que la jurisprudence judiciaire et celle administrative s'accordent pour considérer que « le droit de grève est, comme tout droit susceptible d'exercice abusif »[1008].

810. Dans certaines situations, les syndicats au niveau des établissements publics hospitaliers refusent d'exécuter le service minimum institué par le décret n° 90-562 du 23 décembre 1990. Pourtant, « la jurisprudence Dehaene a ouvert la voie à une règlementation par l'autorité hiérarchique » en cas de grève. L'institution ou le respect du service minimum obligatoire dans les services essentiels pourrait ainsi compléter ou renforcer la procédure d'arbitrage obligatoire que nous avons proposée dans les services publics tels que le Code du travail l'a institué.

811. Enfin, il pourrait être proposé de donner aux parties la possibilité d'exercer un recours devant le tribunal administratif lorsque la procédure d'arbitrage n'aura pas été respectée. Le Code du travail révisé donne la possibilité à l'autre partie d'exercer un recours devant la Cour suprême en cas de violation de la procédure d'arbitrage[1009] ; mais, la difficulté principale résiderait dans le fait qu'il n'y a pas d'exécution forcée contre l'État. Il reste que l'encadrement de la grève dans les services publics devrait également s'attacher à la définition de la mission des médiateurs.

B - La définition de la mission des médiateurs

812. Au Mali, la loi n°87- 47 ne fait aucune allusion à la définition de la mission de la médiation en tant que telle. Au-delà de la conciliation classique, elle est rarement usitée et les quelques bribes que nous retrouvons concerne la médiation au niveau des juridictions de l'ordre judiciaire dans la cadre de la médiation volontaire. Notre Code du travail n'y fait pas allusion. Les pratiques de la commission de conciliation prévues dans la loi précitée en sont toutefois proches pour les raisons que nous avons soulignées plus haut. Il serait utile que nous puissions transposer cette pratique dans notre droit de grève et l'adapter à notre réalité. Nous analyserons plus avant la définition de la médiation **(1)** ainsi que les missions et attributions des médiateurs **(2)**.

[1007] Cass. soc., 13 avril 1955, *Dr. soc.* 1955, p. 568 ; Cass. soc., 4 juin 1959, Bull. civ. IV, n° 530.

[1008] Auzero G., Baugard D., Dockès E, *op. cit.*, p.1776.

[1009] *Cf.* Article L 229 nouveau du Code du travail du Mali.

1. La définition de la médiation

813. L'introduction de la médiation dans notre droit permettrait certainement de régler certains conflits entre les parties sans qu'il ne soit nécessaire de recourir à la grève. En droit rien n'interdit d'y recourir, lorsque les circonstances l'exigent. En fait, de quoi s'agit-il véritablement, au regard de la multiplicité des types[1010] de médiation ?

814. La médiation est une technique adaptée à la situation d'un conflit collectif dans la mesure où elle est plus inventive que contraignante ce titre, elle a eu les faveurs du législateur Auroux qui l'a simplement rendue facultative en 1982. En France, les ministres en charge du travail « y recourent dans des grands conflits, afin de tenter de sortir d'une situation bloquée (secteur automobile, transports routiers, transports publics) »[1011]. La médiation est un mode de règlement des conflits collectifs qui peut être engagé après un échec de conciliation[1012] ou directement. En outres, les textes donnent généralement au médiateur, et non au conciliateur, la mission d'établir une recommandation ou rapport. On peut donc considérer que « médiation » et « conciliation » sont deux « variétés d'un même type théorique de traitement des disputes, la médiation se distinguant par la proposition par le médiateur d'une solution »[1013]. La procédure est menée par un médiateur choisi par les parties ou, à défaut, par l'autorité administrative. Dans ces derniers cas, une liste existe au niveau régional et national, comprenant un certain nombre de personnes retenues « en fonction de leur autorité morale et de leur compétence économique et sociale »[1014].

815. En France, faisant suite à une proposition du rapport Guinchard, une loi du 22 décembre 2010 a introduit, aux articles 2062 et suivants du Code civil « la convention de procédure participative ». Selon l'article 2062 du Code civil français « *La convention de procédure participative est une convention par laquelle les parties à un différend qui n'a pas encore donné lieu à une saisine d'un juge ou d'un arbitre s'engagent à œuvrer conjointement et de bonne foi à la résolution amiable de leur différend* »[1015]. Il s'agit ici d'une technique de

---

[1010] Nous avons la médiation volontaire ou facultative conforme à la recommandation n°92 de l'OIT, la médiation contractuelle obligatoire, la médiation administrative ou judiciaire.
[1011] Mazeaud A., *Droit du travail*, 10ème éd., précis Domat, droit privé, LGDJ, Lextenso, 2016, p.320.
[1012] Article L 2523-1 du Code du travail français ; voir notamment : Miné M., Marchand D., *Le droit du travail en pratique*, Eyrolles Éditions d'organisation, 27e éd., 2015.
[1013] Petit F., « Les problématiques du règlement amiable des différends sociaux en France » in Petit F., (dir), *Le règlement amiable des différends sociaux,* Ed., L'Harmattan, 2007, p. 17.
[1014] Héas F., *Droit du travail*, licence master concours, 4ème éd., coll. Paradigme, 2016, p. 143.
[1015] Boulmier D., Contentieux individuels de travail et conciliation/médiation : état des lieux (dégradé*), Dr. soc.* 2012, p. 121.

droit civil qui peut être transposée en droit des conflits collectifs si les parties acceptent de se soumettent à ce type de conciliation ou de médiation.

816. En examinant les dispositions du droit positif malien[1016], les parties devant une juridiction peuvent déjà opter pour une procédure transactionnelle en soi différente de la médiation que nous souhaitons instaurer dans la procédure de gestion des conflits collectifs dans le secteur public au Mali. Il s'agirait d'une innovation majeure dans la gestion des conflits collectifs majeurs, en attendant ou couplée avec la mise en place d'un conseil national du dialogue social.

817. Il existe aussi une médiation obligatoire d'origine contractuelle. Comme nous l'avons déjà précisé, une clause de médiation peut être pré contentieusement instaurée dans un accord collectif, tout en étant inopposable aux salariés ; on peut donc s'interroger sur la validité, en tous cas sur l'efficacité de ce type de clause[1017]. Cependant, la médiation de droit commun visée aux articles L. 2513-1 et suivants du Code du travail français peut, en principe, s'exercer à l'égard de tout conflit collectif. Il ressort de l'article L. 2523-5 alinéa 2 que si le médiateur constate que le conflit porte sur l'interprétation ou la violation d'une disposition légale ou conventionnelle, il doit recommander aux parties de le soumettre à la juridiction compétente ou à l'arbitrage. En effet, « le législateur a estimé que la procédure de médiation convenait plus aux conflits « d'intérêts » qu'aux conflits liés à l'application de la règle de droit »[1018]. Les médiateurs « pourraient à l'occasion des conflits divers, formuler sur des problèmes juridiques, des recommandations opposées sans qu'aucun processus d'unification ne s'exerçât ».

818. L'engagement direct est également possible dès que les parties en expriment conjointement le souhait et sont d'accord sur le nom du médiateur. En France, il appartient au ministre du Travail, ceci est également prévu dans notre code du travail, en fonction de l'impact géographique du conflit, de designer ou non immédiatement un médiateur. L'engagement de la procédure de médiation suppose donc toujours, en pratique, une décision du ministre du Travail, du préfet ou du président de la commission régionale de conciliation. Lorsqu'ils agissent de leur propre initiative, la médiation perd, à l'égard des partenaires sociaux, le caractère facultatif[1019] qui lui est normalement reconnu, pour devenir obligatoire. Le ministre du Travail peut rendre public le rapport du médiateur[1020]. Il ne faut pas confondre « cette procédure formelle de

---

[1016] Article 620 du Code de procédure civile, commerciale et sociale du Mali.
[1017] Boulmier D., *op. cit.*, p. 125.
[1018] Teyssié B., *Droit du travail, Relations collectives*, 10ème éd., LexisNexis, 2016, p. 1100.
[1019] Recommandation n° 92 de l'OIT sur la conciliation et l'arbitrage volontaire, 1951.
[1020] Auzero G., Baugard D., Dockès E, *op. cit.*, p. 1807.

médiation avec la fonction médiatrice de l'inspecteur du Travail, fonction informelle qui joue cependant en pratique un rôle beaucoup plus important »[1021].

819. Une rédaction équivalente pourrait être introduite par la révision de la loi n°87-47. Ceci rejoindrait un peu, la possibilité qui est donnée aux parties par le Code du travail du Mali révisé de 2017, d'aller à l'arbitrage volontaire. Nous constatons que cette technique pourrait être prévue dans la loi précitée sur la grève dans les services publics. Notre souci est de faire en sorte que les insuffisances d'encadrement de la grève dans le secteur public soient comblées dans l'intérêt du service public. La pratique actuelle, tout le monde le reconnait, est la source d'abus dans l'exercice du droit de grève, en tout dans les services publics et dans les organismes exerçant une mission de service tels que les EPA, les EPIC, les EPSTC[1022], et même les établissements publics hospitalier.

820. La rénovation de l'encadrement du droit de grève dans les services publics au Mali est une nécessité absolue. Ainsi, la combinaison des techniques utilisées dans le Code du travail avec d'autres techniques utilisées ailleurs, permettraient d'avoir une législation assurant un encadrement réel du secteur. Au regard des constats que nous venons de faire, nous allons examiner les attributions et les outils du médiateur.

2. Les attributions et outils du médiateur

821. Il A la suite des analyses que nous venons de faire, il est nécessaire de savoir quelles peuvent être les attributions du médiateur et de quels outils il doit disposer pour mener à bien sa mission. ? Le médiateur détient les pleins pouvoirs pour l'accomplissement de sa mission : enquêtes auprès des entreprises et syndicats, demande tout document à caractère économique, comptable, financier, statistiques, ou administratif, arguments des parties, auditions, expertises.

822. En France, le médiateur dispose d'un mois pour formuler une recommandation aux parties contenant des propositions pour résoudre le conflit. En « l'absence de rejet de la part des parties dans les huit jours de l'envoi de la recommandation, le médiateur constate l'accord ». Ayant les mêmes effets qu'une convention ou un accord collectif et après son dépôt auprès de l'administration du travail, l'accord devient applicable, et produit les

---

[1021] Auvergnon Ph., L'intervention médiatrice de l'inspection du travail dans les conflits collectifs, *Dr. Ouvrier* 2003, p. 501.

[1022] Établissement public scientifique, technologique et culturel qui obéit aux mêmes régimes juridiques que les EPA.

mêmes effets qu'une convention ou un accord collectif de travail : « Sauf stipulation contraire, l'accord est applicable à partir du jour qui suit son dépôt au greffe du Conseil de prud'hommes »[1023]. Si la « recommandation est rejetée, le dossier est transmis au ministère du Travail. Publication en est faite au Journal officiel ou au niveau départemental dans le recueil des actes administratifs »[1024]. La pratique de la médiation des conflits collectifs dans les entreprises en France pourrait aussi nous intéresser à bien des égards. Mais, elle pourrait présenter un inconvénient dans sa transposition dans le secteur public dans la mesure où « l'intervention du médiateur peut paraitre relativement contrainte, notamment par la délimitation du mandat et par le fait que le juge reste du début à la fin le « *maître de la médiation* » »[1025].

823. Nous retrouvons, dans la loi n°87- 47, une partie de cette rédaction dès lors qu'il est indiqué que « la commission de conciliation a les larges pouvoirs pour s'informer sur la situation économique des secteurs et de la situation des agents intéressés par le conflit. Elle peut procéder à toutes enquêtes et requérir des parties la production de document ou renseignement d'ordre économique, comptable, financier, statistique ou administratif » [1026] ; en cela la loi n° 87-47 rejoint dans les missions, la médiation telle que définit dans le Code du travail français, à la différence que la loi malienne ne parle pas de médiation ou de médiateurs mais de conciliation. Il faudrait donc les deux notions qui pourraient contribuer, comme en France, à régler l'éternelle question de comment faire après l'échec de la commission de conciliation. Mais il est constant que sans outils, le médiateur ne pourrait mener à « bon port » sa mission et « concilier » les parties. Jacques-Antoine Malarewicz affirmait que « le médiateur est son propre instrument de travail »[1027]. Il dispose de nombreux outils qu'il va utiliser en fonction de ses gouts et de son expérience. Il n'y a donc pas une seule façon d'intervenir face à une situation donnée. En revanche, la recherche du consensus est un élément à toute médiation.

824. La notion de consensus est effectivement liée à toute situation de médiation. Il parait établi que le but du médiateur est d'amener chacun des protagonistes à faire évoluer ses positions afin de dénouer la crise, à « lâcher » une partie de ses revendications ou de ce qu'il estime être ses droits. Dans ce compromis, se construit le consensus. De ce fait, on peut avoir le sentiment de

---

[1023] Teyssié B., *Droit du travail, Relations collectives*, *op. cit.*, p. 1101.

[1024] Héas F., *Droit du travail*, *op. cit.*, p. 143.

[1025] Auvergnon Ph., « Voyage périlleux dans la boite noire de la résolution des différends sociaux en France » in Petit F., (dir), *Le règlement amiable des différends sociaux,* Ed., L'Harmattan, 2007, p. 66.

[1026] *Cf.* Article 5 de la loi n°87- 47 sur la grève dans les services publics au Mali.

[1027] Malarewicz J-A., *Gérer les conflits du travail, la médiation systémique en entreprise*, Pearson village mondial, 2ème éd., 2008, p. 5.

s'inscrire dans une logique du « perdant -perdant ». Il s'agit donc d'aller au-delà du consensus.

825. Faire une médiation suppose que le médiateur doit amener les deux parties à renoncer à quelle que chose pour que l'on quitte une appréhension négative et que l'on aille vers du « gagnant-gagnant ». Dans une négociation bien menée, « chacun devrait retrouver ce qu'il n'avait pas auparavant, et chacun devrait accéder à une nouvelle « richesse » soigneusement cachée dans la complexité de toute situation »[1028]. Les parties en négociation sont tenues de sortir de leur confort personnel, de laisser tomber ceux auxquels ils ont pris l'habitude de se cramponner, de se rapprocher de l'autre. Le médiateur se trouve pris alors, dans une succession de « triangulations ». Il s'agit de perdre à un niveau, pour gagner à un autre niveau.

826. Ainsi, pour mener une bonne négociation, le médiateur doit « rester, à tout moment, maitre du contexte ». Il doit impérativement « prendre des initiatives et les garder ». Dans toute négociation, c'est d'abord et avant tout la personne qui est capable de prendre des initiatives qui augmentent ses chances de voir son analyse s'imposer. Pour y parvenir, il doit lui-même se montrer capable de conduire l'ensemble des interactions. C'est ce que nous allons considérer maintenant. Le médiateur doit « clarifier constamment les différents contextes ». Un contexte est « défini » par un moment et une durée, un lieu spécifique, des interlocuteurs particuliers dont les mandats sont *a priori* cohérents les uns avec les autres.

827. Le médiateur doit « être capable, à chaque instant, de gérer le « où » et le « quand » des négociations ». La définition du lieu de la rencontre est extrêmement importante pour les parties. Il arrive que les syndicats ne veuillent pas voir « la tête » du ministre sectoriel. Il est arrivé plusieurs fois, les syndicats d'enseignants refusent que la commission de conciliation se réunisse au ministère de l'Enseignement supérieur, mais souhaitent plutôt une rencontre au ministère du Travail. Il est important de rappeler « que le lieu peut être et doit être neutre dans certaines situations »[1029]. Il est souvent nécessaire qu'il soit nouveau pour les deux parties. En se rendant maitre du temps et des lieux, le médiateur prend lui-même possession des deux terrains sur lesquels les parties tentent d'exercer leur propre emprise.

828. En dehors de ces situations, le médiateur doit aussi gérer attentivement « le comment » des négociations. Il doit mettre en place un ensemble de moyens servant l'ensemble du processus de construction de la médiation. Il s'agit bien de techniques, c'est-à-dire d'un ensemble de prises de

---

[1028] Malarewicz J-A., *op. cit*, p.5.
[1029] *Idem*.

position qui s'acquièrent par l'étude et l'expérience. Le médiateur doit ainsi observer attentivement le comportement non verbal des différents protagonistes. Ceci lui permettra d'anticiper leurs réactions ; les gestes sont souvent remplis de sens. Le décryptage des éléments non verbaux ne sert pas à identifier des preuves mais à révéler des indices qu'il faut savoir utiliser. Un geste ne démontre rien, il ne fait que désigner une piste, une orientation qui doit être explorée.

829. Le médiateur doit élaborer une stratégie de communication acceptant les positions des parties. C'est ainsi que toute la logique de médiation relève d'un apprentissage. Tout le travail de médiation ne consiste pas à apporter ou importer des solutions. Le recadrage constitue la première étape de ce « désapprentissage »[1030]. Ce qui est très important dans cette démarche c'est de ne pas « perdre la face » à aucun des protagonistes dans la mesure où chacun d'entre nous se construit une image de lui-même.

830. En définitive, il paraît nécessaire que la révision de la loi n°87-47 prenne en compte les différents aspects de la médiation en l'adaptant au contexte des services publics au Mali. Il est important de rappeler que notre modèle de conciliation est à bout de souffle : les commissions de conciliations ne répondent plus à la problématique de la gestion des conflits. Il est opportun de développer d'autres techniques parmi lesquelles la médiation qui interviendrait après l'échec de la commission de conciliation. Il ne serait pas mauvais de faire coexister les deux modes de règlement des conflits collectifs en termes de médiation volontaire dans la mesure où les procédures de règlement des conflits sont en « déshérence »[1031]. Après avoir examiné les insuffisances de la procédure de conciliation/médiation, nous allons analyser les incertitudes entourant les accords conclus ou les protocoles de fin de conflit.

§ 2 - Les incertitudes entourant les accords conclus

831. Au Mali, la loi n° 87-47 a prévu dans ses dispositions une procédure de règlement qui est la conciliation. La commission de conciliation est chargée, lorsque le préavis de grève est déposé par un syndicat national ou une centrale syndicale ou même un syndicat sectoriel, de rechercher à concilier les parties en vue de parvenir à un règlement amiable du litige.

[1030] *Ibidem,* p.133.

[1031] Auzero G., Baugard D., Dockès E, Droit du travail, précis Dalloz, 32ème éd., 2019, p.1805 ; voir M. Fabre-Magnan, Accords de fin de conflits et droit des contrats, in G. Virassamy et al., *Droit des et pratiques syndicales en matière de conflits collectifs de travail*, L'Harmattan, 2002, p.129.

832. La conciliation aboutit, au sens de la loi précitée ou du Code du travail, à la signature d'un procès-verbal de conciliation, de désaccord total ou d'accord partiel[1032]. En plus des accords de fin de conflit suite au dépôt d'un préavis de grève, il existe des procès-verbaux de négociation signés à la suite de la négociation des cahiers de doléances que nous avons tantôt soulignés. De nombreuses incertitudes entourent ces « accords » quant à leur nature juridique mais aussi à leur exécution. Il n'est ainsi pas rare de voir que des accords sont signés juste pour mettre fin au conflit en cours ou à la grève projetée. Nous analyserons la nature des compromis trouvés à la suite des commissions de conciliation (**A**), puis la problématique de l'exécution des accords signés (**B**).

A. La nature juridique des compromis trouvés

833. Il est fréquent que l'action des salariés n'aboutisse pas toujours à un résultat favorable. Il faut observer qu'« il peut y avoir plusieurs causes à cette issue piteuse et que le conflit ouvert ne prend fin par le retour des salariés plus ou moins désordonné au travail, il s'achève par de laborieuses discussions dont les fruits sont consignés dans un document d'un type que le Code ignore : le constat, le protocole ou le procès-verbal de fin de conflit »[1033].

834. Dans les dispositions de l'article 7 de la loi n° 87-47, aucune allusion n'est faite à la nature juridique du procès-verbal de conciliation signé, ou de celui de négociation, signé après gestion des cahiers de doléances déposés par les centrales syndicales ou par les syndicats sectoriels des départements ministériels. Au vu de ces incertitudes, il est nécessaire que nous analysions les effets juridiques que l'on pourrait donner à ces PV de conciliation, pour lever les doutes qui pèsent sur leur nature juridique. Après avoir déterminé la nature juridique des PV de conciliation (**1**), nous analyserons celle des PV de négociation des cahiers de doléances **(2).**

1. La nature juridique des procès-verbaux de conciliation

835. La question qui se pose est de savoir quel effet juridique le procès-verbal de conciliation pourrait produire à l'égard des parties. La loi n° 87-31/ANRM du 29 août 1987 portant Régime général des Obligations au Mali, dispose que « *les conventions légalement formées tiennent lieu de loi à ceux qui les ont faites, elles ne peuvent être révoquées que de leur consentement mutuel* ...»[1034]. Quant à la loi n° 87-47 on a déjà dit qu'elle ne donne aucune

---

[1032] Article 7 de la loi n°87-47 : « A l'issue de la commission, il est établi un procès-verbal qui constate l'accord, le désaccord total ou partiel des parties ».

[1033] Auzero G., Baugard D., Dockès E, *op. cit.*, p. 1808.

[1034] Article 77 de la loi n° 87-31/ANRM du 29 août 1987 portant Régime général des obligations au Mali.

précision sur la nature juridique des procès-verbaux de conciliation. Nous sommes alors obligés de faire des hypothèses en faisant référence au Code des obligations qui est le régime général des contrats au Mali. Produit-il les mêmes effets juridiques qu'un contrat ou une convention ? Tout laisse croire effectivement que la nature juridique du procès-verbal de conciliation est assimilable à un contrat qui doit produire tous ses effets entre les parties (opposabilité, inexécution fautive et réparation) en cas de dommages, au regard des dispositions de l'article 77 du Régime général des Obligations (RGO)[1035]. Au regard du secteur concerné, nous examinerons, si tous les effets juridiques[1036] attachés à ce contrat produiront tous leurs effets à l'égard des parties au nom du principe de la relativité des conventions. Les effets juridiques produiront difficilement leurs effets dans le cadre de l'opposabilité du contrat. Les recours exercés contre l'Etat, puissance publique risquent de ne pas produire les effets escomptés. Alors que reste-il pour les syndicalistes comme action contre l'Etat, au regard du contrat qui est la loi des parties ? La réclamation ou les actions de réparation ne produiront aucun effet devant le sujet des contrats. Pourra-t-on tenter une action devant le juge administratif à ce sujet ? Surement pas.

836. En France, plusieurs auteurs ont essayé de définir la nature juridique des procès-verbaux ou des accords de fin de conflits. La question qui se pose est de savoir, et nous l'avons déjà souligné, si les « reformes récentes du droit de la négociation collective (2004-2008) ne rendent pas aujourd'hui plus difficile l'émergence d'un tel accord dans la mesure où le contexte de sa signature rend parfois aléatoire la réalisation de la condition majoritaire prévue par l'article L. 2232-2 du Code du travail français ». Une fois l'accord signé, se pose la question de son opposabilité. Sur ce plan, on ne peut admettre aucune limitation à la portée de l'accord qui conduirait à en réserver le bénéfice à certains salariés selon leur attitude devant la grève. Il y aurait alors « atteinte à la règle d'interdiction des discriminations[1037], le motif illicite étant pris de la qualité de gréviste ou de non gréviste ». Il faut noter que « l'accord de fin de conflit, dès sa signature, à force de loi, sauf à comporter des clauses illicites ou des clauses contraires à l'ordre public. Il n'a pas nécessairement la même portée qu'un accord collectif. Cela dépend de la qualité des signataires »[1038].

837. Le régime juridique de ces protocoles est mal défini. Selon le Professeur Gilles Auzero « *remédiant à une crise, de caractère provisoire, ils ne se substituent pas à la convention collective et n'obéissent pas nécessairement*

[1035] Régime général des obligations au Mali sur le droit civil des contrats de façon générale. Il s'agit de l'équivalent d'un Code civil ne traitant toutefois que du droit des contrats.

[1036] *Cf. Infra* n° 838.

[1037] Coeuret A., Gauriau B., Miné M., *Droit du travail*, 3ème éd., Sirey, 2013, p. 749.

[1038] Ouaissi H., *Droit du travail de l'individuel au collectif*, 2ème éd, Bruylant, coll. Paradigme, 2017, p.442.

aux mêmes règles de négociation et de conclusion »[1039]. Il ressort que l'étendue de leurs effets juridiques et de leur sanction sont progressivement fixées en jurisprudence ; la jurisprudence la considère soit comme « une transaction au sens de l'article 2044 du Code civil, réglant ainsi les questions litigeuses et s'opposant ainsi à toute réclamation ultérieure »[1040], soit comme un engagement unilatéral de l'employeur ? Il nous parait utile de rappeler que les accords de fin de conflit n'ont pas tous la même valeur juridique, les uns ont valeur de contrat collectif, et les autres d'engagements unilatéraux[1041].

838. Selon le Professeur Bernard Teyssié, « *analyser un accord de fin de conflit en un contrat n'implique pas nécessairement qu'il relève, ni ne doit relever de la catégorie des accords collectifs au sens de l'article L.2221-1 du Code du travail français* »[1042]. *M*ais le droit commun des contrats peut lui offrir un support légal tel que nous l'avons souligné[1043], en faisant allusion à l'article 77 du RGO du Mali. Dès lors qu'un procès-verbal de conciliation a été conclu dans le respect des règles applicables aux conventions et accords collectifs de travail, ce qui suppose notamment qu'il ait été négocié et conclu avec au moins l'un des syndicats représentatifs dans l'entreprise ou dans le service public, il prend cette « qualification »[1044] avec « l'ensemble des effets qui s'y attachent »[1045].

839. Admettre qu'un procès-verbal de conciliation est classé au rang de contrat, c'est affirmé le principe de l'autonomie de la volonté des parties. La jurisprudence française n'a pas hésité, naguère, à s'engager dans cette voie. La validité de l'accord suppose acquis le libre consentement des parties sur les dispositions qu'il contient. L'offre et l'acceptation n'étant enfermé dans aucun formalisme, elles peuvent n'être que tacites. Encore « faut-il que les engagements respectivement pris au motif de la cessation de la grève ou des augmentations des salaires promis aient été souscrits dans des conditions exclusives de vice, de violence notamment ». Est nul l'accord de fin de conflit conclu alors que le syndicat n'était pas libre de ses mouvements[1046]. Ainsi, le droit commun des contrats montre sa force et rendrait l'exécution facile. Il est important de rappeler que la nature des procès-verbaux de conciliation ne peut être autre que celle des contrats collectifs et produira tous les effets attachés à ce genre de contrat à l'égard des parties. S'il est possible que l'accord fasse l'objet d'une contestation devant le juge dans le secteur privé, dans la fonction

---

[1039] Cass. soc, 17 janvier 1973, JCP 1973, Somm. 85.
[1040] Auzero G., Baugard D., Dockès E, *op. cit.*, p 1809.
[1041] *Cf.* not. CE, 15 octobre 1971, Réc, p. 610 ; CE 23 mars 1973, AJDA 1973, 503, n° 104.
[1042] Teyssié B., *Droit du travail, relations collectives*, *op. cit.*, p.1108.
[1043] *Cf. supra* n° 835.
[1044] Cass soc, 15 janvier 1997, *RJS*, n° 191 ; Cass. soc, 8 avril 2009, *RJS* 6/09, n° 560.
[1045] Teyssié B., *op. cit.*, p. 1108.
[1046] TGI Paris, 14 mars 1973, *Cah, prudh.* 1973, p. 104.

publique, cela parait difficile à envisager. En toute hypothèse, le juge va rechercher quel était le sens que les signataires avaient donné aux engagements pris dans l'accord de fin de conflit et voir leur portée réelle. Il arrive parfois que des accords soient signés en dehors des principes et règles que nous venons d'évoquer dans la loi. Ici, nous faisons allusions aux engagements unilatéraux des employeurs et des contrats atypiques au rang desquels les procès-verbaux de négociation des cahiers de doléances peuvent être assimilés. Qu'en est-il de leur nature juridique ?

2. La nature juridique des procès-verbaux de négociation et des accords atypiques

840. Nous avons déjà souligné que la négociation des cahiers de doléances relève de la pratique du dialogue social au Mali, dans la mesure où il n'y est pas fait mention dans la loi n° 87-47. Le champ d'application de la loi précitée est seulement relatif à la gestion des conflits collectifs dans les services publics et parapublics. En revanche, les cahiers de doléances doivent être traités normalement dans le cadre de la prévention des conflits collectifs. Il aurait été souhaitable que le régime juridique des procès-verbaux de négociation soit mentionné dans la loi n° 87-47, pour leur donner un effet juridique certain. Cette insuffisance n'est pas seulement constatée dans la loi n°87- 47 mais aussi dans notre Code du travail dans la mesure où les procès-verbaux de négociation signés dans les entreprises n'ont pas un régime juridique clairement défini.

841. En plus des difficultés soulevées de la nature des procès-verbaux de négociation, il arrive très fréquemment que les employeurs décident de mettre en place des accords atypiques qui ne respectent aucun régime juridique, ni celui des conventions collectives, ni celui des accords d'établissements. On peut parler au mieux alors d'engagement unilatéral de l'employeur[1047].

842. Les procès-verbaux de négociation sont devenus des pratiques du dialogue social et certainement un soubassement du droit de la négociation collective. Chaque année, plusieurs procès-verbaux de négociation sont signés dans les départements ministériels pour prévenir les conflits du travail. Généralement, lorsque le cahier n'est pas géré par le Gouvernement ou par le ministre sectoriel, le syndicat est tenté à 90% de déposer un préavis de grève, et dénonce en tous cas la mauvaise foi de la partie adverse. Il est aujourd'hui

---

[1047] En janvier 2016 la société des mines d'or de Loulo avait conclu un accord atypique portant sur le Bonus d'excellence qui n'avait pas été soumis à la signature des syndicats dans l'entreprise. En fait il s'agissait d'une prime antigrève faisant de la non-participation à une grève le critère essentiel d'attribution de la prime d'assiduité aux travailleurs. Tous les salariés qui ont participé à la dernière grève, par exemple, se sont vus retirés de la liste du « Bonus d'excellence ».

urgent que soit encadrée par une loi pour donner aux différents procès-verbaux un effet juridique qui ne doit plus découler de déductions faites à partir du droit commun des contrats défini dans le Régime général des Obligations. Ils devraient être officiellement assimilés à des accords collectifs dès lors que signés par les syndicats représentatifs du secteur concerné. Il faut noter qu'entre 2015 et 2018, le ministère du Travail et de la Fonction Publique a signé deux procès-verbaux de négociation avec la CSTM[1048] et la CDTM[1049]. Hors ces deux cas, d'autres procès-verbaux ont été signés au niveau de ministères sectoriels dans l'éducation nationale, la solidarité et l'action humanitaire, la santé et l'emploi ou encore dans des Etablissements publics administratifs accomplissant une mission de service public[1050].Toutefois, de plus en plus, les organisations syndicales sont hostiles à déposer des cahiers de doléances, et donc à leur négociation, en raison de ce qu'elle dénonce comme la mauvaise foi du Gouvernement dans la gestion desdits cahiers.

843. En France, la pratique est tout autre. Un retour vers le passé permet de comprendre. En « mai 1968, au ministère des affaires sociales, rue de Grenelle, un protocole d'accord est établi » que nulle organisation syndicale de salariés ne signe. Sur sa portée juridique, le débat fut vif. Il ne pouvait emprunter la valeur d'une convention collective ni d'un accord collectif de travail. On ne pouvait lui reconnaitre une nature règlementaire en dépit de la présence du ministre des Affaires sociales et du Premier ministre lors des négociations : « La jurisprudence lui refusa donc, en tant que tel, toute force obligatoire »[1051] même par assimilation au droit commun des contrats. Ainsi, « elle écarta les demandes présentées par certains salariés en vue de contraindre leurs employeurs respectifs à appliquer les directives, en matière d'augmentation de salaires, qui y étaient portées »[1052].

844. Aujourd'hui, les juges pourraient conclure qu'il s'agit d'une décision unilatérale des groupements d'employeurs qui en ont accepté les termes et doivent de ce fait en tirer des conclusions : caractère obligatoire vis-à-vis de leurs adhérents, caractère d'un contrat collectif opposable aux groupements d'employeurs par leurs salariés. Nous pouvons affirmer qu'au regard du droit commun des contrats que les procès-verbaux de négociation suivent et doivent

---

[1048] La Confédération syndicale du Mali (CSTM) avait déposé un cahier en mai 2015sur la table du ministre du Travail et de la Fonction Publique. Les négociations entamées ont abouti à la conclusion de PV de négociations entre le Gouvernement, le CNPM.

[1049] La Centrale Démocratique des travailleurs du Mali (CDTM) avait déposé en juin 2015 un cahier de doléances sur a table du ministre du Travail et de la Fonction Publique qui ont abouti à la signature d'un PV de négociations avec le Gouvernement.

[1050] Le ministère du Travail a enregistré 76 préavis en 2016, 84 en 2017 et 81 en 2018 dans les secteurs public et privé.

[1051] Teyssié B., *Droit du travail, op cit.* p. 1108.

[1052] Cass. soc, 24 février 1971, *Dr. soc.* 1971, p. 401, obs. J. Savatier.

suivre le même régime juridique que les procès-verbaux de conciliation, même si ces derniers ne sont pas visés en tant que tel dans un texte juridique. Les syndicats signataires pourront en cas d'inexécution tenter d'engager la responsabilité contractuelle des employeurs signataires pour les rendre exécutoire en cas d'inexécution fautive.

B - L'exécution des protocoles d'accord

845. Les conflits collectifs se terminent généralement par la signature d'accords ou de protocoles d'accord conformément aux dispositions de la loi sur la grève dans les services publics. Ces « accords » de fin de conflits collectifs reçoivent, dans la loi n°87- 47, les noms de procès-verbal de conciliation, de désaccord ou d'accord partiel[1053]. Ils sont donc en principe exécutoires entre les parties conformément à leurs engagements réciproques. Aucune difficulté ne devrait venir entamée leur exécution et de bonne foi.

846. Force est de constater que dans la plupart des situations, les engagements signés entre les employeurs (Gouvernement et Patronat) ne sont pas exécutés ou le sont de mauvaise foi. Ainsi, se pose le problème de leur exécution, de la responsabilité des signataires et de la manière de les rendre exécutoires. Pour répondre à ces questions, nous examinerons la question de la responsabilité des acteurs dans l'exécution de bonne foi **(1)** ainsi que les garanties éventuelles (**2**).

1. La responsabilité des acteurs dans l'exécution

847. La loi précitée sur la grève a rendu simple l'exécution des protocoles de conciliation signés entre les parties à l'issue de la négociation d'un préavis de grève sous l'égide de la commission de conciliation. Ainsi, son article 8 stipule que : « *les accords qui interviennent sont applicables sauf stipulation contraire à compter du jour qui suit leur signature par les parties* ». Ceci suppose que les parties sont engagées dans l'exécution dès le lendemain de la signature. Cette rédaction est bien conforme à l'esprit de notre Code des obligations qui dispose que : « *Les conventions légalement formées tiennent lieu de loi à ceux qui les ont faites. Elles ne peuvent être révoquées de leur consentement mutuel ou pour des causes que la loi autorise. Elles doivent être exécutées de bonne foi* »[1054].

[1053] Article 7 de la loi n° 87-47 du 10 août 1987 relatif à l'exercice du droit de grève dans les services publics.

[1054] Article 77 de loi n°87- 31/ANRM du 29 août 1987 fixant le régime général des obligations au Mali.

848. Il est important de souligner que la difficulté majeure au niveau des organisations syndicales réside dans le fait que les accords signés par le Gouvernement à la suite de la gestion des préavis de grève ne sont pas exécutés tous de bonne foi. A titre d'exemple, en 2017, tous secteurs d'activités réunis, nous avons dénombré quatre-vingt-trois préavis de grève[1055], plus de la moitié ont donné lieu à des procès-verbaux de conciliation. Mais, la moitié de ces procès-verbaux signés n'étaient pas exécutés à hauteur de souhait, six mois voire un an après leur signature.

849. Depuis 2014, le Gouvernement a signé également avec deux centrales syndicales des procès-verbaux de conciliation suite à des préavis de grève. Les procès-verbaux de l'UNTM ont été signés le 28 octobre 2014 et le 29 janvier 2019[1056], celui de la CSTM le 13 mars 2015. Les points d'accords de ces procès-verbaux ne sont pas encore totalement exécutés par le Gouvernement. La raison fondamentale de la faible exécution des accords signés résiderait dans le fait que le Gouvernement signe des mauvais accords ou, en tout cas, avec « *le couteau à la gorge* ». L'inexécution des points d'accord contenus dans les différents procès-verbaux est la cause des dépôts fréquents des préavis de grève par les syndicats. Ainsi, nous rentrons dans un cycle de grèves interminables. Cette situation trouve en partie sa source dans le fait que la loi sur la grève ne fait aucune allusion à la mise en œuvre de la responsabilité des signataires. Ces procès-verbaux ayant été considérés comme des accords collectifs, le régime général des obligations devrait trouver application.

850. Il faut noter que le Code du travail du Mali a réglé la question dans la mesure où les procès-verbaux de conciliation sont transmis au Tribunal du travail du ressort[1057] lorsqu'ils sont signés à l'issue de la négociation des préavis de grève. En effet, aux termes de l'Article L.221 du Code du travail du Mali, « *dans les six jours francs, suivant la date à laquelle il a été saisi, le conciliateur est tenu de dresser un procès-verbal constatant l'accord intervenu ou l'échec de la conciliation* ». L'article L.222 du Code du travail

---

[1055] *Cf.* Rapport annuel 2017 de la Direction Nationale du travail du Mali.

[1056] Le PV de du 28 octobre comportait 16 points de revendications tous conclus à un accord. A cette date plusieurs n'ont pas trouvé application. Le PV de la CSTM comportait 38 points de revendications dont 25 points d'accord. Ces différents PV ne sont pas encore éteints. En ce qui concerne le dernier PV du 29 janvier 2019, nous notons seulement des débuts d'exécution de la part du Gouvernement par l'élaboration de projets d'ordonnances portant modification de la grille du Statut général des fonctionnaires et des articles relatifs aux âges de départ à la retraite. Un projet d'ordonnance portant modification de l'article L60 du Code du travail a été élaboré et sera soumis au Conseil des ministres d'ci fin mai 2019.

[1057] Article L.222 du Code du travail : « L'accord de conciliation, signé par les parties, daté et visé par l'inspecteur du travail, est immédiatement exécutoire. Un exemplaire de cet accord est adressé par l'inspecteur du travail au secrétaire du tribunal du travail de ressort. En cas de différend interrégional, l'accord est déposé par le directeur du travail auprès des juridictions du travail compétentes ».

précise pour sa part que la partie la plus diligente notamment le syndicat qui a signé le procès-verbal peut faire revêtir la formule exécutoire sur le procès-verbal de conciliation signé et transmis au Tribunal du travail s'agissant bien du secteur privé. Cependant, il est à noter que la loi n°87-47 sur la grève dans les services publics ne contient aucune disposition allant dans ce sens.

851. La loi étant source d'obligation, « *l'application de l'accord dont la validité est reconnue peut se heurter à des difficultés d'interprétation, particulièrement à craindre eu égard aux conditions dans lesquelles les accords de fin de conflit sont parfois établis. Or l'imprécision de dispositions contractuelles est susceptible d'entrainer leur paralysie* »[1058]. La mise en œuvre d'un accord de fin de conflit peut être entravée par la suite d'un évènement de force majeure, lié par exemple à une dégradation de la situation économique. Mais, « *dès lors que les dispositions sont précises que nul obstacle insurmontable ne le paralyse, le contrat ainsi passé aux termes d'un conflit collectif doit être strictement appliqué par l'ensemble des parties* »[1059]. Des mesures conservatoires, telle que l'interdiction de déplacer certains matériels, peuvent, le cas échéant, être ordonnés en référé[1060]. La soumission au droit des obligations borne son effet obligatoire aux seules personnes qui l'ont conclu.

852. Qu'il s'agisse des procès-verbaux de conciliation ou de négociation signés à la suite des préavis de grève ou de cahiers de doléances, le problème de la responsabilité des acteurs demeure inchangé. La question qui nous talonne l'esprit est l'éternel problème de la mise en œuvre de la responsabilité de l'État en cas d'inexécution d'un procès-verbal qu'il a signé. Ainsi, pour ne pas entamer sa responsabilité ou sa crédibilité aux yeux des organisations syndicales, le Président de la République du Mali en 2014 avait instruit à ses ministres de ne signer aucun accord de fin de conflit s'ils ne sont pas sûrs de pouvoir les mettre en œuvre dans les délais indiqués dans le procès-verbal de conciliation ou de négociation. Malgré cette mise en garde, nous avons constaté que des procès-verbaux de conciliation ont été signés sous la pression des organisations syndicales, ainsi de celui du 29 janvier 2019 conclu entre le Gouvernement et l'UNTM. Il en avait été de même avec les syndicats de Magistrats, de l'Éducation nationale, avec le syndicat des enseignants du supérieur et celui de la Santé en 2017. On pourrait également rappeler l'accord conclu avec les syndicats de l'éducation nationale, le 15 octobre 2016, syndicats qui sont en grèves répétitives depuis novembre 2018. Il n'est pas

---

[1058] Teyssié B., *Droit du travail, op cit.*, p. 1109 ; voir notamment : CA Lyon, 28 août 1978, *RPDS* 1978, p. 246.
[1059] *Ibidem.*
[1060] TGI Roanne, réf, 12 juillet 1978, *RPDS* 1978, p. 246.

exclu qu'un procès-verbal soit à nouveau signé « sous pression » au regard du durcissement du mouvement des enseignants.

853. En France, « le non-respect du PV peut inciter les salariés à saisir le Conseil de prud'hommes afin d'obtenir ce qui avait été promis. La Cour de cassation française invite les juges du fond à donner plein effet à ce type d'acte « innomé »[1061]. L'accord de fin de conflit peut faire l'objet d'une contestation devant le juge. Dans ce cas, « le juge va rechercher quel était le sens donné aux engagements pris par les signataires et leur portée réelle. Ainsi, l'engagement de l'employeur de réintégrer des salariés licenciés pour faits de grève ne peut être permanent et définitif, sa portée se situant dans une durée limitée »[1062].

854. Au-delà des analyses que nous venons de faire, la responsabilité des acteurs ou de l'État reste entière dans l'application ou la mise en œuvre des protocoles d'accords signés entre les parties pour mettre fin à un conflit précisément dans le secteur public. Les incertitudes demeurent quant à l'application des accords conclus. Serait-il nécessaire d'offrir des garanties en cas d'inexécution fautive dans le cadre de la relecture de la loi n° 87-47 et de revoir certainement la loi n°87-31 du 29 août 1987 sur le Régime général des obligations ? Après avoir examiné la responsabilité des acteurs, nous analyserons les garanties éventuelles auxquelles les parties pourront faire recours en cas d'inexécution des procès-verbaux signés.

2. Les garanties éventuelles

855. La loi est la principale source de l'obligation. Elle constitue la principale garantie dont les syndicats disposent pour éventuellement agir contre l'employeur lorsque les protocoles d'accords ou procès-verbaux de conciliation ne sont pas exécutés à hauteur de souhait. Le fait que la loi soit une source d'obligation trouve son siège dans l'affirmation selon laquelle le contrat légalement formé crée entre les parties un lien irrévocable ou encore, pour reprendre la formule de l'article 77 du RGO, que « Les *conventions légalement formées tiennent lieu de loi à ceux qui les ont faites. Elles ne peuvent être révoquées que de leur consentement mutuel, ou pour des causes que la loi autorise. Elles doivent être exécutées de bonne foi* »[1063]. Il ne s'agit pas en fait d'une utilisation abusive de la notion contenue dans l'article 77,

---

[1061] Auzero G., Baugard D., Dockès E, *op. cit.*, p. 1810 ; Cass. soc., 24 juin 2008, n° 07-40387 (pouvoir d'interprétation du juge du fond).

[1062] Ouaissi H., *Droit du travail de l'individuel au collectif*, *op. cit.*, p. 442 ; Cass. soc., 24 octobre 2000, n° 97-45.854, Bull, V, n° 341, p. 262.

[1063] *Cf* Article 1134 du Code civil français.

mais c'est le seul article qui traite des obligations des parties en termes de relation contractuelle.

856. Que signifie ce principe ? Il s'agît d'un principe polysémique. Les parties sont tenues de respecter leurs engagements contractuels jusqu'à leur terme, aucune d'elle ne peut modifier ou rompre le contrat de façon unilatérale. Ce que la volonté commune a fait, seule la volonté commune peut le défaire, même le juge est tenu de respecter la loi contractuelle, de même que le législateur qui ne peut modifier un contrat en cours légalement formé. Au regard du principe résultant de la force obligatoire des contrats, les parties sont tenues par leurs engagements réciproques. Cela suppose que les contrats légalement formés doivent être exécutés de bonne foi. Sur la base de cette affirmation juridique, les organisations syndicales dans les services publics peuvent exercer contre l'État des actions en réparation des dommages causés à leurs militants pour défaut d'exécution de l'obligation (procès-verbal de conciliation).

857. Dans le secteur public, la principale difficulté à laquelle on pourrait être confrontée, est que toutes les actions exercées par le ou les syndicats signataires contre le Gouvernement ne trouveraient pas application. Le tribunal saisi se déclarerait incompétent en vertu du principe « qu'il n'y a d'exécution forcé contre l'État ». Lorsqu'un contrat est illégalement formé, en principe, il doit être exécuté, lorsqu'il n'est pas exécuté, il y a donc atteinte à la force obligatoire du contrat. La question est alors de savoir qu'elle est la réaction du droit vis-à-vis de cette pathologie contractuelle. Les réponses apportées par le droit malien varient selon que l'inexécution du contrat est le fait de l'une des parties ou que cette inexécution est indépendante de la volonté des parties[1064].

858. Lorsqu'une partie au contrat n'exécute pas son engagement, l'autre partie a, à sa disposition, plusieurs moyens. Elle peut soit demander la résolution du contrat, soit engager la responsabilité de son contractant. Ces théories contractuelles ne peuvent prospérer que dans le cadre d'un protocole d'accord signé au niveau de l'entreprise ou de la branche ; mais cette théorie ne pourrait pas prospérer en ce qui concerne des procès-verbaux de conciliation non exécutés au niveau du secteur public au regard de la cible « État » [1065]. En cette matière, la résolution n'est pas possible et il n'est pas rare de voir que des

---

[1064] *Cf.* Article 104 du Code des obligations du Mali.

[1065] *Cf.* Article 108 et suivants du Code des obligations du Mali qui concerne l'inexécution contractuelle. Ces théories de l'inexécution contractuelle ne s'appliquent pas à l'État puissance publique, donc les syndicats qui se trouve en face du gouvernement qui ne respecte ou n'a pas respecté ses engagements ne peuvent exercer aucune autre action devant les juridictions de droit commun de l'ordre judiciaire ou de l'ordre administratif.

procès-verbaux de conciliation « duraient dans le temps »[1066] sans être exécutés ; les syndicats exigent, quel que soit le ministre du Travail en place, l'application, au nom du « principe de la continuité du service public ». Il n'est pas rare de constater que les ministres successifs à la tête des départements ministériels essaient de remettre en cause les accords conclus avant leur nomination en provoquant ainsi l'ire des syndicats signataires.

859. Au regard des constats juridiques que nous venons de faire, nous sommes tentés de dire que les garanties à la disposition des syndicats, suite à la conclusion des procès-verbaux de conciliation ou de négociation, même ayant valeur d'accords collectifs, ne peuvent donner droit à aucune action contre l'État. Le droit de grève devient ainsi le pendant de cette inaction du droit. Or, nous avons préconisez la révision de la loi n°87-47 pour prendre en compte cette pathologie contractuelle.

860. De quelles autres actions disposent les syndicats pour contraindre le Gouvernement à respecter ses propres engagements ? En vérité, aucune autre action ne devrait prospérer contre l'État, sauf à déposer encore des préavis de grève et à en abuser. A l'analyse des clarifications normatives dans les deux secteurs, notamment à travers l'examen des dispositions en cause du Code du travail et du droit de grève dans le secteur public, nous allons examiner les innovations souhaitables pour renforcer le cadre institutionnel et soutenir dialogue social.

[1066] La plupart des PV de conciliation en exécution pendant la période allant de sept 2013 à juin 2018 ont été signés, soit pendant la transition ou avant la transmission Politique de 2012. Les syndicats ont gardé sous leur coudes ces PV jusqu'à l'installation du président actuel en sept 2013

CHAPITRE II - LES INNOVATIONS SOUHAITABLES

861. Pendant plus d'une décennie, la situation des pays d'Afrique a été « *marquée par les conséquences de l'application des politiques d'ajustement structurel, de conflits internes et d'une mondialisation mal maitrisée, avec pour effet l'accroissement de la pauvreté des populations, une réduction des possibilités d'emplois et l'adoption des dispositions législatives libéralisant les marchés dont celui du travail* »[1067]. Cette situation s'est accompagnée de transformations sociales profondes liées à la démocratisation, à l'accroissement de la liberté d'expression et au pluralisme politique mais aussi syndical.

862. Dans ce contexte de pluralisme syndical, la volonté des partenaires sociaux s'est heurtée à l'inefficacité des mécanismes de résolutions des conflits malgré l'existence des structures telles que le Conseil supérieur du Travail[1068] et les comités d'hygiène et de sécurité[1069] dans le secteur privé, ou encore Conseil supérieur de la fonction publique[1070].

863. Ainsi, le Gouvernement a procédé à la signature du Pacte social en 1992 comme cadre national de dialogue social pour répondre au déficit de dialogue social lié à la multiplication des organisations syndicales. Avec le lancement des activités du BIT/PRODIAF au Mali en 1997 et la création de la CSTM la même année, les discussions pour la négociation et la signature du Pacte de Solidarité pour la Croissance et le Développement[1071] ont été entamées et ont abouti à la signature en août 2001 dudit Pacte. Ce cadre est venu renforcer les cadres institutionnels existants et répondre « au comment faire le dialogue social »[1072], participant efficacement à l'élaboration et à la mise en œuvre des politiques et stratégies de développement au plan national. L'une des difficultés est que le cadre nouveau de 2001 résultant du Pacte, bien que tripartite, n'était pas inclusif et n'a pas répondu aux préoccupations de certains travailleurs, en tous cas à celles de la CSTM qui était devenue la deuxième centrale syndicale au Mali.

864. Au regard de ces constats, il y a donc nécessité de renforcer les cadres existants de dialogue social et de les rendre inclusifs. Il est important de souligner qu'entre temps, le rang des centrales syndicales a grossi avec la

---

[1067] BIT-PRODIAF, *Dialogue social en Afrique, Pratiques et expériences, au Sénégal, Togo, UEMOA et Niger*, Mai 2008, p.5
[1068] Article L.283 et suivants du Code du travail du Mali, modifié.
[1069] Article L 262 du Code du travail du Mali, modifié.
[1070] Article 107 du Statut général des fonctionnaires de 2002, modifié.
[1071] Le pacte de solidarité a été signé en 2001 et ont siégé jusqu'en 2014, l'UNTM, le CNPM et le Gouvernement et les associations de retraités du Mali.
[1072] BIT-PRODIAF, *op. cit*, p. 359.

création en 2006 et 2014, respectivement, de la CMT[1073] et de la CDTM[1074]. Ainsi, après avoir examiné les possibilités de renforcement du cadre institutionnel du dialogue social **(Section 1)**, nous allons analyser les nécessaires innovations devant soutenir le dialogue social **(Section 2)** à travers l'actualisation des conventions collectives et la négociation des accords d'établissements dans les entreprises.

SECTION I - Le renforcement du cadre institutionnel

865. L'étude nationale sur le dialogue social menée en janvier 2010, avec l'appui technique et financier du BIT de Dakar, sur les déficits du travail décent au Mali[1075], avait-elle aussi révélée un déficit de dialogue social. Les conclusions de l'étude faisaient aussi référence aux cadres nationaux de dialogue social existant dont les compositions étaient monocolores en termes de représentation des travailleurs. On fait ici allusion au Conseil économique, social et culturel et aux deux Conseils supérieurs du travail et de la Fonction publique, précédemment cités.

866. L'UNTM, centrale syndicale unique et historique, continue de siéger seule, à ce jour dans toutes les instances de dialogue social, à l'exclusion des commissions mixtes paritaires de négociations des conventions collectives, malgré des arrêts rendus par la Cour suprême du Mali en faveur de la CSTM[1076]. Ces constats de terrain imposent d'aller vers l'instauration d'un cadre national de dialogue social où tous les partenaires sociaux pourraient siéger. Ainsi, nous examinerons la nécessaire création d'un Conseil national au Mali plus inclusif **(§1)** ainsi que l'institution des comités de dialogue social dans les entreprises **(§ 2)**.

[1073] CMT : Confédération Malienne du Travail qui a été créé en 2006 avec à sa tête une femme comme Secrétaire général et s'intéresse beaucoup aux travailleurs de l'économie informelle.

[1074] CDTM : Centrale Démocratique des Travailleurs du Mali qui a aussi une femme comme Secrétaire général et est beaucoup plus présente dans l'administration publique.

[1075] Pour rappel dans le cadre de l'élaboration du PPTD Mali 2010- 2012, le ministère du Travail et la Fonction publique avait commandité une étude sur les déficits du travail décent et contribuer ainsi à une bonne formulation du Programme pays de travail décent. Les résultats de l'étude ont été validés les 9 et 10 janvier 2010 par un atelier national qui a regroupé l'ensemble des acteurs du monde du travail du.

[1076] Depuis 2002 suite à la plainte de la CSTM plusieurs arrêts ont été rendus par la Cour suprême du Mali ordonnant l'annulation des décrets de nomination des membres du Conseil Economique, Social et Culturel et obligeant à une représentation de la CSTM au sein dudit conseil.

§ 1 - L'instauration d'un Conseil national du dialogue social

867. Le dialogue social au Mali n'a pas toujours été le résultat d'une démarche inclusive au regard des résultats obtenus par le Pacte social de 1992 et le Pacte de solidarité pour la croissance et le développement de 2001. Les acteurs tripartites n'ont pas tous été associés à hauteur de souhaits à la conclusion de ce dernier document en raison des mésententes entre les membres des bureaux exécutifs des deux centrales pour des raisons souvent inavouées.

868. Ainsi, le Docteur Dianguina Tounkara indique dans sa contribution au colloque international de Cotonou sur le dialogue social en Afrique, fin 2015, qu'il s'agit d'un « *dialogue social dénaturé* »[1077]. On constate que l'UNTM, centrale historique s'oppose à la présence des autres centrales au sein des organes de dialogue social au Mali et que les pouvoirs publics semblent s'accommoder de cette situation. On est fondé à s'interroger sur les raisons d'une telle exclusion. Nous allons examiner les justifications de la création d'un conseil national du dialogue social **(A)** ainsi que la composition et les attributions possibles de cet organe **(B)**.

A- Les justifications de la création d'un conseil national

869. L'examen rétrospectif des instances[1078] du dialogue social au Mali débouche sur le constat qu'à l'évidence, qu'on est en présence d'un dialogue social non pas inclusif mais exclusif. Ensuite, on peut relever, au passage, que le dialogue social est souvent confiné dans une « *fonction quasi-ornementale* ». Nous traiterons tout d'abord de l'exclusion de certains acteurs des organes nationaux de dialogue social et des recommandations de l'étude d'évaluation du Pacte de solidarité pour la croissance et le développement **(1)**, pour ensuite aborder la question de la nécessaire collaboration interrégionale en matière de dialogue social **(2).**

1. L'exclusion de certains acteurs des organes de dialogue social

870. Au Mali, plusieurs institutions ou organes sont chargés de promouvoir le dialogue social. Parmi ceux-ci, on peut citer le Conseil économique social et

---

[1077] D. Tounkara, *Etat et perspectives du dialogue social au Mali*, in Auvergnon Ph., Kénoukon Ch. (dir.), *Dialogue social dans les pays de l'espace OHADA et ailleurs dans le monde : la part du droit*, éd. L'Harmattan 2018, p. 259.

[1078] Les instances du dialogue social au Mali sont composées des deux conseils supérieurs du travail et de la fonction publique mais aussi du conseil économique, social et culturel. En plus de cela, on retrouve des organes au niveau de l'entreprise mais aussi des commissions de négociation des préavis de grève et des cahiers de doléances déposés par les syndicats de branches et ou sectoriel au niveau des administrations publiques (*Cf. supra*).

culturel (CESC)[1079], le Conseil supérieur du Travail (CST)[1080], le Conseil supérieur de la Fonction publique[1081], le Conseil d'administration de l'Agence nationale pour l'Emploi, le Conseil d'administration de l'Institut national de Prévoyance sociale, le Conseil d'administration de la CANAM et de la CMSS. Cette énumération succincte ne présentant guère un caractère exhaustif mais représentatif de ces institutions.

871. Hormis le Conseil économique, social et culturel, la plupart de ces institutions sont des institutions paritaires. Autrement dit, la gestion de ces institutions postule donc la représentation équilibrée des salariés et d'employeurs au sein de leurs instances de gestion. « Ainsi, les salariés et les employeurs du Mali doivent-ils être représentés dans ces institutions par leurs mandants ».

872. La représentation des employeurs ne soulève aucune difficulté particulière : ils sont, en effet, représentés par le Conseil national du patronat du Mali (CNPM), unique confédération syndicale des employeurs du Mali[1082]. En revanche, la représentation des salariés au sein de ces institutions ne résiste pas à la critique. En effet, nonobstant le pluralisme syndical, les salariés du Mali se trouvent représentés par une seule Confédération syndicale, l'Union nationale des Travailleurs du Mali (UNTM). Or, le Mali compte de nos jours, en plus de l'UNTM, trois autres centrales syndicales de travailleurs[1083]. On est fondé à s'interroger sur les raisons de l'exclusion des trois autres centrales syndicales de la gestion des institutions paritaires de dialogue social.

[1079] Le Conseil économique, social et culturel a compétence sur tous les aspects du développement économique, social et culturel de la Nation. A ce titre, il est obligatoirement consulté sur tout projet de loi de finances, tout projet de plan ou de programme économique, social et culturel ainsi que sur toutes les dispositions législatives à caractère fiscal, économique, social et culturel.

[1080] Institué par la loi n° 92-20 du 23 septembre 1992, modifiée, portant Code du travail en République du Mali en ses articles L. 283 et suivants, le Conseil Supérieur du Travail peut : « *examiner toute difficulté née à l'occasion de la négociation des conventions collectives ; se prononcer sur toutes les questions relatives à la conclusion et à l'application des conventions collectives et spécialement sur leurs incidences économiques* ».

[1081] Institué auprès du ministre chargé de la Fonction publique, le Conseil supérieur de la Fonction publique est obligatoirement saisi de tous les projets de règlements relatifs aux fonctionnaires de l'État. Il émet des avis sur tous les projets de textes pris en application de la loi portant Statut général des fonctionnaires.

[1082] Créé le 25 janvier 1980, le Conseil national du patronat du Mali (CNPM) est « *une union des groupements d'employeurs chargée notamment de représenter les intérêts de l'ensemble des adhérents auprès des pouvoirs publics et organismes internationaux* ».

[1083] Il s'agit de la Confédération syndicale des Travailleurs du Mali (CSTM), de la Centrale Démocratique des Travailleurs du Mali (CDTM) et de la Confédération Malienne du Travail (CMT).

873. Le Gouvernement s'accommode de la situation depuis la création de la CSTM et avec la création de la CMT et de la CDTM, qui sont venus s'ajouter à la CSTM. A titre de rappel, la CSTM depuis 2000 a intenté plusieurs actions devant la Cour suprême[1084] et des arrêts ont été rendus en sa faveur pour demander l'annulation des différents décrets de nomination des membres du CESC. Malgré les différents arrêts rendus, le Gouvernement n'a jamais, même une seule fois, tenté de régler la question de la représentation des organisations de travailleurs au sein de cette institution. Ceci pose au passage le problème de l'exécution des décisions de justice au Mali.

874. Au-delà du CESC, le problème de la représentation des autres confédérations syndicales au sein des organes tripartites de dialogue social précédemment cités, reste un problème ; le Gouvernement « *botte en touche* », en évoquant l'organisation des élections professionnelles de représentativité[1085] pour régler la question d'où un semblant de dialogue social fréquemment dénoncé par la CSTM au travers d'un « favoritisme » de l'État au profit de l'UNTM. Il s'agit effectivement d'une rupture d'égalité entre les organisations syndicales. Le principe d'égalité impose de traiter de manière égale des situations équivalentes et, par conséquent, prohibe toutes distinctions arbitraires.

875. L'État malien semble ignoré le principe[1086] contenu dans la Constitution du 25 février 1992 : « tous les citoyens sont égaux devant la loi ». Le ministre du Travail a tenté en 2014 de régler la question de la représentation de toutes les centrales syndicales au niveau du CESC en répartissant les douze sièges entre les quatre confédérations, mais sa proposition n'a pas prospéré. Mieux, son Secrétaire général (UNTM) est élu 1er vice-président de l'Institution au grand dam des autres organisations de travailleurs alors même que les syndicats autonomes lorgnent à la porte et souhaitent bien entendu faire partie, eux aussi, de l'organe.

[1084] *Cf.* Cour suprême du Mali, 22 septembre 2000 ; Cour suprême du Mali, 15 août 2002 ; Cour suprême du Mali, 16 août 2007.

[1085] Depuis 2005, le Gouvernement a mis en place une commission tripartite chargée de préparer les élections professionnelles de représentativité. Jusqu'à ce jour toutes les tentatives ont échoué suite à la protestation de l'UNTM auprès du Gouvernement. Une feuille de route a été élaborée en 2017 pour l'organisation des élections ; elle est restée sans suite, le Gouvernement ayant conditionné son introduction en Conseil des ministres à la consultation des syndicats pour fixer le seuil de représentativité. Cette consultation n'est plus apparemment à l'ordre du jour au niveau du ministère du Travail.

[1086] Aux termes de l'article 2 de la Constitution du 25 février 1992 : « *Tous les Maliens naissent et demeurent libres et égaux en droits et en devoirs. Toute discrimination fondée sur l'origine sociale, la couleur, la langue, la race, le sexe, la religion et l'opinion politique est prohibée* ».

876. Il faut noter que malgré la désapprobation des autres centrales, la composition des autres organes de dialogue social n'a pas changé. En 2014, le ministre du Travail a informé, par une lettre, la CSTM que l'UNTM gardera les douze postes du CESC jusqu'à l'organisation des élections professionnelles. Nous savons tous aujourd'hui que personne ne connait la date exactement de la tenue desdites élections. Cette inaction du Gouvernement crée de la frustration chez les autres confédérations et exigent de plus en plus la création d'un cadre national de dialogue social ou toutes les centrales pourront siéger. On pourrait se poser la question de savoir si l'État est-il devenu impuissant à appliquer la loi ?

877. Il est aussi important de rénover le dialogue social, en dégageant le consensus entre les centrales syndicales pour ne pas répéter les erreurs constatées lors de la signature du Pacte[1087] de solidarité pour la croissance et le développement en août 2001. Au-delà du cadre national de dialogue social qui serait prévu, on pourrait aussi renégocier la conclusion d'un nouvel pacte social pour anticiper et prévenir les conflits du travail et assurer le développement des entreprises. Cette idée a germé de 2014 à 2016, et fut ensuite abandonnée au profit de la création du cadre national. Il faut observer que lors de l'ouverture des négociations sur le Pacte de solidarité de 2001 l'UNTM a fait de l'exclusion de la CSTM une condition majeure de sa participation aux négociations. Ainsi, le Pacte conclut dans ces conditions a provoqué chez les exclus le sentiment d'iniquité que le Gouvernement entretient entre les organisations syndicales du pays.

878. Cependant, il est constant de noter que la mise en œuvre du dialogue social est le moyen le plus efficace pour prévenir et gérer les conflits collectifs. Son bon fonctionnement implique la présence des organisations professionnelles fortes et autonomes et représentatives. Cette frustration a conduit la CSTM, en plus de sa non-représentation au CESC, à intenter des actions devant la Cour suprême et, obtenu l'annulation des différents décrets de nomination des membres de l'institution sociale. Il faut très vite noter que malgré les différents arrêts rendus par la Cour suprême rien n'a changé par rapport à la représentation de la CSTM.

[1087] Le Pacte de solidarité dans son préambule dispose que : *« Le Gouvernement de la République du Mali, les organisations syndicales d'employeurs et de travailleurs et les associations de retraités : - désireux de consolider les liens de partenariat dynamique les unissant ; - estimant que l'intensification de cette coopération dans un cadre institutionnel adapté favorise le développement harmonieux de l'économie nationale et une meilleure distribution des fruits de la croissance économique ; - soucieux de traduire cette croissance en emplois accrus pour l'ensemble de la population ; convaincus de la nécessité de l'élaboration et de la mise en œuvre d'un programme minimum d'actions pour répondre aux préoccupations essentielles des organisations syndicales d'employeurs et de travailleurs » ont convenu ce qui suit* (…) »

879. Il faut noter qu'il y a une nécessité de créer une synergie entre tous les acteurs qui devront contribuer à la mise en œuvre du Pacte de solidarité. Cette synergie se fera par la réalisation des activités énumérées dans le Pacte mais aussi et surtout à travers une plus grande inclusion, en particulier par l'intégration de la CSTM et des deux autres confédérations dans les commissions de travail et la création d'un cadre national de dialogue social plus inclusif comprenant l'ensemble des acteurs qui pourrait s'appeler Conseil National du Dialogue Social, avec une composition tripartite et une meilleure communication à travers une plateforme électronique à laquelle chaque membre des commissions ou n'importe quel acteur disposant d'un code secret, pourra s'y connecter pour suivre les activités et les programmes mis en ligne par le Secrétariat permanent du nouvel organe.

880. Ainsi, envisageant la mise en œuvre des conclusions de l'évaluation, le Gouvernement a opté pour la création d'un cadre national de dialogue social dénommé Conseil national de dialogue social (CNDS). On espère que cet espoir ne soit dissout dans les méandres du sempiternel refus de l'UNTM, de guerre lasse, les autres confédérations ne croient pas en cette nouvelle possibilité de se voir siéger côte-à-côte au sein d'un organe national où les syndicats pourront dialoguer avec le Gouvernement et les Employeurs sous le même toit. A l'heure du pluralisme syndical[1088], le Gouvernement doit en toute responsabilité décider de partager les sièges du CESC entre les quatre centrales et il est regrettable de constater que seule l'UNTM continue de siéger seule dans toutes les instances de dialogue social au Mali.

881. La nécessité de la création d'un cadre national de dialogue inclusif n'est certainement pas la seule raison de l'instauration du futur CNDS. Il y a aussi une nécessité de collaboration avec les instances de dialogue social au niveau de l'UEMOA[1089] et de la CEDEAO[1090], regroupant respectivement les huit pays de l'UEMOA et les 15 pays de la CEDEAO. En dehors de ces deux

---

[1088] A la même période, le Sénégal connait aussi pluralisme syndical. On y a dénombré dix-neuf centrales syndicales : la Confédération Nationale des Travailleurs du Sénégal (CNTS) ; l'Union Nationale des Syndicats Autonomes (UNSAS) ; la Fédération Générale des Travailleurs du Sénégal (FGTS) ; l'Union des Travailleurs Libres du Sénégal (UTLS) ; le Syndicat des Professionnels de l'Information et de la Communication du Sénégal (SYNPICS) ; la Confédération Démocratique des Techniciens du Sénégal (SDTS) ; la Confédération Nationale des Travailleurs du Sénégal/ Force du Changement (CNTS/FC). Il a réussi q organisé en 2011 et 2017 des élections p de représentativité, avec un seuil de 10%. Aujourd'hui quatre centrales sont considérées comme représentatives. Le Niger, pendant la même période, a tenté, d'organiser en vain, depuis 2016 les élections professionnelles.

[1089] Depuis le 17 mars 2009, le Conseil du travail et du dialogue social CTDS UEMOA a été créé dans le schéma organisationnel de l'Union.

[1090] Le Forum du dialogue social de la CEDEAO a aussi été créé pour la même lignée que le CTDS UEMOA ;

instances, des Conseils nationaux de dialogue social[1091] ont été créés un peu partout dans la zone UEMOA et dans la zone CEDEAO. Ainsi, nous allons examiner la nécessaire collaboration interrégionale des cadres de dialogue social **(2)**.

2. La nécessaire collaboration interrégionale dans le domaine du dialogue social

882. La pratique du dialogue social a pris de l'ampleur depuis la création par un acte additionnel 2009 de l'UEMOA du Conseil du Travail et du Dialogue Social (CTDS)[1092] regroupant les représentants tripartites des huit Etats membres, en plus de la société civile qui assiste en qualité d'observateur aux travaux de l'Assemblée Générale[1093] qui se tient chaque année au mois de décembre, dans l'un des pays membres de l'UEMOA.

883. Le CTDS a pour missions « *d'examiner et apprécier toute question susceptible d'avoir un impact social dans l'Union* » et de « *renfoncer les mécanismes de consultation, de concertation tripartite au sein de l'Union et de consolider le processus et les structures de dialogue social dans les pays membres* ». Au regard de ses missions, des structures de dialogue social ont été créées dans tous les pays pour ceux qui n'en avaient pas, sauf au Mali. Lors de la 9ème Assemblée Générale du CTDS tenue à Ouagadougou du 4 au 6 décembre 2018, il a été recommandé d'appuyer le Mali pour faciliter la création d'un Conseil national tripartite à l'instar des autres pays de l'UEMOA.

884. Au vu des missions du CDTS, une collaboration est nécessaire entre la structure sous- régionale et les structures nationales de dialogue social. Pour faciliter cette collaboration, à l'occasion de chaque Assemblée générale (AG) du CTDS-UEMOA, chaque pays est invité à faire une représentation sur l'état du dialogue social au cours de l'année écoulée. Ces présentations sont compilées[1094] dans un rapport qui retrace l'état du dialogue social dans l'Union. Le premier rapport publié en 2016 a concerné les rapports des Assemblées générales de 2010 à 2016.

1091 Dans les pays de l'UEMOA, il a été créé un conseil national de dialogue sauf au Mali (Bénin, Burkina, Niger, Sénégal, Togo, Côte d'Ivoire, Guinée Bissau).

1092 Communément appelé CDTS UEMOA, le Conseil du Travail et du Dialogue Social a été créé par l'acte additionnel au Traité fondateur de l'Union n° 002/2009/CCEG/UEMOA du 17 mars 2009.

1093 L'AG annuelle comprend 72 membres (travailleurs, employeurs et Gouvernementaux) de chaque pays, en raison de trois représentants pour le Gouvernement, deux pour les employeurs, deux pour les travailleurs et deux représentants de la société civile en qualité d'observateurs.

1094 *Cf.* CTDS-UEMOA, Compilation des résultats des travaux du conseil de 2010 à 2016, 2017, 246, p.

885. En vue de faciliter la collaboration entre le CTDS et les cadres nationaux de dialogue social dans les pays, le CTDS a mis en place une Cellule nationale de dialogue social[1095] dans chaque pays, présidée par chaque directeur général ou national du Travail. Cette structure a été mise en place au Mali en 2017 sur recommandation de l'Assemblée générale du CTDS de décembre 2016. La Cellule nationale supplée pour le moment l'absence d'un CNDS au Mali dont la création a été annoncée depuis 2015 par le ministre du Travail comme l'une des conclusions majeures de l'atelier d'évaluation du Pacte de solidarité en 2014.

886. Paradoxalement, longtemps le ministre du Travail a lié la création du CNDS Mali à la tenue des élections professionnelles avant de changer d'avis suite aux différents voyages d'études effectués dans deux pays voisins[1096]. Il a souhaité que l'organe soit créé. Les discussions avec ces pays lui ont permis de comprendre que la création de l'organe n'était pas forcement liée aux élections professionnelles, qui d'ailleurs devient un « *faux argument* » pour le Gouvernement, fuyant ainsi sa responsabilité pour endormir la conscience nationale voire internationale[1097].

887. Le CTDS n'est pas le seul organe sous-régional dans le domaine : « *le dialogue social est aussi envisagé dans un autre cadre régional, celui de la Communauté Economique des États de l'Afrique de l'Ouest (CEDEAO) qui s'est dotée, en 2013, d'un Forum tripartite du dialogue social* »[1098]. Avec la création de ces conseils nationaux, voire régionaux, de dialogue social, les

---

[1095] Les cellules nationales CTDS ont pour mission essentielle de porter la voie du CTDS dans les pays et de collecter les résultats du dialogue social au cours de l'année, ainsi que les difficultés et les perspectives du dialogue social (*Cf.* not. Thiam B., « Le Conseil du travail et du Dialogue social de l'UEMOA : missions, contraintes, défis et perspectives » in Auvergnon Ph., Kénoukon Ch. (dir.), *Dialogue social dans les pays de l'espace OHADA et ailleurs dans le monde : la part du droit*, éd. L'Harmattan 2018, p. 127.

[1096] En août 2017, le ministre du Travail du Mali, accompagné de deux de ses collaborateurs, a effectué à Dakar au Sénégal un voyage d'études pour s'inspirer de l'expérience de ce pays frère en matière d'organisation des élections professionnelles ainsi que de la mise en place d'un Haut conseil national du dialogue social du Sénégal (Décret n° 201-1299 du 13 octobre 2014). En décembre 2017, la même délégation s'est rendue à Abidjan en Côte d'Ivoire pour une séance de travail avec le BIT ; elle a aussi eu une séance avec le Conseil national du dialogue social de Côte d'Ivoire (Décret n° 2015-651 du 23 septembre 2015 instituant un Conseil National du Travail). Ces discussions ont permis de comprendre que la création du CNDS n'était pas forcement liée à la tenue d'élections professionnelles.

[1097] Les réponses qui ont toujours été données au BIT suite aux différentes plaintes de la CSTM est que « l'organisation des élections professionnelles permettra de régler cette question ». Le BIT et l'UEMOA ne croient plus à cette réponse. Il est souhaitable qu'une réponse responsable et courageuse soit donnée.

[1098] *Cf.* Règlement c/reg13/06/13 portant création du forum régional du dialogue social tripartite de la CEDEAO (http://www.ecowas.int/wp-content/uploads/2015/02/13Social_Tripartite.pdf).

États africains attendent des acteurs sociaux des recommandations et avis sur les mesures urgentes à adopter tant sur le plan économique que social.

888. En ces temps de crises, aucune organisation régionale ou sous régionale ne peut ignorer ce type d'outil qui permet de donner la parole à ceux qui, jusqu'alors n'avaient bien souvent pas le pouvoir d'influencer des décisions les intéressant au premier chef. Il est permis de « *penser que l'Organisation pour l'Harmonisation en Afrique du Droit des Affaires (OHADA) a elle-même certainement un rôle à jouer en la matière, y compris, en prenant en compte que le dialogue social engendre une revivification des sources du droit* »[1099]. L'OHADA peut rendre plus visible les questions agitées au sein des structures communautaires existantes en traduisant dans des dispositions uniformes contraignantes les solutions dégagées de manière consensuelle.

889. Ainsi, la création future du CNDS Mali permettra de tisser un lien entre le CTDS UEMOA, le Forum du dialogue social de la CEDEAO et la cellule nationale. Organe de prévention des crises sociales, le CTDS a déjà organisé et commandité des études nationales sur les crises sociales au sein de la zone UEMOA en 2013[1100]. Des recommandations ont ainsi été faites à l'endroit des partenaires sociaux, des Gouvernements et du BIT en matière de promotion du dialogue social dans l'espace UEMOA. Ces études ont permis à chaque pays de l'Union de repérer et analyser les principales causes de déficit de dialogue social. Monsieur Yoro De, ancien ministre du Travail et du Dialogue social du Sénégal avait été commis pour faire la synthèse des rapports des pays.

890 Cette synthèse a recommandé aux États membres de « *favoriser la tenue des séminaires nationaux pour l'élaboration des plans d'actions destinés à mieux gérer les conflits collectifs et promouvoir le dialogue social ; de faire un échange d'expériences sur les chartes sociales et les pactes sociaux afin de tirer profit des aspects positifs ; donner aux organes nationaux de dialogue social les ressources humaines et financières nécessaires pour l'accomplissement de leurs missions ; adopter le dialogue social comme valeur, l'inscrire dans les lois fondamentales des pays et de mettre au centre de la gouvernance au quotidien des pays ; déterminer la représentativité des organisations syndicales, des partenaires sociaux et mettre en œuvre le consensus arrêté afin que chaque organisation puisse bénéficier de ce qui lui revient de droit* »[1101].

[1099] A. Cissé Niang, « Dialogue social : quelques pistes d'échanges sur un concept à géométrie variable et des pratiques polymorphes » in Auvergnon Ph., Kénoukon Ch. (dir.), *Dialogue social dans les pays de l'espace OHADA et ailleurs dans le monde : la part du droit*, *op. cit.*, p. 33.

[1100] De Y., *Études sur les crises sociales au sein de l'UEMOA, rapport final,* UEMOA-BIT, 2013, p. 6.

[1101] *Idem.*

891. A l'analyse de ces recommandations, il ressort que le Mali s'avère tout particulièrement concerné dans la mesure où aucune des actions souhaitées n'a été entamée, hors le cadre donné par le Pacte de solidarité. Il faut reconnaitre que le dialogue social au Mali rencontre des difficultés singulières. Le Docteur Dianguina Tounkara a pu ainsi parler de « *dialogue social cantonné à une fonction quasi-ornementale* »[1102]. Au-delà desdites difficultés et dans la perspective d'une évolution, nous devons examiner la composition et les attributions possibles d'un Conseil National du Dialogue Social au Mali.

B - La composition et les attributions de l'institution projetée

892. La création d'un Conseil national du dialogue social répond au souci exprimé par le CTDS-UEMOA, de : « *prévenir les conflits sociaux par un renforcement de la gouvernance participative des employeurs et des travailleurs au dialogue social et inventer les mécanismes de médiation sociale* »[1103]. Les pratiques sont diverses et variées d'un pays à un autre. Il ne s'agit pas de faire les choses autrement mais de s'inspirer des pratiques des autres pays. Ainsi, nous examinerons la composition possible du Conseil national **(1)** ainsi que les missions et attributions de l'institution **(2).**

1. Une composition tripartite souhaitée.

893. En 2014, un projet de décret a été élaboré par la Direction nationale du Travail du Mali et transmis au Cabinet du ministère du Travail. Dans le projet de décret, le ministère du Travail a opté pour une composition tripartite (Employeur, Gouvernement, Travailleurs). Aux termes de l'article 5 dudit projet, « *Le Conseil National du Dialogue Social comprend outre, le Président et deux Vices présidents, vingt-sept membres repartis ainsi qu'il suit : 9 représentants du Gouvernement ; 9 représentants des organisations professionnelles d'employeurs ; 9 représentants des organisations syndicales de travailleurs les plus représentatives* ». L'article 4 du projet ajoute que « *Le Conseil National du Dialogue Social est présidé par une personnalité dont l'autorité morale et les compétences en matière sociale, juridique et économique, la rende particulièrement apte à promouvoir le dialogue social, à prévenir et à régler les conflits. Il est nommé par décret pris en Conseil des ministres sur proposition du ministre en charge du Travail. Le président est assisté de deux vice-présidents provenant des deux autres groupes et nommés*

[1102] D. Tounkara, « Etat et perspectives du dialogue social au Mali », in Auvergnon Ph., Kénoukon Ch. (dir.), *Dialogue social dans les pays de l'espace OHADA et ailleurs dans le monde : la part du droit, op. cit.*, p. 266.

[1103] De. Y., *Etudes sur les crises sociales au sein de l'UEMOA, rapport final, UEOMA-BIT, op, cit.*, p. 32.

sur leur proposition ». Ainsi, en ajoutant aux membres le Président et les deux vice-présidents, le conseil en question devait réunir trente membres comme le Haut Conseil national du Dialogue social du Sénégal[1104].

894. Aussi bien au Sénégal qu'en Côte d'Ivoire, la société civile ne fait pas partie de la composition du Conseil national. Certaines raisons ont été données à ce sujet. La première qui ne résiste plus à l'analyse, au regard du rôle joué par cette société civile dans le règlement des conflits collectifs, est le refus des organisations syndicales de voir la société civile siégé au sein dudit conseil au nom du respect strict du tripartisme prôné par le BIT. La deuxième raison avancée par la plupart des syndicalistes est que la société civile est « multicolore » et n'est pas censée comprendre les préoccupations véritables des salariés.

895. De fait, la société civile ne participe pas au Conseil national du dialogue social, ni au Sénégal, ni en Côte d'Ivoire, ni au Burkina Faso, ni au Togo, ni au Bénin, ni en Guinée Bissau. Ce constat milite en faveur des arguments développés par les organisations syndicales. Malgré tout, un pays fait exception à une composition tripartite stricte : est Niger[1105]. La société civile fait partie de son conseil du travail et du dialogue social dans le cadre de ce que l'on dénomme le « tripartisme ». Le CNDS-Niger[1106] comprend la société civile en tant qu'observateur. De fait, les représentants du Niger, à toutes les assemblées du CTDS-UEMOA, vantent les bienfaits de sa composition « quadripartite ». Il estime, à tort ou à raison, que la société civile a apporté à la résolution de certains conflits majeurs au Niger. Au Mali, de façon unanime pour le moment, le rattachement du futur Conseil du dialogue social se ferait auprès du ministère du Travail et de la Fonction publique.

896. D'autres difficultés demeurent au niveau de la gestion des conflits de compétences entre le Conseil national du dialogue social et les inspections du Travail dans la gestion des conflits dits « *majeurs* »[1107]. Le Conseil national du dialogue social en Côte d'Ivoire connait des difficultés semblables dans le cadre de la gestion des conflits entre l'inspection et ledit conseil. Face à la

---

1104 *Cf.* article 3 du décret n°2014-1299 du 13 octobre 2014.

1105 Aux termes de l'article 5 du décret n°2000-159 /PRN/MT/MA du 23 septembre 2000 instituant une commission nationale de dialogue social et définissant sa composition, ses attributions et règles de fonctionnement : « *la commission nationale de Dialogue social comprend outre le président, vingt-sept (28) membres repartis ainsi qu'il suit : 7 du Gouvernement, 7 des employeurs les plus représentatives, 7 des organisations syndicales de travailleurs les plus représentatives et 7 de la société civile et des organisations coopératives* ».

1106 L e CNDS Niger est composé de vingt- huit personnes en plus du Président.

1107 Un conflit majeur est un conflit d'une portée nationale menaçant la stabilité nationale ou l'économie nationale (*Cf.* not. Article 3 du décret portant création du CNDS en Côte d'Ivoire).

récupération politique, il y a un risque d'enlever aux CNDS tout le succès qu'ils connaissent, en tout cas, leur but premier qui est d'être un mécanisme de prévention et de gestion des conflits. Après avoir examiné la composition du CNDS, nous allons analyser les missions et attributions futures dudit Conseil.

2. Les attributions de l'institution.

897. A l'image des autres conseils nationaux du dialogue social, celui du Mali serait chargé aux termes de l'article 3 du projet de décret, de : « *promouvoir une culture de prévention des conflits de travail dans les secteurs public, parapublic et privé ; participer à la résolution des conflits majeurs du monde du travail dans les secteurs public, parapublic et privé ; Instaurer de façon durable un dialogue social entre les partenaires sociaux ; participer à la réflexion sur la législation sociale et sur les conditions de travail dans les secteurs public, parapublic et privé ; participer à la réflexion sur les outils de gestion du monde du travail, notamment les politiques en matière d'emploi, de travail, de santé et sécurité au travail, de formation professionnelle et de sécurité sociale ; et émettre des avis sur les grandes orientations économiques à forte incidence sociale* ». De façon générale, les missions ainsi confiées se retrouvent dans les textes de création de l'ensemble des conseils nationaux de dialogue social des pays membres de l'UEMOA. A la lecture croisée des missions des CNDS des pays de l'UEMOA, il est permis de parler d'uniformisation dans l'espace UEMOA des missions de ce type d'instances nationales.

898. Il faut noter que malgré la clarté des missions confiées, des conflits de compétences surgissent à l'occasion de la gestion de certains conflits collectifs, généralement soumis à la procédure de règlement du Code du travail. Ainsi, l''ordre d'intervention peut poser problème : Qui du Conseil ou de l'inspection du Travail devrait être saisi en premier du conflit collectif ?

899. Les discussions que nous avons eues avec les pays voisins sur leurs pratiques, notamment avec les membres du Haut conseil du dialogue social du Sénégal et ceux de l'instance équivalente en Côte d'Ivoire, nous conduisent à penser que la question n'est pas totalement réglée dans ces pays[1108]. La question des conflits de compétences s'y pose. C'est pourquoi il paraît tout particulièrement important de définir la notion de « *conflits majeurs* » pour

[1108] En Côte d'Ivoire la question de savoir ce que l'on entend par « *conflit majeur* » n'est pas totalement réglée. Le Président du CNDS estime qu'il n'y a pas de problème de conflit de compétences. Mais lorsque nous nous sommes entretenus avec l'inspection du Travail, il ressortait qu'il y a souvent quelques difficultés qui sont toutefois surmontées en concertation avec le CNDS. Généralement, ce dernier est saisi soit par les parties en conflit, soit par le Gouvernement, soit encore par toute personne physique ou morale, publique ou privée (*Cf* article 21 du règlement intérieur du CNDS côte d'Ivoire).

limiter les risques de tensions et de récriminations de l'inspection du Travail à l'égard de l'instance nationale de dialogue social.

900. La durée envisagée du mandat des membres du futur Conseil est de trois ans ; cette durée est inspirée des pays voisins ; il est prévu que le conseil aurait la possibilité, en cas de besoin, d'instituer des organes techniques nécessaires à l'accomplissement de ses missions. Le Conseil pourrait également requérir l'avis de toutes personnes qualifiées pour éclairer ses travaux. Il disposerait d'un Secrétariat permanent dont la composition et les règles de fonctionnement seraient déterminées par son règlement intérieur[1109]. Enfin, il disposerait de deux sous-structures : le Conseil supérieur du Travail et le Conseil supérieur de la Fonction publique et des Collectivités Territoriales. Il faut vite noter que certains acteurs syndicaux ne sont pas favorables à ce que les deux conseils supérieurs dépendent du Conseil national du dialogue social. Ils pensent que cette dépendance risque de nuire à la bonne marche de ces organes de concertation. Les discussions futures permettront de régler la question.

901. Les règles de fonctionnement[1110] sont fixées dans le projet de décret[1111]. Le CNDS sera doté d'une autonomie financière et de gestion. Les crédits budgétaires nécessaires à la mise en place et au fonctionnement du CNDS, de ses sous-structures et du Secrétariat permanent, sont inscrits au budget général du ministère en charge du Travail. Ses ressources pourront provenir des dons et legs. Il tiendra deux sessions ordinaires par an, sur convocation de son président. Il pourra tenir des sessions extraordinaires en cas de besoin, à la demande des deux-tiers de ses membres. Les fonctions de ces derniers sont exercées à titre gratuit. Toutefois, pour compenser les frais de sujétion relatifs à cette charge, une indemnité forfaire de session sera allouée aux membres. Le montant de cette indemnité sera fixé par arrêté conjoint du ministre chargé des Finances et du ministre chargé du Travail.

902. Un regard critique sur les Conseils existants permet de comprendre que le Gouvernement confie auxdits conseils une mission de service public. Ainsi, en Côte d'Ivoire et au Sénégal, le Conseil national dispose de cinq commissions techniques : « *la commission litige et médiation ; la commission relation de travail ; la commission protection sociale ; la commission études et développement et enfin la commission spéciale chargée de connaitre des dossiers de licenciement collectifs pour motif économique* »[1112], cela après

---

1109 Le règlement intérieur est l'outil fondamental de travail du conseil, il fixe les règles essentielles de son organisation et de son fonctionnement (*Cf* Articles 7 à 11 du projet de décret portant création du CNDS Mali).

1110 *Cf.* Articles 12 à 14 du projet de décret portant création et fonctionnement du CNDS Mali.

1111 *Cf.* Articles 12 à 14 du projet de décret portant création et fonctionnement du CNDS Mali.

1112 Article 5 du règlement intérieur du CNDS de la Côte d'Ivoire.

épuisement des procédures et voies de recours prévues par le Code du travail. Il convient de rappeler que les commissions techniques sont de composition tripartite ou quadripartite selon les pays[1113].

903. Le constat qui ressort de la création des CNDS est que la plupart de ces conseils ont hérité des missions confiées au Conseil supérieur du travail ou au Conseil supérieur de la Fonction publique. Il en irait de même au Mali selon le projet de décret[1114]. En plus du règlement intérieur qui décrit l'ensemble des procédures et méthodes d'intervention du Conseil national[1115].

904. L'engouement créé autour des conseils nationaux de dialogue social suite à l'appel[1116] de l'UEMOA est certain. Seul le Mali n'a toujours pas pris le train régional de l'instutionnalisation tripartite ou tripartite plus du dialogue social. Le souhait que nous émettons ici est que la volonté d'apaiser le climat social dans l'espace UEMOA puisse porter tous les fruits escomptés. Pareil objectif peut également être atteint via l'instauration de comités de dialogue social de branche ou d'entreprise.

§ 2 - L'institution de comités de dialogue social de branche ou d'entreprise

905. Le dialogue social au niveau de la branche ou de l'entreprise est déjà régi par le Code du travail de 1992[1117] à travers les missions et attributions des membres du comité syndical mais aussi des délégués élus du personnel. Les mêmes dispositions sont consacrées dans le projet d'acte uniforme de l'OHADA portant droit du travail.

Il y a nécessité de rénover la pratique du dialogue social par l'institution au niveau de la branche et au niveau de l'entreprise, des comités de dialogue social, qui pourront servir de relai au Conseil national de dialogue social à venir. Ainsi, nous examinerons les règles d'organisation de ces comités **(A)** ainsi que les mécanismes alternatifs de désamorçage des conflits **(B)** au niveau des branches ou des entreprises.

[1113] Dans tous les cas, le conseil dispose d'un Secrétariat permanent. Dans le projet de décret du Mali, il s'agit d'une composition tripartite.

[1114] Article 11 du projet de décrets portant création et fonctionnement du CNDS Mali.

[1115] En côte d'Ivoire, avec la création du « Conseil National du Dialogue Social », les acteurs ont estimé qu'il était aussi nécessaire de changer de nom du secrétariat permanent en secrétariat exécutif. Mais dans la pratique, ce changement n'a pas d'incidence sur les missions du Secréterait exécutif ; Article 2 du règlement intérieur du CNDS de la Côte d'Ivoire.

[1116] En application des dispositions de l'acte additionnel n° 02/2009/CCGE/UEMOA portant création et organisation du CTDS, les Etats membres ont été invités à adapter leurs cadres nationaux de dialogue social aux réalités actuelles, et à donner effet aux recommandations des différents ateliers tenus dans le cadre du projet BIT-PRODIAF.

[1117] *Cf.* Loi n° 92-020 du 23 septembre 1992 portant Code du travail en République du Mali, modifiée par la loi n° 201-021 du 12 juin 2017.

A- Les règles d'organisation des comités de dialogue social

906. Il s'agit ici de proposer la création de nouveaux organes de dialogue social au niveau de la branche ou de l'entreprise, s'ajoutant aux instances traditionnelles, afin de contribuer à l'apaisement du climat social. En tout, il s'agit de faire en sorte que le dialogue puisse devenir une réalité par le jeu de l'information, de la consultation et de la concertation, et même éventuellement de la cogestion. Le dialogue social au niveau de la branche comme parfois dans l'entreprise n'existe qu'au gré des revendications des travailleurs et, surtout, des mouvements syndicaux l'imposant[1118]. Il y a donc nécessité de créer un organe au niveau de la branche ou de l'entreprise dédié spécifiquement au dialogue social, à l'image du CNDS que nous avons proposé plus haut. Nous analyserons les règles d'organisation possibles au niveau de la branche **(1)** et au niveau de l'entreprise **(2).**

1. Le comité de dialogue au niveau de la branche

907. Le système d'organisation syndicale au Mali, et de façon générale en Afrique de l'Ouest, repose essentiellement sur un mécanisme hiérarchique de représentation syndicale. Les syndicats de branche tirent leur légitimité de la centrale syndicale ou de la confédération à laquelle ils sont rattachés et les comités syndicaux de base de celle des syndicats nationaux de branche.

908. En Europe, dans les branches professionnelles, mais aussi dans les entreprises et les établissements, le droit de la négociation collective est offert aux seuls représentants syndicaux[1119]. Cela signifie que, sauf exception, les représentants des salariés élus par le personnel (délégués du personnel, et membres du CHS) dans l'entreprise ne disposent pas du droit de négocier un accord collectif de travail avec l'employeur. Il faut cependant noter que « la loi du 8 août 2016, a introduit une règle importante relative à l'articulation des accords d'entreprise et d'établissement, susceptible d'avoir de sérieuses conséquences sur le dialogue social : un accord conclu au niveau de l'entreprise peut en effet prévoir expressément (condition nécessaire) que ses stipulations se substituent à celles ayant le même objet des conventions ou

---

[1118] Seuls les mouvements syndicaux « extérieurs » imposent aux employeurs de discuter véritablement au niveau de l'entreprise ou de la branche. Ceci dénote le non-respect des missions confiées aux syndicats et plus généralement aux représentants des travailleurs, dans la branche ou dans l'entreprise.

[1119] Martin Ph., « Le dialogue social : de nouvelles perspectives pour l'autonomie collective en France ? » in Martin Ph. (dir.), *Le dialogue social, modèles et modalités de la régulation juridique en Europe*, Presses Universitaires de Bordeaux, 2007, p. 276.

accord conclus antérieurement et même postérieurement dans les établissements compris dans le périmètre de cet accord »[1120].

909. Cette règle est aussi valable au Mali où la maîtrise des négociations au niveau des branches relève des syndicaux nationaux de branche. Il faut noter que les syndicats nationaux de branche sont composés des comités syndicaux de base au niveau des entreprises et situer dans le champ d'action de la branche considérée. Le Code du travail modifié parle d'organisations syndicales plus représentatives au niveau de la branche. L'article L.78 nouveau du Code du travail stipule que : « *Des conventions annexes pourront être conclues, soit, pour chacune des principales catégories professionnelles, soit en cas de convention commune à plusieurs branches d'activité pour chacune de ces branches. Elles contiendront les conditions de travail particulières à ces catégories ou ces branches d'activité et seront discutées par les organisations syndicales les plus représentatives des catégories ou branches intéressées* ».

910. Au fond, il s'agit d'un « *dialogue social de circonstance* ». Il manque ainsi un véritable organe de dialogue social au niveau de la branche afin de ne pas subir un dialogue social de circonstance imposé par les syndicats nationaux les plus puissants en fonction de l'importance économique de la branche, ainsi des banques, des mines et de l'industrie, ou du secteur de la production (agriculture, élevage et pêche) ; qui sont les syndicats nationaux les plus puissants et bien organisés.

911. La création au niveau de chaque branche de comités de dialogue social obligera les acteurs de la branche à se retrouver dans un cadre formel pour discuter et anticiper les problèmes qui pourraient surgir dans la branche. On devra évidemment au niveau de chaque branche, régler l'épineuse question de la représentativité. L'une des difficultés pourrait résulter du fait que dans certaines branches, il existe une part d'activité relevant soit du secteur public, soit du secteur privé ; on peut ici penser au Syndicat national des mines et de l'Industrie (SECNAMI) ou au syndicat national de la production (SYNAPRO).

912. Ainsi, l'intérêt de la création du comité de dialogue social au niveau de la branche résultera de la possibilité pour les parties de se retrouver au niveau de la branche. Au Mali, tous les syndicats nationaux ont un conseil central[1121] qui

---

[1120] Auzero G., Baugard D., Dockès E., *Droit du travail*, Précis Dalloz, 32ème éd., 2019, p.1681.

[1121] Le Conseil central du syndicat national regroupe les représentants des comités syndicaux des entreprises de la branche ou des syndicats sectoriels des départements ministériels. Cette réunion peut se tenir chaque ou chaque trimestre selon le règlement du syndicat national en se réunit une fois par trimestre au niveau de la confédération syndicale de rattachement, à la différence que les employeurs de la branche ne sont pas associés à ce cadre de concertation et c'est l'occasion certainement de discuter des problèmes que rencontrent les salariés de la branche et d'engager les discussions avec les employeurs, éventuellement.

913. Au niveau du Conseil national du Patronat du Mali[1122], des réunions mensuelles se tiennent entre les groupements professionnels de chaque branche pour discuter et définir des positions unifiées face à certaines revendications de branche. On pourrait créer au niveau de chaque branche un cadre formel de concertation regroupant les syndicats sectoriels et les groupements professionnels. Ce cadre de concertation devrait être le lieu de discussion et d'anticipation du règlement des conflits latents dans la branche, en tenant comte des réalités des branches.

914. Il faut noter que les cadres de dialogue que l'on envisage au niveau des branches pourront bien s'inspirer de celui informel institué entre les employeurs des sociétés minières et la Section nationale des mines et de l'industrie (SECNAMI). Il arrive ainsi parfois que pour régler certains conflits, les deux parties (employeurs et travailleurs) demandent à l'inspecteur du Travail qui tente la conciliation, une suspension de séance de deux jours pour leur permettre de discuter entre eux et de trouver des solutions qu'ils viendront exposer au conciliateur. Dans la pratique, cette consultation bipartite entre employeurs et syndicats de travailleurs permet à l'inspecteur du Travail de gagner du temps dans la gestion de la conciliation, mais aussi de renforcer la maitrise des sujets au sein des branches et favoriser une culture de dialogue indispensable à l'apaisement du climat social. Ainsi, les acteurs des branches deviennent les principaux acteurs de leur propre dialogue social.

915. Ainsi, il arrive très souvent que ces consultations informelles permettent de régler ou de faire lever des mots d'ordre de grève dans le secteur. Il s'agit d'un cas isolé et informel au niveau de cette branche. Cet exemple n'est pas donné au hasard. Il ressort des statistiques[1123] de la DNT que le secteur des mines est celui où l'on enregistre le plus de grèves, hormis la santé et l'éducation. Il serait souhaitable que cette bonne pratique informelle soit imitée par d'autres branches.

---

question. S'agissant de la SECNAMI la section se réunion chaque semestre et en cas de besoin par trimestre.

[1122] Le CNPM regroupe au moins 19 groupements professionnels, tout secteur d'activité confondu.

[1123] Dans le rapport annuel de la Direction nationale du travail en 2017, il apparaît que le secteur des mines est celui dans lequel sont développées le plus de grèves répétitives dans le secteur privé.

916. Force est de reconnaitre que la réussite des cadres proposés dépendra de la bonne volonté des acteurs du dialogue social. Il s'agit d'une expérience qui pourrait bien servir à l'apaisement du climat social pour éviter de tomber dans un semblant de dialogue ou de « *dialogue social de circonstance* »[1124], une fois le conflit réglé, les acteurs au niveau de la branche ne se retrouvent, ni pour évaluer, ni pour prévenir la survenance d'autres conflits.

917. Les propositions ainsi faites devraient-elles relever d'un cadre juridique légal découlant du Code du travail ou du projet de décret instituant le Conseil national de dialogue social ? Il est nécessaire que la création des comités de dialogue social au niveau de la branche relève soit du Code du travail, soit des conventions collectives. La création d'un organe indépendant des délégués du personnel et du comité syndical permettrait de renforcer la pratique du dialogue social au niveau de la branche.

918. Il convient de tempérer les effets de leur prévision dans les accords collectifs, dans la mesure où les secteurs non régis pas une convention collective ne se verraient pas dans l'obligation de créer un tel cadre. En proposant de recourir à une disposition du Code du travail concernant leur création, on aura créé un organe de plus. Donc, notre avis demeure que leur création soit prévue dans les conventions collectives dont les travailleurs et les employeurs sont les véritables « *artisans* ». En effet, le rôle des partenaires sociaux est très important pour que la loi soit pleinement appliquée. Que devrait-il en être du comité de dialogue social au niveau de l'entreprise ?

2. Le comité de dialogue au niveau de l'entreprise

919. L'entreprise parait être le lieu idéal de la création d'un cadre formel de dialogue social même si d'une certaine façon ce cadre existe ou devrait y exister déjà[1125]. A ce niveau, nous notons la présence des délégués du personnel et du comité syndical, même si leurs missions et leurs rôles sont différents, ils concourent tous en principe au dialogue social dans l'entreprise. Le dialogue devrait y être toutefois plus ancré. Un comité de dialogue social au niveau de l'entreprise aurait pour mission de faire en sorte que les acteurs sociaux, employeur et travailleurs, puissent s'asseoir à la même table de négociation par anticipation, pour prévenir et gérer les conflits, en dehors de

---

[1124] Il s'agit des pratiques de dialogue au gré de la survenance des conflits collectifs. Hors conflit les acteurs ne se voient pas.

[1125] Le Code du travail, modifiée en 2017 prévoit des organes comme les délégués du personnel et le comité syndical qui sont les acteurs essentiels du dialogue social au niveau de l'entreprise (Cf. les articles L.250 et L.258 du Code du travail sur les comités syndicaux et les articles L.265 et L.278 sur les délégués du personnel).

toute intervention de l'administration du travail. Ce type de relation existe déjà, par exemple en ce qui concerne l'adoption du règlement intérieur[1126].

920. Le dialogue social est-il enraciné à l'échelle des entreprises. Plus le nombre d'accords d'entreprise signés est élevé, plus l'implémentation du dialogue social est mesurable. *A contrario*, si le nombre d'accords d'entreprise signés est faible, on pourrait difficilement faire cas d'implémentation du dialogue social. A l'analyse, les organisations syndicales de travailleurs et d'employeurs du Mali signent très peu d'accords d'entreprise ; or, le taux de conflictualité est très élevé dans les entreprises. En témoignent, par exemple, les trois jours de grève observés en 2015 dans tous les établissements bancaires du Mali. L'année 2017 a été elle-même marquée par une forte contestation sociale : plus de 83 préavis de grèves ont été déposés sur la table du ministre chargé du Travail[1127], tout secteur confondu, public et privé.

921. Il résulte de tels constats que malgré toutes les vertus dont est paré le dialogue social dans les discours publics, il n'arrive pas à se développer à l'échelon des entreprises où seul continue de compter les rapports de forces. Il y a donc une nécessité absolue de prévoir la création d'un comité de dialogue social dans chaque entreprise pour tempérer les effets néfastes des seuls rapports de forces dans les unités industrielles. Le cas des deux sucreries de Ségou a défrayé la chronique en 2017[1128], plus de dix préavis de grève ont été déposés sur fond de marches et de protestations, de dénonciations de l'irrespect des engagements pris et de mauvaise foi des responsables dirigeants des sucreries. Les démarches engagées par l'inspection du Travail de la Région Ségou sont restées vaines.

922. Il est déjà reconnu que les délégués participent au dialogue social à travers les missions qui leurs sont dévolues par le Code du travail[1129]. Les membres du comité syndical participent aussi au dialogue social d'entreprise lors de la négociation des accords d'établissement et du règlement intérieur. Ils participent également à la gestion des préavis de grèves déposés par leurs représentants. Toutefois, il convient de reconnaitre qu'il manque un cadre formel de concertation permanente entre les deux parties au sein de l'entreprise et qui, à notre avis, devrait réunir tous les acteurs : syndicats, délégués du personnel, membres du CHS et employeur. Il s'agit donc d'une

---

[1126] *Cf.* Article L.62 et suivants du Code du travail.

[1127] *Cf.* Rapport du Mali sur les réalisations du dialogue social adressé au CTDS-UEMOA en décembre 2017, p 2e à 9.

[1128] La 4ème région administrative du Mali, dénommée Ségou, dispose de deux sociétés de sucrerie SUKALA SA et NSUKALA SA, toutes les deux dirigées majoritairement par des Chinois suite à la cession d'actions par l'État. Les questions de mévente et de concurrence font que ces deux sociétés n'arrivent pas à écouler leurs productions de sucre.

[1129] *Cf.* Article L 278 du Code du travail.

innovation qui devrait avoir l'accord de tous les acteurs du dialogue social au niveau de l'entreprise.

923. Ce cadre pourrait aussi être le prolongement du comité prévu au niveau de chaque branche ou de chaque secteur d'activité. Il faudrait, dans ce cas, faire le distinguo entre les missions dévolues à ce comité celles reconnues déjà aux délégués du personnel par le Code du travail, ou encore celles dévolues aux syndicats[1130]. Ce comité pourrait en tous cas très concrètement se réunir une fois par mois sous la présidence du chef d'entreprise ou de son représentant. Il devrait disposer d'un droit d'alerte sur les risques de conflits collectifs, voire individuels, découlant de l'inapplication des textes qui gouvernent la vie de l'entreprise. Cette proposition de création du comité de dialogue au niveau de l'entreprise pourrait répondre aux insuffisances constatées dans le fonctionnement des comités syndicaux et dans la prise en charge des missions des délégués du personnel[1131].

924. En France, « la loi 2004 porte une réforme du dialogue social qui a visé à « *gommer* » ou atténuer assez fortement les spécificités traditionnelles du système français de relations professionnelles et du droit français de la négociation collective »[1132]. Ensuite, est intervenue la loi du 31 mars 2005 portant réforme de l'organisation du temps de travail dans l'entreprise et la loi du 20 août de 2008 portant rénovation de la démocratie sociale. Ces différentes modifications législatives portant sur le dialogue social ont été revues par « *les ordonnances Macron* » de 2017[1133] qui ont profondément modifié la structuration du dialogue social dans l'entreprise. Les thèmes de la « *négociation collective sont désormais repartis en trois blocs. Le premier bloc rassemble les domaines où la négociation de branche prime de manière impérative sur la négociation d'entreprise, le deuxième bloc permet à la branche d'instituer des « clauses de verrouillage » sur certains thèmes*

[1130] *Idem.*

[1131] Article L.5 du code du travail : « *Dans les entreprises les travailleurs bénéficient d'un droit à l'expression sur le contenu, les conditions d'exercice et l'organisation du travail à travers les institutions représentatives des travailleurs* ».

[1132] Martin Ph., « Le dialogue social : de nouvelles perspectives pour l'autonomie collective en France ? » in Martin Ph. (dir.), *Le dialogue social, modèles et modalités de la régulation juridique en Europe*, Presses Universitaires de Bordeaux, 2007, p.291.

[1133] *Cf.* Ordonnance n° 2017-1385 du 22 septembre 2017 relative au renforcement de la négociation collective ; ordonnance n° 2017-1386 du 22 septembre 2017 relative à la nouvelle organisation du dialogue social et économique dans l'entreprise et favorisant l'exercice et la valorisation des responsabilités syndicales ; ordonnance n° 2017-1387 du 22 septembre 2017 relative à la prévisibilité et à la sécurisation des relations de travail et l'ordonnance n° 2017-1388 du 22 septembre 2017 portant diverses mesures relatives au cadre de la négociation collective et l'ordonnance n° 2017-1718 du 20 décembre 2017 visant à compléter et mettre en cohérence les dispositions prises en application de la loi n° 2017-1340 du 15 septembre 2017 d'habilitation à prendre par ordonnance les mesures pour le renforcement du dialogue social (dite « ordonnance balai »).

dévolus en principe à l'entreprise et le troisième bloc correspond aux domaines où la négociation d'entreprise prime sur la négociation de branche »[1134]. Il faut toutefois noter que : « le CSE est mis en place au terme du mandant des délégués du personnel (DP) ou des membres élus du comité d'entreprise (CE), de la délégation unique du personnel (DUP), de l'instance regroupée mise en place par accord, du comité d'hygiène et de sécurité et des conditions de travail (CHSCT), lors du renouvellement de l'une de ces institutions, et au plus tard le 31 décembre 2019 »[1135]. Au-delà de ces prévisions, il nous faut examiner les mécanismes alternatifs de désamorçage des conflits.

B- Les mécanismes alternatifs de désamorçage des conflits

925. L'institution de comités de dialogue social n'apparait pas comme le seul le cadre possible de résolution des conflits au niveau de l'entreprise ou de la branche ; La mise en œuvre de mécanismes alternatifs peut aussi contribuer à désamorcer certains conflits. Ces mécanismes sont propres à l'entreprise ou la branche et donc, de notre point de vue, exclus dans le secteur public. Il s'agit généralement de la médiation et de la conciliation. Selon le Professeur Charles Jarrosson « *l'utilisation des modes alternatifs de règlements des conflits a des incidences juridiques qui diffèrent selon le moment où elles apparaissent* »[1136]. Nous pouvons aussi noter que selon Maître François Petit : « *l'idée de départ est qu'il n'est pas illégitime de chercher à apaiser les conflits et les litiges du travail, en permettant aux intéressés de fixer leurs propres règles. Il ne s'agit pas seulement d'alléger la charge des tribunaux, même si cette dernière préoccupation n'a pas été étrangère aux initiatives du législateur. Dans ce dessein de pacification, les pouvoirs publics se sont déjà souciés d'instituer les moyens de régler les différends du travail à l'amiable ; mais les modalités proposées se sont révélées décevantes en définitive, peu utilisées* »[1137]. Dans notre cas précis, il s'agit de recourir à ces modes dans l'entreprise ou la branche pour faciliter ou appuyer le travail que pourrait faire, s'il était instauré, le comité de dialogue évoqué précédemment. Nous examinerons tout d'abord la médiation (**1**) puis la conciliation (**2**).

[1134] Taquet F.**,** *L'essentiel dès ordonnances Macron*, Ressources Humaines, droit du travail, éd. GERESO, l'essentiel pour agir, 2018, p. 102 à103.

[1135] Miné M., *Le grand livre du droit du travail en pratique*, Eyrolles, 29ème éd., 2018, p.720.

[1136] Jarrosson C., Les modes alternatifs de règlements des conflits, présentation générale, *Revue Internationale de Droit Comparé*, 1997, p. 331.

[1137] Petit F. (dir), *Le règlement amiable des différends sociaux,* préface, Ed., L'Harmattan, 2007.

1. La médiation : mode alternatif

926. La médiation comme mode alternatif est très peu utilisée aujourd'hui dans le secteur privé, notamment dans les grandes entreprises en raison de la complexité de leur mode de fonctionnement et de décision avec la plupart du temps un Conseil d'administration qui dictent les orientations stratégiques de la « boîte ». La médiation est un mode de gestion « à l'amiable » ou « conventionnel » d'un différend. Il s'agit de privilégier l'intervention d'un médiateur pour mettre fin au conflit, souvent en cas d'échec de la conciliation devant l'inspecteur du Travail ou même avant cette phase obligatoire de conciliation imposée par le Code du travail. La distinction entre médiation et conciliation apparaît parfois délicate ; toutefois, « en France, le législateur s'est attaché à établir un cadre juridique pour la conciliation et la médiation judiciaires. En revanche, la conciliation et médiation conventionnelles sont pour l'essentiel soumises à la théorie générale du contrat »[1138].

927. Il convient de rappeler qu'au Mali, la médiation comme un mode de règlement des conflits collectifs n'est pas prévue par la législation du travail. Lorsqu'elle a lieu, elle résulte de la pratique. Néanmoins, pratiquée dans l'entreprise elle pourrait jouer un rôle très important. L'instauration de la technique de la médiation pourrait régler en amont les conflits qui naissent dans le secteur privé et qui sont très récurrents, ainsi dans les mines, les transports, etc. Les médiateurs seront des personnalités neutres et ayant une connaissance certaine et parfaite des enjeux du secteur privé.

928. Dans les pays qui y recourent à la médiation, elle se mène par l'intermédiaire d'un tiers neutre et impartial qui peut s'appliquer à toutes les formes de conflits collectifs. Toutefois, « la pratique ne réserve cette procédure qu'aux conflits d'intérêts et non à ceux résultant de l'interprétation ou de la violation d'une règle de droit »[1139]. Le médiateur peut aider les parties à s'accorder sur les conséquences de leur litige en leur proposant une solution qui tient compte de leurs intérêts respectifs. Il n'interprète pas le droit applicable, c'est en cela que ce mode alternatif est très intéressant. On peut y recourir directement. Une médiation peut « aussi se situer après l'échec de la procédure de conciliation. Elle est ainsi engagée, soit par le président de la Commission de conciliation, qui invite les parties à designer un médiateur, soit par les parties en conflit, soit encore, en fonction de l'incidence géographique du conflit, par le Directeur régional du travail, le préfet ou le ministre, à la

---

[1138] Jarrosson C., Les modes alternatifs de règlements des conflits, présentation générale, *op cit.*, p. 331.

[1139] Ouaissi H., *Droit du travail de l'individuel au collectif*, 2ème éd, Bruylant, coll. Paradigme, 2017, p. 446.

demande écrite et motivée des parties ou de leur propre initiative »[1140]. Il peut arriver que les parties ne s'entendent pas pour designer un médiateur, « ce dernier est choisi par l'autorité administrative sur une liste de personnalités désignées en fonction de leur autorité morale et de leur compétence économique et sociale »[1141].

929. S'agissant de la procédure, le recours à un médiateur est une possibilité que l'on donne aux parties en conflit, pas une obligation. On peut y recourir si les parties le réclament conjointement. C'est notamment le cas dès l'éclatement d'un conflit dans les entreprises de transport de passagers en France[1142]. On peut y recourir après l'échec d'une conciliation mais dans ce cas, son caractère facultatif se transforme en obligation pour les parties en cause. On peut y recourir enfin à la demande des parties quand le litige apparait à l'occasion de l'établissement, de la révision ou du renouvellement d'un accord collectif de branche ou d'un accord professionnel ou interprofessionnel[1143].

930. Le médiateur a pour mission de concilier les parties en cause. Il serait donc préférable que ce mode de règlement soit utilisé avant l'éclatement du conflit lorsque le comité de dialogue qui a été institué aura échoué et avant la tentative de conciliation de l'inspecteur du Travail. Les conclusions du médiateur prennent la forme de recommandations écrites et motivées qui autant de propositions en vue du règlement du conflit à l'amiable. L'accord sur la recommandation lie les parties qui ne l'ont pas rejeté. En cas d'échec « le médiateur transmet l'ensemble du dossier au ministre du Travail ou à son représentant qui rend publiques les conclusions du médiateur et l'appréciation des parties, si elles sont négatives, dans un délai de trois mois ». Il s'agit « d'un mode de gestion apaisé des conflits auquel la directive de l'Union européenne et les pratiques des pays membres nous incitent à recourir de plus en plus »[1144]. Il faut noter tout de même qu'en France, quelques rares cas de médiation de ce genre sont encore signalés et les médiateurs visés par le Code du travail sont aujourd'hui appelées très rarement à intervenir dans un conflit collectif. Il arrive enfin que le ministre du Travail lui-même, en cas de conflit important ou politiquent « sensibles », désigne un « médiateur » ou un « Monsieur bons offices », hors liste officielle.

[1140] Auvergnon Ph., Voyage périlleux dans la boite noire de la résolution des différends sociaux en France, in Petit F. (dir), *Le règlement amiable des différends sociaux,* Ed., L'Harmattan, 2007, p. 47.

[1141] *Idem.*

[1142] Loi n° 2007-1224 du 21 août 2007 sur le dialogue social et la continuité du service public dans les transports terrestres réguliers de voyageurs.

[1143] Ouaissi H., *Droit du travail de l'individuel au collectif,* 2ème éd, Bruylant, coll. Paradigme, 2017, p. 447.

[1144] *Idem.*

931. La médiation est donc rarement pratiquée dans la gestion des conflits au niveau de l'entreprise. Les acteurs du dialogue social pourraient cependant tirés profits de ce mécanisme qui a fait ses preuves ailleurs. Il faut noter que la médiation peut devenir pour l'employeur un important instrument de politique managériale par une meilleure maitrise des signaux d'alertes des conflits et des cas de souffrance au travail[1145]. Il faut noter que la médiation n'est pas le seul mode alternatif de désamorçage des conflits dans l'entreprise, il y a aussi la conciliation.

2. La conciliation : mode alternatif

932. La conciliation comme mode alternatif n'est pas une innovation au Mali, elle intervient dans le règlement des conflits du travail conformément aux dispositions du Code du travail de 1992, lorsqu'un conflit éclate. Ce dernier énonce les modalités de la conciliation qui doit avoir lieu devant l'inspecteur du Travail ou devant le directeur national du travail si le conflit s'étend sur au moins le territoire de deux régions[1146]. Cette procédure est appliquée aux conflits collectifs dans le secteur privé. Elle peut aboutir à un accord faisant l'objet d'un procès-verbal de conciliation ; en cas de désaccord, le conciliateur dresse un rapport de non conciliation qui peut être soumis à l'arbitrage par le ministre du Travail. Il faut cependant rappeler que l'arbitrage et devenu volontaire depuis la modification du Code du travail en juin 2017 pour les secteurs d'activités considérés comme non-essentiels au sens du BIT.

933. Cette possibilité donnée par l'article L.190 du Code du travail est devenue dans la pratique une obligation ; en effet, dès l'instant que l'inspecteur du Travail du ressort est saisi par les parties, il a l'obligation de tenter une conciliation. Au-delà de ce mode de règlement prévu par le Code du travail, il est possible de recourir volontairement à la conciliation ; en cas d'échec, la conciliation obligatoire intervient conformément aux dispositions du Code du travail. Aussi, les conventions collectives de branche et les accords d'établissement peuvent prévoir une phase de conciliation facultative entre le syndicat et l'employeur dans l'entreprise.

[1145] Articles L. 1152 et L. 2523-1 du Code du travail français.

[1146] Article L.190 du Code du travail : « *Tout travailleur ou tout employeur pourra demander à l'inspecteur du travail, à son délégué ou a son suppléant de régler le différend à l'amiable. Cette demande suspend, à sa date de réception par l'inspecteur du travail, le délai de prescription. Cette suspension court jusqu'à la date du procès-verbal qui clôt la tentative de conciliation à l'inspection du travail. Les parties sont tenues de se présenter à l'inspection au jour et à l'heure fixée par la convocation, sous peine d'une amende. Un arrêté du ministre chargé du Travail fixe le montant de cette amende* ».

934. Afin de hâter la résolution des litiges, il faut que les partenaires sociaux soient d'accord pour recourir à l'organe compétent pour connaitre leur litige. Cette compétence se détermine en fonction de l'étendue géographique du conflit et de son importance ou de son impact national, régional ou départemental. En principe, « *la commission de conciliation peut être saisie par le ministre du Travail ou son représentant local, le préfet ou à la demande des deux parties ou de la plus diligente des deux, sans obligation de délai* »[1147].

935. La conciliation se fait toujours en présence des parties concernées qui doivent donner tous les éléments nécessaires à la mission confiée aux membres de la commission[1148]. En cas d'accord, un procès-verbal est dressé, notifié aux parties et devient immédiatement exécutoire au même titre qu'une convention collective, sauf accord des parties pour fixer une date de mise en vigueur différente. En cas de désaccord total ou partiel, le procès-verbal constate dans ses points de convergence et ses points de divergence ouvrant alors la voie à la médiation ou à l'arbitrage, si les parties le souhaitent[1149]. Aussi, le Code du travail français prévoit-il la possibilité de soumission des conflits collectifs à une procédure de conciliation soumise à une commission nationale ou régionale de composition tripartite. Il est précisé que « Les procédures de conciliation sont engagées soit par le ministre du Travail, soit le préfet ou, le cas échéant, par le directeur régional du travail et de l'emploi »[1150]. Il faut noter que cela n'interdit pas que la procédure de conciliation soit engagée directement par les parties et qu'elle conduise à un accord volontaire les liant.

936. Cette procédure du Code du travail français est la même que celle décrite dans le Code du travail malien, à la différence que l'inspecteur du Travail n'est pas expressément cité ici comme celui qui doit tenter la conciliation. Une commission de conciliation est visée. La transposition de ce mode de conciliation dans les entreprises serait intéressante comme expérience, et de façon plus spécifique, la plupart des codes du travail des pays de l'Afrique de l'Ouest et du Centre prévoit la conciliation devant l'Inspecteur du Travail. Après avoir examiné les possibilités de renforcement du cadre institutionnel du dialogue, il est donc nécessaire d'imaginer des innovations pour soutenir le dialogue social, notamment à travers la relecture des conventions collectives et l'obligation de négocier dans les entreprises.

[1147] Ouaissi H., *op. cit.,* p. 445.
[1148] Article L. 2522-2 du Code du travail français.
[1149] Article L. 2522-6 du Code du travail français.
[1150] Auvergnon Ph., « Voyage périlleux dans la boite noire de la résolution des différends sociaux en France » in Petit F. (dir), *Le règlement amiable des différends sociaux, op. cit.,* p..47.

SECTION II - Innovations pour soutenir le dialogue social

937. Le dynamisme du dialogue social est déterminé par le dynamisme de la négociation collective dans les branches ou dans les entreprises. Au Mali, la loi n° 92-020 du 23 septembre 1992 modifiée, portant Code du travail, consacre une vingtaine d'articles aux conventions collectives et aux accords collectifs d'entreprise ou d'établissement[1151]. Il faut cependant rappeler que le Code malien du travail ne prescrit pas l'obligation de négocier ; la négociation collective est simplement suscitée et encouragée par l'État. Le Mali indépendant a opté pour la négociation collective de branche dans la mesure où les acteurs sociaux n'ont jamais réussi à négocier une convention interprofessionnelle. La plupart des conventions collectives datent de la période coloniale et ont besoin d'être toilettées[1152]. Au constat, la négociation collective de branche comme celle d'entreprise est très timide. Leur développement prendra incontestablement du temps.

938. Pour soutenir le dialogue social dans un environnement comme le nôtre, il est d'une nécessité absolue de faire en sorte que les conventions branches existantes soient relues et adaptées aux réalités du monde du travail d'aujourd'hui ainsi qu'aux évolutions législatives et réglementaires intervenues, ceci pour donner un nouvel élan au dialogue social bipartite. Le soutien au dialogue social passe nécessairement par une obligation d'actualisation des conventions de branche **(§ 1),** mais aussi par l'imposition d'une obligation de négocier des accords d'entreprises (**§ 2).**

§ 1 - L'obligation d'actualisation des conventions de branche

939. La convention collective peut mentionner des dispositions plus favorables aux travailleurs que celles des lois et règlements en vigueur. L'intérêt et l'utilité de la convention collective résident dans son caractère contractuel qui lui confère une plus grande souplesse que la loi. La plupart des conventions collectives en vigueur au Mali datent d'avant l'indépendance[1153]. Elles trouvent leur source dans le CTOM de 1952 en ce qui concerne les territoires de l'AOF[1154]. Elles sont par conséquent largement dépassées dans plusieurs de leurs dispositions compte tenu de l'évolution socio-économique de notre pays et des reformes juridiques opérées depuis l'indépendance. Ces conventions ont continué, depuis l'indépendance, à s'appliquer ou, tout le moins, à constituer des références, malgré le fait notamment que les grilles de rémunération

---

[1151] *Cf.* Articles L70 à 90 du Code du travail.

[1152] Aujourd'hui les relations professionnelles sont régies par une vingtaine de conventions collectives dont la majeure partie n'est pas en jour et a besoin d'actualisation. Elles datent en majorité de la période coloniale.

[1153] *Cf. Infra* n° 942.

[1154] AOF : Afrique Occidentale Française.

annexées soient singulièrement modestes. C'est pour ces raisons que les partenaires sociaux ont réclamé la révision des différentes conventions collectives en 2005 dans le cadre de la mise en œuvre du Pacte de solidarité pour la croissance et le développement[1155]. Depuis cette date ils continuent de le faire. Nous allons examiner la périodicité et les modalités de révision ou d'actualisation prévues **(A),** les fonctions de mise à jour **(B)** et celle de révision **(C).**

A- La périodicité et les modalités de l'actualisation

940. Dans un monde du travail « perturbé par les aléas économiques et ses conséquences sociales, et par son organisation, déshumanisé par ses centres de décision de plus en plus éloignés et déséquilibrés par la prédominance des intérêts financiers, la négociation collective au plus près de la vie quotidienne des travailleurs reste la soupape » de sécurité « qui rend possible le changement sans destruction »[1156]. Une loi ne peut tout prévoir. Portalis écrivait à ce sujet que « *tout prévoir est un but qu'il est impossible d'atteindre* »[1157]. Donc, une fonction essentielle de la convention collective est de compléter la loi notamment le Code du travail au niveau de la branche. A titre d'exemple, il faut noter que le Code du travail du Mali a en effet reconduit la rédaction contenue dans les conventions collectives datant de la période coloniale sur la prime d'ancienneté. Il convient de préciser dans quelle mesure une convention peut prévoir dans ses dispositions la périodicité et les modalités de son actualisation. Ainsi, nous analyserons la périodicité de l'actualisation **(1)** et les modalités de l'actualisation **(2).**

1. La périodicité de l'actualisation

941. Il faut noter que la principale difficulté à laquelle les partenaires sociaux et la Direction nationale du Travail, avaient été confrontée, était que la périodicité de l'actualisation n'était nulle part mentionnée dans ces conventions datant de la période coloniale. Ainsi, il est alors important de faire le distinguo entre la dénonciation et la révision. La dénonciation ouvre la voie à la révision. Les autres modalités seront examinées dans les commentaires

---

[1155] A la suite de cette recommandation du pacte une dizaine de convention s collectives ont été relues et adaptées depuis 2006 et le processus continu. En plus de ces conventions obsolètes, certaines conventions nouvelles ont été négociées comme les systèmes financiers décentralisés, le gardiennage, les centres de santé communautaire.

[1156] Ouaissi H., *Droit du travail de l'individuel au collectif*, *op. cit.*, p. 410.

[1157] J-E. Portalis, Extrait du discours préliminaire sur le projet de code civil, présenté le 1er pluviôse en IX : « *le grand art est de tout simplifier en prévoyant tout. Tout simplifier est une opération sur laquelle on a besoin de s'entendre. Tout prévoir est un But qu'il est impossible d'atteindre* ».

ultérieurs. De ce fait, l'actualisation ne peut être faite que sur la base d'une dénonciation à notre avis.

942. A l'analyse, les trois dimensions, « dénonciation, actualisation et révision »[1158], sont traitées sous la même rubrique « révision », ainsi par exemple dans la convention collective fédérale du commerce de 1956[1159]. Les conventions anciennes ont été conclues pour une durée indéterminée et ont été étendues sur la base d'un arrêté d'extension[1160]. Les rédacteurs de ces conventions collectives n'ont pas défini de façon précise la périodicité de l'actualisation des dispositions entre les parties. Ce type de rédaction se retrouve dans l'ensemble des conventions collectives négociées alors en AOF. En accord avec les organisations syndicales d'employeurs et de travailleurs, en l'occurrence l'UNTM, une campagne de révision des conventions collectives de la période coloniale a été entamée depuis 2005. Cette campagne se poursuivit présentement. L'engouement suscité initialement ne paraît plus de mise aujourd'hui ; la négociation collective de branche a du plomb dans l'aile.

943. Bien que cela puisse sembler difficile, les conventions collectives signées après les indépendances, ont toutes repris les dispositions des conventions collectives de l'AOF et associée dans l'une de ces dernières, toujours « durée, dénonciation et révision ». En revanche, ces mêmes « nouvelles » conventions collectives ne parlent aucunement d'actualisation se disent à durée indéterminée et indiquent simplement qu'elles « *pourront être dénoncées à tout moment* ». La dénonciation peut être totale ou partielle. Elle ouvre en tout cas la voie à une révision, la convention collective qui est d'application restant en vigueur jusqu'à la signature de la nouvelle convention collective.

944. Paradoxalement lorsqu'on compare les rédactions des conventions collectives conclues en AOF avec celles conclues dans les années 1980 et mêmes celles revues ou conclues après 2005[1161], on se rencontre que les formules de rédaction n'ont pas changé considérablement ;ce qui saute à l'œil c'est qu'aucune ne parle de l'actualisation et de sa périodicité, exceptée la

---

[1158] L'article 2 de la convention fédérale du commerce stipule à son alinéa 2 que : « *la partie qui prend l'initiative de la dénonciation totale ou partielle devra accompagner la lettre recommandée de dénonciation d'un nouveau projet d'accord afin que les pourparlers puissent commencer sans retard* ».

[1159] La convention collective fédérale du Commerce de 1956 s'appliquait aux relations de travail en AOF, en plus d'autres conventions collectives qui sont devenus obsolètes et n'ont pas fait l'objet de révision depuis 1960.

[1160] La convention collective du commerce de 1956 a été étendue par un arrêté n° 3162/IGRLS-AOF du 13 avril 1957 (J.O. AOF du 1er mai 1957, p. 364).

[1161] Les conventions conclues après 2005 sont l'un des résultats de la mise en œuvre du Pacte de solidarité ; on peut citer la convention collective des sociétés de gardiennages et de surveillance et de transport de fonds de 2006, la convention collective des systèmes financiers décentralisés de 2006, la convention collective des centres de santé communautaire de 2007.

convention collective des banques, assurances et établissements financiers qui a prévu une révision triennale en ce qui concerne la grille des salaires. Il paraît particulièrement nécessaire que la périodicité de l'actualisation soit prévue dans les dispositions de la convention collective, même si la pratique à laisser la liberté aux parties sous le prisme de la dénonciation, d'entamer une révision.

945. Au regard des constats que nous venons de relever, nous pensons qu'il serait bon que les parties à la négociation de la convention collective prévoient sous la même rubrique « durée, dénonciation, révision », les conditions d'actualisation d'autant plus que les conventions collectives conclues sur le territoire de la République du Mali, sont toutes à durée indéterminée[1162]. Il nous faut donc analyser les modalités de cette actualisation.

2. Les modalités de l'actualisation

946. Les modalités de l'actualisation d'une convention sont en principe toujours prévues dans les dispositions de la convention elle-même en termes de dénonciation par les deux parties. L'une des nouveautés des conventions collectives conclues à partir de 2005 au Mali, réside dans le fait que les parties ont pris le soin de préciser la période de dénonciation et notamment la durée de la convention collective. Il faut noter qu'au delà des clauses de dénonciation prévues dans la convention collective, il serait innovant de prévoir dans les conventions collectives de se retrouver régulièrement pour nettoyer, mettre à jour la convention collective au regard simplement de l'évolution du droit légal par l'introduction de clauses, tout cela permettant d'évoluer via des avenants concernant telle ou telle partie de la convention sans rentrer dans un processus chaque fois de dénonciation. Ces clauses de rendez-vous permettront de négocier facilement sans reprendre la procédure égale de négociation. Ainsi, l'article 7 de la convention collective des systèmes financiers décentralisés stipule que : « *La présente convention collective pourra être dénoncée en tout ou partie, à tout époque, par l'une des parties signataires moyennant un préavis de deux mois, signifié à l'autre partie par lettre recommandée dont copie sera adressée au ministre chargé du travail. Toutefois, la dénonciation ne pourra intervenir avant l'expiration d'une durée de deux (2) ans à compter de la date d'entrée en vigueur de la présente convention collective ».* Cette rédaction est reprise dans presque toutes les conventions collectives de branche de 2005 à nos jours. La dénonciation ainsi décrite est facile à dire mais dans la pratique, une fois dénoncée, les travaux de relecture peuvent s'étendre à l'éternité. Nous avons présentement en

---

[1162] Cette dénomination se retrouve dans presque tous les articles 3 des différentes conventions collectives de branche ainsi qu'il suit : « *la présente convention collective st conclu pour une durée indéterminée* (…) »

négociation la convention collective de l'hôtellerie depuis plus de deux ans, et les parties n'arrivent pas à s'entendre sur la grille de salaire, cela depuis deux ans.

947. La convention collective ou l'accord collectif a une étrange destinée disait le Professeur Haiba Ouaissi : « *Dans sa forme, elle a la nature d'un contrat et, tout comme, elle ne peut durer que tant que perdure la même volonté contractante des parties concernées. Dans le fond, elle a la portée d'une loi dont les effets ne peuvent cesser sans conséquence grave et perturbatrice pour la communauté des travailleurs. Le texte peut disparaitre pour des raisons diverses : changement d'employeurs ou d'activité, arrivée du terme prévu ou dénonciation. Mais son esprit doit demeurer par la négociation d'un nouvel accord qui se substituera à celui dont les effets sont arrivés à cessation* »[1163]. En principe la convention « doit prévoir la forme et la date de la dénonciation avec une durée de préavis. En cas de silence, cette durée de préavis est de trois mois, et la dénonciation n'a pas à être motivée, mais au cas où elle le serait, un motif illégal la frapperait de nullité ». Il faut noter qu'en tout état de cause, la dénonciation d'un accord collectif « doit notifiée aux autres syndicales représentatives, signataires. Dans tous les cas, une dénonciation est toujours totale puisque l'accord constitue « un ensemble contractuel réciproque dont certaines dispositions ne peuvent être écartées partiellement que d'un commun accord ou dans des conditions convenues »[1164]. Il faut préciser qu'en France la dénonciation est privée d'effet si le comité d'entreprise n'est pas consulté préalablement et cela lorsque la dénonciation est le fait de l'employeur signataire.

948. Il faut noter qu'« avant l'entrée en vigueur de la loi 8 août 2016, en France « l'accord collectif était par principe conclu à durée indéterminée. Désormais, le législateur a inversé la logique : la durée de droit commun des accords est fixée à 5 ans, durée à l'expiration de laquelle ils cessent de produire leurs effets »[1165]. Néanmoins, et comme c'était déjà « le cas sous l'empire du régime antérieur, les stipulations des conventions collectives ou des accords collectifs d'entreprises pouvaient prévoir qu'ils sont conclus pour une durée indéterminée ou pour une durée différente à celle prévue par la loi. Il est à souligner que les accords conclus antérieurement au 10 août 2016 restent soumis aux anciennes dispositions légales ». Avec cette réforme de 2016, le législateur a souhaité encourager les partenaires sociaux, quel que soit le niveau de négociation, « à faire régulièrement le point sur la mise en œuvre des accords conclus et prendre, le cas échéant, la décision de les réviser. A cette fin, le Code du travail prévoit désormais que les conventions

---

[1163] Ouaissi H., *Droit du travail de l'individuel au collectif*, *op. cit.*, p. 418.
[1164] *Idem.*
[1165] *Ibidem.* p. 419.

collectives » doivent définir les conditions de suivi et contenir des clauses de rendez-vous »[1166]. Toutefois, l'absence des conditions de suivi n'est pas une cause de nullité de la convention collective.

949. Au Mali certaines difficultés demeurent et sont liées aux acteurs de la négociation collective ; ceux-ci semblent ne pas être prêts à négocier ; il n'est pas rare de voir des négociations de conventions collectives de branche prendre des mois, voire des années. Par exemple la négociation de la convention collective des sociétés et entreprises minières, géologiques et hydrogéologiques[1167] du Mali a pris huit ans, soit de septembre 2002 à mars 2010. De ce fait, il n'est donc pas rare de voir les travailleurs déposés des préavis de grève pour obliger les employeurs à reprendre le fil du dialogue social suspendu souvent depuis parfois un an autour de la négociation d'une convention collective de branche. Il faut souligner que toutes les dénonciations aboutissent à une relecture totale donc à l'adoption d'une nouvelle convention collective, sauf pour la convention collective des Banques, assurances et établissements financiers où la relecture ne concerne que la grille des salaires.

950. Dans la pratique au Mali, nous suggérons l'introduction dans les conventions collectives des « clauses de rendez-vous ». Depuis 2010, les signataires de la convention collective des banques, assurances et établissements financiers ont introduit dans les dispositions finales que « leur convention collective fera l'objet d'une révision chaque trois ans ». Aussi, nous reviendrons plus tard sur les thèmes prioritaires de la révision[1168].

951. Au constat, la révision de la convention nécessite une dénonciation qui ne peut qu'être totale. Ainsi, en France, une convention ou un accord collectif peut être dénoncé par l'une ou l'autre des parties[1169] selon une procédure particulière[1170] ; en vertu du principe de prohibition des engagements perpétuels, elle ou il continuera à produire ses effets après son expiration, En principe, dans le cadre de la dénonciation, la convention prévoit la forme et la date de la dénonciation. Celle-ci sera notifiée aux autres organisations syndicales représentatives d'employeurs ou de travailleurs du secteur qui l'ont signé ou aux autres signataires ultérieurs.

[1166] Article L. 2222-5-1 du Code du travail français.

[1167] La première convention collective des mines a été conclue en 1985. De cette date à 2008, aucune actualisation ou révision n'a été entamée. C'est suite à la floraison des sociétés minières et suite à des sentences arbitrales rendues par le Conseil d'arbitrage sur l'application de ladite convention que les employeurs l'ont dénoncée en totalité et ont déposé un projet de nouvelle convention. Sa discussion a pris huit ans.

[1168] *Cf. infra* n° 967, 973.

[1169] Article L. 2222-6 du Code du travail français.

[1170] Article L. 2261-9 et suivants du Code du travail français.

952. *De jure et de facto* au Mali, la dénonciation ne fait pas disparaitre la convention collective dans la mesure où il était précisé dans celle-ci qu'elle continuerait à produire ses effets à l'égard des parties jusqu'à la signature de la nouvelle convention collective de branche[1171]. Au-delà de la périodicité et des modalités, d'autres sujets concourent à l'obligation d'actualisation des conventions collective de branche. Ainsi, nous examinerons la fonction de mise à jour liée à l'évolution de la législation et du règlement.

B - La fonction de mise à jour : évolution législative et réglementaire

953. La mise à jour des dispositions d'une convention collective pour tenir compte de l'évolution de la législation du travail et du règlement est absolument nécessaire. Cette fonction de mise à jour devrait normalement être prévue dans les dispositions de la convention collective ou de l'accord collectif en cas de changement majeur dans la législation sociale ou des conventions internationales du travail ratifiées par le Mali. La mise à jour des conventions collectives suite aux modifications législatives les affectant pourrait se faire dans certaines circonstances qui obligent les groupements professionnels signataires à engager les discussions autour de la convention collective. Ainsi, nous examinerons les hypothèses de négociation obligatoire en cas de modification de la législation ou du règlement **(1)** mais aussi en cas de transposition dans une nouvelle grille salariale **(2).**

1. Les hypothèses de négociation obligatoire.

954. Les principales hypothèses de situation qui se présentent, résultent nécessairement d'une évolution de la législation. Mais chaque fois que la loi est modifiée, les acteurs sociaux des conventions collectives de branches doivent engager des discussions pour modifier la convention. Il est donc important de rappeler que dès lors que, le Code du travail subit des modifications substantielles qui touchent au droit syndical ou les règles de la négociation collective, les conventions collectives de branche doivent elles aussi être modifiées en conséquence.

955. La modification du Code du travail du Mali en 2017 a porté sur 59 de ses 343 articles. Certaines dispositions essentielles ont été revues sans qu'à la suite les syndicats et les groupements professionnels patronaux aient convoqué une commission de négociation pour adapter les dispositions de la convention

---

[1171] Article 2 al.3 de la convention collective fédérale du commerce de 1956 : « *de toute façon, la présente convention collective restera en vigueur jusqu'à l'application de la nouvelle convention signée à la suite de la dénonciation ou de la demande de révision formulée par l'une des parties* ».

collective aux nouvelles dispositions du Code du travail. Pour s'en rendre compte, il suffit de prendre l'exemple et de faire une brève analyse des articles L47 et L48 nouveaux du Code du travail modifié relatifs au licenciement. Ainsi aux termes de l'article L48 nouveau : « *Lorsque les négociations prévues à l'article 47 ci-dessus n'ont pu aboutir à un accord, ou si malgré les mesures envisagées, certains licenciements s'avèrent nécessaires, ceux-ci sont soumis aux règles suivantes : 1) l'employeur établit l'ordre des licenciements selon les critères de base suivants : les départs volontaires, -l'aptitude professionnelle ;- la charge de famille. Les autres critères seront définis entre l'employeur et le comité syndical à l'interne, à défaut de celui-ci, les délégués du personnel ; 2) L'employeur doit communiquer, par écrit, aux délégués du personnel, s'il en existe, la liste des travailleurs qu'il se propose de licencier en précisant les critères qu'il a retenus. Il convoque, dans les huit jours de la communication de cette liste, les délégués du personnel pour recueillir leurs suggestions, lesquelles sont consignées dans le procès-verbal de la réunion ; 3) Si l'employeur envisage de licencier pour motif économique un délégué du personnel, il devra respecter la procédure spécifique à ces travailleurs ; 4) Pour les autres travailleurs l'employeur peut, après la réunion des délégués du personnel visée à l'alinéa 2, procéder au licenciement. Dans tous les cas la liste des travailleurs licenciés et le procès-verbal de la réunion susvisée sont immédiatement communiqués à l'inspecteur du Travail pour information et qui vérifiera si les critères ont été respectés ; 5) Le travailleur licencié bénéficie, en dehors du préavis et de l'éventuelle indemnité de licenciement, d'une indemnité spéciale, non imposable, payée par l'employeur et égale à un mois de son salaire brut. L'employeur et les travailleurs peuvent d'un commun accord convenir des conditions plus favorables. Le travailleur bénéficie également, dans son ancienne entreprise et pendant deux ans, d'une priorité d'embauche dans la même catégorie ; 6) En cas de litige, la charge de la preuve du motif économique et du respect de l'ordre des licenciements incombe à l'employeur. Les différends individuels du travail concernant la rupture du contrat de travail pour motif économique doivent être examinés prioritairement par les juridictions du travail. Un arrêté du Ministre chargé du travail fixe les modalités d'application du présent article* ».

956. Aux termes de l'article L.47 nouveau : « *Pour tenter d'éviter un licenciement pour motif économique, l'employeur qui l'envisage doit consulter les délégués du personnel et rechercher avec eux, toutes solutions permettant le maintien des emplois. Ces solutions peuvent être : la réduction des heures de travail, le travail par roulement, le travail à temps partiel, le chômage technique, le redéploiement du personnel, le réaménagement des primes, indemnités et avantages de toute nature. A l'issue des négociations internes, si un accord est intervenu, un protocole d'accord précisant les mesures retenues et la durée de leur validité est signé par les parties et transmis à l'inspecteur du travail pour information. En cas de désaccord, le procès-verbal de cette* *réunion, dûment signé par les deux parties, doit être immédiatement communiqué par l'employeur à l'inspecteur du travail lequel dispose d'un délai de quinze jours, à dater de cette communication, pour exercer, éventuellement, ses bons offices* ». Aux termes de l'article L.47 ancien : « *Pour tenter d'éviter un licenciement pour motif économique, l'employeur, qui envisage un tel licenciement, doit réunir les délégués du personnel et rechercher avec eux toutes les autres possibilités telles que la réduction des heures de travail, le travail par roulement, le chômage partiel. Le procès-verbal de cette réunion, dûment signé par les deux parties, doit être immédiatement communiqué par l'employeur à l'inspecteur du travail lequel dispose d'un délai de quinze jours, à dater de cette communication, pour exercer, éventuellement, ses bons offices* ». Une rapide comparaison de deux rédactions permet de se rendre compte que des choses ont changé, notamment la rédaction d'un protocole d'accord sur les mesures du licenciement envisagé, la précision des solutions pour éviter le licenciement et enfin l'information de l'inspecteur du Travail de l'accord intervenu.

957. Il est constant que presque toutes les conventions collectives de branche au Mali contiennent des dispositions sur le licenciement pour motif économique, mais à ce jour depuis la modification du Code du travail intervenue en juin 2017, aucune d'elle n'a été mise à jour[1172] aux regards des modifications adoptées. Ce sont autant de dispositions du Code du travail qui ont été modifiées et qui n'ont pas été mises à jour dans les différentes conventions collectives de branche. On peut citer aussi, à titre d'exemples parmi d'autres l'institution d'un préavis de grève de 15 jours dans le Code du travail pour le secteur privé[1173], l'institution d'un service minimum pour le secteur privé[1174], le licenciement des travailleurs protégés[1175], l'institution de l'externalisation pour les entreprises de travail temporaires[1176] qui seraient amener à exercer cette fonction[1177].

[1172] A titre d'illustration, l'article 39 de la convention collective des systèmes financiers décentralisés adoptée en 2006 traite du licenciement pour motif économique ; elle n'a pas été mise à jour pour prendre en compte les nouvelles rédactions des articles L47 et L.48 du Code du travail modifié.

[1173] Article L231-1 nouveau : « *La grève doit être précédée d'une période de préavis au cours de laquelle les parties sont tenues de négocier. La durée du préavis est de 15 jours calendaire* »

[1174] Article L.231 nouveau : « *Le droit de grève est garanti à tous les salariés. En cas de cessation concertée de travail, la satisfaction des besoins de base des usagers, l'ordre public, la sécurité des personnes et des biens, le fonctionnement continu des installations, sont sauvegardés par l'institution d'un service minimal* ».

[1175] *Cf.* Article L.277 nouveau du Code du travail modifié.

[1176] Il s'agit d'introduire dans le Code du travail une pratique que les entreprises de travail temporaire ont instauré sans base légale.

[1177] Article L.313 nouveau du Code du travail modifié : « *Si une main d'œuvre provisoire doit être employée dans une entreprise par le truchement d'une entreprise de travail temporaire,*

958. Au regard de ces constats, toutes les conventions collectives devraient prévoir dans leurs dispositions finales, une obligation de mise à jour en cas d'évolution de la législation du travail, de la législation sociale ou des ratifications des conventions internationales par l'OIT, si les dispositions de la convention se trouvaient en contradictions avec ces nouvelles règles. Il faut toutefois noter que cette introduction des clauses de rendez-vous dans les conventions collectives est différente de la négociation collective annuelle obligatoire pratiquée en France qui porte sur le fond où « chaque année les employeurs doivent négocier sur un certain nombre de sujets : salaires ; durée du travail, épargne salariale égalité professionnelle, insertion des travailleurs handicapés ou triennal sur la GPEC pour les entreprises de 300 salariés et plus »[1178].

959. Les difficultés demeurent lorsque les textes règlementaires sont adoptés à la suite de la négociation avec les centrales syndicales dans la mesure où certains résultats nécessitent l'adoption ou la prise de règlements par le Gouvernement. Nous pouvons noter que suite à la signature du procès-verbal de conciliation avec l'UNTM le 28 octobre 2014, le Gouvernement a adopté des décrets[1179] pour matérialiser les accords intervenus avec les syndicats, notamment en ce qui concerne les augmentations de salaire du secteur privé.

960. En réalité, les employeurs pensent souvent qu'ils ne sont pas liés par ces accords qu'ils ont cosignés avec le Gouvernement pour mettre fin à la grève. Il arrive très souvent, après la signature de procès-verbal avec l'UNTM que de nouvelles négociations s'engagent avec le CNPM pour fixer les modalités de mise en œuvre de l'accord de fin de conflit au niveau des entreprises du secteur privé ou pour revoir les augmentations accordées par le Gouvernement. La plupart du temps, les groupements professionnels restent silencieux lorsqu'il s'agit d'adapter les conventions collectives à ces nouvelles dispositions réglementaires. En dehors de ces hypothèses, les conventions

---

le contrat de mise à disposition est passé entre l'utilisateur et l'entreprise de travail temporaire, laquelle doit être agréée par le Ministre chargé du travail.
L'Entreprise de Travail Temporaire exerce ses activités sous le contrôle de la Direction Nationale du Travail ».

[1178] Négocier un accord collectif dans l'entreprise : les guides pratiques FR, Groupe Revue fiduciaire, 2016-2017, 2ème édition, à jour de la loi « Macron » et de la loi « dialogue social », version ne ligne, p.84.

[1179] Décret n° 2015-0364/P-RM du 19 mai 2015 portant majoration des traitements indiciaires des fonctionnaires et des contractuels de l'État des et des collectivités territoriales ; Décret n° 2015-0363 /P-RM du 19 mai 2015 fixant le Salaire minimum inter professionnel garanti de 28.460 à 40.000 FCFA ; Décret n° 2015-0362 /P-RM du 19 mai 2015 fixant le taux des allocations familiales de 1500 à 3500 FCFA pour les enfants normaux et à 4000 FCFA pour les enfants vivants avec un handicap.

collectives contiennent des dispositions finales qui évoquent la transposition de l'ancienne grille de salaire vers la nouvelle grille de la convention négociée.

2. La transposition dans la nouvelle grille

961. La plupart des conventions collectives contiennent une disposition sur la transposition de l'ancienne grille de salaire dans la nouvelle grille de salaire de la nouvelle convention collective[1180]. Mais, malgré cette prévision, il arrive très fréquemment que les groupements professionnels ne procèdent pas à la transposition des salaires de la branche dans la nouvelle grille, créant ainsi de nouveaux conflits collectifs.

962. A ce titre, les syndicats de certains secteurs d'activités ont entamé des grèves pour obtenir leur transposition dans les nouvelles grilles de salaire entre 2006 et 2008 au Mali. Ceci a été le cas notamment, pour les travailleurs de certaines sociétés de gardiennage, de surveillance et des transports de fonds qui ont fait grève pendant des deux semaines pour obtenir la transposition de la nouvelle grille signée en 2006. Les travailleurs de certaines entreprises régies par la convention collective des industries alimentaires en ont fait de même, ce fut ainsi le cas de la société Malilait SA.

963. Au constat, il ne suffit donc pas de prévoir dans les dispositions finales de la convention collective la question de la transposition. Il faut surtout que les acteurs sociaux du secteur privé aient la volonté de se conformer à leur engagement commun. Nous avons plusieurs fois rappelé que la convention collective est un contrat entre les parties. À ce titre, les signataires sont liés par les termes conformément aux stipulations du Code des obligations du Mali ainsi qu'il suit : « *les conventions légalement formées tiennent lieu de loi à ceux qui les ont faites (...)* »[1181].

964. Une autre difficulté est à relever dans le cadre de la transposition. Même si la convention collective n'y fait pas mention, en cas de relèvement du taux du salaire minimum, toutes les entreprises privées dont les taux de salaire sont inférieurs à ce nouveau montant doivent procéder à un réajustement de la grille de salaires au niveau de l'entreprise. Depuis 2015, le taux du SMIG a été porté de 28.460 à 40.000 FCFA, normalement toutes les conventions collectives dont les salaires catégoriels de base sont inférieurs à ce minium devraient procéder à la transposition. A ce jour, aucun groupement

---

[1180] A ce propos, l'article 70 de la convention collective des systèmes financiers décentralisés stipule que : « *Dès, l'entrée en vigueur des dispositions de la présente convention, les travailleurs relevant de la classification professionnelle de la convention collective fédérale du commerce seront classés dans les catégories, échelons et sous échelons de la présente convention conformément au tableau de la transposition prévue à l'annexe* 4 ».

[1181] *Cf.* Article 77 du Code des obligations du Mali de 1987.

professionnel d'employeurs n'a saisi la Direction nationale du Travail pour engager des négociations collectives ayant pour but de corriger cette illégalité, violant ainsi le décret qui relève le SMIG. Certains travailleurs affirment que leur entreprise a procédé directement à la correction sur les bulletins de salaires. Ce qui suppose que cela peut fonctionner sans l'intervention de l'inspection du Travail, et d'ailleurs si l'on sait que cette inspection ne joue pas pleinement son rôle de contrôle des entreprises pour faire cesser les violations.

965. Il ressort de l'examen des grilles de salaires de toutes les conventions collectives négociés entre 2005 et 2013 que les salaires de base des travailleurs de la « catégorie E »[1182] sont tous inferieurs au montant du SMIG depuis 2016, sauf la convention collective des banques dont les acteurs négocient tous les trois ans leur grille de salaire. Les inspecteurs du Travail qui sont chargés de veiller au respect de l'application des dispositions des lois et règlements en matière de travail et de sécurité sociale, n'ont jamais envoyé de lettres de rappel aux entreprises qui violent le décret susvisé[1183]. Un rappel à l'ordre avait été adressé pourtant à toutes les inspections du Travail en ce sens. Il faut noter que le Conseil national du Patronat du Mali, l'organisation faitière des entreprises, n'a pas non plus rappelé ses adhérents au respect de la loi. Les principales victimes sont les travailleurs non syndiqués des petites entreprises qui n'ont ni informations, ni moyens de pression pour obliger les entreprises à appliquer les grilles de salaires desdites conventions collectives.

966. Le paradoxe réside dans le fait que l'État lui-même respecte le minimum légal vis-à-vis de ses fonctionnaires, mais les inspections du Travail ne prennent aucune disposition pour rappeler le Patronat au respect du minimum légal, et cela relève du paradoxe. L'intérêt de la prévision des clauses de relecture dans les des dispositions finales des conventions réside en ce que les parties se souviendront de leurs engagements réciproques à chaque évolution législative ou réglementaire. Dans tous les cas, une modification législative ou réglementaire n'a de sens ou de portée juridique que si les parties concernées la traduisent en réalité pratique, dans la mesure où on attend des déclarations du genre : *« on ne met pas un décret dans la marmite, mais le salaire »*. Au-

---

[1182] Convention collective du personnel enseignant de l'enseignement privé catholique du Mali, convention collective des personnels des sociétés de surveillance, de gardiennage et de prestations de service, convention collective des industries alimentaires, convention collective des entreprises du bâtiment et des travaux publics, convention collective des entreprises pétrolières du Mali, convention collective des systèmes financiers décentralisés, convention collective des centres de santé communautaire du Mali, convention collective du secteur pharmaceutique privé officinal du Mali, convention collective de la métallurgie et des industries de la mécanique générale du Mali.

[1183] *Cf.* Décret n° 2015-0363 /P-RM du 19 mai 2015 fixant le Salaire Minimum Interprofessionnel Garanti de 28.460 à 40.000 FCFA.

delà des fonctions de mise à jour suite à une évolution législative ou réglementaire, nous allons examiner la fonction de révision.

C- La fonction de révision : les thèmes prioritaires

967. La révision d'un accord collectif permet de le modifier, sans y mettre fin, puisque les dispositions issues de cette révision se substituent de plein droit aux dispositions initiales[1184]. En France, la fonction de révision porte sur des thèmes prioritaires sur lesquels les parties seront obligées de se conformer. L'instauration d'une obligation de révision pourrait se faire au moins sur des thèmes prioritaires comme les salaires, l'égalité professionnelle etc. Le rythme de la révision pourrait intervenir en fonction des thèmes définis en priorité par la loi ou dans la convention collective elle-même. Qu'en est-il au Mali ? Nous examinerons le rythme de la négociation **(1)** et les thèmes prioritaires **(2).**

1. Le rythme de la révision

968. Aux termes des dispositions du Code du travail malien « *la convention collective est applicable pendant une durée déterminée ou pour une durée indéterminée. Quand la convention collective est conclue pour une durée déterminée, sa durée ne peut être supérieure à cinq ans. A défaut de stipulations contraires, la convention à durée déterminée qui arrive à expiration continue à produire des effets comme une convention à durée indéterminée* »[1185]. La convention collective à durée indéterminée peut cesser par la volonté de l'une des parties. Elle doit prévoir « *dans quelles formes et à quelle époque elle pourra être dénoncée, renouvelée ou révisée* ». La convention collective doit prévoir notamment la durée du préavis qui doit précéder la dénonciation.

969. Au regard des dispositions du Code du travail, le rythme de la révision dépend des négociateurs de la convention qui ont la possibilité de définir dans la convention elle-même, une périodicité. Ainsi, les parties pourraient réviser la convention ou même conclure une nouvelle convention collective. En utilisant les deux termes *« renouvelée ou révisée »*, le Code du travail lui-même donne le choix aux parties soit d'opter pour la conclusion d'une nouvelle convention, en ce moment nous sommes en face d'une convention à durée déterminée, soit de la réviser et nous sommes en face d'une convention à durée indéterminée.

[1184] Article L. 2222-5 du Code du travail français (Cf. not. J-F. Cesaro, « Révision, transition, extinction des conventions et accords collectifs après la loi du 8 août 2016 », *JCP S*, 13 septembre 2016, n° 36, 1301).

[1185] Article L72 du Code du travail.

970. En règle générale, le préavis de dénonciation est prévu dans toutes les conventions collectives ; mais ce qu'on ne retrouve pas c'est le rythme auquel les parties vont réviser la convention. A notre analyse, au Mali, seule la convention collective des banques, assurances et établissements financiers a défini un rythme de révision[1186] ne portant toutefois que sur la grille salariale. Si les parties ont utilisé le conditionnel, en réalité depuis 2010, la convention collective des banques fait l'objet d'une révision tous les trois ans, et de fait cette révision ne porte pas que sur la grille des salaires ; elle va au-delà et s'intéresse, par exemple, au droit syndical ou aux heures supplémentaires. Il est donc souhaitable que toutes les conventions collectives puissent insérer dans leurs dispositifs un rythme de révision, même limitée à la grille de salaires ou aux primes et indemnités accordées aux travailleurs.

971. En France, une fois la révision actée par la dénonciation par l'une des parties, tous les signataires sont conviés à la négociation, sous peine de nullité de la procédure, « *mais seuls les signataires originels peuvent signer l'avenant* »[1187]. Pour que « cet avenant puisse se substituer de plein droit à la convention modifiée », encore faut-il qu'il soit conclu conformément aux règles de droit commun de conclusion des conventions collectives de travail telles qu'issues de la loi du 8 août 2016[1188], à savoir être signé par une ou plusieurs organisations syndicales de salariés représentatives plus de 50% des suffrages exprimés au 1er tour des élections[1189], ou bien être signé par des organisations représentatives au moins de 30% des suffrages exprimés, si l'accord est validé à la majorité des salariés à la suite d'un referendum. Dans tous les cas, si l'avenant n'est signé que par une ou certaines organisations d'employeurs signataires de la convention initiale, il n'est alors opposable qu'aux seules organisations signataires ou qu'aux seuls employeurs membres d'un groupement signataire. Il peut aussi arriver qu'une opération de « réorganisation ou de restructuration (fusion, cession, scission, etc.) qui peut en plus se traduire par une modification d'activité ou un changement d'employeur », ait des conséquences sur l'application des accords collectifs existants[1190]. Il faut noter qu'« un nouvel employeur ne peut être lié par un accord collectif auquel il n'a pris part ni personnellement, ni par le biais du groupement professionnel dont il est membre »[1191].

[1186] Aux termes de l'aliéna 1er de l'article 2 de la convention collective des banques, assurances et établissements financiers du Mali : « *Cependant la grille salariale ne pourra être modifiée qu'au terme d'une période de trois ans à compter de sa date d'application* ».

[1187] Ouaissi H., *op. cit.*, p. 421.

[1188] Loi n° 2016-1088 du 8 août 2016 relative au travail, à la modernisation du dialogue social et à la sécurisation des parcours professionnels, précitée.

[1189] Article L. 2232-12, al. 1 du Code du travail français.

[1190] Ouaissi H., *op. cit.*, p. 422.

[1191] *Idem.*

972. Ceci est valable également au Mali, à la différence que l'avenant se transforme toujours en une négociation de convention nouvelle dans la mesure où toutes les dispositions de la convention même dénoncée sont reprises dans la convention signée donc avec une nouvelle convention collective de salaire. Cela peut avoir un intérêt pratique, dans la mesure où les avenants peuvent ne pas être connus par les praticiens ou tomber même dans les oubliettes au niveau de l'entreprise sauf rappel pressant des syndicats. En plus de la fixation du rythme, la détermination des thèmes parait être une bonne chose pour ne pas revenir tout le temps sur tout comme cela se pratique sous nos cieux.

2. Les thèmes prioritaires

973. La détermination des thèmes prioritaires n'est pas une option retenue à ce jour par le droit de la négociation collective au Mali ; pourtant elle présente un intérêt réel singulièrement dans les branches professionnelles ; rares toutefois sont celles qui l'ont adopté dans leurs conventions collectives. A part la convention collective des banques qui a fait un focus sur la négociation de la grille des salaires comme on l'a vu[1192], aucune autre convention collective ne fait mention de thèmes prioritaires. Ceci est en soi un révélateur du fait que la négociation collective n'a pas encore connu un grand engouement dans les branches, ce qui peut apparaitre paradoxal dès lors que le Mali a opté pour la négociation de branche et que l'on y compte aujourd'hui vingt-deux conventions collectives applicables même si elles sont parfois en grande partie obsolètes. L'idée de choix des clauses de rendez-vous à pour avantages de ne pas mettre en discussion les grands sujets déjà connus comme la liberté syndicale, les délégués du personnel, les avancements ou le classement des travailleurs.

974. Force est de reconnaitre qu'en France, les thèmes prioritaires sont définis. Depuis la loi du 17 août 2015[1193], la négociation obligatoire porte sur deux blocs de thèmes. Le premier concerne les rémunérations, le temps de travail et le partage de la valeur ajoutée : salaires effectifs, durée du travail et organisation du temps de travail, épargne salariale, suivi de la mise en œuvre des mesures visant à supprimer les écarts de rémunération et les différences de déroulement de carrière entre les femmes et les hommes ; le second bloc de thèmes est relatif à l'égalité professionnelle entre les hommes et les femmes et la qualité de vie au travail[1194] : articulation entre vie personnelle et

---

[1192] Article 2 de la convention collective des banques, assurances et établissements financiers du Mali de 2015, *op. cit.* p. 2.

[1193] Loi n° 2015- 994 du 17 août 2015 relative au dialogue social et à l'emploi en France.

[1194] *Cf.* Articles L.2242-5 à L. 2242-7 du Code du travail français. Voir notamment : Négocier un accord collectif dans l'entreprise : les guides pratiques FR, Groupe Revue fiduciaire, 2016-2017, 2ème éd., à jour de la loi « Macron » et de la loi « dialogue social », version en ligne, p. 84 et 85.

professionnelle, objectifs et mesures permettant d'atteindre l'égalité professionnelle hommes/femmes, mesures permettant de lutter contre toute discrimination en matière de recrutement, d'emploi et d'accès à la formation professionnelle, mesures relatives à l'insertion professionnelle et au maintien dans l'emploi, des travailleurs handicapés, modalités de définition d'un régime de prévoyance et d'un régime de remboursement complémentaire de frais de santé et de maternité à défaut de couverture par l'accord de branche ou d'entreprise, exercice du droit d'expression des travailleurs et du droit à la déconnexion. A cela s'ajoute « la négociation triennale sur les mesures tendant à assurer l'égalité professionnelle hommes/femmes[1195] et sur les inégalités constatées mais aussi la mise en place d'un dispositif de gestion prévisionnelle des emplois et des compétences ainsi que sur les mesures d'accompagnement (…) en matière de formation »[1196]. Enfin, le Code du travail prévoit un examen tous les cinq ans des classifications professionnelles afin d'examiner l'éventuelle nécessité de les réviser[1197].

975. Il faut souligner que, depuis l'entrée en vigueur de la loi du 8 août 2016, en France les conventions ou accords de branche peuvent adapter les périodes des négociations obligatoires pour tout ou partie des thèmes ; il est ainsi prévu que « Les employeurs et les travailleurs peuvent aussi s'accorder pour traiter des thèmes supplémentaires de leur choix notamment sur la formation professionnelle ou sur la réduction du temps de travail »[1198]. Il convient d'attirer l'attention sur le fait que l'ampleur des thèmes prioritaires risque de constituer un frein au progrès de la négociation collective. La négociation collective prend aujourd'hui une dimension nouvelle par son rôle grandissant dans la construction du droit du travail au niveau des branches et des entreprises. Organisée et structurée au niveau de chaque branche, elle est devenue la loi de la profession du point de vue pratique, les branches oubliant souvent que le Code du travail existe et qu'il a légiféré dans les différents thèmes soumis à la négociation collective obligatoire ou facultative.

976. La négociation collective est le ferment du dialogue social dans la mesure où elle « devient l'instrument d'une nouvelle expression de la communauté des travailleurs et le creuset d'une nouvelle démocratie sociale réelle et plus forte »[1199]. Nous sommes d'avis que pour donner plus d'élan au dialogue social, il faut donner plus de place à la négociation collective dans les branches, mais aussi dans les entreprises, au plus proche des réalités et des salariés.

[1195] Article L. 2241-3 du Code du travail français.
[1196] Ouaissi H., *Droit du travail de l'individuel au collectif*, *op. cit.*, pp. 409-410.
[1197] Article L. 2241-7 du Code du travail français.
[1198] Ouaissi H., *op. cit.*, p. 409.
[1199] *Idem*.

§ 2 - L'obligation de négocier des accords d'entreprises

977. L'entreprise est le niveau pertinent pour que se développe un dialogue social permanent et constructif et que se régénère un nouveau rapport « employeur-travailleur ». En effet, « Le temps des conquêtes sociales, à base de conflits durs, s'estompe progressivement pour laisser la place au temps des concessions et des adaptations aux réalités du terrain, du secteur d'activité »[1200], de l'entreprise tout court. La branche est plus large et ne tient certainement pas souvent compte des réalités de chaque entreprise du secteur. L'entreprise est le lieu privilégié des discussions à cause de sa proximité des salariés. Aux termes de l'article L.88 alinéa 1er du Code du travail : « *Des accords, concernant une entreprise, un ou plusieurs établissements déterminés, peuvent être conclus entre, d'une part, un employeur ou plusieurs employeurs, et d'autre part, les délégués du personnel et les représentants des syndicats les plus représentatifs du personnel de l'entreprise, du ou des établissements intéressés et y étant effectivement employés* ». Ainsi, la loi donne la possibilité aux parties de négocier des accords d'établissement[1201] au niveau de chaque entreprise. Cette négociation peut-elle porter sur des aspects traités dans la convention collective de branche ? La situation est pour le moins différente en France et au Mali. Après avoir examiné le périmètre de négociation concerné **(A)** nous analyserons la périodicité et les modalités de la négociation d'entreprise **(B).**

A- Le Périmètre de négociation concerné

978. Il faut noter que de façon générale, la loi définie les sujets sur lesquels la négociation d'entreprise peut porter. Au Mali, le Code du travail dispose que : « *Ces accords ont pour objet d'adapter, aux conditions particulières de l'entreprise, de l'établissement ou des établissements considérés, les*

[1200] Ouaissi H., *op. cit.*, p. 401.

[1201] Il s'agit d'un emprunt au niveau de la pratique, le mot accord d'établissement au niveau de l'entreprise renvoie à la notion d'accord d'entreprise. On s'est habitué à appeler les deux notions de la même façon, alors que la définition de l'Etablissement est différente de celle de l'entreprise dans le Code du travail malien de 1992. Aux termes de l'article L3 du Code du travail : « *Au sens du présent code on entend par entreprise une organisation de forme juridique déterminée, propriété individuelle ou collective, employant des travailleurs sous l'autorité d'un organe investi du pouvoir de direction et ayant pour objet une activité commune d'ordre généralement économique, destinée à la production ou la vente de biens ou à la prestation de services déterminés. L'entreprise peut comprendre un ou plusieurs établissements.*
Chaque établissement constitue une unité technique composée d'un groupe de personnes travaillant en commun en un lieu déterminé sous une même autorité directrice. Un établissement unique et indépendant constitue à la fois une entreprise et un établissement. L'établissement peut ne comporter qu'un seul travailleur ».

dispositions des conventions collectives interprofessionnelles, des conventions collectives nationales, régionales ou locales et des arrêtés prévus à l'article L. 86 (...) »[1202]. Les accords d'établissement ne peuvent pas contenir des dispositions qui seraient contraires aux dispositions du Code du travail ou à celles de la convention collective de branche. Ainsi, la loi elle-même définie les thèmes sur lesquels les discussions peuvent intervenir dans l'entreprise. Au Mali, « *ces accords peuvent prévoir des dispositions nouvelles et des clauses plus favorables aux travailleurs* »[1203]. Pour bien analyser cette question, nous allons examiner les thèmes obligatoires de la négociation **(1)** ainsi que les sujets facultatifs **(2).**

1.-Les thèmes obligatoires

979. Au Mali, le Code du travail modifié définit le champ ou le périmètre de la négociation collective d'entreprise ; mais il ne définit pas de thèmes obligatoires contrairement au droit français. Les thèmes discutés ou négociés dans l'accord d'établissement ou d'entreprise sont généralement une adaptation des dispositions de la convention collective aux réalités de l'entreprise. Nous avons déjà indiqué que l'accord d'établissement a pour objet d'adapter aux conditions particulières de l'entreprise, de l'établissement ou des établissements considérés, les dispositions des conventions collectives nationales, régionales ou locales et des arrêtés prévus à l'article L. 86 et, notamment, « *les conditions d'attribution et le mode de calcul de la rémunération au rendement, des primes à la production individuelle et collective et des primes à la productivité* »[1204]. D'autres sujets pourront être discutés à la convenance des parties.

980. Sans en faire des thèmes obligatoires, le Code du travail du Mali donne des indications sur ceux qui pourraient être négociés dans l'entreprise. Mais, dans la pratique, ce ne sont pas seulement ces thèmes qui sont discutés, on retrouve tous les thèmes définis à l'article L.79[1205] du Code du travail. Ainsi,

---

[1202] Article L.88 aliéna 2 du Code du travail.

[1203] Article L.88 alinéa 4 du Code du travail.

[1204] Article L.88 aliéna 2 du Code du travail.

[1205] Article L.79 du Code du travail qui stipule : « Les conventions collectives visées par la présente section comprennent obligatoirement des dispositions concernant :1) - le libre exercice du droit syndical et la liberté d'opinion ; 2) - la détermination des classifications des catégories professionnelles ; 3) - les salaires applicables par catégorie professionnelle et éventuellement par région ; 4) - les modalités d'exécution et les taux des heures supplémentaires ; 5) - les modalités d'application du principe : "à travail égal, salaire égal", pour les femmes et les enfants ; 6) - les primes d'ancienneté et les indemnités de déplacement ; 7) - les conditions d'embauchage et de licenciement et notamment la durée de la période d'essai et celle du préavis ; 8) - les délégués du personnel ; 9) - les conditions particulières du travail des femmes et des enfants ; 10) - les modalités d'organisation et de fonctionnement de la formation dans l'entreprise, dans le cadre de la branche d'activité nous retrouvons dans les accords d'établissement tous les thèmes définis par la loi. Ceci suppose que les indications données par l'article L.88 alinéa 2 ne sont pas les seuls sujets à discuter. L'adverbe « *notamment* » ouvre la voie à d'autres sujets que nous allons examiner plus bas. L'aliéna 4 du même article L.88 ajoute que : *« Les clauses salariales de ces accords collectifs peuvent prévoir des modalités particulières d'application des majorations de salaires décidées par les conventions de branches d'activité ou interprofessionnelles applicables dans l'entreprise ou l'établissement à condition que l'augmentation de la masse salariale totale soit au moins égale à l'augmentation qui résulterait de l'application des majorations accordées par les conventions précitées pour les travailleurs concernés »*.

981. En réalité, la différence entre l'accord d'établissement et la convention collective de branche se situe en général au niveau de la couverture. La convention regroupe toutes les entreprises de la branche concernée et l'accord couvre une seule entreprise. Mais, il arrive parfois que certaines entreprises négocient des accords uniquement sur les primes et les indemnités et autres avantages en laissant à la convention collective la seule mission de définir les conditions générales de travail, le droit syndical et la grille salariale. L'accord d'établissement de la *Bank of Africa* Mali en est l'exemple type. Dans cet accord, les parties ont simplement négocié sur les avantages, autrement dit sur les primes et indemnités accordées au personnel, en laissant à la convention collective des banques, le soin de régler les autres aspects définis à l'article L.79 précité du Code du travail.

982. Le constat est qu'au Mali les thèmes prioritaires dépendent des parties dans le cadre de la négociation d'entreprise et que « ces accords peuvent prévoir des dispositions nouvelles et des clauses plus favorables aux travailleurs, notamment une participation aux fruits de l'entreprise ou de l'établissement »[1206]. Par contre, en France, les choses ont changé depuis le1[er] janvier 2016, l'accord d'entreprise est devenu le niveau de droit commun en matière de durée de travail. Ainsi, « l'accord d'entreprise ou d'établissement prime sur l'accord de branche, ce dernier ne s'applique qu'à défaut d'accord d'entreprise »[1207]. Par exemple, concernant la majoration des heures supplémentaires, les branches pratiquent généralement un taux de 25%, tandis qu'un accord d'entreprise peut prévoir un taux inférieur, dans la limite de 10%.

---

considérée ; 11) - l'organisation et le fonctionnement des commissions paritaires de classement ; 12) - la procédure de révision, modification et dénonciation de tout ou partie de la convention collective ; Elles peuvent également contenir, toute autre disposition non contraire à la législation en vigueur ».

[1206] Article L.88 alinéa 4 du Code du travail.

[1207] Ouaissi H., *op, cit.* p.401.

983. Depuis l'adoption de la loi de 2015[1208], la négociation annuelle porte sur deux blocs de thèmes à partir du 1er janvier 2016. Il s'agit d'une part des rémunérations, du temps de travail et du partage de la valeur ajoutée : salaires effectifs, durée du travail et organisation du temps de travail, épargne salariale, suivi de la mise en œuvre des mesures visant à supprimer les écarts de rémunération et les différences de déroulement de carrière entre les femmes et les hommes ; il s'agit d'autre part de l'égalité professionnelle entre les hommes et les femmes et la qualité de vie au travail[1209] ; les thèmes prioritaires sont ici : articulation entre vie personnelle et professionnelle, objectifs et mesures permettant d'atteindre l'égalité professionnelle hommes/femmes, mesures permettant de lutter contre toute discrimination en matière de recrutement , d'emploi et d'accès à la formation professionnelle, mesures relatives à l'insertion professionnelle et au maintien dans l'emploi, des travailleurs handicapés, modalités de définition d'un régime de prévoyance et d'un régime de remboursement complémentaire de frais de santé et de maternité à défaut de couverture par accord de branche ou d'entreprise, exercice du droit d'expression des travailleurs et du droit à la déconnexion.

984. Dans le cadre de la négociation d'entreprise obligatoire, les négociateurs ont une très grande liberté dans le respect de l'ordre public social. Un employeur peut être dispensé de négocier un accord d'entreprise en cas d'accord de branche ou de groupe. Au Mali, c'est presque la règle ; les entreprises ne sont pas obligées de faire des accords d'établissement dès qu'il y a une convention de branche applicable au secteur. On retrouve également une autre pratique : les entreprises qui ne sont pas couvertes par une convention collective négocient régulièrement des accords d'établissement pour régler les conditions de travail et de protection sociale. Le Code du travail devient la référence juridique à laquelle les parties s'adossent pour négocier.

985. Les deux systèmes sont différents dans l'approche mais se ressemble au fond ; l'objectif recherché par le législateur est de faire en sorte que le dialogue social au niveau des entreprises soit réel, parce qu'il est, à notre avis, la forme plus complète et sans intermédiaire. Il s'agit d'une négociation directe entre l'employeur et les représentants des salariés. Ce type de dialogue doit être encouragé sinon protégé par la loi ou même redéfini dans certaines situations. En règle générale, les entreprises sont libres de négocier sur le sujet de leur choix sans être en contradiction avec le Code du travail d'où des sujets facultatifs.

[1208] Loi n° 2015-994 du 17 août 2015 relative au dialogue social et à l'emploi en France.

[1209] *Cf.* Articles L. 2242-5 à L. 2242-7 du Code du travail français. Voir aussi : Négocier un accord collectif dans l'entreprise : les guides pratiques FR, Groupe Revue fiduciaire, 2016-2017, 2ème éd., à jour de la loi « Macron » et de la loi « dialogue social », version en ligne, p.84 et 85.

2-Des sujets facultatifs

986. La négociation facultative existe toujours en droit de la négociation collective. D'ailleurs au Mali, on ne peut pas parler de négociation obligatoire, les parties ont la liberté de négocier des accords d'établissement et la loi n'impose aucune exigence. Aux termes du Code du travail : « *Les clauses salariales des accords collectifs peuvent prévoir des modalités particulières d'application des majorations de salaires décidées par les conventions de branches d'activité ou interprofessionnelles applicables dans l'entreprise ou l'établissement à condition que l'augmentation de la masse salariale totale soit au moins égale à l'augmentation qui résulterait de l'application des majorations accordées par les conventions précitées pour les travailleurs concernés.* Ces accords peuvent prévoir des dispositions nouvelles et des clauses plus favorables aux travailleurs, notamment une participation aux fruits de l'entreprise ou de l'établissement. (...)»[1210].

987. A l'analyse, le Code du travail n'évoque aucune obligation ; dès cet instant tous les sujets deviennent facultatifs ; mais comme nous l'avons déjà souligné, la loi donne des indications aux parties et leur laisse le choix de fixer les sujets. D'ailleurs, nous assistons depuis quelques temps à une prolifération des accords d'établissements. Dans ces négociations, ce qui est surtout fréquent, c'est que les parties décident généralement de prévoir une nouvelle grille de salaire différente de celle de la convention collective, plus avantageuse[1211] en termes de salaire de base et de primes et indemnités octroyées aux travailleurs de l'entreprise. Il faut noter que la conclusion ou la négociation d'un accord n'est pas liée à l'existence d'une convention collective de branche au Mali.

988. De nos jours, on peut retrouver dans les accords d'établissements toute sorte de sujets relatifs à la gestion des salariés, à leurs droits et aux droits de l'employeur ; tout y passe, sous réserve du respect de l'ordre public social. On peut retrouver les sujets classiques comme le champ d'application ou le cadre juridique, la prise d'effet, la révision, la dénonciation, le droit syndical, les droits acquis, les délègues du personnel, les obligations professionnelles des salariés, les modalités de recrutement, la classification professionnelle, l'avancement, le salaires, les indemnités et les primes, les conditions de travail, notamment la durée du travail, les heures supplémentaires, les congés, les permissions exceptionnelles, la formation et les stages, les missions

---

[1210] *Cf.* Article L.88 alinéa 2, 3 et 4 du Code du travail.

[1211] *Cf* Accords d'établissement de la mine d'or de Somilo et Goungoto. Les grilles de salaires annexés à ces différents accords d'établissement sont plus élevées avantageuses pour les travailleurs de ses entreprises que la grille de la convention collective des sociétés et entreprises minières géologiques et hydrogéologiques du Mali.

(interne, à l'étranger), la suspension et la rupture du contrat de travail, la durée du préavis, le droit de grève et le préavis, les indemnités de licenciement et de départ à la retraite, le traitement des litiges, l'interprétation et conciliation. Ainsi, on retrouve tous les sujets concernant la vie de l'entreprise, sauf la sécurité et la santé au travail que l'on retrouve utilement dans le règlement intérieur. D'autres sujets tel que la négociation d'un plan social à la suite de fermeture d'entreprise ou de licenciements massifs de salariés peuvent donner, y compris, lieu négociation prévus[1212].

989. En France, « les accords d'entreprise peuvent aussi adapter les dispositions des conventions collectives de branche ou des accords professionnels ou interprofessionnels applicables dans l'entreprise aux conditions particulières de l'entreprise ou des établissements considérés »[1213]. En dehors de ces hypothèses, les accords d'entreprises peuvent comporter des dispositions nouvelles et des clauses plus favorables aux salariés. Ils peuvent également déroger, y compris dans un sens moins favorable aux salariés, comme nous l'avons déjà évoqué concernant la durée du travail sur les majorations des heures supplémentaires, « sauf en matière de salaires minima, de classifications de protections sociales complémentaire et de mutualisation des fonds de formation professionnelle »[1214]. Au-delà des constats que nous venons de faire, il est entendu que la négociation d'entreprise obéit aussi à des périodicités et des modalités qu'il convient d'examiner.

B- La Périodicité et les modalités

990. Nous pouvons noter qu'il n'y a pas une périodicité assez clairement définie pour négocier des accords d'établissement dans notre Code du travail, même modifié en 2017. Cependant, les accords d'établissements contiennent souvent des dispositions qui font allusion à la dénonciation ou l'actualisation. Ainsi, nous allons examiner la périodicité de la négociation des accords d'entreprises **(1)** ainsi que les modalités y afférentes **(2).**

1. La périodicité de la négociation

991. Au regard des dispositions de notre Code du travail, comme nous l'avons déjà expliqué il n'y a pas d'obligation relative à une périodicité. Si telle devait être le cas, c'est l'accord d'établissement lui-même qui devrait la fixer. Cependant, notre Code du travail dispose en son article L.88 alinéa 7 que

---

1212 L'Accord d'établissement de la mine d'or de Sadiola en 1ère région de Kayes.

1213 Ouaissi H., *op, cit.* p.415 ; voir Verdier J. M., Coeuret A., Souriac M. A., Droit du travail, les rapports collectifs, 2011, Vol. 1, 15ème éd., Mémentos Dalloz, 2009. p. 249.

1214 Loi n° 2004-391 du 4 mai 2004 relative à la formation professionnelle tout au long de la vie et au dialogue social ; B. Teyssié, *Droit du travail, relations collectives*, *op. cit.*, p. 599 et s.

« *Les dispositions des articles L.72, 73 et 77 s'appliquent aux accords prévus au présent article* ». Ces dispositions renvoient à la pratique consacrée au niveau des conventions collectives de branche.

992. En faisant un bref examen de ces trois articles, on se rend compte que l'accord d'établissement peut contenir des dispositions relatives à la dénonciation ou à la révision. Ainsi, l'article L72 stipule que : « *La convention collective est applicable pendant une durée déterminée ou pour une durée indéterminée. Quand la convention est conclue pour une durée déterminée, sa durée ne peut être supérieure à cinq ans. A défaut de stipulations contraires, la convention à durée déterminée qui arrive à expiration continue à produire des effets comme une convention à durée indéterminée. La convention collective à durée indéterminée peut cesser par la volonté de l'une des parties. La convention collective doit prévoir dans quelles formes et à quelle époque elle pourra être dénoncée, renouvelée ou révisée. La convention collective doit prévoir notamment la durée du préavis qui doit précéder la dénonciation* ». Nous avons constaté que l'accord d'établissement est soumis aux mêmes régimes juridiques que la convention collective. Mais le problème n'est pas réglé parce que la loi n'impose aucune obligation annuelle, triennale ou quinquennale comme en France. Pour engager la relecture ou la révision de l'accord d'établissement, il suffit de respecter le délai de dénonciation ou le préavis défini à cet effet. Généralement tous les accords d'établissements contiennent un délai de dénonciation. Il est d'un an ou deux ans maximum. La dénonciation pour révision est ainsi ouverte à tout moment[1215].

993. Ainsi, faute d'avoir prévu une périodicité, la révision en pratique des accords d'établissement, à la différence des conventions collectives, se fait au gré des préavis de grève que les syndicats déposent sur la table de l'employeur, en visant à l'obliger à engager des discussions sur l'accord. Les thèmes qui reviennent dans ces conditions sont principalement relatifs aux demandes d'augmentation de salaires. L'accord d'établissement de la CMDT[1216] et l'EDM[1217] ont été ainsi révisés respectivement en 2011 et 2015 suite à des demandes d'augmentation de salaires faite par les syndicats des entreprises en question. Nous sommes tentés de croire que le rythme du

---

[1215] Aux termes de l'article 2 de l'accord d'établissement de l'Agence Malienne de Métrologie (AMAM) signé en juillet 2018 : « chacune des parties signataires à la faculté de demander la révision ou la dénonciation de tout ou partie du présent accord d'établissement. La partie qui prend l'initiative de la dénonciation ou la révision doit accompagner sa lettre d'un projet de reprise des négociations sur les points mis en cause. Les négociations doivent s'engager dans un délai de 3 mois après réception de la lettre (…) ».

[1216] Compagnie Malienne de Development des Textiles (CMDT), société nationale chargée de la commercialisation du coton au Mali avec plus de deux milles salariés, est née de l'ancienne CFDT et ce n'est que très récemment, que la France a quitté le capital de cette société.

[1217] EDM SA : Société « Energie du Mali » chargée de la commercialisation de l'électricité au Mali.

dialogue social est déterminé par celui de la revendication syndicale, ceci est valable aussi dans les services publics.

994. En France, les choses se passent autrement. En règle générale, les entreprises sont libres de négocier sur le sujet de leur choix. Toutefois, la loi impose l'ouverture périodique de négociations sur certains thèmes particuliers. De ce fait, chaque année l'employeur doit engager des négociations sur un certain nombre de sujets : salaires, durée du travail, épargne salariale, égalité professionnelle, insertion des travailleurs handicapés, etc[1218]. Toutes les entreprises qui ont une section syndicale ou un délégué syndical sont soumises à l'obligation annuelle de négocier. Depuis le 1er janvier 2016, il a été imposé une obligation « tous les trois ans, dans les entreprises de 300 salariés et plus, l'employeur doit engager des négociations sure la gestion prévisionnelle des emplois et des compétences (GPEC), ainsi que sur un certain nombre de thèmes connexes »[1219] comme la négociation sur la gestion des emplois et des parcours professionnels et sur la mixité des métiers.

995. En plus de tout cela, des négociations obligatoires peuvent avoir lieu dans certaines circonstances comme en cas de dénonciation de l'accord ou de modification dans la situation juridique de l'employeur. Il convient quand même de souligner que la fixation de la périodicité de la négociation est très importante qu'il s'agisse « de la dénonciation, de la révision, de la mise en cause ou même du terme échu, tout doit être fait pour que jamais ne se produise un vide juridique qui affaiblisse les droits du salarié et la règle du maintien de la rémunération perçue en est la preuve, qui impose de fait un temps de survie de la convention au-delà de sa fin légale ou contractuelle. Mais, ce temps de survie n'est pas un temps d'attente passive, c'est un temps réservé au renouveau, à la régénérescence de la négociation »[1220]. La périodicité de la négociation permet de maintenir le dialogue social à un rythme très soutenu. Les acteurs sociaux pourront-ils tenir le rythme et les délais au regard de la multiplicité des thèmes obligatoires. Y a-t-il une prime à la négociation collective en France ? On assiste à un dialogue de circonstance au Mali dans les entreprises tandis qu'en France, il y a une sorte de prime à la négociation d'entreprise. Qu'en est-il des modalités de la négociation ?

1218 Négocier un accord collectif dans l'entreprise : les guides pratiques FR, Groupe Revue fiduciaire, 2016-2017, 2ème éd., à jour de la loi « Macron » et de la loi « dialogue social », version en ligne, p. 84. ; voir aussi Taquet F., *L'essentiel des ordonnances Macron, Ressources Humaines, droit du travail*, éd. GERESO, l'essentiel pour agir, 2018. p. 102.

1219 Négocier un accord collectif dans l'entreprise : les guides pratiques FR, *op. cit.*, p. 84.

1220 Ouaissi H., *op, cit.*, pp. 423-424.

2. Les modalités de la négociation

996. Les conditions de négociation d'un accord d'établissement sont définies par la loi. En se référant à notre Code du travail du Mali, seules les organisations syndicales les plus représentatives sont habilitées à négocier un accord collectif de ce genre. Les conditions primaires édictées par la loi en ce qui concerne la conclusion sont valables pour la révision ou le renouvellement. Ainsi, aux termes du Code du travail du Mali : « *Des accords, concernant une entreprise, un ou plusieurs établissements déterminés, peuvent être conclus entre, d'une part, un employeur ou plusieurs employeurs, et d'autre part, les délégués du personnel et les représentants des syndicats les plus représentatifs du personnel de l'entreprise, du ou des établissements intéressés et y étant effectivement employés* »[1221]. Ceci suppose que seuls sont habilités, pour négocier un accord d'établissement, les délégués du personnel ou les organisations syndicales les plus représentatives dans l'entreprise. Ce sont ceux-là qui ont la possibilité de porter la dénonciation et la demande de révision tel que prévues dans le dispositif même de l'accord en question. Mais faute d'avoir prévu la périodicité de révision ou de renouvellement de l'accord d'établissement, les organisations syndicales usent souvent de la grève pour obtenir la révision dudit accord.

997. Or, la « possibilité de négocier au niveau de l'entreprise est un principe fondateur du droit du travail »[1222]. Le dialogue social le plus sincère est celui de proximité. En pratique au Mali, la négociation de branche nécessite la mise en place d'une commission mixte paritaire de négociation, au contraire pour la négociation d'entreprise, la loi n'impose pas la mise en place d'une telle commission ; elle est de fait moins formaliste, c'est d'ailleurs c'est ce qui en fait son « charme ».

998. Cependant, en France « la négociation peut concerner l'ensemble de l'entreprise, mais aussi être conduite au niveau d'un établissement ou d'un groupe d'établissement d'une même entreprise. Elle se déroulera dans les mêmes conditions, quel que soit le niveau de négociation choisi »[1223]. Les accords peuvent être différents d'un établissement à l'autre. Dans la mesure où il s'agit de négociation libre, le chef d'entreprise choisit le niveau de négociation : entreprise ou établissement. En principe, l'employeur doit inviter toutes les organisations syndicales à la négociation. Le fait de n'ouvrir la négociation qu'avec certaines organisations syndicales représentatives

---

[1221] *Cf.* Article L.88 alinéa 1er du Code du travail.
[1222] Auzero G., Baugard D., Dockès E., *Droit du travail*, Précis Dalloz, 32ème éd., 2019. p. 1678.
[1223] *Idem.*

constitue un acte de discrimination syndicale, prohibée par la loi[1224] et entrainerait la nullité de l'accord conclu aux termes de cette négociation[1225]. De ce fait, l'employeur doit non seulement confier toutes les organisations syndicales représentatives à participer à la négociation, mais il doit aussi les convoquer toutes à une même réunion et s'interdire de conduire des négociations séparées[1226].

999. Au Mali, cette règle n'est pas respectée dans les négociations autour des accords d'établissements dans certaines entreprises. Pour exemple, les dernières négociations autour de l'accord d'établissement de la société EDM SA n'ont pas connu la participation de l'ensemble des comités syndicaux au sein de l'entreprise. Quelques mois après la signature de l'accord, le comité syndical qui avait été exclu des négociations par la faute de l'employeur avait demandé l'annulation de l'accord. Des discussions internes ont permis de régler les dissensions. Des situations semblables à celles-ci se produisent régulièrement lors des négociations d'entreprises, notamment au niveau de certaines sociétés minières. Par exemple, le cas dans la mine d'or de sadiola, en première région de Kayes, l'entreprise est obligée d'engager des négociations séparées avec les deux comités syndicaux (UNTM et CSTM) pour toutes les négociations portant sur l'accord d'établissement ou sur les mesures de licenciement envisagées ; et ensuite de tenter de faire la synthèse des discussions pour trouver un consensus. Dans le pire des cas, aucun accord ne peut être trouvé dans ces conditions. L'entreprise minière voudrait régler la question en organisant des élections de représentativité, mais c'est en vain faute d'avoir pu négocier un accord préélectoral. Ces exclusions s'expliqueraient par le fait que, ni au niveau national ou branche, ni au niveau des entreprises, il n'y a jamais eu d'élections de représentativité. Il convient de préciser que l'accord d'établissement reconnait au comité syndical qui la signé la possibilité de le dénoncer[1227]. Cette situation s'était produite à EDM SA où le comité syndical nouvellement crée voulait dénoncer l'accord d'établissement qui avait été signé il y a juste moins d'un an, alors qu'il n'était pas signataire du document.

1000. A l'image du droit français, il convient de fixer le rythme et la périodicité de la négociation collective d'entreprise, en plus éventuellement des questions de dénonciation ou de révision que l'on retrouve dans tous les accords collectifs d'entreprise ou d'établissement. Cela pourrait passer par une

---

[1224] *Cf.* Articles L. 2147-7 et L. 2146-2 du Code du travail français ; Cass. soc., 13 juillet1988, Bull. civ. V. n° 454 (négociation annuelle obligatoire).
[1225] Cass. soc., 10 mai 1995, *RJS,* 6/95, n° 676.
[1226] J. Pélissier, La loyauté dans la négociation collective, *Dr ouvrier* 1997, p. 498 et 499.
[1227] Article 2 de l'accord d'établissement d'EDM SA de 2015.

prévision dans le Code du travail afin de soutenir efficacement le dialogue social au niveau des entreprises maliennes.

1001. Comme l'a écrit le Professeur Ouaissi : « *c'est en redonnant force et vigueur à la négociation collective au niveau de l'entreprise que se trouve son propre avenir. Proche des réalités concrètes, elle peut mettre en œuvre un droit du travail plus collectif et mieux structuré, par le regroupement des institutions représentatives du personnel à plus ou moins long terme. Confrontée aux contraintes de l'emploi et de l'employabilité, elle permet l'expression d'une liberté contractuelle dans une démarche plus consensuelle, certes toujours revendicative mais moins conflictuelle et plus prospective* » [1228]. Cependant, rien de tout de ceci ne pourra prospérer sans des acteurs sociaux bien formés et capables de mener des négociations. Il est donc nécessaire de dynamiser le dialogue social à travers une formation des acteurs.

Ainsi, après avoir examiné les nécessaires modifications normatives pour une amélioration du dialogue social dans le titre I, nous allons nous intéresser aux conditions de dynamisation du dialogue social dans le titre II de cette deuxième partie.

[1228] Ouaissi H., *op, cit*. p. 424.

TITRE II - LES CONDITIONS DE DYNAMISATION DU DIALOGUE SOCIAL

1002. Si le dialogue social doit s'exprimer en fonction des traditions et de l'histoire de chaque pays, il n'en demeure pas moins qu'il doit s'insérer dans un cadre adéquat pour être efficace. Notre dialogue social, celui pratiqué au Mali, a besoin d'acteurs conscients de leur rôle. Il est important de rechercher les causes profondes de la faible participation des acteurs au dialogue social. Cette participation reste encore faible à cause du déficit de compétences des organisations syndicales[1229], de la faiblesse ou de l'inexistence des cadres de dialogue social et de son institutionnalisation.

1003. Le dialogue social tripartite a fait du chemin. Force toutefois est de reconnaitre que les acteurs ont cumulé des déficits d'appréhension de concepts et de leurs rôles face aux enjeux de la négociation de branche, d'entreprise et de la gestion des conflits collectifs, plus généralement partout où les acteurs doivent jouer un rôle de premier plan pour que survive le dialogue social. Il y a donc nécessité d'aller vers une dynamisation du dialogue social passant nécessairement par une concertation entre les différents acteurs de ce dialogue ainsi que par leur formation progressive. L''examen des conditions de dynamisation du dialogue social nous permettra d'analyser le préalable de la formation des acteurs du dialogue social (**Chapitre 1**) mais aussi de souligner la nécessité d'accord sur les règles et le contenu dudit dialogue (**Chapitre 2**) par le respect des règles du jeu et de prêter une attention aux périmètres du dialogue.

[1229] BIT-PRODIAF, *Dialogue social en Afrique, Pratiques et expériences, au Sénégal, au Togo, et au Niger*, mai 2008, p. 5.

CHAPITRE I - LE PRÉALABLE DE LA FORMATION DES ACTEURS

1004. Les profondes mutations économiques, sociales et politiques qui secouent les sociétés notamment la société malienne ont amené les principaux acteurs de la vie économique à prendre davantage conscience de l'impératif du dialogue social. Non seulement « ces acteurs semblent avoir mesuré tout l'avantage mutuel qu'offre le consensus social » [1230] dans un espace où le tripartisme tend à prendre une place jamais égalée dans le passé.

1005. Au regard des déficits de dialogue social auxquels les organes permanents de dialogue social sont confrontés, notamment en termes de formation et d'assimilation des méthodes et techniques de dialogue, il est impératif pour les acteurs de faire de la formation un préalable. Celui-ci passera nécessairement par l'identification des besoins de formation des différents partenaires sociaux (employeurs et syndicats de travailleurs) pour redonner au dialogue social malien son lustre d'antan. Nous analyserons les besoins des partenaires sociaux (**Section 1**) mais aussi ceux des facilitateurs du dialogue social **(Section 2).**

SECTION I - Les besoins des partenaires sociaux

1006. Le contenu du dialogue social est très varié et peut concerner des sujets aussi divers que les salaires et autres accessoires, l'emploi, le chômage, etc. Il est donc plus que « nécessaire d'aboutir à des résolutions mutuellement acceptées en transformant les relations entre les gouvernements et les partenaires sociaux en un partenariat constructif animé par une vision des stratégies et des objectifs de développement partagé »[1231]. Cela passe avant tout par un renforcement des mécanismes existants en les rendant plus opérationnels. Toute concertation est conditionnée par la disponibilité des parties à coopérer, par leur représentativité et leur capacité à discuter des questions et à engager leurs mandants. C'est certainement sur ce point de leur capacité à discuter des questions qui concernent la vie des entreprises et des travailleurs qu'il faut progresser.

1007. Au regard de la pratique et des insuffisances que nous avons constatées en matière de dialogue social au niveau des partenaires sociaux, il urge donc de combler ces lacunes qui constituent l'une des principales causes afin de soutenir le dialogue social. Il est constant que les organisations

---

[1230] Sidibé O. O., Tall, P., Préface, *Étude nationale sur le dialogue social au Mali*, BIT-PRODIAF, Dakar 2002,

[1231] Macalou M., Togo M., Les organes du dialogue social au Mali, Mémoire Faculté des Sciences Juridiques et Economiques (FSJE) -Bamako, 2004, Droit privé, p. 27.

d'employeurs[1232] n'ont certainement pas les mêmes besoins que les organisations de travailleurs. Ainsi, nous examinerons les besoins de formation de l'organisation syndicale des employeurs (**§ 1**), puis les opérateurs et les modalités de la formation (**§ 2**).

§ 1 - Les besoins de l'organisation syndicale des employeurs

1008. L'entreprise est le lieu où la promotion du dialogue social doit être encouragée pour répondre aux besoins des acteurs qui peuvent être conduits chaque jour à discuter, échanger, négocier avec les travailleurs pour faire progresser la négociation collective, non seulement au niveau des instances représentatives du personnel mais aussi au niveau de la branche. Cela nécessitera forcement que les organisations d'employeurs, auteurs ou acteurs de la conduite du dialogue social, soient pleinement à la hauteur des attentes.

1009. La formation continue est d'abord un objet de négociation collective, au niveau national interprofessionnel mais aussi au niveau des branches[1233] ainsi qu'au niveau de l'entreprise[1234]. Le Code du travail du Mali évoque la formation professionnelle au niveau de l'entreprise mais au seul profit des organisations syndicales de travailleurs[1235]. Au constat, le Conseil national du Patronat du Mali qui comprend l'ensemble des groupements professionnels d'employeurs, ne cible pas de façon spécifique ce sujet, alors même que les organisations d'employeurs ont des besoins de formation pour faire face aux enjeux de dialogue social au niveau de l'entreprise et de la branche.

1010. De façon classique au Mali, les employeurs semblent ne pas être intéressés par la formation professionnelle. Pourtant des déficits existent et impactent négativement la qualité du dialogue social au quotidien. Il s'agit de déficiences originelles auxquelles des réponses adéquates doivent être données pour faire progresser le dialogue social. Nous examinerons la réponse aux déficiences sectorielles originelles (**A**), puis les modalités et les opérateurs de la formation (**B**).

[1232] Le CNPM compte plus de 17 groupements professionnels de secteurs d'activités différentes. Au-delà des formations communes de base, chacun des groupements doit faire aux réalités de son secteur d'activités et, probablement, à une pluralité de besoins de formations.

[1233] S. Boterdael, Caractéristique de la négociation collective de branche en matière de formation professionnelle, *Dr. soc.* 2014, p. 1013.

[1234] C. Seiler, La négociation collective d'entreprise sur la formation : enjeux juridiques et stratégiques, *Dr. soc.* 2004, p. 472.

[1235] *Cf.* Article L 10 et suivants du Code du travail.

A- La réponse aux déficiences sectorielles originelles

1011. La formation des groupements d'employeurs au niveau du Conseil national du patronat du Mali (CNPM) reste un enjeu majeur de promotion du dialogue social. De nombreux groupements professionnels ou des chefs d'entreprises n'ont pas une idée claire de la formation professionnelle et de son utilité pour l'entreprise. Ils pensent majoritairement que la formation est plutôt destinée aux travailleurs de l'entreprise.

1012. Cette perception de la formation professionnelle constitue de prime à bord une déficience à laquelle des réponses idoines doivent être apportées. Ce constat est celui d'une quasi-absence de compétences chez ces acteurs pour animer le dialogue social au niveau de l'entreprise ou de la branche. L'essentiel de ces déficits résident au niveau des relations professionnelles ou de la négociation collective. Très concrètement, il n'existe quasiment pas de formation professionnelle des employeurs. Quelles sont les réponses que l'on pourrait y apporter au plan international ou national au niveau des organisations d'employeurs ? Nous allons examiner la réponse au niveau de la coopération internationale (**1**) et au niveau national (**2**).

1. Au plan international

1013. Le dialogue social est un facteur d'approfondissement de la démocratie sociale puisqu'il permet à chaque partie de développer et de défendre ses idées. Le dialogue social à l'image de la démocratie, a des attributs évidents de consultation, de concertation et de communication. En effet, « outre le fait qu'elle permet de rétablir la confiance entre les partenaires sociaux à tous les niveaux. Il permet surtout une expression plurielle en installant le principe de la contradiction qui est le moyen le plus efficace dans une négociation »[1236].

1014. Il faut observer que la coopération tripartite favorise également une approche participative qui encourage l'intégration des besoins des partenaires sociaux impliqués dans la formulation et la mise en œuvre des politiques sociales et économiques. Les partenaires sociaux deviennent de véritables collaborateurs dans la recherche de solutions et contribuent à faire progresser les débats sur des questions nationales. Ainsi, la première réponse apportée aux déficiences originelles, est celle développée par le BIT à travers ACT/EMP[1237]. L'action d'ACT/EMP a permis de développer des partenariats

---

[1236] BIT-PRODIAF, Le dialogue social en Afrique, pratique et expériences, Sénégal, au Togo et au Niger, mai 2008, p. 31.

[1237] ACT/EMP : Bureau des activités des employeurs. ACT/EMP permet de disposer dans les pays membres de l'OIT, notamment au niveau des Bureaux régionaux de l'OIT, des spécialistes chargés d'appuyer les groupements professionnels d'employeurs dans le cadre de entre le BIT et les groupements patronaux des États membres en matière de formation et d'appui conseil.

1015. L'acquisition de « savoir être » pour les employeurs est un gage de sécurité pour la bonne conduite du dialogue social au niveau de la branche ou de l'entreprise. Au Mali, le CNPM a toujours été le seul partenaire stratégique du BIT en matière de formation professionnelle des employeurs, ne serait-ce que parce qu'il est la seule organisation patronale des employeurs depuis sa création en 1980[1238]. Les actions engagées par le BIT à travers ACT/EMP constituent des réponses aux déficits de formation dans les pays membres de l'OIT. L'ACT/EMP s'efforce de promouvoir le bon fonctionnement des organisations d'employeurs qui sont essentielles à plusieurs égards : la création d'un environnement propice à des entreprises compétitives et durables, la bonne gouvernance, la stabilité politique et sociale, la démocratie et développement socioéconomique. Ainsi, ACT/EMP aide les employeurs à former des organisations fortes, indépendantes et représentatives, aptes à répondre aux besoins de leurs adhérents et à relever les défis auxquels elles sont confrontées par le biais de son programme de coopération technique qui fournit une assistance aux organisations d'employeurs dans les pays en développement et en transition comme les nôtres.

1016. Il faut noter qu'ACT/EMP appuie les organisations d'employeurs dans le cadre de la formation professionnelle des membres en lien avec les divers spécialistes des « Bureaux Pays » de l'OIT[1239], notamment en matière de dialogue social et de négociation collective et de normes fondamentales, y compris de liberté syndicale. Il collabore aussi avec l'Organisation Internationale des Employeurs (OIE). Il faut noter également qu'ACT/EMP élabore des guides qui servent à orienter l'action des organisations d'employeurs. Le déficit originel en matière de formation, notamment de dialogue social, est généralement comblé par des actions de coopération avec l'OIE.

---

la formation de leurs membres et d'apporter tout conseil nécessaire à la promotion de la négociation collective et des relations professionnelles.

[1238] La Fédération Nationale des Employeurs du Mali (FENEM) devenue depuis plus d'une dizaine d'années CNPM a été créée le 25 janvier 1980 au cours d'une assemblée générale des Associations d'employeurs du Mali placée sous la Présidence du ministre du Travail et de la Fonction publique, en présence de ministre des Finances et du Commerce de l'époque. Cette Fédération est aujourd'hui la seule organisation d'employeurs au Mali avec laquelle traite le BIT à travers ACTEMP.

[1239] Les « Bureaux Pays » sont des bureaux spécialisés de l'OIT composés de spécialistes sur les questions de normes, de dialogue social, d'activité des employeurs et des travailleurs, en sécurité de santé au travail, d'emploi et de formation professionnelle, etc. Le Mali relève du Bureau d'Abidjan, mais les spécialistes sont basés à Dakar.

1017. Ainsi, ACTEMP en accord avec les spécialistes en administration du travail et dialogue social, développe des formations au profit du CNPM. La mise en œuvre du PRODIAF[1240] en est une illustration parfaite. Ainsi, l'Institut international d'études sociales (IIES) de l'OIT encourage la recherche sur les politiques et les débats publics au sujet des questions nouvelles intéressant l'organisation. Le Centre International de Formation (CIF) de l'OIT situé à Turin, assure notamment la formation de cadres moyens et supérieurs d'entreprises privées et publiques, des dirigeants d'organisations d'employeurs. Ces formations permettent aux entreprises de se doter de compétences certaines pour faire face aux défis qui s'imposent à elles.

1018. Le programme régional de promotion du dialogue social en Afrique francophone (PRODIAF) en sa phase II, a préconisé des études nationales sur la situation du dialogue social et la coopération tripartite (réunions tripartites nationales, sous régionales et ateliers de sensibilisation et de renforcement des capacités). Par ailleurs, le projet d'appui à la mise en œuvre de la déclaration de l'OIT relative aux principes et droits fondamentaux au travail (PAMODEC) a stimulé considérablement les efforts déployés afin que le progrès social aille de pair avec le développement économique ; en effet, pendant longtemps, « la capacité technique des organisations professionnelles partenaires traditionnels de PRODIAF, a été surestimée et des investissements aussi importants que la formation dans différents domaines de compétences, qui auraient permis de prendre part au développement économique et social, ont été faiblement consentis. Cette faiblesse a entrainé un réel déficit de qualifications, de compétences, une absence d'outils méthodologiques, ce qui a considérablement réduit la place et le rôle des organisations d'employeurs dans la promotion du dialogue social » en Afrique[1241].

1019. Dans la perspective d'appuyer ce vaste chantier de formation des acteurs, le Programme de promotion du dialogue social en Afrique inscrit dans ses réalisations des points « nodaux » qui lui permettent d'évaluer les impacts significatifs de ses actions sous forme de publication des expériences et pratiques du dialogue social. Ainsi, les actions[1242] que le programme a apportées au plan national aux partenaires tripartites seront analysées plus tard.

1020. Diverses actions du BIT contribuent à combler les déficiences originelles en matière de renforcement des compétences des employeurs. On a

---

[1240] Le programme régional de promotion du dialogue social en Afrique francophone (PRODIAF) a été mis en œuvre de 1997 à 2007 en deux phases de cinq ans.

[1241] BIT-PRODIAF, *Le dialogue social en Afrique, pratique et expériences, Sénégal, Togo, UEMOA, Niger*, mai 2008, p.9.

[1242] *Cf. Infra* n°1021.

cité plus haut le Centre International de Formation de Turin[1243] ; celui-ci développe des programmes adaptés aux besoins des employeurs ; régulièrement des académies de formation se tiennent sur le dialogue social et la négociation collective et sur l'administration du travail avec la participation de boursiers sélectionnés par le CIF. Le centre a élaboré avec l'appui des différents spécialistes des Guides[1244] de politique sur la négociation collective afin de renforcer les capacités des négociateurs. Ces actions entamées pour répondre aux déficits de formations des organisations d'employeurs, sont renforcées au niveau national par des programmes ciblés dans le cadre de la coopération technique internationale de l'OIT ou de la coopération régionale au niveau de l'UEMOA ou de la CEDEAO. Nous examinerons maintenant la réponse au niveau national.

2. Au niveau national

1021. Au regard des dispositions du Code du travail du Mali, la formation professionnelle est, comme déjà indiqué, simplement annoncée comme mesure à l'endroit des salariés de l'entreprise. Aucune disposition ne fait allusion à la formation de l'employeur. Ce déficit originel est en partie comblé par des actions que les groupements eux-mêmes initient.

1022. En pratique ce type de formation qui, normalement, doit permettre d'atténuer les déficiences de formation au dialogue social et donc contribuer à le soutenir est organisée par le Conseil National du Patronat du Mali (CNPM) en collaboration avec le BIT. Le CNPM procède par ailleurs, dans le cadre de son propre programme[1245], chaque année, à la formation de certains de ses membres.

1023. Une première réponse consiste, à notre avis, à faire en sorte que la culture d'entreprise qui est le levier principal pour les employeurs, puisse intégrer le renforcement des compétences des groupements professionnels pour soutenir la négociation collective ; les manuels de formation élaborés par le BIT contribuent à faire asseoir cette pratique, en développant des leçons modèles ou des cours vont inspirer les employeurs dans les entreprises. L'une des principales difficultés auxquelles sont confrontés les employeurs en

---

[1243] Le CIF OIT de Turin est le centre de formation des partenaires tripartites du BIT pour l'ensemble des États de l'OIT.

[1244] BIT, *La négociation collective, manuel d'éducation ouvrière*, Genève, 1ère éd., 1960, 112 p., 2ème éd. 1986. Voir aussi : BIT, *Négociation collective, Guide politique*, Centre de Turin, 1ère éd. 2016, 87 p.

[1245] *Cf.* Rapport d'activités annuelles 2016 et 2017 du Conseil national du Patronat du Mali, p.5.

matière de formation, c'est que le « Patron »[1246] pense que lui, en tant que chef d'entreprise n'a pas besoin de formation », en dehors de celle classique relative au management, au leadership entrepreneurial. Le chef d'entreprise malien comprend rarement que pour soutenir le dialogue social et la négociation collective, il faut de la compétence. La seconde réponse consiste, en termes de préconisation, à faire en sorte que les déficiences originelles puissent être comblées *via* l'incitation à l'élaboration d'un plan de formation en matière de techniques de négociation, de dialogue social, de liberté syndicale[1247], de droit d'association[1248], en réalité sur tous les sujets développés par les manuels d'éducation ouvrière du BIT qui pourront être utilisés à cette fin.

1024. L''intervention du PRODIAF en Afrique a été souhaitée par les partenaires sociaux eux-mêmes pour combler les lacunes de compétences dans ces différentes matières. Il faut sur ce point relever particulièrement la réticence pour ne pas dire la résistance de beaucoup d'employeurs à la création d'instances de représentation des travailleurs dans l'entreprise ; celle-ci découle, pas totalement mais en partie, du manque de formation. Ainsi, beaucoup de tensions sociales dans les entreprises ne peuvent trouver leur solution que si les employeurs sont suffisamment formés au respect des droits élémentaires des travailleurs : « *Demain n'est pas la veille, il faut donc doubler d'efforts pour combler et lutter contre ces idées d'un autre âge, les mentalités sont dures à faire changer sous nos cieux* ». Dans la même perspective, la publication du manuel de « *Dialogue social en Afrique, pratiques et expériences* »[1249] répond à cette préoccupation de capitalisation et de diffusion des expériences les plus significatives en matière de mise en œuvre de dialogue social au niveau national et sous régional. Cette publication « constitue par conséquent un outil destiné à alimenter les besoins d'échanges entre les partenaires et à inspirer de nouvelles initiatives fondées sur les

---

[1246] Le terme de « Patron » est utilisé ici pour designer la toute-puissance du chef de l'entreprise familiale qui, à certains égards, pense et réfléchit en Maitre absolu, ne dispose d'aucune organisation moderne de gestion de son personnel. Les travailleurs sont recrutés et licenciés selon l'humeur du jour. Ce « Patron » pense être au-dessus du Code du travail et, le plus souvent, n'est pas affilié au CNPM.

[1247] *Cf.* Convention n° 87 de l'OIT sur la liberté syndicale et la protection du droit syndical, 1948, adoptée lors de la 31ème session de la CIT le 9 juillet 1948, entrée en vigueur le 4 juillet 1950.

[1248] *Cf.* Convention n° 98 de l'OIT sur le droit d'organisation et de négociation collective, 1949, adoptée à Genève lors de la 32ème session de la CIT, le 1er juillet 1949, entrée en vigueur le 1er juillet 1951.

[1249] Dans tous les manuels élaborés par le Centre de Turin, la priorité va à la formation pour combler les lacunes originelles et faire progresser le dialogue social et l'apaisement du climat social au niveau de l'entreprise.

pratiques et cultures des partenaires »[1250]. Et pourtant il faut « booster » la formation des employeurs.

1025. Nous constatons avec regret que dans les entreprises, tout laisse croire que seuls les travailleurs ont droit à être formés, mais pas les employeurs. Cette insuffisance répond à une autre, déjà évoqué précédemment, celle de dispositions précises sur le dialogue social dans notre Code du travail. Le droit à la formation comme principe constitutionnel[1251] n'est pas remis en cause, mais l'objet « dialogue social » est oublié. Il faut très vite y remédier.

1026. L'éducation et la formation peuvent jouer un rôle important dans le développement des capacités des employeurs et de leurs organisations pour qu'ils puissent négocier avec efficacité. Les organisations d'employeurs ont la responsabilité première de garantir que leurs négociateurs bénéficient de la formation nécessaire. Les autorités publiques peuvent appuyer leurs efforts pour fournir à leurs négociateurs des opportunités de formation comme l'envisage la Recommandation[1252] n°163 de l'OIT sur la négociation collective de 1981.Par ailleurs, des mesures devraient être prises par les parties à la négociation collective pour que les négociateurs, à tous les niveaux, aient la possibilité de recevoir une formation appropriée. Ainsi, les pouvoirs publics pourraient, à la demande des organisations d'employeurs, leur fournit une assistance. Le contenu et la surveillance des programmes en vue de cette formation devraient être déterminés par l'organisation d'employeurs intéressée ; cette formation ne devrait pas, évidemment, atteindre le droit des organisations de choisir leurs représentants aux fins de la négociation collective.

1027. Enfin, pour combler les déficiences originelles en matière de formation, il faut une refondation de la formation des acteurs employeurs d'abord par des actions de sensibilisation mais aussi par la prise de conscience de leur rôle, permettant que le dialogue social puisse devenir une réalité, pour le plus grand bien de la négociation collective au niveau de l'entreprise et de la branche. Nul n'a besoin de dire que si l'employeur n'est pas mis au centre de la formation, le dialogue social restera un « *simple mot* » et qu'aucun effet positif ne découlera dudit dialogue.

[1250] BIT-PRODIAF, *Le dialogue social en Afrique, pratique et expériences, Sénégal, Togo, UEMOA, Niger*, mai 2008, p.8.

[1251] Article 17 de la Constitution du 25 février 1992 : « *L'éducation, l'instruction, la formation, le travail, le logement, les loisirs, la santé et la protection sociale constituent des droits reconnus* ».

[1252] Recommandations n° 163 concernant la promotion de la négociation collective, 1981, adoptée lors de la 67ème session de la CIT à Genève, 19 juin 1981.

1028. De quels types d'acteurs avons-nous besoin au niveau de l'entreprise pour « booster » le dialogue social ? Lors de nos entretiens avec le Secrétaire général du Conseil national du Patronat du Mali, il nous a été expliqué que la majeure partie des employeurs, membres du CNPM, aurait déjà reçu au moins une fois des cours de formation et de connaissances sur le dialogue social, au cours des six dernières années. Pour vérifier ces allégations ou déclarations, il faut interroger les opérateurs et les modalités de la formation.

B - Les opérateurs et modalités de la formation

1029. Dans le cadre de la mise en œuvre des priorités de son plan de développement stratégique, le CNPM a accentué la promotion de la formation professionnelle et le renforcement des capacités des responsables de groupements professionnels ainsi que l'appui aux patronats des Régions au cours de l'année 2016[1253] et 2017[1254] ; ceci s'est poursuivi depuis. Toutes les formations proposées ne sont pas destinées à promouvoir ou soutenir le dialogue social. Certaines d'entre elles sont orientées en direction des PME et PMI vers la promotion de l'entreprenariat et le renforcement des capacités managériales des employeurs. Quels sont les acteurs de la formation **(1)** et le public cible **(2)** ?

1. Les acteurs de la formation

1030. Les acteurs de la formation professionnelle des entreprises se situent essentiellement à deux niveaux : le niveau de l'entreprise et le niveau des groupements professionnels à travers le CNPM. Il faut noter que des actions de collaboration existent entre le CNPM et l'État, mais aussi les Institutions internationales (BIT, OIE), les partenaires techniques régionaux (UEMOA ou CEDEAO) qui participent en grande partie au financement des actions de formation à l'endroit des entreprises. Au niveau des entreprises, l'employeur est censé être le principal acteur de la formation en direction des cadres dirigeants pour « booster » le dialogue social.

1031. Il arrive, pour répondre à ces exigences, que certaines entreprises organisent des sessions de formation ciblées sur le dialogue social et la négociation collective. Ainsi, la société Randgold Mining[1255] de Loulo et Sadiola a organisé en 2017 des sessions de formation sur le dialogue social à l'attention du personnel de la Direction des Ressources Humaines de la société

[1253] *Cf.* Rapport annuel d'activité 2016 du CNPM, p. 5

[1254] *Cf.* Rapport annuel d'activité 2017 du CNPM, p. 7 et 8.

[1255] Randgold est une société minière sud africaine qui exploite de l'or depuis 1998. Cette société a des usines d'exploitation de l'or un peu partout sur le territoire national malien. Elle est cotée en Bourse et a mis en place une politique de formation des cadres dirigeants assez importante en matière de dialogue social.

pour lui permettre de se familiariser avec les techniques de négociation et de dialogue social. De tels exemples sont très rares.

1032. La deuxième cible de formation, du côté employeur, est constituée par groupements professionnels membres du CNPM qui organise des sessions de formations à l'attention des groupements professionnels. Les plus importantes, en tout cas, sont essentiellement tournées vers le dialogue social et la négociation collective. Ainsi, « des sessions de formations ont été organisées en fonction des besoins exprimés par les groupements professionnels, des entreprises et des conseils patronaux des régions »[1256]. Ces sessions de formation ont pu être réalisées grâce à l'appui des partenaires tels que le Fonds d'appui à la formation professionnelle et à l'apprentissage (FAFPA)[1257], le Bureau International du Travail, le bureau de contrôle Veritas Mali. Nous avons dénombré que sur dix sessions de formations organisées en 2016 par le CNPM. La mise en œuvre du plan est nécessaire pour renforcer les compétences des entreprises.

1033. Il faut noter la principale formation organisée en partenariat avec le BIT a porté sur deux thématiques. Il y a ainsi eu d'abord une formation sur « *le dialogue social et les techniques de négociation collective* »[1258] visant le développement de la compréhension des processus du dialogue social et des tendances actuelles en matière de relations professionnelles en Afrique francophone et dans d'autres régions afin de renforcer les compétences des participants à mener avec plus d'efficacités les négociations à divers niveaux, ainsi qu'à constituer un vivier d'experts pouvant eux-mêmes former les dirigeants des entreprises. Le second volet de la formation a eu lieu au Centre International de formation de l'OIT à Turin sur « *le développement des compétences et le rôle des organisations d'employeurs* »[1259].

1034. Nous constatons que les formations les plus pointues sur la négociation collective et le dialogue social sont dispensées aux employeurs avec l'appui et l'intervention du BIT et du CIF de Turin, faute de compétences disponibles parmi les employeurs. Il est important de souligner que le déficit de formation est lui-même en partie dû au manque de formateurs qualifiés, ce qui ne permet pas de démultiplier les formations de ce genre à l'échelle des entreprises ou

---

[1256] Rapport annuel 2016, *op. cit.*

[1257] Le FAFPA est financé par la contribution des employeurs à hauteur de 2% de la masse salariale de chaque entreprise, contribution finançant la formation professionnelle, continue et qualifiante, des employeurs et des travailleurs.

[1258] Organisée du 28 novembre au 1er décembre 2016, cette formation a été animée par Monsieur Jules ONI, spécialiste principal en administration du travail du BIT, par Madame Julie Kagnagui, spécialiste ACT/EMP du Bureau de l'OIT de Dakar, et par nous-mêmes, entant que Directeur national du Travail.

[1259] Rapport annuel 2016 du CNPM, p. 7.

des groupements professionnels patronaux. Toutefois, ledit déficit continue de s'expliquer essentiellement par le peu d'intérêt pour le dialogue social manifesté par les employeurs. S'il est vrai que plusieurs formations ont été dispensées conformément au plan d'action du CNPM tiré du plan de Développement stratégique, une seule formation a concerné le dialogue social. Aux termes de la session, « quatre formateurs ont reçu leurs attestations de formation des formateurs en dialogue social et techniques de négociation collective »[1260]. Tout l'intérêt de la formation des formateurs réside en ce que ceux-ci puissent démultiplier les compétences reçues à d'autres acteurs de l'entreprise.

1035. Par contre, l'intervention de l'État en matière de formation des employeurs est très rare, sauf s'il s'agit des formations tripartites qui regroupent à la fois les entreprises, les travailleurs et les administrations publiques. En 2016, le ministère du Travail et de la Fonction Publique[1261] a, pour la première fois, initié des formations tripartites sur le dialogue social. Ces formations ont regroupé les acteurs tripartites du dialogue social et a été une belle réussite selon les participants. Cet exemple pourrait être considéré comme une bonne pratique, même si elle devrait être initiée chaque année pour que les acteurs tripartites aient la même compréhension des enjeux du dialogue social et de la négociation collective.

1036. Il serait donc souhaitable que le CNPM élabore un plan de dynamisation du dialogue social à travers la formation de ses membres. Mais force est de reconnaitre que les conditions et les modes d'exécution de la formation rencontrent des difficultés liées au financement, à la non maitrise même de la formation par les groupements professionnels membres du CNPM. Ainsi, nous allons examiner les conditions et les modes d'exécution de la formation.

2. Les conditions et modes d'exécution de la formation

1037. L'une des difficultés de la formation professionnelle au niveau des entreprises réside dans la maitrise de la formation, les publics cibles et le financement. La maitrise de la formation passe nécessairement par la maitrise des effectifs à former. Il va donc nécessiter l'élaboration d'un plan de formation et induit le choix de la qualité des acteurs. Lorsque l'on n'a pas la maitrise de la formation « on s'expose à perdre beaucoup de temps et à faire beaucoup de vains efforts en lançant trop rapidement un programme de

---

[1260] Rapport annuel 2017 du CNPM, p.7.

[1261] Ces formations étaient destinées aux points focaux dialogue social des départements ministériels, au CNPM et aux représentants des quatre centrales syndicales. Elles ont été financées par le Fonds de formation pour le renforcement des capacités des administrations publiques logé audit ministère.

formation. Il faut savoir où l'on va : qui va-t-on former, comment va-ton choisir les participants ou stagiaires, quelle sera la durée de la formation, ou de chaque cours, qui assurera la formation, où et quand ? Avec quels moyens ? »[1262]. Tels sont les points fondamentaux, les autres points apparaitront tout naturellement au cours de l'élaboration du programme. Il faut donc des personnes qualifiées ayant un réel savoir-faire pédagogique, les bons matériels didactiques, les supports pédagogiques appropriés. Ceci est incontournable si l'on souhaite avoir la maitrise et viser l'efficacité de la formation.

1038. Le BIT a contribué à la maitrise de la formation dans les entreprises par les acteurs tripartites par la mise à disposition et la diffusion dans les conseils patronaux, dans les centrales syndicales et au niveau des administrations du travail, des guides élaborés par ces services spécialisés et par le Centre de formation de Turin[1263]. Ce centre attribue des bourses aux États membres (employeurs et travailleurs) en grande partie pour faciliter l'assimilation des connaissances théoriques et pratiques en matière de dialogue social et de négociation collective. Depuis trois ans, le CIF de Turin a ouvert un nouveau programme « académie de dialogue social » destiné aux acteurs tripartites de l'OIT. Des programmes de formation sont par ailleurs proposés sur la négociation collective dans les universités des trois pays où elles ont été instituées en collaboration avec le CIF de Turin : l'École des relations de travail et des relations professionnelles de l'Université de Philippines aux Etats Unis, l'Institut de Technologie du Massachussetts, et une Université d'Afrique du Sud[1264].

1039. Il faut noter que deux modules de formation ACT/EMP[1265] ont été développés par le BIT dans le cadre de son dernier manuel ; ceux-ci visent la formation des employeurs dans un objectif d'appui au dialogue social et au développement des capacités de négociation. Le premier module « *employeurs et dialogue social* », d'une durée de quarante-cinq jours est dispensé au Centre de Turin ; il permet la compréhension du processus de dialogue social et d'assimiler les tendances actuelles des relations professionnelles à travers le monde. Le deuxième module de formation destiné aux employeurs porte « *sur les capacités de négocier des employeurs* ». Ces deux modules à eux seuls contribueront certainement à une meilleure maitrise du dialogue social au sein des entreprises qui participeront à ces formations de haut niveau.

1262 BIT, *La négociation collective, manuel d'éducation ouvrière*, Genève, 2ème éd., 1986, p.75.
1263 *Ibidem*, p. 112.
1264 BIT, *Négociation collective, Guide politique*, Genève, 1ère éd. 2016, p. 79.
1265 *Idem*.

1040. Au-delà de la maitrise de la formation, l'une des difficultés tient au financement de la formation au niveau des entreprises ou des employeurs. Faute de plan de formation, la question du financement souffre des mêmes difficultés. Ainsi, on recourt le plus souvent à des financements « au coup par coup », souvent informel, ne permettant pas aux entreprises d'atteindre les objectifs de formation qu'ils se sont fixés à court ou à moyen terme.

1041. Nous pouvons affirmer que dans le cadre de la mise en œuvre du plan de développement stratégique du CNPM, au moins une session de formation par an, est organisée à l'attention des entreprises membres du CNPM. Au-delà des trente-neuf groupements professionnels que compte le CNPM, beaucoup d'entreprises ne disposent pas de plans de formation budgétisés et la formation donnée par le CNPM n'atteint ainsi qu'une infime partie des employeurs au niveau central. Les conseils régionaux reçoivent très rarement la même formation dans la mesure où les actions de formation sont concentrées sur Bamako. Le succès de la formation dépend pourtant de la négociation que le patronat a pu mener avec les partenaires extérieurs comme le BIT et le Centre de Turin. S'agissant de l'UEMOA et de la CEDEAO, les formations tripartites sont dispensées et financées par les deux institutions, souvent à l'extérieur du Mali. Il faut observer que l'examen du rapport 2017 du CNPM[1266], nous permet de noter qu'un budget très insignifiant est alloué à la formation du personnel, à titre indicatif 150.000 F. CFA pour 2017 et 350.00F F. CFA pour 2016. Ce montant ne peut pas financer une session de formation digne de ce nom. Au regard de cette enveloppe, il y a donc une contradiction entre le plan de Développement stratégique et le montant de la formation. Ceci met en lumière que sans des financements du BIT, du FAFPA et de l'OIE ainsi que d'autres acteurs tels que l'UEMOA et la CEDEAO, les groupements professionnels ne recevront aucune formation en matière de dialogue social et de négociation collective. De plus en plus, le CNPM manque de compétences pour faire face aux défis de la négociation collective toujours plus importants au regard des mouvements sociaux qui secouent les entreprises et l'économie du Mali ces derniers temps.

1042. Le constat n'est donc pas très luisant ; l'existence et le succès de la formation restent tributaires des financements extérieurs soit du BIT, soit du Centre de Turin. L'intervention financière de l'Etat est très rare voire quasi inexistant. Les quelques formations tripartites initiées par le ministère du Travail ne répondent que très imparfaitement aux besoins sectoriels des employeurs, au niveau de l'entreprise comme de la branche. Il est souhaitable qu'une révision du Code du travail mette un accent particulier sur la formation professionnelle des employeurs et pas seulement sur celle des salariés, et que soit consacré plus de financements à la formation dans le domaine du dialogue

[1266] Rapport financier 2017 du CNPM, p. 7.

social pour compléter les actions sporadiques du BIT, du Centre de Turin et des instances régionales que sont l'UEMOA et la CEDEAO.

1043. En France, il convient de noter que l'ordonnance n° 2017-1386 du 22 septembre 2017 a renforcé l'orientation de la formation professionnelle en introduisant en la matière le triptyque « ordre public-champ de la négociation collective et dispositions supplétives »[1267]. Seuls peuvent être désormais agréés des organismes à compétence nationale (branche ou inter professionnelle), régionale ou interrégionale, mis en place par accord collectif[1268] pour assurer la formation sur le dialogue social. Au demeurant, les employeurs ne sont plus les seuls à faire face à ces déficiences originelles, les organisations syndicales n'y échappent pas, elles sont aussi des urgences en matière de formation. Nous analyserons plus avant les urgences syndicales en matière de formation.

§ 2 - Les urgences syndicales en matière de formation

1044. Les crises syndicales ont paralysé pendant longtemps le fonctionnement de certains organes indispensables aux relations professionnelles[1269] ; cela est dû en partie au manque de formation des acteurs syndicaux pour faire en sorte que leurs actions de tous les jours puissent contribuer à renforcer le dialogue social. Il est donc constant que les syndicats ont besoin d'être formés pour faire face aux défis importants du développement de la négociation collective.

1045. Nul ne peut prétendre à défendre les intérêts des travailleurs, si lui-même n'est pas bien formé et ne maitrise pas les droits des travailleurs qu'il représente dans les instances de dialogue social ou à l'occasion de la formulation de revendications en leurs noms. Dès lors, la formation des syndicats devient un enjeu national pour les unions syndicales ou les confédérations syndicales pour mieux asseoir une culture de dialogue social, gage de sécurité pour les salariés.

1046. Quels sont les sujets importants sur lesquels les syndicats devront axés leur formation au regard de l'urgence de la question ? Nous savons tous qu'ils sont divers et variés. Il s'agit de procéder à un tri au regard de l'importance immédiate pour les syndicats dans leur activité de tous les jours. Parmi les formations les plus usitées l'on examinera les techniques juridiques et de

---

[1267] Auzero G., Baugard D., Dockès E., *Droit du travail*, Précis Dalloz, 32ème éd., 2019, p. 1655.

[1268] Article L. 6332-1 du Code du travail français.

[1269] Au Mali depuis 1998, les rivalités entre l'UNTM et la CSTM ont fortement joué sur le fonctionnement du Conseil supérieur du Travail et du Conseil supérieur de la Fonction publique. Présentement l'UNTM continue à siéger seule au sein de ces deux organes sans parler des autres organes.

négociation collective **(A)** ainsi que les opérateurs et les modalités de la formation **(B).**

A- Les techniques juridiques et de négociation

1047. Le dialogue social, « dans sa conception première est fondé sur le niveau national et celui des branches d'activités comme niveau d'ajustement des intérêts des salariés or, autant ces niveaux s'avéraient pertinents au regard des structures productives qui caractérisent les entreprises intégrées sur une base essentiellement nationale, autant aujourd'hui, ils témoignent de leur capacité de représentation collective des salariés et des employeurs »[1270] Aucune action syndicale ne pourra prospérer sans des acteurs bien formés sur les sujets les plus brulants pour les travailleurs. L'éducation ouvrière ouvre ainsi la voix à l'action syndicale. Le Code du travail[1271] encadre déjà ce droit ; Toutefois, il évoque également les formations qu'un travailleur autres que celles relevant de l'éducation ouvrière que peuvent suivre les travailleurs.

1048. Au regard des dispositions de notre Code du travail, la formation syndicale est autorisée et encadrée ; le temps passé est considéré comme temps de travail et rémunéré comme tel. La principale difficulté réside au niveau de la priorisation. Suite aux constats que nous avons faits au cours des dernières années, la majorité des formations effectuées tournent autour de thèmes relatifs au dialogue social et aux techniques de négociation collective. Nous analyserons les domaines de la négociation collective **(1)** et les techniques de la négociation collective **(2).**

1. Les domaines de la négociation collective.

1049. La maitrise des domaines ou des sujets de la négociation collective est une question de survie pour les syndicats. Ces domaines s'élargissent au droit du travail en général ainsi qu'aux conditions de travail des salariés. Il faut noter que « la reconnaissance effective du droit à la négociation collective fait partie des droits et des principes fondamentaux au travail. Avec la liberté syndicale, ce droit représente l'une des quatre catégories de la déclaration de l'OIT relative aux principes et droits fondamentaux au travail de 1998 »[1272]. A ce titre, pour favoriser la maitrise du sujet lors des formations syndicales, le BIT avec l'appui du Centre de Turin a élaboré un manuel d'éducation ouvrière

---

1270 Macalou M., Togo M., *Les organes du dialogue social au Mali*, *op. cit.*, p. 38.

1271 Article 10 du Code du travail : « *Des congés non rémunérés d'éducation ou de formation syndicale peuvent être accordés aux travailleurs sur leur demande. Ces périodes de congé sont assimilées à des périodes de travail effectif pour le calcul des congés payés, le droit aux prestations familiales et le calcul de l'ancienneté du travailleur dans l'entreprise* ».

1272 BIT, *Négociation collective, guide pratique*, préface, op. *cit.*, sur la négociation collective. Il s'agit d'un droit permettant la réalisation du travail décent.

1050. Aux termes de la convention n° 154 de l'OIT, la négociation collective permet de « fixer les conditions de travail et d'emploi et/ou de régler les relations entre les employeurs et les travailleurs ou leurs organisations et une ou plusieurs organisations et de régler enfin les relations entre employeurs ou leurs organisations et une ou plusieurs organisations de travailleurs »[1273]. De façon globale, l'objectif de la négociation collective se concentre sur les conditions de travail et d'emploi, la réglementation des relations entre les employeurs ou des organisations d'employeurs et un ou plusieurs syndicats. Il faut noter que « Les conditions de travail et d'emploi peuvent également inclure des sujets comme les salaires, les heures de travail, les primes annuelles, les congés annuels, les congés de maternité, la santé et la sécurité au travail »[1274] ainsi que d'autres questions. Ainsi, nous sommes au cœur du droit du travail.

1051. Lorsque nous avons interrogé certains syndicats de travailleurs à Bamako, il est apparu que ces sujets ne font presque pas l'objet d'une formation au sein des unions syndicales alors même qu'ils sont très mal connus et mal maitrisés par des leaders syndicaux censés défendre précisément les droits et les intérêts des travailleurs. Cette insuffisance de formation rend très souvent les discussions difficiles ; les employeurs ont généralement en face d'eux des syndicalistes qui n'ont aucune maitrise des sujets débattus, par exemple, lors de la négociation d'une convention collective de branche[1275].

1052. De même les discussions entre les parties peuvent porter sur des sujets tels que les facilités à accorder aux représentants syndicaux, les procédures pour la résolution des conflits ainsi que la consultation, la coopération et le partage des informations. L'importance et la diversité des sujets devraient inciter les unions syndicales à mieux maitriser ces questions. Lors de notre interrogation des centrales syndicales sur les sujets faisant l'objet en interne de formation, nous avons été surpris quelque peu surpris. La plupart des formations dispensées sont d'abord faites suite à la sollicitation du BIT à

[1273] Article 2 de la convention n° 154 de l'OIT sur la négociation collective.

[1274] BIT, *Négociation collective, guide pratique*, *op. cit.*, p. 3.

[1275] Dans le cadre de la négociation de la convention collective des chauffeurs et conducteurs routiers du Mali, les parties à la négociation ont été plusieurs fois confrontées à la non maitrise par certains syndicalistes des sujets faisant l'objet de négociation, notamment en matière de salaires. Ces difficultés persistent faute de formation des acteurs qui sont au cœur de la négociation collective. Des difficultés semblables sont apparues dans la négociation de la convention collective des BTP en 2007 et des centres de santé communautaires en 2007.

travers ACTRAV[1276] ou du Gouvernement à travers le ministère du Travail. Très peu de formations sont financées par les organisations syndicales sur leur propre budget.

1053. Les raisons du manque de formation trouvent son fondement dans la philosophie qui anime les unions syndicales. Certains ont évoqué le manque de ressources financières. Mais, le manque de ressources ne saurait à lui seul expliquer l'évident désintérêt pour des questions *a priori* centrales pour tout syndicat responsable. ACTRAV seul ne saurait à lui seul combler le vide, même si son rôle est bien d'accompagner les organisations syndicales. La maitrise par les organisations syndicales du guide de la négociation collective élaboré par le BIT en 2016 devrait être une priorité pour eux dans la mesure où ledit guide intègre les nouvelles notions de la négociation collective qui font partie des principes et droits fondamentaux au travail. Il faut noter que la négociation collective peut aider à renforcer la confiance et le respect mutuel entre les employeurs, les travailleurs et leurs organisations »[1277].

1054. Il faut observer que la question du financement de la formation est évoquée par les responsables des centrales syndicales comme étant la difficulté majeure que toutes les organisations rencontrent. Il y a là indéniablement un problème réel que nous évoquerons plus avant, mais qui n'explique pas totalement l'absence de formation interne. Au-delà du constat des insuffisances de formation au niveau syndical central, il faut remarquer que certaines entreprises dispensent des connaissances en matière de négociation collective aux représentants du personnel pour « booster » le dialogue social à leur niveau. Les difficultés principales résident donc essentiellement au niveau des centrales syndicales et des syndicats nationaux.

1055. Il faut noter que « la reconnaissance effective « du droit à la négociation collective permet le développement d'une forme de réglementation qui complète la législation. Les conventions collectives peuvent renforcer la conformité avec la législation, permettre aux parties de s'y conformer davantage, et fournir un mécanisme pour résoudre les questions spécifiques à certaines entreprises ou à certains secteurs économiques »[1278]. Cela peut être bénéfique pour les deux parties. Lorsque les parties sont bien organisées, les conventions collectives qui englobent la plupart des sujets du droit du travail peuvent également être utilisées pour définir les salaires minima et les

---

1276 ACTRAV : Bureau des activités des travailleurs. Ce bureau est chargé d'assurer la formation et l'accompagnement des activités des syndicats dans les pays. Chaque « Bureau pays » de l'OIT dispose d'un spécialiste ACTRAV.
1277 BIT, *Négociation collective, guide pratique*, *op. cit.*, p.5.
1278 Idem.

conditions de travail dans un secteur ou dans une branche bien déterminée. Le Mali est, depuis l'indépendance, dans cette logique de négociation de branche.

1056. Au regard des déficits de formation constatés, nous pouvons dire que la formation ou la maitrise des sujets de la négociation collective n'est pas une préoccupation majeure des syndicats à laquelle il faudrait faire face. Outre, l'insuffisance des formations données sur divers pans de la négociation collective, d'autres urgences existent notamment la formation aux techniques de négociation collective et de dialogue social.

2. Les techniques de négociation collective

1057. Pour que le dialogue social soit opérant et vertueux, il nécessite un niveau de diagnostic élevé de la part de ses instigateurs. Cela passe nécessairement par leur perfectionnement à travers des séminaires, des stages ou tout autre moyen pouvant améliorer leurs connaissances des réalités sociales et économiques. Il est important de souligner que les syndicalistes sont « amoureux » de ce thème. Lorsqu'une formation porte sur ce thème, ils viennent en masse[1279] pour y participer.

1058. La maitrise des techniques de négociation collective est utile pour les dirigeants syndicaux lors de la gestion des conflits collectifs. Un canevas de renforcement des capacités des organisations syndicales et d'employeurs a été conçu par le BIT à travers son Guide de 2016[1280]. Ainsi, les capacités de négociation des différents acteurs, les styles et les approches, les différentes stratégies de négociation, et la possibilité de s'exercer aux différentes phases de négociation, avec des jeux de rôle, en recevant de la part des formateurs des commentaires et des observations, doivent être renforcées.

1059. L'Institut international d'études sociales de l'OIT encourage la recherche sur les politiques et les débats publics au sujet des questions nouvelles intéressant l'organisation. Le Centre international de formation de l'OIT situé à Turin assure la formation de cadres supérieurs et moyens d'entreprises privées et publiques, de dirigeants d'organisations de travailleurs et d'employeurs, des hauts fonctionnaires et décideurs. Le Programme régional de promotion du dialogue social en Afrique francophone (PRODIAF), en sa phase II, a préconisé des études nationales sur la situation

---

[1279] Du 21 au 24 janvier 2014, vingt-quatre responsables syndicalistes de la CSTM et de l'UNTM, se sont réunis dans les locaux du Conseil National du Patronat du Mali (CNPM) dans le cadre d'un Atelier de formation des travailleurs sur le thème : « les techniques de négociation collective et la contribution des syndicats à l'évaluation du Pacte de Solidarité pour la Croissance et le Développement au Mali » organisé par ACTRAV- BIT, Dakar.

[1280] BIT, *Négociation collective, guide pratique*, *op. cit.*, p.77 ; BIT, *La négociation collective, manuel d'éducation ouvrière*, Genève, 1986, p. 75.

du dialogue social et la coopération tripartite sur les réunions tripartites nationales et sous régionales, ainsi que des ateliers de sensibilisation et de renforcement des capacités.

1060. Par ailleurs, le Projet d'appui à la mise en œuvre de la Déclaration de l'OIT relative aux principes et droits fondamentaux au travail (PAMODEC)[1281], a stimulé considérablement les efforts déployés afin que le progrès social aille de pair avec le développement économique. Ainsi, le PAMODEC, dont le lancement a eu lieu en octobre 2002 au Mali, a visé à promouvoir l'application de normes fondamentales du travail notamment celles visant à éliminer la discrimination dans l'emploi et la profession en vue de contribuer au développement socio-économique et l'établissement d'une plus grande justice sociale dans notre pays. Le PAMODEC, dans sa phase II lancée en 2006, a organisé un séminaire de formation qui avait pour objet l'organisation de sensibilisation des populations ainsi que des études sur la problématique de la négociation collective et l'impact des normes du travail sur la productivité des entreprises. Les actions du PAMODEC ont continué dans les pays couverts par le programme et ont conduit à dispenser des formations sur les techniques de négociation[1282].

1061. Dans l'optique de diverses concertations, l'UNTM a organisé un séminaire[1283] de formation de ses adhérents venus des huit régions du Mali sur le dialogue social en tant que moyens de lutte contre la pauvreté ; les représentants du Gouvernement y avaient également pris part. A l'issue des travaux, l'UNTM a proposé d'ouvrir le dialogue social à d'autres acteurs de la société afin d'aboutir à une vision concertée des buts recherchés. La CSTM a procédé également en avril 2017 ; le but de ces sessions de formation était de donner une vision claire du dialogue social aux adhérents. Pour la CSTM, les « dialogueurs » du monde du travail doivent être saisis de toutes les questions liées à la vie de la nation afin qu'elle soit prospère. Ces types de formations continuent de nos jours avec l'accompagnement des partenaires techniques.

[1281] Le PAMODEC est un projet financé par le BIT pour appuyer les partenaires tripartites pour la mise en œuvre de la déclaration sur les principes et droits fondamentaux au travail ; le projet couvrait trois pays dont le Mali. Il a été exécuté en deux phases : PAMODEC I et II. Chaque pays avait mis en place un comité technique tripartite de mise en œuvre du projet.

[1282] BIT, *La négociation collective, manuel d'éducation ouvrière*, Genève, 1ère éd., 1960. Rapport de l'atelier de formation tripartite sur la négociation collective du 7 au 9 août 2007 au Centre du secteur privé de Bamako ; Rapport de l'atelier de formation sur les techniques de négociation en avril 2008 ; Rapport du séminaire tripartite de formation sur la négociation collective du 21 au 24 janvier 2014 au CNPM-Bamako. Il faut souligner qu'entre temps, la CMT et la CDTM ont vu le jour et n'ont pas pris part aux deux formations de 2007 et 2008.

[1283] *Cf.* Cahier des doléances de l'UNTM 2007 ; Séminaire de formation des cadres de l'UNTM sur le dialogue social dans la réduction de la pauvreté, mai 2007.

1062. Dans le contexte du dialogue social, le programme de développement institutionnel (PDI) a initié en avril 2007 une étude sur le dialogue social dans la Fonction publique focalisée sur les domaines prioritaires de l'administration publique à savoir l'éducation, la santé et l'agriculture. L'étude consistait à promouvoir davantage le sens d'une plus forte participation de l'ensemble des partenaires sociaux de l'État à la planification, la mise en œuvre et le suivi des réformes institutionnelles en cours. Les résultats attendus dans cette étude étaient entre autres : un diagnostic du système de dialogue social ; les différents acteurs de la société civile connus et impliqués dans le PO/PDI[1284]. Des actions concrètes sont répertoriées pour permettre aux acteurs de la société (organisations syndicales, associations, ONG, ordres professionnels...) de travailler en synergie ; les capacités des acteurs de la société civile renforcées ; les préoccupations du genre prises en compte dans le cadre du dialogue social ; les différents acteurs travaillent en synergie dans un cadre concerté.

1063. Il faut noter qu'en pratique, au niveau des entreprises, des changements profonds se sont opérés dans les relations professionnelles telles que la précarisation du statut des représentants du personnel, la modification des horaires de travail en violation des horaires légaux, la précarisation de l'emploi sans que les syndicats n'arrivent à faire entendre leur voix et proposer d'autres alternatives tenant compte des besoins des travailleurs. Cela a entraîné une mobilisation continue des travailleurs pour se faire entendre sur le plan syndical. Par ailleurs, les pouvoirs publics, en ce qui les concerne, se trouvent de plus en plus confrontés à plusieurs interlocuteurs en raison de la prolifération des syndicats catégoriels au niveau de l'éducation et de la santé par exemple. Pour réinvestir ces secteurs, les syndicats doivent être porteurs d'une vision claire qui apporte des débuts de réponses aux préoccupations des travailleurs. L'avenir du dialogue social dépendra de la volonté de toutes les parties (partenaires sociaux, gouvernement) de poursuivre l'idée d'une démocratie sociale. Selon le Directeur d'ACTRAV BIT, l'Afrique francophone souffre de l'émiettement syndical[1285]. Le Pacte de solidarité pour la croissance et le développement aura pu être, à cet égard, un des meilleurs outils de renforcement du dialogue national s'il avait été signé par toutes les centrales syndicales d'alors.

[1284] PO.PDI : pour la mise en œuvre de chaque phase du PDI, un plan opérationnel devait être adopté à chaque phase pour prendre en compte les préoccupations des administrations y compris les questions sociales.

[1285] Il déclare que l'émiettement syndical est source de difficultés pour les travailleurs face aux employeurs et aux Gouvernements dans les pays francophones, il œuvre pour l'unicité syndicale et voudrait s'appuyer sur l'OUSA (organisation pour l'unité syndicale en Afrique) et la Confédération syndicale internationale (CSI-Afrique).

1064. Compte tenu des acquis et perspectives qu'offre le dialogue social sur toutes les grandes questions liées à l'emploi, au travail, et au développement économique et social ; il s'est avéré indispensable de consolider ses acquis afin de réaliser les objectifs du développement durable (ODD)[1286]. Il faut plutôt donner aux acteurs les moyens de donner un contenu concret à leurs actions en rehaussant leur droit à la négociation sur le terrain au regard des réalités locales, nationales, régionales. La formation des acteurs syndicaux reste à notre avis le seul levier efficace pour régler les urgences syndicales par l'adoption des plans de formation par les centrales syndicales et mis en œuvre par leurs propres moyens avec leur propre budget. Quels sont les opérateurs et quelles seront les conditions de la formation ?

B - Les opérateurs et modalités de la formation

1065. La formation professionnelle des syndicats devrait normalement être faite par eux-mêmes et destinée à leur personnel, leurs cadres et leurs membres, sur des sujets comme les droits des travailleurs, les salaires et la négociation collective, au-delà de la modicité des moyens dont ils disposent, mais ils n'en font pas grand chose sur leur budget. Au regard du guide du BIT de 2016, « ils devront normalement être directement impliqués dans la conception des programmes, lesquels sont adaptés à la particularité de leurs propres besoins de formation. Ces formations sont directement réalisées en interne »[1287] ou font intervenir d'autres acteurs extérieurs que nous allons examiner dans les développements qui suivront. C'est ainsi que nous analyserons les acteurs-intervenants de la formation syndicale **(1)**, puis des modalités d'exécution desdites formations **(2).**

1. Les acteurs de la formation

1066. Les acteurs de la formation syndicale se situent, selon notre analyse, à trois niveaux essentiellement : le niveau de l'entreprise et des syndicats de branche, le niveau des centrales syndicales et le niveau étatique ou des Institutions internationales (BIT-ACTRAV-CSI-Afrique) et autres partenaires régionaux (OUSA-UEMOA ou CEDEAO, Fondation *Frederich Hebert*, etc.).

1067. Au regard de la multiplicité et de la diversité des possibles intervenants dans la formation, les besoins syndicaux devraient normalement trouver leurs solutions ; il convient toutefois de relativiser cette idée dès lors que l'émiettement syndical ne permet pas de mutualiser les énergies d'actions ou

---

[1286] ODD : l'objectif 8, vise le plein emploi productif pour les hommes et les femmes, à l'horizon 2030. Ces questions intègrent l'action syndicale et intéresse les sujets de la négociation collective (conditions de travail et d'emploi, le dialogue social, les salaires etc.)

[1287] BIT, *Négociation collective, guide pratique*, *op. cit.*, p. 77.

les opportunités offertes. L'employeur est censé être le principal acteur de la formation en direction des cadres dirigeants pour « booster » le dialogue social ; ce n'est que rarement le cas on l'a vu. Par ailleurs, l'absence de plan de formation accentue le fossé entre la Direction et les représentants des travailleurs, peu formés et informés sur les droits fondamentaux des salariés qu'ils sont censés défendre.

1068. Il est important de souligner que pour combler ou satisfaire les besoins de formation des représentants des travailleurs, les directions des entreprises doivent en principe prévoir dans leur plan de formation, des sessions à l'attention uniquement des délégués ou des représentants syndicaux. Ceci a pour avantage d'avoir en face des interlocuteurs avisés et informés sur leurs droits et ceux de leurs membres. Sur le terrain, les quelques formations qui sont dispensées par les inspecteurs du Travail sont destinées aux délégués du personnel[1288], rarement aux représentants syndicaux, et portent sur les missions.

1069. Au constat, on trouve dans toutes les conventions collectives de branche ou dans les accords d'établissement, des dispositions sur l'éducation ouvrière et la formation syndicale dans l'entreprise[1289] ; mais, rarement ces représentants des travailleurs reçoivent de la part de l'employeur lesdites formations. Il faut noter que le Code du travail ne vise pas spécifiquement les membres du comité syndical de l'entreprise, mais englobe l'ensemble des salariés de l'entreprise. Cependant, dans nombre de conventions collectives, on ne traite que de l'absence pour activités syndicales[1290], certainement y compris pour formation syndicale. Par ailleurs, au niveau de la branche, rares sont les syndicats nationaux qui dispensent des formations à leurs membres. Ceci est valable que le syndicat national soit du secteur privé ou du secteur

---

[1288] Nous avons constaté que depuis 2006 les sociétés des mines d'or de Yatela, de Sadiola et de Loulo dans la Région de Kayes dispensent chaque année des formations à l'attention des représentants du personnel respectifs sur leurs missions et leurs attributions. Il en va de même à la mine d'or de Syama dans la région de Sikasso : la Direction de la mine fait appel à l'inspecteur du travail pour former les délégués et personnel et les membres du comité syndical. En 2018, la Direction de la société Energie du Mali a dispensé aux représentants syndicaux de la société une session de formation sur leur accord d'établissement.

[1289] Article 57 de la convention collective des BTP de 2007 : « *des congés de formation seront accordés aux travailleurs désignés pour suivre des stages de formation ou de perfectionnement compris dans le plan de formation de l'entreprise dans laquelle ils exercent leurs activités* ».

La durée de ces congés ne peut être imputée sur la durée du congé annuel et, est assimilé à une période de travail pour la détermination des droits des intéressés en matière de congé annuel. Elle est également prise en considération pour le calcul de l'ancienneté du travailleur dans l'entreprise ».

[1290] *Cf.* article 9 de la convention collective de la métallurgie et de la mécanique générale ; article 8 de la convention collective du secteur pharmaceutique privé officinal du Mali ; article 7 de la convention collective des systèmes financiers décentralisés du Mali.

public. Force est de reconnaitre que la véritable formation destinée à combler ou à satisfaire les urgences syndicales se situe au niveau des centrales syndicales. Il faut observer que le Mali compte aujourd'hui quatre centrales syndicales (UNTM, CSTM, CMT et CDTM). Chaque centrale devrait disposer normalement de sa politique de formation.

1070. Il faut noter que la CDTM a formé les membres de son bureau exécutif sur le dialogue social, cela pour accompagner la fête du 1er mai 2018. Sur la base des rapports à notre disposition, l'UNTM et la CSTM ont animé, en juillet 2015, une formation commune financée par le CDTS-UEMOA portant spécifiquement sur le dialogue social. Lorsque nous avons interrogé les organes des centrales syndicales, elles nous ont indiqué ne pas disposer de fonds spécifiquement dédiés à la formation syndicale ; toutes les centrales comptent sur les appuis du Gouvernement, lequel alloue chaque année des subventions aux quatre centrales syndicales[1291] ; les montants diffèrent selon la taille ou l'ancienneté de la centrale, sur la base de critères subjectifs, en tous cas non fondés sur la représentativité syndicale.

1071. Cependant, il nous est revenu, que ces subventions ne sont pas utilisées pour la formation des membres des centrales, mais sont plutôt mobilisés à d'autres fins, notamment pour le fonctionnement des instances, faute de cotisations syndicales suffisantes émanant des militants. A ce titre, toutes les centrales syndicales au Mali sont logées dans la même case et dépendent de subventions, de dons et legs de divers : la question de la cotisation syndicale se pose avec acuité.

1072. Il est important de souligner, au regard des constats faits, que l'essentiel des formations destinées aux membres des centrales syndicales viennent des partenaires extérieurs comme la CSI-Afrique[1292], l'OUSA[1293] et de soutiens du BIT à travers ACTRAV. Il est constant que d'autres partenaires, comme la fondation *Friedrich Hebert Stiffung* (FES)[1294], appuient aussi certaines

[1291] Depuis 1963, le Gouvernement à travers le ministère du Travail et de la Fonction publique, alloue chaque année une enveloppe budgétaire à chaque centrale. Cette allocation a commencé par l'UNTM, puis en 1997 et 2014 a été étendue à l'ensemble des autres centrales. Selon les commentaires de la Commission d'experts pour l'Application des Conventions et Recommandations de l'OIT, les subventions accordées par le Gouvernement aux centrales syndicales doivent servir à l'éducation ouvrière.

[1292] La Confédération syndicale internationale est représentée au niveau du continent africain, par la CSI-Afrique.

[1293] Les syndicats au niveau africain ont créé une organisation pour l'Unité syndicale Afrique (OUSA).

[1294] La fondation *Friedrich Hebert Stiffung* est une organisation politique allemande créée en 1925. Elle est implantée au Mali depuis 1970 et a pour objectif de promouvoir un ordre économique et social juste et équitable, renforcer la participation politique et la cohésion sociale, approfondir le dialogue entre les syndicats et les politiques, rendre la mondialisation centrales comme la CSTM ; certains de ces soutiens ont pu parfois être mal perçus par le ministère du Travail en raison de buts qui n'étaient pas très clairs, en plus de porter sur la question des élections professionnelles, le message véhiculé par la fondation n'était pas conforme à la réalité et aux efforts fournis par le ministère pour résoudre la question de la représentativité. Cependant, il faut observer que, depuis des années, cette fondation appuie l'UNTM et la CSTM. Comme nous l'avons déjà constaté, le nœud de la formation réside dans son financement, ses modalités et conditions d'exécution.

2. Les modalités d'exécution de la formation

1073. L'une des difficultés de la formation professionnelle au niveau des syndicats réside dans la maitrise de la formation et dans son financement. En effet, très peu de centrales syndicales, voire de syndicats sectoriels, prévoient des plans de formation syndicale en matière de dialogue social. Au Mali, tout le monde est convaincu que les leaders syndicaux ne sont pas formés et ignorent les droits élémentaires des travailleurs encore moins les dispositions des conventions phares sur la liberté syndicale et le droit d'organisation définies par les conventions pertinentes de l'OIT[1295], alors mêmes que ces conventions sont évoquées à tout bout de champ par les représentants syndicaux dans les réunions de négociations avec les employeurs et le Gouvernement.

1074. La maitrise de la formation passe nécessairement par la maitrise des effectifs à former. Il y a donc nécessité à l'élaboration d'un plan de formation induisant la qualité des acteurs visés. Nous avons, au cours de nos entretiens avec les leaders syndicaux, constaté que dans la structure organisationnelle de chaque syndicat national, il est prévu dans l'organigramme (bureau) de l'organisation syndicale un poste dédié à la formation. Cela est également visible au niveau des centrales syndicales[1296].

1075. Lorsque l'on n'a pas la maitrise de la formation, on s'expose à perdre beaucoup de temps et à faire beaucoup d'efforts en vain. Ce n'est un secret pour personne que les organisations syndicales ne regorgent pas de compétences dans ce domaine ; elles ont donc obligatoirement recours à des

---

socialement juste et équitable. A ce titre, depuis des années, elle a collaboré avec l'UNTM et par la suite avec la CSTM (*Cf.* M. Dicko (dir)., *Participation des travailleurs et leurs organisations syndicales en tant que stratégie de développement*, Fondation Friedrich Hébert Stiffung, rapport national, 1985, Bamako, p. 135).

[1295] *Cf.* Conventions n° 87 et n° 98 de l'OIT, *op. cit.*

[1296] Le chargé de la formation au niveau des centrales est désigné au niveau du département de la formation et de l'action ouvrière (Cf. Organigrammes de la CSTM et de l'UNTM).

personnes qualifiées, à des cabinets RH et même à des personnes ressources de l'administration publique pour dispenser des formations.

1076. Le BIT a contribué à la maitrise de la formation au niveau des syndicats par la mise à disposition dans les centrales syndicales et au niveau des administrations du travail, de Guides élaborés par ces services spécialisés et par le Centre international de formation de Turin en accord avec le BIT-ACTRAV. Depuis trois ans, le CIF de Turin a ouvert un nouveau programme « académie de dialogue social » destiné aux acteurs tripartites de l'OIT. Deux syndicalistes maliens de l'UNTM et de la CSTM ont participé en 2017 à cette académie.

1077. Il faut noter que le Gouvernement du Mali a financé, depuis 2015, des séries de formations destinées à la fois à des points focaux du dialogue social au niveau des départements ministériels[1297], mais aussi des quatre centrales syndicales sur le dialogue social, la négociation collective et les techniques de négociation, la liberté syndicale[1298], etc.

1078. En dehors des financements du BIT et du Centre de Turin, les leaders des centrales syndicales participent occasionnellement à des formations à l'extérieur organisées soit par la branche « Afrique » de la Confédération Syndicale Internationale, soit par l'Organisation pour l'Unité Syndicale en Afrique (OUSA). Par ailleurs, depuis près de trente ans, la Fondation Friedrich Hébert (FES) contribue au financement de la formation des syndicats conformément à l'accord de partenariat qui lie cette ONG à l'UNTM[1299] et plus récemment à la CSTM. Les deux dernières centrales (CMT, CDTM) ne bénéficient pas pour le moment de financements de la Fondation. Les formations que ces deux centrales reçoivent sont limitées aux sessions organisées par le ministère du Travail et des éventuelles formations proposées à l'occasion du 1er mai.

[1297] Entre 2015 et 2016, plus quatre modules sur le dialogue social ont été dispensés par le ministère du travail a l'attention des points focaux dialogue social des départements mais aussi des centrales. La formation a coûté en moyen 6 millions de francs UEMOA a noté cela comme une bonne pratique pouvant inciter les autres pays de l'UEMOA à initier la même chose ; voir rapport national sur les réalisations du dialogue social au Mali 2016 et 2017 adressé au CTDS UEMOA en vue de la préparation de son assemblée annuelle quadripartite.

[1298] *Cf*, Rapport atelier de formation sur les conventions n° 87 et n° 98 de l'OIT à l'attention des points focaux dialogue social des départements ministériels et des syndicats et patronat du Mali.

[1299] Extrait de la note de présentation de la fondation au Mali : « *déjà dans les années 1980, sous le régime dictatorial, la FES a collaboré avec les organisations qui se sont investies pour une plus grande autonomie politique. Les syndicats (UNTM), les medias, l'union des femmes du parti unique (UNFM), la jeunesse (UNJM) ainsi que les plus hauts cadres de l'administration avaient déjà cherché, à cette époque, à dialoguer avec la FES* ».

1079. Le constat n'est donc pas très luisant ; la formation reste tributaire des financements extérieurs, notamment de l'État qui, en réalité, ne sont pas utilisés par les centrales pour les besoins de formation de leurs membres et ne font l'objet d'aucun compte rendu et justification donné en retour à l'État. Il est souhaitable la question de la formation professionnelle des représentants syndicaux et des délégués du personnel bénéficient de plus de financement dans le domaine du dialogue social afin de compléter les actions sporadiques du BIT et du Centre de Turin et d'autres partenaires.

1080. Il est également souhaitable que les organisations syndicales élaborent des plans de formation autonomes, financés sur leurs propres ressources. Il est aussi souhaitable que les entreprises, en fonction de leur budget, prévoient des financements pour la formation des membres des comités d'entreprise. Ce serait un réel apport afin de combler un peu les besoins syndicaux de formation : Un syndicaliste mal formé est un « danger » pour la stabilité sociale et des unités de production.

1081. Aujourd'hui au Mali, l'on s'interroge sur le niveau de connaissance des dirigeants syndicaux, sur les outils de la négociation collective, lors des discussions des cahiers de doléances, de la négociation des accords collectifs de branche ou d'entreprise, des préavis de grève. Le tableau est très sombre ; il y a urgence à ce que le Gouvernement prenne « le taureau par les cornes », et en accord avec le patronat, corrige très rapidement le tir.

1082. Nous savons que le BIT-ACTRAV est mis à contribution pour apporter son savoir-faire ; mais, depuis que des manuels d'éducations ouvrières ont été élaborés et diffusés par le BIT et que le PRODIAF a accompagné les acteurs syndicaux dans sa phase I et II, les choses n'ont pas tellement évolué. Alors « *chers syndicalistes du Mali levez-vous et servez-vous pour sauver ce qui reste de votre image* ». Enfin, il est nécessaire de souligner tout particulièrement « le rôle positif joué par le PRODIAF »[1300] dans la construction du dialogue social au niveau régional. Même si les acquis ne satisfont pas encore les toutes attentes, la perception du rôle du dialogue social a beaucoup évolué, notamment au sein de la Commission de l'UEMOA et au niveau de chacun des Etats membres de l'UEMOA.

1083. Au demeurant, fort de tous les constats que nous venons de faire, il n'est pas suffisant de combler ou de satisfaire les seuls besoins de formation des partenaires sociaux, il faudrait aussi penser à renforcer les besoins de formation des autres intervenants ou facilitateurs du dialogue social au niveau

---

1300 BIT -PRODIAF, *op. cit.*, p.60.

des diverses instances de dialogue social[1301]. Il nous faut maintenant analyser ces besoins en formation des facilitateurs du dialogue social.

SECTION II - Les facilitateurs du dialogue social

1084. Les facilitateurs du dialogue social sont généralement ceux qui interviennent en tant qu'acteurs habilités, soit par la loi, soit par la pratique, pour faciliter le dialogue social ou la résolution des conflits collectifs ou de la négociation collective, qu'elle soit d'entreprise ou de branche, ou encore concerne l'administration publique ou des secteurs semblables ou assimilés.

1085. Ces acteurs interviennent à différents niveaux pour faciliter les différentes phases du dialogue social. Leur rôle est prépondérant dans la gestion globale au niveau national, sectoriel, de la branche ou de l'entreprise, chaque fois que la nécessité s'impose au regard de la mission conviée par la loi. Nous retrouvons ces facilitateurs au niveau de la gestion des conflits d'entreprise et de la négociation collective de branche. Mais, on peut les retrouver aussi dans les instances consultatives comme les différents conseils supérieurs, voire en tant que médiateurs dans la gestion des conflits au niveau du secteur public. A ce titre, il convient de rappeler que nous avons déjà examiné leurs missions ; il s'agit ici d'analyser leurs besoins de formation pour contribuer à la dynamisation du dialogue social, dans la mesure où si des acteurs ne maitrisent pas leur rôle, cela voue à l'échec le dialogue social, en tout cas dans ses résultats les plus immédiats. Ainsi, nous examinerons les besoins de formation de l'inspection et de l'administration du travail **(§ 1)** puis ceux des autres acteurs de la régulation sociale **(§ 2).**

§ 1 - Les représentants de l'inspection et de l'administration du travail

1086. Le Code du travail[1302] a confié aux représentants de l'inspection et de l'administration du travail la mission générale d'intervention dans la gestion des conflits qu'ils soient individuels[1303] ou collectifs[1304] dans les entreprises mais la présidence de réunions, chaque fois que les partenaires sociaux en expriment le besoin, singulièrement lors de la négociation des conventions collectives de branche[1305] et des accords collectifs d'entreprise.

[1301] Il s'agit ici du Conseil économique et social, des commissions de négociation des cahiers de doléances, des commissions de gestion des conflits collectifs dans les secteurs publics et parapublics allusion faite aux EPA, EPIC et EPSTC.

[1302] Loi n° 9 2-020 du 23 septembre 1992 portant Code du travail en République du Mali et qui a été modifiée par la loi n° 2017-021 du 12 juin 2017.

[1303] Articles L.190 et L191 du Code du travail.

[1304] Article. L.219 et suivants du Code du travail.

[1305] Articles L. 74 du Code du travail et L.88 les accords d'établissement.

1087. Ces missions sont régulièrement exercées par les inspecteurs du Travail sur l'ensemble du territoire national mais aussi par la Direction nationale du Travail pour le règlement des conflits collectifs à compétence nationale ou dans la négociation des conventions collectives de branche. Ces acteurs du dialogue social ont besoin de renforcer leurs capacités pour faire face à leur mission régalienne de maintien de la paix sociale ou du climat social au regard de leurs missions. Nous examinerons les besoins de formation du tiers intervenant dans la négociation des fins de conflits de l'entreprise (**A**) ainsi que ceux de la présidence des négociations de branche **(B).**

A- L'intervention dans la négociation des fins de conflits d'entreprise

1088. Au-delà des missions de contrôle des conditions de travail, de la sécurité et de la santé au travail et de la prévention des conflits de travail qu'ils tiennent de la convention internationale de l'OIT[1306] et du Code du travail, les inspecteurs du Travail exercent une mission de conciliation dans les conflits collectifs mais aussi individuels au niveau des entreprises privées. Les besoins de formations sont liés aux interventions de l'inspection du Travail. Nous examinerons ceux liés à la gestion des conflits individuels **(1)**, puis ceux liés à la gestion des conflits collectifs **(2).**

1. Les besoins liés à la gestion des conflits individuels

1089. Le Code du travail[1307] et d'autres textes communautaires ont confié à l'inspection du Travail la mission de prévention et de gestion des conflits individuels. Au regard de la pratique de l'inspection du Travail, très peu de ses agents au Mali ont reçu une formation appropriée ou spécifique pour la gestion des conflits individuels.

1090. Aux termes des dispositions de l'article L.190 du Code du travail : *« Tout travailleur ou tout employeur pourra demander à l'inspecteur du Travail, à son délégué ou a son suppléant de régler le différend à l'amiable. Cette demande suspend, à sa date de réception par l'inspecteur du Travail, le délai de prescription. Cette suspension court jusqu'à la date du procès-verbal qui clôt la tentative de conciliation à l'inspection du Travail. Les parties sont tenues de se présenter à l'inspection au jour et à l'heure fixée par la*

[1306] *Cf,* Convention n° 81 sur l'inspection du travail dans l'industrie et le commerce, 1974 ; convention concernant l'inspection du travail dans l'industrie et le commerce (Entrée en vigueur : 7 avril 1950), adoptée lors de la, 30ème session de la CIT, le 11 juillet 1947, à Genève.

[1307] Articles L.190 et L.191 du Code du travail.

convocation, sous peine d'une amende. Un arrêté du Ministre chargé du travail fixe le montant de cette amende ». Il s'agit d'intervenir sur la relation individuelle de travail de façon générale. Pareille intervention nécessite des compétences que chaque inspecteur doit avoir.

1091. En pratique, l'intervention de l'inspecteur du Travail « s'exerce aux fins de vérifier si les dispositions du Code du travail et des textes subséquents reçoivent application par les employeurs, ou hors de l'entreprise »[1308], à l'occasion des permanences tenues à son bureau ou au cours des visites de contrôle. En général, des différends naissent de l'exercice de la relation contractuelle et portent sur la réglementation du travail, le droit conventionnel, l'emploi ou la formation professionnelle. L'inspecteur du Travail est amené à *« dire le droit »*, et le cas échéant, à rappeler à l'employeur ses obligations lorsque l'inexécution de certaines d'entre elles sont la source du litige, appelé conflit individuel.

1092. En France, cette activité d'intervention de l'inspection du Travail dans la gestion des plaintes individuelles est partie intégrante de la mission de service public de l'inspection du Travail par « laquelle s'exerce l'action de protection des salariés ». Cette problématique absolument essentielle a fait l'objet de nombreuses réflexions et propositions[1309]. Au Mali, nous avons une tendance depuis 2014 à ce que les inspections du Travail reçoivent beaucoup de plaintes individuelles[1310] résultant de la violation des contrats de travail ou des conditions d'exécution des relations de travail engendrant des conflits individuels.

1093. Il faut noter que « l'intervention de l'administration du travail dans la mise en œuvre de la protection des représentants du personnel constitue une garantie fondamentale du bon fonctionnement des instances représentatives du personnel. Elle participe de ce fait de l'effectivité du droit pour tout travailleur de participer, par l'intermédiaire de ses délégués, à la détermination collective des conditions de travail ainsi qu'à la gestion des entreprises, garantie par la Constitution. Le caractère exceptionnel et exorbitant du droit commun de cette protection a été affirmé par la Cour de cassation dans les arrêts de principe du

---

[1308] Rapport V sur l'administration du travail et l'inspection du travail, 100ème session de la Conférence Internationale du Travail, BIT, p.83 ; voir notamment « compétence de l'inspection du travail »: H. Avignon, P. Ramackers, J.-L. Terrier, *Le système d'inspection du travail en France*, 3ème éd., Liaisons Wolters Kluwer, 2018, p.175.

[1309] *Cf.* not. Le rapport « Chaze » de juin 2001 et le rapport de M. Lignot et J. Roigt, IGAS, sur le traitement des plaintes et des sollicitations en droit du travail ; voir également le rapport au CES du 15 mai 2002, *« le droit du travail : les dangers de son ignorance », p. 40 et suivants* qui évoque une estimation de l'Igas évaluant la demande croissante de renseignements en droit du travail à 5 millions par an (…)*»*.

[1310] *Cf.* Les rapports annuels de 2014 à 2017 de la Direction nationale du travail ont fait état de plus de 3000 conflits individuels enregistrés chaque année par les services du travail.

21 juin 1974[1311]. L'unification de la procédure protectrice résultant de la loi n° 82-915 du 28 octobre 1982 en France a abouti à confier la décision en matière de rupture ou de transfert du contrat de travail de ces salariés aux inspecteurs-inspectrices du travail. Ce choix se fonde sur la légitimité de ces derniers à intervenir et à arbitrer dans ces litiges caractérisés par leur nature de conflit social, notamment du fait de leur connaissance avérée de l'entreprise et des différents acteurs. Cette intervention administrative est cependant soumise à un contrôle renforcé du juge administratif, lequel défini la grille d'analyse à partir de laquelle l'autorité administrative doit fonder son appréciation »[1312]. Le Conseil d'État « a fixé ce cadre dans deux arrêts célèbres : *Safer d'Auvergne* pour le motif disciplinaire[1313] et *Abellan* pour le motif économique[1314]. Une longue et précieuse circulaire de la DGT détaille le cadre de légalité de l'action de l'inspecteur-inspectrice du travail, en précisant les points de contrôle, tant sur les procédures que sur l'examen au fond des motifs de demande[1315]. Les ordonnances n° 2017-1340 du 22 septembre 2017 et n° 2017-1718 du 20 décembre 2017 sont relatives à la compétence territoriale de l'inspecteur-inspectrice du travail en cas de demande d'autorisation de rupture ou de transfert du contrat de travail d'un salarié protégé »[1316].

1094. Les sollicitations individuelles des salariés et le traitement des plaintes des travailleurs sont conviées à une division au niveau de chaque Direction régionale du travail au Mali. Cette division « appelée appui conseil »[1317] est chargée de la gestion des différends individuels et des différends collectifs enregistrés au niveau des inspections du Travail. A ce titre, cette division est chargée aux termes de l'article 8 du décret fixant le cadre organique des DRT « *d'apporter un appui conseil aux entreprises et aux collectivités territoriales et de préparer les avis techniques, l'attention de l'administration, des collectivités territoriales et des employeurs, des travailleurs ainsi qu'à leurs organisations respectives* ». En pratique, elle reçoit les plaintes des salariés pour violation ou inexécution des contrats individuels qui lient à leurs employeurs et de tenter la conciliation ou de transmettre éventuellement les procès-verbaux de non conciliation qui y résulteraient, au Tribunal du travail

---

1311 Cass. ch. mixte, 21 juin 1974, n° 71-91225, *Castagné*.

1312 Avignon H., Ramackers P., Terrier J-P., *Le système d'inspection du travail en France, missions, organisations et prérogatives*, 3ème éd., Wolters Kluwer, Paris, 2018, p. 176.

1313 CE ass., 5 mai 1976, n° 98.647 et n° 98.820.

1314 CE, 18 février 1977, n° 95.354.

1315 Circ. DGT n° 07-2012, 30 juill. 2012 relative aux décisions administratives en matière de rupture ou de transfert du contrat de travail des salariés protégés, abrogeant six instructions antérieures.

1316 Avignon H., Ramackers P., Terrier J-P., *op. cit.*, p. 176.

1317 Décret n° 2010-123/P-RM du 1er mars 2010 déterminant le cadre organique des Directions régionales du travail au Mali et l'arrêté n° 2014- 2700/MTFPRI-SG du 3 octobre 2014 fixant l'organisation et les modalités de fonctionnement des Directions régionales et des services subrégionaux du travail.

territorial compétent, dans les 15 jours qui suivent l'échec de la tentative de la conciliation[1318].

1095. Au Mali, pour répondre aux sollicitations individuelles, l'inspection du Travail doit disposer d'agents bien formés capables d'y faire face. Les défis de l'industrialisation et l'évolution du marché du travail invitent les inspecteurs du Travail à être bien formés. Le Gouvernement doit mettre en place des plans de formation continue de l'inspection du Travail. Or, nous avons constaté que l'un des soucis aujourd'hui est que la formation des inspecteurs du Travail ne répond que très imparfaitement aux besoins liés aux défis actuels des entreprises.

1096. Ainsi, pour répondre aux sollicitations des salariés, l'administration du Travail du Mali a depuis 2007, entrepris, dans le cadre du « plan triennal de renfoncement des capacités de l'Inspection »[1319], de dispenser chaque année, deux sessions de formation à l'attention des agents de contrôle (inspecteurs et contrôleurs du travail). Ces formations portent sur la maitrise des outils de contrôle en entreprise, la négociation collective, le dialogue social. Elles ont été dispensées[1320] par des formateurs internes à l'administration du travail. De même, dans le cadre de la coopération avec le GIP-inter de France, des actions ont permis de renforcer les capacités de l'inspection sur la maitrise des outils dans le domaine des risques professionnels. Cette coopération a permis, de 2004 à 2011, de renforcer les capacités des formateurs de l'inspection du Travail en collaboration avec l'INTEFP[1321] de Lyon - Marcy l'Etoile et la DGT de la France.

1097. L'ouverture de l'ENA de Bamako, en 2009 a sans nul doute permis de combler les problèmes de formation des nouveaux inspecteurs du Travail ; mais, force est de constater que la formation continue des autres agents de contrôle, notamment en matière de dialogue social, fait défaut. Entre 2014 et 2016, deux sessions de formation ont été dispensées sur la sécurité et la santé au travail, et une session en 2016 sur le dialogue social ; cette dernière a été

1318 Article L.191 nouveau du Code du travail du Mali modifié en 2017.

1319 Face à la déliquescence des moyens de l'administration du travail, le Gouvernement a adopté en conseil des ministres en juin 2005, un plan triennal de renforcement des services du travail portant sur les dotations en véhicules, en inspecteurs du travail et un plan de formations des agents financé sur le budget national à hauteur de milliard de francs CFA.

1320 Depuis 2007, cinq sessions de formations ont été dispensées aux agents sur les techniques de visites d'entreprises, la rédaction des suites de la visite d'entreprise, le salaire, les conventions collectives, le PV d'infraction, les techniques de négociation collective, etc. (Cf. rapports de formation des formateurs de 2007, 2009, 2011 et 2014).

1321 Institut national pour le travail, l'emploi et la formation professionnelle, chargé en France de la formation initiale des inspecteurs du travail. L'institut est situé dans la région de Lyon, à Marcy l'Etoile. Il s'agit d'une école spécialisée de formation des inspecteurs du travail, l'une des premières du genre.

organisée par le ministère du Travail et n'a concerné que cinq inspecteurs du Travail.

1098. A ce jour, le besoin de formation des inspecteurs du Travail en dialogue social et en gestion des conflits individuels reste entier. Pour soutenir ou dynamiser le dialogue social, il faut combler les besoins de formation de l'inspection du Travail sur la maitrise des sujets du droit du travail en général. Les conflits individuels débouchent souvent sur des conflits collectifs et nécessitent aussi l'intervention des inspecteurs du Travail. Ainsi, devons nous analyser les besoins de formation pour combler les lacunes et faire face à la gestion des conflits collectifs dans les entreprises.

2. Les besoins liés à la gestion des conflits collectifs

1099. Sur le plan des recommandations du BIT, la fonction de conciliateur (conflit individuel ou collectif) ne peut que difficilement se combiner avec la fonction de contrôle assignée à l'inspection du Travail par les conventions internationales[1322]. La réglementation du travail au Mali prévoit, cependant, un certain nombre de procédures légales de règlement des conflits collectifs[1323]. Les services de l'inspection du Travail interviennent dans le cadre de ces procédures formelles. Aux termes des dispositions du Code du travail, « Tout différend collectif doit être immédiatement notifié par les parties soit « *à l'inspecteur régional du Travail du ressort lorsque le conflit est limité au territoire d'une inspection régionale du travail* », soit « *au directeur du travail lorsque le conflit s'étend sur le territoire de plusieurs inspections régionales* », l'inspecteur régional du Travail et le Directeur national du Travail, suivant le cas, procèdent « *sans délai à la tentative de conciliation* ».

1100. Le respect des délais de conciliation et des procédures décrites par le Code du travail incombent à l'inspecteur du ravail qui joue un rôle de facilitateur du dialogue social. La procédure peut aboutir à la signature d'un procès-verbal[1324] de conciliation ou de non conciliation ou encore de conciliation partielle entre les parties. Au Mali, il faut observer que la loi rend obligatoire l'intervention de l'inspecteur du Travail du territoire pour concilier les parties ; celle-ci est enfermée dans les délais du préavis de grève, pour qu'une réponse puisse être donnée avant la fin dudit préavis de quinze jours[1325].

[1322] *Cf.*, Recommandation 81 de la convention n°81 de l'Organisation internationale du Travail, article 8, *op, cit.*

[1323] Articles L.219 et suivants du Code du travail.

[1324] Articles L 221, L 222 et L.223 du Code du travail.

[1325] Article L. 231 nouveau du Code du travail modifié.

1101. En France, afin de contribuer à prévenir les conflits, et plus largement les situations de blocage, le ministère du Travail a en outre mis en place une « expérience d'appui au dialogue social en lien avec l'agence nationale pour l'amélioration des conditions de travail (ANACT), d'abord à titre expérimental en 1996 dans deux régions, puis progressivement sur d'autres sites. Cette démarche participe de la volonté de diversifier les modalités d'accompagnement du dialogue social dans l'entreprise à l'aide d'un groupe d'intervenants issus de l'inspection du Travail, des ARACTs (agences régionales pour l'amélioration des conditions de travail) et des cabinets de consultants privés qui peuvent intervenir, notamment à la demande de l'inspecteur du Travail, pas sur le fond des blocages constatés, mais sur la facilitation et l'apprentissage du dialogue ».

1102. Le Conseil économique, social et culturel souhaite d'ailleurs qu'en matière de conflits collectifs *« l'inspecteur-inspectrice du Travail conserve le rôle de facilitateur qui est le sien sans pour autant qu'il soit institutionnalisé ou rendu obligatoire ».* Cependant, ce type même de démarche demeure ambigu, comme l'a relevé Monsieur Philippe Auvergnon : « *On ne peut éviter de s'interroger sur l'incidence des résultats de la médiation d'un inspecteur-inspectrice du travail sur sa pratique professionnelle locale en tant qu'agent de contrôle. Tout médiateur participe directement à une dynamique de recherche de solution qui, lorsqu'elle aboutit, donne lieu nécessairement à un compromis.* Cheville ouvrière du processus, « *on ne voit pas comment « l'inspecteur-médiateur » pourrait en critiquer tout ou partie du résultat. Lorsque le compromis portera sur l'oubli ou la violation du droit ou comportera des renonciations à des droits, sa présence médiatrice officielle n'emportera-t-elle pas décrédibilisation de toute intervention ultérieure auprès des mêmes acteurs dans une logique de contrôle strict du respect du droit ?* »[1326].

1103. De manière plus large, il est de pratique courante que l'inspecteur du Travail soit amené à informer les parties au conflit des conséquences des formes d'action qu'elles peuvent initier. Il est possible, sur le plan de la législation internationale et nationale, que ces formes soient susceptibles d'entrainer des comportements que le juge pourrait qualifier de faute, tant au regard de la poursuite des relations de travail, ou des sanctions disciplinaires, en ce qui concerne les travailleurs, qu'au regard des conditions normales de l'exercice du droit de grève, en ce qui concerne les employeurs.

1104. L'inspecteur du Travail dans cette mission de gestion ou de règlements des conflits collectifs doit être outillé pour mener à bien cette délicate mission

---

[1326] Avignon H., Ramackers P., Terrier J-P., *Le système d'inspection du travail, Missions, Moyens, organisations et prérogatives*, 3ème Éd., Wollters Kluwer, 2019, p.217.

de concilier les parties dont les intérêts sont souvent antagonistes. Dans tous les cas, son intervention permet, dans les cas où le motif de la grève est une violation des règles de droit, de rappeler les parties à leurs obligations contractuelles. Dans ce domaine, nul n'a besoin de dire que des inspecteurs du Travail mieux formés maitrisant bien les textes juridiques, du droit du travail et des relations professionnelles, contribueraient à la dynamisation du dialogue social. Il s'agit d'imaginer et d'examiner les mécanismes mis en place par le Gouvernement et les partenaires techniques pour renforcer ou combler les lacunes en matière de dialogue social.

1105. Ainsi, la formation continue des inspecteurs du Travail doit être orientée vers la maitrise des techniques de règlement et de résolution des conflits collectifs dans les entreprises pour satisfaire leurs besoins préalables de formation. Etant des acteurs incontournables dans la gestion des conflits au niveau des entreprises, la mise en œuvre d'un plan de formation de l'inspection du Travail est nécessaire. Il convient de rappeler que depuis 2013aucune action véritable de formation des inspecteurs du Travail sur les techniques de négociation collective, n'a été entreprise. Il est vrai que certains inspecteurs du Travail ont bénéficié de formations individualisées au Maroc[1327] et en Côte-d'Ivoire[1328] sur le dialogue social, mais aucune véritable formation groupée à l'intention des inspecteurs n'a été organisée. En 2015 et 2016, cinq agents de l'inspection du Travail et de la Direction nationale du Travail ont bénéficié d'une session de formation organisée par le ministère du Travail ; cette formation était destinée aux « points focaux dialogue social »[1329] des départements ministériels. Il faut noter que certaines formations programmées en 2018 pour les inspecteurs du Travail n'ont pas pu être tenues, ceci en raison des difficultés financières en fin d'année.

1106. Aujourd'hui, l'inspection du Travail qui est chargée du règlement des conflits collectifs dans le secteur privé n'a reçu que quelques formations dispensées lors des *fora* organisés par les Institutions comme l'UEMOA, le

---

[1327] Le Centre de formation « Afrique compétences », centre de formation spécialisé a reçu en 2015 et 2016, sur financement du budget national, deux inspecteurs du travail au Maroc et pendant deux semaines, sur le « dialogues social ». La deuxième session de 2017 a concerné trois directeurs régionaux du travail de Sikasso, Kayes et Bamako sur « la gestion du capital humain ».

[1328] La formation en Côte d'Ivoire, au centre de formation *stars group consulting*, a concerné un seul inspecteur du travail sur le dialogue social et la gestion des organismes des caisses de sécurité sociale, en avril 2018.

[1329] *Cf.* rapport de l'atelier de formation des points des départements ministériels sur le dialogue social, ainsi des sujets comme définition, les techniques de négociation, les acteurs ont été dispensées, avril 2015 et juillet 2016.

CRADAT[1330] ou le BIT[1331]. Nous avons constaté qu'il y avait une sorte de « sanction » pour le pays qui n'avait pas mis en place le Conseil national du dialogue social ; nous avons été ainsi surpris que le BIT d'Abidjan organise en 2017, un atelier sur le dialogue social à Abidjan, qui a regroupé les sept pays membres de l'UEMOA qui ont mis en place leur CNDS, sans le Mali.

1107. Pour conclure sur ce sujet, l'une des préoccupations majeures du Gouvernement du Mali est d'assurer aux inspecteurs du Travail une carrière stable et une formation de qualité. Mais, de nos jours, le tableau n'est pas très reluisant dans la mesure où les principaux acteurs du dialogue social que sont les inspecteurs du Travail, n'ont pas reçu ou ne reçoivent pas, depuis quelques années, les formations adéquates pour faire face à leurs missions de règlement des conflits collectifs. Il est constant que seuls les agents formés très récemment à l'ENA ont reçu une formation appropriée à cet effet. « L'arbre ne doit pas cacher la forêt » ; il reste encore des efforts à faire par l'administration du travail pour combler ses propres besoins de formation pour contribuer à la dynamisation du dialogue social. Qu'en est-t-il de la présidence des commissions de négociation des conventions collectives de branche ? Ont-ils aussi des besoins de formations qu'il faut satisfaire ? Pour répondre à ces interrogations, nous allons examiner les besoins de formation dans ce domaine.

B - La présidence des négociations de branche.

1108. Il convient de rappeler que « *la convention collective de travail est un accord conclu entre un employeur ou un groupement d'employeurs et une ou plusieurs organisations syndicales représentatives de salariés, en vue de fixer en commun les conditions d'emploi et de travail ainsi que les garanties sociales* »[1332]. Son trait essentiel est de substituer les groupements aux individus dans la détermination des conditions d'emploi, de travail et de salaire. La Convention collective peut mentionner des dispositions plus favorables aux travailleurs que celles des lois et règlements en vigueur. Elle ne peut déroger aux dispositions d'ordre public définies par ces lois et règlements. Les conventions collectives déterminent leur champ d'application et sont susceptibles d'extension.

[1330] Le CRADAT, basé à Yaoundé au Cameroun, dispense des cours complémentaires de formation des inspecteurs du travail a intégré dans ces modules, un cours sur le dialogue social depuis la réouverture du centre en 2006.

[1331] Le Centre International de formation de l'OIT à Turin a ouvert, depuis 2014, un cours dénommé « Académie sur le dialogue social » ; ce cours est ouvert à tous les mandants tripartites : Gouvernements, employeurs et syndicats. Le BIT PRODIAF a aussi favorisé la tenue de certains ateliers tripartites sur le dialogue social y compris le CTDS UEMOA.

[1332] Auzero G., Baugard D., Dockès E., *Droit du travail*, Précis Dalloz Paris, 32ème éd., 2019.p.1574 ; voir aussi l'article L.70 du Code du travail.

1109. Au Mali, la négociation des conventions collectives se fait dans la mesure du possible par branche. C'est dans ce cadre précisément que le ministère du Travail met en place une commission mixte paritaire de négociation conformément aux dispositions de l'article L.78[1333] du Code du travail. Cette commission est présidée par un inspecteur du travail ; cela exige de lui des compétences, singulièrement juridiques. Nous allons examiner les compétences de l'inspecteur du Travail pour mieux présider la commission mixte **(1)** ainsi que les modalités d'intervention **(2).**

1. Les compétences de l'inspecteur du Travail

1110. Aux termes des dispositions de l'article L.78 alinéa 2 du Code du travail modifié, précité, « *Un arrêté du Ministre chargé du travail détermine la composition de cette commission mixte qui comprendra, sous la présidence de l'inspecteur du Travail, un nombre égal, d'une part, des représentants des organisations syndicales les plus représentatives des travailleurs, d'autre part, des représentants des organisations syndicales les plus représentatives d'employeurs, ou à défaut de celle-ci, des employeurs* ». S'il est fait allusion ici à l'inspecteur du Travail, mais dans la pratique, le Directeur national du Travail qui joue ce rôle et peut déléguer cette fonction à un des inspecteurs du Travail au sein de ladite Direction. Cela s'explique par le fait que la négociation collective de branche se déroule, depuis notre accession à l'indépendance, au plan national notamment au niveau de la DNT.

1111. L'inspecteur du Travail qui préside cette commission mise en place par le ministre du Travail doit, au sens de la loi, avoir une certaine compétence, en tous cas les qualités d'un bon négociateur. En plus du fait de présider les commissions mixtes paritaires pour la négociation de nouvelles conventions collectives de branche, il peut être appelé à présider, dans les mêmes

---

[1333] Aux termes de l'article L.78 : « *À la demande de l'une des organisations syndicales les plus représentatives d'employeurs, ou de travailleurs intéressés, ou de sa propre initiative, le Ministre chargé du travail provoque la réunion d'une commission mixte en vue de la conclusion d'une convention collective de travail ayant pour objet de régler les rapports des employeurs et travailleurs d'une ou plusieurs branches d'activité déterminée. Un arrêté du Ministre chargé du travail détermine la composition de cette commission mixte qui comprendra, sous la présidence de l'inspecteur du travail, un nombre égal, d'une part, des représentants des organisations syndicales les plus représentatives des travailleurs, d'autre part, des représentants des organisations syndicales les plus représentatives d'employeurs, ou à défaut de celle-ci, des employeurs. Des conventions annexes pourront être conclues, soit, pour chacune des principales catégories professionnelles, soit en cas de convention commune à plusieurs branches d'activité pour chacune de ces branches. Elles contiendront les conditions de travail particulières à ces catégories ou ces branches d'activité et seront discutées par les organisations syndicales les plus représentatives des catégories ou branches intéressées* ».

conditions de forme et de fond, la révision de conventions collectives existantes. Il « s'agit d'une fonction de conciliation des intérêts en présence, enrichie d'un rôle de présentation de suggestions ou de propositions destinées à faciliter la conclusion ou la révision d'un accord »[1334].

1112. Il doit aussi, au cours de cette mission de « Présidence », vérifier la conformité des dispositions en discussion avec celles d'ordre public du Code du travail en vigueur et de ses textes d'application, mais aussi de vérifier leur conformité avec les dispositions des conventions internationales que le Mali a ratifiées[1335] ou des conventions sous régionales en matière de droit du travail et de droit de la sécurité sociale, sous réserve de la réciprocité dans certains cas. Le fait de présider la commission mixte paritaire a un avantage certain dans la pratique, cela lui permet, en cas de conflit dans l'application des dispositions de la convention, de pouvoir restituer le sens des discussions qu'il a lui-même présidé. Ceci est un gage de sécurité pour l'apaisement du climat social.

1113. Au-delà de ces aspects pratiques, l'inspecteur du Travail doit avoir une certaine expérience de la pratique de l'inspection du Travail. De façon régulière, des formations sur les négociations collectives devront être dispensées aux inspecteurs du Travail, spécifiquement pour les doter des compétences leur permettant de mener les discussions juridiques et techniques à la hauteur des missions confiées. C'est ainsi qu'en 2008, le Spécialiste de l'administration du travail du BIT de Dakar, Monsieur Jules ONI, a dispensé des formations à plus de trente inspecteurs du Travail, employeurs et syndicats de travailleurs, sur les techniques de négociation collective[1336].De même en 2014, la Direction nationale du Travail a dispensé à plus de vingt cinq inspecteurs du Travail des cours de renforcement sur la négociation collective de branche.

1114. En France, selon la définition communément admise, « *la négociation collective d'entreprise est le processus par lequel des représentants de direction d'entreprise et des représentants de salariés se réunissent dans le but de parvenir à un accord collectif. Elle ne se traduit pas systématiquement par la conclusion d'un texte. Les négociations peuvent se tenir au niveau de l'entreprise, à un niveau interentreprises (groupe, unité économique et sociale*

[1334] Avignon H., Ramackers P., Terrier J-P., *Le système d'inspection du travail, Missions, Moyens, organisations et prérogatives*, 3ème Éd., Wollters Kluwer, 2019, p.205.

[1335] *Cf.* Article 116 de la Constitution du 25 février 1992 du Mali : *« Les traités ou accords régulièrement ratifiés ou approuvés ont, dès leur publication, une autorité supérieure à celle des lois, sous réserve pour chaque traité ou accord de son application par l'autre partie »*.

[1336] Dans le cadre de la coopération avec le BIT, le ministère du Travail a sollicité le du BIT pour une formation de trois jours sur les techniques de négociation collective à l'attention des inspecteurs venus de Bamako, et des directions régionales du travail, des employeurs et des travailleurs. Il s'agissait donc d'un atelier tripartite qui a eu lieu du 21 au 24 janvier 2008.

ou à un niveau plus décentralisé dans un ou plusieurs établissements de l'entreprise »[1337]. En 2015, *« 50 167 accords (tendance stable) ont été conclus dans le cadre de la négociation collective d'entreprise, un nombre stable par rapport à l'année précédente. 87 % des accords déposés ont été signés par des délégués syndicaux contre 85 % en 2014. 15 % des entreprises de 10 salariés ou plus du secteur marchand non agricole ont engagé une négociation collective en 2015 comme en 2014. Elles emploient 61,9 % des salariés »*[1338].

1115. Une convention collective, même étendue, ne peut créer une compétence nouvelle de l'inspecteur-inspectrice du Travail. Celle-ci ne peut résulter que de la loi ou du règlement, mais la convention peut *« indirectement déclencher l'exercice des compétences conférées aux agents publics par la loi »*[1339]. Le Conseil d'État a ainsi jugé « qu'un représentant du personnel désigné en application d'une disposition conventionnelle étendue bénéficiait de la procédure protectrice instituée par la loi au bénéfice de cette catégorie de salariés et que l'inspecteur-inspectrice du Travail était donc compétent pour se prononcer sur la demande de licenciement le concernant. Il en va, en revanche, autrement d'une disposition conventionnelle qui instaurerait *de facto* une protection au bénéfice d'un salarié qui exercerait un mandat conventionnel de nature différente des mandats prévus par le Code du travail ».

1116. En France, en matière de négociation collective, le rôle de l'inspecteur-inspectrice du Travail relève de plusieurs niveaux d'intervention. L'inspecteur-inspectrice du Travail *«peut être appelé à présider des commissions mixtes, notamment dans le secteur agricole, qui réunissent les partenaires à la négociation pour l'élaboration ou la révision des conventions collectives de travail sur les plans national, régional ou départemental, et dans chaque branche. Il s'agit d'une fonction de conciliation des intérêts en présence, enrichie d'un rôle de présentation de suggestions ou de propositions destinées à faciliter la conclusion ou la révision d'un accord »*[1340]. Dans le cadre de la négociation obligatoire, il appartient à l'inspecteur-inspectrice du travail de veiller à la mise en œuvre des dispositions relatives à la périodicité de la négociation obligatoire. L'abstention ou le refus de l'employeur peut entraîner la mise en œuvre d'une sanction administrative ou d'une action pénale par l'inspecteur-inspectrice du travail. La même action peut être engagée en ce qui concerne le droit d'expression des salariés. L'inspecteur a un rôle à jouer lors de ses visites en entreprise sur la détermination et l'application des accords collectifs. De fait, la faculté s'offre à l'agent de

---

[1337] Avignon H., Ramackers P., Terrier J-P., *op. cit.*, p.201.
[1338] *Idem*
[1339] CE, 31 oct. 1980, *Ministère du Travail/Consortium viticole et vinicole de Bourgogne*, concl. Latournerie, rec. CE, p. 404, n° 12767.
[1340] *Ibidem 201.*

contrôler et de rappeler à l'employeur l'existence d'un accord collectif. En cas d'abstention de ce dernier ou devant son refus d'appliquer le bénéfice des dispositions conventionnelles, l'inspecteur-inspectrice du travail peut constater les infractions.

1117. Au Mali, nous pouvons observer qu'au niveau de la Direction nationale du Travail, le Chef de « *la Divison dialogue social* » est chargé spécifiquement de la présidence des commissions mixtes paritaires de négociation[1341] ou de la révision des conventions collectives de branche[1342]. Il est donc nécessaire que ses capacités soient renforcées pour combler ses insuffisances de formation et pour soutenir le dialogue social. Ainsi, les inspecteurs du Travail doivent régulièrement recevoir des formations sur les techniques de négociation collective. Les formations dispensées entre 2008 et 2014 apparaissent insuffisantes et déjà lointaines pour les négociations futures ; nous notons que depuis quelques années, la négociation collective de branche a pris de l'ampleur. Deux projets de conventions collectives sont en relecture présentement. Il faut noter que l'inspecteur du Travail intervient très rarement dans les négociations d'entreprise ; cela ne se fait que sous la forme d'un contrôle de légalité avec les dispositions de la convention collective de branche et du Code du travail. Qu'en est-il précisément alors des modalités d'intervention de l'inspecteur du Travail ?

2. Les modalités d'intervention de l'inspecteur du Travail

1118. L'intervention de l'inspecteur du Travail dans la négociation collective se limite d'abord aux respects des prescriptions d'ordre public. En effet, « *l'ordre public, en droit du travail, lequel conditionne notamment le contenu des conventions collectives et accords collectifs de travail, présente une consistance tout à fait particulière* »[1343]. L'écrit étant une des conditions de validité de la convention collective, cette sanction équivaut à la nullité de l'accord[1344]. Alors que « *le principe issu de l'article 6 du Code civil consiste à*

[1341] Depuis 2006, certaines nouvelles conventions collectives ont été conclues sous la présidence de la Direction nationale du travail : convention collective des CSCOM, des systèmes financiers décentralisés, des pharmacies, des gardiennages.

[1342] Depuis 2005, dans le cadre de la mise en œuvre du Pacte de solidarité pour la croissance et le développement, les partenaires sociaux ont convenu de la révision des conventions collectives de branche datant de la période coloniale et après. C'est ainsi, que la convention collective de la métallurgie et de la mécanique générale, la convention collective des BTP, des chauffeurs ont été révisées, mais celle des chauffeurs est toujours en cours, la convention collective des mines, des industries alimentaires, du pétrole, des banques, assurances et établissements financiers.

[1343] Tournaux S., *Droit du travail : Cours, exercices corrigés*, Ed, Bréal, Coll. Grand Amphi Droit, 2016, p . 223.

[1344] *Cf.* Article L. 2231-3 du Code du travail français ; article 28 du régime général des obligations au Mali.

interdire, de déroger aux lois intéressant l'ordre public et les bonnes mœurs, le droit du travail autorise par principe la dérogation à la loi, mais seulement à condition que la dérogation intervienne en faveur du salarié »[1345]. Ce principe connait cependant quelques exceptions, « soit, qu'il soit totalement interdit de déroger par convention aux dispositions légales, soit qu'il soit au contraire, permis de déroger aux lois, y compris de manière défavorable aux salariés »[1346]. Selon ce schéma, l'ordre public en droit du travail se décompose en : « un ordre public social, un ordre public absolu et un ordre public dérogatoire » que l'inspecteur du Travail doit pouvoir maitriser pour donner un sens à son intervention et à sa facilitation du dialogue social.

1119. Au-delà de la connaissance des techniques en matière de négociation collective et de dialogue social, l'inspecteur, président de la Commission, doit avoir une série de connaissances sur les différents ordres publics, pour pouvoir conduire les débats au sein de ladite commission. Il doit cependant maitriser les différents textes juridiques que sont le Code du travail et ses textes d'application, les conventions collectives applicables dans la branche, et même souvent le contenu des différents accords d'établissements conclus dans le secteur d'activité concerné. Il doit disposer d'un « *bagage intellectuel* » adapté.

1120. Le principe selon lequel la convention de branche ou l'accord d'établissement peut toujours déroger à la loi, en faveur des salariés, connaît une première exception à travers l'existence d'un champ légal qui est l'ordre public absolu. Ce qui suppose que très clairement, en se référant à la seconde phrase de l'article L. 2251-1 du Code du travail français, que les accords « ne peuvent déroger aux dispositions qui revêtes un caractère d'ordre public »[1347]. Il existe donc un domaine de la loi auquel les conventions collectives ne peuvent jamais déroger. Ce même principe se trouve inclus dans le Code du travail du Mali en son article L78 nouveau. Il faut donc noter que le principe de l'ordre public social comme le principe de faveur constitue des principes fondamentaux du droit du travail[1348], à défaut de constituer des principes à valeur constitutionnelle.

1121. Il ressort des explications que nous venons de donner que le président de la commission de négociation, en tant qu'inspecteur du travail, doit être formé sur l'ensemble des questions juridiques susceptibles d'être posées lors des débats. Les organisations représentatives d'employeurs et de travailleurs

---

[1345] Tournaux S., *Droit du travail, op, cit.*, p.223 ; voir également F. Canut, *L'ordre public en droit du travail*, LGDJ, 2007.

[1346] *Idem.*

[1347] *Idem*

[1348] Cass. soc., 17 juillet 1996, *Dr. soc.* 1996, p. 1049, note J. Savatier ; Cons, const., 25 juillet 1989, *Dr. soc*, 1989, p. 628.

doivent aussi disposer des mêmes connaissances pour que les discussions en commission soient fructueuses et qu'il n'y ait pas de perte de temps dans des discussions sémantiques et non juridiques. Il appartient donc au ministère du Travail d'orienter les actions de formations des présidents des commissions de négociations vers la maitrise des sujets de la négociation collective. Le BIT, dans son manuel d'éducation ouvrière de 2016, sur la négociation collective a développé « *des modèles d'enseignements* »[1349] qui permettent de prendre en compte cette préoccupation de la formation des acteurs du dialogue social. L'OIT propose également des formations et un renforcement des capacités afin d'aider les partenaires sociaux et les administrations du travail à promouvoir la reconnaissance effective du droit à la négociation collective et, ainsi, à asseoir ou revitaliser les cadres institutionnels. Cela accompagne fréquemment « des conseils en matière de politiques et une assistance technique aux pays ; il peut également être réalisé dans le contexte d'un programme de coopération technique »[1350] comme l'a été un temps le BIT-PRODIAF.

1122. Le paradoxe est que la Direction nationale du Travail, à travers « la division dialogue social », est chargée de présider toutes les négociations de branche, mais dispose de peu d'agents formés pour conduire ce vaste chantier. La compétence disponible se réduit au seul Chef de division qui doit présider toutes les commissions de négociation en cours, notamment à ce jour celle de la convention collective des chauffeurs et conducteurs routiers du Mali et celle de la convention collective des Industries hôtelières du Mali. Il est aussi chargé de la gestion de l'ensemble des conflits collectifs à couverture nationale conformément aux dispositions du Code du travail[1351]. L'immensité de la tâche est telle que nous sommes souvent obligés de lui adjoindre des agents d'autres divisions pour l'appuyer dans sa mission.

1123. Il est urgent de mettre en place un plan global de formation des inspecteurs du Travail pour faire face, de façon générale, à l'ensemble des défis en matière de formation qui se posent à l'administration du travail, et à l'inspection du Travail en particulier. Il y va de la qualité du dialogue social, gage de stabilité et de paix sociale. La mise en œuvre depuis 2018 de la politique de budgétisation par programme devrait permettre à la Direction nationale du Travail, si besoin en est, de se doter de moyens financiers suffisants pour répondre à cette attente de formation de ses agents. A ce titre, la première question qu'il convient de résoudre est celle de la mobilisation des

---

[1349] BIT, *Négociation collective, guide pratique, op. cit.*, p. 83.

[1350] Le manuel propose l'exemple d'une formation sur la liberté syndicale et les droits à la négociation collective, réalisée par des inspecteurs du travail visitant des exploitations agricoles dans la région du CAP en Afrique du Sud.

[1351] *Cf.* Article L.219 du Code du travail. Cette même disposition est reprise dans l'avant projet d'acte Uniforme de l'OHADA relatif au droit du travail.

ressources ou du financement pérennes pour prendre en charge une véritable politique de formation des agents des services du travail. C'est bel et bien les budgets d'État qu'il convient de cibler. Cette problématique est commune à l'ensemble des pays de l'UEMOA. Le rapport de l'étude menée par le CTDS-UEMOA en 2014 sur « *les capacités d'intervention et compétences en droit du travail des ministères du travail*[1352] *dans les pays* » montre à suffisance que les budgets sont très insignifiants à cet égard. La feuille de route qui avait été élaborée à cet effet préconisait aux États de continuer à faire en sorte que les dotations budgétaires des ministères du Travail puissent être augmentées pour leur permettre de mettre en place des plans de formations de renforcement des compétences de leurs personnels. Le rapport d'étude précité avait aussi recommandé « *en ce qui concerne la promotion du dialogue social, le renfort ou l'actualisation en formation juridique qui comprend notamment certains pans du droit du travail, les droits syndicaux, de la négociation et des conflits collectifs* », *qu'il est donc particulièrement important de concevoir des modules de formation ou d'organiser des stages d'observations dans les services étrangers permettant d'acquérir ou de bonifier des connaissances théoriques non juridiques et des savoir-faire. Il peut s'agir à titre indicatif,* « *de techniques de négociation, de médiation, de gestion des conflits, d'éléments de psychologie du travail, de technique de communication* »[1353].

1124. Il convient de rappeler que l'inspection du Travail n'est pas le seul facilitateur du dialogue social qui a des besoins de formation pour contribuer à la dynamisation du dialogue social. Il y a aussi les autres acteurs de la régulation sociale **(§ 2)** que sont les membres d'instances consultatives et les personnalités intervenant en médiation lors des grèves dans le secteur public.

§ 2. Les acteurs de la régulation sociale

1125. En plus de l'administration et de l'inspection du Travail, d'autres acteurs interviennent dans la facilitation ou dans la régulation sociale. Ils interviennent au niveau des instances consultatives instituées par les différents codes du travail[1354] successifs au Mali mais aussi par le Statut général des fonctionnaires[1355]. La loi n° 87-47 du 10 août 1987 relative à l'exercice du droit de grève dans les services publics prévoit dans ses dispositions des personnalités intervenant en médiation dans la gestion de ces conflits collectifs

---

[1352] Auvergnon Ph., Sidibé O. O., *Cf.* Étude sur les capacités d'intervention et compétences en droit du travail des ministères en charge du travail dans les États membre de l'UEMOA, Benin, Burkina Faso, Côte d'Ivoire, Guinée-Bissau, Mali, Niger, Sénégal, Togo, BIT, 2014, p. 25.

[1353] Auvergnon Ph., Sidibé O.O., *op, cit*, p. 32.

[1354] Article L.283 du Code du travail relatif au Conseil supérieur du travail.

[1355] Article 25 du Statut général des fonctionnaires au Mali, modifié par la loi n° 2014-010 du 26 mai 2014.

à travers des commissions de négociation. Ces instances sont souvent de composition tripartite et jouent un rôle extrêmement important dans la régulation sociale. Mais leur rôle de facilitateur du dialogue spécial sera voué à l'échec si leurs capacités ne sont pas renforcées pour leur permettre de jouer utilement leur rôle de régulation sociale. Ainsi, nous analyserons les besoins de renforcement des capacités des membres d'instances consultatives **(A)** ainsi que ceux des personnalités intervenant en médiation dans les conflits collectifs du secteur public **(B).**

A- Les membres d'instances consultatives

1126. Les instances consultatives au Mali instituées par le Code du travail et le Statut général des fonctionnaires sont limitativement citées. Nous allons nous intéresser beaucoup plus aux instances à caractère tripartite ou bipartite que sont le Conseil supérieur du travail, le Conseil supérieur de la Fonction publique et les commissions paritaires de la fonction publique. Ces instances sont animées par des personnes désignées, soit en qualité de représentants des employeurs, soit en qualité de représentants des organisations de travailleurs. Nous analyserons les besoins de renforcement des membres du Conseil supérieur du Travail **(1)** ainsi que les besoins des membres du Conseil supérieur de la Fonction publique et des commissions paritaires **(2).**

1. Les membres du Conseil supérieur du Travail

1127. Aux termes des dispositions de la loi n°92-020 du 23 septembre 1992, modifiée portant Code du travail en République du Mali, « *Un Conseil supérieur du travail est institué auprès du Ministre chargé du travail. Il est présidé par le Ministre ou son représentant* »[1356]. Le Conseil supérieur du Travail est composé de six représentants des travailleurs et six représentants des employeurs, ayant voix délibérative; deux membres de l'Assemblée nationale, et des représentants des services centraux et organismes publics limitativement cités : le Directeur national du Travail, le Directeur national de l'Emploi, le Directeur national de la Formation professionnelle et le Directeur national de la Protection sociale et de l'Economie solidaire, ainsi que des représentants des ministres intéressés, avec voix consultative et un fonctionnaire, nommé par le ministre chargé du Travail assurant les fonctions de Secrétaire du Conseil. Les membres du Conseil supérieur du Travail sont nommés pour deux ans par décret. Leur mandat ne peut être renouvelé plus de deux fois.

[1356] *Cf.* Article L.283 nouveau du Code du travail.

1128. Les représentants des travailleurs et des employeurs sont désignés par les organisations syndicales les plus représentatives de la profession[1357]. A défaut d'organisations syndicales représentatives, la désignation des membres du Conseil est faite directement par le ministre chargé du Travail. A la demande du président ou de la majorité du Conseil, peuvent être convoqués des experts et des techniciens qui participent aux débats. Au regard de la composition du Conseil supérieur, il convient de souligner que cela dénote l'intérêt que le Gouvernement accorde au dialogue social et de sa volonté de faire en sorte que tous les acteurs y soient associés, même si du côté des organisations de travailleurs il y a des exclusions visant notamment trois centrales.

1129. Aux termes de l'article L.284 nouveau du Code du travail : « *L'avis du conseil supérieur du travail est obligatoirement requis dans tous les cas où les règlements doivent être pris en application des dispositions de la présente loi. Il a pour mission permanente : d'étudier les problèmes concernant le travail, l'emploi, la formation professionnelle, la sécurité sociale, la santé et la sécurité au travail* », ainsi que « *d'émettre des avis et de formuler des propositions et résolutions sur la législation et la réglementation à intervenir en ces matières* ». Ledit Conseil peut notamment examiner toutes difficultés nées à l'occasion de la négociation des conventions collectives et se prononcer sur toutes les questions relatives à la conclusion et à l'application des conventions collectives et spécialement sur leurs incidences économiques. Il est chargé également d'étudier « *les éléments pouvant servir de base à la détermination du salaire minimum : étude du minimum vital, étude des conditions économiques et de leur incidence sur les moyens d'existence des travailleurs* »[1358]. Il comprend en outre trois commissions techniques : « *une assemblée plénière ; une commission permanente ; un secrétariat technique* »[1359]. A l'analyse des missions qui lui sont confiées, les membres du Conseil supérieur du travail doivent disposer de compétences qui leur permettent de délibérer valablement sur les sujets qui leurs sont soumis. Il est constant que l'examen des questions de travail, d'emploi, de formation professionnelle et de sécurité sociale nécessite un minimum de compréhension de la part des acteurs. La diversité des membres exige l'intégration des différentes questions qui sont des préoccupations d'ordre national.

[1357] A ce titre, il convient de souligner que depuis 1987, seule l'Union nationale des travailleurs désigne ses représentants au conseil supérieur alors que nous disposons de quatre centrales syndicales, la représentativité des organisations syndicales n'ayant pas pu être organisée à ce jour.

[1358] *Cf.* Article L.284 alinéa 4 du Code du travail.

[1359] *Cf.* Article L.286 nouveau du Code du travail, modifié par la loi n° 2017-021 du 12 juin 2017 portant modifications de certaines dispositions de la loi n° 92-020 du 23 septembre 1992.

1130. Les réunions du Conseil supérieur du Travail sont des moments forts de mise en œuvre des compétences en droit du travail en matière de dialogue social dès lors que tous les acteurs (syndicats, employeurs, députés et départements techniques) sont associés pour donner le quitus final à un ou des projets de loi portant modification des différents codes et textes réglementaires régissant, de façon générale, le monde du travail au Mali. Ces textes concernent essentiellement le Code du travail, les décrets et arrêtés d'application, le Code de prévoyance sociale, tous les textes de lois et leurs textes d'application concernant l'emploi et la formation professionnelle.

1131. En dehors de l'examen des projets de lois, de décrets et d'arrêtés portant modification du Code du travail, le Conseil supérieur ne se réunit plus sur les autres projets de lois émanant des autres secteurs comme l'emploi, la formation professionnelle, la protection sociale. L'émiettement institutionnel[1360] a fait perdre à ces départements ministériels, créés entre 2001 et 2004 et détachés du ministère du Travail, le sens de la compréhension de cette consultation préalable du Conseil supérieur du Travail. Il arrive aussi très rarement que les *Députés* répondent à la convocation du ministre du Travail pour ces réunions du Conseil qui devrait leur permettre pourtant d'anticiper sur la compréhension des textes et leur sens avant le dépôt à l'Assemblée nationale des projets de loi.

1132. Au-delà des questions juridiques, il faut ajouter à la formation des membres du Conseil, à défaut d'avoir un plan de formation, « des compétences non juridiques concernant les techniques de négociation, de médiation et de gestion des conflits »[1361] parce que le Conseil a déjà dans sa mission, l'étude des *« éléments pouvant servir de base à la détermination du salaire minimum: étude du minimum vital, étude des conditions économiques et de leur incidence sur les moyens d'existence des travailleurs »,* ce qui va nécessiter des compétences supplémentaires pour comprendre le minimum de concepts entourant les domaines de compétences du Conseil. A notre connaissance, les questions de blocage des négociations des conventions collectives n'ont jamais été portées devant le Conseil supérieur du Travail alors que pourtant elles rentrent dans son domaine de compétence.

[1360] Depuis 2003, le ministère du Travail et de la Fonction publique s'est vu amputé de l'emploi et de la formation professionnelle qui relèvent d'un ministère à part, ainsi que la sécurité sociale qui est aussi devenue un ministère à part. Ces deux départements ne soumettent plus au Conseil supérieur du Travail les textes de lois qui sont adoptés à leur niveau, faisant perdre la cohérence entre les différents textes juridiques qui gouvernent le monde du travail en général.

[1361] Auvergnon P., Sidibé O. O. Étude sur les capacités d'intervention et compétences en droit du travail des ministères en charge du travail dans les États membres de l'UEMOA, Benin, Burkina Faso, Côte d'Ivoire, Guinée-Bissau, Mali, Niger, Sénégal, Togo, BIT, 2014, p. 21.

1133. Le fonctionnement *a minima* du Conseil supérieur du Travail s'explique en partie par le fait que ses membres ne maitrisent pas son mode de fonctionnement. Il est donc plus que nécessaire de procéder très rapidement à l'élaboration d'un plan de formation des membres du Conseil supérieur du Travail par le ministère du Travail, ceci pour combler les lacunes constatées dans le fonctionnement dudit Conseil. Nous devons maintenant examiner la problématique de formation des membres du Conseil supérieur de la Fonction publique **(2).**

2. Les membres du Conseil supérieur de la Fonction publique.

1134. A l'instar du Conseil supérieur du Travail, le Conseil supérieur de la Fonction publique a été institué par le Statut général des fonctionnaires depuis l'ordonnance n°7 7-71/CMLN du 26 décembre 1977 portant Statut général des fonctionnaires[1362]. Il s'agit d'un organe de dialogue social par excellence. Aux termes de l'article 19 alinéa 6 du Statut général des fonctionnaires de 2002, modifié : « *les fonctionnaires participent par l'intermédiaire de leurs délégués siégeant dans les organes consultatifs à l'élaboration des dispositions statutaires et à l'examen des décisions individuelles relatives à leur carrière* ». Le Conseil supérieur de la Fonction publique (CSFP) ainsi que les Commissions paritaires visées à l'article 25 du Statut général des fonctionnaires constituent les organes consultatifs par excellence au niveau de la fonction publique.

1135. La composition du CSFP est paritaire à l'instar du Conseil supérieur du Travail. Même si le Statut des fonctionnaires ne définit pas le nombre de représentants (employeurs et travailleurs), il renvoit au décret d'application pour le nombre des représentants des employeurs et celui des employeurs. Il en est de même pour les commissions paritaires dans chaque corps de fonctionnaires. A l'examen du décret[1363] d'application du Statut général, « *le Conseil supérieur de la Fonction publique est composé de dix-huit membres titulaires nommés par décret du premier ministre, dont neuf sur proposition*

[1362] Aux termes de l'article 25 du Statut général des fonctionnaires : « *Les organes consultatifs au sein desquels s'exerce la participation des fonctionnaires conformément à l'article 19 ci-dessus, sont notamment le conseil supérieur de la fonction publique et les commissions administratives paritaires. Le Conseil Supérieur de la Fonction publique comprend en nombre égal des représentants de l'Administration et des représentants des organisations syndicales les plus représentatives de fonctionnaires. Il est présidé par le ministre chargé de la Fonction publique. Dans chaque corps de Fonctionnaires existent une ou plusieurs commissions administratives paritaires comprenant, en nombre égal, des représentants de l'administration et des représentants du personnel. Un décret pris en Conseils des Ministres fixe les attributions, la composition, l'organisation et le fonctionnement des organes consultatifs visés ci-dessus* ».

[1363] Décret n° 05-164/P-RM du 6 avril 2005 fixant les modalités d'application du Statut général des fonctionnaires.

des organisations syndicales les plus représentatives de fonctionnaires et neuf choisis en qualité de représentants de l'administration publique »[1364]. Il comprend en outre, neuf membres suppléants désignés par les organisations syndicales les plus représentatives et neuf membres suppléants désignés par l'administration publique notamment les départements ministériels. « *Les sessions du conseil supérieur de la fonction publique ne sont pas publiques et les avis donnés ne sont valables que si les deux tiers des membres y prennent part* »[1365]. Il peut se faire assister par toute personne dont l'expertise est nécessaire à la compréhension des sujets qui seront discutés lors des sessions du conseil. A ce titre, le CSFP « *donne son avis sur toute question intéressant les fonctionnaires ou la fonction publique dont il est saisi, soit par le ministre chargé de la Fonction publique, soit à la demande du tiers au moins de ses membres titulaires. Dans ce dernier cas, il doit être convoqué dans les deux mois qui suivent cette demande* »[1366].

1136. Aux termes de l'article 10 du décret d'application du Statut général des fonctionnaires, le Conseil est saisi de tous les projets de lois tendant à modifier le Statut général et les Statuts particuliers de la Fonction publique ainsi que les projets de décrets relatifs à la situation de l'ensemble des fonctionnaires et des projets de décret comportant des dispositions de nature statutaire communes à un ou plusieurs corps de fonctionnaires.

1137. En ce qui concerne les commissions paritaires au niveau des statuts particuliers de fonctionnaires, elles sont saisies des questions individuelles intéressant tout membre d'un corps en ce qui concerne la discipline et l'insuffisance professionnelle. Elles se réunissent alors en formation disciplinaire[1367]. A la différence du CSFP qui est composé de dix-huit membres, « la Commission paritaire est composée des personnes dont quatre représentants des corps de fonctionnaires et quatre autres de l'administration ainsi que huit autres suppléants »[1368]. Ce qui parait encore regrettable, c'est que c'est l'UNTM et ses représentations au niveau des régionales et des cercles qui siègent seuls au niveau du Conseil supérieur de la Fonction publique, et dans les Commissions paritaires des corps de fonctionnaires. La question de la représentativité n'est pas encore réglée malgré les multiples efforts fournis par le ministère du Travail pour y arriver et mettre fin à l'exclusion des autres centrales syndicales des instances de dialogue social des fonctionnaires.

[1364] Article 11 du décret n°05-164, précité.
[1365] *Cf.* Article 17 du décret d'application du Statut général des fonctionnaires n° 05-164.
[1366] Article 9 du décret d'application du Statut général des fonctionnaires.
[1367] Article 21 du décret d'application, *op. cit.*
[1368] Article 22 du décret d'application, *op. cit.*

1138. Au regard de la composition de ces différents organes de dialogue social, nous sommes d'avis qu'il faille former les différents membres pour qu'ils puissent bien accomplir leurs missions, d'examen des textes. Il s'agit d'un organe de consultation préalable avant tout examen des textes de lois ou de décrets et arrêtés d'application sur les conditions de travail par le Secrétariat général du Gouvernement (SGG), donc leur formation est une nécessité absolue puisse que le SGG en fait de leur consultation un préalable. Ces formations pourront être ciblées et ne devraient porter que sur la matière fonction publique si l'on se réfère très récemment à l'examen de tous les plans de carrière de l'administration publique par cet organe.

1139. A notre connaissance, et après divers entretiens que nous avons eus avec le Directeur national de la Fonction publique et du personnel, on n'a pas souvenir « d'une formation destinée aux membres du Conseil supérieur de la Fonction publique et cela depuis des années ». Puisque le Gouvernement s'impose la saisine préalable du Conseil supérieur avant l'examen de tout projet de loi par le Secrétariat général du Gouvernement, il serait de « bon ton » qu'un plan de formation soit initié ou des formations ciblées et destinées aux membres du CSFP, soit sur la légistique ou sur la compréhension des règles de fonctionnement de l'administration publique, et aussi sur la négociation collective dans la Fonction publique, le dialogue social et les questions de rémunération. Il faut souligner que, depuis deux ans, le ministère de la Fonction publique s'efforce, sans succès, d'élaborer une politique salariale dans la Fonction publique.

1140. Il est aussi important de souligner que les sujets majeurs, soumis ces dix dernières années au Conseil supérieur de la Fonction publique, portent essentiellement sur les questions des salaires et accessoires de salaires, notamment l'octroi de primes et indemnités, l'augmentation de la valeur indiciaire des fonctionnaires[1369], l'équilibre de la grille salariale des fonctionnaires des catégories B1 et B2 de la grille de salaire, l'augmentation du SMIG[1370] et des allocations familiales dans la Fonction publique et la revalorisation de la grille des fonctionnaires à compter de 2019.

1141. Nous sommes convaincus que, sans des facilitateurs du dialogue social bien formés, les instances ou organes de dialogue social continueront d'être de simples lieux de disputes. Ainsi, poursuivant dans la même veine, et après

---

[1369] Suite à la signature du protocole Gouvernement-CNPM-UNTM le 28 octobre 2014, un point majeur de la revendication de l'UNTM portait sur la revalorisation de la valeur indiciaire ainsi que du SMIG. Ainsi la valeur indiciaire pour les fonctionnaires est passée de 375 F CFA à 400 F CFA.

[1370] Le SMIG est passé de 28.460 F CFA à 40.000 FCFA à compter du 1er janvier 2016 et le montant n'a pas changé en 2019. La dernière revalorisation datait de 2005 (*Cf.* décret n°2015-0363/P-RM du 19 mai 2015 fixant le salaire minimum interprofessionnel garanti).

avoir examiné les besoins de formation des premiers acteurs de la régulation sociale, nous allons analyser les besoins de formation des personnalités intervenant en médiation dans la gestion des conflits collectifs du secteur public.

B - Les personnalités intervenant en médiation

1142. La loi n° 87-47 du 10 août 1987 relative à l'exercice du droit de grève dans les services publics a prévu dans le mode de gestion des conflits collectifs la mise en place d'une commission de conciliation[1371]. Cette commission est animée par des personnalités étrangères au conflit, intervenant en tant que facilitateurs du dialogue social dans ce secteur. A cela s'ajoute les membres de la Commission de suivi du dialogue social dans la Fonction publique[1372]. Il convient d'observer que ces personnalités étrangères au conflit viennent de divers milieux socioprofessionnels. Dans la plupart du temps, ce sont des anciens travailleurs de secteurs de l'administration publique tels que l'éducation, la santé, la justice, les impôts, etc. Ces personnalités « neutres », intervenant en médiation dans les services publics, n'ont pas toutes les connaissances nécessaires pour faire le travail de conciliation. Il est donc nécessaire d'examiner leurs besoins de formation pour renforcer l'efficacité de leurs actions. Nous allons examiner les besoins de formation des membres de la commission de conciliation **(1)** ainsi que ceux de la commission de suivi du dialogue social **(2).**

1. Des membres de la commission de conciliation

1143. La gestion des conflits collectifs dans le secteur public et parapublic relève d'un mode particulier que les pouvoirs publics ont décidé de mettre en place. En ce qui concerne spécifiquement la commission de conciliation des conflits collectifs dans le secteur public, la plupart des personnalités intervenant n'ont aucune connaissance souvent des techniques de négociation collective, dans la mesure où il n'y a pas, comme dans d'autres systèmes, un corps de médiateurs ou de conciliateurs bien formés au métier et maitrisant les techniques de règlement des conflits. Le ministère de la Fonction publique en tant qu'employeur du secteur public est conscient de cette insuffisance de connaissances des conciliateurs. La loi n°87-47 s'est contentée, tout simplement, de dire que « *le différend est porté devant une commission de conciliation composée de personnalités indépendantes et étrangères au conflit. Les membres sont nommés par arrêté du ministre du Travail sur*

[1371] *Cf.* Article 3 de la loi n° 87-47 du 10 aout 1987 relative à la grève dans le secteur public.
[1372] Décret n°2018-0524/P-RM du 20 juin 2018 portant création de la Commission de suivi du dialogue social.

proposition conjointe du ministre intéressé et de l'organisation syndicale la plus représentative au plan national »[1373].

1144. De ce fait, dans la désignation des conciliateurs, aucune connaissance certaine des questions qui font l'objet de la revendication syndicale n'est prise en compte lorsque les deux parties désignent des conciliateurs qui seront ensuite nommés par arrêté du ministre. Ainsi, il arrive souvent que certains conciliateurs ne disent « *mot* » pendant toute la séance de conciliation. Ils jouent un rôle de « *figuratif* » dans la commission, donc un rôle « *ornemental* » dans la salle.

1145. Faute d'avoir des conciliateurs formés au métier, les deux parties recourent à des personnalités qui ignorent tout du conflit. Ainsi, au lieu de contribuer à l'apaisement d'un climat social très délétère, ils contribuent souvent à envenimer les discussions entre les parties lorsqu'ils décident d'intervenir. Au demeurant, sans être acerbe, il arrive que le ministre du Travail manifeste son *« regret »* d'avoir nommé tel ou tel conciliateur pour la partie Gouvernementale qui ne s'inscrit pas dans la ligne de défense de ce dernier. Nous pensons très sincèrement que tout ceci est lié à une raison très simple : la non-maîtrise des principes de base des techniques de négociation et du dialogue social.

1146. Il n'est pas absurde de penser que certaines conclusions et recommandations de l'étude « *sur les capacités d'intervention et compétences en droit du travail des ministères en charge du travail dans les États membres de l'UEMOA* »[1374] pourraient s'appliquer pour combler les déficits de compétences des médiateurs dans la gestion des conflits collectifs du secteur public, notamment dans le cadre du renforcement du dialogue social. Cette étude ne vise pas spécifiquement les conciliateurs désignés par la loi n°87-47, mais les conclusions qui s'adressent aux partenaires sociaux en termes de renforcement de capacités pourront s'appliquer. Selon le rapport « *on estime de façon générale que les compétences requises en droit du travail en matière de dialogue social sont une bonne maîtrise de la législation et des procédures, et singulièrement du droit de la négociation collective et de celui des règlements de conflits collectifs, voire des principes et normes internationales en matière de dialogue social (Togo). Mais, on souligne très vite qu'il faut y ajouter des compétences non juridiques concernant les techniques de négociation, de médiation, de gestion des conflits (...), tout aussi certainement qu'une forte conscience de l'importance et de l'utilité du dialogue social dans les relations professionnelles, qu'un savoir-faire pour rassurer, établir la confiance, convaincre, rapprocher les parties et proposer des solutions tenant*

[1373] Article 3 alinéa 3 de la loi n°87- 47 précitée.
[1374] Auvergnon Ph, Sidibé O. O., *op. cit.*, p. 21.

compte du contexte social, économique et « même politique » [1375]. Prenant appui sur la recommandation n° 12[1376] de cette étude, le Gouvernement doit encourager et soutenir toute action tendant à renforcer le niveau de formation juridique, économique et sociale des conciliateurs qui interviennent régulièrement dans les différents départements ministériels pour concilier les parties, afin de créer les conditions d'un véritable dialogue social équilibré, productif et substantiel.

1147. De ce fait, l'adoption d'un plan de renforcement des capacités des conciliateurs intervenant dans la gestion des conflits collectifs du secteur public, à l'image de celui destiné aux services du travail[1377], apparait comme une véritable nécessité. Deux domaines semblent prioritaires pour les conciliateurs, en plus du dialogue social, ils devront avoir des connaissances précises sur les techniques de gestion des conflits et sur le droit de la Fonction publique de l'État et des collectivités territoriales. Pour ceux qui interviennent dans le domaine de l'Education ou de la Justice, ils devront avoir des compétences précises dans ces domaines. Il serait donc souhaitable que leur formation soit adaptée aux secteurs dans lesquels ils interviennent en conciliation, en plus de la formation commune de base à tous les conciliateurs.

1148. Nous sommes d'avis que pour soutenir la dynamisation du dialogue social au Mali, notamment dans le secteur public, un plan d'action doit être urgemment élaboré et financé, au regard des statistiques des préavis de grève du secteur public[1378]. Ces préavis ont connu une hausse ces dernières années. Face à la résurgence des revendications sectorielles, le Gouvernement sur proposition du Premier ministre, son Excellence Monsieur Soumeylou Boubeye Maïga, a ordonné la création d'une « *Commission de suivi du dialogue social* » dans le secteur public en juin 2018[1379]. Nous allons examiner les besoins de formation des membres de ce nouvel outil de dynamisation du dialogue social.

[1375] *Idem*.

[1376] *Ibidem*, p. 26

[1377] Un plan de renforcement des services du travail avait été adopté en 2005 par le Gouvernement et comprenait un volet formation des inspecteurs du travail et de la sécurité, soit deux sessions de formation chaque année. Une session de formation pour les inspecteurs du travail et une session de formation pour les contrôleurs du travail. Ce plan avait pu être mis en œuvre grâce à un financement du budget national.

[1378] *Cf.* le rapport sur les réalisations du dialogue au Mali, données 2016 et 2017. Il ressort du rapport de 2016 de la cellule CTDS UEMOA du Mali, que le secteur public a enregistré vingt préavis en 2016 et trente et un préavis de grève en 2017.

[1379] Décret n° 2018-0524/P-RM du 20 juin 2018 portant création de la commission de suivi du dialogue social.

2. La Commission de suivi du dialogue social : missions et formation des membres

1149. Face à la multiplication des revendications syndicales dans le secteur public, depuis 2017, le Premier ministre, en visite dans les centrales syndicales, avait promis en mars 2018 de créer une commission composée de « vieux sages » pour le suivi du dialogue social dans le secteur public. A l'occasion, les responsables des différentes centrales syndicales lui avaient demandé de faire en sorte que l'État puisse respecter ses engagements avec les partenaires sociaux, qui à leurs yeux, leur irrespect étant à la base de nombreuses grèves répétitives dans les administrations publiques.

1150. A titre de rappel, la commission a été créée auprès du Premier ministre pour lui donner toute la légitimité recherchée par le Président de la République[1380]. Il est donc considéré comme un outil de dynamisation du dialogue social. Aux termes de l'article 2 du décret n° 2018-0524 : « *la Commission de suivi a pour mission de suivre l'exécution des engagements intervenus, dans le cadre des négociations, entre l'État et les partenaires sociaux. A ce titre, elle est chargée, notamment : d'évaluer l'exécution des engagements contenus dans les procès-verbaux de conciliation ou de non conciliation issus des négociations avec les partenaires sociaux ; de faire part des difficultés entravant l'exécution des engagements ; de faire des propositions de solutions ; de produire un rapport mensuel, à l'adresse du Premier ministre* ». La commission de suivi aurait pu voir limitée sa mission aux engagements contenus dans les procès-verbaux de conciliation au niveau des départements sectoriels, mais sa compétence s'étend aussi aux PV de négociation signés avec les centrales syndicales contenant des points de revendications intéressant le secteur privé.

1151. La Commission de suivi du dialogue social est composée de dix personnalités[1381], dont deux cadres[1382] du ministère du Travail. Il est, en outre, prévu la nomination par le Premier ministre d'un secrétaire permanent[1383]. Il est constant que la nomination des personnalités qui siègent au niveau de la commission de négociation des conflits répond à un souci de diligence dans l'exécution des PV signés. Nous l'avons déjà souligné, suite au non-respect des engagements signés lors des négociations, de plus en plus, les syndicats

---

[1380] Article 1er du décret n° 2018-0524.

[1381] *Cf.* Article 3 du décret n° 2018-0524 et les huit personnalités nommées sont des vieux négociateurs qui intervenu presque dans la totalité des conflits gérés dans l'administration publique au cours des dix dernières années, sauf dans le secteur de la Justice.

[1382] Ces deux cadres sont le Conseiller technique chargé du dialogue social au ministère du Travail, Monsieur Mamadou Konate, et de Monsieur Almoctar Touré, le Chef de la Division dialogue social de la Direction Nationale du travail.

[1383] *Cf.* Article 5 du décret n° 2018-0524 du 20 juin 2018.

demandaient la mise en place d'une commission de suivi composée des personnalités neutres qui ont dirigé les négociations. Ces personnalités neutres ont aussi besoin de formation avant d'entrée en fonction pour comprendre le contenu des PV.

1152. Le Gouvernement voudrait ainsi avoir la maitrise du niveau d'exécution des accords qu'il a signés, renforcer sa crédibilité et redorer « *son blason* »[1384], s'il en existait encore auprès des syndicats. Dans la plupart des cas, les délégués syndicaux qui conduisent les négociations croient à la sincérité de ces personnalités. Il est donc primordial que le département du travail puisse proposer au Premier ministre, le renforcement des capacités de ces personnalités qui viennent d'être investies de la confiance du Chef du Gouvernement. Au-delà, de la confiance placée en eux, ils sont censés être le baromètre de la légitimité des engagements de l'État. Ils ont l'estime des syndicats, cela sans doute du fait de leur âge et de leur statut de « personnalité neutre ».

1153. Il faut noter que la plupart des conciliateurs sont d'un certain âge, néanmoins leur formation s'impose. Nous sommes d'avis que l'expérience liée à l'âge seule ne suffit pas. Ne faut-il pas comprendre un peu le fonctionnement de certaines administrations ? Dans la liste des personnalités qui sont nommées dans le décret suscité, la majorité sont des enseignants à la retraite ; ceux-ci en dehors de leur âge, ignorent par ailleurs bien souvent les réalités de secteurs de l'administration publique autres que celui de l'Education.

1154. La « refondation du dialogue social » au Mali[1385] passe par la formation des acteurs, notamment des personnalités qui sont désignées par les deux parties en conflit. Certes, elles arrivent à réussir, tant bien que mal, leur mission parce que leurs âges y contribuent, peut être leurs expériences, mais rares sont celles qui ont suivi une formation sur le dialogue social ou sur les techniques de négociation ou de gestion des conflits. Il est temps de corriger le tir, avant que ces personnalités ne soient elles-mêmes totalement en déphasage avec les réalités actuelles de l'administration publique, voire du secteur privé.

1155. Au-delà de ces commentaires et propositions sur la nécessité de combler les besoins de formations des facilitateurs du dialogue, il est également urgent

---

[1384] L'État est-t-il encore crédible pour les syndicats ? Tout laisse croire que ce n'est pas le cas. Il n'est pas rare d'entendre les représentants syndicaux dire « nous n'avons plus confiance en vous » en s'adressant aux représentants de l'État dans les commissions de négociation des préavis de grève, « vous ne respectez pas vos engagements ».

[1385] Tounkara D, « Etat et perspectives du dialogue social au Mali » in Auvergnon Ph., Kénoukon Ch. (dir.), *Dialogue social dans les pays de l'espace OHADA et ailleurs dans le monde : la part du droit*, L'Harmattan, Paris, 2018, p.269.

de constater qu'il y a nécessité à se mettre d'accord sur les règles du jeu et leurs contenus, pour faire du dialogue social au Mali une réalité de tous les jours. Ainsi, après avoir examiné le préalable de la formation des acteurs du dialogue social, il nous faut analyser la nécessité d'accord sur les règles et le contenu.

CHAPITRE II - LA NÉCESSITÉ D'ACCORD SUR LES RÈGLES

1156. L'efficacité du dialogue social « dépend de la réunion de certaines conditions dont la première se rapporte à la liberté syndicale. L'existence de syndicats libres et responsables (crédibles) et représentatifs (légitimes) constitue un premier jalon et une première source de difficultés »[1386]. Il faut noter que « La liberté syndicale n'est pas toujours acquise. Il existe encore beaucoup d'entraves qui s'expliquent par diverses considérations de droit ou de fait. Les nombreuses atteintes à cette liberté fondamentale sont imputables aux employeurs et aux pouvoirs publics »[1387]. C'est une des raisons pour lesquelles les actions de défense de cette liberté doivent être multipliées. Les « *traditionnels rapports de force et logiques de confrontation sont nuisibles au dialogue social. Certaines postures telles que la politique de « la chaise vide » neutralisent l'effort de construction du dialogue social. Les formes d'action collective qui perturbent le fonctionnement de la production doivent être repensées* »[1388].

1157. La question de la formation et des compétences techniques des représentants n'est pas non plus à négliger, toute chose que nous avons largement analysée. En toute hypothèse, les représentants des travailleurs doivent pouvoir identifier les enjeux et ne pas figer leur position sur des intérêts particuliers. L'ère du « syndicalisme alimentaire est révolue » a pu affirmer Madame la Professeure Aminata Cissé Niang[1389]. Le syndicat doit s'adapter aux nouvelles réalités aussi bien locales que mondiales. C'est à ce prix qu'un dialogue pertinent et fructueux pourra avoir lieu. Heureusement, il y a consensus sur la nécessité d'organiser des séminaires de formation sur le dialogue social. Le BIT et les organes communautaires existants en Afrique sont parfaitement conscients des enjeux, développent et soutiennent des programmes en ce sens.

1158. L'État et les partenaires sociaux doivent chacun jouer leurs rôles à tout moment. Il y a donc nécessité d'un accord sur les règles du jeu et leur contenu, sans cela le dialogue social est voué à l'échec et son apport à l'apaisement du

---

[1386] *Cf.* G. Borenfreund, Pouvoir de représentation et négociation collective, *Dr. soc.* 1997, p. 1006 et s ; « Propos sur la représentativité syndicale », *Dr. soc.* 1988, p. 476 et s ; J.-M. Béraud, « Les nouvelles règles sur la représentativité : l'évaluation de la Cour de cassation », *RDT* 2010, p. 276.

[1387] A. Cissé Niang, « Dialogue social ; quelques pistes d'échanges sur un concept à géométrie et des pratiques polymorphes », in Auvergnon Ph., Kénoukon C. (dir.), *Dialogue social dans les pays de l'espace OHADA et ailleurs dans le monde : la part du droit*, *op. cit.*, p. 29.

[1388] Idem..

[3] *Ibidem.*, p.30.

climat ne reflétera point les attentes des parties et même de la société civile. Aussi, une attention doit être apportée aux périmètres du dialogue social en termes de contenu. Nous examinerons successivement le respect des règles du jeu **(Section 1)** et la question du périmètre du dialogue **(Section 2).**

SECTION I - Le respect des règles du jeu : principe

1159. L'État malien occupe une place singulière dans le dialogue social, associé et acteur à la fois incitateur et sanctionnateur[1390]. En effet, l'État recourt aux partenaires sociaux en les encourageant à négocier au niveau national sur de grandes réformes qui seront ensuite reprises dans une loi ou un règlement. Cette pratique de la « loi négociée » permet l'adhésion des partenaires sociaux aux changements sous menace parfois que l'État engage les réformes sans leur assentiment. Dans le même ordre d'idées, l'État doit consulter les partenaires sociaux avant tout projet de grande ampleur sociale, obligation dont on peut douter de l'application systématique. Les organes du dialogue social ont été institués par le Code du travail[1391] et le Statut général des fonctionnaires, pour qu'ils soient associés en amont à la procédure législative ou réglementaire. Le Secrétariat général du Gouvernement du Mali en fait d'ailleurs une condition préalable d'examen des textes en réunion interministérielle.

1160. Nous constatons que la confiance du législateur dans la négociation collective ne se dément pas dès lors que l'ensemble des lois votées dans ce domaine renvoie à la négociation collective sur les questions concernant l'emploi, le travail et la formation professionnelle, les salaires, les syndicats et la liberté syndicale et qui renvoie « aux principes généraux[1392] du droit du travail contenus dans la Constitution du 25 février 1992 ». Ces principes sont : le droit au travail, la liberté syndicale, le droit au repos, la liberté d'entreprise et le droit de grève. Il est en tous cas patent que l'État joue un rôle important dans la promotion du dialogue social et de la négociation collective, même si

---

[1390] Selon le rapport Combrexelle : « l'État est à la fois "bison futé", en ce qu'il facilite la circulation et évite les retards et le "gendarme" qui contrôle les violations de la loi. » (J-D. Combrexelle, *op. cit.*, p. 23).

[1391] *Cf.*, article L284 du Code du travail du Mali sur le Conseil supérieur du travail et article 25 du Statut général des fonctionnaires.

[1392] Aux termes de l'article 19 de la Constitution du Mali « : *Le droit au travail et au repos est reconnu et est égal pour tous. Le travail est un devoir pour tout citoyen mais nul ne peut être contraint à un travail déterminé que dans le cas d'accomplissement d'un service exceptionnel d'intérêt général, égal pour tous dans les conditions déterminées par la loi »*. L'article 20 ajoute que : *« La liberté syndicale est garantie. Les syndicats exercent leurs activités sans contrainte et sans limites autres que celles prévues par la loi* ». Enfin, l'article 21 stipule que : « *Le droit de grève est garanti. Il s'exerce dans le cadre des lois et règlements en vigueur* ».

le dialogue social est organisé autour des organisations syndicales d'employeurs et de travailleurs. Nous avons hérité de cette tradition française.

1161. Il y a donc nécessité de distinguer les rôles de l'État à deux niveaux. La distinction doit s'opérer d'abord au niveau du secteur public en termes de responsabilité du dialogue social puisqu'il est considéré comme l'animateur essentiel et au niveau de l'accompagnement du dialogue social dans le secteur privé. Il est nécessaire que les acteurs sociaux adhèrent aux règles du jeu définies par les textes législatifs et réglementaires en acceptant les critères définis par les textes juridiques qui gouvernent le dialogue social et la négociation collective. Nous allons examiner la distinction des rôles de l'État **(§ 1)** ainsi que l'adhésion à l'organisation du dialogue social **(§ 2).**

§ 1. La distinction des rôles de l'État

1162. Le modèle du dialogue social malien est organisé autour des syndicats et s'articulait alors sur un système de représentativité présumée et irréfragable de l'UNTM dans les deux secteurs[1393]. Aujourd'hui, avec la multiplication des centrales syndicales et l'introduction de la preuve de la représentativité de l'ensemble des syndicats, la négociation collective et le dialogue social trouvent tout leur sens. L'État doit assumer son rôle d'organisateur et d'animateur du dialogue social à tous les niveaux. Sa responsabilité est pleinement engagée. Peut-il en être autrement ? Il est l'initiateur des normes du travail qui gouvernent la négociation collective, aussi bien dans la fonction publique que dans le secteur privé, même si pour ce dernier les sources professionnelles sont privilégiées. Ainsi, nous allons examiner la responsabilité de l'État en matière de dialogue social dans le secteur public **(A)** ainsi que son rôle d'accompagnement du dialogue social dans le secteur privé **(B).**

A- La responsabilité du dialogue social dans le secteur public

1163. Dans le cadre de la conduite du dialogue social au plan national, les services centraux de l'administration jouent un rôle stratégique. Au Mali, le décret portant répartition des attributions des départements ministériels détermine le ministère qui doit conduire le dialogue social au nom du

[1393] Depuis sa création en 1963, l'UNTM a toujours été considérée comme la seule organisation syndicale au Mali et a toujours représenté les travailleurs dans les différentes instances du dialogue social. Malgré la multiplication des centrales syndicales, les dirigeants continuent de penser que cette présomption est une règle ; cette centrale syndicale continue d'être la seule a siégé dans toutes les instances de représentations du personnel.

Gouvernement et ces attributions sont légalement confiées à un ministre déterminé[1394] bien que les autres départements ministériels y soient associés.

1164. Le décret fixant la répartition des services publics entre la Primature et les ministères, place la Direction nationale du Travail et la Direction nationale de la Fonction publique et du Personnel sous l'autorité du ministre du Travail et de la Fonction publique, et fait d'eux les services chargés de la concertation en matière de dialogue social. De ce fait, la responsabilité de conduire le dialogue social dans les services publics lui incombe absolument. Comment l'État peut-il assumer cette responsabilité ? Nous allons tenter tout d'abord d'examiner sa responsabilité en tant qu'« instigateur » du dialogue social **(1)**, puis son rôle d'animateur du dialogue social **(2)**.

1. L'État instigateur du dialogue social

1165. Il faut tout d'abord préciser que ce rôle d'instigateur est confié à l'autorité qui est chargée de conduire « l'enquête » du dialogue social. Pour organiser le dialogue social, les différentes lois[1395] définissent le champ de la concertation sociale notamment dans le secteur public à travers le Conseil supérieur de la Fonction publique.

1166. Ainsi, la Constitution du 25 février 1992 précitée et certains textes législatifs prévoient la création de structures de dialogue social. Elles sont composées de façon bipartite spécifiquement dans le secteur public. La Constitution a prévu, en son article 25, le Conseil économique, social et culturel (CESC) parmi les institutions de la République du Mali. Par ailleurs, un certain nombre de textes réglementaires prévoient la participation des partenaires sociaux à côté du Gouvernement à la gestion de certains établissements publics à travers des Conseils d'Administration, des Commissions de surveillance ou équivalents. Il en est ainsi de l'Institut national de Prévoyance sociale (INPS), de l'Agence nationale pour l'Emploi (ANPE), de la Caisse malienne de sécurité sociale, de la CANAM et d'autres établissements publics auxquels les syndicats de fonctionnaires sont membres[1396] du Conseil d'administration. La difficulté fondamentale est que le CESC est un organe qui n'est pas composé seulement de fonctionnaires et d'ailleurs les représentants des syndicats ne sont pas seulement des salariés de

---

[1394] Décret n° 2018-0005/PR-M du 10 janvier 2018 fixant les attributions spécifiques des membres du Gouvernement et le décret n° 2018-0006 /PR-M du 10 janvier 2018 portantes répartitions des services publics entre la primature et les départements ministériels.

[1395] La loi n° 92-020 portant Code du travail et la loi n° 02-053 portant Statut général des fonctionnaires définissent les instances de dialogue social au niveau des services publics.

[1396] INPS, ANPE, CANAM CMSS, tous ces établissements publics administratifs sont dotés de conseils d'administration dans lesquels les salariés sont représentés par la centrale syndicale UNTM.

la fonction Publique. La seule structure dédiée au dialogue social dans le secteur public se résume au Conseil supérieur de la Fonction publique dont la composition est strictement limitée aux fonctionnaires. Il est donc impératif de revoir l'organisation du dialogue social.

1167. Il est vrai que la loi n° 87- 47 du 10 août 1987 relative à l'exercice du droit de grève dans les services publics prévoit dans son dispositif une commission de conciliation en cas de conflit collectif, et reste véritablement, avec le Conseil supérieur de la Fonction publique, la seule vraie instance de dialogue social. Le Pacte de solidarité pour la croissance et le développement a fait son chemin de 2001 à 2014. Certes, il a été cité, exporté, par le Mali dans tous les foras d'Afrique et dans le monde *via* les réunions du BIT, mais il s'est résumé de fait à deux commissions de travail[1397] aux résultats mitigés.

1168. Nous avons, dans nos commentaires, conclus que la commission de conciliation devrait être reformée *via* la révision de la loi précitée. Nous pouvons affirmer que l'État du Mali n'est pas allé au bout de ses intentions en matière d'organisation du dialogue social dans le secteur public. Les vraies structures se résument aux commissions de conciliation des préavis de grève que cette dernière se déroule au niveau sectoriel ou national. L'adoption d'une loi de rénovation du dialogue social dans la Fonction publique restituerait à l'État du Mali toutes ses responsabilités dans d'organisation du dialogue social, à l'image de la loi adoptée en 2010 en France[1398].

1169. En France, le dialogue social est longtemps apparu incompatible avec la conception hiérarchique et statutaire de la Fonction publique. Ce n'est qu'en 1946 que le droit fut reconnu aux fonctionnaires. Un certain « paritarisme s'exprimait toutefois de plus en plus, depuis l'établissement de comités techniques paritaires, que l'autorité administrative devait consulter dans certains domaines et qui rendait des avis, des propositions et des recommandations, mais sans que l'administration ait l'obligation de les suivre. Le modèle s'est fissuré ensuite quelque peu, car des réformes ont nécessité des négociations préalables avec les syndicats, même si les accords conclus sur cette base n'avaient encore jamais été reconnus comme ayant une force juridique quelconque. C'est la loi du 5 juillet 2010 relative à la rénovation du dialogue social dans la fonction publique qui décline les accords de Bercy du 2 juin 2008 : le champ de la négociation n'est désormais plus cantonné à la seule question des rémunérations, l'accès des syndicats à la table des négociations

---

[1397] Les deux commissions du Pacte concernaient la modernisation de l'administration et le développement des entreprises.

[1398] Loi du 5 juillet 2010 relative à la rénovation du dialogue social et comportant diverses dispositions relatives à la Fonction publique traduit l'engagement pris par le Gouvernement dans le cadre des accords de Bercy de 2008.

est conditionné par leur score électoral et la validité de l'accord dépend du nombre de voix recueillies par ses signataires aux dernières élections »[1399].

1170. La loi du 5 juillet 2010 relative à la rénovation du dialogue social en France traduit l'engagement du Gouvernement d'assumer son rôle d'organisateur du dialogue social. Au Mali, le dialogue social dans la fonction publique n'a fait l'objet d'aucune réglementation particulière en dehors de la loi n° 87- 47 du 10 août 1987 qui est un cadre de gestion et non de prévention[1400]. Les principaux sujets contenus dans la loi du 5 juillet 2010 peuvent inspirer le Gouvernement du Mali, il s'agit entre autres du renforcement de la place de la négociation dans la Fonction publique, la précision de critères déterminant les conditions de la validité politique d'un accord, l'élection comme source de la représentativité et de la légitimité des organisations syndicales, la création d'un conseil commun de la Fonction publique, la réforme des comités techniques, la création des CHSCT dans la Fonction publique de l'État et la Fonction publique territoriale, le renforcement des garanties de carrière des agents investis de mandants syndicaux.

1171. La responsabilité du dialogue social dans le secteur public ne pourra être pleinement assurée sans des réformes majeures qui permettront à l'État d'associer l'ensemble des acteurs étatiques au dialogue social et d'encadrer la création d'instances consultatives à l'image du Conseil supérieur de la Fonction publique. Ainsi, l'État devrait, au-delà de sa responsabilité en matière d'organisation du dialogue social, créer les conditions d'une vraie animation du dialogue social.

2. L'État animateur du dialogue social

1172. L'État, au regard de la mission régalienne de puissance publique qu'il tient de la Constitution du 25 février 1992, joue un rôle central dans l'animation du dialogue social dans la Fonction publique. Dans les faits, « c'est le ministre chargé du Travail qui conduit le dialogue social au nom du Gouvernement aussi bien en tant qu'employeur qu'en tant que facilitateur dans les relations entre les employeurs privés et les travailleurs »[1401]. Il tient ce pouvoir du décret de répartition des attributions entre le Premier ministre et les

---

[1399] Petit F., « Les transformations du dialogue social en France », in Auvergnon Ph., Kénoukon Ch. (dir.), *Dialogue social dans les pays de l'espace OHADA et ailleurs dans le monde : la part du droit*, *op. cit.*, pp 412-413.

[1400] Il est donc nécessaire de revoir les dispositions de cette loi pour intégrer un dispositif de prévention. Les commissions *ad hoc* de négociation des cahiers de doléances ne sont pas prévues dans la loi n° 87- 47.

[1401] Sidibé O. O., Tall, P., BIT- PRODIAF, Étude nationale sur le dialogue social au Mali, *op. cit.*, p. 16.

ministres lors de la constitution de chaque nouveau Gouvernement. Dans le secteur public, la concertation bipartite est pratiquée à travers le Conseil supérieur de la Fonction publique. Il en est de même de la Commission de conciliation des préavis de grève qui est un cadre de négociation institué en cas de grève par la loi n° 87-47/AN-RM du 10 août 1987 précitée.

1173. En vérité, l'animation du dialogue se fait au gré des événements et dans la plupart des cas elle est suscitée par les préavis de grève ou par les projets de lois sur lesquels la consultation des organes tel que le Conseil supérieur de la Fonction publique, est obligatoire[1402]. En ce qui concerne le dialogue social dans les services centraux et structures rattachées, la lettre circulaire de 2004 du Premier ministre Ag Hamani ne trouve pas application. Les réunions mensuelles ou trimestrielles annoncées dans ladite circulaire ne se tiennent pas. Du coup, il y a une certaine léthargie dans l'animation du dialogue social.

1174. Pour notre part, nous avons l'impression que le ministre du Travail et de la Fonction publique a tendance à oublier dans le flot de préavis de grève que sa responsabilité de conduire le dialogue social ne se limite pas à la gestion quotidienne des préavis de grève. Depuis l'évaluation du Pacte de solidarité en 2014, aucun cadre national n'a été créé pour susciter la réflexion des acteurs et pour trouver des solutions pérennes aux différents conflits qui naissent de l'absence de cadre approprié d'animation courante du dialogue social.

1175. Dans cette même veine, certaines centrales syndicales reprochent au ministère du Travail et de la Fonction publique, de ne pas prendre d'initiatives pour "booster" le dialogue social[1403]. Par exemple, l'institution de cadres de concertation pérennes avec les syndicats sectoriels permettrait d'animer durablement le dialogue et de dissiper les appréhensions des uns et des autres. Ce qui n'est pas dit est qu'il est courant que certains responsables administratifs fuient les réunions avec les syndicats dans les administrations publiques. Toutefois, « *il arrive que l'État lui-même puisse être interpellé dans le cadre de certaines concertations, notamment lorsque sont abordés des sujets d'intérêt général. Le rôle de l'État peut alors s'avérer important, voire même déterminant, à différentes étapes du processus. Son intervention, officielle ou officieuse, donne au dialogue un caractère tripartite* »[1404]. En réalité, en matière de dialogue social, le tripartisme domine largement.

[1402] *Cf.* Article 25 du Statut général de la Fonction publique du Mali de 2002, modifié.

[1403] Les entretiens que nous avons eu avec des responsables de la CSTM laissent croire que le ministère du Travail est devenu une chambre d'enregistrement des revendications syndicales, mais qu'il n'y a aucune volonté d'aller de l'avant pour instaurer un vrai cadre de concertation animé avec sincérité et équité.

[1404] A Cissé Niang, « Dialogue social ; quelques pistes d'échanges sur un concept à géométrie et des pratiques polymorphes », in Auvergnon Ph., Kénoukon C. (dir.), *Dialogue social dans les pays de l'espace OHADA et ailleurs dans le monde : la part du droit*, *op. cit.*, p. 27.

1176. Ainsi, l'animation du dialogue social dans la Fonction publique ou dans les secteurs publics se passe à travers les instances et organes consultatifs. Le premier organe que nous pouvons évoquer ici est le Conseil économique, social et culturel qui, comme nous l'avons déjà indiqué dans la première partie de cette étude, est un organe mixte composé à la fois des syndicats, des agents de l'État, des organisations professionnelles, des employeurs et de la société civile[1405]. Sa composition mixte fait de lui un organe atypique, qui échappe à la pratique classique du dialogue social, bipartite ou tripartite. Néanmoins, ses membres sont plus qu'imprégnés des réalités du dialogue social dès lors qu'émanant en partie des organisations d'employeurs et de travailleurs. Le CESC est compétent sur tous les aspects du développement économique, social et culturel. Il est obligatoirement consulté sur tout projet de loi des finances, tout projet de plan ou de programme économique, social et culturel ainsi que sur toutes dispositions législatives à caractère fiscal, économique, social et culturel. Il suit l'exécution des décisions du Gouvernement relatives à l'organisation économique, sociale et culturelle.

1177. Il convient de noter que son rôle d'animation du dialogue social n'est pas réellement visible. Seuls quelques conflits du travail sont portés devant sa commission sociale, qui est d'ailleurs présidée par un syndicaliste. On peut ainsi relativiser son rôle d'animation du dialogue social. Faut-il réformer le Conseil économique, social et culturel ? Certainement, s'il s'agit de lui conférer plus de capacités d'intervention dans les relations sociales.

1178. En ce qui concerne le Conseil supérieur de la Fonction publique, il délibère[1406] sur toutes questions intéressant les fonctionnaires de la Fonction publique. Il en est ainsi des projets de loi modifiant le Statut général et les Statuts particuliers de la Fonction publique. Il est également saisi des projets de décrets relatifs à la situation des fonctionnaires. On constate qu'aucune mission d'études sur les conditions de vie et de travail des fonctionnaires ne lui est confiée dans la pratique ; il est consulté uniquement sur les projets de textes portant modifications du Statut général et, très récemment, sur les plans de carrière dans la Fonction publique.

1179. On relèvera cependant que le Conseil supérieur de la Fonction publique est consulté sur la politique de l'emploi, la politique de formation professionnelle et de perfectionnement dans la Fonction publique. Dans le

---

[1405] La société civile est représentée par les représentants des groupements professionnels composés de commerçants, des professions libérales, des associations, etc. Il comprend 58 membres représentant les syndicats des travailleurs, les associations et groupements socio-professionnels élus en leur sein.

[1406] Décret n° 86-092/PG-RM du 29 mars 1986 portant attribution, composition et modalités de fonctionnement du Conseil supérieur de la Fonction publique.

cadre de ses compétences, il est prévu que ce conseil émette des avis ou fasse des recommandations. Il n'en est rien toutefois en pratique ; cette fonction est exercée par le ministre de la Fonction publique en lien avec les DRH, sans qu'aucun représentant des fonctionnaires n'y soit associé. Il s'agit donc d'un semblant de consultation. Au constat, le ministère de la Fonction publique décide seul, notamment, sur les plans de formations professionnelles[1407], sans consultation des représentants des organisations syndicales de fonctionnaires.

1180. Il est donc constant, que le ministère du Travail et de la Fonction publique ne remplit pas son rôle d'animation du dialogue social ou, du moins, le fait insuffisamment avec la complicité objective des agents du ministère qui n'ont aucune conscience du possible rôle qu'ils pourraient tenir. Il y a donc nécessité de voir les dispositions des textes qui régissent la sélection des agents fonctionnaires pour la formation professionnelle et de voir le ministère jouer pleinement, en conformité avec les textes applicables, son rôle d'animation au sein des instances du dialogue social de la Fonction publique.

1181. On est tenté d'ajouter à cette analyse le rôle des Comités de gestion prévus au niveau *des EPA et EPIC*[1408] et qui se réunissent autour des premiers responsables de chaque établissement (Directeur général, Directeur général adjoint et chefs de service) et des représentants du personnel. Ils sont obligatoirement consultés sur toute mesure de nature à modifier la structure des effectifs, la cohérence de la production, la durée du travail ou les conditions d'emploi, toute introduction de nouvelles technologies, toute initiative visant l'amélioration du travail et la vie de l'établissement, le plan de formation et de perfectionnement. Le Comité de gestion a donc le pouvoir d'évoquer toute question touchant à l'organisation, la gestion et la marche générale des établissements.

1182. Il convient de souligner que les organes de concertation sociale ayant une fonction de négociation, jouent un rôle extrêmement important et l'État y joue également un rôle prépondérant, que nous avons d'ailleurs évoqué dans les commentaires précédemment soulignés dans l'analyse de la loi n° 87-47

[1407] Le budget national met à la disposition du ministère de la Fonction publique, chaque année une enveloppe budgétaire annuelle de quatre cent millions de Francs CFA pour la formation professionnelle des fonctionnaires. Une commission sélectionne les dossiers éligibles aux différentes formations sollicitées par les agents. Seuls les techniciens du ministère décident qui va en formation ou n'y va pas, et donc les besoins réels des agents ne sont jamais pris en compte ; certains agents du ministère vont dix fois en formation alors que d'autres n'ont jamais bénéficié d'une seule formation au cours de leur carrière. Il ne s'agit plus de paradoxe mais de copinage.

[1408] *Cf.* Loi n° 90-110 sur les EPA, *op. cit.*

notamment des commissions de conciliation des conflits collectifs du secteur public[1409].

1183. Enfin, il faut indiquer que l'État a joué un rôle très important dans l'animation des Commission *ad hoc* Gouvernement-UNTM issues du Pacte social de 1992. Ainsi, dans le cadre de l'amélioration des conditions de vie des travailleurs, le Gouvernement a conclu avec l'UNTM le Pacte social le 7 mai 1992[1410] et le Pacte de solidarité pour la croissance et le développement du 14 août 2001 avec les partenaires sociaux. Les deux parties avaient décidé par ces accords de se concerter et de négocier avant toutes prises de décisions gouvernementales ayant des incidences sur la vie des travailleurs. Elles se sont engagées en outre dans un programme pluriannuel d'amélioration du pouvoir d'achat des agents de la Fonction publique. De ce fait, le Gouvernement a pleinement joué son rôle d'animation du dialogue social, dans la mesure où les commissions du Pacte ont régulièrement fonctionné même si les résultats[1411] obtenus paraissent mitigés. Aussi, il convient de rappeler que l'État joue aussi un rôle majeur dans l'accompagnement du dialogue social dans le secteur privé.

B - L'accompagnement du dialogue social dans le secteur privé

1184. Il convient de souligner que le rôle d'accompagnement de l'État dans le dialogue social est prépondérant. L'ancienne tradition d'intervention des pouvoirs publics, associée aux insuffisances des partenaires sociaux, a d'abord conduit l'État à jouer un rôle prééminent de créateur de normes. Il faut à ce titre noter qu'en application des dispositions de la Constitution du 25 février 1992[1412], il appartient au législateur de définir les principes fondamentaux du droit syndical et de la sécurité sociale. Au-delà, l'État est également le régulateur et l'acteur essentiel du dialogue social.

1185. Ainsi, ce rôle d'accompagnement se joue au niveau de l'administration du travail qui est le service compétent dans l'accompagnement du dialogue

---

[1409] L'article 3 de la loi n° 87-47/An-RM du 10 août 1987 relative à l'exercice du droit de grève dans les services publics, stipule que *" les différends collectifs intervenant entre les personnels et les employeurs (services publics de l'État, collectivités territoriales, organismes personnalisés chargés de la gestion d'un service public) font obligatoirement l'objet de négociation entre les parties concernées"*. A la suite d'un dépôt de préavis, le différend est porté devant une commission de conciliation composée de personnalités indépendantes et étrangères au conflit nommés par arrêté du *m*inistre chargé du Travail sur proposition conjointe de ce dernier et l'organisation syndicale la plus représentative au plan national.

[1410] Le Pacte social de 1997 a garanti les libertés et les droits syndicaux. Il a reçu déjà deux applications concrètes en 1994 et 1997 *via* la conclusion de différents protocoles d'accord relatifs à la situation administrative et à la rémunération des agents de l'État.

[1411] *Cf.* Rapport d'évaluation du Pacte de solidarité de 2014.

[1412] *Cf.* Articles 19, 20 et 21 de la Constitution du 25 février 1992.

social dans le secteur privé à travers les instances prévues par le Code du travail (délégués du personnel, comité syndical, CHS). L'administration du travail joue notamment un rôle de régulation au niveau du Conseil supérieur du Travail et dans la négociation des conventions collectives et des accords collectifs de travail. Nous analyserons l'accompagnement au niveau du Conseil supérieur du travail **(1)** ainsi que la négociation collective **(2)**.

1. L'accompagnement du Conseil supérieur du Travail

1186. Le Code du travail a consacré, en son article L.5, « *un droit à l'expression des travailleurs sur le contenu, les conditions d'exercice et l'organisation du travail à travers les institutions représentatives des travailleurs* ». Le Code du travail a prévu également des instances, comme les délégués du personnel et le Comité d'hygiène et de sécurité, à travers lesquelles les travailleurs ont un véritable droit de regard et de suggestions sur la bonne marche de l'entreprise. Au plan national, le Code du travail a prévu un « Conseil supérieur du Travail » qui est un organe de consultation sur toutes les questions relatives au travail, à l'emploi et à la sécurité sociale des salariés.

1187. Aussi, le Code du travail institue auprès du ministre chargé du Travail, un Conseil supérieur du Travail[1413], qui comprend six représentants des employeurs et six représentants des travailleurs ayant voix délibérative, deux membres de l'Assemblée Nationale et des représentants gouvernementaux. Le Conseil supérieur du Travail émet obligatoirement un avis dans tous les cas où les règlements doivent être pris en application du Code du travail. Il a pour mission permanente d'étudier les problèmes concernant le travail, la main-d'œuvre, la sécurité sociale, l'hygiène et la sécurité dans les entreprises[1414], d'émettre des avis et de formuler des propositions et recommandations sur la législation et la réglementation à intervenir en ces matières[1415]. Il est également chargé d'étudier les éléments pouvant servir de base à la détermination du salaire minimum : étude du minimum vital, étude des conditions économiques et de leur incidence sur les moyens d'existence des travailleurs.

[1413] *Cf.* Article L 283 nouveau du Code du travail.

[1414] Article L 284 nouveau du Code du travail.

[1415] La consultation des membres du Conseil, notamment des travailleurs et des employeurs, a pour but de recueillir leurs observations avant l'introduction du projet de texte dans le circuit d'adoption du Gouvernement.

1188. De ce fait, le ministre du Travail joue un rôle important dans l'animation du Conseil dans la mesure où il préside ou fait présider par un représentant[1416]. Il en est de même pour certaines commissions *ad 'hoc*. Il faut noter que l'animation se résume à l'examen des projets de textes relatifs à la législation du travail. Mais nous avons constaté que les ministères comme celui de l'emploi et de la sécurité sociale, depuis les années 2004, ne soumettent plus leurs projets de textes relatifs aux questions d'emplois, de formation professionnelle ou de protection sociale à l'examen du Conseil supérieur conformément aux dispositions du Code du travail. Cette violation se passe sous l'œil du ministre du Travail qui ne peut faire aucun rappel et semble même ignoré cette procédure décrite par le Code du travail.

1189. En ce qui concerne l'étude du minimal vital[1417] qui devrait être menée en concertation avec les partenaires sociaux, la question n'a jamais été inscrite à l'ordre du jour du Conseil supérieur du travail. Tout laisse croire que le ministère du Travail et la Direction nationale du Travail qui est la structure technique, ignorent ce rôle. Il est vrai que la Constitution du 25 février 1992 a confié à l'État le pouvoir de proposer des projets de lois et de créer la législation du travail, mais son rôle d'animation du dialogue social à ce niveau est très limité. Il arrive très fréquemment que les indemnités de transport des représentants des partenaires sociaux ne soient pas payées et entrave ainsi la tenue des sessions du Conseil supérieur du Travail.

1190. Le fait que l'Assemblée nationale soit représentée au Conseil supérieur du Travail devrait contribuer à renforcer le rôle du contrôle du législatif sur l'exécutif, mais force est de constater que la représentation nationale brille par son absence à la quasi-totalité des sessions du Conseil supérieur auxquelles elle est régulièrement invitée. Il convient donc de souligner que le dialogue social à ce niveau est très timide ; cela est dû au fait que les sujets soumis au Conseil se limitent seulement aux textes juridiques, ce qui est très réducteur du rôle très important et du champ d'action défini par la loi. Il est donc nécessaire de reformer le Conseil supérieur du Travail et de confier ses missions au Conseil national du dialogue social qui serait créé. Le Conseil supérieur du Travail devrait être dans le Code du travail par le Conseil supérieur de la Sécurité et de la Santé au travail.

1191. Néanmoins, nous pouvons affirmer qu'indéniablement « *l'État est un acteur majeur du dialogue social et son rôle ne se limite pas seulement à*

[1416] Dans la pratique, le ministre du Travail n'a jamais présidé ce conseil, il se fait toujours représenté par le Conseiller technique chargé du travail ou par le Directeur national du Travail.

[1417] Ce minimum vital correspond à la quantité minimale de ressources économiques dont doit disposer un individu pour pouvoir subvenir à ses besoins primaires (nourriture, logement éducation, santé, etc.)

mettre à disposition des partenaires sociaux un cadre juridique et institutionnel leur permettant d'agir efficacement »[1418]. Cette importance de l'État s'explique largement par des considérations historiques que l'on ne saurait retracer de manière détaillée.

1192. En France, au lendemain de la Révolution de 1789, « *les corps intermédiaires sont considérés comme une menace pour ce qu'il fonde le Gouvernement représentatif et l'État est le seul en charge d'exprimer et de mettre en œuvre l'intérêt général* ». C'est cette conception, de l'État qui va s'imposer pendant deux siècles et le Mali, ancienne colonie française, en a hérité.

1193. Le paritarisme constitue à notre avis un dispositif de délégation aux partenaires sociaux des pouvoirs que l'État devrait exercer dans les instances de dialogue social. Ainsi, *« l'invention du paritarisme est en effet, principalement le fait de l'État, qui délègue à des représentants d'intérêts particuliers l'administration des services établis dans l'intérêt général. L'objectif, poursuivi est de mettre à profit la capacité des organisations syndicales et patronales à agréger de soutiens, afin d'accroitre la légitimité et l'efficacité de l'action publique. Les dispositifs paritaires participent donc à la mise en place d'une sphère autonome de régulation du social entre le marché et l'État. Toutefois, autonome ne veut pas dire indépendante. Que l'État participe ou non à la gestion de telles institutions n'empêche pas son ingérence* »[1419]. Ainsi, au-delà du Conseil supérieur du Travail, le rôle de l'État est prépondérant dans la négociation collective et la gestion des conflits.

2. La négociation collective

1194. Le rôle prépondérant de l'État « dans le dialogue social apparait au premier plan en matière de négociation collective, donc on peut dire qu'elle est organisée par l'État »[1420]. C'est en effet lui qui fixe les règles de la négociation collective, avec parfois l'assentiment voire sous l'impulsion des partenaires sociaux ; toutefois, l'État ne se limite pas à définir le cadre de la négociation. Il intervient aussi sur son contenu et n'hésite pas à modifier les règles du dialogue social en fonction de ses priorités. On en veut pour preuve « *la*

[1418] Auzero G., « Le dialogue social en France : une question d'acteurs », in Martin P., (dir.), *Le dialogue social, modèles et modalités de la régulation juridique en Europe, Presses universitaires de Bordeaux,* 2012, p, 178.

[1419] Auzero G., « Le dialogue social en France : une question d'acteurs », in Martin P., (dir.), *Le dialogue social, modèles et modalités de la régulation juridique en Europe,* PUB, *op. cit.,* p. 180.

[1420] *Ibidem*, p. 179.

possibilité de négocier dans les entreprises avec les représentants élus ou des salariés mandatés »[1421].

1195. Les conventions collectives sont conclues pour définir les conditions de travail qu'il s'agisse des salaires, de l'embauchage, du licenciement ou de toute autre question intéressant le travail. Une convention peut être par conséquent comprise comme un contrat ayant pour objet la réglementation des conditions de travail. L'intérêt et l'utilité de la négociation collective résident dans son caractère contractuel qui lui confère une plus grande souplesse que la loi. L'absence de conventions collectives interprofessionnelles au Mali encourage l'État à susciter la négociation collective pour accompagner le dialogue social.

1196. Ainsi, aux termes du Code du travail du Mali « *À la demande de l'une des organisations syndicales les plus représentatives d'employeurs, ou de travailleurs intéressés, ou de sa propre initiative, le ministre chargé du Travail provoque la réunion d'une commission mixte en vue de la conclusion d'une convention collective de travail ayant pour objet de régler les rapports des employeurs et travailleurs d'une ou plusieurs branches d'activité déterminée. Un arrêté du ministre chargé du Travail détermine la composition de cette commission mixte qui comprendra, sous la présidence de l'inspecteur du travail, un nombre égal, d'une part, des représentants des organisations syndicales les plus représentatives des travailleurs, d'autre part, des représentants des organisations syndicales les plus représentatives d'employeurs, ou à défaut de celle-ci, des employeurs. Des conventions annexes pourront être conclues, soit, pour chacune des principales catégories professionnelles, soit en cas de convention commune à plusieurs branches d'activité pour chacune de ces branches. Elles contiendront les conditions de travail particulières à ces catégories ou ces branches d'activité et seront discutées par les organisations syndicales les plus représentatives des catégories ou branches intéressées* »[1422].

1197. Les dispositions nouvelles pourront, par décret, être rendues obligatoires au même titre que celles énumérées à l'article précédent. Dans le cas où une convention collective a été conclue sur le plan national ou régional, les conventions collectives conclues sur le plan régional ou local, adaptent cette convention aux conditions de travail existant à leur niveau. Elles peuvent prévoir des dispositions nouvelles et des clauses plus favorables aux

---

1421 Les deux lois Aubry des 13 juin 1998 et 19 janvier 2000 constituent une illustration parfaite en France de la problématique du rôle de l'Etat dans le dialogue social. Au Mali il en est de même mais, de plus en plus, les syndicats sont entrain d'influer sur ce rôle de l'État ; cela tient au fait que ce dernier témoigne d'une certaine faiblesse face aux partenaires sociaux.
1422 *Cf.* Article L82 du Code du travail modifié.

travailleurs. Ce qui suppose que l'État conserve le pouvoir, au-delà de la négociation des conventions collectives de branches, de prendre des décrets d'extension. Il demeure alors ainsi au centre de la négociation dans le secteur privé, donc du dialogue social. En effet, un décret peut rendre obligatoire, pour tous les employeurs et travailleurs situés dans son champ d'application, les dispositions d'une convention collective répondant aux conditions déterminées par le Code du travail dans sa partie relative aux conventions collectives susceptibles d'extension[1423]. Cette extension des effets et sanctions de la convention collective se fera pour la durée et aux conditions prévues par ladite convention. Peuvent être exclues de la convention, les clauses qui ne répondraient pas à la situation de la branche d'activité ou du groupe de branches d'activité dans le champ d'application considéré.

1198. Il est important de rappeler à ce sujet que *« Tout projet d'extension d'une convention collective de branche fait l'objet d'un avis qui est communiqué aux organisations professionnelles intéressées et publié, ainsi que le texte in extenso de la convention au journal officiel »*[1424]. L'État devient, au regard des pouvoirs qui lui sont reconnus par la loi, un acteur essentiel du dialogue social en matière de négociation des conventions collectives. Dans la logique actuelle du Mali, aucun signe n'apparait pour laisser entrevoir la possibilité de négocier, même à court terme, une convention collective interprofessionnelle dans la mesure où la négociation de branche domine la pratique et les acteurs semblent accepter cette situation.

1199. Si un décret d'extension peut, à défaut, ou en attendant l'établissement d'une convention collective, réglementer les conditions de travail pour une profession ou pour une ou plusieurs branches d'activité, l'administration du travail n'a jamais usé de ce pouvoir, sauf « *pour réglementer les conditions de travail du personnel contractuel de l'administration relevant du Code du travail en janvier 2000 et en juin 2011* »[1425].

1200. Le rôle d'accompagnement dans le secteur privé ne se limite pas à la négociation de conventions collectives de branche, à défaut de convention collective interprofessionnelle, le Gouvernement à travers les services du travail, contribuent de par leurs missions, à l'apaisement du climat social dans le secteur privé. Il faut noter que les Directions régionales du Travail et la

---

[1423] Voir les dispositions des articles L78 et suivants du Code du travail modifié relatives aux conventions collectives susceptibles d'extension.

[1424] *Cf.* Article L82 du Code du travail.

[1425] Décret n° 2000-038/P-RM du 27 janvier 2000 déterminant les conditions de travail du personnel de l'administration relevant du Code du travail, modifié par le décret n° 2011-051/P-RM du 10 février 2011 fixant les conditions d'emploi du personnel de l'administration relevant du Code du travail, ceci pour prendre en compte l'intégration des contractuels des catégories A, B et C dans la Fonction Publique.

Direction nationale du Travail exercent des missions de gestion des conflits collectifs dans le secteur privé[1426]. Sans être au premier rang, sous l'impulsion du ministre du Travail, les préavis de grève du secteur privé sont gérés conformément aux dispositions du Code du travail dans les entreprises.

1201. Des procès-verbaux de conciliation sont signés ou des rapports de non conciliation sont adressés au ministre chargé du Travail en cas de besoin aux fins de saisine du Conseil d'arbitrage. Même s'il s'agit d'une mission secondaire, la gestion des conflits occupe, en pratique, la majeure partie du temps de l'inspection du Travail. Pour les conflits majeurs, il arrive souvent que le ministre du Travail ou le Premier ministre instruise des directives pour aller vers une solution qui peut apaiser le climat social. Il revient au Gouvernement de jouer pleinement son rôle d'accompagnement du dialogue social. Mais cela ne peut se faire qu'avec l'adhésion des acteurs sociaux à l'organisation du dialogue social.

§ 2 - L'adhésion à l'organisation du dialogue social

1202. Nous pouvons noter que « *le rôle prépondérant de l'État dans le dialogue social apparait au premier chef en matière de négociation collective* »[1427] qui est organisée par l'État et cela que l'on soit dans le secteur public ou dans le secteur privé. L'État est « l'organisateur du dialogue social » en toute circonstance parce que c'est lui qui donne l'impulsion nécessaire. Il joue également un rôle primordial dans la création des cadres de concertation dans lesquels les acteurs sociaux se retrouvent pour négocier. Il est donc nécessaire que les acteurs sociaux adhèrent à l'organisation du dialogue social par l'État à travers les instances qui sont créées ou mises en place à cet effet. Leur implication est, en tout cas, souhaitée. Cependant, il faudrait à prime abord que les acteurs sociaux acceptent les critères de représentativité qui sont ou seront définis pour faciliter l'animation des cadres créés. Nous traiterons successivement de l'adhésion des acteurs sociaux **(A)** puis de l'acceptation des critères de la représentativité **(B).**

A - L'adhésion des acteurs sociaux

1203. Le dialogue social est un vecteur de la paix et de la stabilité sociale qu'il s'agisse des services publics ou des entreprises privées ; il ne peut fonctionner valablement que si les acteurs sociaux que sont les partenaires sociaux

---

[1426] *Cf.* Article L190 et suivants du Code du travail. Les mêmes dispositions sont reprises dans le projet d'acte uniforme de l'OHADA relatif au droit du travail.

[1427] Auzero G., « Le dialogue social en France : une question d'acteurs », in Martin P. (dir.), *Le dialogue social, modèles et modalités de la régulation juridique en Europe,* PUB, *op. cit.,* p. 179.

adhèrent aux règles du jeu, que s'ils acceptent les critères[1428] retenus de la représentativité dans la loi, pour faire de la participation de l'ensemble des acteurs une réalité de tous les jours. Ainsi, nous analyserons l'implication des acteurs dans les instances de dialogue **(1)** ainsi que la nécessité d'un dialogue social inclusif **(2)**.

1. Implication dans les instances de dialogue

1204. Si l'on parle beaucoup de dialogue social en Afrique, s'y engage-t-on vraiment ? Les pouvoirs publics ainsi que les organisations d'employeurs et de travailleurs ne semblent pas toujours avoir la volonté de dialoguer, de négocier, de trouver des compromis constructifs. Sans parler de situations délétères résultant de conflits armés, d'instabilités politiques ou d'une corruption érigée en système, au sein d'un certain nombre d'États de la région prévaut parfois encore une conception du pouvoir peu favorable à l'écoute des revendications sociales des travailleurs et des besoins des acteurs économiques.

1205. Outre le manque de volonté politique et de tradition de dialogue entre acteurs sociaux et gouvernementaux, les institutions et techniques nécessaires au développement du dialogue social ne semblent pas toujours disponibles ou sont parfois mobilisées à d'autres fins. Lorsque c'est le cas, sans surestimer la place du droit, il est permis de s'interroger sur la pertinence, l'effectivité et l'efficacité des dispositions juridiques prises en faveur du dialogue social. Ce déficit de dialogue social va influer sur l'implication des partenaires sociaux dans les instances de dialogue social créées par les pouvoirs publics, soit parce qu'ils y ont été exclus, soit que l'État ne parvient pas à faire asseoir tous les acteurs autour de la même table de négociation.

1206. Au Mali, plusieurs institutions ou organes sont chargés de promouvoir le dialogue social. Parmi ceux-ci, on peut citer le Conseil économique social et culturel (CESC)[1429], le Conseil supérieur du Travail (CST)[1430], le Conseil supérieur de la Fonction publique[1431], le Conseil d'administration de l'Agence

---

[1428] *Cf.* Article L.78 nouveau du Code du travail modifié.

[1429] Le Conseil économique, social et cculturel a compétence sur tous les aspects du développement économique, social et culturel de la nation. A ce titre, il est obligatoirement consulté sur tout projet de loi de finances, tout projet de plan de développement.

[1430] Institué par la loi n° 92 - 020 du 23 septembre 1992 portant Code du travail en République du Mali en ses articles L. 283 et suivants, le Conseil supérieur du Travail peut être saisi de toute difficulté née à l'occasion de la négociation des conventions collectives , des questions relatives à la conclusion et à l'application des conventions collectives .

[1431] Institué auprès du ministre chargé de la Fonction publique, le Conseil supérieur de la Fonction publique est obligatoirement saisi de tous les projets de règlements relatifs aux fonctionnaires de l'État.

nationale pour l'Emploi (ANPE)[1432], le Conseil d'administration de l'Institut national de Prévoyance sociale (INPS)[1433], cette énumération succincte ne présentant guère un caractère exhaustif mais représentatif de ces institutions.

1207. Hormis le Conseil économique, social et culturel (CESC), la plupart de ces institutions sont des institutions paritaires. Autrement dit, la gestion de ces institutions postule une représentation équilibrée des salariés et des employeurs au sein de leurs instances de gestion. La représentation des employeurs ne soulève aucune difficulté particulière : ils sont, en effet, représentés par le Conseil national du patronat du Mali (CNPM), unique confédération syndicale des employeurs du Mali[1434]. En revanche, « *la représentation des salariés au sein de ces institutions ne résiste pas à la critique. En effet, nonobstant le pluralisme syndical, les salariés du Mali se trouvent représentés par une seule Confédération syndicale, l'Union nationale des Travailleurs du Mali (UNTM). Or, le Mali compte de nos jours, outre l'UNTM, trois autres confédérations syndicales de salariés* »[1435]. On en vient dès lors « à s'interroger sur les raisons de l'exclusion des trois autres confédérations syndicales de salariés de la gestion des institutions paritaires »[1436].

1208. En pratique, nous constatons une faible implication des acteurs sociaux dans les instances du dialogue social du fait notamment de l'exclusion dont sont victimes certains acteurs syndicaux. S'agissant des employeurs, puisqu'il n'y a qu'une seule organisation patronale, il participe tant bien que mal à toutes les instances instituées par les pouvoirs publics.

1209. L'implication de l'Union nationale des Travailleurs du Mali est beaucoup plus constante dans les instances du dialogue, cela découle du fait que cette centrale historique a joué un rôle extrêmement important dans les

---

1432 L'Agence nationale pour l'Emploi est chargée de la mise en œuvre de la politique nationale en matière d'emploi, de main-d'œuvre et de perfectionnement professionnel.

1433 L'Institut national de prévoyance sociale (INPS) gère pour le compte des travailleurs contractuels de l'État et du secteur privé, les risques suivants : les prestations familiales ; la prévention et la réparation des accidents du travail et des maladies professionnelles et la vieillesse, invalidité et décès.

1434 Créé le 25 janvier 1980, le Conseil national du patronat du Mali (CNPM) est « *une union des groupements d'employeurs chargée notamment de représenter les intérêts de l'ensemble des adhérents auprès des pouvoirs publics et organismes internationaux* ».

1435 Il s'agit de la Confédération syndicale des Travailleurs du Mali (CSTM), de la Centrale démocratique des Travailleurs du Mali (CDTM) et de la Confédération Malienne du Travail (CMT).

1436 Tounkara D, « Etat et perspectives du dialogue social au Mali », in Auvergnon Ph., Kénoukon Ch. (dir.), *Dialogue social dans les pays de l'espace OHADA et ailleurs dans le monde : la part du droit*, *op. cit.*, p. 261.

luttes politiques à un moment critique[1437] de l'histoire du pays. Sa présence dans toutes les instances s'explique par ce rôle historique. Nous pouvons affirmer, au regard de la pratique, que les commissions de négociations sectorielles au niveau des administrations publiques sont beaucoup plus animées par les syndicats. C'est en effet là que nous sentons l'implication des autres acteurs dans les instances de dialogue social.

1210. Après vingt-sept ans de pratique du dialogue social, la nécessaire adhésion des autres acteurs doit être une priorité pour l'État. Il est donc souhaitable de multiplier les instances de dialogue social pour que les acteurs sociaux se sentent concernés. Il n'est pas normal que les instances de dialogue social ne soient animées que s'il y a un préavis de grève[1438], un projet de texte à examiner[1439] ou une occasion fortuite[1440]. Le dialogue social doit être le ciment de la cohésion sociale. Il est donc nécessaire que le dialogue social au Mali soit inclusif.

2. La nécessité d'un dialogue social inclusif

1211. Il faut noter que l'Union nationale des Travailleurs du Mali (UNTM) s'oppose farouchement à la présence des trois autres confédérations syndicales de salariés au sein des institutions chargées de promouvoir le dialogue social. Elle dénie, en effet, toute légitimité aux trois autres confédérations à représenter les salariés du Mali. Elle le fait savoir chaque fois qu'elle a l'occasion de le faire et l'a très récemment confirmé par l'envoie d'une lettre au ministre du Travail pour dénoncer l'attitude du Gouvernement qui selon elle « reconnait des centrales qui n'en sont pas ». Les pouvoirs publics du Mali « s'accommodent de cette situation probablement en raison de la forte implantation de l'UNTM dans la fonction publique »[1441].

[1437] Il convient de rappeler que l'UNTM avec l'AEEM ont joué un rôle de premier plan dans l'avènement de la démocratie politique et du pluralisme syndical. C'est à la Bourse du travail que les acteurs du 26 mars 1991 ont été reçus en héros national pour s'adresser à l'ensemble du peuple malien pour avoir mis fin à vingt-sept ans de dictature politique. Ce rôle historique fait que le Gouvernement a tendance à privilégier l'UNTM dans les instances de dialogue social au détriment des trois autres centrales syndicales.

[1438] Commission de conciliation des préavis de grève du secteur public (*Cf.* article 3 de la loi n° 87- 47 sur la grève dans le secteur public au Mali).

[1439] *Cf.* Article 25 du Statut général des fonctionnaires relatifs au Conseil supérieur de la Fonction publique et les articles L.282 et suivants du Code du travail.

[1440] Commission *ad'hoc* de négociation des cahiers de doléances des centrales syndicales ou des syndicats sectoriels ou même des commissions informelles instituées par les acteurs informels qui sont souvent animé par les personnalités qui ne sont pas cités par la loi n° 87-47 précitée.

[1441] Sidibé O. O., *Etude sur l'impact des actions du programme PRODIAF sur le dialogue social au Mali*, Bamako, 2002.

1212. Il faut noter « qu'à l'analyse, l'exclusion de trois des quatre confédérations syndicales de salariés de la gestion des institutions, des organes ou instances chargés de promouvoir le dialogue social au Mali, viole deux principes et règles de l'ordonnancement juridique du Mali : d'abord, elle rompt le principe d'égalité entre les syndicats, ensuite, elle constitue une entorse aux règles de la représentativité syndicale »[1442]. L'exclusion des trois confédérations des instances du dialogue social constitue une rupture du principe d'égalité entre tous les syndicats dans la mesure où les pouvoirs publics maliens traitent de manière différente des confédérations syndicales de salariés qui se trouvent dans la même situation. En sus de la rupture du principe d'égalité entre les confédérations syndicales, l'exclusion de trois des quatre syndicats des instances du dialogue social constitue également une grave méconnaissance des règles de la représentativité syndicale.

1213. En effet, l'adhésion des autres acteurs au dialogue social ne peut devenir une réalité que si les autres centrales syndicales au Mali sont traitées sur le même pied que l'UNTM. La nécessité d'un dialogue social inclusif a, d'ailleurs, été soulignée par les recommandations de l'atelier d'évaluation du Pacte de solidarité pour la croissance et le développement de 2001[1443]. Cette évaluation a été l'occasion pour les autres centrales, et cela en présence du Patronat, de fustiger l'inégalité de traitement dont elles sont victimes.

1214. Lorsque nous nous sommes entretenus avec les autres centrales syndicales sur leur adhésion au dialogue social, il nous est revenu que leur appréhension profonde « est que le Gouvernement est faible devant l'UNTM et n'arrive pas à se départir de ce passé lointain de l'histoire de cette centrale ». Cette survivance du passé de l'UNTM ne passe pas chez les autres centrales ; pour preuve, la CSTM a porté plainte, à ce sujet, devant la Cour suprême[1444] du Mali pour réclamer sa participation aux instances de dialogue social pour lesquelles elle manifeste un arrêt.

1215. Il faut noter que dans trois affaires CSTM c/ État du Mali[1445], la plus haute juridiction administrative du Mali[1446] a jugé illégale l'attribution à la

---

[1442] Tounkara D, « Etat et perspectives du dialogue social au Mali », in Auvergnon Ph., Kénoukon Ch. (dir.), *Dialogue social dans les pays de l'espace OHADA et ailleurs dans le monde : la part du droit*, *op. cit.*, p. 262.

[1443] Le Pacte de solidarité conclut en 2001 entre le CNPM, le Gouvernement et l'UNTM n'a pas connu la participation de la CSTM à l'époque, deuxième centrale syndicale issue de la dissidence de la première. Ces rivalités ont entrainé l'exclusion de la CSTM par l'UNTM des signataires du Pacte de solidarité.

[1444] Cour suprême du Mali, 22 septembre 2000 ; Cour suprême du Mali, 15 août 2002 ; Cour suprême du Mali, 16 août 2007.

[1445] *Idem.*

[1446] Au Mali, la plus haute juridiction administrative est la Section administrative de la Cour suprême. Celle-ci constitue avec la Section judiciaire et la Section des comptes, les trois seule UNTM des douze représentants des salariés devant siéger au Conseil économique, social et culturel. Il ressort, en effet, des prescriptions de l'article 9 de la loi du 3 juin 1994 portant création du CESC que les « douze représentants des salariés du secteur public et du secteur privé (ouvriers, employés, fonctionnaires, techniciens et cadres) sont désignés sur proposition des organisations syndicales les plus représentatives ».

1216. Malgré la force des arrêts de la Cour suprême, le Gouvernement du Mali n'a pas pu exécuter lesdits arrêts. L'on doit s'empresser de relever que cette attitude gouvernementale est contraire à l'idée du pluralisme syndical issue de la Révolution de mars 1991, et à l'idée d'un État démocratique[1447]. Le respect des décisions de justice est un devoir, voire une exigence morale qui s'impose à tous, y compris au Gouvernement. En effet, tout système démocratique repose sur les trois pouvoirs : le pouvoir législatif, le pouvoir exécutif et le pouvoir juridictionnel[1448]. Chacun des trois pouvoirs est indépendant des autres. C'est ce que l'on désigne sous le vocable de principe de « *séparation des pouvoirs* ». De ceci, nous pouvons déduire que le premier principe est, qu'aucun pouvoir ne doit et ne saurait empiéter sur le pouvoir de l'autre. De plus, il fait peser aux pouvoirs législatif et exécutif une véritable obligation qui est celle de respecter et de faire respecter les décisions de justice. Il faut observer que « non seulement, le dialogue social n'est pas inclusif mais qu'il possède une autre caractéristique : il est, en effet, confiné à une fonction quasi-ornementale »[1449].

1217. Au-delà de ces constats fonctionnel et organisationnel du dialogue social, il apparait que, même en l'absence de cadre formel de concertation, le Gouvernement, en fonction des situations, reçoit les partenaires sociaux de tout bord pour discuter. La création future du Conseil national du dialogue social devrait en faire le lieu de concertation que tous les partenaires sociaux

---

sections de la Cour suprême. La Section administrative joue deux fonctions : une fonction contentieuse et une fonction consultative. Sous cet angle, la Section administrative de la Cour suprême du Mali joue les mêmes rôles que le Conseil d'État en France.

[1447] Sur la distinction entre l'État de droit et l'État démocratique : F. Ost et M. van de Kerchove, *Jalons pour une théorie critique du droit, Facultés universitaires Saint-Louis, Bruxelles*, 1987. Les deux éminents auteurs expliquent : « *En ce sens, on peut dire que l'État de droit se prolonge en État démocratique : si, dans le premier, la régulation des forces en présence s'opère sur base du droit écrit, des droits acquis, dans le second, la société fait l'épreuve de droits qui ne sont pas déjà entièrement incorporé dans le texte juridique* ».

[1448] Nous préférons cette expression à celle de « pouvoir judiciaire ». Le concept de pouvoir judiciaire apparaît trop restrictif voire exclusif. Il ne désigne en effet que les seules juridictions de l'ordre judiciaire. Or, les juridictions de l'ordre administratif et constitutionnel font partie intégrante du troisième pouvoir.

[1449] Tounkara D, « Etat et perspectives du dialogue social au Mali », in Auvergnon Ph., Kénoukon Ch. (dir.), *Dialogue social dans les pays de l'espace OHADA et ailleurs dans le monde : la part du droit*, *op. cit.*, p. 261.

attendent de tous leurs vœux. Il faut cependant relever les hésitations du Gouvernement, notamment du ministre du Travail qui pense que cet organe pourrait emporter des problèmes identiques à ceux relevés à propos du Conseil économique, social et culturel en termes de représentation[1450]. Il prend également l'exemple du Haut conseil national du dialogue social du Sénégal[1451] qui souffrirait, selon les entretiens que nous avons eus, d'un conflit de rattachement entre le ministère du Travail et la Présidence de la République, et même d'un conflit de compétences[1452].

1218. Nous soulignons, quel que soit le cadre qui sera créé, et le nom qu'on lui donnera, que le dialogue social doit concerner tout le monde afin que les acteurs sociaux puissent pleinement adhérer aux objectifs de dialogue social. Il s'agit d'un devoir de génération pour que le développement économique et social puisse être amorcé au profit de tous les fils de la nation. Le monopole de dialogue réservé à l'UNTM dont le Gouvernement se rend complice, ne favorisera pas l'apaisement du climat social. Que l'on veuille ou non, les autres acteurs continuent petit à petit à prendre leur place dans le champ social et à occuper le terrain des relations professionnelles. Régulièrement les autres centrales engrangent de nouveaux adhérents au-grand dam de l'UNTM. Si l'État n'arrive pas à organiser les élections de représentativité, la réalité du terrain syndical, l'imposera un jour. Il faudrait donc que les acteurs acceptent un jour d'aller aux élections professionnelles de représentativité pour que le dialogue social soit réel et participatif, pour que tous les acteurs sociaux y adhèrent et acceptent les critères de la représentativité syndicale. Ainsi, nous faut-il aborder la question de l'acceptation des critères de la représentativité.

B - L'acceptation des critères de la représentativité

1219. La recomposition du paysage syndical malien devait se traduire par une redistribution des cartes entre les différentes centrales syndicales de salariés. Ainsi, chacune d'entre elles devrait être représentée dans les institutions de dialogue social selon son poids, sa légitimité, son audience électorale. On ne peut que regretter que l'UNTM continue toujours à représenter l'ensemble des

---

[1450] Nous l'avons déjà dit seule l'UNTM occupe les douze postes alors qu'il est prévu que les « douze représentants des salariés du secteur public et du secteur privé (ouvriers, employés, fonctionnaires, techniciens et cadres) sont désignés sur proposition des organisations syndicales les plus représentatives ».

[1451] Le HCNDS au Sénégal a été créé en 2013 et rattaché au ministère du Travail, des organisations professionnelles et du dialogue social. Cependant les représentants pensent qu'il faudrait le rattacher à la Présidence de la République pour lui donner plus de lisibilité.

[1452] Il nous est revenu lors de l'entretien que nous avons eu avec les membres du Conseil que celui-ci empiète sur les missions de l'inspection du Travail en matière de gestion des conflits. Pour minimiser ces conflits de compétences, la plupart des conseils nationaux en Afrique de l'Ouest se cantonnent à la gestion des conflits dits « majeurs ».

salariés dans les institutions chargées de promouvoir le dialogue social ; nous savons tous que cette situation nuit considérablement à la qualité du dialogue social, d'où l'importance d'apporter un remède pérenne à une situation qui n'a que trop duré. Cela passe nécessairement par l'acceptation des critères de la représentativité syndicale décrits dans le Code du travail modifié en 2017. Nous analyserons les solutions offertes par la loi **(1)** et tenterons une analyse critique **(2)**.

1. Les solutions offertes par la loi : article L.78 nouveau

1220. Au Mali, le caractère représentatif ou non d'un syndicat est déterminé par le ministre chargé du Travail. Pour ce faire, il doit, en effet, s'appuyer sur les critères énumérés par l'article L.78 nouveau du Code du travail, au terme duquel : « (...) *Les éléments d'appréciation comprendront notamment : 1. Le nombre de voix et sièges remportés par ses adhérents aux élections des délégués du personnel ; 2. L'expérience du syndicat, l'étendue et la nature de son activité* »[1453]. On ne peut qu'être frappé par la grande similitude qui existe entre l'article L.78 du Code du travail du Mali et l'article L. 85 du Code du travail du Sénégal, au terme duquel « *Le caractère représentatif d'une organisation syndicale ou d'un groupement professionnel est déterminé par le ministre chargé du Travail qui réunira tous les éléments d'appréciation après avis de l'inspection du Travail et la Sécurité sociale du ressort. Les éléments d'appréciation comprendront notamment : les effectifs et les résultats des élections des délégués du personnel ; l'indépendance ; les cotisations ; l'expérience du syndicat, l'étendue et la nature de son activité* ».

1221. Il faut noter que de la lecture de l'article L 78 du Code du travail du Mali, quatre constats infèrent : le premier, c'est qu'au Mali il s'agit non pas d'une présomption irréfragable de représentativité syndicale mais d'une représentativité prouvée. On doit vite s'empresser d'ajouter que la présomption irréfragable de représentativité avait pignon sur rue jusqu'à l'intervention de la loi française du 20 août 2008[1454]. Elle signifiait que toute organisation syndicale affiliée à l'une des cinq confédérations syndicales (CGT, CGT-FO, CFDT, CFTC et CFE-CGC), bénéficiait *ipso jure* d'une présomption de représentativité. Cette présomption de représentativité n'était pas susceptible de preuve contraire. La loi du 20 août 2008 a supprimé la présomption irréfragable de représentativité syndicale au profit de la présomption prouvée. Ainsi, tout syndicat doit désormais apporter la preuve de

---

[1453] « *Le caractère représentatif d'un syndicat est déterminé par le ministre chargé du Travail. Les éléments d'appréciation comprendront, notamment, le nombre de voix et sièges remportés par ses adhérents aux élections des délégués du personnel, l'expérience du syndicat, l'étendue et la nature de son activité* ».

[1454] Loi n° 2008-789 du 20 août 2008, *JORF* du 21 août 2008, p. 13064.

sa représentativité. En effet, la représentativité des organisations syndicales est déterminée en France sur la base de sept critères énumérés par l'article L.2121-1 du Code du travail : le respect des valeurs républicaines[1455] ; l'indépendance ; la transparence financière ; une ancienneté minimale de deux ans dans le champ professionnel et géographique couvrant le niveau de négociation ; l'audience établie à partir des résultats aux élections professionnelles ; l'influence, prioritairement caractérisée par l'activité et l'expérience ; les effectifs d'adhérents et les cotisations »[1456].

1222. Aujourd'hui, le problème des critères de la représentativité des organisations syndicales ne se pose en termes d'acceptation par elles dans la mesure où toutes les centrales ont été témoin des débats au sein du Conseil supérieur du Travail et ont donné un accord de principe. Nous pouvons affirmer que la relecture du Code du travail du Mali notamment avait pour objectif de faire accepter par toutes les centrales syndicales les critères définis à l'article L78 nouveau, même si l'on peut dire que tous les critères ne sont pas cités par la loi. Nous devons aussi reconnaitre que l'accent a été mis sur un critère quantitatif[1457]. Toutes les centrales syndicales ont manifesté par écrit leur acceptation des critères, notamment la définition d'un seuil de représentativité avec l'accord de tous.

1223. Ce que nous pouvons dire c'est que l'UNTM a pris en otage les autres centrales. Depuis 2005, tous les acteurs sont d'accord pour aller aux élections pour que toutes centrales puissent être représentées dans les instances[1458] de dialogue social existantes au Mali en fonction du nombre de voix remportées aux élections professionnelles, qu'il s'agisse de celle des délégués du personnel ou des élections nationales.

1224. Programmée depuis 2005, l'organisation de ces élections se trouve prise en otage par une (fausse) question d'interprétation : pour les uns, on doit privilégier un scrutin majoritaire ; pour les autres, on doit plutôt opter pour un scrutin proportionnel. Nous allons donc d'abord procéder à l'exposé des thèses

---

[1455] Le respect des valeurs républicaines a remplacé le critère de l'attitude patriotique pendant l'occupation. Il implique « *le respect de la liberté d'opinion, politique, philosophique ou religieuse ainsi que le refus de toute discrimination, de tout intégrisme et de toute intolérance* ».

[1456] Tounkara D, « Etat et perspectives du dialogue social au Mali », in Auvergnon Ph., Kénoukon Ch. (dir.), *Dialogue social dans les pays de l'espace OHADA et ailleurs dans le monde : la part du droit, op. cit.*, p. 275.

[1457] Le nombre des voix remportées aux élections nationales de représentativité des centrales syndicales, selon le seuil qui a été fixé. Au Sénégal un seuil de 10% a été fixé aux élections nationales et sectorielles de l'éducation et de la santé en 2016, au Bénin, seuil de 12 à 15 % a été fixé en 2008.

[1458] Le CESC, le CST, le CSFP, les conseils d'administration de l'INPS, de l'ANPE, du FAFPA, de la CANAM, de la CMSS, etc.

en présence avant de démontrer, ensuite, que ce débat est purement artificiel. En effet, il ressort de tous les textes que c'est le scrutin proportionnel qui a la faveur du législateur et d'ailleurs l'article L78 nouveau a été rédigé dans ce sens et accepté par tous les partenaires sociaux.

1225. Pendant longtemps, l'UNTM a surfé sur le mode de scrutin majoritaire qui d'ailleurs a été rejeté par les autres centrales. La relecture récente du Code du travail en 2017[1459] a permis de dissiper cette interprétation de l'UNTM. Le débat actuel est beaucoup plus tourné vers le seuil de représentativité et le rejet par l'UNTM de deux dernières centrales[1460] comme n'ayant pas respecté les procédures de création et de n'avoir pas organisé à ce jour un congrès statutaire. Le Gouvernement semble impuissant[1461] face à cette situation que nous avons déjà rappelée dans la première partie de notre étude, le « *diktat* » de l'UNTM[1462].

1226. Il faut noter que le Code du travail modifié en 2017 a apporté des innovations certaines. Ainsi, « *la principale innovation du futur droit de la représentativité syndicale réside en ce que le législateur malien érige l'audience électorale en critère unique de la représentativité syndicale. Ce faisant, les autres critères tels l'indépendance, les effectifs, les cotisations, l'influence, l'expérience, passent à la trappe. Pour être déclarée représentative en effet, une organisation syndicale doit seulement remplir non pas les autres critères mais la seule et unique condition de l'audience électorale* »[1463]. Nous notons qu'au niveau de l'entreprise ou de l'établissement, une organisation syndicale ne peut être reconnue représentative que si elle remporte un certain nombre de voix et de sièges aux élections de délégués du personnel. Au niveau de la branche et au niveau national, un syndicat et une confédération syndicale ne peuvent à leur tour être reconnus représentatifs que s'ils remportent suffisamment de voix lors des élections professionnelles. Il faut noter qu'« *en effet, qu'il s'agisse au niveau de l'entreprise, ou de la branche voire le niveau interprofessionnel, les rédacteurs du projet de loi portant modification du Code du travail n'ont*

[1459] Loi n° 2017-021 du 12 juin 2017 portant modification de certaines dispositions du Code du travail de 1992.

[1460] CMT et la CDTM créées respectivement en 2006 et 2014.

[1461] En novembre 2017, une communication écrite a été introduite dans le circuit du Gouvernement pour faire adoptée la feuille de route des élections de représentativité au plan national, elle a été conditionnée à la consultation des partenaires sociaux sur le seuil de 10% proposé par le Gouvernement. Depuis cette date, le ministre du Travail semble baisser les bras face à l'UNTM une fois de plus, notamment depuis qu'en mai 2018, un cahier de doléances a été déposé par cette centrale sur la table du Gouvernement.

[1462] *Cf. supra* n° 141.

[1463] Tounkara D, « Etat et perspectives du dialogue social au Mali », in Auvergnon Ph., Kénoukon Ch. (dir.), *Dialogue social dans les pays de l'espace OHADA et ailleurs dans le monde : la part du droit*, *op. cit.*, p. 279.

guère précisé les seuils de représentativité. Cette tâche ingrate, ardue revient, en effet, au ministre chargé du Travail, « après concertation avec les organisations syndicales les plus représentatives d'employeurs et de travailleurs »[1464]. Dans la même lignée de pensée, on peut faire remarquer que le Burkina Faso[1465] et la Côte d'Ivoire[1466] ont également érigé l'audience électorale en critère unique de la représentativité syndicale. Pourtant, quelque soient les obstacles, l'organisation des élections professionnelles devrait être une priorité absolue pour que toutes les centrales syndicales puissent participer à toutes les instances de dialogue social. L'acceptation ou la présence de tous les syndicats dans toutes les instances de dialogue social au Mali passe nécessairement par le dialogue des centrales syndicales. Que faut-il faire pour que ce dialogue social s'instaure entre les centrales syndicales ?

2. L'analyse critique des facteurs de blocage

1227. Le dialogue social est souvent émaillé de blocage. Ainsi, « *pour pasticher une formule de Bruno Genevois, Commissaire du Gouvernement*[1467] *dans la célèbre affaire Daniel Cohn-Bendit*[1468]*, employée à propos du dialogue des juges*[1469]*, on peut affirmer qu'à l'échelon du Mali, il ne doit y avoir ni gouvernement des syndicats, ni guerre des syndicats. Il doit y avoir place pour le dialogue des syndicats* »[1470]. Ce dialogue suppose une collaboration, une coopération, un échange entre syndicats, « *ce qui signifie a contrario la fin du narcissisme syndical, de l'ignorance-mépris - affiché à dessein ? - volontaire des autres syndicats, le rejet systématique des autres, et avec des raisons plus ou moins obscures. Dans cette lignée de pensée, les*

[1464] *Idem.*

[1465] L'article L. 302 du Code du travail du Burkina Faso précise que : « *Le ministre chargé du Travail publie la liste des syndicats les plus représentatifs tous les quatre ans. Les éléments d'appréciation de la représentativité de l'organisation syndicale sont les résultats des élections professionnelles [....]* ».

[1466] L'article L. 54. 1 de la loi n° 2015-532 du 20 juillet 2015 portant Code du travail en République de Côte d'Ivoire dispose que : « *Pour être représentative, une organisation syndicale doit avoir une audience suffisante dans le secteur d'activité et le secteur géographique qui est le sien. L'audience des organisations syndicales est déterminée par les résultats des élections professionnelles* ».

[1467] L'appellation Commissaire du Gouvernement a disparu, en droit français, au profit de celle de Rapporteur public.

[1468] CE Ass., 22 décembre 1978, ministre de l'Intérieur C/ D. Cohn-Bendit, D. 1979, p. 155 et s.

[1469] Genevois B., Concl. sous CE Ass. 22 déc. 1978, Ministre de l'Intérieur c. D. Cohn-Bendit, D. 1979, 155-161, spéc. p. 161 : « *A l'échelon de la communauté européenne, il ne doit y avoir ni gouvernement des juges, ni guerre des juges. Il doit y avoir place pour le dialogue des juges* ».

[1470] Tounkara D, « Etat et perspectives du dialogue social au Mali », in Auvergnon Ph., Kénoukon Ch. (dir.), *Dialogue social dans les pays de l'espace OHADA et ailleurs dans le monde : la part du droit, op. cit.*, p. 283.

syndicats maliens doivent, dans l'intérêt supérieur des salariés, présenter des revendications communes, s'unir pour faire face au patronat, au Gouvernement, nouer le fil du dialogue, et bref se parler »[1471].

1228. On ne peut donc que saluer la récente rencontre informelle entre les quatre confédérations syndicales de salariés du Mali. A la faveur de la cérémonie de clôture des travaux de la Conférence sous régionale des centrales syndicales sur « *le Monde du travail face aux conflits sociaux et aux crises sécuritaires dans l'espace Union Economique Ouest-Africain (UEMOA) : quelle incidence de la bonne gouvernance, du dialogue social et de la culture de la paix dans la prévention, la gestion et la résolution des crises sécuritaires* » organisée à Bamako les 27, 28 et 29 octobre 2015 par la Confédération syndicale des travailleurs du Mali ; on a pu, en effet, réunir pour la première fois les Secrétaires généraux des quatre confédérations syndicales. Pourrait-on parler d'amorce de dialogue des syndicats ? Il est très difficile d'apporter une réponse affirmative. On peut, en effet, objecter qu'une « hirondelle ne fait pas le printemps ». Très récemment, l'UNTM et la CSTM ont organisé en commun une formation sur le dialogue social[1472], peut-être est-ce le signe d'une embellie du dialogue social au Mali ?

1229. Les pouvoirs publics doivent impérativement apporter une réponse ferme et définitive à la représentativité syndicale, clef de voûte du dialogue social. Pour ce faire, ils doivent faire montre de courage, d'audace en passant outre les réticences de l'UNTM, qui s'emploie à renvoyer l'organisation des élections professionnelles aux calendes grecques. En effet, le courage doit guider au quotidien l'action des hommes politiques. Car, pour reprendre une expression de C. Fleury, « une démocratie sans courage est une démocratie qui court à sa perte »[1473]. Par conséquent, il ne doit y avoir ni renoncement, ni laxisme dans la mise en œuvre des critères de la représentativité syndicale. En effet, le coût du renoncement est bien supérieur à celui du courage[1474].

1230. Les centrales syndicales doivent obligatoirement se parler. Ces derniers doivent, en effet, comprendre que l'ère de la guerre syndicale est révolue. Ils doivent s'approprier pleinement les valeurs qui fondent un dialogue fécond des syndicats. Dans cette perspective, l'UNTM doit impérativement se départir de « sa peau de syndicat national de première ordre » et cesser de « *minimiser les autres centrales syndicales* ». Dans tous les cas, les autres ont aussi des travailleurs qu'elles représentent dignement. Le rejet systématique

---

[1471] *Ibidem* p. 284.
[1472] Cette formation sur le dialogue social organisée en commun par les deux centrales rivales (UNTM, CSTM) a eu lieu au Patronat du Mali, les 11 et 12 octobre 2018.
[1473] Cité par Tounkara D, « Etat et perspectives du dialogue social au Mali », *op. cit.*, p. 284.
[1474] *Idem.*

des autres centrales n'est pas à notre avis la solution pour promouvoir le dialogue social. À ce stade de notre réflexion, nous pouvons dire et affirmer que « les pouvoirs publics et les syndicats détiennent la clef de la refondation du dialogue social au Mali. Il leur suffit simplement de faire montre de courage et de responsabilité »[1475].

1231. Une autre question vient à l'esprit, faute d'accord ou de ne pouvoir organiser les élections, ce qui semble être le cas, un dialogue social responsable n'est-il pas possible ? Le ministère du Travail pourrait proposer aux centrales une clé de répartition des postes dans les instances de dialogue social sur la base de la répartition des subventions qui leur sont octroyées chaque année[1476]. Par exemple sur les douze postes du Conseil économique, sept postes pourraient revenir à l'UNTM, trois à la CSTM, un à la CMT et un à la CDTM. Dans tous les cas, un compromis devrait être trouvé. Ceci irait dans le sens des différents arrêts rendus par la Cour suprême.

1232. Très récemment, la CSTM, faute d'avoir obtenu l'exécution des arrêts de la Cour suprême ayant condamné le Gouvernement a annulé les différents décrets portant nomination des membres du CESC, a porté le conflit devant la Cour africaine des Droits de l'Homme et des peuples en juillet 2018 pour violation de ses droits d'être représenté au niveau des instances de dialogue social pour lesquelles elle manifeste un intérêt suivant les décisions rendues par la Cour suprême du Mali. Ainsi, elle réclame en dommage intérêt l'équivalent d'un manque à gagner d'environ sept cent millions de Francs CFA pour la perte de sa participation aux sessions du CESC, aux Conseils d'administration des caisses de Sécurité sociale, de l'ANPE, du FAFPA et de la CMSS.

1233. Au-delà des constats que nous venons de faire, le refus de l'UNTM d'associer les autres acteurs syndicaux constitue le principal point de blocage et du refus des critères consensuels issus de la relecture du Code du travail en 2017. A ce rythme, il n'est pas sûr que cette centrale syndicale, qui garde une « mainmise »[1477] sur les instances de dialogue social, au grand dam de l'État,

---

[1475] Tounkara D, « Etat et perspectives du dialogue social au Mali », *op. cit.*, p. 285.

[1476] Chaque année à la veille du 1er mai, fête du travail, le Gouvernement à travers le ministère du Travail octroie une enveloppe budgétaire à chaque centrale en fonction de leur taille présumée. Ainsi l'UNTM reçoit une part importante, la CSTM un peu moins et les deux dernières, un peu moins encore que la CSTM.

[1477] Depuis 1992, l'UNTM seul acteur du dialogue social à côté de l'ancienne fédération nationale des employeurs devenu CNPM, a toujours siégé dans toutes les instances de dialogue social. Cette situation de faveur a été reconnue dans une lettre malencontreuse rédigée par un ministre du Travail en 2014, « confirmant les dires de la CSTM, que compte tenu de l'ancienneté de l'UNTM qu'il était normal qu'elle occupe l'ensemble des postes au niveau de toutes les instances de « dialogue social jusqu'à l'organisation des élections de représentativité qui va les départager ».

fléchisse très vite. Au regard de ce que nous venons de souligner, il demeure urgent de garder une attention au périmètre du dialogue social, notamment à son contenu réel.

SECTION II - L'attention au périmètre du dialogue

1234. Le dialogue social au Mali a de vraies spécificités. Si les attentes sur les évolutions à venir sont fortes, c'est parce que le contenu de ce dialogue reste limité par la loi. Si ce périmètre s'est élargi au fil du temps, notre dialogue social reste sous contraintes, celles apportées par la loi comme par la branche, en application du principe de la hiérarchie des normes.

1235. Notre dialogue social, depuis les années 1991 a été fortement « influencé par le tripartisme de l'OIT et dès lors ces limites ont été fixées par les lois comme le Code du travail du Mali »[1478] et le Statut général des fonctionnaires mais aussi par la loi de 1987 relative à la grève dans le secteur public. Il est donc important à présent de faire attention à son contenu, notamment aux agissements des parties au dialogue qui doivent être conformes aux périmètres définis par la loi, mais aussi à étendre le dialogue aux diverses thématiques qui envahissent le champ social. Ainsi, nous analyserons la conformité au cadre juridique du dialogue **(§ 1)** puis l'investissement dans la diversité des thématiques **(§ 2).**

§ 1. La conformité au cadre juridique du dialogue

1236. L'application uniforme du Code du travail comme des accords décidés au niveau d'une branche, laisse aujourd'hui peu de marge de manœuvre aux entreprises pour adapter ces mesures à leur situation spécifique, leur taille, leur champ d'activité ou leur situation économique. Sans remettre en cause notre modèle, comment dès lors réaffirmer l'importance du dialogue social ? En changeant de perspective : le dialogue social n'est ni une contrainte légale dont on s'acquitte, ni un jeu de rôle prédéfini, mais un outil indispensable à l'alignement des énergies et à la création de richesses et de valeur par l'entreprise.

1237. La préoccupation principale qui se dégage est de comprendre comment faire en sorte que les pratiques de dialogue social soient conformes au cadre juridique existant dans le pays. Se pose ainsi la question du respect du cadre du dialogue, la prise en compte des divers avis exprimés lors des consultations ou des négociations mais aussi le respect des accords conclus ou de fin de conflit. Il ne peut y avoir de dialogue social réel que si les sujets traités respectent le cadre légal défini par les lois. Ainsi, « *parmi une liste quasi-*

[1478] Sidibé O. O. et Tall P., *Le dialogue social au Mali*, BIT-PRODIAF, 2002, p. 4.

illimitée des thèmes (conditions de travail, sécurité sociale[1479]*, emplois verts) qui peuvent-et devraient- être traités par le dialogue social tripartite, nous souhaitons en mentionner quelques-uns qui sont dans l'agenda des gouvernements et partenaires sociaux dans la plupart des pays : les politiques de l'emploi et les réformes du droit du travail* »[1480]. Après avoir expliqué la question du hors champ **(A),** nous allons analyser l'épépineuse question de la prise en compte des avis exprimés et le respect des accords signés **(B).**

A- La question du hors champ : le respect du cadre

1238. Parmi l'ensemble des sujets traités dans le monde du travail, le droit du travail est certainement celui qui est le plus en mesure de refléter les principes du tripartisme et du dialogue social. Ce dernier est un instrument efficace de promotion du droit du travail ; il permet à la fois de garantir la sécurité de l'emploi et des conditions de travail décentes pour les travailleurs, mais aussi d'assurer une marge de manœuvre suffisamment flexible pour les employeurs dans la gestion de leurs entreprises.

1239. Au regard de la diversité des cadres juridiques nationaux, les différents acteurs du dialogue social devraient veiller au respect de ceux-ci afin de faciliter un meilleur encrage du dudit dialogue social, qu'il s'agisse du secteur privé ou du secteur public. A cela s'ajoute l'existence de cadres informels animés par d'autres acteurs qui ne sont pas ceux institutionnels. Nous allons examiner la diversité du cadre juridique **(1)** ainsi que les reformes souhaitables du cadre juridique **(2).**

1. La diversité du cadre juridique

1240. Au plan international, le droit international du travail est composé de conventions, de protocoles et de recommandations de l'OIT. Ces instruments peuvent être présentés en trois groupes principaux. Les huit conventions fondamentales du travail sont contenues dans la Déclaration relative aux principes et droits fondamentaux au travail de 1998. Même si le dialogue social est transversal, la convention n° 87 sur la liberté syndicale et la protection du droit syndical et la convention n° 98 sur le droit d'organisation et de négociation collective sont d'une pertinence particulière pour notre étude.

[1479] OIT, *La sécurité sociale pour une justice sociale et une mondialisation équitable: Discussion récurrente sur la protection sociale (sécurité sociale) en vertu de la Déclaration de l'OIT sur la justice sociale pour une mondialisation équitable,* Rapport VI, Conférence internationale du Travail, 100e session, Genève, 2011.

[1480] Muller A., « La gouvernance par le dialogue social et le droit : l'Afrique dans une perspective internationale », in Auvergnon Ph., Kénoukon Ch. (dir.), *Dialogue social dans les pays de l'espace OHADA et ailleurs dans le monde : la part du droit, op. cit.*, p. 111.

1241. La Déclaration de l'OIT de 2008 sur « la justice sociale pour une mondialisation équitable » se réfère aux quatre conventions qui ont été reconnues par les mandants de l'OIT comme prioritaires pour leur promotion, étant donné leur importance pour les questions de bonne gouvernance. Ces conventions dites « de gouvernance »[1481] traitent de l'inspection du Travail, des politiques de l'emploi et des consultations tripartites relatives aux normes internationales du travail. Le troisième groupe est celui des conventions dites « techniques » qui couvrent un large éventail de thématiques, telles que salaires, temps de travail, protection sociale, santé et sécurité au travail, formation professionnelle, protection de maternité, etc. Ces conventions internationales fondent la pratique du tripartisme qui est lui-même le fondement du dialogue social tel que reflété et pratiqué par l'OIT.

1242. Il faut noter, à titre de rappel, qu'il existe « *des dispositions juridiques bien que limitées relatives à la négociation collective, au dialogue social et, en général, à la participation des acteurs sociaux à la détermination et la mise en œuvre des mesures économiques et sociales qui les concernent les travailleurs ainsi que la vie des entreprises* »[1482]. Ces dispositions trouvent leurs sources principalement dans les textes d'origine étatique, mais on peut évoquer ceux d'origine professionnelle, c'est-à-dire ceux qui sont élaborés par les partenaires sociaux eux-mêmes.

1243. Au demeurant les parties au dialogue social national sont elles-mêmes tenues de respecter les dispositions des normes nationales à l'élaboration desquelles elles ont été associées au travers notamment de diverses consultations.

1244. Il convient de rappeler que les normes définissent les cadres de dialogue et les principes auxquels les acteurs sont obligés de respecter et de s'y conformer. Dans le secteur privé, les inspections du Travail sont chargées de régler[1483] les différends du travail et de concilier les parties, et en cas d'échec de saisir le Conseil d'arbitrage, sur une base volontaire ou obligatoirement dans les services essentiels. Il y a également les comités d'hygiène et de sécurité[1484] et les délégués du personnel[1485] qui dans leurs missions d'animation du dialogue social au niveau de l'entreprise, sont obligés de se conformer aux prescriptions du Code du travail.

[1481] *Cf.* Conventions n° 122 sur la politique de l'emploi, n° 129 sur l'inspection dans l'agriculture, n° 81 et son protocole sur l'inspection du Travail dans les commerces et services et n° 144 sur la consultation tripartite sur les normes.

[1482] Soulama T. T., Études sur l'état du dialogue social et la prévention des crises sociales au Burkina Faso, 2014, p. 17.

[1483] *Cf.* Article L190 et suivants du Code du travail.

[1484] Article L280 du Code du travail.

[1485] Article L278 du Code du travail

1245. Dans le secteur public, on trouve une commission de médiation[1486] saisie à l'initiative du ministre de la Fonction publique, à la suite de préavis de grève déposés par les centrales syndicales ou les syndicats sectoriels. On peut aussi trouver, dans le Statut général, la Commission administrative paritaire[1487] et le Conseil supérieur de la Fonction publique. On peut aussi retrouver diverses instances bénéficiant d'une participation élargie d'acteurs comme le Conseil supérieur du Travail, le Conseil économique, social et culturel et le Pacte de solidarité pour la croissance et le développement de 2001. Toutes ces structures fonctionnement sur la base de procédures décrites par les différents textes qui les ont créées. Même s'il est vrai que certains acteurs sociaux contestent la composition de certaines structures, il est constant que les procédures décrites par la loi sont respectées par les acteurs.

1246. Nous notons cependant qu'il existe une faible effectivité du respect du cadre juridique dans certaines instances de dialogue social ; cela serait dû aux pratiques de dialogue informel qui sont en train de prendre le pas sur l'application des procédures. L'intervention informelle d'acteurs périphériques est entrain de saper les procédures décrites par les lois et textes juridiques de base d'où la nécessité de reformer certains cadres juridiques existants.

2. Les réformes souhaitables du cadre juridique

1247. L'organisation du dialogue social au Mali mérite des reformes à plusieurs niveaux. Les sources de la matière devraient être revisitées. Le rayonnement du dialogue social entretient un lien avec l'installation et le fonctionnement des organes et institutions devant permettre l'échange d'informations, la négociation et la médiation dans le plus grand nombre d'entreprises. Cet objectif sera difficile à atteindre tant que la nouvelle impulsion du dialogue reste le fait d'un instrument conventionnel. Il faudrait donc que le principe soit consacré dans le Code du travail comme en France[1488]. Le droit à l'information des travailleurs constitue sans doute l'aspect prédominant de ce qu'il est convenu d'appeler l'échange d'informations. Les dispositions du Code du travail recèlent, à ce jour, des progrès significatifs par l'obligation faite au chef d'entreprise d'établir la mesure de la représentativité tous les quatre ans[1489] ; ceci est une innovation assez importante même s'il n'a pas été tenu compte de la faisabilité sur le terrain.

[1486] Loi n° 87-47 du 10 août 1987 sur la grève dans le secteur public.

[1487] *Cf.* Article 26 du Statut général des fonctionnaires de 2002.

[1488] Articles L.1 du Code du travail français dont le chapitre préliminaire est consacré au « Dialogue social ».

[1489] Article L78 nouveau de la loi n° 2017-021 du 12 juin 2017 du Code du travail modifié.

1248. Notre droit devrait spécifier la typologie des documents devant permettre à l'employeur de remplir cette obligation en faisant varier leur contenu en fonction de la taille des entreprises. Dans les très grandes entreprises, il ne serait pas malvenu que les représentants des travailleurs soient associés à sa production. De manière plus globale, un redimensionnement des instruments du dialogue social en fonction de la taille des entreprises devrait être mis en œuvre. La mesure de la représentativité dans les entreprises ne devrait pas être facultative, « *les élections professionnelles au niveau de l'entreprise sont organisées en cas de besoin* »[1490]

1249. Force est de reconnaitre que le rôle dans le dialogue social du Conseil, économique, social et culturel laisse à désirer et se résume à l'élaboration d'un recueil des besoins des populations ; la Commission sociale semble se limiter à quelques réunions de ses membres sans pouvoir traiter sérieusement des problèmes sociaux. La création d'un Conseil national du dialogue social devrait permettre de régler le problème du vide d'un cadre national de concertation, au-delà du CESC. Cela devrait permettre de procéder à une délimitation des domaines de compétences de chaque acteur institutionnel d'une part du futur CNDS, d'autre part de l'administration du travail. À chaque niveau de négociation, de concertation ou de médiation, les compétences ne devraient plus se chevaucher.

1250. La révision de la loi n° 87-47 devrait permettre de prendre en charge la gestion des cahiers de doléances pour lesquelles aucune disposition n'est consacrée ni dans le Code du travail, ni dans la loi n° 87-47, et donc de consacrer la pratique dans la loi. La question de leur régulation appelle, encore une fois, la responsabilité de l'État. Cette régulation devrait d'ailleurs aller jusqu'à spécifier des mesures pour chaque niveau professionnel en fonction du degré d'effectivité ou d'ineffectivité du dialogue social qui y est constaté. Le dispositif normatif actuel, « *étatique comme conventionnel, n'en fait un véritable droit pour les travailleurs qu'au niveau des branches d'activités par la possibilité donnée à un syndicat majoritaire de demander la convocation d'une commission mixte paritaire en vue de la négociation d'une convention collective de branche* »[1491].

1251. L'efficience de la négociation de branche ou de celle liée aux conflits collectifs dans le secteur public requiert d'ailleurs une formation des acteurs

---

[1490] Article L78 nouveau du Code du travail précité.

[1491] Niang M. B., « Ancrage juridique et perspectives du dialogue social au Sénégal », in Auvergnon Ph., Kénoukon Ch. (dir.), *Dialogue social dans les pays de l'espace OHADA et ailleurs dans le monde : la part du droit*, *op. cit.*, p. 237.

aux techniques de négociation et attitudes de dialogue, c'est-à-dire une « capacitation » à la négociation. La légitimité des acteurs à la négociation devra être considérée avec plus de sérieux et mise en relation avec l'exigence de représentativité syndicale. A tous les niveaux, des dispositions claires et précises devront édifier les mécanismes de sélection des organes de représentation des travailleurs et employeurs ; l'organisation des élections de représentativité à tous les niveaux devrait régler cette épineuse question, évoquée par les syndicats lors de chaque négociation. Le cas particulier du secteur de la géologie, de l'hydrogéologie et des mines interpelle les acteurs sociaux (travailleurs et employeurs). Il n'est donc pas rare de voir des conflits naitre de ces contestations entre syndicats de deux centrales différentes (UNTM -CSTM).

1252. La prévention et la résolution des conflits sont appelées à être saisies par le dialogue social. Une démarche cohérente dicterait de renforcer le dispositif de prévention. La prévention structurelle des conflits passe d'abord par la mise en place de systèmes d'alerte précoces et de chaines de décisions administratives et politiques mais aussi par une lutte contre les causes profondes de l'émergence de ces conflits[1492] ; la lettre circulaire du Premier ministre AG Hamani de 2004 pourrait être un outil permettant aux chefs de services dans les administrations publiques de rencontrer les représentants syndicaux une fois par semaine, pour nouer le fil du dialogue.

1253. Ceci semble impossible à réaliser sans l'installation, à tous les niveaux professionnels, de cadres permanents d'échanges. Les réformes du dispositif étatique comme conventionnel devraient aller dans le sens de l'installation de procédures de négociation dès le dépôt d'un préavis de grève. Un dispositif de prévention pourrait être inséré dans le Code du travail et dans la loi n° 87-47. L'épineuse question du respect du service minimum dans les deux secteurs se pose avec beaucoup d'acuité. Le décret n° 0562 du 22 décembre 1990 sur le service minimal en cas de grève dans les services publics mériterait d'être revenu à la lumière des principes de l'OIT sur les services essentiels. La CEACR a, dans ses commentaires, limité ces services au secteur de l'eau, de l'électricité, de la santé, de la sécurité et aux télécommunications.

1254. Il faut noter que « la mise en place de canevas stabilisés de prévention des conflits collectifs devrait être étendue à l'étape de la résolution de tels conflits »[1493]. L'efficacité d'un tel dispositif passera par une meilleure

---

[1492] Touré M., La problématique des crises récurrentes dans les secteurs sensibles tels que l'éducation et la santé : diagnostic et solutions de sortie de crise, *Revue du Comité National du Dialogue Social*, 1ère session ordinaire, 2005, p. 40.

[1493] Niang M. B., « Ancrage juridique et perspectives du dialogue social au Sénégal », in Auvergnon Ph., Kénoukon Ch. (dir.), *Dialogue social dans les pays de l'espace OHADA et ailleurs dans le monde : la part du droit*, *op. cit.*, p. 238.

articulation de l'intervention des différentes institutions en fixant les limites de leur compétence. L'intervention « *des organes de médiation et de conciliation prévus par le Code du travail*[1494]*, et celle d'autres institutions (Conseil économique, social (...) se télescopent souvent dans la pratique. La formation des acteurs en médiation de situations conflictuelles devrait être renforcée* ». Ce travail de « *capacitation devra aller dans le sens de situer le participant dans un contexte d'intervention, de comprendre la dynamique d'un conflit et de connaitre les outils d'intervention pour pratiquer une médiation* »[1495]. Le dialogue social ne peut donc prospérer sans une démarche citoyenne de chacune des parties prenantes à ce dialogue, c'est-à-dire à la foi que chacune aurait dans le respect de la loi. Ceci nécessite la prise en compte des avis exprimés lors des négociations et en dehors des négociations et le respect des accords convenus entre les parties.

B - La prise en compte des avis et le respect des accords

1255. Le dialogue social ne peut prospérer que si les parties ont la pleine possibilité d'exprimer des avis au cours de la négociation de façon libre et transparente. Cela devrait être encouragé pour permettre une participation pleine des différents acteurs du champ social. Il est à noter que la recherche de la flexibilité du droit est de manière générale imputable à une préoccupation d'effectivité du dialogue social dans nos pays.

1256. Au regard de la diversité du cadre juridique, la participation des acteurs sociaux nécessite une totale liberté de parole. Cela a d'ailleurs été consacré par notre Code du travail en son article L.5 qui affirme le droit d'expression[1496] des salariés en toute circonstance au sein de l'entreprise et dans les divers lieux de dialogue. Il nous faut examiner la prise en compte des avis lors des négociations **(1)** ainsi que le respect des accords conclus entre les parties **(2).**

1. La prise en compte des avis

1257. L'idée de dialogue social entretient un lien avec la notion de participation des travailleurs. Au cours des débats, divers avis sont émis par les acteurs qui devraient, lorsqu'ils sont pris en compte, contribuer à faire avancer le droit d'expression des salariés. Ainsi, peut-on entendre la disposition du préambule de la Constitution française qui énonce que *« tout travailleur participe par l'intermédiaire de ses délégués, à la détermination collective des*

[1494] *Cf.* Articles L.190 et L.221 du Code du travail du Mali.

[1495] Niang M. B., « Ancrage juridique et perspectives du dialogue social au Sénégal », *op. cit.*, p. 238.

[1496] L'article L5 du Code du travail du Mali stipule que : *« Dans les entreprises les travailleurs bénéficient d'un droit à l'expression sur le contenu, les conditions d'exercice et l'organisation du travail à travers les institutions représentatives des travailleurs »*.

conditions de travail ainsi qu'à la gestion des entreprises »[1497]. Dès lors, on admet que différentes parties peuvent voir leurs intérêts propres représentés lors de la prise de décision tant politique qu'entrepreneuriale ; on quitte alors la conception classique de la Gouvernance pour aborder celle plus incertaine de Gouvernance sociale[1498]. La diversité des cadres juridiques et de ces cadres institutionnels du dialogue social dans les secteurs privé et public voudrait que l'on accepte que des avis divers puissent s'exprimer lors des négociations des conflits collectifs de travail, des cahiers de doléances, de la réunion des représentants des travailleurs dans l'entreprise.

1258. Le dialogue social ne pourrait jouer un rôle dans les stratégies de réforme que si les cadres existants sont animés régulièrement par les acteurs sociaux et que l'État en assure le *leadership*. Nous assistons depuis une décennie à la création de cadres de dialogue un peu partout en Afrique. Mais, le problème réel qui se pose à ces cadres est, hormis le CDTS-UEMOA, qu'ils soient nationaux ou sous régionaux, qu'ils ne sont pas suffisamment animés et que lorsque des avis sont émis que ceux-ci ne sont pas pris en compte.

1259. Aujourd'hui, l'heure n'est pas aux accusations tout azimut, il est temps de s'interroger sur les réussites et les échecs du dialogue social. Nous savons tous que l'une des raisons de son insuccès réside dans le fait qu'il a mis à l'écart certains acteurs importants depuis 1998. Il n'est par ailleurs pas rare d'attendre des syndicalistes de tout bord dire *« le Gouvernement ne prend pas en compte nos avis* »[1499]. Il faut construire un nouveau consensus autour d'un Conseil national du dialogue social. Nous devons arrêter d'assister impuissamment au sacrifice du dialogue social sur l'hôtel de la division nourrie depuis plusieurs décennies au Mali.

1260. La philosophe politique *Nancy Fraser* nous rappelle à quel point, dans l'ère contemporaine, les questions de redistribution, de reconnaissance, et de

---

[1497] Martin Ph, « Dialogue social et régulation juridique. Une problématique européenne », in Martin Ph (dir.). *Le dialogue social, modèles et modalités de la régulation juridique en Europe*, , *op. cit.*, p. 31.
[1498] *Idem.*
[1499] La CSTM le dit depuis 1997, même après plusieurs condamnations du Gouvernement, le chapitre de l'exclusion continue à s'écrire allègrement et le Gouvernement, à travers le ministère du Travail, n'arrive pas à organiser les fameuses élections professionnelles qui ont été chantées partout comme la seule voie possible de sortie de cette exclusion des autres du champ du dialogue social au Mali. Les autres pays de l'UEMOA ont tant bien que mal réussi à créer un cadre national. Depuis l'évaluation du Pacte, en dehors des cadres institutionnels institués par le Code du travail et le Statut général des fonctionnaires, le jeu de concertation sociale au Mali est biaisé.

représentation sont importantes »[1500].Pour cette auteure, « *la représentation est une question de premier ordre. J'aimerais mettre l'accent sur le fait qu'elle insiste sur l'importance de bien caractériser le niveau de représentation convenable. Autrement dit, elle nous demande d'être attentif pour bien cibler si un sujet ou une partie d'un sujet peut mieux être résolue au niveau transnational ou au niveau national* »[1501].

1261. Il paraît nécessaire de revisiter quelques idées de base en vue d'une forme de réappropriation du dialogue social. Tout d'abord, ce dernier doit concerner tous les acteurs sociaux ; il ne doit pas répéter les exclusions du passé, à commencer par ceux qui sont de fait les plus concernés par la revendication d'un « *travail décent pour tous* ». Le dialogue social doit favoriser l'émancipation. Il devrait notamment permettre de nous reconnaitre les uns les autres.

1262. Il est aussi nécessaire de revoir les formes de participation au dialogue social pour que les avis émis par les acteurs puissent être utilisés et faire progresser la gouvernance sociale qu'elle soit de la Fonction publique comme du secteur privé. Les différents acteurs sont convaincus que leurs avis doivent compter et le Gouvernement ne saurait faire autrement parce que ceci a une influence certaine sur le respect des engagements pris ou des accords signés entre les parties. Nous allons examiner précisément cette question du respect des engagements ou des accords.

2. Le respect des accords signés

1263. Le dialogue social est le ciment de la construction du partenariat Gouvernement, employeur et travailleur. Il joue un rôle de premier plan pour que les acteurs sociaux de tout bord se retrouvent pour discuter de l'amélioration des conditions de vie des travailleurs du public comme du privé. C'est à l'occasion de ces négociations, de ces concertations sociales au niveau des différents cadres que des accords sont conclus. La négociation collective dans l'entreprise « *a lieu entre l'employeur ou son représentant et les organisations syndicales représentatives dans l'entreprise. La présence d'un délégué syndical suppose l'existence d'une section syndicale dans l'entreprise* »[1502].

[1500] Blackett A., Adelle Blackett « Se réapproprier le dialogue social », in Auvergnon P., Kénoukon C., (dir.), *Dialogue social dans les pays de l'espace OHADA et ailleurs dans le monde : la part du droit*, *op. cit.*, p. 47.
[1501] *Idem.*
[1502] Martin Ph, « Dialogue social et régulation juridique. Une problématique européenne », *op. cit.*, p. 277.

1264. La négociation collective « *directe dans l'entreprise est à l'évidence la voie naturelle, à la fois de la prévention et de règlement des conflits collectifs localisés, négociation à froid, négociation à chaud que peut éventuellement favoriser la médiation. Il se peut que la grève se termine par la signature d'un procès-verbal de fin de conflit ou d'un protocole d'accord, plus ou moins bien accepté par les grévistes, de surcroit dans un contexte peu rassembleur de pluralisme syndical* »[1503]. Ces protocoles règlent notamment les aspects disciplinaires du conflit, en présence d'actes illicites. Ils peuvent porter sur les heures de récupération, le paiement de tout ou partie des salaires, etc.

1265. Il convient de rappeler que l'accord de fin de conflit ou protocole d'accord est le résultat du dialogue social de façon générale s'agissant des conflits collectifs du travail public ou privé. Ces accords portent sur les conditions de travail de façon générale. Ils sont le résultat de laborieuses discussions, voire des jours de conciliation avec les délégués syndicaux. L'accord conclu entre les parties peut souvent être le résultat des discussions issues d'un cadre de dialogue social en dehors de tout conflit. L'exemple le plus palpant est le Pacte de solidarité signé entre les parties (Gouvernement, employeurs et syndicats de travailleurs) en dehors de tout conflit collectif.

1266. Il faut noter que « le régime juridique de ces protocoles est mal défini. Remédiant, à une crise, de caractère provisoire, ils ne se substituent pas à la convention collective et n'obéissant pas nécessairement aux mêmes règles de négociation et de conclusion »[1504]. L'étendue de leurs effets et leur sanction ont été progressivement fixées par la jurisprudence *qui y voit, en règle générale, « une transaction au sens de l'article 2044 du Code civil français réglant les questions litigieuses et s'opposent à toute réclamation ultérieure, soit un accord collectif d'entreprise lorsqu'il est signé après négociation avec des délégués du personnel ou délégués syndicaux, soit un engagement unilatéral liant l'employeur* »[1505].

1267. Il convient de noter qu'en France « le non-respect d'un procès-verbal de conciliation ou d'un accord de fin de conflit peut inciter les travailleurs à saisir le Conseil de prud'hommes afin d'obtenir ce qui a été promis ; en tous cas, la Cour de cassation a invité les juges du fond à donner plein effet à ce type d'acte « innomé »[1506]. Ceci concerne le secteur privé. Dans le secteur public, on se pose la question de savoir si les salariés disposent des mêmes possibilités

---

1503 Mazeaud A., *Droit du travail*, Précis Domat Droit privé, LGDJ, 10ème éd., Lextenso, 2016, p. 321.
1504 Auzero G, Baugard D., Dockès E, *Droit du travail*, 32ème éd., Dalloz, 2019, p. 1809.
1505 *Idem*.
1506 *Ibidem*, p. 1810 ; Voir aussi : cass. soc, 24 avril 1975, Bull. V n° 207 ; cass. soc. 17 décembre 2003, RJS 4/04 n° 444 ; cass. soc, 24 juin 2008, n° 07- 40.387 (Pouvoir d'interprétation du juge du fond), inédit.

en cas de non-respect du procès-verbal signé de saisir le juge du fond, ici le tribunal administratif, pour condamner l'État à mettre en œuvre ce à quoi il s'est engagé.

1268. L'accord de fin de conflit, dès sa signature, « *a force de loi, sauf à comporter des clauses illicites ou des clauses contraires à l'ordre public. Il n'a pas nécessairement la même portée qu'un accord collectif tel une convention collective de travail ou un accord d'établissement* »[1507]. L'accord peut faire l'objet d'une contestation devant le juge. Dans ce cas ce dernier va rechercher quel était le sens donné aux engagements par les signataires[1508] ; il n'est pas rare de voir, en tous cas au Mali, que les termes des accords fassent l'objet d'interprétations diverses et entrainent la méfiance des syndicats qui, la plupart du temps, estiment qu'ils ont été floués par le Gouvernement qui « ne respecte jamais sa parole ».

1269. L'une des conditions « *à remplir pour que le dialogue social vive, concerne le sort des accords. La question du respect des engagements est essentielle. Le non-respect des accords est source de conflits permanents. Nombreuses sont les grèves déclenchées pour faire pression sur une entreprise qui n'a pas respecté les termes d'un accord de fin de conflit. Entre deux négociations, le temps est au travail. C'est pourquoi il y a nécessité absolue de définir un temps pour chaque chose* »[1509].

1270. Plus généralement, « certains accords collectifs peuvent, dans certaines circonstances, être le prélude à des textes légaux. Ces « lois négociées » suscitent aujourd'hui beaucoup d'intérêt ; paradoxalement, le dialogue social atteint un rayonnement maximal lorsque le résultat des échanges est repris par la loi. L'autorité de la loi imprègne alors le contenu des concertations ou consultations qui deviennent des normes générales et abstraites, selon la définition communément admise de la loi »[1510]. Dans tous les cas de figure les acteurs sociaux sont tenus aux respects des accords issus des négociations.

1271. En toute hypothèse, « *même quand ils ne sont pas repris sous forme de loi, les engagements pris par les acteurs sociaux doivent être respectés, tout comme les décisions contenues dans une sentence arbitrale ou un accord de fin de conflit. La force obligatoire du contrat se combine avec le principe*

[1507] Ouaissi H., *Droit du travail de l'individuel au collectif*, Masters, 2ème éd., Bruylant, coll. Paradigme, 2017, p. 442.

[1508] *Idem.* ; cass. soc, 2 décembre 1992, n° 90-45. 186, Bull, V, n° 579.

[1509] A Cissé Niang, « Dialogue social ; quelques pistes d'échanges sur un concept à géométrie et des pratiques polymorphes », in Auvergnon Ph., Kénoukon C., (dir.), *Dialogue social dans les pays de l'espace OHADA et ailleurs dans le monde : la part du droit*, *op. cit.*, p. 31.

[1510] *Cf.* not. Charbonnier Ch. et Duroy A., « Réaction sur la thématique de la loi négociée », *in* Waquet Ph. (dir.), *13 paradoxes en droit du travail*, Lamy, coll. Axe Droit 2012, p. 91 à 94.

moral du respect de la parole donnée. En matière de dialogue social, le juridique et le non-juridique interfèrent fortement »[1511].

1272. La révision de la loi n° 87- 47 du 10 août 1987 devrait permettre de clarifier le sort des accords conclus dans la Fonction publique en cas d'inexécution fautive de la part du Gouvernement. Nous savons déjà en prenant appui sur les dispositions du Code des obligations du Mali de 1987 « que les conventions légalement formées tiennent lieu de loi à ceux qui les ont faites »[1512] ; ceci suppose qu'en cas de non-respect des accords signés par le Gouvernement, les syndicats devraient pouvoir saisir le juge du fond. Mais, il faut reconnaitre qu'en pratique, il n'est pas sûr, si une action de ce genre, pourrait prospérer contre l'État qui n'aurait pas respecté ses propres obligations découlant d'un contrat innomé, les juges pourront mettre en avant qu'il n'y a pas d'exécution forcé contre l'Etat, toute chose qu'il faut d'ailleurs relativiser.

1273. Au-delà des questions de droit qui pourront éventuellement se poser en pareil cas, le non-respect des accords entraine automatiquement, aux termes du délai convenu dans le protocole, le dépôt d'un nouveau préavis ; la confiance s'effrite entre les acteurs et cela joue forcement sur les développements futurs du dialogue social. Il est illusoire de penser que les syndicats puissent longtemps continuer à « gober » ces pratiques du Gouvernement revenant à ce que des actes soient signés juste pour faire cesser un mouvement ou pour gagner du temps. Il faut observer qu'une fois la crédibilité des acteurs entamés, le résultat du dialogue ne peut que s'en trouver hypothéqué. La rupture de la confiance est à la base au Mali des dépôts de préavis successifs par les organisations syndicales. L'État passe pour celui qui ne respecte pas ses propres engagements envers les partenaires sociaux.

1274. A titre illustratif, au cours de la grève des magistrats en juillet 2018, selon leur dire, le durcissement du mouvement a été dû à la non-application par l'État du Mali du Protocole signé en 2017. Dans le protocole évoqué, le Gouvernement s'était engagé à relire le Statut des magistrats et à leur donner une nouvelle grille de salaire en plus du fait de les sécuriser face aux risques d'enlèvement par des djihadistes[1513].

[1511] A Cissé Niang, « Dialogue social ; quelques pistes d'échanges sur un concept à géométrie et des pratiques polymorphes », *op. cit.*, p. 32.
[1512] *Cf.* Article 77 de la loi n° 87-31 du 29 juillet 1987 portant régime général des obligations au Mali.
[1513] Les magistrats prennent exemple sur l'enlèvement du juge Soungalo Koné au tribunal d'instance de Niono dans la région de Ségou au Centre du Pays. Le sieur Koné a été enlevé chez lui en dehors des heures de service par des éléments armés, des djihadistes venus de la frontière avec la Mauritanie. Depuis cette date, les magistrats ont mis ce point comme revendication dans leur préavis de grève de juillet 2018.

1275. Nous sommes certains que le respect des accords est la clef du succès du dialogue social au Mali ; tous les partenaires devraient travailler à cela. Le Gouvernement vient de faire un premier pas en créant en juin 2018 une « Commission de suivi du dialogue social »[1514], composée de vieux conciliateurs et de deux cadres du ministère du Travail. Elle est rattachée à la Primature et sera chargée du suivi de l'exécution des engagements que le Gouvernement aurait signés avec les partenaires sociaux du public ou du privé. Il s'agit là d'un premier signe annonciateur peut-être de lendemains meilleurs pour le dialogue social au Mali. Il convient de souligner que ces problèmes de non-respect des engagements se rencontrent plus rarement dans le secteur privé. Dans la majorité des cas, les accords signés sont respectés[1515]. Au-delà des préoccupations liées à l'adhésion au dialogue social par le respect des accords et par la conformité au cadre juridique, il est certain que nous devrions investir dans d'autres thématiques pour élargir le champ du dialogue social.

§ 2 - L'investissement dans la diversité des thématiques

1276. Á l'examen des sujets du dialogue social, nous pouvons d'ores et déjà affirmer que le registre est également très ouvert. Il faut noter qu'« *aux préoccupations traditionnelles de sécurité et d'amélioration des conditions de travail s'ajoutent aujourd'hui des questions liées au contexte mondial : croissance économique ou compétitivité, formation, égalité des genres, etc.* »[1516]. En un mot, ce qui préoccupe tout le monde du travail c'est à la fois la condition des travailleurs à travers l'exigence d'un travail décent et le sort de l'entreprise. Ainsi, nous retrouvons les questions incontournables de la rémunération, des moyens du dialogue social, des droits fondamentaux au travail, de la qualification professionnelle, de la formation professionnelle, de l'égalité homme/femme. Nous retrouvons aussi parmi les thèmes du dialogue social, les questions à dimension sociétale comme le travail des enfants, le travail forcé, la discrimination, et de façon générale, celle de la démocratie

---

[1514] Décret n° 2018-0524/P-RM du 20 juin 2018 portant création de la Commission de suivi du dialogue social au Mali. Elle sera chargée entre autres de faire rapport au Premier ministre sur les engagements non exécutés du Gouvernement à la suite des accords qu'il a signé avec les syndicats de travailleurs dans la Fonction publique et d'attirer son attention sur les difficultés d'exécutions de certains engagements financiers de l'État.

[1515] Lorsque nous faisons le bilan des accords signés et exécutés, on se rend compte que le secteur privé essaye au maximum de donner une réponse appropriée aux accords signés, cela s'expliquerait par le fait que le dialogue social au niveau de l'entreprise est plus raisonné car les acteurs sociaux sont les principaux responsables du système de production et connaissent la plupart du temps les réelles possibilités de l'entreprise et donc les revendications ne sont pas maximalistes.

[1516] A. Cissé Niang, « Dialogue social ; quelques pistes d'échanges sur un concept à géométrie et des pratiques polymorphes », *op. cit.*, p. 28.

sociale en tant que prolongement de la démocratie politique. Nous analyserons les sujets incontournables lorsqu'on évoque le dialogue social **(A)** ainsi que les questions à dimension sociétale **(B).**

A- Les questions incontournables

1277. Il est clair que le nouveau contexte mondial n'a pas conduit à une renonciation aux revendications sociales traditionnelles. Bien au contraire, les exigences justifiées par la promotion des droits humains ont rendu la demande sociale plus forte. Le besoin de justice sociale est plus criant, les inégalités sont combattues qu'elles soient fondées sur le sexe ou sur toute autre considération subjective, parfois sans rapport avec l'exécution normale du contrat de travail. En cela, le droit contemporain du travail présente bien des paradoxes et ambivalences au regard de la diversité des sujets traités **(1)** ainsi que des moyens du dialogue social **(2).**

1. La diversité des sujets du dialogue social

1278. Le dialogue social est tissé de façon à couvrir l'ensemble des travailleurs du secteur public et du secteur privé. Il se développe ainsi au travers des différents niveaux de la négociation collective et, hors cette dernière, au sein de divers organismes. Il n'est pas possible de parler du champ du dialogue sans traiter des rémunérations, des moyens du dialogue social à travers les cadres et les acteurs qui l'animent, du respect des droits fondamentaux au travail, de la qualification professionnelle ou de la formation professionnelle dans l'entreprise, des comités d'hygiène et de sécurité, bref de la vie des travailleurs liés par un contrat collectif quel qu'il soit.

1279. Les espaces de la négociation collective sont vastes mais, très schématiquement, le niveau de prédilection est au Mali la branche. Il n'exclut pas les négociations menées au niveau de l'entreprise par les représentants des travailleurs à travers la négociation des accords d'établissements[1517] et des règlements intérieurs des entreprises[1518]. La primauté est donnée au comité syndical qui est censé représenter l'ensemble des travailleurs, à défaut les délégués du personnel prennent le relai pour animer la négociation collective.

1280. Il est constant, au fur de l'évolution des systèmes de production, que les sujets du dialogue social se concentrent autour de l'entreprise. Les branches sont devenues des lieux de dialogue social au regard de l'importance des thèmes traités lors de ces négociations. Les questions de rémunérations sont les plus courantes, à cela s'ajoutent les questions de formation professionnelle

---

[1517] Article L78 et suivants du Code du travail.
[1518] Article L62 et suivants du Code du travail.

et de classification professionnelles. Le Code du travail du Mali a listé les thèmes[1519] qui doivent être obligatoirement traités dans une convention collective. Il impose aux partenaires sociaux, non pas une obligation de négocier, mais lorsque la négociation s'ouvre l'obligation de traiter ces sujets précis.

1281. Ainsi, aux termes de l'article L79 du Code du travail : « *Les conventions collectives visées par la présente section comprennent obligatoirement des dispositions concernant :* 1) le libre exercice du droit syndical et la liberté d'opinion ; 2) la détermination des classifications des catégories professionnelles ; 3) les salaires applicables par catégorie professionnelle et éventuellement par région ; 4) les modalités d'exécution et les taux des heures supplémentaires ; 5) les modalités d'application du principe : "à travail égal, salaire égal", pour les femmes et les enfants ; 6) les primes d'ancienneté et les indemnités de déplacement ; 7) les conditions d'embauchage et de licenciement et notamment la durée de la période d'essai et celle du préavis ; 8) les délégués du personnel ; 9) les conditions particulières du travail des femmes et des enfants ; 10) les modalités d'organisation et de fonctionnement de la formation dans l'entreprise, dans le cadre de la branche d'activité considérée ; 11) l'organisation et le fonctionnement des commissions paritaires de classement ; 12) la procédure de révision, modification et dénonciation de tout ou partie de la convention collective ; Elles peuvent également contenir, toute autre disposition non contraire à la législation en vigueur ». Il faut noter que le dernier alinéa de l'article L79 fait une ouverture aux parties, qui ont désormais la possibilité d'inclure des questions qui ne sont pas traitées, comme la question des droits fondamentaux au travail. Cet aliéna aussi donne l'occasion aux parties de transposer dans les normes négociées des questions contenues dans les conventions de l'OIT comme l'égalité professionnelle homme-femme, le harcèlement[1520] qui sont de plus en plus traitées dans les codes du travail de certains pays membres de l'OHADA.

[1519] Article L79 et suivants du Code du travail.

[1520] Article 5 de la loi n° 2015-532 du 20 juillet 2015 portant Code du travail en République de Côte d' Ivoire, voir également le projet d'acte uniforme de l'OHADA relatif au droit du travail : « L'Organisation pour l'Harmonisation en Afrique du Droit des Affaires réunit aujourd'hui dix-sept États d'Afrique centrale et de l'ouest (Bénin, Burkina Faso, Cameroun, Comores, Congo, Côte d'Ivoire, Gabon, Guinée Bissau, Guinée, Guinée Equatoriale, Mali, Niger, République Centrafricaine, République démocratique du Congo, Sénégal, Tchad, Togo). L'objectif de l'OHADA est la « facilitation des échanges et des investissements, la garantie de la sécurité juridique et judiciaire des activités des entreprises ». Les actes uniformes de l'OHADA visent à « propulser le développement économique et créer un vaste marché intégré afin de faire de l'Afrique un pôle de développement ». Un projet d'acte uniforme portant droit du travail a été discuté et approuvé avec quelques réserves lors de la Conférence des commissions nationales OHADA des États membres à Lomé en octobre 2010. Depuis lors ce projet n'a toujours pas été adopté.

1282. Nous assistons depuis quelques temps à la manifestation d'intérêts des partenaires sociaux pour les questions de CHS, de sécurité et de santé au travail. Ceci témoigne d'une évolution ; en effet, les syndicats ont tendance à limiter, dans nos pays, les sujets du dialogue social aux seules questions de rémunération, de classification et d'heures supplémentaires. La ratification par le Mali de la convention OIT n° 155[1521] et de son Protocole en 2016, y est sans doute pour quelque chose.

1283. Depuis l'échec de la tentative de l'organisation des élections de représentativité au niveau national et la création en 2014 d'une quatrième centrale syndicale, les débats sont orientés de plus en plus vers la désignation des syndicats les plus représentatifs dans les branches et même dans les entreprises. Il n'est pas rare de trouver dans une entreprise des comités syndicaux des trois centrales[1522].

1284. Dans la Fonction publique malienne, la négociation collective est peu usitée dans la mesure où les sujets qui lui sont soumis se limitent à la négociation des cahiers de doléances des centrales syndicales ou des syndicats sectoriels. Il faut noter que « *la forme la plus visuelle se trouve dans les établissements publics administratifs où les acteurs discutent autour des accords d'établissements régissant les conditions de travail du personnel. La négociation collective dans la fonction publique comporte des particularités par rapport au secteur privé, liées au rang ou à la valeur juridique réservée aux clauses ou accords concernant les conditions d'emplois des fonctionnaires* »[1523]. La commission d'experts de l'OIT estime que toute interdiction ou restriction concernant leur droit de négociation serait contraire aux conventions n° 98, 151 et 154 de l'OIT.

1285. En France, la diversité des sujets de la négociation collective est plus accentuée qu'en Afrique francophone. L'ordonnance n° 2017-1386 « *ne fait plus expressément référence à la possibilité de négocier au niveau des établissements distincts ou des groupes d'établissements distincts. Lorsque l'on envisage le champ d'action des obligations de négocier dans l'entreprise, il convient de garder à l'esprit les dispositions de l'article L. 2232-33, relatives au groupe d'entreprises. Ainsi, l'obligation de négocier concerne en premier lieu, les entreprises où sont constituées une ou plusieurs sections*

[1521] Convention n° 155 sur la sécurité et la santé au travail de l'OIT et son protocole 155, ratifiée par le Mali en avril 2016 et entrée en vigueur le 12 avril 2017.

[1522] UNTM, CSTM et CDTM.

[1523] BIT, Étude relative aux conditions de travail et à la négociation collective dans la fonction publique, un chemin à suivre, BIT-Genève, rapport III soumis à la 102ème session de la CIT, juin 2013, p.93, voir aussi : BIT, Étude d'ensemble de 2012, paragr. 222-223 ; Étude d'ensemble de 1994, paragr. 249.

syndicales d'organisations représentatives »[1524]. Cela dénote de la diversité des thèmes traités par le dialogue social. Cependant, la périodicité imposée par la loi de 2017 évolue, puisque *« les employeurs concernés doivent engager au moins une fois tous les quatre ans deux négociations. La première a pour objet la rémunération notamment les salaires effectifs, le temps de travail et le partage de la valeur ajoutée dans l'entreprise et la seconde porte sur l'égalité professionnelle entre les hommes et les femmes notamment sur les mesures visant à supprimer les écarts de rémunération, et la qualité de vie au travail »*[1525]. Ainsi, l'ordonnance n° 2017-1386 a donc conservé une négociation obligatoire organisée selon trois « blocs thématiques »[1526].

1286. A toutes ces négociations s'ajoutent d'autres types de négociation collective[1527] notamment sur les salaires effectifs, la durée effective et l'organisation du temps de travail, notamment la mise en place du travail à temps partiel, l'intéressement, la participation et l'épargne salariale, de plan d'épargne d'entreprise ou de plan d'épargne pour la retraite collectif, le suivi de la mise en œuvre des mesures visant à supprimer les écarts de rémunération, et les différences de déroulement de carrière entre les femmes et les hommes, l'égalité professionnelle entre les hommes et les femmes et la qualité de vie professionnelle pour les salariés[1528].

1287. On assiste ces dernières années en France, à la volonté de décentraliser la négociation vers l'entreprise, comprise comme l'unité de négociation la mieux adaptée aux réalités et la plus pertinente en termes d'enjeux de compétitivité. Il convient d'ajouter que l'obligation annuelle peut faire l'objet de sanctions « *lorsque l'employeur qui n'engage pas la négociation collective ou qui ne respecte pas les obligations mises à sa charge pendant la procédure de négociation (carence dans la fourniture d'informations, décisions unilatérales pendant le cours de la négociation) sera déclaré civilement responsable des préjudices subis par les salariés et par les organisations syndicales* »[1529]. Ainsi, l'employeur qui n'engage pas une négociation obligatoire annuelle peut s'exposer à des sanctions pénales[1530]. Au-delà de la diversité des sujets classiques du dialogue social, on pourrait aussi investir dans les moyens du dialogue social.

1524 Auzero G, Baugard D., Dockès E., Droit du travail, 32ème éd., Dalloz, 2019, p. 1711.
1525 *Idem.*
1526 *Ibidem,* p. 1712.
1527 Article L. 2242-5 du Code du travail français.
1528 Article L. 2242-8 du Code du travail français.
1529 Auzero G, Baugard D., Dockès E., *op. cit.,* p. 1717.
1530 Articles L. 2243-1, L. 2243-2 du Code du travail français ; M. Puech, L'obligation, au regard du droit pénal, d'engager une négociation annuelle dans les entreprises, *Dr. soc.* 1984, p. 19.

2. Les moyens du dialogue social

1288. L'organisation du dialogue social relève de l'autorité publique qui doit, au regard de la diversité des thématiques nouvelles et anciennes, doter les organes et institutions de dialogue social de moyens leur permettant de fonctionner normalement. Toutefois, « *Il y a sans doute beaucoup à dire sur les acteurs. Tout naturellement, ce sont les partenaires sociaux ou acteurs des relations professionnelles qui sont concernés au premier chef. Il s'agit des représentants des salariés et de ceux des employeurs. Pour les nommer plus précisément encore, ce sont les syndicats de travailleurs et les organisations d'employeurs. Le dialogue est alors bipartite. On admet aisément un tel face à face pour le traitement des questions spécifiques à l'entreprise. Ce premier niveau de concertation et de négociation est tout à fait vital pour l'entreprise elle-même car sa survie dépend bien souvent d'un climat favorable à la production* »[1531].

1289. Toutefois, il arrive que l'État lui-même puisse être interpellé dans le cadre de certaines concertations, notamment lorsque sont abordés des sujets d'intérêt général. Le rôle de l'État est très déterminant à différentes étapes du processus du dialogue social au Mali. En réalité, en matière de dialogue social en Afrique, le tripartisme constitue une règle fondamentale, fortement inspiré par le modèle du BIT. C'est si évident pour les différents acteurs eux-mêmes qu'ils ne peuvent parfois même pas envisager un seul instant de déroger à ce modèle.

1290. Tous les acteurs sont unanimes sur l'importance et la nécessité du dialogue social face aux défis du développement économique et du progrès social. Le ministère du Travail et de la Fonction publique le rappelle régulièrement lors des diverses négociations. Ce qui revient beaucoup sur les lèvres se sont les questions des moyens du dialogue social. Nul n'a besoin de savoir que « *même si l'on n'est pas aller à l'abreuvoir des singes, tout le monde sait qu'ils n'ont pas un bol pour prendre de l'eau au fleuve* »[1532]. Cela explique que les acteurs utilisent les moyens qu'ils ont, sans trop compter sur le Gouvernement qui, pourtant, devrait au regard de son pouvoir d'organisation donner aux acteurs et aux instances créées à cet effet, les moyens d'assumer leurs missions.

1291. Le constat des praticiens ou des acteurs du dialogue social au Mali est que les structures qui existent ne fonctionnement pas comme il faut, faute de

---

[1531] A. Cissé Niang, « Dialogue social ; quelques pistes d'échanges sur un concept à géométrie et des pratiques polymorphes », *op. cit.*, p. 27.

[1532] Adage bambara qui veut dire que chacun utilise les moyens dont il dispose pour faire ce qu'il peut faire au regard des résultats et qu'il ne faut pas nier l'évidence.

moyens humains, financiers et autres. Parfois, c'est à l'occasion d'un conflit que l'on se rappelle de leur existence et qu'on les active. Lorsque « l'orage passe », elles retombent en léthargie. La seule instance qui fonctionne régulièrement c'est le CESC ; cela se comprend aisément en tant qu'institution de la République dotée de moyens financiers. Ailleurs les dysfonctionnements s'expliqueraient par l'indisponibilité des personnes désignées, au manque de compétences et de formation appropriées de ces personnes et des acteurs en général et au manque ou à l'insuffisance des moyens de ces cadres de dialogue (local, temps libre, budget de fonctionnement des ministères insuffisants [1533]).

1292. On assiste à une « *secondarisation* » des ministères du Travail et donc des instances de dialogue social, pour ne pas dire à une marginalisation des ministères du Travail, y compris au travers de l'ordre protocolaire[1534]. De façon générale, les organisations syndicales estiment « *que le dialogue social tant prôné par le Gouvernement montre beaucoup de limites : manque de constance et de considération dans le traitement des préoccupations du monde du travail, non mise en œuvre ou retard dans la mise en œuvre des engagements pris avec les partenaires sociaux ». Elles reprochent des atteintes aux libertés syndicales dans le privé comme dans le public sans une réaction adéquate de l'autorité »*[1535]. Le Gouvernement et les employeurs reprochent aux syndicats leur manque de réalisme, leur intransigeance et la tendance à vouloir négocier sous pression. Ils estiment que ces comportements sont contraires à l'esprit du dialogue social et reprochent aux syndicats d'engager toujours des actions pendant que les négociations se déroulent.

1293. L'insuffisance et le manque de moyens mis à la disposition des structures de dialogue social reviennent régulièrement sur les lèvres des acteurs du dialogue tripartite comme bipartite. L'administration du travail se trouve dans une situation de dénuement total et manque de moyens pour soutenir les actions de promotion du dialogue social dans les entreprises. De façon générale, les partenaires sociaux soulignent régulièrement et depuis longtemps que « *le Gouvernement manque de volonté politique pour promouvoir le dialogue social au plan national ou sectoriel* ».

1294. De nos jours tous les acteurs sont unanimes sur la création d'un cadre national de dialogue social, mais ceci emporte, nous le savons, des contraintes supplémentaires en termes de moyens humains, matériels et financiers à

[1533] Le budget de fonctionnement du ministère représente 0,17 % du budget national du mali en 2017. Les organes de dialogue ne reçoivent aucune dotation spécifique.

[1534] Auvergnon Ph, Sidibé O. O., *Capacités d'intervention et compétences en droit du travail des ministères en charge du Travail dans les États membres de l'UEMOA*, Rapport BIT, 2014, p. 8.

[1535] Soulama T., *Etude sur l'état du dialogue social et la prévention des crises sociales au Burkina Faso*, MFPTSS-BIT, 2014, p. 52.

mobiliser. Il est donc impératif de doter les structures formelles de dialogue social existantes de moyens financiers, humains et matériels pour qu'elles puissent fonctionner et faire face aux défis énormes de la multiplication des sujets du dialogue social. Nous analyserons l'impact des questions à dimension sociétale sur le dialogue social,

B - Les questions à dimension sociétale

1295. Depuis déjà des décennies, le dialogue social au Mali s'est étendu à des sujets que l'on pourrait dénommer « *à dimension sociétale* », touchant aux droits de l'homme, notamment les questions de travail des enfants sur les pires formes[1536], le travail forcé[1537], les questions de discrimination dans l'emploi et la profession[1538], le lien entre démocratie sociale et démocratie politique. Nous examinerons tout d'abord les nouveaux thèmes liés aux droits de l'homme **(1)**, puis ceux liant démocratie sociale et politique **(2)**.

1. Les nouveaux sujets liés aux droits de l'homme

1296. Le Gouvernement de la République du Mali s'est engagé avec le BIT dans le dialogue contre le travail des enfants et dans ces pires formes. Il a ratifié les deux conventions phares de l'OIT sur le travail des enfants[1539]. Un protocole d'accord de participation a été signé entre le BIT et le Gouvernement du Mali en 1998 en vue de l'installation d'un premier programme national de lutte contre le travail des enfants (IPEC) financé par le BIT.

1297. Le travail des enfants est en effet un phénomène assez répandu au Mali et sévit dans toutes les localités du pays. Un écho saisissant de cette situation avait été présenté par le quotidien national « L'essor » dans sa livraison du 19 octobre 2009. Un article y décrivait la situation lamentable d'enfants astreints au travail par leur famille dans une localité du cercle de Dioïla[1540]. Selon cet article, Z. T. est un élève en 6ème année dans une école de la ville de Dioïla et originaire du village de Fadabougou, à trois ou quatre kilomètres de Dioïla. Z.T. « est l'un de ces jeunes forçats, main d'œuvre bon marché et corvéable à

[1536] *Cf.* Conventions n° 138 et n° 182 de l'OIT.

[1537] Convention n° 29 et le protocole 29 sur le travail forcé de l'OIT.

[1538] Conventions n° 100 et n° 111 de l'OIT.

[1539] Depuis la signature de l'accord de participation au programme du BIT pour l'élimination du travail des enfants (Programme IPEC), le Mali a ratifié la convention n° 138 sur l'âge minimum d'admission à l'emploi, le 11 mars 2002 et la convention n° 182 sur les pires formes de travail des enfants le 14 juillet 2000.

[1540] *Cf.* L'article de presse de Monsieur Alou Badra Coulibaly, correspondant de l'Agence Malienne de Presse et Publicité du Mali dans le cercle Dioïla (Région de Koulikoro), Journal L'ESSOR du 19 octobre 2009, n° 16550.

merci », qui sont obligés de délaisser les études « pour épauler leurs parents dans les champs ». Ainsi, « le 1er octobre 2009, Zou comme tous ses petits camarades devaient se trouver en classe. Mais à l'heure de la rentrée, l'enfant manquait à l'appel. Il était retenu par son oncle paternel pour garder les deux bœufs de labour de la famille. Comme lui, sa sœur cadette n'était pas venue à l'école. Pendant toutes les grandes vacances scolaires, Zou a travaillé à côté de son oncle en conduisant la charrue alors que sa petite sœur M.T. tenait les rênes des animaux pendant le labour, le semis, le buttage et le sarclage ». Cet article illustre combien le travail des enfants constitue une atteinte aux droits de l'homme.

1298. Le travail des enfants désigne en définitive l'ensemble des activités qui privent les enfants de leur enfance, de leur potentiel et de leur dignité et qui nuisent à leur développement physique, moral et psychologique. Les enfants travailleurs au Mali se rencontrent dans la majorité des secteurs d'activités (agriculture, élevage, pêche, mines et carrières, économie informelle, travail domestique, etc.). Les formes de travail des enfants interdites par le droit international se classent en trois catégories[1541].

1299. Pour lutter contre le phénomène du travail des enfants, le Gouvernement a mis en place un Programme national de lutte contre le travail des enfants (PNLTE), un projet de lutte contre la traite des enfants à des fins d'exploitation de leur travail en Afrique de l'Ouest et du Centre (LUTRENA), un projet d'appui à la préparation d'un programme assorti de délais pour l'élimination des pires formes de travail des enfants au Mali (TBP-Mali), un projet de lutte contre le Travail des Enfants par l'Education (TACKLE) et un projet de prévention et élimination du travail des enfants en Afrique de l'Ouest (BIT/AECID) de 1998 à 2014.

1300. Tous ces programmes ont été mis en place avec la participation des acteurs tripartites du dialogue social au Mali à travers la Cellule nationale de lutte contre le travail des enfants (CLNTE) créée en 2004[1542] L'étude nationale menée en 2006 par le BIT a révélé que plus de deux millions d'enfants travaillent dans divers secteurs de la vie économique au détriment de leur scolarisation. La Cellule nationale de lutte contre le travail des enfants a pour mission la coordination, le suivi et l'évaluation de tous les projets et programmes de lutte contre le travail des enfants au Mali[1543]. Elle a été dotée

---

[1541] BIT, *La fin du travail des enfants : un objectif à notre portée*, Rapport global OIT 2006. p. 26 ; voir également, BIT : *Un avenir sans travail des enfants,* Rapport global OIT 2002, p. 9.

[1542] Loi n° 10-050 du 23 décembre 2010 portant ratification de l'ordonnance n° 10-036/P-RM du 5 août 2010 portant création de la cellule nationale de lutte contre le travail des enfants au Mali.

[1543] Article 2 de l'ordonnance de 2010.

en 2010 d'un « Comité directeur national de lutte contre le travail des enfants » chargé de mener des consultations sur la nature et la portée des activités à entreprendre dans le cadre des projets et programmes d'IPEC et de piloter toutes les actions de lutte contre le travail des enfants au Mali[1544].

1301. Le Comité directeur national de lutte contre le travail des enfants est un organe tripartite composé des représentants des employeurs, des travailleurs, des jeunes travailleurs, des départements ministériels et des partenaires techniques et financiers des Nations Unies, de la société civile, et des organisations professionnelles comme les chambres consulaires des artisans et d'agriculture[1545]. Il a été également procédé à la mise en place de « Points focaux » régionaux « Travail des enfants » auprès de toutes les Directions régionales du Travail, composés d'inspecteurs et de contrôleurs du travail.

1302. Depuis la création du Comité directeur, tous les projets sur l'élimination des pires formes de travail des enfants financés par les bailleurs de fonds sont discutés au préalable en son sein ; ceci en fait une véritable instance de dialogue social pour protéger les enfants contre les pires formes ; depuis 2010 un plan d'action national (2011-2020) a été adopté en Conseil des ministres le 8 juin 2011 et soumis à financement de partenaires financiers tel que le BIT.

1303. En plus des questions de travail des enfants, celles relatives au travail forcé liées notamment au travail des enfants et à la traite des personnes[1546], sont aussi discutées au sein du Comité directeur national présidé par le Directeur national du Travail. Au-delà de la convention n° 29 et de son protocole 29 sur le travail forcé[1547], le Mali a en effet ratifié la convention n° 105 sur l'abolition du travail forcé[1548]. Au regard des dispositions de la convention n° 144 de l'OIT sur la consultation tripartie relative aux normes, toutes les questions de ratification sont soumises à la consultation des partenaires sociaux, et de toutes les façons, les droits fondamentaux au travail sont au cœur du dialogue social national[1549] et international[1550]. Pour soutenir

---

[1544] Article 3 du décret n° 2010-0474 /P-RM du 20 septembre 2010 fixant l'organisation et les modalités de fonctionnement de la cellule nationale de lutte contre le travail des enfants, qui stipule que « les organes de la cellule nationale sont : le comité directeur national, la Direction et le comité technique de coordination ».

[1545] Article 5 du décret n° 2010-0474 précité.

[1546] Il s'agit d'une problématique qui a été introduite dans le Protocole 29 de 2014 sur le travail forcé, ratifié par le Mali et entrée en vigueur le 12 avril 2017.

[1547] Le Mali a fourni au BIT en septembre 2018 son premier rapport sur l'application du nouveau protocole 29.

[1548] Convention n° 105 concernant l'abolition du travail forcé, adoptée le 25 juin 1957 lors de la 40ème ssession de la Conférence Internationale du Travail, entrée en vigueur le 17 janvier 1959, ratifiée par le Mali le 28 mai 1962.

[1549] Pour la ratification de n'importe convention de l'OIT, le ministre du Travail met en place une commission tripartite qui examine la faisabilité de la ratification ou non.

les actions de lutte contre la traite des personnes et le travail forcé, le Gouvernement a signé plusieurs « accords bilatéraux en matière de lutte contre la traite des enfants », notamment avec la Côte d'Ivoire, le Burkina Faso, le Sénégal, la Guinée ainsi que des accords multilatéraux en Afrique de l'Ouest et interrégionaux (CEDEAO, CEEAC)[1551]. Il faut souligner que, malheureusement depuis plusieurs années, ces accords ne sont plus suivis par les commissions qui ont été mises en place dès leurs signatures entre 2004 et 2006.

1304. Pour accentuer la protection, le ministère de la Promotion de la Femme a fait adopter en Conseil des ministres le Code de protection de l'enfant[1552] qui prend appui sur les dispositions de la Convention des droits de l'enfant des Nations Unies, ratifiée par le Mali. Il faut rappeler que selon l'article 2 du Code de protection de l`Enfant, adopté par l'ordonnance n° 02-062/P-RM du 5 juin 2002, « *est enfant toute personne humaine âgée de moins de 18 ans et qui n'a pas encore atteint l`âge de la majorité par dispositions spéciales* ».

1305. Il faut aussi observer que les questions de discrimination sont aussi saisies par le dialogue social dans l'entreprise privée comme dans la Fonction publique. Les conventions n° 100[1553] et n° 111 de l'OIT ont été ratifiées par le Mali[1554]. A ce titre, des mesures ont été prises pour lutter contre les pratiques discriminatoires[1555] que l'on peut rencontrer dans les entreprises. De façon générale, toutes les questions de discrimination s'inscrivent dans le cadre du dialogue social et sont traitées dans des instances comme le Conseil supérieur du Travail.

[1550] La Déclaration de Buenos Aires de novembre 2017 lors du 4ème Sommet mondial contre le travail des enfants a entendu « *Impliquer les pouvoirs publics, les partenaires sociaux, la société civile, les communautés locales et les entreprises et renforcer leur capacité à élaborer et mettre en œuvre ces politiques, stratégies et plans d'action, à tous les niveaux pertinents.* »;

[1551] CEEAC : Communauté Economique des États de l'Afrique Centrale.

[1552] Ordonnance n° 02-062/P-RM du 5 juin 2002 portant Code de protection de l'enfant au Mali.

[1553] Convention n° 100 concernant la discrimination en matière d'emploi et de profession, adoptée le 25 juin1958, lors de la 42ème Session de la Conférence internationale du travail à Genève, entrée en vigueur le 15 juin 1960, ratifiée par le Mali le 12 juillet 1968.

[1554] Convention n° 111 concernant la discrimination en matière d'emploi et de profession, adoptée le 25 juin 1958, lors de la 42ème Session de la Conférence internationale du travail à Genève, entrée en vigueur le 15 juin 1960, ratifiée par le Mali le 2 mars 1964.

[1555] Ainsi, l'article L95 nouveau du Code du travail stipule que : « *Tout employeur est tenu d'assurer, pour un même travail ou un travail de valeur égale, l'égalité de rémunération entre les salariés, quel que soient leur origine, leur sexe, leur âge, leur statut, leur handicap, dans les conditions prévues au présent chapitre. Par rémunération, il faut entendre le salaire de base ou le salaire minimum, et tous les autres avantages, payés directement ou indirectement, en espèces ou en nature, par l'employeur au travailleur, en raison du travail de ce dernier. Les catégories et classifications professionnelles, ainsi que les critères de promotion professionnelle doivent être communes aux travailleurs des deux sexes. Les méthodes d'évaluation des emplois doivent reposer sur des considérations objectives* ».

1306. Aux termes de l'article 1er de la Convention n° 100 concernant la discrimination (emploi et profession) de 1958, Le terme discrimination comprend : « *a) toute distinction, exclusion ou préférence fondée sur la race, la couleur, le sexe, la religion, l'opinion politique, l'ascendance nationale ou l'origine sociale, qui a pour effet de détruire ou d'altérer l'égalité de chances ou de traitement en matière d'emploi ou de profession ; b) toute autre distinction, exclusion ou préférence ayant pour effet de détruire ou d'altérer l'égalité de chances ou de traitement en matière d'emploi ou de profession, qui pourra être spécifiée par le Membre intéressé après consultation des organisations représentatives d'employeurs et de travailleurs, s'il en existe, et d'autres organismes appropriés ». Il est toutefois précisé d'une part que « Les distinctions, exclusions ou préférences fondées sur les qualifications exigées pour un emploi déterminé ne sont pas considérées comme des discriminations », d'autre part qu'« Aux fins de la présente convention, les mots « emploi » et « profession » recouvrent l'accès à la formation professionnelle, l'accès à l'emploi et aux différentes professions, ainsi que les conditions d'emploi ».*

1307. En plus de l'article L.95 nouveau du Code du travail sur l'égalité de traitement en matière salariale, l'article L.4 nouveau stipule que : « *Le droit au travail et à la formation est reconnu à chaque citoyen, sans discrimination aucune. L'État met tout en œuvre pour l'aider à trouver un emploi et à le conserver lorsqu'il l'a obtenu. L'État assure l'égalité de chance et de traitement des citoyens en ce qui concerne l'emploi et l'accès à la formation professionnelle, sans distinction d'origine, de race, de sexe et de religion. Par discrimination, on entend : 1) toute distinction, exclusion ou préférence fondée sur la race, la couleur, le sexe, la religion, l'opinion politique, l'ascendance nationale ou l'origine sociale, qui a pour effet de détruire l'emploi ou d'altérer l'égalité de chance ou de traitement en matière d'emploi ou de formation professionnelle ; 2) toute autre distinction, exclusion ou préférence ayant pour effet de détruire ou d'altérer l'égalité de chances et de traitement en matière d'emploi et de formation professionnelle ». Il est ensuite précisé qu'* « *Est interdite en particulier toute discrimination sur la base de critères comme l'invalidité, le handicap, le VIH et SIDA. Toutefois, les distinctions, exclusions ou préférences fondées sur les qualifications exigées pour un emploi déterminé, ne sont pas considérées comme des discriminations. Les dispositions ci-dessus ne font pas non plus obstacle aux mesures temporaires prises aux fins d'établir l'égalité de chances entre les hommes et les femmes, notamment en ce qui concerne les conditions d'accès à l'emploi, à la formation et au perfectionnement ».*

1308. Cette nouvelle rédaction permet, lorsque ces questions sont posées dans l'entreprise, de pouvoir porter plainte contre l'employeur devant les juridictions compétentes nationales ou internationales en raison du fait que le Mali a ratifié lesdites conventions mais aussi au regard de l'état du droit positif. Ces nouvelles rédactions sont des réponses que le Gouvernement a bien voulu donner, en accord avec les partenaires sociaux, aux commentaires de la Commission d'experts de l'OIT sur les conventions n° 100 et 111[1556]. Il est constant que les questions à dimension sociétale ne se limitent pas seulement aux aspects que nous venons de traiter mais aussi à d'autres questions comme le lien entre démocratie sociale et démocratie politique.

2. La démocratie sociale prolongement de la démocratie politique

1309. Une définition s'impose pour cerner la notion de démocratie : « *La démocratie proclame la liberté, réclame l'égalité et réconcilier ces deux sœurs ennemies en leur rappelant qu'elles sont sœurs en mettant au-dessus de tout la fraternité* »[1557]. Il convient ainsi de souligner que « la démocratie n'est pas

---

[1556] Depuis 2014, la Commission souligne que l'article L. 95 du Code du travail ne reflète pas le principe de la convention. La commission note avec satisfaction que la loi n° 2017-021 du 12 juin 2017 portant modification de la loi n° 92-020 du 23 septembre 1992 portant Code du travail modifie l'article L. 95. Le nouvel article L. 95 contient notamment une définition du terme «rémunération» correspondant à celle de la convention et reflète pleinement le principe de l'égalité de rémunération entre hommes et femmes pour un travail de valeur égale dans la mesure où il prévoit que «tout employeur est tenu d'assurer, pour un même travail ou un travail de valeur égale, l'égalité de rémunération entre salariés, quels que soient leur origine, leur sexe, leur âge, leur statut, leur handicap ». Il prévoit également que «les catégories et classifications professionnelles ainsi que les critères de promotion professionnelle doivent être communs aux travailleurs des deux sexes» et que «les méthodes de classification des emplois doivent reposer sur des considérations objectives ». Compte tenu de ce qui précède, la commission prie le gouvernement de prendre des mesures pour promouvoir auprès des travailleurs, des employeurs et de leurs organisations respectives, des inspecteurs du travail et des juges l'application du principe de l'égalité de rémunération entre hommes et femmes pour un travail de valeur égale prévu à l'article L. 95 du Code du travail tel qu'amendé. Elle prie également le Gouvernement d'indiquer les mesures prises, en collaboration avec les organisations de travailleurs et d'employeurs, afin de promouvoir la mise au point et l'utilisation de méthodes d'évaluation objective des emplois qui soient exemptes de toute distorsion sexiste et de fournir des informations sur tout progrès accompli ou toute difficulté rencontrée à cet égard. En ce qui concerne la C 111 : La commission accueille favorablement les dispositions de la loi n° 2017-021 du 12 juin 2017 portant modification de la loi no 92-020 du 23 septembre 1992 (Code du travail) modifiant l'article L.186 concernant le travail de nuit des femmes. Elle note que cette interdiction n'est désormais plus applicable au travail dans les entreprises familiales, au travail des femmes occupant des postes de direction ou techniques et impliquant une responsabilité ni au travail des femmes occupées dans les services d'hygiène et de bien-être et qui n'effectuent pas normalement un travail manuel. La commission observe toutefois que le travail de nuit des femmes reste en principe interdit et constate par ailleurs que le décret no 96-178/P-RM du 13 juin 1996 qui fixe, entre autres, la liste des travaux interdits aux femmes et celle des travaux qu'elles peuvent exercer sous certaines conditions, en application de l'article L.189 du Code du travail, n'a toujours pas été révisé.

[1557] Ch. de Gaulle, « Discours prononcé à Alger, devant 'Assemblée consultative provisoire, le 18 mars 1944 », in « La participation », Espoir, Revue de l'Institut Charles de Gaulle, n° 5, Plon, p. 17.

seulement un système appelé à se réaliser seulement dans l'ordre politique, mais toute une philosophie de la vie, qui se traduit non seulement sur le plan politique proprement dit, mais encore sur le plan économique et sur le plan social »[1558]. La démocratie est un « régime dans lequel le pouvoir suprême est attribué au peuple qui l'exerce lui-même, ou par l'intermédiaire des représentants qu'il élit »[1559]. Quant à la politique, c'est ce qui a trait à « la gouvernance de la citée, à l'exercice du pouvoir dans un État, à la participation qu'y prennent les citoyens, les organes instituées et les partis politiques »[1560]. En somme la démocratie évoque une « idée politique, un système de gouvernement, le système dans lequel le peuple est maître de ses propres affaires »[1561].

1310. On retrouve la même idée dans la Constitution française du 4 octobre 1958 comme en témoigne son article 2 qui dispose « (…) *son principe est : gouvernement du peuple, par le peuple et pour le peuple* ». Cependant, il y a démocratie quand « les gouvernés sont en même temps gouvernants ou en tout cas lorsque le plus grand nombre possible de gouvernements participent, le plus directement possible à l'exercice du pouvoir »[1562].

1311. La démocratie en définitive est un « idéal exigeant » mais aussi une « force expansive qui ne s'arrête pas à un mode de gouvernement stricto sensu, mais tend à envahir toute la vie, au moins la vie collective »[1563]. C'est la « raison pour laquelle ont pu être accolés au terme de démocratie, ceux d'économique et de social puisqu'ils ne sont en réalité qu'une « catégorie découpée par l'État libéral au sein du collectif. L'extension de la démocratie de l'ordre proprement politique à l'ordre économique et social répond donc à une exigence d'unités à la fois logique et historique »[1564].

1312. En effet, la démocratie sociale est l'instrument d'un enrichissement de la démocratie politique. Comme le relevait René Capitant « *la démocratie politique doit se prolonger en démocratie sociale. L'une ne peut d'ailleurs exister sans l'autre, car elles ne sont que deux faces du régime*

1558 Dauxiere L., *op. cit.,* p. 514.

1559 G. Cornu, *Vocabulaire juridique*, Association H. Capitant, PUF, 2005, p. 272.

1560 Idem, Voir également : Cabrillac R., Albigès C., Blacher., Ph. (et al.), *Le dictionnaire du vocabulaire juridique*, LexisNexis, 9ème éd., Paris, 2018.

1561 G. Vedel, Démocratique politique, démocratie économique, démocratie sociale, *Dr. soc.* 1947, spéc. p. 46.

1562 A. Hauriou, *Droit constitutionnel et instituions politiques, Montchrestien*, 4ème éd., 1970, p. 302. Voir aussi : Dauxiere L., *La représentativité syndicale, instrument du dialogue social*, PUAM 2005, p. 513.

1563 Dauxiere L., *op. cit.,* p. 513.

1564 Dauxiere L., *op. cit.,* p. 514.

démocratique »[1565]. La différence entre les deux démocraties réside seulement dans le fait que l'une se réalise par le contrat, alors que l'autre se réalise par la loi ». Autrement dit, « *de même que la démocratie politique consiste à rendre au citoyen la souveraineté qu'il transfère aux partis ou aux élus, de même la démocratie sociale consiste à réintégrer le salarié dans la liberté et la propriété dont le prive abusivement le contrat de travail. Il s'agit donc de substituer au contrat de travail actuel - contrat de subordination - un type de contrat nouveau, respectueux de la liberté et de l'égalité des parties. Ce contrat (...), c'est le contrat d'association du capital et du travail* »[1566].

1313. Toutefois, « *force est de constater que le rapprochement de la démocratie politique et de la démocratie sociale n'a pas été immédiat et aisé, l'histoire nous enseigne qu'il y a eu beaucoup d'hésitations » au fil du temps. La notion même de démocratie sociale est apparue au 19ème siècle. Elle a tout d'abord été définie comme « une forme de société dans laquelle seraient exclus » les privilèges économiques que confèrent la fortune, la situation sociale ou le type d'activité à laquelle s'adonne l'individu* »[1567].

1314. En définitive, « l'ensemble des principes qui régissent la démocratie, et particulièrement la démocratie politique régissent la démocratie sociale ». Elle correspond à la situation dans laquelle les relations sociales et les mécanismes économiques sont soumis à la « volonté des individus impliqués dans ces relations ou utilisés dans ces mécanismes ». Leur volonté est celle du peuple réel et sert de fondement au pouvoir. En d'autres termes, « la démocratie sociale est une « extension de la démocratie politique ; elle en permet une réalisation plus complète par application de ses principes et de ses techniques ».[1568]

1315. On peut donc dire à la lumière des développements antérieurs, « *que la démocratie sociale englobe donc l'ensemble des relations contractuelles de travail, dès lors qu'elles sont réglées conformément aux principes démocratiques. En d'autres termes, nous entendons par démocratie sociale, la démocratie contractuelle, c'est-à-dire l'application de la démocratie au contrat de travail, sans doute mais aussi à tous les autres contrats* »[1569]. En tout état de cause et puisque « loi d'essence contractuelle, le contrat collectif

---

[1565] Cours de R. Capitant, 1901-1970, Espoir, revue de l'Institut Charles de Gaulle, n°36, Plon, p. 69.

[1566] Dauxiere L., *op. cit.,* p. 514., Voir Rapport préenté par Réné Capitant aux asssises nationales du RPF à Paris, les 9, 10, 11 nov. 1952, in R. Capitant 1901-11970, Espoir, Revue de l'Institut Charles de Gaulle, n°36, plon, p.69.

[1567] G. Burdeau, *Traité de science politique*, T. VII, *La démocratie gouvernante, son assise sociale et sa philosophie politique*, LGDJ, 1973, n° 171, p. 461.

[1568] Dauxiere L., *La représentativité syndicale, instrument du dialogue social, op, cit.*, p. 516.

[1569] R. Capitant, *Écrits constitutionnels*, Éd. du CNRS, 1982, p. 184.

de travail constitue un outil d'organisation sociale et de dialogue social et économique. La démocratie sociale peut aussi se définir par la mise en place et le fonctionnement d'une sphère de régulation du social entre le marché du travail et l'État, confiée aux partenaires sociaux, acteurs essentiels du dialogue social »[1570]. Il faut noter que « la démocratie sociale comprend deux aspects : le paritarisme et la négociation collective »[1571], elle est donc au centre du dialogue social.

1316. il faut observer « qu'en fin de compte, aucun doute n'est permis quant à la complémentarité entre démocratie politique et démocratie sociale »[1572]. Il convient donc de rappeler que « la démocratie sociale quelle que soit son importance n'a ni pour objet, ni pour effet de permettre à ses acteurs de disputer aux assemblées parlementaires le monopole de l'expression de la volonté générale »[1573]. Mais, la place et l'autonomie de la démocratie sociale doivent être reconnues et respectées, et avec elle l'autonomie des partenaires sociaux.

1317. Lorsque l'autonomie des partenaires sociaux est entamée par l'omniprésence de l'État dans le champ social, nul doute que cela révèle un affaiblissement des organisations syndicales et met en danger la démocratie sociale. Les organisations syndicales risquent alors de perdre leur légitimité traditionnelle et leur crédibilité. Ainsi, lorsque l'État prend une place importante dans le dialogue social, ce ne peut être que pour laisser à ces organisations le temps de se construire ou reconstruire. Mais durant combien de temps ? Au Mali, cette reconstruction prend du temps, et on assiste à un effritement de l'Unité syndicale depuis 1997[1574]. L'une des raisons de cet effritement pourrait être recherchée au niveau de la pauvreté de la négociation collective, mais des règles de représentativité mal définies. Les syndicats n'y contribuent pas à faire en sorte que cette reconstruction puisse aller très vite par la refondation de l'unité syndicale. Aucune réforme sociale ne peut se faire sans l'adhésion des partenaires sociaux, et de plus en plus, que ce soit en Afrique ou en Europe, les réformes sociales sont devenues les causes de mouvements sociaux mettant en mal la gouvernance politique. Il est donc « vital de redéfinir la mission de l'État et des partenaires sociaux »[1575] pour que

---

[1570] Dauxiere L., *op. cit.*, p. 517.
[1571] *Idem.*
[1572] *Ibidem,* p.517
[1573] Jacques Chirac, Vœux aux forces vives, le 6 janv. 2000.
[1574] Le Mali a connu en 1997 l'éclatement de l'UNTM suite à son congrès ; les dissidents du congrès ont créé la CSTM, et le chef de fil était Secrétaire général de l'UNTM avant le congrès. Il est parti avec une dizaine de personnes et a mis en place en décembre 1997 une deuxième centrale syndicale.
[1575] Amadieu J-F. et Boissard D., *« La démocratie sociale en danger, laissons vivre les partenaires sociaux ! »*, Ed. Liaisons, 2001, p. 15.

les partenaires sociaux retrouvent leur autonomie dans la négociation collective.

1318. Il faut noter qu'en France, « *le volet de la refondation sociale relatif à la négociation collective s'est soldé par la signature de la position commune le 16 juillet 2001. Aux termes de cet accord, le développement de la négociation collective et le renforcement des moyens du dialogue social ne pourront valablement produire d'effet que si la loi laisse suffisamment de place à la négociation collective, que ses résultats ne sont pas remis en cause et d'une complémentarité dynamique est créée, redonnant sa pleine force à la loi et reconnaissant la place de la négociation collective dans le système social français* »[1576]. Depuis la loi 2001 puis celle de 2004 ont repris très largement ladite « position commune » et sont revenues non pas sur la hiérarchie loi / accord/collectif, mais sur la hiérarchie entre normes conventionnelles.

1319. La démocratie sociale semble en panne malgré de nombreuses interventions du législateur. Ainsi, en France, que dire de la loi Fillon » de 2004 sur le dialogue social en France ? Elle a ouvert un temps d'incertitude que seule la pratique du droit négocié a pu refermer. Il faut observer que « durant cette période de maturation, la Cour de cassation a fait preuve d'une forte réactivité. Au-delà de l'interprétation, sa jurisprudence – dont on soulignera la cohérence et la clarté - a comblé les carences d'une loi hâtive, d'une particulière complexité, élaborée sans consensus du côté syndical et pour cause »[1577].

1320. Il faut noter que « l'octroi d'un espace aux syndicats ne doit pas conduire à « licencier le législateur »[1578]. Chaque acteur, que ce soit l'Etat ou les acteurs sociaux, chacun doit pouvoir disposer d'un espace dans la production de la norme sociale. La loi doit conserver son rôle essentiel de production ou définition d'un certain nombre de principes. On pourrait s'interroger sur la dynamique des accords collectifs en France, et sans oublier que les ordonnances Macron sont venues modifier ce principe dans l'entreprise.

1321. Au constat, la démocratie sociale est au centre du dialogue social, quel que soit son futur. L'autonomie des partenaires et le paritarisme sont des enjeux à sauvegarder. « Pari osé » disait le Professeur Antoine Mazeaud, « que de vouloir, dans ce contexte, faire de l'accord d'entreprise le pivot autour

---

[1576] Dauxiere L., *op. cit.*, p. 523.
[1577] Mazeaud A., *Droit du travail*, Précis Domat Droit privé, LGDJ Lextenso, 10ème éd., 2016, p. 305.
[1578] Dauxiere L., *op. cit.*, p. 525.

duquel gravitent l'ensemble des normes »[1579]. Au Mali, la démocratie sociale est en apprentissage, dans la mesure où l'on note une très grande intervention de l'État dans le dialogue social et cultive, si on peut se le permettre, la complicité de l'exclusion, dans les instances de dialogue social des autres centrales, avec l'UNTM. Dans tous les cas, la démocratie sociale et la démocratie politique se compléteront toujours pour une pleine participation des acteurs sociaux aux prises de décision concernant le monde du travail.

1579 Mazeaud A., *op. cit.*, p. 306.

Conclusion de la seconde partie

1322. L'analyse de l'amélioration du dialogue social au Mali avait pour objectif de cerner les difficultés rencontrées par les acteurs du dialogue social. Il est apparu que le dialogue social ne pourrait être amélioré sans un corpus juridique à jour qu'il s'agisse du Code du travail ou de la loi sur la grève dans les services publics. Pour cela, nous avons proposé des modifications normatives. Ces modifications normatives vont porter sur les dispositions en causes du Code du travail notamment la nécessité de rénovation du droit de la négociation collective ainsi que la négociation bipartite dans les branches et de revoir les critères de la représentativité pour négocier. Le droit d'expression des salariés dans le Code du travail se limite à un seul article[1580]. Or, il s'agit de l'un des fondements du dialogue social. Nous avons également proposé de revoir les dispositions de la loi n°87-47 notamment le droit de grève dans les services publics qui révèle des insuffisances énormes dans la procédure de la conciliation ainsi que les incertitudes qui entourent les accords conclus entre les parties. L'une des plaies de notre dialogue social reste la problématique de l'exécution des accords de fin de conflit[1581].

1323. Ces clarifications impératives nous ont permis de proposer des innovations qui passent nécessairement par le renforcement du cadre institutionnel notamment la création d'un Conseil national du dialogue social et des comités de dialogue social dans les entreprises ; l'actualisation des conventions et accords d'établissement permettra de soutenir le dialogue social. Il s'agit de donner un « *coup de fouet* » à la négociation collective de façon générale. La création de cadres de dialogue social formels et inclusifs ainsi que son institutionnalisation sont des gages de la paix sociale dont l'impact immédiat est l'amélioration de la productivité de façon générale, avec pour incidence directe la croissance.
Il faut donc alors dynamiser le dialogue social par la formation des acteurs (employeurs et travailleurs) en leur donnant des compétences nouvelles qui leur permettront de mieux « conjuguer » le dialogue social au futur. D'ailleurs ils ne sont pas les seuls, il faut impérativement former les facilitateurs du dialogue social, que sont les inspections du travail, les organes de dialogue social et les autres acteurs de la régulation sociale.

1324. Nous devons donc rappeler que l'efficacité du dialogue social « dépend de la réunion de certaines conditions dont le respect de la liberté syndicale (..) »[1582], mais aussi le respect du tripartisme. Mais n'oublions pas qu'il y a

---

[1580] *Cf.* Article L5 du Code du travail.

[1581] Ouaissi H., *Droit du travail de l'individuel au collectif*, Masters, 2ème éd., Bruylant, coll. Paradigme, 2017, p. 442.

[1582] *Cf.* G. Borenfreund, *Pouvoir de représentation et négociation collective*, *op. cit.*, p. 276.

nécessité de distinguer les rôles de l'Etat en termes de responsabilité au niveau du secteur public et en termes d'accompagnement du dialogue social au niveau du secteur privé. La pratique du dialogue social doit à tout point de vue être conforme au cadre juridique existant donc une attention au périmètre du dialogue est nécessaire. Il est donc apparu nécessaire de tenir compte du développement de nouvelles thématiques à dimension sociétale. Depuis déjà des décennies, le dialogue social au Mali s'est étendu à des sujets que l'on pourrait dénommer « *à dimension sociétale* », touchant aux droits de l'homme, notamment les questions de travail des enfants sur les pires formes, le travail forcé, les questions de discrimination dans l'emploi et la profession, le lien entre démocratie sociale et démocratie politique. Nous devons tous prêter attention à ces nouveaux visages du dialogue social.

CONCLUSION GÉNÉRALE

1325. L'examen de l'encadrement du dialogue social au Mali nous a révélé de nombreuses contraintes et incertitudes qui sont autant d'obstacles au nécessaire approfondissement du dialogue social. Il faut noter que la diversité des acteurs de la concertation sociale au niveau national est une caractéristique notre situation nationale. Nous avons noté que dans notre analyse que ces différents acteurs jouent un rôle important dans le dispositif de l'information, de la concertation et de la consultation et très souvent dans le dispositif de négociation. Il est paru nécessaire de renforcer les rôles des structures de l'Etat et des organisations d'employeurs et de travailleurs intervenant dans le dialogue social au regard de l'impact qu'ils ont sur le dispositif de la concertation sociale au Mali.

1326. Nous avons aussi retenu que l'une des questions centrales de notre dialogue social reste la représentativité syndicale des travailleurs. Ceci nous a amené à nous interroger sur le rôle particulier des organes de dialogue social au niveau national. La question de la représentativité des syndicats au sein des organes de consultation est apparue comme une question incontournable dans la solution du dialogue sociale au Mali. Il s'agit d'aller très rapidement vers la résolution de cette question par l'organisation des élections de représentativité au niveau national et dans les branches afin de rendre le fonctionnement de ces organes inclusif. Les pouvoirs publics « *doivent impérativement apporter une réponse ferme et définitive à la représentativité syndicale, clef de voûte du dialogue social. Pour ce faire, ils doivent faire montre de courage, d'audace en passant outre les réticences de l'UNTM, qui s'emploie à renvoyer l'organisation des élections professionnelles aux calendes grecques* »[1583] malgré les multiples tentatives du Gouvernement depuis 2005. Il est temps de regarder l'intérêt général et non l'intérêt d'un petit groupe de syndicalistes qui, à notre avis, n'ont pas le Mali dans leur « cœur ». Malgré ces insuffisances, nous pouvons noter l'existence de pratiques courantes notamment des concertations officieuses qui permettent de contribuer à la recherche de solutions, qui est considéré comme un des charmes de notre dialogue social.

1327. L'encadrement du dialogue social, tant au plan des instances ou organes que des acteurs, a démontré que ces instances méritent d'être consolidées au regard de la faiblesse actuelle au niveau de l'Etat à faire appliquer les textes législatifs et réglementaires, qui gouvernent la gestion des conflits collectifs, tant dans le secteur privé que dans le secteur public. Cette faiblesse de l'Etat à

[1583] Tounkara D, « Etat et perspectives du dialogue social au Mali », *op. cit.*, p. 284.

conduire le dialogue social se fait sentir avec plus de préoccupant dans le secteur public. Nous avons constaté avec amertume que le principe de la continuité du service public est mis en mal dans la mesure où l'on assiste à « *des remises en cause des accords conclus* », souvent en cas de changement de Gouvernement. Cependant, la question de l'effectivité des moyens d'actions des représentants des travailleurs au niveau de l'entreprise a retenu notre attention. Le droit d'expression des salariés dans l'entreprise reste laconique dans le Code du travail et souffre assurément de quelques violations au plan du respect de la liberté syndicale, et cela devrait être à travers nos propositions. L'Etat devrait s'évertuer à donner des garanties pour son respect et son effectivité en droit et dans la pratique. Quelques rappels fortuits par le ministre du Travail, au moyen de lettres circulaires[1584], ne suffisent pas à asseoir un véritable respect ce droit. Le rôle des représentants des travailleurs dans la négociation collective de branche ou d'établissement doit être renforcé.

1328. Nous avons aussi relevé à plusieurs occasions que le champ des relations professionnelles est souvent émaillé par des conflits collectifs dans les deux secteurs. Il faut envisager des dispositifs efficaces dans la prévision de ces conflits. Pour rendre le dialogue social plus efficace, il faut une collaboration entre les partenaires sociaux et les représentants du Gouvernement pour l'apaisement du climat social. Les dispositifs de gestion des ces conflits ont révélé des insuffisances notamment par le manque de mécanismes sûrs de prévention des conflits. Ainsi, la mise en place d'une politique de communication à tous les niveaux de l'entreprise est plus que fondamentale. Il y a nécessité de revisiter les procédures de règlement et de résolutions une fois que le conflit éclate (individuel ou collectif). La situation apparait plus préoccupante dans le secteur public. Depuis l'évaluation du Pacte de solidarité, aucune autre instance n'est prévue dans le secteur public d'où la nécessité de créer très rapidement le Conseil national du dialogue social. La nécessité de prévisions de dispositions juridiques pour la gestion des cahiers de doléances dans la loi n° 87- 47, est apparue comme un vide à combler dans les reformes à venir. Aussi, nous avons noté avec insistance que la lettre circulaire de 2004 du Premier ministre n'est pas mise en œuvre dans les administrations publiques. Il n'est pas inutile de recourir à la pratique de la médiation comme mécanisme efficace de résolution des conflits dans le secteur public. Celle-ci pourrait être expérimentée en dehors de la commission de conciliation prévue par la loi n° 87- 47 et les enseignements tirés de la pratique pourraient nous y aider. Ainsi, Il appartient à l'État d'engager très

[1584] Lettre circulaire n°2017-00055/MTFP –SG du 7 août 2017 relative au respect de la liberté syndicale rapidement les reformes juridiques nécessaires pour « *liquider le compte* » du dialogue social au Mali qui apparait à nos yeux très déficitaire[1585].

1329. L'examen de l'amélioration du dialogue social au Mali n'est autre chose que la préconisation ou le résultat de l'examen de l'encadrement juridique dudit dialogue. Les propositions d'améliorations que nous avons faites sont issues de l'analyse des difficultés rencontrées par les acteurs du dialogue social. L'amélioration passe nécessairement, au-delà de la révision des textes juridiques du Code du travail et de la loi 87-47, par la refondation du dialogue social. L'analyse du droit de grève dans les services publics a relevé des insuffisances dans la procédure de gestion ou de conciliation instituée par le Code du travail ou par la loi n° 87-47. La Correction de ces insuffisances devrait être prise dans les modifications juridiques proposées. Le respect des accords de fin de conflit, conditionne l'effectivité même du dialogue social au Mali, et demeure d'ailleurs une question centrale à régler. Nous avons ainsi une bonne moisson, que le Gouvernement pourrait pleinement mettre en œuvre avec l'accompagnement des acteurs du dialogue social, l'opportunité politique aidant.

1330. Nous avons noté avec intérêt les propositions d'innovations pour renforcer le cadre juridique institutionnel du dialogue social. Cela passe nécessairement par la création de cadres de dialogue social formels et inclusifs notamment le Conseil national du dialogue social. Nous avons retenu que la dynamisation du dialogue social passe aussi par la formation des acteurs : inspection du travail, les facilitateurs du dialogue social, les membres des organes de consultation, et les autres acteurs de la régulation sociale. Nous estimons que le dialogue social au Mali ne sera une réalité de tous les jours que si les hommes politiques sont animés de courage pour que la refondation tant souhaitée puisse prendre corps en vue d'un dialogue social inclusif et participatif. Les déclarations politiques doivent être accompagnées de courage politique, car il ne s'agit pas seulement d'une question d'opportunité politique. Par conséquent, « *il ne doit y avoir ni renoncement, ni laxisme dans la mise en œuvre des critères de la représentativité syndicale. En effet, le coût du renoncement est bien supérieur à celui du courage. De façon plus générale, il est permis d'affirmer que les pouvoirs publics et les syndicats détiennent la clef de la refondation du dialogue social au Mali* » [1586].

1331. *In fine*, nous préconisons la prise en compte de certaines dispositions pertinentes du projet d'acte uniforme relatif au droit du travail dans l'espace

---

[1585] Ce déficit de dialogue social est réel. Tout au long de notre étude nous nous sommes rendu compte que la paix sociale n'est possible que si les acteurs du dialogue sont conscients de leurs rôles.

[1586] Tounkara D, « Etat et perspectives du dialogue social au Mali », *op. cit.*, p. 285.

OHADA dans notre législation du travail national quand bien même, ce projet semble être classé aux oubliettes de l'histoire et de renforcer les espaces de dialogue au sein de l'UEMOA et de la CEDEAO. N'oublions pas que l'efficacité du dialogue social passe par le respect des principes généraux du droit du travail définis dans la Constitution du 25 février 1992, notamment la liberté syndicale et le droit de grève. Il faut donc distinguer le rôle de l'Etat et des autres acteurs dans la conduite du dialogue social. Le respect du cadre juridique du dialogue existant devrait être une priorité en vue de faciliter la refondation au vu des reformes proposées dans notre étude et de faire attention au périmètre du dialogue social. L'examen des nouvelles thématiques ou questions à « *dimension sociétale* » nous a révélé la diversité des thèmes du dialogue social : droits de l'homme, travail des enfants, le lien entre démocratie sociale et démocratie politique, que nous devons renforcer l'appropriation. Qu'en est-il du dialogue social dans l'économie informelle ?

1332. En réalité, « le dialogue social ne se conçoit que dans la continuité. Ses insuffisances, ses échecs, tant qu'ils ne révèlent pas un dialogue de façade poursuivant l'endormissement des acteurs syndicaux, contribuent, comme ses succès, à l'approfondissement du sillon d'un bien-être plus partagé. Sachant que ce n'est que « petit à petit que le coton devient pagne ». Il faut donc continuer à tisser du lien, à dialoguer »[1587]. Nous devons mettre notre confiance dans les acteurs du dialogue social et espérer que demain sera meilleur et qu'il y aurait plus de dialogue entre les acteurs sociaux au Mali, et que des secteurs et des acteurs nouveaux seront pris dans le fléau des vagues du vrai dialogue. Pourrions-nous espérer mieux ?

[1587] Auvergnon Ph., Kénoukon Ch., « Ce n'est qu'un début le dialogue social continue ! in Auvergnon Ph., Kénoukon Ch. (dir.), *Dialogue social dans les pays de l'espace OHADA et ailleurs dans le monde : la part du droit*, *op. cit.*, p.489.

BIBLIOGRAPHIE

I - OUVRAGES GENERAUX

- AUVERGNON Ph. (dir.), L'effectivité du droit du travail, à quelles conditions ? Presses Universitaires de Bordeaux, 2008.
- AUVERGNON Ph. (dir.), Les régulations sociales en devenir, espaces, acteurs, modalités, Ed. Chronique sociale, Lyon 2008.
- AUVERGNON Ph., Etudes sur les sanctions et mesures correctives de l'inspection du travail : le cas de la France, BIT Genève 2011.
- AUVERGNON Ph. (dir.), Droit de la santé et de la sécurité au travail en Afrique subsaharienne, édition l'Harmattan, 2014.
-AUVERGNON Ph., BOKALI V.-E., BOUKOUGOU J.-D. *et alii* (coord.), L'esprit du droit africain, Mélanges en l'honneur du Professeur P.-G. Pougoué, Wolters Kluwer, Paris 2014.
- AVIGNON H., RAMACKERS P., TERRIER J-P., Le système d'inspection du travail, Missions, organisations et prérogatives, 3ème éd., Wollters Kluwer, 2019.
- AUZERO G., BAUGARD D., DOCKES E., Droit du travail, Précis Dalloz Paris, 32ème éd., 2019.
- BIT, Les problèmes du travail en Afrique, Genève, 1958.
- BONYI M., Droit du travail, CRDS, 2008.
- BOSSU B, DUMONT F, VERKINDT P V., Droit du travail, introduction, relations individuelles, Relations collectives, réglementation, LMD, éd. Montchrestien, 2011.
- BOSSU B., Les arrêts fondamentaux du droit du travail, relations individuelles, Artois presses universitaires, 2016.
- CANUT. F., L'ordre public en droit du travail, LGDJ 2007
- COEURET A., GAURIAU B., MINE M., Droit du travail, 3ème édition, Sirey, 2013.
- COEURET A. et FORTIS E.., Droit pénal du travail, LexisNexis, 5ème éd., 2012.
- COURTOIS CHAMPENOIS E., Le droit du travail américain, un droit de l'entreprise. Contribution à l'étude comparée des sources du droit du travail français et américain, PUAM, Aix-Marseille 2002.
- DJENEPO M., Droit du travail et de la sécurité sociale au Mali, éd. Jamana, Bamako 2016.
- DJENEPO M., Guide pratique de droit du travail au Mali, ARCPS éd., Bamako 1997.
- FAVENNEC-HERY F., VERKINDT P. Y., Droit du travail, 5ème éd., LGDJ 2016.
- FOURCADE C., l'autonomie collective des partenaires sociaux, essai sur les rapports entre démocratie politique et démocratie sociale, LGDJ, bibliothèque de droit social, t. 43, Paris 2006.
- HEAS F., Droit du travail, éd. Larcier, coll. Paradigme, 5ème éd., Bruxelles 2016.
- JAILLARDON E., ROUSSILLON D., Outils pour la recherche juridique, méthodologie de la thèse de doctorat et du mémoire de Master, Edition des archives contemporaines, Paris 2007.
- RAMACKERS P., VILBOEUF L., L'inspection du travail, 3ème éd., coll. Les cahiers de l'INTEFP, 2004.

- KESZTENBAUM G., BEAL S., Négociation collective dans l'entreprise, éd Delmas, 2010-2011.
- KIRSCH M., Le droit du travail africain, (Afrique francophone au sud du Sahara) Tome I, Presses de CHASTRUSSE et Cie A Brive, 1975.
- KIRSCH M., Le droit du travail africain, (Afrique francophone au sud du Sahara) Tome II, Presses de Chastrusse et Cie A Brive, 1976.
- KIRSCH M., Le droit du travail en Afrique, éd. Ediéna, Paris T. 1, 1987 et T. 2, 1989
- LANGE D. et ROULET V., Droit du Travail, éd. Ellipses, coll. Université droit, 2ème éd., Paris, 2012.
- LAVILLEGUERIN Y. (dir), Négocier un accord collectif dans l'entreprise, Les guides pratiques RF, 2ème éd. 2016 -2017.
- LARDY-PELISSIER B., PELISSIER J., ROSET A. et THOLY L., Le nouveau code du travail annoté, Coll. code annoté RF, 32ème éd., Paris 2012.
- LOKIEC P., Droit du travail, T. I, les relations individuelles de travail, Thémis droit, PUF, Paris 2011.
- LOKIEC P., Droit du travail, T. II, les relations collectives de travail, Thémis droit, PUF Paris 2011.
- MAZEAUD A., Droit du travail, Précis Domat, droit privé, LGDJ, Lextenso, 10ème éd., 2017.
- MINE M., MARCHAND D., Le droit du travail en pratique, Eyrolles, Ed. d'organisation, 27ème éd., 2015.
- MINE M., Le grand livre du droit du travail en pratique, Eyrolles, 29ème éd. 2018.
- OUAISSI H., Droit du travail de l'individuel au collectif, 2ème éd., Bruylant, coll. Paradigme, 2017.
- PAGNERRE Y., L'essentiel des grands arrêts du droit du travail, Gualino-Lextenso éd, 2016.
- PESKINE E., WOLMARK C., Droit du travail, Dalloz Hyper Cours, 10ème éd., 2016.
- PETIT F., Droit des relations collectives de travail, coll. Mementos LMD, éd. Gualino, 2007.
- PERETTI J.-M., La gestion des ressources humaines, Vuibert, Paris 2015.
- RADE Ch., Droit du travail, 6ème éd., Montchrestien, Paris, 2012.
- RAY J-E., Droit du Travail, Droit vivant, éd. Liaisons Wolters Kluwer France, 27ème éd., Paris 2018.
- SUPIOT A. Droit du travail, col. Que sais-je ? PUF, Paris 2016.
- TAQUET F., L'essentiel des ordonnances Macron, Ressources Humaines, droit du travail, éd. Gereso, Paris 2018.
- TEYSSIE B., Droit du travail, relations collectives, 10ème éd., LexisNexis, 2016.
- TOURNAUX S., Droit du travail, 3ème éd, Bréal, Coll. Grand Amphi Droit, Paris 2016.
- VERDIER J.-M., COEURET A., SOURIAC M.-A., Droit du travail, Vol. 1, les rapports collectifs, Mémento Dalloz, 16ème éd., Paris 2011.
- VERDIER J.-M., COEURET A., SOURIAC M.-A., Droit du travail, Vol. 2, les rapports individuels, Mémento Dalloz, 16ème éd., Paris 2011.

II - OUVRAGES SPECIALISES

- AUVERGNON Ph. (dir.), La représentativité collective en droit social, Actes du séminaire international de droit comparée du travail, des relations professionnelles et de la sécurité sociale, Comptrasec, Bordeaux IV, 2004.
- AUVERGNON Ph., LAVIOLLETTE S., OUMAROU M., Les fonctions assurées par les inspecteurs dans le système d'administration du travail en Afrique francophone subsaharienne, BIT, Document n° 15, 2007.
- AUVERGNON Ph., KENOUKON Ch. (dir.), Dialogue social dans les pays de l'espace OHADA et ailleurs dans le monde : la part du droit, Éd. L'Harmattan, Paris, 2018.
- BACHY J.-P., Administration du travail et conflits collectifs, CRESST, Université de Paris-Sud, 1979.
- BELIER G., La négociation collective en entreprise : nouveaux acteurs, nouveaux accords, 3ème éd., Liaisons, Coll. Droit vivant 2011.
- BELIER G., CORMIER-LE GOFF A., LEGRAND H.-J., Le nouveau droit de la négociation collective : acteurs et accords, 6ème éd., Liaisons, Wolters Kluwer, Coll. Droit vivant, 2018.
- BIETRY F., Les partenaires sociaux : quelle stratégie syndicale pour quel dialogue social ? éd. Management et Société, Paris 2007.
- BIT, La négociation collective dans la fonction publique, un chemin à suivre, CIT-102ème session. Etude d'ensemble relative aux relations et à la négociation collective dans la fonction publique, Genève 2013.
- BIT, Négociation collective, guide de politique, 1ère éd., Genève 2016.
- BLEDNIAK E., Délégué du personnel, délégué Syndical : Désignation, attributions, protection, 13ème éd., Delmas, 2007.
- DAUXIERE L., La négociation collective professionnelle et interprofessionnelle, LexisNexis, 2015.
- FERRACCI M. et GUYOT F, Dialogue social et performance économique, Presses de Sciences Po, Paris 2015.
- GERARD K. et BEAL S., Négociation collective dans l'entreprise, Dalloz, Paris 2011.
- GUILLOT J. P., Les petites entreprises dans le dialogue social, les Editions de l'Atelier – les Ed Ouvrières, 2012.
- HALIFA Y., Dialogue social : prenez la parole ! : Du combat au débat, de la méfiance à la confiance, ESF éd. 2014.
- HESSEL R., Analyse comparée du dialogue social dans les administrations centrales des États membres de l'Union Européenne, Institut européen d'administration Publique, EUPAN 2008.
- JACOT H., BAILBE B. (dir.), Démystifier le dialogue social, Éd. d'Organisation, Paris 1998.
- JACQUIER J. P., France, l'introuvable dialogue social, Presses Universitaires de Rennes, coll. Essais, 2008.
- KATZ T., La négociation collective et l'emploi, LGDJ, Paris 2007.
- KESTER G. et SIDIBE O. O., Syndicats africains à vous maintenant ! Pour une démocratie durable, éd. L'Harmattan, Paris 1997.

- LABBE. D., La négociation collective en entreprise, aspects pratiques, éd. Liaisons, Paris 2001.
- LANDIER H. et LABBE D., Prévenir et gérer les conflits sociaux dans l'entreprise, éd. Liaisons, Paris 2002.
- LANDIER H. et LABBE D., Les relations sociales dans l'entreprise : pratique et enjeux, rôle des partenaires, communication, négociation et gestion des conflits, éd. Liaisons, Rueil-Malmaison, 1999.
- LAROCHE P., Gérer les relations avec les partenaires sociaux : fonctionnement et enjeux du dialogue, Dunod 2010.
- LAROSE P., Les relations sociales en entreprise, éd. Dunod, Paris 2009.
MAILLY J.-C., Qu'est-ce que Force Ouvrière ?, éd. L'Archipel 2008.
- MALAREWICZ J.-A., Gérer les conflits du travail, la médiation systémique en entreprise, 2ème éd., Pearson village mondial, 2008.
- MARTIN Ph., (dir.), Le dialogue social, modèles et modalités de la régulation juridique en Europe, Presses Universitaires de Bordeaux, 2007.
- MAURIN B. et XIRAU D. (coord.), Le tiers facilitateur, éd. Liaisons 2003.
- MOREAU M.-A. (dir.), La Représentation Collective des travailleurs, ses transformations à la lumière du droit comparé, Dalloz, 2012.
- MOREAU M.-A., L'autonomie des partenaires sociaux, les litiges nés de l'interprétation des conventions collectives en droit québécois et français, LGDJ, 1998.
- MORIN M-L., Le syndicalisme dans le monde, PUF, coll. Que sais-je ?, 1993.
- OUMAROU M., Le dialogue social dans l'administration publique des pays membres de l'UEMOA, BIT document n° 11, Genève 2007.
- PANSIER F. J., Les relations collectives de travail, éd. Ellipses, Paris 2002.
- PETIT F. (dir), Le règlement amiable des différends sociaux, étude juridique : France, Espagne, Québec, Edition L'Harmattan, Paris, 2007.
- PETIT F., la notion de représentation dans les relations collectives de travail, collection bibliothèque de droit privé, LGDJ, 2000, Paris, Tome 291, notes, thèse de doctorat en 1997, Paris 1.
- POUGOUE P. G., TCHOKOMAKOUA V., Jurisprudence sociale, Collection Droit et Sociologie du travail et des relations professionnelles, annotée : Tome II, Année 1986 1987, Université Yaoundé.
- RESCOURIO-GILABERT M., CHSCT et dialogue social : maitriser les pratiques et leur donner du sens, éd Liaisons 2014.
- RIGAUX M. (dir), Médiation, conciliation et arbitrage –vers une régulation européenne des modes alternatifs de règlement des conflits collectifs du travail ? Ed. Bruylant Bruxelles 2011.
- ROSE H., STRUILLOU Y., Droit du licenciement des salariés protégés, 5ème éd., Economica, 2016.
- SIGNORETTO F., La négociation collective d'entreprise, édition groupe liaisons, 2001, Rueil-Malmaison.
- STERN P., La boite à outils de la négociation ; éd. Dunod, Paris 2010.
- THUDEROZ Ch., GIRAUD-HERAUD A., La négociation sociale, éd. du CNRS, Paris 2000.
- TRICOIT J.-P., La médiation dans les relations de travail, LGDJ coll. Bibliothèque de droit social, T. 48, Paris 2008.
- VERDIER J.-M., Syndicats et droit syndical, Traité de droit du travail, 2ème éd., Dalloz Paris 1987.

- VUIBERT B., Dynamique et avenir du Comité Central d'Entreprise : Instrument de Dialogue social dans l'Entreprise mondialisée, Vuibert 2007.
- WELTI. G., La négociation en entreprise, éd. Eyrolles, Paris, 2011.

III – CHAPITRES D'OUVRAGE

- AUVERGNON Ph., La représentation collective en droit social : une perspective comparative, in Ph. Auvergnon (dir.), *La représentation collective en droit social*, Actes du séminaire international de droit comparé du travail et de la sécurité sociale, Bordeaux, 2004, p. 7-23.
- AUVERGNON Ph., Médiations et droit des relations de travail : entre intérêt et inquiétudes, in J. Faget (dir.), *Médiations et politiques*, PUB 2005, p. 247.
- AUVERGNON Ph., Voyage périlleux dans la boîte noire de la résolution des différends sociaux en France, in F. Petit (coord.), *Le règlement amiable des différends sociaux, Espagne, France, Québec*, Ed. L'Harmattan, 2007, p. 42.
- AUVERGNON Ph., L'histoire coloniale comme matrice des conflits du travail des DOM, in Giraud B. (dir)., *Les métamorphoses de la grève*, LdF Paris 2010, , n° 969, p. 101.
- AUVERGNON Ph., Des modes non-juridictionnels de règlement des conflits collectifs du travail en France, in M. Rigaux et P. Humblet (dir.), *Médiation, conciliation et arbitrage - Vers une régulation européenne des modes alternatifs de règlement des conflits collectifs du travail ?*, Ed. Bruylant Bruxelles 2011, p. 119.
- AUVERGNON Ph., « Des esprits présents dans le projet d'acte uniforme OHADA portant droit du travail », in *L'esprit du droit africain, Mélanges en l'honneur du Professeur P-G. Pougoué*, LGDJ, Paris 2012, p. 114.
- AUVERGNON Ph. et KENOUKON Ch., Présentation, in Auvergnon Ph. et Kénoukon Ch. (dir.), *Dialogue social dans les pays de l'espace OHADA et ailleurs dans le monde : la part du droit*, Éd. L'Harmattan, Paris, 2018, p. 9.
- CARBY-HALL J., Démocratie industrielle et concept de partenariat en Grande Bretagne, in Martin Ph (dir.), *Le dialogue social, modèles et modalités de la régulation juridique en Europe*, Presses Universitaires de Bordeaux 2007, p. 322.
- CISSE-NIANG A., Dialogue social : quelques pistes d'échanges sur un concept à géométrie variable et des pratiques polymorphes, in Auvergnon Ph., Kénoukon Ch., (dir.) *Dialogue social dans les pays de l'espace OHADA et ailleurs dans le monde : la part du droit*, Éd. L'Harmattan, Paris, 2018, p. 23.
- ESCUDERO RODRIGUEZ R., Quelques réflexions sur le dialogue social : signification, portée, faiblesses et risques, in *Le dialogue social, modèles et modalités de la régulation juridique en Europe*, Presses Universitaires de Bordeaux, p. 63.
- GIL y GIL J-L., Le dialogue social en Espagne *in* Auvergnon Ph. et Kénoukon Ch. (dir.), *Dialogue social dans les pays de l'espace OHADA et ailleurs dans le monde : la part du droit*, Éd. L'Harmattan, Paris, 2018, p. 415.

- JEAMMAUD A. et LYON-CAEN A., Suprématie de la Constitution et droit social », *in* M. Troper et D. Chagnollaud (dir.), *Traité international de droit constitutionnel Théorie de la Constitution,* Dalloz, 2012, p. 66.5
- LABORDE J.-P., Retour sur la loi n° 52-1322 du 15 décembre 1952 instituant un Code du travail dans les territoires et territoires associés relevant des ministères de la France d'Outre-mer, in *De l'esprit du droit africain, Mélanges en l'honneur de Paul-Gérard Pougoué,* Wolters Kluwer 2014, p. 437.
- LACOSTE-MARY V., L'espace du dialogue social en France, in Auvergnon Ph., Kénoukon Ch., (dir.) *Dialogue social dans les pays de l'espace OHADA et ailleurs dans le monde : la part du droit*, Éd. L'Harmattan, Paris, 2018, p. 389.
- MARTIN Ph., Dialogue social et régulation juridique, une problématique européenne, *in Le dialogue social, modèles et modalités de la régulation juridique en Europe*, Presses Universitaires de Bordeaux 2007, p. 54.
- MAZEAUD A., Les sources du droit du travail à l'épreuve du dialogue social, in Mélanges Philippe Jestaz, Libres propos sur les sources du droit, Dalloz 2006, p. 355.
- MÜHHLBACH T., Le dialogue social en Allemagne : l'équilibrage du système dual de relations industrielles, in Martin Ph (dir.), *Le dialogue social, modèles et modalités de la régulation juridique en Europe,* p. 249.
- PELISSIER J., Droit des conventions collectives : évolutions ou transformation, in *Mélanges en l'honneur de Jean-Marie Verdier*, Dalloz, 2001, p. 95.
- PETIT F., Les transformations du dialogue social en France, in Auvergnon Ph. et Kénoukon Ch. (dir.), *Dialogue social dans les pays de l'espace OHADA et ailleurs dans le monde : la part du droit*, Éd. L'Harmattan, Paris, 2018, p. 403.
- RAY J.-E., La négociation d'entreprise : quel avenir ? in *Mélanges en l'honneur de Michel Despax*, Presses universitaires des sciences sociales de Toulouse, 2002, p. 445.
- SOSSA D. C., Dialogue social : analyse et point de vue de l'OHADA, in Auvergnon Ph. et Kénoukon Ch. (dir.), *Dialogue social dans les pays de l'espace OHADA et ailleurs dans le monde : la part du droit,* Éd. L'Harmattan, Paris, 2018, p. 109.
- SUPIOT A., Préface, in *Critique du droit du travail*, PUF 2002, p. X.
- THIAM B., Le Conseil du travail et du dialogue social de l'UEMOA : missions, contraintes, défis et perspectives, in Auvergnon Ph. et Kénoukon Ch. (dir.), *Dialogue social dans les pays de l'espace OHADA et ailleurs dans le monde : la part du droit*, Éd. L'Harmattan, Paris, 2018, p. 119
- TOUNKARA D., Etat et perspectives du dialogue social au Mali, in Auvergnon Ph., Kénoukon Ch. (dir.), *Dialogue social dans les pays de l'espace OHADA et ailleurs dans le monde : la part du droit*, Éd. L'Harmattan, Paris, 2018, p. 258.
- VACHET. G., La fonction organisationnelle de la convention collective, in *Etudes offertes à Jean Pélissier*, Paris, Dalloz, 2004, 559 p.

- VERDIER J.-M., Négociation collective et représentativité Syndicale, du pluralisme intégral au pluralisme tempéré, in *Mélanges en l'honneur d'Alex WEILL*, Dalloz, Litec, 1983, p. 569.

IV – ARTICLES

- ANTONMATTEI. P.-H., Négociation collective et syndicats catégoriels : le début des ennuis, *Dr. soc.* 2011, p. 89.
- AUVERGNON Ph., La terminaison de la grève, *Bulletin de droit comparé du travail et de la sécurité sociale*, 1997, p. 129.
- AUVERGNON Ph., L'intervention médiatrice de l'administration du travail dans les conflits collectifs, *Dr. ouvr.* 2003, p. 501.
- AUVERGNON Ph., LAVIOLLETTE S., OUMAROU M., Les fonctions et limites des administrations du travail en Afrique subsaharienne à la lumière de la convention OIT n°150, *Revue internationale du travail*, vol. 150, n°1/2011, p. 89.
- AUVERGNON Ph. et GIL J.-L., La réforme du droit du travail en Espagne, *Dr. soc.* 1995, p. 199.
- AUVERGNON Ph., Réalités, espace et avenir du droit du travail en Afrique noire francophone, *Bulletin de droit comparé du travail et de la sécurité sociale* 1999, p. 118 et revue électronique *Afrilex* (http:// afrilex.u-bordeaux4.fr/afrilex-0-janvier - 2000.html).
- BACHY. J.-P., L'État et les conflits, *RFAS* 1980, p. 123.
- BARTHELEMY J. et CETTE G., Rénover et promouvoir la médiation et l'arbitrage, *RDT* 2010, p. 205.
- BELIER G., les novations dans le droit de la négociation collective, *Dr. soc.* 1999, p. 1014.
- BENBOUZID B., Le dialogue social et la négociation collective, Institut national du travail, *Revue algérienne du travail*, 2008, p. 17.
- BERNAUD V., Réforme du dialogue social : faut-il inviter le Conseil constitutionnel à la table des négociations ?, *Dr. soc.* 2007, p. 174.
- BERAUD J.-M., Le rôle des délégués en cours de grève, *Dr. soc.* 1988, p. 666.
- BORENFREUND G., La reconnaissance de la représentativité syndicale, quelques interrogations autour de trois décisions : Cass soc. 25 janvier 2006, trois arrêts, *Dr. soc.* 2006, p. 869.
- BORENFREUND G., Propos sur la représentativité syndicale, Dr. soc. 1988, p. 476.
- CARON E., FRIK R., L'approche du dialogue social en France et en Allemagne, *SS Lamy*, n° 1686 du 20 juillet 2015, p. 7.
- CES, Prévention et résolution des conflits du travail, avis adopté par le Conseil économique et social le 11 février 1998, *Dr. soc.* 2003, p. 583.
- CESARO J.F., La négociation dans les entreprises dépourvues de délégués syndicaux, *Dr soc.* 2009, p. 658.
- CHAUCHARD J.-P., Les accords de fin de conflits, *Dr. soc.* 1982, p. 678.
- FAVENNEC-HERY F., La représentativité syndicale, *Dr. soc.* 2009, p. 630.
- FAVENNEC-HERY F., L'accès à la représentativité, *Semaine juridique social* du 29 mai 2012, 1234, p. 21.
- FLAMENT L., La représentativité des organisations patronales, *Dr. soc.* 2009, p. 436.

- FOULON S., Le dialogue social en cale sèche, *Revue alternatives économiques* n° 38, 2014,
- GREVY M., Actions en responsabilité et accords de fin de conflit, *A.J.* 1994, n° 109.
- GRUMBACH T., SERVERIN E., Dans l'air du temps de la marchandisation de la justice : la mise en concurrence du juge prud'homal avec les services de justice privée, *RDT* 2010, p. 207.
- HERVIEU N., La Cour européenne des droits de l'homme, alchimie de la liberté syndicale, *RDT* 2009. p. 288.
- HIGELE J.-P., Représentativité syndicale et accords interprofessionnels nationaux : les enjeux d'une réforme, *Dr. soc.* 2007, p. 301.
- JEAMMAUD A. et LE FRIANT M., La grève, le juge et la négociation, *Dr. soc.* 1990, p. 167.
- LAFARGE Ph., La médiation judiciaire en matière sociale, *Revue de jurisprudence commerciale* 1999, p. 117.
- LAROSE Ch., Quand va-t-on sortir de l'impasse sur le dialogue social, *Dr. soc.* 2008, p. 18.
- LOKIEC P., Le dialogue social à l'épreuve de la loi Rebsamen. A propos de la loi n° 2015-994 du 17 août 2015, *JCP G, sem. juridique*, 2015, p. 1664.
- PELTZEC L., Dialogue social communautaire et représentativité des partenaires sociaux, *Chronique de droit social* 1999, p. 209.
- MAGGI-GERMAIN N., Sur le dialogue social, *Dr. soc. 2007*, p. 798.
- MARQUIS C., La prévention des conflits collectifs à la RATP, *Dr. soc.* 2003, p. 583.
- MARTINON A., La représentativité des syndicats catégoriels, *Semaine juridique social* du 29 mai 2012, 1235, p 29.
- MOIZARD N., Un retour en grâce des médiateurs ? *Dr. soc.* 2002, p. 325.
- MOREAU M., Les règlements de fin de conflit (protocole, protocole d'accord ou accord de fin de conflit), *Dr. soc.* 2001, p. 139.
- MOREL F., Perspectives de développement de la négociation collective, *Sem. juridique*, n° 1106 du 13 mars 2012, p. 19.
- MORIN M.-L., La loi 2008-789 du 20 août 2008, première décision de la Cour de cassation sur le droit syndical, *Dr. soc.*, 2009, p 950.
- MORIN M.-L., Les nouveaux critères de la représentativité syndicale dans l'entreprise, *Dr. soc.*, 2011, p. 62.
- NARRITSENS A., Conciliation et arbitrage dans les conflits collectifs du travail : leçons syndicales des expériences françaises (approche historique), *Dr. ouvr.* 1988, p. 409.
- OLSZAK N., SCHAEFFER S., L'accord sur l'amélioration du dialogue social et la prévention des conflits à la SNCF : un modèle pour la réduction des grèves dans les ? *JCP S* 2005, p. 1001.
- (de) QUENAUDON R., Des protocoles de fin de conflit dans le secteur privé, *Dr. soc.* 1981, p. 401.
- RADE Ch., Exercice du droit de grève et négociation collective, note sous Soc. 7 juin 1995, SA Transports Séroul, *Dr. soc.* 1996, p. 37.
- RAMIN A., Du rôle et de l'utilité du médiateur au travers d'une grève significative : le conflit SNECMA, *Dr. soc.* 1989, p. 839.
- RAY J.-E., 1988-1991 : Un nouveau droit jurisprudentiel de la grève, *Dr soc.* 1991, p. 715.

- ROTSCHILD-SOURIAC. M.-A., La valeur d'un protocole d'accord mettant fin à un conflit du travail, *Recueil Dalloz* 1990, p. 162.
- SALVAGE Ph., Les attributions du délégué syndical en cas de grève, *Dr. soc.* 1986, p. 624.
- SAVATIER J., Les attributions des délégués du personnel, *Dr. soc.* 1993, p. 746.
- (de) SENGA A., Grève dans les services publics, *Dr. ouvr.* 2003, p. 405.
- SIDIBE O. O., Réalités africaines et enjeux pour le droit au travail en Afrique, *Bulletin de droit comparé du travail et de la sécurité sociale* 1999, p. 130 ; revue électronique *Afrilex*, 2000.
- SOURIAC M.-A., Conflits du travail et négociation collective, quelques aspects, *Dr. soc.* 2001, p. 705.
- SOURIAC. M.-A., L'articulation des niveaux de négociation, *Dr. soc.* 2004. p 579.
- TEYSSIE B., CESARO J.-F., MARTION A., La représentativité des organisations professionnelles d'employeurs : *JCP S* 2011, p. 1102.
- TUCHSZIREN C., Une représentativité dopée par la reprise du dialogue social, *Chronique de droit social*, p. 66.
- VATINET. R., Nature juridique d'un protocole de fin de conflit, note sous Cass. soc. 8 avril 2009, *JCP Ed. S* n°41, p. 34.
- VERDIER J.-M., Les critères de la représentativité syndicale : recomposition et contrôle du juge de cassation, Cass. soc. 3 décembre 2002, *Dr. soc.* 2003. p. 298.
- VIANO. P., Le rôle de l'inspection du travail dans le règlement des conflits collectifs, *Dr. soc.* 1977, p. 94.
- VINCENT C., Les enjeux du dialogue social en Espagne, *Revue de l'IRES*, 2003, p. 177.
- VINKINDT P-Y., Le représentant syndical au comité d'hygiène de sécurité et des conditions de travail, *Dr. soc.* 2009, p. 181.

V - THESES ET MEMOIRES UNIVERSITAIRES

- BEGEY F., La représentativité syndicale en droit comparé et Européen, DEA Droit social, 2001, Université de Bordeaux IV.
- PASTOR E., Essai sur le dialogue social conflictuel : contribution à l'étude sur la résolution amiable des conflits collectifs du travail, Aix-Marseille, Thèse de Doctorat, 2017.
- BURLIER M., Dialogue social dans la Fonction publique territoriale, Mémoire de Master 2ème année « droit des collectivités territoriales », Université de Bordeaux IV, 2010.
- DAUXIERE L., La représentativité syndicale, instrument du dialogue social, Presse Universitaires d'Aix-Marseille, 2005, Prix de thèse de l'U.I.M.M.
- DEVAUX. E., La grève dans les services publics, Thèse Limoges, PUF, 1995.
- FOURCADE C., L'autonomie collective des partenaires sociaux : Essai sur les rapports entre démocratie politique et démocratie sociale, Thèse de Doctorat, Université Paris II Panthéon-Assas 2005.
- HECQUET M., Essai sur le dialogue social européen, Thèse de doctorat, Université Paris II Panthéon-Assas 2006.

- JACQUIER C., Les relations entre la négociation d'entreprise et la négociation de branche, Mémoire DEA de droit social, Université de Bordeaux IV, 2003.
- MACALOU M., TOGO M., Les organes du Dialogue Social au Mali, Mémoire FSJE - Droit Privé, Université de Bamako, 2004.
- MARTIN M-A., La représentativité syndicale au regard de la négociation collective, DEA Droit social, Université de Bordeaux IV, 1996.
- SAINT-CLAUDE D., Droit du travail et droit des obligations, étude d'une opposition, Thèse Université Aix-Marseille, 1996
- PAGNAC R., La Loi du 20 août 2008 portant rénovation de la démocratie sociale, Mémoire de Master recherche, Université de Bordeaux IV, 2009.
- PETIT F., La notion de représentation dans les relations collectives du travail, Thèse de doctorat, LGDJ, Bibliothèque de Droit Privé, 2000.

VI – ETUDES ET RAPPORTS

- AUVERGNON Ph., LAVIOLLETTE S, Le respect du droit du travail : entre politique de contrôle et politique pénale, rapport DRTEFP, Bordeaux 2004.
- AUVERGNON Ph., LE MOAL P., Société, conflits et relations de travail en Guyane, de quelques discours sur les faits et les causes, INTEFP, Ministère des affaires sociales, du travail et de la solidarité, 2003.
- AUVERGNON Ph. et LE MOAL P., Conflictualité et dialogue social à la Martinique, paroles d'acteurs, Cahiers de l'INTEFP, 2000.
- AUVERGNON Ph. et SIDIBE O.O., capacités d'intervention et compétences en droit du travail des ministères en charge du Travail dans les Etats membres de l'UEMOA, BIT, 2014.
- BERAUD J.-M., Etude préalable à l'adoption d'un Acte uniforme en Droit du Travail dans le cadre de l'Organisation pour l'Harmonisation en Afrique du Droit des Affaires (OHADA), BIT 2003.
- BIT, Rapport V sur l'administration du travail et l'inspection du travail, 100ème session de la Conférence Internationale du Travail, BIT, 2011.
- BIT, La liberté syndicale : compilation des décisions du Comité de la liberté, Genève, 6ème éd., 2018.
- BIT, Rapport des ateliers PRODIAF sur le dialogue social au Mali du 14 au 16 novembre 2001.
- CISSE M. et DIOH A., Rapport de l'étude sur le dialogue social au Sénégal, PRODIAF-BIT, Dakar 2004.
- COULIBALY F., Note sur le dialogue social au Mali, Direction Nationale du Travail, 2005.
- DE Y., Rapport de synthèse sur les crises sociales au sein de l'UEMOA, BIT Dakar, 2013.
- HCNDS, Rapport sur l'état du dialogue social au Sénégal, Haut Conseil National du Dialogue Social, 2015.
- MEKNASSI FILALI R., Dialogue social et systèmes sociaux, Coopération régionale européenne dans le cadre du Programme MEDA, Rapport national Maroc, 2004.
- SAMAILA I., Diagnostic des organes du dialogue social dans cinq pays de l'UEMOA, Rapport BIT PRODIAF, 2009.

- SOULAMA T. T., Rapport de l'étude sur l'état du dialogue social et la prévention des crises sociales au Burkina Faso, Ouagadougou, 2014.
- TALL PENDA S., Rapport d'étude sur le dialogue social coopération tripartite dans les relations professionnelles, BIT, Dakar, 1997.
- Commission de l'UEMOA-BIT : Compilation des résultats des travaux du Conseil du Travail et du Dialogue Social de l'UEMOA, de 2010 à 2016, UEMOA, Ouagadougou, 2017.

VII - CODES, LOIS, REGLEMENTS, RECUEILS DE TEXTES LEGAUX

- Constitution de l'OIT, BIT Genève, juin 2001.
- Loi n° 92-020 du septembre 1992, modifiée, portant Code du travail en République du Mali.
- Loi n° 2017-021 du 12 juin 2017 portant modification de certaines dispositions du Code du travail de 1992.
- Loi n° 87-47 du 10 août 1987 fixant l'exercice du droit de grève dans la Fonction publique.
- Loi n° 02-053 du 16 décembre 2002, modifiée, portant Statut général des Fonctionnaires au Mali ;
- Loi n° 87-49/AN-RM du 4 juillet 1987, relative à l'état de siège et à l'état d'urgence au Mali.
- Loi n° 87-48/AN-RM du 4 juillet 1987, relative à la réquisition des personnes au Mali.
- Loi n° 02-072 du 19 décembre 2002 portant création de la Direction nationale du Travail.
- Décret n° 00-038 P-RM du 27 mai 2000 fixant les conditions de travail du Personnel de l'administration relevant du Code du travail
- Décret n° 2011-051/P-RM du 11 février 2011, modifié, fixant les conditions d'emploi du Personnel de l'administration relevant du Code du travail.
- Décret n° 05-164 P-RM du 06 avril 2005 fixant les modalités d'application du Statut général des fonctionnaires.
- Décret n°09-220/P-RM du 11 mai 2009 portant modification du Code de procédure civile, commerciale et sociale en République du Mali.
- Décret n°99-254/P-RM du 15 septembre 1999 portant code de procédure civile, commerciale et sociale en république du Mali.
- Décret n° 90-562 /PG-RM du 22 décembre 1990 fixant la liste des Services et emplois et les catégories de personnel indispensable à l'exécution du service minimal en cas de cessation concertée du travail dans les Services publics de l'État et des Collectivités territoriales et des organismes chargés de la gestion d'un Service public.
- Décret n° 10-103/P-RM du 19 février 2010 fixant l'organisation et les modalités de fonctionnement de la Direction nationale du Travail.
- Décret n° 10-117/P-RM du 19 février 2010 fixant création des Directions Régionales du Travail et des services Subrégionaux du travail.
- Décret n° 10-0474/P-RM du 20 septembre 2010 fixant l'organisation et les modalités de fonctionnement de la cellule nationale de lutte contre le travail des enfants.
- Ordonnance n° 10-036 /P-RM du 05 août 2010 portant création de la Cellule nationale de lutte contre le Travail des Enfants.

- Décret n° 2018 -0524/P-RM du 2o juin 2018 portant création de la Commission de suivi du dialogue social au Mali.
- Décret n° 2018-0005 /P-RM du 10 janvier 2018 fixant les attributions spécifiques des membres du Gouvernement.
- Décret n° 2018 - 0748 /P-RM du 24 septembre 2018 portant répartition des services publics entre la primature et les départements ministériels.
- Décret n° 2018 -0524/P-RM du 20 juin 2018 portant création de la commission de suivi du dialogue social
- Arrêté n° 005-062/MTFPRERI-SG du 03 mars 2005 portant création du Secrétariat permanent du dialogue social du Mali.
- Projet d'acte uniforme OHADA relatif au droit du travail, version LOME 2010.
- Lettre circulaire n°04-0001/PM-RM du 30 janvier 2004 portant sur les mesures relatives à l'amélioration de la communication gouvernementale
- Code du travail français, 82ème édition, Dalloz, 2019.

VIII - SITES INTERNET

- Normlex : Recueil des conventions et recommandation de l'OIT : www.ilo.org/normlex
- www.ilo.org
- www.legifrance.gouv.fr/

- www.éditions-tissot.fr
- www.fonctionpublique.gouv.ml
- www.ssg.gouv.ml
- www.primature.gov.ml

ANNEXES

Annexe 1 : **Le Pacte de solidarité pour la croissance et le développement du 14 août 2001**

MINISTERE DE L'EMPLOI ET DE LA **REPUBLIQUE DU**
MALI
FORMATION PROFESSIONNELLE **Un Peuple- Un But-**
Une Foi

PACTE DE SOLIDARITE POUR LA CROISSANCE ET LE DEVELOPPEMENT

14 AOUT 2001

PREAMBULE :

Le Mali est confronté à de multiples défis.

L'indice de pauvreté reste à un niveau préoccupant, entraînant la multiplication et l'exacerbation des revendications catégorielles.

Concernant le développement du secteur privé, l'environnement économique et juridique n'est toujours pas suffisamment favorable au développement réel des entreprises et à la création d'emplois.

Pour résoudre les problèmes posés, le Gouvernement a inscrit sa politique économique et financière dans la perspective de la réalisation de :

- un taux de croissance économique en terme réel de 6 % l'an ;
- la maîtrise de l'inflation ;
- l'augmentation de l'épargne budgétaire pour favoriser une croissance économique plus
- rapide ;
- la réorientation de la politique fiscale ;
- l'adoption de mesures d'accompagnement pour dynamiser le secteur privé.

Les partenaires sociaux ont pleinement exprimé leur adhésion aux objectifs fixés par le Gouvernement.

La réalisation de ces objectifs économiques requiert:

- la participation effective de tous les acteurs socio-économiques dans la formulation et la mise en œuvre de la politique économique du Gouvernement ;
- l'instauration d'un climat social favorable aux investissements et au développement des entreprises ;
- l'adoption de mesures d'assainissement de l'environnement des entreprises ;
- l'amélioration des conditions de vie et de travail des agents de l'Etat en fonction des
  possibilités dégagées par la croissance et l'amélioration des finances publiques ;

Le Gouvernement de la République du Mali, les organisations syndicales d'employeurs et de travailleurs et les associations de retraités :

- désireux de consolider les liens de partenariat dynamique les unissant ;
- estimant que l'intensification de cette coopération dans un cadre institutionnel adapté favorise le développement harmonieux de l'économie nationale et une meilleure distribution des fruits de la croissance économique ;
- soucieux de traduire cette croissance en emplois accrus pour l'ensemble de la population ;

Convaincus de la nécessité de l'élaboration et de la mise en œuvre d'un programme minimum d'actions pour répondre aux préoccupations essentielles des organisations syndicales d'employeurs et de travailleurs :

ONT CONVENU DE CE QUI SUIT :

I. Du développement des entreprises en vue de la Réalisation des objectifs fixés par le Gouvernement

Article 1 : L'accès au financement:

Dans un contexte économique marqué par l'intégration économique sous- régionale et la mondialisation, la mobilisation et la disponibilité des capitaux est l'une des conditions essentielles à la création et au développement des entreprises.

Pour faciliter l'accès des entreprises au financement, le Gouvernement est disposé à :

- renégocier les lignes de crédit extérieures tout en recherchant auprès des bailleurs de fonds, des conditions plus souples et des procédures de décaissement plus simplifiées ;
- accompagner le secteur privé dans ses initiatives pour la mise en place d'un fonds de garantie et la création d'institutions adaptées au financement des investissements ;
- affecter les excédents de fonds TRIE à la réalisation d'équipements et d'infrastructures pour l'amélioration du transit ;
- rendre opérationnel le Fonds d'équipement et confier sa gestion à la Fédération Nationale des Employeurs du Mali (FNEM) ;
- accompagner et accélérer la mise en place d'un Fonds de développement du secteur de l'artisanat ;
- faciliter l'octroi de crédits à des taux raisonnables pour les producteurs agricoles.

Les partenaires sociaux, pour ce qui les concerne, s'engagent à rendre la gestion de leurs entreprises plus transparente et moderne.

Article 2 : La répartition équitable de la pression fiscale

Pour tenir compte de l'environnement économique sous – régional, le Gouvernement et le secteur privé, dans le cadre de la relecture du Code général des impôts, approfondiront la réflexion sur les possibilités de création de nouveaux impôts et taxes ou la suppression de certains impôts et taxes existants (Contribution Forfaitaire, Taxe sur les Activités financières).

Les textes régissant l'Acompte sur Divers Impôts et Taxes (ADIT) seront revus conformément aux dispositions en cours de préparation au niveau de l'UEMOA.

Une meilleure répartition de la pression fiscale entre les opérateurs économiques sera réalisée à travers des reformes fiscales visant l'élargissement de l'assiette des impositions.

Les opérateurs économiques s'engagent à s'acquitter en toute transparence de leurs obligations fiscales et financières vis-à-vis de l'Etat et des institutions financières et à contribuer aux efforts de moralisation de l'assiette et du recouvrement des impôts et taxes dus à l'Etat.

Article 3 : Le renforcement de la compétitivité des entreprises

Pour renforcer la compétitivité des entreprises industrielles nationales, le Gouvernement s'engage à développer la mise en place d'infrastructures de base adaptées aux besoins des industriels.

Le gouvernement veillera à l'application des dispositions du Code des Marchés Publics pour faire bénéficier les entreprises maliennes de la préférence nationale pour l'attribution des marchés publics.

Les opérateurs économiques s'engagent à favoriser l'émergence d'entreprises plus viables et à relever le niveau de compétitivité.

Dans le domaine des assurances, des mesures seront prises en rapport avec nos partenaires au développement, en vue d'assurer la domiciliation de l'assurance des risques sur le territoire national.

En retour, les sociétés d'assurance s'engagent à respecter les règles prudentielles et assurer un règlement diligent des sinistres.

Dans le secteur du commerce, des actions visant une meilleure organisation des entreprises et des marchés communaux seront adoptées.

Dans le secteur du bâtiment, des mesures seront prises en vue de l'organisation des Etats généraux du bâtiment et des travaux publics.

Dans le secteur de l'agriculture, les actions suivantes seront menées :

- développer les infrastructures agricoles et renforcer l'encadrement technique des paysans ;
- vulgariser la recherche agricole ;
- aider à l'équipement des producteurs ruraux.

Les partenaires économiques s'engagent à accroître la production agricole.

Concernant le secteur de l'artisanat, le gouvernement et la Fédération Nationale des Artisans du Mali (FNAM) conviennent de :

- accélérer la réflexion sur le processus de certification et de validation de la formation professionnelle par apprentissage ;
- encourager la sous-traitance avec d'autres secteurs.

Les opérateurs économiques s'engagent à créer des emplois dans le secteur de l'artisanat.

Article 4 : L'intégration économique

Pour aider les entreprises à faire face aux contraintes nées de l'intégration économique, il sera procédé à:

- l'adoption de toute politique valorisant les productions nationales ;
- la fixation des valeurs de référence des produits maliens ;
- la mobilisation accrue de l'épargne intérieure en faveur des investissements.

Le Gouvernement s'engage à mener les démarches nécessaires auprès des autorités de l'UEMOA pour le démarrage rapide des fonds structurels ;

Les représentants du secteur privé sont consultés sur toutes les questions relatives à l'intégration économique sous- régionale.

Les employeurs s'engagent à consolider les emplois existants et à créer de nouveaux emplois.

Article 5 : L'implication du secteur privé dans la résolution des problèmes des entreprises

La mise en œuvre d'une véritable politique de développement des entreprises nationales
nécessite une participation totale des employeurs à la résolution des problèmes les concernant.

Aussi, le Gouvernement veillera à l'implication effective des représentants du secteur privé dans :

- les opérations de privatisation des entreprises publiques ;
- la sélection des bénéficiaires des crédits marchandises ;
- Concernant la lutte contre la fraude et la contrebande, le gouvernement sollicitera le concours des employeurs.

Article 6 : L'amélioration des relations entre l'administration et le secteur privé

Tenant compte de certains dysfonctionnements jugés préjudiciables aux entreprises et de la nécessité d'avoir une administration publique capable de répondre aux préoccupations majeures du secteur privé, le Gouvernement s'engage à :

- adopter de mesures concrètes pour lutter contre les lenteurs administratives et assurer plus de transparence dans les procédures ;
- coordonner les actions des institutions d'appui au secteur privé ;
- procéder au recyclage du personnel de l'administration ;
- mettre en place des outils modernes de gestion ;
- assurer l'équipement correct des services financiers en vue d'améliorer leurs performances ;

Article 7: La création d'emplois

La persistance du chômage et du sous- emploi étant principalement à la base de la paupérisation des populations et de l'augmentation des tensions sociales, le Gouvernement mettra en œuvre de manière diligente les programmes d'actions destinés à promouvoir l'emploi.

Pour leur part, les employeurs s'engagent à contribuer à la réalisation d'une croissance économique continue et accélérée se traduisant par la création d'emplois de qualité.

II : De l'amélioration des conditions de vie et de travail des salariés des secteurs public et privé

Article 8 : La modernisation de l'administration

La situation de la Fonction publique est caractérisée par :

- le niveau bas des recrutements ;
- l'absence de politique cohérente de formation professionnelle ;
- la faiblesse du niveau des salaires ;
- la disparité entre les grilles de salaires ;
- l'attribution disparate et inéquitable des primes et indemnités.

L'harmonisation des différents statuts de la fonction publique, le recrutement en nombre suffisant de fonctionnaires, la mise en valeur des ressources humaines et l'amélioration des conditions de travail des agents de l'Etat, constituent les piliers essentiels de toute politique de modernisation de l'administration.

Le Gouvernement s'engage en conséquence à :

- remettre à plat tous les statuts à l'exception des statuts autonomes (Magistrature, Armée, Police) et de celui des enseignants du Supérieur ;
- relever le niveau quantitatif des recrutements pour répondre aux besoins des cadres
  organiques des services ;
- définir et mettre en œuvre un véritable plan de formation et de perfectionnement des agents de l'Etat et dégager les ressources budgétaires nécessaires pour ce faire ;
- Les organisations syndicales de travailleurs et autres personnes ressources, notamment les anciens cadres de l'Etat, sont associées à la formulation de cette politique ;
- élaborer un plan de carrière pour toutes les catégories de fonctionnaires, réaménager la structure des personnels et la classification des grades et emplois.
- améliorer le système de rémunération par le réamenagement de l'actuelle grille en tenant compte des critères de convergence fixés dans le cadre de l'UEMOA - CEDEAO;
- procéder à la révision et la rationalisation des primes et indemnités, après étude préalable ;

A la lumière de ces actions, le Gouvernement entreprendra :

- la relecture du Statut général des fonctionnaires ;
- l'élaboration du statut du personnel des Etablissements Publics à caractère Administratif ;
- l'adoption rapide des textes d'application du Statut du Personnel des Collectivités territoriales.

Article 9 : La protection sociale des travailleurs

Les fonctionnaires bénéficient d'une couverture sociale insuffisante. En outre, le niveau des prestations servies est faible. En dépit des efforts accomplis par le Gouvernement, le pouvoir d'achat des retraités se dégrade et l'équilibre financier des organismes chargés du versement des pensions demeure très précaire.

Pour réduire ces difficultés, le Gouvernement entreprendra les actions ci-après :

- la mise en place d'un véritable régime de sécurité sociale en faveur des fonctionnaires et des autres couches sociales ;
- la prolongation de l'âge de la retraite pour contribuer entre autres, au redressement de l'équilibre financier de la Caisse des Retraites du Mali et de l'INPS ;
- la révision du mode de calcul des pensions ;
- l'application aux pensions, dans les mêmes conditions et au même taux, de toutes augmentations générales de salaires accordées aux travailleurs en activité, conformément à l'Ordonnance n° 79-7 CMLN du 18 janvier 1979;
- la mensualisation du payement des pensions;

- la révision du taux des allocations familiales et la limitation du nombre d'enfants à prendre en charge ;
- la relecture du Décret n° 243 PG-RM du 19 Septembre 1983 fixant le régime de la rémunération des actes médicaux et de l'hospitalisation dans les formations sanitaires;

Article 10 : La sécurisation des travailleurs

La protection des travailleurs sur les lieux de travail contre les agressions des usagers et contre les accidents du travail, joue un rôle important dans l'amélioration des conditions de travail et des performances des agents de l'administration. Sa mise en œuvre nécessite l'implication des organisations syndicales dans la formulation et la mise en œuvre des différentes politiques.

Aussi, le Gouvernement s'attellera à :

- créer et promouvoir un cadre de concertation Etat- Syndicats- Collectivités territoriales ;
- assurer la sécurisation des bâtiments administratifs.
- Les organisations syndicales de travailleurs entreprendront des actions de sensibilisation en vue de favoriser l'amélioration de la qualité des prestations des fonctionnaires de l'Etat.

Dans le domaine de la protection contre les risques professionnels, le Gouvernement assurera :

- une plus grande coordination des actions des différentes administrations chargées de la prévention ;
- le perfectionnement des agents de l'administration du travail et le renforcement des services du travail ;

En relation avec les services administratifs concernés, les organisations syndicales s'attacheront à rendre plus dynamiques les comités d'hygiène et de sécurité institués dans les entreprises.

Article 11 : La révision des conventions collectives

Les organisations syndicales d'employeurs et de travailleurs s'engagent à prendre les initiatives nécessaires en vue de la révision des conventions collectives existantes et la conclusion de nouveaux accords collectifs dans les secteurs d'activités non couverts.

Pour sa part, le Gouvernement prendra les mesures permettant l'institution rapide des commissions paritaires de négociation.

III : Dispositions finales

Article 12 : Les parties conviennent que le présent pacte qui est susceptible d'amélioration constitue le cadre privilégié pour la réalisation des objectifs économiques du Gouvernement dans le respect des intérêts bien compris des partenaires sociaux.

Article 13 : Elles s'engagent à promouvoir un dialogue social franc et responsable dans le but de favoriser le maintien d'un climat social propice au développement économique.

Article 14 : Les actions retenues dans le cadre du Présent Pacte seront mises en œuvre à travers un programme pluriannuel assorti d'un chronogramme arrêté d'un commun accord et mis à jour chaque année.
Pour ce faire, les parties conviennent de se concerter de façon périodique au sein d'une commission ad hoc regroupant les représentants de toutes les parties. Ces concertations auront lieu au moins une fois l'an et de préférence avant chaque arbitrage budgétaire en vue de faire le point sur la situation économique et budgétaire de l'Etat et évaluer les possibilités réelles de mise en œuvre du programme pluriannuel ci-dessus mentionné.

Article 15 : Le chronogramme visé à l'article ci-dessus sera élaboré par une commission ad hoc au plus tard 45 jours après la date de signature du Pacte.

Article 16 : Le Pacte peut être révisé à la demande de l'une quelconque des parties signataires, sous réserve d'un préavis de six mois. La demande de révision doit être accompagnée d'un nouveau projet pour permettre la reprise des négociations.

Article 17 : Pour les dispositions non précisées au présent Pacte, référence est faite aux conclusions générales des négociations Gouvernement – Partenaires sociaux ayant servi de base à son élaboration. Les conclusions générales ainsi que le programme pluriannuel visé à l'article 14 sont annexés au Pacte.

Fait à Bamako, le 14 Août 2001

Ont signé :

Pour le Gouvernement :

Le Premier Ministre,
Ministre de l'Intégration

Mandé SIDIBE

La Ministre du Développement
Social, de la Solidarité et des
Personnes Agées

Madame DIAKITE Fatoumata N'DIAYE

Le Ministre de l'Economie
et des Finances

Bacary KONE

Le Ministre l'Emploi et de
la Formation Professionnelle

Makan Moussa SISSOKO

Pour les partenaires sociaux

Le Président de la Fédération Nationale des Employeurs du Mali

Moussa Mary Balla COULIBALY

Le Secrétaire Général de l'Union Nationale des Travailleurs du Mali

Siaka DIAKITE

Le Président de la Chambre de Commerce et d'Industrie du Mali

Mamadou Lamine TOUNKARA

Le Président de l'Assemblée Permanente des Chambres d'Agriculture du Mali

Cheick Oumar TALL

Le Président de la Fédération Nationale des Associations de Retraités du Mali

Thierno DIARRA

Le Président de la Fédération Nationale des Artisans du Mali

Yacouba COULIBALY

Le Président de l'Union Nationale des Travailleurs Retraités de la Convention-INPS

El Hadji Mama TIMBELY

Le Secrétaire Général du Syndicat Autonome des Cadres Médicaux

Mamadou Kouréïssi TOURE

Annexe 2 : La loi n° 87- 47 /AN-RM du 10 août 1987 relative à l'exercice du droit de grève dans les services publics.

Présidence de la République **République du Mali**
****
Un peuple - Un but – Une foi
Secrétariat Général du Gouvernement

Loi n° 87 – 47 / AN-RM du 10 août 1987 Relative à l'exercice du droit de grève dans les Services publics

L'Assemblée nationale délibéré et adopté en sa séance du 04 juillet 1987 ;
Le Président de la République promulgue la loi dont la teneur suit :

Chapitre premier : Champ d'application

Article 1er : Les dispositions de la présente loi s'appliquent aux personnels des services publics de l'Etat, des collectivités territoriales et des organismes personnalisés chargés de la gestion d'un service public.

Article 2 : L'usage du droit de grève par les catégories de personnels visés à l'article 1er de la présente loi doit être précédé d'un préavis.

Le préavis émane de l'organisation syndicale la plus représentative sur le plan national dans la catégorie professionnelle ou dans le service ou l'organisme intéressé.

Il précise les motifs du recours à la grève, le lieu de la grève, l'heure du début ainsi que la durée limitée ou non de la grève envisagée.

Le préavis doit parvenir 15 jours avant le déclenchement de la grève à l'autorité hiérarchique de gestion territorialement compétente.

Chapitre II : Des conditions d'exercice du droit de grève

Article 3 : Les différends collectifs intervenant entre les personnels et les employeurs visés à l'article 1er de la présente loi font obligatoirement l'objet de négociation entre les parties concernées.

A la suite du dépôt du préavis de grève, le différend est porté devant une commission de conciliation composée de personnalités indépendantes ou étrangères au conflit.

Les membres de la commission de conciliation sont nommés par arrêté du Ministre chargé du travail sur proposition conjointe du Ministre intéressé et de l'organisation syndicale la plus représentative sur le plan national.

La commission élit en son sein son président.

Article 4 : La procédure de conciliation est engagée par le président de la Commission de conciliation qui, dans ce cas, invite chaque partie à désigner sans délai deux représentants aux fins de favoriser le règlement amiable du conflit.

Article 5 : La Commission de conciliation a les plus larges pouvoirs pour s'informer de la situation économique des secteurs et de la situation des agents intéressés par le conflit.

Elle peut procéder à toutes enquêtes et requérir des parties la production de tout document ou renseignement d'ordre économique, comptable, financier, statistique ou administratif susceptible de lui être utile pour l'accomplissement de sa mission.
Elle peut recourir aux offices d'experts et généralement de toute personne qualifiée susceptible de l'éclairer.

Les parties remettent à la commission de conciliation un mémoire contenant leurs observations. Chaque mémoire est communiqué par la partie qui l'a rédigé à la partie adverse.

Article 6 : La Commission convoque les parties qui sont tenues de comparaître devant elle.

Chaque partie au conflit doit commettre deux représentants dûment mandatés, et ayant pouvoir pour négocier un accord.

Article 7 : A l'issue des réunions de la commission de conciliation, il est établi un procès-verbal qui constate l'accord, le désaccord total ou partiel des parties.

Ce procès-verbal qui est aussitôt notifié aux parties précise les points sur lesquels celles-ci se sont mises et d'accord et ceux sur lesquels le désaccord persiste.

Article 8 : Les accords qui interviennent sont applicables, sauf stipulation contraire, à compter du jour qui suit leur signature par les parties.

Article 9 : Les crédits nécessaires au fonctionnement de la Commission de conciliation sont inscrits au budget du Ministère chargé de l'emploi.

Les fonctions de membre de la Commission de conciliation sont gratuites.
Leur exercice n'ouvre droit qu'à des remboursements de frais.

Chapitre III : Des interdictions

Article 10 : La grève pour des motifs politiques est strictement interdite.

Article 11 : Les personnels qui se mettent en grève doivent évacuer les locaux et ne pas porter atteinte à la liberté du travail.

En cas d'occupation des locaux, il sera fait appel, au concours des forces de l'ordre pour disperser les grévistes.

Article 12 : En cas de cessation concertée de travail des personnels visés par l'article 1er de la présente loi, l'heure de cessation et celle de reprise du travail mentionnées au préavis ne peuvent être différentes pour les diverses catégories ou pour les divers membres du personnel intéressé.

Article 13 : Des arrêts de travail affectant par échelonnements successifs ou par roulement concerté, les divers secteurs ou les diverses catégories professionnelles d'un même établissement ou service ou les différents établissements ou services d'une même entreprise ou organisme ne peuvent avoir lieu.

Chapitre IV : De l'institution d'un service minimal

Article 14 : En cas de cessation concertée du travail de la part des personnels visés à l'article 1er de la présente loi, l'ordre public, la sécurité personnes et des biens, les liaisons et communications indispensables à l'action du gouvernement, des circonscriptions administratives, ainsi que la continuité du service public nécessaires aux besoins essentiels du pays dans les domaines sanitaires, économique et social sont sauvegardés par l'institution d'un service minimal.

Article 15: Un décret pris en conseil des Ministres fixe, après avis de la Cour suprême, la liste des services, des emplois et les catégories de personnels strictement indispensables à l'exécution de ce service minimal et désigne les autorités administratives responsables de la mise en œuvre de l'article 14 ci-dessus.

Chapitre V : Des sanctions

Article 16 : Toute personne qui ne défère pas à un ordre d'exécution de service minimal, qui abandonne la tâche à elle assignée ou qui, sciemment, se soustrait ou tente de se soustraire à l'exécution de cette tâche, pourra faire l'objet de sanction en dehors des garanties disciplinaires.

Article 17 : Par suite d'une cessation concertée du travail, l'absence de service fait donne lieu à une retenue du traitement ou du salaire et de ses compléments autres que les suppléments pour charges de famille. Les retenues sont opérées en fonction des durées d'absence constatées.

Toutefois, quel que soit le mode de rémunération, la cessation du travail pendant une durée inférieure à une journée de travail donne lieu à une retenue égale à la rémunération afférente à cette journée.

Article 18 : Quiconque a encouragé ou organisé un arrêt de travail en violation des dispositions de la présente loi, est responsable du dommage causé aux usagers des services publics concernés.

La juridiction civile de droit commun est seule compétente pour connaître de toute action en responsabilité relative à ces faits.

L'action se prescrit par trois ans à partir de la date de la reprise régulière du service.

Chapitre VI : Des dispositions finales

Article 19 : Si la grève porte gravement atteinte à l'ordre public, les personnels visés à l'article 1er de la présente loi, pourront être requis dans les conditions prévues par la loi.

Bamako, le 10 août 1987

Le Président de la République,
Général Moussa TRAORE

Title: Social Dialogue in Mali: reality and challenges

Summary: Social dialogue is intended to promote social peace, a precondition to economic development. It is a prerequisite for prevention and resolution of social conflicts, it is generally today a mode of regulation in all societies. In Mali, social dialogue developed extraordinarily under the third Republic, from the revolution of March 1991 and with the advent of democracy and the rule of law. This went hand in hand with the emergence of pluralism in trade unions. Somewhat paradoxically, today, the development of social dialogue is facing precisely the issue of representativeness. The functioning of some institutions of the country is paralyzed, as well as the functioning of various trading commissions, in both private and public sector. In such a context, the highest state officials themselves are struggling to bring together social actors around the table. Thus, it is urgent to determine essentially representativeness of trade union organizations of workers, through the organization of professional elections and the use of consensual criteria previously defined.

Beyond the issue of representativeness, it is necessary to question the realities and contemporary issues of social dialogue in Mali. First of all, this involves taking stock of its legal framework, be its rights to information, consultation or collective bargaining at national, sectoral level of the company, or of the provisions relating to the management of social conflicts. Furthermore, consideration should be given to the conditions leading to improved social dialogue in Mali. On the one hand, this entails proposing normative changes, on the other hand, reflecting on its revitalization through, in particular, its actors, the intervention of third-party facilitator training, but also the extension of its scope to questions relating to fundamental social rights, or even to societal dimension.

TABLE DES MATIERES

Structures éditoriales du groupe L'Harmattan

L'Harmattan Italie
Via degli Artisti, 15
10124 Torino
harmattan.italia@gmail.com

L'Harmattan Hongrie
Kossuth l. u. 14-16.
1053 Budapest
harmattan@harmattan.hu

L'Harmattan Sénégal
10 VDN en face Mermoz
BP 45034 Dakar-Fann
senharmattan@gmail.com

L'Harmattan Cameroun
TSINGA/FECAFOOT
BP 11486 Yaoundé
inkoukam@gmail.com

L'Harmattan Burkina Faso
Achille Somé – tengnule@hotmail.fr

L'Harmattan Guinée
Almamya, rue KA 028 OKB Agency
BP 3470 Conakry
harmattanguinee@yahoo.fr

L'Harmattan RDC
185, avenue Nyangwe
Commune de Lingwala – Kinshasa
matangilamusadila@yahoo.fr

L'Harmattan Congo
67, boulevard Denis-Sassou-N'Guesso
BP 2874 Brazzaville
harmattan.congo@yahoo.fr

L'Harmattan Mali
Sirakoro-Meguetana V31
Bamako
syllaka@yahoo.fr

L'Harmattan Togo
Djidjole – Lomé
Maison Amela
face EPP BATOME
ddamela@aol.com

L'Harmattan Côte d'Ivoire
Résidence Karl – Cité des Arts
Abidjan-Cocody
03 BP 1588 Abidjan
espace_harmattan.ci@hotmail.fr

L'Harmattan Algérie
22, rue Moulay-Mohamed
31000 Oran
info2@harmattan-algerie.com

L'Harmattan Maroc
5, rue Ferrane-Kouicha, Talaâ-Elkbira
Chrableyine, Fès-Médine
30000 Fès
harmattan.maroc@gmail.com

Nos librairies en France

Librairie internationale
16, rue des Écoles – 75005 Paris
librairie.internationale@harmattan.fr
01 40 46 79 11
www.librairieharmattan.com

Lib. sciences humaines & histoire
21, rue des Écoles – 75005 paris
librairie.sh@harmattan.fr
01 46 34 13 71
www.librairieharmattansh.com

Librairie l'Espace Harmattan
21 bis, rue des Écoles – 75005 paris
librairie.espace@harmattan.fr
01 43 29 49 42

Lib. Méditerranée & Moyen-Orient
7, rue des Carmes – 75005 Paris
librairie.mediterranee@harmattan.fr
01 43 29 71 15

Librairie Le Lucernaire
53, rue Notre-Dame-des-Champs – 75006 Paris
librairie@lucernaire.fr
01 42 22 67 13

www.ingramcontent.com/pod-product-compliance
Lightning Source LLC
LaVergne TN
LVHW011223061026
849535LV00001BA/156